U0920964

江宁年鉴 2024

JIANGNING YEARBOOK

中共南京市江宁区委党史工作办公室
南京市江宁区地方志编纂委员会办公室 编

方志出版社
Publishing House of Local Records

图书在版编目（CIP）数据

江宁年鉴.2024/中共南京市江宁区委党史工作办公室，南京市江宁区地方志编纂委员会办公室编.北京：方志出版社,2024.11.--ISBN 978-7-5144-6490-0

I.Z525.34

中国国家版本馆CIP数据核字第2024NB0546号

责任编辑：刘方圆
责任校对：张玉霞
责任印制：梅中英
出 版 者：方志出版社
地　　址：北京市朝阳区潘家园东里 9 号（国家方志馆4层）
邮　　编：100021
网　　址：http://www.zgfzcb.cn
发　　行：方志出版社图书营销中心（010-67110500）
印　　刷：南京鸿图印务有限公司
开　　本：889毫米 × 1194毫米 1/16
印　　张：25.5
字　　数：886千字
版　　次：2024年11月第1版
印　　次：2024年11月第1次印刷
定　　价：210.00元

《江宁年鉴（2024）》编纂委员会

《江宁年鉴（2024）》编辑部

主　　编　施爱兵

执行主编　卢维生

副 主 编　鲁　华　叶乃俊

编　　辑　张新贵　濮　潇　程　涛　高　鹏　陈治平

笪　雷　徐丽梅　陈　锦　梅玉香

编辑说明

一、《江宁年鉴》是由中共南京市江宁区委党史工作办公室、南京市江宁区地方志编纂委员会办公室编纂的年度资料性文献。《江宁年鉴（2024）》（以下简称本卷年鉴）是2001年《江宁年鉴》开始编纂后的第23卷。

二、本卷年鉴以马克思列宁主义、毛泽东思想、邓小平理论、"三个代表"重要思想、科学发展观、习近平新时代中国特色社会主义思想为指导，坚持辩证唯物主义和历史唯物主义的立场、观点和方法，系统记述2023年江宁区自然、政治、经济、文化、社会和生态建设等方面情况，旨在为社会各界和海内外人士了解江宁提供基本信息，为宣传江宁提供基本资料，为研究江宁提供基本素材，也为编史修志积累史料线索。

三、本卷年鉴依据本行政区域经济和社会发展特点，取消专文类目，将相关内容放入特载类目；恢复开发园区类目；取消开放与合作类目，开放与合作中的对外及对港澳台贸易移至商贸服务业。参照有关分类标准，采用分类编排法，设类目、分目、条目3个层次，个别地方设次分目，条目为记述的基本层次。全卷设特载、大事记、区情概览、中国共产党南京市江宁区委员会、南京市江宁区人民代表大会、南京市江宁区人民政府、中国人民政治协商会议南京市江宁区委员会、中国共产党南京市江宁区纪律检查委员会 南京市江宁区监察委员会、民主党派 工商联、群众团体、法治、军事、经济管理、开发园区、数字江宁建设、农业、工业、建筑业、商贸服务业、物流业、金融业、旅游业、房地产业、交通 电信、城市建设、乡村振兴、区域发展、生态环境、科学技术、教育、文化、卫生健康、体育、社会生活、应急管理、街道、人物 荣誉、统计资料、附录。

四、本卷年鉴记述起讫时间原则上为2023年1月1日至2023年12月31日。为突出年鉴的时效性，卷首专题中的个别图片，特载中的政府工作报告等选用2024年资料。

五、本卷年鉴中的全区综合性统计资料，由区统计局提供。由于统计口径不一定相同，一些单位提供的数据与统计局提供的数据不一致，引用时请注意。部分资料由于四舍五入等原因，导致分项目与合计数不一致，不再一一说明。

六、本卷年鉴数字用法、标点符号用法分别采用国家标准《出版物上数字用法》（GB/T 15835—2011）、《标点符号用法》（GB/T 15834—2011），计量单位采用国家技术监督局1993年12月发布的《量与单位》系列国家标准。统计资料使用现行法定计量单位，农田土地面积沿用"亩"为单位。一次文献中数字、计量单位等保持原貌。

七、本卷年鉴稿件资料按照江宁区人民政府审定的《关于编纂〈江宁年鉴（2024）〉的实施意见》，由全区各有关部门、单位和街道、园区专人撰写，并经各供稿单位负责人审阅。为全面反映相关领域的发展情况，《江宁年鉴》编辑部采编和补充部分内容，并以"宁鉴"署名。

八、本卷年鉴的检索方法有目录和索引两种。目录在卷首，编排至条目；索引在卷末，包括主题索引、文中图片索引、专题图片索引、表格索引。

2023 · 江宁荣誉

■ 全国“创新百强区”第七位

■ “2023 年中国工业百强区”第八位

■ 国家知识产权服务业高质量集聚发展试验区

■ 国家农产品质量安全区

■ 国家水土保持示范县

■ 全省推进高质量发展先进县（市、区）

■ 江苏省科普示范区

■ 江苏省法治政府建设示范地区

■ 全省生态宜居美丽乡村示范区

■ 全省安全发展城市创建工作先进地区

年度视点

1
第三届全国创新争先奖
全国创新争先奖牌

创新动能整体跃升

1. 2023 年，中国药科大学研究团队获“全国创新争先奖”（江宁高新区　供图）

2. 2023 年，中汽创智新能源智能网联汽车产业化、南京大桥机器气象探测设备研制、南京惠隆汽车循环处理利用等 3 个项目被列入省重大储备项目。图为中汽创智新能源智能网联汽车产业化项目基地　（王强　摄）

3. 2023 年，埃斯顿自动化、南瑞继保电气入选国家智能制造示范工厂，聚力打造国家产业科技创新中心重要承载区。图为埃斯顿自动化工厂　（王强　摄）

4. 紫金山实验室组建由 1000 多名研发人员组成的强大团队，专注于未来网络、网络通信、网络安全等领域，开展基础性、前沿性研究和“卡脖子”技术攻关。图为紫金山实验室外景　（王强　摄于 2023 年）

改革开放步伐更大

1. 4 月 21 日，江宁开发区法检两院就护航民营企业高质量发展的十项举措签约。图为签字仪式现场

（王婧蕾　供图）

2. 11 月 8 日，江宁开发区税务局在南京粤浦科技云创中心设立重大项目税费服务驿站。图为设立仪式现场

（郭倩　供图）

3. 2023 年，全区创新实施工业项目全链审批服务模式，优化审批服务流程，审批时限提速 38%。图为投资建设项目审批服务大厅

（区行政审批局　供图）

4. 2023 年，江宁区出台“一明确九支持”十条激励措施，向园区赋权赋能，助力园区做大做强，江宁开发区整建制托管未来科技城、麒麟科创园与麒麟街道深化联动、融合发展。图为江宁开发区百家湖

（王强　摄）

5. 2023 年，江宁区深入推进“一网统管”三年行动计划，区城市数字治理中心建成并发挥统筹调度指挥作用。图为江宁大数据公司一网统管综合管理平台

（曹立　供图）

2
重大项目税费服务驿站

3
投资建设项目审批服务大厅
一窗受理 合并审查
告知承诺 限时办结
竣工验收阶段

4
5
旅游态势
数据地图
智慧应用
江宁区一网统管综合管理平台
态势感知
联动指挥
分析研判
江宁旅游态势分析平台
客流变化趋势
入住情况
1.16万人 今日景区实时客流
2.94万人 今日景区累计客流
2.31万人 今日商圈实时客流
7.0万人 今日商圈累计客流
0.00亿元 昨日重点商圈累计销售
平均停留时长
游客属性
总游客
省外游客
省内游客
客流来源
客流来源分布
当地人数
省内人数
省外人数
客流监测
应急预案
值班表
生产安全事故应急预案
汤山紫清湖旅游区2023年"五一"黄金周应急接待预案
南京天阙文化发展有限公司五一大客流专项应急预案
龙山景区假期高峰期间应急预案
互联网舆情
江宁舆情
牛首山
方山

城乡统筹局面崭新

1. 10 月 14 日，2023 年中国农民丰收节系列活动之“苏韵乡情”第六届湖熟稻花节暨第 11 届湖熟菊花展开幕。图为儿童在湖熟菊花园嬉戏

（湖熟街道农业综合开发公司　供图）

2. 杨家圩公园

（王必成　摄）

2

3

4

5

3. 1 月，区“三重一大”项目文靖西路跨秦淮河桥竣工投用。大桥通车后，优化滨河路、文靖西路等区域交通路网，打通东山主城东西片区，有效缓解周边交通压力。图为文靖西路跨秦淮河桥 （夏琰　供图）

4. 美丽乡村——秣陵街道周里村 （刘锦雷　摄于 2023 年）

5. 经过整治后的东山香樟园 （赵慧　供图）

1

2

3

4

生活品质持续提升

1. 10 月 23 日，汤山街道在阜东村马墟头村为百岁老人过重阳（郑承锦　供图）

2. 2023 年，横溪街道实验示范种植西甜瓜新优名特品种 80 余个，促进农民增收，提高农民生活品质（横溪街道　供图）

3. 2023 年，江宁区在全市率先实施跨区域房票安置，盘活闲置安置房房源 1157 套，建设安置房 170 万平方米，交付 9640 套。图为竣工交付的上坊安置房 C 区（倪浩　供图）

4. 2023 年，全区推进紧密型城市医疗集团建设，江宁老年医院、妇幼保健院、5 家社区卫生服务中心开工建设，江宁中医院二期、天印山医院投入使用。图为天印山医院（宁鉴　供图）

5. 2023 年，全区有序推进集团化办学，积极引进市内名校资源，加快推进 25 所学校新改扩建项目建设，确保滨江开发区学校等 13 所学校建成交付，创成江苏省高质量平安校园建设区。图为新建成投用的江宁高级中学福宁路校区（区教育局　供图）

5

环境质量态势好转

1. 2023年，全区深入实施水环境综合治理三年行动，完成长江入河排污口整治130个，8个国、省考断面水质全部达标。图为参加"守护长江·探秘湿地"系列自然教育研学活动之"寻找湿地之春"的人员合影
（滨江开发区 供图）

2. 2023年，省级绿色工厂——格力电器（南京）有限公司
（江宁高新区 供图）

3. 2023年，全区深入落实"河湖长制"，创成幸福河湖46条。图为省级幸福河湖——牛首山河 （黄欣 供图）

4. 2023年，全区打造沿水系及环山绿道系统，建成梅龙湖公园5.1千米绿道，完成6个公园绿地和绿道项目建设。图为汤山街道湖山村梧桐大道 （张露 摄）

2
GREE

4

1

3

民主法治推进深入

1. 9月8日，区人大常委会调研《中华人民共和国退役军人保障法》贯彻实施情况，推动全区退役军人服务保障工作在法治轨道上开展 （田金丽　供图）

2. 8月30日，江宁开发区检察院建成全市首个“护航企业网上法治基地”。图为启动仪式现场 （王婧蕾　供图）

3. 5月11日，江宁开发区法院公开开庭审理“2·11”特大跨境电信网络诈骗案。图为审判委员会专职委员陈平开庭审理案件 （开发区法院　供图）

4. 2023年，区司法局建成宪法广场并举办“12·4”国家宪法日主题活动。图为江宁区宪法广场 （杨梦莹　供图）

主题教育成效明显

1. 10 月 27 日，区检察院在区委党校组织召开“牢记嘱托、感恩奋进，挑大梁、勇登攀、走在前”专题讨论会暨党组理论学习中心组（扩大）学习会。图为学习会现场　　（区检察院　供图）

2. 2023 年，区纪委监委组织开展“沉浸式”警示教育，引导党员干部坚定理想信念，筑牢拒腐防变的思想防线。图为党员干部“零距离”旁听职务犯罪庭审
（张益波　供图）

高质量发展在江宁

科技创新

1. 10月27日，第64期青英·吾思荟在于凡己书店举行。图为参加学习的精英青年合影　（团区委　供图）

2. 2023年，中兴通讯投入数百亿元在江宁建设全球5G智能制造基地，推动5G、数字孪生、人工智能、大数据等先进数字技术与传统产业深度融合。图为国家5G工厂——中兴通讯滨江工厂　（滨江开发区　供图）

3. 2023年，中国科学院南京分院“一院四所”迁建项目全面建成，南京智能计算中心获批国家新一代人工智能公共算力开放创新平台。图为麒麟科创园一隅　（夏琰　供图）

4. 2023年，江宁区全力抓创新、促转化，发展动能更加强劲。图为滨江开发区俯瞰　（滨江开发区　供图）

产业发展

1

2

3

1. 江宁区高端智能装备产业主要包括智能制造装备产业、航空航天装备产业、海洋工程装备产业、轨道交通装备产业 4 个方向。图为中国航空工业集团公司金城南京机电液压工程研究中心（区工信局　供图）

2. 2023 年，国家标准化管理委员会、工业和信息化部公布 2022 年度智能制造标准应用试点项目名单，江宁区企业菲尼克斯亚太电气（南京）有限公司试点项目入选。图为菲尼克斯亚太电气（南京）有限公司内部车间（区工信局　供图）

3. 2023 年，南京泉峰新能源电动工具项目被列入省重大项目先进制造业类别。图为泉峰新能源产业园俯瞰（王强　供图）

4. 2023 年，江宁区作为江苏省整车生产基地之一，集聚爱尔集、法雷奥、佛吉亚、塔塔、布雷博等产业链各环节零部件企业。图为爱尔集工厂（区工信局　供图）

5. 2023 年，位于江宁滨江的宝色股份企业，研制出单重超 1200 吨的高压反应釜，打破了国外对特材装备设计、制造关键技术的垄断，成为国内高端特材装备细分领域第一家上市的行业龙头企业（滨江开发区　供图）

4

5

改革开放

1. 8 月，区市场监管局为境内一家外资企业发放全区首张标注“一照多址”字样的营业执照（王旭 供图）

2. 2023 年，江宁区深入推进“一件事一次办”改革，环节、材料、时限均压减 60% 以上。图为区政务服务中心“一件事”服务窗口 （区行政审批局 供图）

3. 5 月，江宁供电公司建成江宁—博望跨省联络工程，实现横溪变检修跨省互济保供，为长三角一体化发展提供有力的电力保障。图为江宁—博望跨省电力一体化协同发展协议签约仪式现场 （严嘉钰 供图）

4. 12 月 8 日，江宁区供电公司顺利完成江苏宏源电器有限责任公司新型储能项目投运，这是江宁区政府出台《江宁区促进 经济持续回升向好若干政策措施》后，首个享受到补贴的用户侧储能项目（赵紫菱 供图）

5. 2023 年，江宁区出台“一明确九支持”十条激励措施，向园区赋权赋能，助力园区做大做强，江宁开发区整建制托管未来科技城，麒麟科创园与麒麟街道深化联动、融合发展。图为位于江宁高新区的江苏省药监局审评核查南京分中心 （江宁高新区 供图）

2

3
江宁-博望跨省电力一体化协同
签约席
签约席

5

城乡建设

1
江宁周末露营计划
龙乡双范乐活音乐
龙乡双范乐活音乐PARTY
4.01～4.02
江CAMPING
宁周末露营计划

3

4

1. 2023 年，江宁区聚焦“江宁周末露营计划”，重点推介江宁户外旅游产业项目和“露营季”“户外游”系列文旅新产品。图为 4 月 1 日的“江宁周末露营计划”活动现场（江宁旅游康养集团　供图）

2. 2023 年度南京青年电商助农实训营在汤山街道龙尚村举办，助力农产品销售（郑承锦　摄）

3. 2023 年，江宁区全力提品质、优功能，城乡环境更加宜居。图为百家湖商圈（王强　供图）

4. 美丽乡村——汤山街道古泉社区（方蒙蒙　摄于 2023 年）

5. 2023 年，全区深入实施“美好家园”建设三年计划，完成老旧小区改造 5 个，提档升级背街小巷 30 条。图为东山街道鸟瞰图（王必成　供图）

人民生活

1. 8 月 23 日，“宁就聚力 益游江宁”江宁区新兴领域青年子女暑期公益夏令营开营。图为参加夏令营的儿童合影
（团区委 供图）

2. 2023 年，全区文体事业繁荣发展。成功举办区第九届运动会、江宁大学城半程马拉松，承办全国青少年龙舟锦标赛等高等级赛事 24 项。图为江宁大学城半程马拉松现场
（江宁高新区 供图）

3. 9 月 13 日，“携手江来 宁聚优才”2023 年江宁区秋季校园系列活动启动仪式暨南京工程学院 2024 届毕业生秋季校园招聘会举行，180 家企业提供 3500 余个优质岗位，吸引区内各大高校 3000 多名学生进场求职，初步达成就业意向 1200 人 （吴烨 供图）

4. 2023 年，江宁区扎实做好“一老一小”服务保障，建成乡村互助养老睦邻点 25 个，建成投用居家养老服务中心 10 个、公建民营托育机构 2 家。图为东山敬老院
（倪浩 供图）

5. 2023 年，江宁区全力补短板、惠民生，幸福指数稳步提高。图为江宁区救助站 （倪浩 供图）

2
传承之旅 奔跑青春
京江宁大学城半程马拉松
JIANGNING UNIVERSITY TOWN HALF MARATHON
起/终点
START/FINISH
2023南京江宁大学城半程马拉松
2023 NANJING JIANGNING UNIVERSITY TOWN HALF MARATHON

3

5

生态环境

1. 2023 年江宁区世界水日、中国水周主题活动（董静　供图）

2. 9 月 14 日，江宁区长江流域水生生物资源增殖放流活动举行。图为活动现场（农业农村局　供图）

3. 2023 年，全区推进水环境治理和雨污分流，完成长江入河排污口整治 130 个。图为新济洲湿地公园（农业农村局　供图）

4. 2023 年，江宁街道重点塘坝山北当家塘综合治理通过完工验收（王珊　供图）

5. 汤山生活垃圾综合处置中心（汤山街道清管所　摄于 2023 年）

3

区长江 流域水生生物资源增殖 放流

汤山生活垃圾综合处置中心
垃圾分类就是新时尚

民主法治

1. 2月17日，区检察院干警赴金斯瑞生物科技股份有限公司开展护航"企业敢干"检察法治服务进企业活动（区检察院 供图）

2. "双十一"前夕，为进一步规范交易经营行为，维护公平有序的市场交易秩序，区市场监管局在线上和线下同步开展监管宣贯专项行动，保护消费者和经营者的合法权益（王旭 供图）

3. 7月11日，区人大常委会围绕全区社区矫正规范化建设工作情况深入调研，推动区政府进一步规范执法管理服务（田金丽 摄）

4. 佘村生态法治广场（杨梦莹 摄于2023年）

2
誉至上
项承诺

4

文化建设

1．2023 年，区融媒体中心发挥文化平台功能，开展媒体平台新媒体直播带岗，助力民生就业（区融媒体中心　供图）

2．2023 年，全区深化文体旅融合，开展“一街一品”节庆活动，先后举办湖熟“稻花节”（菊花展）、汤山“温泉节”、禄口“皮草节”等大型节庆活动。图为 10 月 14—29 日（每周末）第 15 届汤山温泉节体育嘉年华现场（汤山旅游度假区　供图）

3．2023 年，全区丰富文化产品供给，推动文化建设高质量发展，通过国家公共文化服务体系示范区创新发展复核。图为江宁文创中心（区融媒体中心　供图）

4．2023 年，百家湖文化中心（江宁美术馆）建成开放，累计接待市民 26 万人次，推出艺术展览 34 场，举办各类文化活动 570 余场。图为百家湖文化中心（江宁美术馆）（区融媒体中心　供图）

5．2023 年，全区深耕多元产业经营模式，发挥文化产业投资发展职能，全年承办“招大引强拼经济 高质量发展走在前”动员大会等省、市、区各级大型活动 87 场。图为新媒体冬季消费节现场（区融媒体中心　供图）

2
年华
燃情汤山
悦动嗨GO
生命不息
运动不止

3
江宁文创研发和展示中心
最·憶江寧

5
苏新消费
CONSUMPTION IN JIANGSU
南京国际消费节
乐享江宁
MAXUS
ARCHERY
THROW

社会治理

1. 11 月 11 日，汤山街道在阜东村朱家山农田开展“学新时代好少年 农耕劳动寓实践”活动。图为活动现场 （朱雅倩　供图）

2. 禄口街道秦村村“与共读书会 邻里齐悦读”项目，获评禄口街道 2023 年度群众最喜爱的文明实践项目 （禄口街道　供图）

3. 3 月 5 日，麒麟街道新时代文明实践所在泉水启迪广场开展学雷锋活动 （麒麟街道　供图）

4. 1 月 9 日，上元路社区在上元网格片区工作站为“两新”工作人员送温暖 （杨文秀　供图）

5. 秣陵街道周里村新时代文明实践站——我们与村庄的重逢 （刘锦雷　摄于 2023 年）

1

2
志愿青春
情暖江宁

4
格片区工作站
心”在行动
东山街道总工会

5
我们与村庄的重逢
We reunited with the village
这确实是一个崭新的时代，
我们关注的焦点由个体的内部转向了共同的生活，
在这种合作性意义生成的空间里，
我们可以理解多重的传统，发掘各种潜能，
可以探寻我们所希望的村庄、睦邻的环境；
我们想搭建架构，让每一个村民去体会、理解，去感同身受，
让大家逐渐意识到：对于未来的幸福而言，我们是命运的共同体。
——周里村新时代文明实践站

党的建设

1. 8 月 18 日，江宁开发区检察院在国电南自开展党建联建共建活动。图为参加活动的人员集体合影
（王婧蕾　供图）

2. 3 月 4 日，区管主要领导干部学习贯彻习近平新时代中国特色社会主义思想和党的二十大精神研讨班开班动员现场　（区委党校　供图）

特载

南京市江宁区人民政府工作报告
——在区第十八届人民代表大会第三次会议上……1
攀“紫金之巅” 育“科创森林”
——江宁加快形成新质生产力观察……9
江宁区学习贯彻习近平新时代中国特色社会主义思想主题教育概况……12

大事记

1月……13
2月……13
3月……14
4月……14
5月……14
6月……14
7月……15
8月……15
9月……15
10月……15
11月……16
12月……16

区情概览

自然环境……17
地形地质……17
山脉山峰……17
河流湖泊……17
气候水文……18
自然资源……18
建置区划……18
位置面积……18
建置沿革……18
行政区划……19
人口 民族 宗教……19
人 口……19
民 族……20
宗 教……20
历史人文……20
区名由来……20
文化遗存……20
非物质文化遗产……20
历史名人、轶事与江宁……20
民 俗……21
方 言……21
2023年经济社会发展……22
经济建设……22
政治建设……22
文化建设……22
社会建设……23
生态文明建设……23

中国共产党南京市江宁区委员会

综 述……24
概 况……24

科技创新……24
城乡统筹……24
生活品质……25
环境质量……25
民主法治建设……25
主题教育……25
重要会议……25
区委十四届八次全会……25
区委十四届九次全会……26
区委农村工作会议……26
全区领导干部会议……26
重要活动……27
区委常委会集体调研生态环境保护工作……27
区委常委会专题调研开发园区高质量发展……27
区委常委会集体调研东山街道……27
区委常委会集体调研麒麟街道……27
区委常委会集体调研秣陵街道……28
区委常委会集体调研汤山板块工作……28
江宁代表团赴秦淮区考察交流……28
区委常委会集体调研江宁街道……28
深化改革……29
概　况……29
营商环境优化……29
科技体制改革……29
农村综合改革……29
社会民生事业改革……29
社会治理创新……30
组织工作……30
概　况……30
党建引领基层治理……30
新业态新就业群体党建……30
党建赋能产业发展……31
基层干部队伍建设……31
干部教育培训……31
人才工作……31
村（社区）书记“头雁讲堂”开讲……31
全区“一把手”政治能力建设专题培训……32
全区年轻干部政治素养和履职能力提升专题培训……32
宣传工作……32
概　况……32
理论武装……32
社会宣传……32
文明创建……33
意识形态工作……33
“向人民汇报”首场活动……34
“高质量发展·南京行”系列活动江宁专场……34
“护苗·绿书签”行动……34
“上元夏之夜”文明实践活动……34
第七届未来网络发展大会……34
部分市级先进典型集中发布……34
“稳经济 促发展”新闻发布会……34
“中国式现代化江宁新实践”主题研讨会……34
全区宣传思想文化工作会议……35
统战工作……35
概　况……35
思想政治引领……35
服务中心工作……35
促进关系和谐……36
港澳台统战……36
民族宗教工作……36
新的社会阶层人士统战……36
侨务工作……37
概　况……37
侨务经济……37
为侨服务……37
合作交流……37
区级机关党建……38
概　况……38
机关政治建设……38
机关思想建设……38
机关组织建设……38
机关作风建设……39
机关廉政建设……39
机关文化建设……39
机构编制……40
机构编制资源配置……40
综合行政执法改革……40
园区管理体制优化……40
机构编制法治化建设……40
事业单位登记管理……40
老干部工作……40
概　况……40
离退休干部党建……40
老干部作用发挥……41
老干部服务管理……41
党校工作……41
概　况……41

主题教育……42
教育培训……42
科研咨政……42
党史编研……42
概 况……42
《火红的圣地——江宁红色遗址遗迹图志》出版……43
《江宁古代乡贤》出版……43
《邓振询画传》发行……43
《陶家齐日记》问世……43
《江宁红色经典连环画（第五辑）》出版发行……43

南京市江宁区人民代表大会

综 述……44
人大代表构成……44
人大及其常委会机构设置……44
常态执行“第一议题”制度……44
参与中心工作……44
决策决议……44
人事任免……45
重要会议……45
江宁区第十八届人民代表大会第二次会议……45
区人大常委会会议……45
人大监督……46
概 况……46
专项工作监督……47
法律法规实施监督……47
民生实事项目监督……47
代表工作……47
代表履职……47
代表建议督办……47
人大专门委员会工作……47
区人大法制委员会……47
区人大财政经济委员会……48
区人大监察和司法委员会……48
区人大社会建设委员会……48

南京市江宁区人民政府

综 述……49
概 况……49
增进民生福祉……49
完善功能配套……49
改善生态环境……49
优化公共服务……49
提升城市治理……49
4 项工作获省政府督查激励……50
重要会议……50
区政府常务会议……50
招大引强拼经济、高质量发展走在前动员大会……51
江宁区招商引资大会……52
全区生态环境保护大会……52
重要活动……52
调查研究……52
南京临空经济示范区建设启动……52
未来网络未来产业科技园揭牌……52
德国创新经济（江宁）产业基地揭牌……53
区领导领办督办重点提案……53
高铁枢纽经济区高质量发展招商推介会……53
政务服务……53
概 况……53
“全链审批服务”模式推出……54
群众诉求集中快处中心建立……54
48 个“一件事一次办”实施……54
商事制度改革……54
政务服务体系建设……54
人事工作……54
概 况……54
支持创新创业……54
人才培育与引进……55
专业技术人员职称评审……55
事业单位招聘管理……55
信访工作……55
概 况……55
信访调解……55
信访受理……55
外事工作……55
概 况……55
外事活动与接待……56
外事服务管理……56
民间对外交流……56
江宁与匈牙利韦伦采市缔结友好城市……56
对台工作……56
概 况……56
区台办与南大、东大合作签约……56
牵手对接助台企活动……56

中国人民政治协商会议 南京市江宁区委员会

综　述……57
概　况……57
政协委员构成……57
政协常委会自身建设……57
重要会议……57
区政协第十三届委员会第二次会议……57
区政协常务委员会会议……58
区政协主席会议……58
协商议政……59
概　况……59
专题视察……59
调研考察……60
重点议题协商建言……60
提案工作……60
民主监督……60
反映社情民意信息……60
基层治理协商……60
委员工作……61
委员调整……61
委员履职能力提升……61
“三联系”工作机制……61
界别委员工作室……61
政协专门委员会工作……61
区政协提案委员会……61
区政协经济科技（农业农村）委员会……62
区政协人口资源环境（城乡建设）委员会……62
区政协教卫文体（文史）委员会……62
区政协社会法制（民族宗教）委员会……62
区政协委员工作委员会……62

中国共产党南京市江宁区纪律检查委员会　南京市江宁区监察委员会

综　述……63
概　况……63
主题教育和教育整顿……63
“廉洁江宁”纪法护航工程……63
重要会议……63
十四届区纪委三次全会……63
区纪委常委会区监委会议……64
全区纪检监察干部队伍教育整顿动员部署会议……64
党风廉政建设……64
概　况……64
党风政风监督……65
党纪国法教育……65
廉政制度建设……65
廉洁文化建设……65
全区领导干部警示教育大会……66
监督执纪……66
政治监督……66
专项监督……66
“四风”纠治……66
审查调查……67
以案促治……67
巡察工作……67
概　况……67
配合保障省委巡视江宁……67
巡察监督……67
巡察队伍建设……67
全区巡察工作会议……67

民主党派　工商联

民革江宁区总支部……68
概　况……68
组织建设……68
参政议政……68
社会服务……68
民盟江宁区基层委员会……68
概　况……68
组织建设……69
参政议政……69
社会服务……69
民建江宁区基层委员会……69
概　况……69
组织建设……69
参政议政……69
社会服务……69
民进江宁区基层委员会……69
概　况……69

组织建设……70
参政议政……70
社会服务……70
农工党江宁区基层委员会……70
概 况……70
组织建设……70
参政议政……70
社会服务……70
致公党江宁区基层委员会……71
概 况……71
组织建设……71
参政议政……71
社会服务……71
九三学社江宁区支社……71
概 况……71
组织建设……71
参政议政……71
社会服务……71
台盟江宁区支部……71
概 况……71
组织建设……72
参政议政……72
社会服务……72
江宁区工商业联合会……72
概 况……72
非公有制经济人士教育引导……72
服务非公有制经济发展……72
非公有制经济人士参政议政……73
优化营商环境……73
非公有制经济人士社会责任履行……73

群众团体

江宁区总工会……74
概 况……74
职工思想引领……74
职工素质提升……74
职工权益维护……74
服务职工群众……75
工会组织建设……75
区工会第十五次代表大会……75
区职工服务中心启用……75
湖山路户外劳动者服务站获评最美站点……76
一康乃馨服务站获评省级示范点……76
共青团江宁区委员会……76
概 况……76
青少年政治思想引领……76
基层团组织建设……76
青年志愿服务……77
少先队工作……77
青少年权益维护……78
困境青少年帮扶……78
服务青年发展……78
团区委获“全国五四红旗团委”称号……78
第 14 届“江宁十佳青年”名单揭晓……79
全市首个汽车销售行业团工委成立……79
江宁区妇女联合会……79
概 况……79
妇女组织建设……79
巾帼建功行动……79
妇女儿童权益维护……79
江宁区女科技工作者联盟成立……79
全区妇女儿童工作会议……79
江宁区科学技术协会……80
概 况……80
学术交流与评比表彰……80
科普活动……80
科技项目申报立项……80
科普宣传……80
首家气象科普劳动教育基地签约揭牌……81
江宁入选省科普示范区……81
江宁区文学艺术界联合会……81
概 况……81
区文联第六次代表大会……81
全市诗教工作现场交流推进会……81
省文联“文艺两新”专场惠民演出……81
“文脉心迹・活力江宁”中国画学会作品展……82
省首届新文艺群体书法篆刻作品展……82
“墨韵华章”当代中国画名家作品邀请展……82
江宁区残疾人联合会……82
概 况……82
残疾人就业与培训……82
残疾预防与康复服务……82
残疾人服务体系建设……83
江宁区红十字会……83
概 况……83
红十字会组织建设……83
红十字人道救助……83

红十字救护……83
红十字无偿捐献……84
区红十字会第七次会员代表大会……84
区红十字会获“全国无偿献血促进奖特别奖”……84

法　治

政法委与综治……85
概　况……85
法治营商环境……85
安全稳定维护……85
平安建设……85
执法监督……86
社会治理……86
江宁区法学会……86
新增 4 个省级民主法治示范村（社区）……86
法治政府建设……86
概　况……86
规范性文件合法性审查……87
依法行政……87
行政复议……87
行政执法监管……87
依法决策……87
17 家行政执法监督企业联系点挂牌……87
公　安……88
概　况……88
社会稳定维护……88
刑事犯罪案件侦查……88
社会综合治理……88
治安管理及安保……88
道路交通管理……88
“110”接处警……89
见义勇为……89
检　察……89
江宁区检察院……89
概　况……89
刑事案件检察……89
民事案件检察……89
行政检察……89
公益诉讼检察……90
维护社会稳定……90
护航经济发展……90
深化司法为民……90
助力社会治理……90
侦查监督与协作配合机制建设……90
推进数字检察……90
强化检察监督……90
江宁开发区检察院……91
刑事案件检察……91
法律监督……91
未成年人检察……91
护航企业发展……91
参与社会治理……91
检务公开……92
法　院……92
江宁区法院……92
概　况……92
刑事案件审判……92
民商事审判案件……92
案件执行……92
民生权益保护……92
审判监督……93
诉讼制度改革……93
江宁开发区法院……93
概　况……93
刑事案件审判……93
民商事案件审判……93
案件执行……93
营商环境优化……94
多元解纷和诉讼服务……94
诉讼制度改革……94
监督制约机制建设……95
司法行政……95
概　况……95
法治宣传教育……95
人民调解……95
法律服务……95
法律援助……95
社区矫正和安置帮教……96
江宁零工市场法律援助工作站投用……96
全省首家调解学院揭牌运行……96
仲　裁……97
概　况……97
调处平台建设……97
仲裁管理……97
仲裁宣传……97

军 事

江宁区人民武装部……98
概　况……98
战备训练……98
民兵整组……98
兵员征集……99
基层武装建设……99
国防动员（人民防空）……99
概　况……99
训练演练……99
潜力核查……99
人防工程建设与管理……99
国防动员宣传教育……100
双拥共建……100
概　况……100
双拥模范城创建……100
拥军优属……100
拥政爱民……100
八一军地共建活动……100
退役军人事务……100
概　况……100
退役军人优抚褒扬……100
退役军人接收安置……101
退役军人就业创业……101
全市首个退役军人关爱基金成立……101

经济管理

宏观经济管理……102
概　况……102
经济运行监测……102
重大产业项目建设……102
《江宁区拼经济促发展若干措施》发布……102
2023 年民生实事项目确定……103
2 个小镇入选省首批特色小镇……103
13 个项目被列入 2023 年省重大项目……103
95 个项目被列入市重大项目……103
开发区入选全国首批碳达峰试点园区……103
土地资源管理……104
概　况……104
建设用地管理……104
重大项目保障……104
违法建设查处……104
测绘管理……104
不动产登记……104
确权登记……105
土地市场交易……105
国有资产监督管理……105
概　况……105
国资监管……105
法治国企建设……105
深化国企改革……105
风险防控……106
江宁国有资产经营集团……106
民营经济管理……107
概　况……107
中国个协调研江宁民营经济发展……107
2 家企业入围“中国制造业民营企业 500 强”……107
财　政……107
概　况……107
落实民生保障……107
助力经济发展……108
政府采购管理……108
债务管控……108
财政管理……108
税　务……111
江宁区税务局……111
概　况……111
税收征管……111
纳税服务……112
减税降费……112
江宁开发区税务局……113
概　况……113
税收征管……113
税收政策落实……113
以税资政……113
纳税服务……113
审　计……114
概　况……114
财政审计……114
固定资产投资审计……114
经济责任审计……114
专项资金审计……114

内部审计……114
审计信息化及大数据审计……115
审计整改……115
统　计……115
概　况……115
统计调查……115
统计监测服务……115
统计法治建设……115
统计队伍建设……115
市场监督管理……116
概　况……116
经营主体发展……116
质量强区战略实施……116
标准化工作……116
广告合同监管……116
消费者合法权益维护……116
企业信用监管……116
食品安全监管……116
药品化妆品医疗器械监管……117
特种设备安全监管……117
6 家单位获评省级放心消费创建示范……117
新增 2 家“江苏精品”认证企业……117
江宁企业获“中国标准创新贡献奖”……117
省药监局审评核查南京分中心在江宁启用……118
价格管理……118
概　况……118
价格法律法规宣传……118
价格调控……118
知识产权……118
概　况……118
知识产权创造……118
知识产权运用……118
知识产权保护……118
知识产权服务……119
知识产权宣传培训……119
高新区入选首批国家级专利导航服务基地……119
3 项专利获首届江苏专利金奖……119
前沿生物获中国专利奖金奖……119

开发园区

江宁经济技术开发区……120
概　况……120
项目引进与建设……120
科技创新……120
基础设施建设……120
南山飞卓宇航航空精密制造基地项目投产……121
华坤高端装备研发生产基地项目开工……121
一批重大项目集中签约或竣工投产……121
国博电子射频集成产业化（二期）项目开工……121
中国—西班牙智能制造产业对接会……121
卫岗乳业数智化工厂投产……121
国盛公司首枚硅基氮化镓外延片下线……121
10 个重大外资项目签约落户……121
CENI 大厦建成投用……121
空港枢纽经济区（江宁）……122
江宁开发区高新园……122
江苏软件园……122
南京综合保税区（江宁）……122
九龙湖国际企业总部园……122
江宁高新技术产业开发区……122
概　况……122
产业转型升级……123
招商引资……123
科技创新……123
校地企合作……123
营商环境……124
产城融合……124
3 家企业 11 款药品被纳入新版国家医保目录……124
省药监局审评核查南京分中心入驻……124
21 个重点产业项目集中签约……124
高新区天印融创中心揭牌……124
元宇宙产业研究与孵化服务平台落户……124
江宁区基因与细胞技术产业园揭牌……125
高新区首个海外创新基地挂牌……125
江宁滨江经济开发区……125
概　况……125
招商引资……125
项目建设……125
科技创新……125
城乡融合……125
绿色低碳发展……125
新材料产业百亿级聚集区启动……126
南京麒麟科技创新园……126
概　况……126
科技创新……126

招商引资……126
产业发展……126
城市建设……127
南京智能计算中心成为国家级平台……127
中科（南京）智汇工场启动……127
6家单位入选省研究生工作站……127
土山机场片区……127
概 况……127
招商引资……128
项目建设……128
产业转型升级……128
科技创新……128
大晅集团获“中国专利年度奖”……128
2家企业入选南京市百强高企……128
东山汽车4S园新能源汽车销售升温……128

数字江宁建设

数字经济……129
概 况……129
数字化基础建设……129
数字产业化……129
产业数字化……129
第二届长三角数字经济发展大会在江宁举行……130
南京数字化赋能中小企业发展大会在江宁举办……130
一企业获评综合实力型智慧赋能名牌企业……130
T3出行入选中国互联网企业百强榜单……130
数字政府……130
概 况……130
“互联网+政务服务”……131
数字惠民服务……131
数字社会……131
智慧城管……131
智慧人社……131
公交集团“宁易行”App2.0版本上线……131
智享公交“小宁萌”投运……131

农 业

综 述……132
概 况……132
农业科技创新与智慧农业……132
“互联网+”农业……132
现代农业经营体系建设……132
全市首个新农人学历提升班开班……132
中苏科技获评全国农牧渔业丰收奖……133
农田水利工程建设……133
农业产业……133
粮油产业……133
蔬菜园艺产业……133
林 业……133
畜牧业……133
水产业……133
黄龙岘绿茶获评“中国气候好产品”……134
农业生产经营……135
高标准农田建设……135
农业机械化……135
现代农业园区建设……135
农业农村重大项目建设……135
新型经营主体培育……135
产业链条延伸……135
农产品质量安全……136
区家庭农场联合会成立……137
江宁台湾农民创业园……137
概 况……137
科技创新……137
招商引智……137
基础设施建设……137

工 业

综 述……138
概 况……138
工业经济运行监测与服务……138
企业科技创新……138
产业转型升级……138
新增10家省级绿色工厂……139
新增47家国家级专精特新“小巨人”企业……139
新增2家国家级绿色制造企业……139
2家企业上榜2023年5G工厂名录……139
高端智能装备产业……140
概 况……140
重点项目建设……140
一企业项目入选国家试点……140
智能配电设备产业集团入选省特色产业集群……140

智能配电设备产业集群入选国家级榜单……140
智能电网产业……140
概　况……140
重点项目建设……141
产业科技创新……141
产业链拓展……141
国电南瑞获评国家级绿色工厂……141
新能源（智能网联）汽车产业……141
概　况……141
重点项目建设……142
上汽大通新车型项目签约……142
上汽大通新能源轻型车品牌发布……142
新一代信息技术产业……142
概　况……142
电子核心产业……142
新兴软件和新型信息技术服务……143
下一代信息网络产业……143
互联网与云计算、大数据服务……143
新型节能环保产业……143
概　况……143
集群企业提质升级……143
滨江新材料产业百亿级集聚区跃升行动计划发布……143
储能应用示范园区启动建设……143
生物医药和医疗器械产业……144
概　况……144
产业项目建设……144
星昊医药高端药物制剂研发及生产基地项目开工……144
高新区药企产品获批上市……144
全球首个人体器官芯片医药大模型问世……144

建筑业

综　述……145
概　况……145
行业管理……145
招投标管理……145
建筑施工……145
工程质量监管和建筑监测……145
工程施工安全监管……146
建设工程安全生产应急救援演练……146
首期装配式建筑构件生产培训……146
重点企业简介……146
南京宏亚建设集团有限公司……146
南京华致建设集团有限公司……146
南京润盛建设集团有限公司……147
南京久大建设集团有限公司……147
天茂建设集团有限公司……147
南京金中建幕墙装饰有限公司……147

商贸服务业

综　述……148
概　况……148
商圈和商业综合体……148
电子商务……148
江宁商务商贸集团……148
全区跨境电商高质量发展大会……149
南京国际消费节江宁专场活动……149
供销合作商业……150
概　况……150
网点建设……150
为农服务……150
电商发展……150
资产开发……150
民生保供……150
区供销合作社第八次代表大会……150
烟草专卖……151
市场监管……151
行政执法……151
经营管理……151
对外及对港澳台贸易……151
概　况……151
江宁现代产业高质量发展项目对接会在香港举行……151
南京品牌出海高峰论坛在江宁举行……151
米兰江宁招商联络处揭牌……151
韩国经济代表团考察江宁……151
快递服务业……152
概　况……152
邮政普遍服务保障……152
寄递渠道安全保障……152
行业发展保障……152
中介服务业……152
公证服务……152

律师服务……152
人力资源服务……152

物流业

综 述……153
概 况……153
第 20 届中国物流学术年会在江宁召开……153
众彩物流获评食品安全“双 C 认证”单位……153
天环仓储物流园二期项目投运……153
物流基地……153
南京农副产品物流配送中心……153
空港物流园……154
滨江物流基地……154
中储物流基地……155
圆通速递总部基地……155
重点物流企业……155
菜鸟中国智能骨干网……155
江苏顺丰速运有限公司……155
江苏益丰医药产品分拣加工项目……155
苏宁华东物流中心项目……155
杭州百世网络技术有限公司江苏分公司……155
中国邮政速递物流股份有限公司南京分公司……156
江苏九州通医药有限公司……156
南京深普物流有限公司……156
江苏御港物流有限公司……156

金融业

综 述……157
概 况……157
支持科技创新……157
扩充上市板块……157
服务实体经济……157
普惠金融……158
江宁金融党建联盟成立……158
银行业……158
农发行江宁区支行……158
工商银行江宁支行……158
农业银行江宁支行……158
中国银行江宁支行……158
建设银行江宁支行……159
交通银行江宁支行……159
邮储银行江宁支行……159
江苏银行江宁支行……159
南京银行江宁中心支行……159
紫金农商银行江宁支行……160
招商银行江宁支行……160
宁波银行江宁支行……160
兴业银行江宁支行……160
保险业……160
中国人保财险江宁支公司……160
利安人寿江宁支公司……160
太平洋产险江宁支公司……160
中国人寿财险江宁支公司……161
平安产险江宁支公司……161
大地产险江宁支公司……161
紫金产险江宁支公司……161
证券业……161
中信建投证券金箔路营业部……161
申万宏源证券胜利路营业部……161
南京证券挹淮街营业部……161
中国银河证券双龙大道营业部……162
华安证券胜太西路营业部……162
上海证券胜太路营业部……162
公司上市……162
茂莱光学在科创板上市……162
波长光电登陆深圳证券交易所创业板……162
地方金融组织……166
概 况……166
金融服务……166

旅游业

旅游资源……168
概 况……168
旅游规划……168
旅游项目建设……168
旅游线路开发……168
江宁入选长三角最值得投资旅游目的地前十榜单……168
江宁旅游康养产业集团……169
重点旅游景区……169
汤山温泉旅游度假区……169
概 况……169
旅游资源开发……169

景区景点建设……169
节庆活动……170
汤山温泉文化旅游节……170
牛首山文化旅游区……170
概　况……170
文旅融合发展……170
文旅配套设施建设……170
旅游资源开发……171
服务设施建设……171
南京国际文学艺术节在牛首山开幕……171
江苏园博园……171
概　况……171
文旅融合……171
园博园大型无动力儿童亲子乐园开放……171
旅游接待……172
概　况……172
元旦假期接待游客 57.6 万人次……172
春节假期接待游客增长……172
“五一”假期旅游收入增长 34.2%……172
端午假期接待游客 84.51 万人次……172
中秋国庆假期旅游人次和收入创新高……172
江宁文旅产品推介发布会……173
7 家民宿入选市等级乡村民宿……173
青蓝杉谷·杉居酒店开业……173
旅游业态……173
全域旅游……173
乡村旅游……173
文化旅游……173
旅游管理……174
概　况……174
旅游市场监管……174
旅游安全监管……174

房地产业

房地产开发经营……175
概　况……175
楼盘供给……175
商品房供应……175
商品房销售……175
房地产租赁与中介……175
房地产市场监管……175
房屋管理……176
房屋安全管理……176
直管公房管理……176
白蚁防治……176
物业管理……176
概　况……176
物业信用监管……176
物业维修资金监管……176

交通　电信

公　路……177
概　况……177
交通基础设施建设……177
路政管理……177
交通运输行业管理……177
汽车维修管理……177
驾校培训管理……177
公路养护……178
002 省道秦淮河大桥双向通车……178
“宁径织美”入选江苏十大优秀农村公路品牌……178
农村公路养护修补工作启动……178
2 个案例成全省交通综合执法新模式典型示范……178
江宁交通建设集团……178
上汽大通下穿 104 国道地下通道工程竣工……179
2022 年江宁区农路 SG5 标竣工通车……179
铁　路……179
概　况……179
铁路安全管理……179
沪宁沿江高铁开通运营……179
地铁 5 号线南段不载客试运行……179
水　路……180
概　况……180
水路设施……180
航道管理……180
12 座桥梁防撞设施投入使用……180
航　空……180
东部机场集团有限公司……180
南航艾维国际飞行学院（南京）有限公司……180
南京空港油料有限公司……180
禄口国际机场苏州货站揭牌……181
电　信……181
中国电信江宁区分公司……181

中国移动江宁分公司……181
中国联通江宁分公司……181

城市建设

城市规划……182
概　况……182
规划编制……182
规划行政审批……182
江宁区城市交通拥堵治理三年规划通过评审……182
《江宁区城市风貌控制导则》初步成果研讨会……183
滨江新城城市设计通过评审……183
城市更新……183
概　况……183
惠民工程建设……183
路灯建设与管理……184
房屋征收……184
棚户区改造……184
老旧小区改造……184
上坊旧城改造……184
江宁城市建设集团……184
市政公用事业……185
道路　桥梁……185
概　况……185
文靖西路跨秦淮河桥投用……185
文靖路高架桥通车……185
通淮街（董村路—胜太路）竣工……185
绿都大道（宏运大道—董村路）建成……185
公共交通……185
公　交……185
巡游出租车……186
地　铁……186
供　水……186
概　况……186
供水工程建设……186
供　气……187
概　况……187
安全管理……187
客户服务……187
业务发展……187
供　电……187
概　况……187
电网建设……187
供电服务……188
220千伏公塘输变电工程投用……188
污水处理……188
概　况……188
污泥处置……188
再生水利用……188
园林绿化……188
概　况……188
南京南站绿荟公园……188
龙眠大道口袋公园……188
鼓山路口袋公园……188
梅龙湖绿道……189
城市管理……189
市容市貌……189
停车管理……189
渣土管控……189
违建管控……189
市政维护和管理……189
环境卫生……189

乡村振兴

乡村治理……190
村级党组织建设……190
红色村庄建设……190
区老区建设与乡村发展“三会”……190
农村产业……190
优质稻米产业……190
花卉产业……191
渔业产业……191
乡村建设……191
乡村规划……191
乡村基础设施建设……191
乡村人居环境整治……191
特色田园乡村建设……191
乡村民主法治建设……191
脱贫攻坚成果巩固……192
促进农民增收……192
壮大新型集体经济……192
深化农村改革……192
金融支农服务……192
江宁区集体经济发展有限公司成立……192

区域发展

融入长三角一体化发展……193
概　况……193
长三角重点项目库江宁项目建设……193
长三角（南京）科创金融中心揭牌……193
3 条公交线路跨省延伸……193
江宁海安两地战略合作协议签订……194
马鞍山市政代表团到江宁考察交流……194
长三角数字经济人才创新发展大会在江宁召开……194
江宁—博望跨界一体化示范区建设……194
概　况……194
江宁博望签订供水一体化合作协议……195
博宁毗邻 1 路公交线试运行……195
宁博新农人就业创业技能培训……195
对口支援协作……195
概　况……195
对口支援新疆特克斯县……195
对口帮扶陕西省洛南县……195
五方挂钩帮促淮阴区……196
洛南县绿色生态循环奶牛示范园三产融合项目启建……196
江宁洛南书画摄影展开展……196
区领导赴洛南实地考察对口协作工作……196
开发区与特克斯县进行产业项目对接……196
特克斯牛羊节在南京举行……196

生态环境

综　述……197
概　况……197
生态文明创建……197
生态环境项目评价……197
生态环境执法……197
区生态文明促进会第二次会员代表大会……198
园博园成为生态文明教育实践基地……198
环境质量……198
大气环境质量……198
水环境质量……198
声环境质量……198
辐射环境质量……198
环境治理……199
概　况……199
大气污染防治……199
水污染防治……199
土壤污染防治……199
农业面源污染防治……199
安全隐患排查整治……199
辐射环境管理……200
秸秆禁烧……200
方山火山地貌生态保护修复入选全省最美案例……200
环境监管……200
生态红线监管……200
环境质量监测……200
环保宣传教育……200
“6·5”环境日宣传活动……201
长江大保护……201
概　况……201
长江岸线综合治理与生态修复……201
新济洲国家湿地公园……201
生态环境突出问题整改……201
万尾鱼苗放流长江……201
长江新济洲物种监测新增 112 种……201
长江入河排口整治……202
资源保护……202
水资源保护……202
江宁河灌区入选国家级节水型灌区……202
土地资源保护……202
湿地保护……202
森林资源保护……202
森林防火……202
节能减排……203
概　况……203
清洁生产审核……203
排污许可登记……203
园区规划环评编制……203
限值限量管理……203
“双碳”政策体系构建……203
碳达峰试点……203

科学技术

科创平台……204
南京未来科技城……204
概　况……204

人才引进与项目建设……204
营商环境优化……204
问源科技智慧医疗研发中心项目落户……204
未来科技城入选省级示范区……204
网络通信与安全紫金山实验室……205
未来网络关键技术攻关……205
6G 前沿技术研究布局……205
内生安全理论技术体系创新……205
综合试验平台建设……205
成果示范应用……205
企业创新……205
平台建设……205
合作对接……206
创新成果……206
940 家企业入选省级科技型中小企业……206
新增 1659 家入库科技型中小企业……206
科技成果……211
企业研发机构……211
高新技术企业……211
科技成果管理……211
33 家企业入选市百强高新技术企业……212
一项目获全国颠覆性技术创新大赛优胜奖……212
产学研合作……212
概　况……212
软通动力天枢元宇宙研究院成立……212
中青基地国际科技合作孵化基地试点单位揭牌……212
环特生物与中国药大共建实验室……212
科技管理……212
科技项目资金管理……212
国际交流合作……213
双创服务协会……213
农技超市……213
科创人才……215
概　况……215
人才服务……215
江宁人才集团……215

教　育

综　述……216
概　况……216
党建引领……216
校园安全……216
优质教育资源配置……217
现代校园建设……217
教育内涵发展……217
基础教学改革……217
教师队伍建设……217
“双减”工作……217
全区教育高质量发展大会……218
南师附中麒麟科技城教育集团成立……218
4 所学校获评全国国防教育示范学校……218
学前教育……218
概　况……218
学前教育优质普惠发展……219
“百家湖儿童的一百种语言”艺术展……219
3 所新建幼儿园建成使用……219
义务教育……219
概　况……219
义务教育优质均衡发展……219
艺术教育……219
劳动教育……219
特殊教育……219
竹山中学学生绘画作品亮相“天宫”……219
未来科技城小学入选省智慧校园示范校……219
南京赫贤学校中学部启用……220
铜山小学两少年获聘省少年科学院院士……220
4 所新建中小学校投入使用……220
高中教育……220
概　况……220
普通高中优质特色发展……220
滨江外国语学校高中部启动……220
江宁大学城……221
概　况……221
护航创业就业……221
校地融合发展……221
属地保障服务……221
东南大学……221
南京航空航天大学……222
河海大学……222
正德职业技术学院……222
中国药科大学……222
南京医科大学……223
南京工程学院……223
金陵科技学院……223
南京晓庄学院……223
江苏经贸职业技术学院……223

江苏海事职业技术学院……224
南京交通职业技术学院……224
南京旅游职业学院……224
南京传媒学院……225
江宁高等职业技术学校……225
成人教育……226
民办教育……226
社区教育……226
老年教育……226
自学考试……226
成人高考……226
教师资格考试……226

文 化

文化场馆……227
概　况……227
图书馆……227
博物馆……227
百家湖文化中心（江宁美术馆）……227
文化馆……227
群艺馆……228
农家书屋……228
百家湖文化中心建成开放……228
2 个馆上榜省“最美公共文化空间”……228
区图书馆获评国家一级馆……228
文化活动……228
概　况……228
公共文化设施建设……229
公共文化服务……229
公共文化活动……229
文化市场管理……229
“公共文化 +”案例入选全国典型……229
“江宁之春”群众文化活动入选全国典型案例……230
第 23 届“江宁之春”群众文化活动开幕……230
文化遗产保护……230
概　况……230
考古发掘……230
文物保护……230
非遗保护与传承……231
禄口水荆墅马灯入选市非遗项目名录……231
“湖熟文化”专题项目综合研究启动……231
周岗红木雕刻入选省级非遗工坊……231
江宁区融媒体中心……231
概　况……231
融媒宣传……231
对外宣传……231
平台建设……232
安全播出管理……232
传媒集团……232
档　案……232
概　况……232
丰富馆藏档案……232
档案保管与利用……232
档案监督指导……232
档案宣传教育……233
档案信息化建设……233
档案征集编研……233
《红色档案中的江宁记忆》宣传片发布……233
地方志……233
概　况……233
《江宁镇史话》出版……233
《人淡如菊—中国历代菊文精华选撷》发行……234
《石塘村志》出版……234
《江宁年鉴（2023）》出版发行……234
文化产业……234
概　况……234
江宁区文化产业高质量发展会议……234
江宁区文化消费十大创意场景发布……234
南京乡村民宿高质量发展论坛……234

卫生健康

综　述……235
概　况……235
医疗卫生体制改革……235
医护人员招聘培训……235
社区卫生服务……235
新增 2 家省级家庭医生工作室……235
区卫建委获评省爱国卫生运动 70 周年表现突出集体……235
全区卫生健康高质量发展大会……236
医疗卫生机构……236
概　况……236
医联体建设……236
首个过敏性疾病专科门诊开诊……236

江宁中医院二期工程投用……236
南京天印山医院启用……236
疾病预防与卫生监督……237
疾病预防控制……237
慢病综合防控……237
卫生应急……237
卫生监督……237
妇幼保健……237
概　况……237
妇女保健……237
婴幼儿保健……237
区妇计中心成为全省首家宫颈癌综合防治一体化示范点……238
妇计中心获评国家特色专科建设单位……238
健康促进……238
概　况……238
卫生城市复审……238
健康细胞创建……238
病媒生物防制……238
烟草危害控制……238
长安马自达汽车公司获省级健康企业称号……238
医政药政管理……239
概　况……239
中医药管理……239
新添首个省级中医重点专科……239
江宁中医院成为留学生中医药实践基地……239
省名中医工作室在江宁中医院签约挂牌……239

体　育

体育设施……240
概　况……240
体育场馆……240
全民健身器材管理……240
九龙湖南湖公园获评省示范体育公园……240
全民健身……241
概　况……241
全民健身活动……241
群众性运动会……241
体育社团管理……241
2023横山徒步大会……241
《国家体育锻炼标准》达标赛……241
江宁开发区首届企业龙舟赛……241
江宁区第七届业余足球联赛……242
2023年江宁区“全民健身日”暨“体育宣传周”活动启动……242
江宁区首届“村BA”……242
竞技体育……242
概　况……242
2023江宁大学城半程马拉松……242
2023全国健身瑜伽公开赛（汤山站）举行……242
全国青年U系列沙滩排球锦标赛在汤山开赛……243
江宁区第九届运动会开幕……243
区青少年业余体校入选国家高水平体育后备人才基地……243
体育产业……243
概　况……243
体彩销售……243
南京金陵马汇文化发展有限公司……243
南京汤山温泉房车营地……243

社会生活

人口与家庭……244
户籍人口……244
常住人口……244
暂住人口……244
流动人口……244
居民出入境及往来港澳台管理……244
婚姻与收养登记……244
生育服务管理……244
殡葬管理服务……244
劳动就业……245
概　况……245
促进就业……245
重点群体就业……245
职业技能培训……245
劳动监察维权……245
和谐劳动关系构建……245
收入消费……246
农村居民生活……246
城镇居民生活……246
社会保险……248
社会保险基金征缴……248
居民养老保障……248
企业机关事业人员养老保险……248
失业保险待遇审核……248
企业退休人员审批……248

工伤认定和劳动能力鉴定……248
社保稽核……249
基本医疗保险参保缴费……249
基本医疗保险待遇……249
职工基本医疗保险……249
城乡居民基本医疗保险……249
医保基金监管……249
长期护理保险……250
社会救助……250
最低生活保障与救助……250
临时救助……250
流浪乞讨人员救助……250
医疗救助……250
慈善救助……250
社会福利……251
儿童福利……251
老年人福利……251
残疾人福利……251
福利彩票销售……251
江宁跻身全省福利彩票销售十强区……251
住房保障……251
保障房住房建设……251
人才安居保障……252
公共租赁房保障……252
住房公积金管理……252
珑熹台租赁房项目获国家级奖项……252
房票安置选房工作启动……252
老龄事务……252
概　况……252
养老机构建设……252
医养结合服务……253
老年人健康服务……253
新增 6 家老年友善医疗机构优秀单位……253
关心下一代工作……253
概　况……253
青少年思想道德教育……253
校外教育辅导站建设……253
青少年法治宣传教育……253
社区建设……254
概　况……254
社区治理与示范创建……254
社区优化调整……254
社工队伍建设……254
社会组织管理……254
概　况……254
社会组织建设……254
公益服务……254
社团年检……255
民族宗教事务……255
概　况……255
民族团结进步创建……255
宗教领域综合治理……255
区基督教第六次代表会议……255
区佛教协会第二次代表会议……255

应急管理

综　述……256
概　况……256
综合安全防范治理……256
重点行业领域整治……256
应急演练及队伍建设……256
应急管理信息化建设……256
危险化学品安全监管……257
危险化学品行政审批……257
危险化学品生产监管……257
危险化学品运输监管……257
危险化学品储存监管……257
防灾减灾……257
防灾减灾体系建设……257
防灾减灾宣传……258
防灾减灾活动……258
防汛防旱……258
地质灾害防治……258
地震监测……258
安全生产……258
概　况……258
安全生产制度建设……258
安全生产监管……259
安全生产专项整治……259
消防救援……259
概　况……259
消防基层基础建设……259
执勤训练……260
消防宣传培训……260

街 道

东山街道……261
概 况……261
经济建设……261
政治建设……261
文化建设……261
社会建设……262
生态文明建设……262
社区卫生服务中心获评全国“预防接种示范示教单位”……262
材智汇创业园项目开工……262
秣陵街道……264
概 况……264
经济建设……264
政治建设……264
文化建设……264
社会建设……264
生态文明建设……265
秣陵获评全国森林草原防火工作先进单位……265
全区首个乡村“民法典”主题公园建成……265
下墟获评市首批儿童友好社区……266
汤山街道……267
概 况……267
经济建设……267
政治建设……268
文化建设……268
社会建设……268
生态文明建设……269
阜庄入选省级生态文明建设示范……269
汤山街道社区卫生服务中心新院区开诊……269
汤山首届足球联赛落幕……270
淳化街道……270
概 况……270
经济建设……271
政治建设……271
文化建设……271
社会建设……272
生态文明建设……272
淳化味稻小镇首届“村跑”举办……272
禄口街道……274
概 况……274
经济建设……274
政治建设……274
文化建设……275
社会建设……275
生态文明建设……275
禄口社工站获评省示范……276
禄口总工会获省模范职工之家称号……276
第 11 届南京禄口皮草嘉年华……276
江宁街道……277
概 况……277
经济建设……277
政治建设……278
文化建设……278
社会建设……278
生态文明建设……278
上湖村创成全国示范性老年友好型社区……278
黄龙岘茶文化村入选国家级旅游线路……279
谷里街道……280
概 况……280
经济建设……280
政治建设……280
社会建设……280
文化建设……281
生态文明建设……281
谷里获评中国最美村镇·乡村振兴标杆奖……281
谷里上榜省农业示范基地……281
公塘头村成为江苏省特色田园乡村……281
第七届中国·江苏蔬菜种业博览会……282
湖熟街道……283
概 况……283
经济建设……283
政治建设……283
文化建设……283
社会建设……283
生态文明建设……283
第二届湖熟水乡田园生活节……284
湖熟稻花节暨菊花展……284
横溪街道……285
概 况……285
经济建设……285
政治建设……285
文化建设……286
社会建设……286
生态文明建设……286
江宁横溪知识产权工作站挂牌……286

第 22 届中国·江宁横溪西瓜节开幕……287
横山村入选全国红色美丽村庄建设试点……287
麒麟街道……288
概　况……288
经济建设……288
政治建设……288
文化建设……289
社会建设……289
生态文明建设……289
首届“麒麟杯”足球赛开幕……289

人物　荣誉

新任区领导……290
黄成文……290
任　宁……290
翟　朋……290
姜　平……290
梅中亚……290
吴凌尧……290
先进人物……290
郭宏新……290
贾红平……291
新闻人物……291
中国好人……291
李先南……291
江永新……291
江苏好人……291
江永新……291
徐九根……292
刘文珍……292
陈爱玲……292
南京好人……292
李先南……292
江永新……292
徐九根……292
刘文珍……292
陈爱玲……292
戴明炎……292
宗克文……292
于行阳……293
黄永明……293
薛　峰……293
刘金富……293
葛道湖……293
逝世人物……293
张道福……293
韩福科……294

统计资料

2023 年江宁区地区生产总值统计表……331
2023 年江宁区固定资产投资统计表……332
2023 年江宁区社会消费品零售总额统计表……332
2023 年江宁区限额以上批发零售单位按商品分类社会消费品零售额（前 10 类）统计表……332
2023 年江宁区全体居民家庭人均可支配收入统计表……333
2023 年江宁区全体居民家庭人均消费支出统计表……333
2023 年江宁区农林牧渔业总产值统计表……334
2023 年江宁区主要农产品产量统计表……334
2023 年江宁区对外经济主要指标统计表……335
2023 年江宁区分区域地区生产总值统计表……335
2023 年江宁区分区域规模以上工业企业总产值统计表……336
2023 年江宁区分区域固定资产投资统计表……337
2023 年江宁区分区域社会消费品零售总额统计表……337
2023 年江宁区分区域一般公共预算收入统计表……338
2023 年江宁区分区域实际使用外资及港澳台资统计表……339

附　录

组织机构及负责人名录……340
2023 年度江宁区获市级（部门）以上表彰先进个人一览表……349
2023 年江宁区新增地名一览表……355

索　引

主题索引……361
文中图片索引……375
专题图片索引……376
表格索引……378

南京市江宁区人民政府工作报告

——在区第十八届人民代表大会第三次会议上

代区长 黄成文

（2024 年 1 月 4 日）

2023年工作回顾

2023 年是全面贯彻党的二十大精神的开局之年，是三年新冠疫情防控转段后经济恢复发展的一年。在习近平总书记亲临江宁考察紫金山实验室和南瑞集团的巨大鼓舞下，全区上下坚持以习近平新时代中国特色社会主义思想为指导，深入学习贯彻习近平总书记对江苏工作重要讲话重要指示精神，全力践行“走在前、做示范”重大要求，全面落实“四个走在前”“四个新”重大任务，认真落实中央、省市和区委各项决策部署，在区人大、区政协的监督支持下，弘扬“四敢”精神，突出真抓实干，全力推进“十个高质量发展”，较好地完成了区十八届人大二次会议确定的主要任务，预计全年完成地区生产总值 3100 亿元，增长 4.8%，一般公共预算收入 238.2 亿元，增长 17.4%，规上工业总产值 4166 亿元，增长 2.1%，外贸进出口 1378 亿元，实际使用外资 9.3 亿美元，连续 2 年入选全国创新百强区前十，连续 4 年稳居中国工业百强区前十。重点抓了以下工作：

一是全力稳增长、强产业，经济运行整体好转。全面实施推动经济运行率先整体好转“省 42 条”“市 33 条”“区 17 条”等政策措施，大力开展“五拼五比月月赛”活动，以有力政策举措助力经济回升向好。招大引强成果丰硕。出台《加强招商引资工作实施意见》等一系列针对性强、含金量足的政策措施，承办“投资中国年”暨“开发区对话 500 强”系列活动，开展德国、韩国等境内外专场推介会 60 余场，新引进亿元以上项目超 460 个、投资总额超 2500 亿元，其中五十亿级项目 5 个、百亿级项目 4 个，累计 9 次获得全市“拼招商比成效红旗”激励。重大项目支撑有力。坚持把重大项目作为扩大有效投资的“稳定器”，完成工业投资 276.7 亿元、增长 23.7%，美埃高端装备基地百亿级项目实现当年签约、当年开工，汇川机器人、苏博特新材料等 26 个项目主体封顶，盛鑫硅外延材料、中材锂膜等 50 个项目竣工投产。产业质效稳步提升。制定实施制造业强区三年行动计划，五大优势产业集群完成总产值 3492 亿元，增长 2.2%，智能配电设备产业集群作为全市唯一入选国家中小企业特色产业集群名单。获评国家级 5G 工厂 2 家、智能制造示范工厂 2 家、绿色工厂 1 家。37 个存量用地项目实质性开工，盘活存量用地超 2400 亩，新增产业载体 262.5 万平方米，入选全省首批盘活优化存量资产、扩大有效投资典型案例。江宁开发区入选全国首批碳达峰试点园区。消费需求持续回暖。精心组织汽车销售竞赛月等消费促进活动 120 余场，拓展数字人民币消费场景超 2100 个，105 家首店品牌入驻江宁；全年接待游客超 4000 万人次，旅游收入超 350 亿元，分别增长 18.4%、22.4%，牛首山游客量近 700 万人次、创历史新高，完成社会消费品零售总额 1103.5 亿元、增长 6.8%。发布促进房地产市场发展新举措，发放首批次购房补贴 2595 万元，完成房地产销售超 138 万平方米。

二是全力抓创新、促转化，发展动能更加强劲。创新平台加快建设。锻造国家战略科技力量，紫金山科技产业集团正式成立，完成紫金山实验室未来网络试验设施 40 个骨干节点建设和 6G 重大项目研制任务，发布内生安全理论及标准体系、基础芯片等重大科研成果，国家“东数西算”二期工程“安全新总线”示范项目成功获批。中国科学院南京分院“一院四所”迁建项目全面建成，南京智能计算中心获批国家新一代人工智能公共算力开放创新平台。6 家国家重点实验室重组获批入围。长三角智能制造与装备创新港落地运行。江苏省药品监督管理局审评核查南京分中心正式启用。成功举办第三届全球 6G 技术大会、第三代半导体产业创新发展大会、第七届未来网络发展大会。未来网络未来产业科技园作为全国首批、全省唯一试点启动建设。创新集群加速壮大。新增规上工业企业 104 家，高新技术企业总量突破 2400 家，备案科技型中小企业突破 5000 家，新增国家级专精特新“小巨人”企业 47 家、总量达 84 家，新增数、总量蝉联全省区县第一。茂莱光学、波长光电成功上市，上市企业累计达 47 家、位列全省区县第二。高新技术产业投资额达 183 亿元，增长 23%，技术合同成交额突破 190 亿元，位列全市第一。创新生态日益完善。出台“校地人才共建 12 条”“人才强区 16 条”，承办 2023 紫金山菁英人才节，自主培育国家重点人才工程专家 26 名，组建省级人才攻关联合体 5 个。新增国家级科技企业孵化器 3 家。长三角（南京）科创金融中心揭牌运作。高质量举办国际标准化（麒麟）大会，新增制定国际标准 3 项、国家标准 30 余项。万人有效发明专利 164 件，获首届江苏专利金奖 3 项。获批国家知识产权服务业高质量集聚发展试验区。南瑞继保、南京工装公司荣获省长质量奖。

三是全力推改革、扩开放，内生动力有效激发。重点改革蹄疾步稳。出台“一明确九支持”十条激励措施，向园区赋权赋能，助力园区做大做强，江宁开发区整建制托管未来科技城，麒麟科创园与麒麟街道深化联动、融合发展。深化街道综合行政执法改革，“园街吹哨、部门报到”工作机制更加健全。深入开展国企战略性重组和专业化整合，重整设立江护集团、投资促进公司、大数据公司、国众配送公司，加快推进区属国企市场化转型。发展保障性租赁住房、深化减污降碳协同增效等 4 项改革成果获省政府督查激励。营商环境不断优化。以投资建设项目审批制度改革为突破口，全面推行项目土地“征供并联一体化”、项目土地带方案出让、工业项目“全链”审批服务等工作机制，创新开辟重大项目建设绿色通道，全流程审批用时由 198 天压缩至 123 天。“一件事一次办”事项范围扩大至 47 项，办理时间平均压减 60% 以上。新增市场主体 4.2 万户，总量达 36.3 万户，均位居全市首位。开放合作成效显著。成功引进长三角跨境电商中心，百家湖硅巷跨境电商产业园正式揭牌，侨智港建成运营。加快国家知识产权服务出口基地建设，开设韩国首尔海外运营中心，引进境外服务机构 5 家。8 家本地外资企业实现未分配利润再投资 2.18 亿美元，增长 23.9%。外贸市场主体累计超 1800 家。与特克斯、洛南等地对口支援协作取得新成效。

四是全力提品质、优功能，城乡环境更加宜居。功能配套更趋完善。高水平编制完成国土空间总体规划，117 个村庄规划编制全部启动。地铁 5 号线江宁段启动不载客试运行，绿都大道南延、润麒路等 25 条新建市政道路建成通车，文靖路跨宁杭高速桥、跨秦淮河桥顺利贯通，完成主城区小微堵点整治 10 处。鼓山路口袋公园、牛首山河“梧桐语”小型城市客厅向公众开放，新增公共绿地面积 20.3 万平方米。新辟、优化公交线路 25 条，更新改造 100 座镇村公交候车亭。生态环境持续改善。实体化运作环委办，高标准抓好第二轮中央环保督察交办问题、长江经济带警示片披露问题整改，完成玉带圩、鞭鞍河、金村沟等问题区级销号，基本完成云台山硫铁矿问题整改。深入实施水环境综合治理三年行动，完成长江入河排污口整治 130 个，8 个国省考断面水质全部达标。深入落实河湖长制，创成幸福河湖 46 条。完成年度治气项目 700 个，空气质量优良天数比率 80.9%，同比提升 4.7%。被评为国家水土保持示范县。城市治理精细有序。创新开展“城乡环境大整治、精细治理大提升”月月赛活动，深入开展“美好家园”建设三年计划，完成老旧小区改造 5 个，提档升级背街小巷 30 条，老旧小区、保障房小区业（管）委会组建率达 84.8%。探索推广可回收物市场化回收处置，城市生活垃圾资源化利用率超 70%。成立区城市综合养护发展中心，实现市政设施一体化养护。开辟各类停车泊位超 2.1 万个。完成 15 个房屋征收项目扫尾清零。乡村振兴纵深推进。落实最严格的耕地保护制度，清单式推进非耕地图斑整改，新建高标准农田

2600亩。创成省级特色田园乡村4个、国家等级民宿6家，黄龙岘茶文化村入选“2023世界旅游联盟——旅游助力乡村振兴案例”。承办全国农村产权流转交易规范化建设座谈会，创成国家农产品质量安全区、首批全省生态宜居美丽乡村示范区。连续三年获评全省乡村振兴实绩考核第一等次。

五是全力补短板、惠民生，幸福指数稳步提高。共同富裕扎实推进。城乡居民人均可支配收入分别达76693元、37525万元，分别增长3.9%、6.1%，农村居民收入增幅持续高于城镇居民。成立区集体经济发展公司，章村等6个社区入选省“百强社”。开展“百所高校江宁行”拓岗挖潜行动，构筑“零工市场”“家门口”就业服务站载体矩阵，建成5座“宁青驿站”，新增城镇就业4万人，支持成功自主创业超4500人，为各类人才提供安居保障服务超3.7万人次。社会保障坚实有力。扎实做好“一老一小”服务保障，建成乡村互助养老睦邻点25个，建成投用居家养老服务中心10个、公建民营托育机构2家。试点推广城乡居民基本养老保险集体补助，江宁“幸福保”首次参保8万人，理赔人员平均每人次赔付超4000元，有效减轻群众医疗费用负担。在全市率先实施跨区域房票安置，盘活闲置安置房房源1157套，建设安置房170万平方米，交付9640套。筹集保障性租赁住房3220套，珑熹台租赁房项目荣获住建部“广厦奖”。公共服务优化升级。实施义务教育阶段集团化办学，新改扩建中小学幼儿园12所，新增优质公办学位近1万个，创成省义务教育优质均衡发展区。推进紧密型城市医疗集团建设，江宁老年医院、妇幼保健院、5家社区卫生服务中心开工建设，江宁中医院二期、天印山医院投入使用，新改扩建社区卫生服务站点60个，上榜全国生育友好工作先进单位。文体事业繁荣发展。成功举办区第九届运动会、江宁大学城半程马拉松，承办全国青少年龙舟锦标赛等高等级赛事24项。百家湖文化中心（江宁美术馆）、区级职工服务中心开放运营。入选省级非物质文化遗产名录9项，建成省级非遗工坊1处。公共文化服务领域获两项国家典型案例。区博物馆、麒麟街道乡愁馆获评省最美公共文化空间，九龙湖南湖公园获评省示范体育公园。

六是全力守底线、防风险，治理效能显著提升。安全韧性持续增强。一体推进重大事故隐患排查、重点领域专项整治巩固提升、深化“治本攻坚”三大行动，实施村级企业、保障房和老旧小区消防隐患、小型经营场所等集中整治行动，积极推进城市生命线工程、街道应急管理—消防一体化工作站建设，生产安全事故起数、死亡人数实现“双下降”，获评省级安全发展城市创建工作先进地区。重大风险有效防范。扎实推进隐性债务化解，严控经营性债务规模和成本，有效压降融资平台公司数量，政府性债务规模和债务率得到有效控制。中南上悦花苑二期等6个“保交楼”项目平稳交付，有效防范非法集资、预付卡等领域风险。积极应对极端天气冲击，

10月15日，UTO助力首百国际越野挑战赛在汤山旅游度假区举行。图为比赛现场 （汤山旅游度假区 供图）

阜东水库等消险工程全面完成。食品药品安全监管持续加强。持续开展扫黑除恶、反电诈专项行动，群众安全感测评近99.7%，平安江宁水平不断提升。基层治理更加高效。纵深推进城市运行“一网统管”三年行动计划，建立基层数据资源“一次采集、多方共享”机制。成立区基层治理学院和人民调解学院，优化调整大型社区17个。实施政务热线“诉来速办、未诉先办”工作机制，成立“12345”群众诉求集中快处中心，诉求工单、投诉量分别下降19.7%、53.3%。深入实施信访问题源头治理三年攻坚行动，常态化落实领导干部接访下访和包案化解制度，创新开展“公开接访日”活动，一批信访积案得到妥善化解。

在推动经济社会发展过程中，我们始终把政治建设摆在首位，着力加强政府自身建设，不断提高政府服务效能。精心组织开展第二批主题教育。牢牢把握“学思想、强党性、重实践、建新功”的总要求，坚持“四下基层”，走好群众路线，一体推进理论学习、调查研究、推动发展、检视整改等重点措施，解决了吉山铁矿一期棚改分房等一批群众急难愁盼事项。扎实做好问题整改“后半篇文章”。高度重视省委巡视反馈问题整改，主动认领问题、细化整改措施，以立行立改的力度狠抓销号化解；坚决抓好市纪检监察建议反馈问题整改落实，深入开展国有资产管理、政府投资项目建设、工程招投标等重点领域整治，三大类、26个具体问题基本整改到位。大力推进法治政府建设。在全省率先出台党政主要负责人依法行政能力考核评价办法，建立行政应诉全流程督导工作机制，创新设立17个行政执法监督企业联系点。自觉接受区人大及其常委会法律监督、工作监督和区政协民主监督，办理区人大代表建议187件、区政协委员提案289件，办结率、满意和基本满意率均达100%。落实“过紧日子”要求，公用经费定额压减20%。

与此同时，工会、妇女、青少年、红十字、残疾人、老年教育、慈善、关心下一代、对外友好等事业实现新进步，人武、双拥、史志、档案、侨台、人防等工作开创新局面。

各位代表，奋斗饱含艰辛，成绩来之不易，这是市委、市政府和区委坚强领导的结果，是全区人民团结拼搏的结果。在此，我代表区人民政府，向在各个岗位上辛勤工作、无私奉献的全区人民，向给予政府工作大力支持的人大代表、政协委员、各民主党派、工商联、无党派人士、各人民团体，向守护城市安宁的驻区各部队、公安干警、消防救援人员，向关心支持江宁改革发展的高校科研院所、广大企业家和海内外朋友们，致以崇高的敬意和诚挚的感谢！

在总结成绩的同时，我们也清醒地认识到发展中存在一些问题和短板：经济运行压力较大，房地产对经济贡献有所下降，外贸出口出现波动，市场有效需求不足，部分经济指标未达预期；产业链与创新链融合发展还不够，科技成果本地转化链条仍需进一步打通，燃油汽车等传统产业转型较慢，战略性新兴产业规模和创新能力有待提升；民生保障水平还不够高，优质公共服务供给还不够均衡，安置房建设欠账较多；财政收支处于“紧平衡”状态，隐债化解和经营性债务管控压力加大；政府系统作风建设有待加强，工程建设、招投标、国企等重点领域违纪违法问题时有发生，权力集中、资金密集、资源富集的单位权力运行机制亟须完善。对此，我们将采取有力措施，认真加以解决。

2024年工作安排

今年是新中国成立75周年，是全面完成“十四五”规划目标任务的关键一年，做好今年的政府工作意义重大。我们必须坚定发展信心和战略定力，进一步看清形势、适应趋势、发挥优势，主动担当作为、狠抓工作落实，推动江宁高质量发展迈上新台阶。

今年政府工作的总体要求是：坚持以习近平新时代中国特色社会主义思想为指导，全面贯彻落实党的二十大和二十届二中全会精神，深入贯彻落实习近平总书记对江苏工作重要讲话重要指示精神，按照中央经济工作会议和省市区委部署要求，全面落实“四个走在前”“四个新”重大任务，聚焦经济建设这一中心工作和高质量发展这一首要任务，坚持稳中求进工作总基调，完整准确全面贯彻新发展理念，主动服务和融入新发展格局，统筹扩大内需和深化供给侧结构性改革，统筹新型城镇化和乡村全面振兴，统筹高质量发展和高水平安全，牢记嘱托、感恩奋进，勇挑大梁、敢为善为，全力推进“十大行动”，以更加过硬的“强富美高”实践成果，奋力谱写中国式现代化江宁新篇章。

今年全区国民经济和社会发展的主要目标是：地区生产总值增长5.5%以上，一般公共预算收入增长6%，全社会固定资产投资增长5%，社会消费品零售总额增长5%以上，规上工业总产值增长6%以上，全体居民人均可支配收入增幅与经济增长基本同步，其中农民收入增速高于城镇居民。节能减排、大气和水环境质量等约束性指标确保完成市下达的目标任务。重点做好八个方面工作：

一、巩固稳中有进的经济发展势头。坚持发展是第一要务，全力扩投资、促消费、强信心，增强经济发展内生动力。

全面扩大有效投资。深入开展“招商攻坚突破年”行动，持续强化“一把手”招商、产业链招商、以商引商、基金选商，瞄准重点央企、头部民企、知名外企精准发力，精心举办未来网络发展大会等品牌招商活动，全年招引优质项目240个，其中百亿级项目4个、五十亿级项目4个。充分发挥重大项目办专班作用，落实重大项目全生命周期管理服务、绿色通道、全程代办等机制，抓紧抓牢194个区级以上重大产业项目建设，加快推进中电建华东科创中心、中国能谷中央商务区等83个省市重大项目，上汽大通新能源车型、泉峰电动工具等50个项目建成投产，推动工业投资增长20%以上。用好专项债券、政策性开发性金融工具，加快建设地铁3号线三期、126省道（江宁段）改扩建工程等一批强基础、增功能、利长远的重大基础设施项目，以政府投资有效带动全社会投资。

全面激发消费活力。以国际消费中心城市示范区建设为引领，高品质打造百家湖等中心商圈，开业运营南京首家开市客，支持百家湖1912街区创建国家级夜间文化和旅游消费集聚区，不断提升区域影响力和消费吸引力。大力发展首店经济、品牌经济、假日经济，推广数字人民币应用，持续培育消费热点，着力打造“乐享江宁·四季有约”消费品牌。积极承办南京国际消费节等促消费活动，适时发放新能源汽车消费补贴，充分释放大宗商品消费潜力。支持刚性和改善性住房需求，科学统筹商品房供应结构、节奏及规模，完成商品房销售130万平方米，促进房地产业良性循环和健康发展。

全面提振市场信心。大力支持民营经济和民营企业发展壮大，落实各项惠企政策，帮助中小微企业渡过难关、恢复发展。常态开展企业走访调研、挂钩服务，用好“服务企业·面对面”、企业成长陪伴计划等政企对接平台，确保企业诉求“件件有着落、事事有回音”。坚持“抓大”“强中”“扶小”协同发力，鼓励链主企业开展垂直整合、兼并重组，引导中小企业深耕细分领域，加快形成百亿领航、十亿带动、规上支撑的企业方阵。发挥长三角（南京）科创金融中心作用，引导金融机构加大对中小微企业、科技创新、绿色发展等支持力度，全年信贷投放超4000亿元。

二、打造活力迸发的科技创新高地。全力推动“四链”深度融合，加快建设具有全球影响力的产业科技创新中心示范区。

突出重大平台牵引。加快构建以“两大科技城+三大先行示范园区”为引领的高能级创新矩阵，支持毫米波等6家全国重点实验室创新发展，着力提升重大创新策源能力。高水平规划建设紫金山科技城，高效运作紫金山科技产业集团，全力支持紫金山实验室面向国家战略需求凝练重大科研任务，在未来网络、普适通信、内生安全三大方向聚力突破，做好CENI一期验收，加快推进CENI二期、6G重大试验平台等项目预研。推动麒麟科技城高端创新资源加速集聚，启动中国科学院大学南京学院二期建设，建好信息高铁科技创新综合实验平台一期、南京未来能源系统研究院等创新引擎。

加速创新成果转化。强化企业创新主体地位，落实研发费用加计扣除政策，鼓励企业加大研发投入。推动原创药物技术创新研究院、江苏运动健康研究院等开展原始创新、技术攻关，实施“揭榜挂帅”项目10项以上。精准对接驻区高校院所“朋友圈”“上下游”资源，建立“院所+技术经纪人+企业”成果转化机制，做大做强“院所经济”，全年实施产学研合作项目100项以上。启动国家知识产权服务业高质量集聚发展试验区建设，有效发明专利增长10%以上，技术合同成交额突破200亿元。

培优创新生态氛围。加强创新型企业梯度培育，全年备案科技型中小企业总量达5000家，净增高新技术企业280家，新增上市企业3家。大力实施专精特新企业培育三年行动，新增省级以上专精特新企业超100家。深入推进质量强区建设，培育市级以上政府质量奖企业3家，参与制定国际、国家标准16项。深入实施“紫金山英才·江宁百家湖计划”，放大“人才强区16条”政策效应，新增科创载体8个，引进高层次人才超200人，培育高技能人才1800人，建设“近悦远来”的青年发展型城市。进一步优化整合全区政府投资基金，聚焦项目招引和科技成果转化，采用“拨投结合”方式，完善全生命周期金融服务体系，推动“科技—产业—金融”良性循环。

三、构建竞争有力的现代产业体系。聚焦实体经济，瞄准主攻方向，系统精准发力，持续推动产业高质量发展。

推动先进制造业提档升级。聚焦“5+4+5”创新型产业集群，大力推进新型工业化，有效发挥13个制造业工作专班作用，深入推进强链补链延链，净增规上工业企业100家，规上工业总产值突破4400亿元。大力实施优势产业“倍增行动”，依托南瑞集团、中兴通讯等龙头企业，推动产业链价值链向高端攀升，确保智能电网、高端智能装备产业产值均增长7%以上。大力实施先导产业“领航行动”，加快链式布局、集聚发展，落地一批具有影响力、带动力的标志性项目，先导产业产值占工业总产值比重提高1个百分点。大力实施未来产业“加速行动”，攻关一批关键核心技术，推出一批标杆应用场景，积极推进第三代半导体国家技术创新中心（南京）平台建设，创成国家级元宇宙产业创新应用先导区，构筑未来产业创新发展高地。推进制造业智能化改造和数字化转型三年行动，规上工业企业免费诊断全覆盖，新增省级以上智能制造示范工厂（车间）15家，规上数字经济企业总量达400家。

推动现代服务业提质增效。以南京开展服务业扩大开放综合试点为契机，实施现代服务业领军企业培育计划，新增规上服务业企业40家以上，推动服务业增加值增长5.5%。深化文旅产业融合发展，放大牛首山、园博园、金陵小城等旗舰文旅项目带动效应，加快推进“方山南”现代都市田园项目规划建设，合作运营南京江宁国际电竞中心，打造更多文旅消费新场景，全面打响“来江宁织造幸福”等文旅品牌。大力培育总部经济、枢纽经济，放大省物流产业促进会、高铁枢纽经济区金融服务联盟等平台效应，打造华东片区物流产业总部，新增市级总部企业4家以上。打造江宁悠谷科创金融街区，加快金融服务集聚区建设，金融业增加值达110亿元。聚焦智慧出行、对外贸易、智能家居等领域，引进一批平台头部企业、特色企业，做优做强平台经济。

推动园区街道提标创优。落实区委常委会集体调研园区街道精神，全力支持板块差异化、特色化发展。江宁开发区要扛起经济建设主阵地、招商引资主力军的责任，全力推进主导产业转型升级，加快壮大战略性新兴产业规模，力争在百亿级、五十亿级重大产业项目招引上实现新突破，以产业高质量发展助推重回国家级经开区历史最好位次。麒麟科创园要夯实“两个承载区”建设，有力拓宽产业科技创新通道，深入挖掘“中科系、华能系”产业资源，引进落地一批新一代信息技术、智能制造、人工智能产业项目，以及区域性、功能性央企总部机构，全力打造现代化科技新城。江宁高新区要发挥高校资源集聚优势，聚焦生物医药、装备智造、绿色汽车、元宇宙等主导产业，聚力打造细胞与基因治疗产业园、风电和储能装备产业园、金陵美妆园等特色产业园，培育百亿级“数字科技谷”，塑造以新质生产力为主支撑的城市创新区。滨江开发区要聚焦高端制造，以建设新能源、新材料百亿级产业集聚区为抓手，做大做强优势产业链，推动规上工业总产值突破千亿大关，巩固提升千亿级先进制造业基地地位和优势。汤山度假区要以长三角智能制造与装备创新港建设为牵引，加速推动汤山、上峰工业园区转型升级；以建设世界级旅游度假区为目标，深度融合、统筹开发片区文旅康养体育赛事资源，进一步做大客流、集聚人气。各街道要强化经济职能，更大力度推进18个街道中小工业集中区转型升级，推动15个高标准厂房项目开工建设，盘活低效闲置用地2000亩。

四、激活强劲澎湃的改革开放动能。推动更深层次改革，实行更高水平开放，不断破解瓶颈制约，更好激发动力活力。

深化重点领域改革。持续放大改革示范引领效应，完善“一园街一特色、一部门一课题”改革推进机制，力争形成更多原创性、特色化改革成果。系统高效推进“放管服”改革，常态化推进工业项目“全链”审批服务，深化“一件事一次办”集成服务，推进综窗改革和园区“政务港”建设，政务服务事项网上可办率达95%。稳妥有序完成机构改革各项任务，构建系统完备、科学规范、运转高效的政府机构职能体系。大力探索“三块地”改革，全面激活农村各类要素潜能。

提升国有资产效益。深入实施新一轮国企改革深化提升行动，加快推动国企集团以市场化方式整合重组，持续完善业务经营、监督管理、绩效考核等制度，优化国有资本布局，促进国有资产更好保值增值。加快推进园区政企分开、市场化转型，围绕“一园区一公司”目标，优化整合园区下属国有企业，形成“集团公司 + 专业型公司”的“1+N”运营体系。进一步压减融资平台公司数量、控制经营性债务成本，用好国企平台“资金池”，加强经营性债务目标管控。全力支持区属国企更大范围、更高层次“走出去”，加强与头部央企、实力民企、专业基金等合作，实现更多重大项目、高端资源在江宁布局落子。

做强开放平台能级。深入开展跨境贸易便利化专项行动，持续提升综保区、空港跨境电商产业园等开放平台运营水平。依托国家知识产权服务出口基地，鼓励优质企业“抱团出海”、拓市场抢订单，支持重点企业争创省级出口品牌，实现外贸进出口稳中提质。统筹抓好外资新项目招引和原有项目增资扩股、利润再投，全年实际使用外资9.3亿美元。深度融入长三角一体化、南京都市圈重大战略，加快推进江宁—博望跨界一体化发展示范区建设，深化东西部协作、对口支援、南北结对帮促合作。

五、建设美丽宜居的现代品质新城。坚持融合化方向、精品化意识，有序实施八大类372项城建项目，推动城乡建设补短补缺、提质提效。

聚力提升功能品质。以南京主城南部片区空间整合为契机，加快土山机场搬迁，推进片区城市设计及控规编制。加快澤桥片区、上坊组团中心区等规划调整，完善配套服务设施，进一步提升主城城市品位。服务保障扬镇宁马铁路、宁芜高速公路等对外通道建设，强力攻坚天印大道北延、东麒路北延等9条跨区域“断头路”，强化与周边区域的互联互通。持续推进诚信大道快速化改造，新建金山路西延、翠园路等26条市政道路，地铁5号线江宁段开通初期运营，让市民出行更加便捷。加大房屋征收扫尾攻坚力度，全力保障宁马市域（郊）铁路等重点项目建设。积极争取黄泥塘片区纳入国家城中村改造计划，抓好百家湖硅巷、土山路沿线等重点片区小尺度、渐进式城市更新。

聚力抓好城市治理。坚持文明创建以常态促长效，持续攻坚门前“三包”、交通秩序管控、背街小巷治理等难题，推动文明指数测评保持全市前列。高质量推动生活垃圾分类全覆盖,健全区街村（社区）三级回收体系，加强生活垃圾统管统运、日产日清，加快推进环卫应急中心等基础设施建设，垃圾分类集中处理率保持在98%。推进智慧停车、共享停车，新增公共经营性停车场30处、停车泊位8000个，新建公共领域充电桩3200个，优化公交线路15条，努力解决群众停车难、出行难等突出问题。

聚力推动乡村振兴。加快农业科技自主创新体系建设，深入实施优质水稻、健康水产、绿色蔬菜、精品兰花、高端奶牛等种业振兴行动，积极发展休闲农业、创意农业等新兴业态，新增区级以上农业龙头企业10家、示范家庭农场20家。全面落实粮食安全和耕地保护责任，严防耕地“非农化”“非粮化”，年内新建、改造高标准农田8.5万亩，确保粮食种植面积稳定在42万亩以上、产量保持在22万吨以上。完成117个村庄规划编制，新建农村公路29公里、桥梁15座，改善老旧农房4000户。学习运用浙江“千万工程”经验，深入实施农村人居环境整治提升行动，创成省级宜居宜业和美乡村10个以上、省级特色田园乡村2个以上。

六、厚植特色鲜明的生态文明优势。坚持生态优先、绿色发展，推进减污降碳协同增效，推动生态环境持续向好。

深入推进环境污染防治。坚决抓好中央环保督察、省专项督查等各类交办问题整改销号，加快茨山矿等突出问题整改。统筹抓好PM2.5和臭氧浓度“双控双减”，加强工业废气、餐饮油烟、工地扬尘等领域整治，扎实开展无异味园区创建，完成VOCs治理项目600个，空气质量优良天数稳中提升。大力实施水环境综合治理三年行动，启动谷里、禄口污水处理厂建设，开展外港河片区初雨收集调蓄试点，确保断面水质稳定达标。深入推进“无废城市”建设，强化土壤污染源头防控，全力开展危废专项整治行动，提高土壤安全利用水平。

加快构建绿色产业体系。完善能耗双控管理制度，启动江宁开发区碳达峰试点建设，强化“两高一低”项目源头管控，淘汰低端低效产能项目7个。培育壮大节能环保、清洁生产、清洁能源等产业，加快光伏、新型储能等技术攻关和产品应用，推动水泥等行业绿色化改造，建成投用南京协鑫集中式共享储能项目，单位工业增加值能耗下降1.5%。倡导绿色消费，引领形成节约适度、绿色低碳、文明健康的生活方式和消费模式。

坚决筑牢绿色生态屏障。持之以恒抓好长江大保护和“十年禁渔”，全域开展入江入河排污口和污水管网错接混接排查整治，持续推进句容河综合整治，积极建设新济洲“生态岛”试验区。严格落实生态红线和生态空间管控区刚性保护措施，全面推行林长制，实施森林抚育1.2万亩、绿化造林500亩。开展生态环境损害赔偿制度改革试点，加快推进碳排放权、用能权、用水权、排污权等市场化交易，优化资源环境要素市场化配置方式，让生态效益更好转化为经济效益、社会效益。

七、绘就群众满意的民生幸福画卷。实施促进共同富裕各项举措，推动百姓富裕富足、服务普及普惠、保障更全更优。

多渠道促进富民增收。充分发挥江宁高校毕业生就业联盟作用，大力实施青年就业服务攻坚行动，持续办好“梧桐林杯”青创赛、“感知江宁”校企对接系列活动，高标准建设技能人才和劳务协作基地、退役军人创业孵化基地，新增城镇就业3.5万人，支持自主创业3500人。高效运营区集体经济发展公司，打造一批城乡融合共富产业园，带动村民和村集体经济“双增收”，集体经济相对薄弱村实现村均集体稳定性收入300万元以上。因村制宜发展精深加工、中央厨房、预制菜、民宿宿集等新赛道，拓展抱团联合、“飞地”经济等新路径。

多维度强化社会保障。加强对最低生活保障对象及边缘人口、特困人员、支出型困难人口等动态监测和常态化帮扶，完善分层分类的社会救助体系。深入实施全民参保计划,宣传推广“宁惠保”“幸福保”等补充医疗保险，完善多层次医疗保障体系。发挥区退役军人关爱基金作用，打造退役军人“全链式”服务。下大力气解决超期安置问题,用好“房票”安置、回购安置、片区调剂等“应分尽分”措施，建设安置房100万平方米，竣工交付1万套。筹集保障性租赁住房2100套，打造一批示范性租赁社区。

多领域优化公共服务。做好“一老一小”服务保障，建立健全婴幼儿照护和基本养老服务体系，建成区级托育综合服务中心，新增三级以上居家养老服务中心10个，打造省级以上老年友好型示范社区3个。有序推进集团化办学，积极引进市内名校资源，加快推进25所学校新改扩建项目建设，确保滨江开发区学校、汇通路小学等13所学校建成交付，创成江苏省高质量平安校园建设区。深化与省市知名医院共建合作，省中医院牛首山分院投入使用，鼓楼医院江宁院区（区妇幼保健院）主体封顶，服务保障省脑科医院开工建设；推动优质医疗资源均衡布局，大力推进江宁中医院一期改造，加快老年医院主体施工，土桥、淳化、秣陵社区卫生服务中心新改扩建项目竣工，建成禄口区域急诊急救中心，构建“15分钟医疗卫生服务圈”。打造湖熟文化展示馆，推动南唐二陵创建全省第一批考古遗址公园，启动全国广播电视基本公共服务县级标准化试点，创建全国全民运动健身模范区。开工建设区殡仪馆新馆。深入实施燃气安全“四进”行动，龙都、铜山等五个老集镇实现通气。

各位代表，我们始终坚持财力向民生、向基层倾斜，让政府“干的事”精准对接群众“盼的事”，在广泛征求各方意见的基础上，本着尽力而为、量力而行原则，今年遴选12类37项民生实事项目提交大会，请各位代表审议票决。我们将认真办好每一件实事，努力在更高水平上保障和改善民生。

八、筑牢和谐稳定的安全发展底线。切实增强忧患意识，坚持底线思维，严紧细实抓好风险隐患防范化解，努力实现高质量发展和高水平安全的良性互动。

巩固提升本质安全水平。严格落实“三管三必须”和属地管理责任，全力巩固三大专项整治攻坚行动成效。坚持“小切口、抓关键”，深入实施安全生产“治本攻坚”三年行动，落实“15个专委会扎口负责”机制，清单化推进危化品、既有建筑、城镇燃气、道路交通等重点整治任务，加快成元路、黄泥塘、金龙路“三大片区”集中治理，夯实筑牢安全防线。高效运作街道园区消委办，深入开展“生命至上、隐患必除”消防安全专项行动，开工建设铜山、麒麟消防站，全力压降火灾起数。

防范化解重点领域风险。严格全口径债务管理，持续做好隐性债务防范化解，控规模、降成本、防风险，保持债务率总体稳定、债务风险等级不返色。完善金融、房地产等领域风险监测预警分析机制，牢牢守住不发生系统性风险底线。有序实施汤水河洪巷段等8个防汛消险工程，启动20座重点塘坝除险加固，提升暴雨等极端灾害天气应对能力。强化食品药品安全监管，巩固省级食品安全示范城市创建成果。

持续提高社会治理能力。强化区数治中心分析研判能力，加快推进“四标四实”建设，拓展“一网统管”场景应用。全面推进大型社区优化调整，完成岔路社区、天景山社区等8个大型社区拆分工作。持续开展物业管理专项提升行动，推动老旧小区、安置房小区业（管）委会成立全覆盖。坚持和发展新时代“枫桥经验”，常态化开展“治理重复信访、化解信访积案”专项工作，制度化开展“公开接访日”活动，正式投用区人民来访接待中心和区社会矛盾纠纷调处中心，高效办理初信初访，提高首次访化解率，努力把矛盾化解在早、化解在小。深化平安江宁建设，推进扫黑除恶常态化，深入推动“警网融合”，群众安全感保持在99%以上。

在新时代新征程上更好地“扛起新使命、谱写新篇章”，必须加强政府自身建设。我们将以更高的标准、更好的状态，狠抓落实求突破，强化责任勇担当，不断提高政府治理体系和治理能力现代化水平，努力建设人民满意政府。一是坚持把政治建设摆在首位。严格落实“第一议题”制度，巩固深化主题教育成果，深刻领悟“两个确立”的决定性意义，进一步增强“四个意识”、坚定“四个自信”、做到“两个维护”。不折不扣贯彻中央和省市决策部署，坚决有力落实区委工作要求，做到步调一致、令行禁止，把党的全面领导落实到政府工作各领域全过程。二是坚持把法治建设贯穿始终。深化法治政府建设，大力实施行政执法质量提升三年行动，持续压降行政诉讼发案量、败诉率。坚持科学决策、民主决策、依法决策，严格执行政府重大行政决策程序，加强政府合同、规范性文件合法性审查。高质量办好人大代表建议、政协委员提案，主动接受人大法律监督和工作监督、政协民主监督，自觉接受社会和舆论监督，深化政务公开，让权力在阳光下运行。三是坚持把廉政建设挺在前面。纵深推动全面从严治党，严格落实党风廉政建设工作责任制，扎实做好省委巡视、巡察审计和市纪检监察建议反馈问题整改“后半篇文章”。坚决贯彻中央八项规定及其实施细则精神，驰而不息纠治“四风”。聚焦政府投资项目、国资国企、公共资源交易等重点领域，抓好隐患排查、建章立制、风险管控等工作，引导政府系统党员干部牢固树立和践行正确政绩观。习惯“过紧日子”，强化预算约束和绩效管理，严控“三公”经费和一般性支出，把更多财力用到保民生、促发展上。

各位代表，实干铸就伟业，奋斗开创未来。让我们更加紧密地团结在以习近平同志为核心的党中央周围，深入学习贯彻习近平总书记重要讲话精神，在市委、市政府和区委的坚强领导下，坚定信心、同心同德，埋头苦干、砥砺奋进，为谱写“强富美高”新江宁现代化建设新篇章而努力奋斗！

攀“紫金之巅”育“科创森林”

——江宁加快形成新质生产力观察

科技型企业突破1万家，平均每天获58个专利授权，建成高端智能装备等4个千亿级产业集群……在江宁，一组鲜活数据，折射科创引擎强劲、发展“后浪”汹涌。

作为南京市经济体量最大的板块，江宁近年来依托科技创新加快形成新质生产力，全力打造具有全球影响力的产业科技创新中心示范区。《2023年赛迪创新百强区研究报告》显示，江宁创新水平位列全国第七、继续蝉联江苏省第一。

锚定原始创新，化科教优势为发展优势

只需动动手指，就能精准操控井下240米深处的采煤机，实现“一键采煤”；远程操纵300公里以外的手术机器人完成高难度手术，时延不超过6毫秒……依托紫金山实验室攻克的网络信息关键技术，这些应用场景已经变成现实。

2018年，这个以城市“最高海拔”的山命名的国家级实验室落户江宁。实验室大厅内，“原始创新、顶天立地、世界第一、不可替代”16个字的愿景格外醒目。

受聘担任实验室主任兼首席科学家的中国工程院院士刘韵洁说，紫金山实验室组建了由1000多名研发人员组成的强大团队，专注于未来网络、网络通信、网络安全等领域，开展基础性、前沿性研究和“卡脖子”技术攻关。

江宁东北部的麒麟科创园，京沪高铁穿园而过，一列虚拟的“信息高铁”也从这里“驶出”。园区内的信息高铁开放实验室实现南京、北京、郑州、重庆等城市数据中心算力并网，推动IT3.0信息基础设施进入“中国时代”。

“‘信息高铁’项目从提出意向到正式落户，只用了不到一年时间。”中科南京信息高铁研究院副院长田霖见证了信息高铁开放实验室建设的全过程，江宁的支持力度和行动速度让她印象深刻。

引来一个，带来一片。瞄准国家战略、产业需求，更多“国之重器”落子江宁，“国家队”高端创新资源加速集聚。6.7平方公里的麒麟科技城核心区聚集了包括信息高铁综合试验场在内的4个中国科学院重大科技基础设施项目，成为除北京中关村以外“中科院系”创新资源集聚程度最高的区域之一；国家第三代半导体技术创新中心（南京）、江苏省产业技术研究院用能互联网研究所纷纷入驻江宁，一批产业重大创新平台加快部署推进。

原始创新“顶天立地”，企业创新“铺天盖地”。位于江宁滨江的宝色股份，研制出单重超1200吨的高压反应釜，打破了国外对特材装备设计、制造关键技术的垄断，成为国内高端特材装备细分领域第一家上市的行业龙头企业；中兴通讯投入数百亿元在江宁建设全球5G智能制造基地，推动5G、数字孪生、人工智能、大数据等先进数字技术与传统产业深度融合……

原始创新投入大、周期长、见效慢，江宁为何咬定青山不放松？“做好原始创新既是国家使命所在，也是地方发展所需。”区委书记林涛说，原始创新是科技创新“元力量”，能够实现裂变式发展。面向优势领域突破关键核心技术，不仅能巩固提升江宁在国家重大科技创新体系中的地位，还将加快形成新质生产力，提高区域发展能级。

攀登科创“紫金之巅”，江宁科教资源富集、潜力巨大。江宁拥有东南大学、南京航空航天大学等各类驻区高校24所，其中“双一流”大学8所，在校师生超30万人。2023年3月，江宁启动与驻区高校共建高水平人才集聚区，发布“校地人才共建12条”，校地全力加强人才交流合作，进一步激活“象牙塔”内的创新因子，打造人才创新区域共同体。

十年磨一剑，一朝试锋芒。紫金山实验室先后发布10多项全球首个重大原始创新成果，创下了网络通信与安全领域多项“全球第一”，进入国家战略科技力量序列；未来网络试验设施获批我国信息通信领域唯一国家重大科技基础设施，累计开通城市光传输网络节点40个；国家第三代半导体技术创新中心攻克宽禁带半导体技术电力电子器件重大关键技术难题，成果批量应用于百万辆新能源车载……

科技创新，成为江宁最鲜明底色。十年来，江宁累计组织实施省重大成果转化项目74项，原始创新的“浪花”从无到有、从小到大，以创新策源加快形成新质生产力。

精心“选种育苗”，培养“科创森林”

走进泉峰控股位于江宁天元西路的总部大厦，企业各个发展阶段生产的电动工具产品依次呈现，从低端到高端再到智能化产品，一眼望去可以清晰地感受到企业“逆链而上”的艰辛历程。

作为制造业细分领域一个小行业，专注电动工具的泉峰控股如何成长为港交所上市的知名大企业？董事长潘龙泉的答案是：“创新，持续不断地创新。”他告诉笔者，泉峰连续18年举办全员DIY大赛，鼓励员工组成创意小队，用公司生产的工具做成各种创意产品，如木质结构的水车、老式缝纫机、电动小发明等，给予不同程度的奖励。正是得益于持续创新，泉峰成为全球领先的电动工具及户外动力设备龙头，产品销往100多个国家和地区。

像泉峰这样以创新谋未来的故事，在江宁还有很多。我区厚植创新“沃土”、精心“选种育苗”，一个个“头部”“颈部”企业拔节而起，“科创森林”展露新气象。

围绕创新创业全生命周期，江宁推动一批“链主”企业联合高校、科研院所，建设企业技术创新中心、科技成果中试基地、科技成果转移转化中心等平台载体，布局未来产业、打造应用场景，加速培育新产品、新模式、新业态。

2023年5月，中汽创智研发的无人驾驶小巴在江苏软件园投入“一站式”示范测试，未来交通走进现实。这家由中国一汽、东风公司、长安汽车、兵器装备集团和南京江宁经开科技公司出资设立的大平台，致力于新能源智能网联汽车技术研发，仅三年时间就申报180多项氢燃料动力电池领域发明专利，一些关键指标达到国内领先水平，迅速成长为独角兽企业。

数据显示，目前江宁拥有科技企业1万余家，其中高新技术企业突破2100家，制造业单项冠军6家，国家级专精特新“小巨人”84家，位居江苏省第一。

载体孕育生机，改革激发活力。科技企业发展“腾飞八条”“新研机构股东出资及政府资金使用管理办法”“创新载体管理办法”……近年来，江宁加快改革激发科创活力，不断升级科创支撑体系，知识产权发展环境等持续优化。2022年，江宁发明专利授权量达7280件，知识产权质押融资金额28.6亿元、同比增长一倍多；上榜首批国家知识产权强县建设示范县，江宁开发区、江宁高新区分别入选国家级知识产权强国建设示范、试点园区。

锚定防止混凝土收缩开裂关键技术，苏博特新材料公司历经20多年攻关，研发多功能抗裂外加剂，

9月7日，2023菲尼克斯电气创新与行业发展论坛暨菲尼克斯电气集团100周年&中国公司30周年庆典活动在江宁开发区举行

（王强　摄）

终于破解这一“混凝土的癌症”。在江宁高新区跟踪辅导下，这项专利获评首届江苏专利奖金奖。相关专利产品应用于沪通大桥、港珠澳大桥等国家重点工程。

创新开路，产业跟上。近年来，中兴通讯、上汽大通、中汽创智等一大批优质项目入驻江宁、发展壮大，菲尼克斯、西门子等外资企业深耕江宁、增资扩产……依托高质量产业、高水平企业和高能级项目，江宁加快建设以实体经济为支撑的现代化产业体系，培育壮大战略性新兴产业、未来产业，推动形成新质生产力。

走进江宁开发区的科远智慧公司智能工厂，自动化产线、智能物流设备一字排开，机械臂忙个不停。扎根江宁30年，这家由两位大学教师“下海”创立的高科技企业，长期与东南大学紧密合作，逐步成长为国家级专精特新“小巨人”。双方协作研发“智能型无人行车系统”“智能库管系统”等，赋能钢铁、电力等行业智能化改造、数字化转型。

以南瑞集团、国电南自、科远智慧等龙头企业为代表，江宁智能电网产业链上已集聚上百家规模以上企业，覆盖发电、输电、调度和通信等六大环节，形成完整产业链。包括智能电网在内，江宁已培育高端智能装备等4个千亿级产业集群，优势产业拔节生长，“科创森林”生机勃勃。

集聚创新全要素，加速“产城人”融合

2023年深秋，一场别开生面的荧光夜跑在江宁国际人才街区举行。200余名高层次人才、企业家和青年学生代表身着荧光环奔跑在夜色中，用速度和激情展现活力。

位于江宁九龙湖畔的国际人才街区，以“一街所有，全面集成”模式建设。在这里，归国创业人才不仅可以免费拎包入住，还能享受审批代办、创业路演等全流程优惠政策。

“手机上一键申请，很快就审核通过，到江宁当场就拎包入住。”瑞典乌普萨拉大学博士张寿廷说，国际人才街区“软环境”优良，有着国际化的生活工作氛围。

以城市魅力吸引人才，以人才聚集培育产业。利用江宁大学城汇聚30多万名高校师生的人才优势，江宁举办校企对接、名企优才直通车、青年大学生创业大赛等，让人才与产业双向奔赴；深度推进“产城人”融合，高水平满足人才创新创业、住房安居、子女教育、医疗保障等各方面需求。

“在江宁，只要你有想法、敢创业，政府和园区会不遗余力帮你。”“90后”创客黄木水是福建人，从2010年开始在江宁大学城求学、创业、安家。如今，他打造的少儿科教品牌“韩博士”成为全国连锁品牌，拥有30多家创客中心。

不拘一格用人才，江宁还推行人才评价“举荐制”、积分制，畅通各类人才发现、成长通道。

南京思来机器人有限公司总经理朱华是这一创新机制的获益者。2019年，经专家举荐，他被认定为江宁区中青年优秀人才，入选江宁区高层次创业人才引进计划，获得50万元创业扶持资金。如今，他又入选了南京市创新型企业家培育计划，企业成长为规模以上高新技术企业和瞪羚企业。

如今，“来江宁，就有机会”成为众多创新创业者的共同心声。

培育优势产业，重塑城市气质。面对国内外新挑战，江宁锚定打造具有全球影响力的产业科技创新中心示范区，加快吸引集聚人才、大力推动“产城人”融合，探索以创新为特质的高质量发展道路。

2020年，位于江宁秣周东路的紫金山实验室新大楼正式启用。总面积超过4万平方米的现代化大楼，为这个战略科研平台的快速发展注入全新动力。

“十年前，秣周东路这一片尚未开发，如今已高楼林立、人才济济。”刘韵洁院士在江宁工作生活10余年，对江宁“产城人”融合发展有着切身感受。

发力产学研协同创新，江宁与区内高校共建未来网络未来产业科技园、长三角智能制造与装备创新港等重大成果转化平台，鼓励高校围绕重点产业和企业转型一线需求，联合科研院所和行业企业组建创新联合体，“揭榜挂帅”开展科研攻关。

针对科技成果转化难题，江宁探索“先赋权后转化”模式，鼓励高校将成果转化收益大部分给予科技成果完成人，激发科研人员创新活力。上年10月公布的江苏省2023年科技成果转化专项资金项目中，江宁6家企业获批立项，占南京全市四成，企业新增投入超3亿元。

实现高水平科技自立自强，离不开国际科技创新合作。江宁在德国、法国等设立海外联络工作处，布局海外协同创新中心、离岸孵化器、海外研发机构超30个，与国外高科技企业、政府部门、高校院所的交流合作顺畅紧密。2023年10月，江宁开发区高新园承办西班牙智能制造产业对接会，促成多个海外项目沟通对接及合作意向。

“锚定创新链、产业链、资金链、人才链深度融合，江宁正加速从资源大区向创新强区迈进。”林涛表示，下一步将深入实施创新能级跃升工程，聚力打造具有全球影响力的科创高峰和智造高地，为加快形成新质生产力提供强劲动力，为推进高水平科技自立自强贡献更多“江宁力量”。

（《新华每日电讯》1月16日）

江宁区学习贯彻习近平新时代中国特色社会主义思想主题教育概况

2023年9月，根据中央及省委、市委部署，江宁区参加第二批学习贯彻习近平新时代中国特色社会主义思想主题教育，共有81家参加单位（含江宁开发区、紫金山实验室党委），覆盖3401个基层党组织、7.7万名党员。全区各参加单位紧紧围绕学思想、强党性、重实践、建新功总要求，深入落实以学铸魂、以学增智、以学正风、以学促干重要要求，一体推进理论学习、调查研究、推动发展、检视整改、建章立制等重点措施，促进主题教育走深走实、见行见效。

注重分层分类，抓实理论学习。针对全区参加主题教育人数多、体量大等特点，构建“区委常委会带头学习、各级党组织联动学习、全体党员干部同步学习”的一体化学习机制，通过个人自学、集中学习、现场教学、专题辅导等多种形式，全面系统开展理论学习。举办为期7天的区级领导干部主题教育读书班，区级领导干部累计开展理论学习中心组学习34次、专题研讨21场，讲专题党课42次；区管班子组织理论学习中心组学习658次、专题研讨325场，开展“牢记嘱托、感恩奋进，挑大梁、勇登攀、走在前”讨论115场次。依托“三会一课”、主题党日及“头雁讲堂”等载体，基层党组织开展专题研讨3320场次、52782人次参加，基层党组织书记讲专题党课3800余次，针对流动党员、“三新”领域党员，实行“专人专管”“上门送学”“结对帮学”，强化有效覆盖。分领域组织基层党组织书记参加培训203场，组织普通党员轮训培训1658场。

注重求实求效，深化调查研究。深入开展区级领导专题调研、蹲点调研以及区级典型案例解剖式调研、区管单位典型案例解剖式调研等4类调研，区级领导干部确定调研选题43个，开展调研活动203次，协调解决各类问题178个，形成调研报告45篇；深入33家基层单位开展蹲点调研，查找差距不足114处，现场办公93人次，解决实际问题76个。各区管单位确定158个正、反面典型案例，分别开展解剖式调研，坚持以案促改、以案促治，推动“解剖一个案例、解决一类问题”。

注重敢为善为，推动高质量发展。全面落实习近平总书记对江苏工作提出的“四个走在前”“四个新”重大任务，确定产业科技创新中心示范区建设等5个区级重点攻坚事项，创新工业项目5个阶段87项全链审批服务模式，推行政府投资项目全生命周期建设管理。深入学习践行“四下基层”工作制度，积极探索党建引领基层治理“两下两上”路径，建立区街“两级书记”下访接待机制、区领导“公开接访日”制度，党员领导干部累计下访接访1522次，接待信访群众1707人次，处理信访矛盾575个。深入开展“先锋建新功”“立足岗位作贡献”等活动，设立党员示范岗、党员责任区4299个，推动为民办实事2897件。

注重精准精细，推进检视整改。通过个人认领、组织点题相结合方式，区级领导干部和区管领导班子制定2份问题清单，分别包括42人52个问题、80家单位864个问题。全面落实第一批主题教育期间省委、市委确定的专项整治任务，立足区情实际制定7个细化落实方案，扎实推进保障房和老旧小区消防安全隐患、盘活存量资产资源等区级专项整治，形成“7+1+1”专项整治体系。深入开展“政绩观偏差突出问题”警示和治理、“新形象工程”防范和纠治，推动各单位在督查监管、堵塞漏洞、完善机制等方面反思剖析、改进提升、建章立制。云台山河以南区域基础设施工程项目、“征收未安置”、安置房“已分配、未办证”等突出问题得到有效整改。

央视、人民网、新华网等主流媒体280余次介绍江宁区主题教育有关做法，为民惠企做法被中央主题教育官网采用，挂包服务做法被《中国组织人事报》刊载，联动问题整改做法被市简报专刊推广，国有企业主题教育做法得到中央指导组肯定。

（区委组织部）

大事记

1月

1日　002省道秦淮河大桥建成通车。

3日　区委常委会集体调研全区生态环境保护工作。

4日　江宁区举办重大产业项目集中开工活动，总投资280亿元的41个项目开工建设。

同日　全区领导干部警示教育大会举行。

5—7日　政协江宁区第十三届委员会第二次会议召开。会议讨论区政府工作报告和其他报告，审议区政协常委会工作报告等文件，通过提案、大会发言、联组讨论等形式，提出许多有价值的意见和建议，通过了政协十三届二次会议决议。

6—8日　江宁区第十八届人民代表大会第二次会议召开。会议听取并审议通过区人民政府工作报告及其他各项报告，选举姜平为区十八届人大常委会副主任，选举产生部分区第十八届人大常委会委员，选举产生出席南京市第十七届人民代表大会的代表。会议投票选出江宁区2023年度10类民生实事项目。

14日　“善田江宁·喜迎新春”农产品区域公用品牌推介暨2023年新春市集活动在江宁万达广场举行。

16日　江宁区“春风行动暨就业援助月”2023年首场线下专场招聘会在江苏省零工市场举行。

27日　区委常委会专题调研开发园区高质量发展。

29日　江宁区招大引强拼经济、高质量发展走在前动员大会召开。会上，《2023年江宁区进一步加强招商引资工作实施意见》发布。

2月

1日　江宁区召开“五拼五比月月赛、敢为善为当标兵”首场点评会，通报贯彻落实省政府推动经济运行率先整体好转若干政策措施的情况，以及2023年1月拼经济争先标兵、拼项目推进标兵、拼招商成效标兵、拼创新活力标兵、拼服务效能标兵。

6日　第十四届区纪委第三次全体会议召开。市委常委、区委书记林涛出席会议并讲话。会议审议通过区纪委常委会工作报告和决议。

同日　江宁区举行2023年城建工作大会暨城建项目开工活动，一批城镇项目集中开工，涉及住房保障、交通基础设施、市政基础设施等方面。

7日　“‘宁’聚香江、共创未来”江宁现代产业高质量发展项目对接会在香港举行。

22日　江宁开发区举办重大外资项目签约活动，投资总额26亿美元的10 个重大外资项目落户。当日，南京江宁经开投资促进有限公司揭牌成立并运营。

同日　区委农村工作会议召开。会议总结2022年乡村振兴工作，部署2023年重点任务。

25—26日　由中国物流学会、中国物流与采购联合会共同主办的第20届中国物流学术年会暨第15届物流领域产学研结合工作会在江宁空港经开区召开。

27日　江宁区女科技工作者联盟成立。

28日　区委常委会集体调研东山街道。

3月

1日　江宁区工会第十五次代表大会召开。

2日　江宁区文学艺术界联合会第六次代表大会召开。

4日　区管主要领导干部学习贯彻习近平新时代中国特色社会主义思想和党的二十大精神研讨班开班。

5日　纪念“向雷锋同志学习”题词发表60周年追“锋”公益集暨2023年江宁区“学习雷锋精神、争做时代新人”志愿服务活动在东山街道龙西社区举行。

8日　江宁区法学会第二次会员代表大会召开。

9日　江宁开发区企业南京茂莱光学科技股份有限公司在科创板上市。

12日　百家湖文化中心·江宁美术馆开馆。

同日　“春来牛首、阅美东方”2023南京国际文学艺术节在牛首山文化旅游区开幕。

15日　全区教育高质量发展大会召开。《江宁区全面深化教育领域综合改革的实施意见》于同日发布。

18日　第23届“江宁之春”群众文化活动开幕式在凤凰坛广场举行。

18—19日　全区村（社区）书记学习贯彻习近平新时代中国特色社会主义思想和党的二十大精神研讨班暨“头雁讲堂”首场活动举办。

20日　上汽大通MAXUS品牌第100万台整车在江宁高新区上汽大通汽车有限公司南京分公司下线。

21日　全区卫生健康高质量发展大会召开。《江宁区深入推进医疗卫生事业高质量发展实施意见》《南京市江宁区紧密型城市医疗集团建设实施方案》同日发布。

同日　十四届区委第五轮巡察工作启动。

22日　江宁区红十字会第七次会员代表大会召开。

23日　由国家6G技术研发推进工作组和总体专家组指导，紫金山实验室、未来移动通信论坛主办的2023年全球6G技术大会在江宁开幕。

31日　区委常委会集体调研麒麟街道。

4月

3日　文靖路高架桥建成通车。

9日　2023年南京江宁大学城半程马拉松在江宁体育中心举行，1万多名跑步爱好者参加。

11日　第二届长三角数字经济发展大会在江宁举行。会上，“长三角AIGC联盟”正式成立。

12日　浙江省委书记、省人大常委会主任易炼红，省委副书记、省长王浩率浙江省党政代表团到江苏考察。代表团一行在江宁区考察南京高速齿轮制造有限公司、紫金山实验室、南瑞集团等。

19—22日　江宁区海外招商团赴德国开展招商推介活动，江宁驻柏林招商办公室挂牌成立。

23日　江宁区生态文明促进会第二次会员代表大会举行。

27日　江宁区“乐享江宁·四季有约”消费促进系列活动启动。

5月

9日　以“数实融合、宁链未来”为主题的南京数字化赋能中小企业发展大会在江宁开发区举办。

12日　全区金融赋能产业发展大会在江宁会展中心召开。

17日　区第十八届人大常委会第九次会议决定，任命黄成文为江宁区人民政府副区长、代理区长。

同日　区委常委会集体调研秣陵街道。

同日　江苏地域文明探源工程“湖熟文化”专题项目综合研究启动仪式暨2023年江宁区文物工作会议举行。

22日　首届全国药学学科高质量发展论坛暨国务院学位委员会第八届药学学科评议组2023年年会在江宁开幕。

26日　南京临空经济示范区建设动员大会召开，中共南京临空经济示范区工作委员会、南京临空经济示范区管理委员会正式揭牌。

27日　第22届中国·江宁横溪西瓜节开幕式举行。

6月

5日　汇聚东南大学、紫金山实验室等科研机构、载体、龙头企业、高端人才等创新资源的江宁未来产业先导区——“未来网络未来产业科技园”揭牌。

10日　江宁区召开“文化和自然遗产日”主题观摩暨推进文旅产业深度融合高质量发展大会。

11日　江宁开发区首届企业龙舟赛举行，园区19家企事业单位的20支队伍参加。

19—20日　市委常委、区委书记林涛率考察团赴陕西洛南，实地考察对口协作工作。

27日　“投资中国年”国家级经

济技术开发区专场推介暨第10届“开发区对话500强”活动在江宁开发区举行。

28日　德国柏林创新经济代表团江宁行专场对接会暨江宁区重大外资项目签约活动举行，15个项目现场签约，总投资10.75亿美元。

29日　江宁金融党建联盟成立。

7月

6日　中共中央总书记、国家主席、中央军委主席习近平在江苏考察期间，到江宁区紫金山实验室和南瑞集团有限公司考察调研。

10日　区委召开全区领导干部会议，传达学习习近平总书记考察江苏重要讲话精神。

11日　江宁区高质量建设制造业强区动员部署会在麒麟科创园召开。

19日　江苏省首届新文艺群体书法篆刻作品展在江宁美术馆开幕。

20日　南京市江宁区人民调解学院揭牌暨首期培训班开班仪式在区委党校举行。

同日　由省总工会主办，市总工会、省飞镖运动协会承办的2023年全省职工首届飞镖比赛在江宁区工人文化宫开幕。

21日　江宁高新区企业前沿生物药业（南京）股份有限公司发明专利“HIV感染的肽衍生物融合抑制剂”获中国专利奖金奖。

25—26日　匈牙利韦伦采市市长格哈德·阿科斯率经济代表团到江宁区考察。其间，江宁区与匈牙利韦伦采市签署友好城市合作备忘录。

8月

3日　中共江宁区委十四届八次全会举行。市委常委、区委书记林涛代表区委常委会向全会报告工作并作总结讲话。区委副书记、代区长黄成文就下半年经济工作及全区重大项目推进作具体部署。全会审议通过全会决议，审议通过关于批准有关人员辞去十四届区委委员职务的决定等。

5日　江宁开发区举办制造业重点项目开竣工暨制造业百亿级规模企业三年跃升行动计划发布活动。

8日　2023年江宁区“全民健身日”暨“体育宣传周”活动启动。

11日　区委常委会集体调研汤山板块工作。

16—20日　“江宁开发区杯”全国青少年龙舟锦标赛暨U系列龙舟赛在江宁区九龙湖公园水域举办，来自全国各地的48支队伍、近700名运动员参赛。

21日　江宁中医院二期工程投入使用。二期工程总建筑面积8.5万平方米，新增床位500张。

23日　位于湖熟街道的南京波长光电科技股份有限公司在深圳证券交易所创业板上市。

24日　由市政府主办，中国通信学会、紫金山实验室等单位承办的第七届未来网络发展大会在江宁开幕。

25日　“践行生态文明思想、贯彻教育促进办法”2023年江苏省中小学“生态文明第一课”活动在江宁区汤山矿坑公园举行。

25—28日　2023年新华社短视频创意策划实战培训班在江宁区云水涧文化展示中心举行。

9月

2—3日　2023年度全区“一把手”政治能力建设专题培训班举办。

5日　江宁区生物医药产业联盟揭牌。

6日　由市人民政府、中国电子科技集团有限公司指导，国家第三代半导体技术创新中心主办的第三代半导体产业创新发展大会在江宁开发区举行。

15日　2023新型储能产业高质量发展大会暨江宁区储能产业联盟成立和重点项目签约活动举行，8个储能项目签约落地。

18日　江宁区招商引资大会召开，49个总投资超500亿元的项目签约。

21日　上汽大通MAXUS新能源轻型车品牌发布会举行，大拿V1、大拿T1两款车型同步上市。

27日　2023年江宁秋季消费节暨百家湖国际青年生活节启动。

10月

8日　由区委宣传部（文明办）联合江宁传媒集团策划推出的“江宁人·看江宁”系列文明实践活动启动。

10日　区委常委会集体调研江宁街道。

14日　2023年中国农民丰收节系列活动之“苏韵乡情”第六届湖熟稻花节暨第11届湖熟菊花展开幕。

同日　第15届汤山温泉文化旅游节在汤山矿坑公园开幕。

15日　江宁区淳化农文旅融合发

10 月 14 日，第 15 届汤山温泉文化旅游节在汤山矿坑公园开幕。图为开幕式演出活动现场　（汤山旅游度假区　供图）

展主题发布会暨2023年淳化味稻小镇首届“村跑”活动举办。

22日　江宁区第九届运动会开幕。区九届运动会于12月22日闭幕，10个街道、8个园区共222家单位11098人次参与，评出优秀组织奖88家、突出贡献奖50家、道德风尚奖51家。

23日　江宁区基因与细胞技术产业园在江宁高新区揭牌。

28日　第七届中国·江苏蔬菜种业博览会在谷里产业高质量发展示范园开幕。

11月

1日　全市首个退役军人关爱基金会在江宁区成立。

2日　由市商务局、区政府以及江宁开发区共同主办的第134届广交会南京（江宁）专场经贸合作推介洽谈会在广州举办。

9日　马鞍山市党政代表团到江宁区考察交流。

11日　2023紫金山菁英人才节在江宁区开幕。

13日　中共中央政治局常委、全国政协主席王沪宁到江宁区，考察南京台湾青年创业学院、牛首山文化园、九龙湖商量书房和有关企业。

14日　全区年轻干部政治素养和履职能力提升专题培训班开班。

15日　全区生态环境保护大会召开。

16日　“中国式现代化江宁新实践”主题研讨会召开，江苏省习近平新时代中国特色社会主义思想研究中心江宁实践调研基地同时揭牌。

同日　江宁区首届校地企融合发展大会在江宁高新区召开。

19日　2023“绿水青山”中国休闲运动挑战赛在江宁汤山开赛，全国各地300多名桨板运动和路跑选手参加比赛。

21日　聚力枢纽·智领未来——2023高铁枢纽经济区高质量发展招商推介会在江宁会展中心举行。

30日　南京市2023年重点推进的打通跨区“断头路”项目——绿都大道（宏运大道—董村路段）建成通车。

12月

4日　第10个“国家宪法日”。江宁区在宪法广场举办国家宪法日活动。

4—5日　全国农村产权流转交易规范化建设工作座谈会在江宁区召开。

6日　江苏省药品监督管理局审评核查南京分中心在江宁高新区启用。

8日　第三届网络空间内生安全发展大会在江宁区召开。

15日　以“乡聚江宁·筑梦振兴”为主题的2023年江宁区“乡村+”招商合作活动在东山街道佘村举行。

20日　“宁好2024！”南京国际消费节江宁专场活动暨乐动力江宁数字体育中心启动仪式举行。

22日　中国药科大学附属南京天印山医院正式启用。该医院坐落于江宁高新区吉印大道边，总建筑面积36万平方米，编制床位1000张。

24日　全区“一把手”牢固树立和践行正确政绩观专题研讨班开班。

25日　由区政协教卫文体（文史）委历时1年编纂的《千秋水脉·秦淮新河》发行。

28日　中共江宁区委十四届九次全会召开。市委常委、区委书记林涛代表区委常委会向全会报告工作，区委副书记、代区长黄成文就2024年经济工作作具体部署。全会审议通过全会决议，审议通过对有关代表终止代表资格、停止执法代表职务的决定，书面审议《区委常委会2023年度落实全面从严治党主体责任情况的报告》。　（张新贵整理）

自然环境

【地形地质】 江宁区地貌区域为宁镇扬丘陵山地的一部分，结构复杂。东北部是宁镇山脉西段，西南部为宁芜断陷盆地的北缘，中部为对东北和西南低山丘陵有明显倾斜的黄土岗地及一个由秦淮河冲积而成的秦淮河平原，西部为滨江平原。地势南北高、中间低，形同“马鞍”。按地貌形态分类，大体可分为低山、丘陵、岗地和平原。低山丘陵和黄土岗地约占总面积的2/3，沿河沿江平原约占1/3。低山丘陵在区境东北部和西南部，面积316平方千米，海拔高程300米左右。黄土岗地分布于南北低山丘陵之间，面积816.1平方千米，地势呈残丘缓岗，局部留于平原圩区之中。沿河沿江平原以秦淮河平原较为宽广，面积569.6平方千米，海拔仅6—8米。此外，还有沿江平原，位于区内西部的江宁街道。地势平坦，海拔多在5米以下，最低处海拔2.2米。沿江平原成土和耕作较迟，一般在数百年和数十年。

【山脉山峰】 江宁区境内以低山、丘陵为骨架，组成一个以低山、丘陵、岗地、平原、洲地交错分布的综合体。大致上可分为三个带：东北部是低山丘陵，西南部是低山丘陵，中部是黄土岗地和只有少数低山突起的平原，低山丘陵和黄土岗地约占总面积的2/3。区境东北部为宁镇山脉西段的南支。宁镇山脉从镇江逶迤而来，在南京东边分成3条支脉，其中北支分布有栖霞山、幕府山、燕子矶等；中支分布有钟山、富贵山、九华山等；南支分布有汤山、阳山、青龙山、黄龙山、大连山等海拔200—300米的低山丘陵，大致呈东西方向延伸，往西南方向高度渐减。山体多为石灰岩组成，岩层都已褶皱倾倒，甚至倒转，逆掩断层发育，且有火层岩侵入。区境西南部分布有横山山脉诸峰及云台山、莺子山等，海拔多在250—350米。横山最高峰太阳拱（俗称拖船豁）海拔459米，矗立在区境南面不远的马鞍山市境内。山势多呈东西走向，或呈东北—西南走向。山体多为砂岩，陆相火山碎屑岩组成。区境中部突起的少数低山有方山、吉山、牛首山、祖堂山及铜井诸山，为宁芜山脉的东北段。以上诸山大致沿长江向东北方向延伸，海拔在200—250米。境内称山的大小山丘有400多个，大部分在200米以下。其中，海拔超过300米以上的有5个，分别是横山第二高峰地鸡毛386米，横山第三高峰四径山363米，横山第四高峰灯张挂壁358米，阳山主峰342米，云台山主峰319 米。

【河流湖泊】 江宁区境内主要有两大水系。一是秦淮河水系，古老的秦淮河上承句容河、溧水河两个主源，纵贯南北于区境中部，其汤水河、解溪河、索墅河、横溪河、云台山河等16条支流呈扇形汇集，流经雨花台区入长江。二是沿江水系，在青龙山、汤山以北，牛首山、天台山、莺子山以西，分布有七乡河、九乡河、板桥河、江宁河、牧龙河、铜井河等，都是直接流入长江的小河流。江宁地区历史上的湖泊星罗棋布，秦淮河上游的句容河两岸有夏驾湖、刘阳湖、白米湖、植莲湖，秦淮河下游有象鼻湖、倪塘、燕湖等。由于泥沙淤积，加上历代人工围湖垦田，大多数湖泊已经消失，只有少数较大的湖泊还留有部分湖面，如百家湖（古时称马牧湖）、杨柳湖（古时称刘阳湖）等。随着改革开放和旅游业的兴起，一些残存的古老湖泊已经得到开发和恢复。一些原有的水库在保持灌溉功能的同时，转身“变”为湖泊，如白鹭湖、汤泉湖、南湖、甘泉湖等。

（宁　鉴）

【气候水文】　2023年，江宁区年平均气温17.1℃，比历年平均偏高0.7℃。其中，3月平均气温（12.7℃）比历年同期偏高2.6℃；1月平均气温比历年平均略偏高；其余月份月平均气温与历年同期基本持平。年极端最高气温为37.4℃，出现在8月12日；年极端最低气温为-9℃，出现在12月22日。年总降水量1276.2毫米，比历年平均偏多12%。其中，8月降水量330.8毫米，比历年同期异常偏多109%；12月降水量也比历年同期明显偏多。相反，10月和11月降水量比历年同期明显偏少。仅7月降水量与历年同期基本持平。全年雨日（日降水≥0.1毫米）119天，其中暴雨（日降水≥50毫米）日4天，雪日7天，积雪日5天，年最大积雪深度5厘米，出现在12月19日；年最长连续无降水日26天，出现在2022年12月17日至2023年1月11日；年最长连续降水日5天，出现在9月12—16日，过程雨量为64.1毫米；年一日最大降水量151.6毫米，出现在7月17日。6月10日18:55—18:58观测到冰雹，冰雹最大直径2毫米。6月17日入梅，7月23日出梅，梅雨期36天，梅雨期降水量400.6毫米，比常年偏多；梅雨期气候特点为入梅正常，出梅偏晚，梅雨期长；入梅以后，雨日18天，最大日降水量151.6毫米。7月28—30日受台风“杜苏芮”外围影响，累计降水量23.4毫米，极大风速14.7米/秒。年总日照时数2087.3小时，比历年平均偏多154.9小时。全年日照条件总体较好，其中1月日照总时数196.9小时，比历年同期明显偏多75.7小时。8月、10月、11月和12月日照总时数比历年同期偏多30个小时以上；此外，7月和9月的月日照总时数比历年同期偏少30个小时以上。年平均气温比常年偏高，降水偏多，日照时数偏多。年内虽因梅雨、台风、持续高温、干旱、雾霾、低温雨雪冰冻等灾害性天气给农业生产、交通出行、人民生活造成一定影响，但整体年景尚好。

（王一舒）

【自然资源】　江宁区是江苏省自然资源比较丰富的区（县），境内有山有水，有丘有岗，平原与丘陵相间。区域雨量充沛，水资源丰富，地表水系发育良好，地下水多藏于平原、山丘地带，水质较好。宁镇山脉西段绵延至境内，矿藏资源丰富，已发现矿产41种，探明储量的20多种，矿产地100多处。拥有丰富的森林野生植物、木本植物和药用植物1000多种，有动物400多种。有国家重点保护珍稀濒危植物8种，国家重点保护野生动物37种，其中珍稀野生动物9种。

（宁　鉴）

建置区划

【位置面积】　南京市江宁区地处长江下游南岸，江苏省西南部苏皖交界地带。东与南京市栖霞区及镇江句容市接壤，东南与南京市溧水区毗邻，南、西南分别与安徽省马鞍山市当涂区和马鞍山市区相交，北、东北分别与南京市雨花台区、秦淮区相邻。区域总面积1561平方千米，其中水域面积186平方千米。

【建置沿革】　江宁县始建于西晋太康二年（281），建县之前县域或属一邑，或分属数县。据《史记·吴太伯世家》记载，周朝以前，江宁属荆蛮之地。春秋战国时期，江宁属吴国。战国初期为越国管辖。周显王三十六年（前333），属楚国金陵邑。秦始皇三十七年（前210），废金陵邑设秣陵县，又另设丹阳、江乘县，同属会稽郡。汉初，江宁地域为江都国，分置秣陵、胡孰、丹阳三侯国。汉末，孙权改秣陵县为建业县。西晋太康元年（280），改建业县为秣陵县，又于秣陵西南置临江县。次年（281），改临江县为江宁县，县治在今江宁街道。隋开皇九年（589），建康、秣陵、同夏三县并入江宁县，属蒋州。至隋大业三年（607），废蒋州，复置丹阳郡，江宁县属丹阳郡。唐武德三年（620），江宁县更名归化县，与丹阳、安业等县属扬州郡。宋开宝八年（975），改江宁府为升州府，辖江宁、上元二县。明洪武元年（1368），江宁属应天府。清顺治二年（1645），改应天府为江宁府。清咸丰三年（1853），太平天国定都江宁府，改名“天京”。同治三年（1864），复称江宁府，辖江宁、上元等县。民国元年（1912）1月1日，民国临时政府定都江宁府，改为南京府，次年废南京府设江宁县。民国22年（1933）2月10日，江宁自治实验县成立，直属江苏省政府。民国23年（1934）县治由南京迁至东山镇，与南京市分开。民国27年（1938），江宁地区先后建立江宁、横山、上元县抗日民主政权。

1949年4月24日，江宁县解放。4月28日，江宁县人民政府成立，隶属苏南行政区镇江专区。1949年12月，改属南京市。1950年1月，仍划回镇江专区。1958年7月，改属南京市。1962年5月，复归镇江专区。1971年3月，重新划归南京市。2000年12月，撤县设立南京市江宁区。

（宁　鉴）

【行政区划】　2023年6月13日，江宁区新设立江宁街道栖凤社区。7月25日，设立东山街道上元路社区。11月6日，设立淳化街道知行路社区、玉树路社区、修文路社区、齐武路社区，大学城社区名称注销。12月15日，设立秣陵街道高湖社区、韩府社区、滨河社区、金云社区。年末，全区有10个街道，145个社区、71个村。

人口 民族 宗教

【人　口】　2023年年末，江宁区常住人口198.52万人，比上年年末增加1.53万人。城镇化率78.58%。全区户籍总人口128.01万人，增加1.18万人，增长0.9%。其中，男性63.11万人，女性64.9万人。暂住人口108.3万人，增长0.04%。

2023年江宁区村、社区一览表

表1　　　　单位：个

街道	数量	村、社区名称															
东山	社区：18	东山	外港	中前	章村	晓里	岔路	邵圣	骆村	龙西	上坊	泥塘	天云	永安	高桥	大里	佘村
		远泰路	上元路	—	—	—	—	—	—	—	—	—	—	—	—	—	—
秣陵	村：4	建东	凤凰	周里	火炬	—	—	—	—	—	—	—	—	—	—	—	—
	社区：27	秦淮	胜太	殷巷	湖滨	太平	长山	东南	青源	牛首	下墟	东旺	西旺	双金	家园	童前	东善桥
		祖堂	吉山	霞辉庙	元山	胜家桥	翠屏	顺塘街	高湖	韩府	金云	滨河	—	—	—	—	—
汤山	村：8	孟塘	龙尚	路西	建设	湖山	宁西	阜庄	阜东	—	—	—	—	—	—	—	—
	社区：8	汤山	古泉	青林	作厂	孟墓	上峰	高庄	鹤龄	—	—	—	—	—	—	—	—
淳化	村：9	民主	茶岗	西埠	周子	周郎	西城	滨淮	柏墅	新林	—	—	—	—	—	—	—
	社区：25	淳化	青山	青龙	吴墅	田园	索墅	双岗	土桥	新兴	科苑	方山	成山	桥头	杨村	横岭	王墅
		新华	永宁	解溪	陵里	科宁	知行路	玉树路	修文路	齐武路	—	—	—	—	—	—	—
禄口	村：16	马铺	杨树湾	成功	张桥	黄桥	秦村	埂方	小彭	曹村	徒壒	陈巷	溧塘	石埝	桑园	尚洪	彭福
	社区：14	茅亭	机场	白云路	铜山	群力	陆纲	新生	山塘	谢村	永兴	高伏	上穆	钟村	陶东	—	—
江宁	村：10	清修	上湖	新洲	大庙	西宁	牌坊	庙庄	花塘	洪幕	天然	—	—	—	—	—	—
	社区：13	荷花	星辉	南山湖	江宁	司家	陆郎	河西	朱门	叶村	盛江	新铜	牧龙	栖凤	—	—	—
谷里	村：5	荆刘	柏树	双塘	石坝	亲见	—	—	—	—	—	—	—	—	—	—	—
	社区：6	谷里	公塘	张溪	向阳	箭塘	周村	—	—	—	—	—	—	—	—	—	—

续表 1

街道	数量	村、社区名称															
湖熟	村：8	三界	丹桂	晶明	万安	钱家	和平	徐慕	绿杨	—	—	—	—	—	—	—	—
	社区：14	和进	金桥	湖熟	河南	双新	龙都	周岗	杨柳湖	新农	尚桥	河北	耀华	新跃	东阳	—	—
横溪	村：11	红旗	官长	安民	横山	许呈	云台	山景	宁光	勇跃	许高	石塘	—	—	—	—	—
	社区：10	横溪	陶吴	丹阳	西岗	西阳	甘泉湖	新杨	新杭	西泉	甘西	—	—	—	—	—	—
麒麟	社区：10	泉水	建南	锁石	晨光	麒麟门	麒麟铺	东流	袁家边	悦民	青西	—	—	—	—	—	—

（区民政局）

【民　族】 2023年年末，全区有少数民族人口17544人，涉及48个少数民族。人数较多的是回族7704人、满族2551人、土家族1290人、蒙古族1215人、壮族740人、苗族723人、朝鲜族608人、维吾尔族403人、布依族367人、彝族355人。（朱亚丽）

【宗　教】 2023年年末，全区有佛教、道教、伊斯兰教、天主教、基督教五大宗教，依法登记的宗教活动场所50处。其中，佛教8处、道教1处、伊斯兰教1处、基督教40处。宗教团体2个（区基督教三自爱国运动委员会、区佛教协会）。宗教教职人员91人，其中佛教12人、道教18人、伊斯兰教1人、基督教60人。

（区民宗局）

历史人文

【区名由来】 “江宁”一名由来有二说。一是据清朝江宁人金鳌所著《金陵待征录》载，西晋太康二年（281），黄河以北，战乱已萌。晋武帝司马炎南巡，渡江后夜宿临江县（县治在今江宁街道），深感江野寂静而慨叹“江外（江南一带）无事，宁静于此”，于是将临江县改名为江宁县。查史书无晋武帝南巡记载，其“江外无事，宁静于此”一语也无从稽考。二是南朝梁、陈时训诂学家顾野王在其《舆地志》载有“江外无事，于南浦置江宁”之语，“江宁”为濒临长江且秩序安宁之意。

【文化遗存】 全区有历史文化遗产139处，各级文物保护单位72处。远祖遗踪有汤山葫芦洞“南京猿人”“湖熟文化”遗址和昝庙文化遗址等；陵寝墓葬有上坊东吴大墓、南朝宋武帝刘裕陵、南朝陈武帝陈霸先万安陵、南唐二陵、秦桧及家族墓、沐英及家族墓、郑和墓等；寺庙古塔有圣汤延祥寺、上坊祈泽寺、方山定林寺、牛首山佛窟寺、湖熟清真寺等和牛首山弘觉寺塔、牛首山铁板道人塔、方山定林寺塔等；祠宅旧居有杨柳村古建筑群、佘村潘氏宗祠、张栋梁故居、史量才故居、民国汤山炮校、蒋介石温泉别墅等；砖石木雕有南朝陵墓石刻、牛首山摩崖石刻、杨柳村古建筑群雕刻、窦村石戏台雕刻等；古代器物有石器、陶器、铜器、瓷器、铁器、玉器、骨器等；桥梁水井有藏龙桥、湖熟桥、横溪桥、周郎桥、七翁桥等和陶吴响井、佘村万历井、耿岗井、东山戴家塘崇祯井等。

【非物质文化遗产】 江宁境内的非物质文化遗产十分丰富。其中，“非遗”技艺包括传统食品，有湖熟板鸭、朱门羊糕、铜井挂面、丹阳羊肉面、陆郎茶干、谷里鱼圆、蜡梅香肚等；传统手工艺品有南京金箔、金陵古琴、汤山杆秤、禄口皮毛、曹村苎麻、雨花茶等。非遗文艺包括传统音乐器材，有江宁民歌集、十般吹、马铺锣鼓、方山大鼓、龙都娃娃鼓等；传统舞蹈用具有丹阳龙灯、丹阳皮老虎、铜山狮子、献瑞麒麟、章山王马灯、湖熟荡湖船、谷里旱船、东善桥莲湘、杨树湾云灯等；传统美术作品有布艺作品、江宁剪纸、周岗红木雕件、金陵玉雕、仿古牙雕、窦村石刻、方山裱画、江宁烙画等。非遗游艺包括传统体育用品，有殷巷石锁、湖熟龙舟。传统民俗遗存有牛首山摩崖石刻、汤山温泉、龙都东岳大庙、万安脸子会面具、湖熟清真寺等。

【历史名人、轶事与江宁】 江宁悠久的历史、秀丽的山川和十朝的京畿地，既孕育无数俊杰，又云集一代又一代名人刻留履痕。在江宁辈出的英才中，有南朝齐、梁时著名道教思想家、被誉为“山中宰相”的陶弘景，南朝梁开国皇帝萧衍；南宋以身殉国、被封为义烈显节侯的抗金将领秦钜；明朝兵部尚书、戍边功臣王以旂；清朝女科学家王贞仪，著名爱国英雄邓廷桢，云锦挑花工艺家张长荣；民国时期的“国医泰斗”张栋梁，报业巨子史量才，方志大家陈作霖等。与江宁结下不解之缘的，号称千古一帝的秦始皇嬴政于秦始皇三十七年（前210）东巡经丹阳为泄金陵“王气”而废金陵邑设秣陵县，秦始皇“赶山塞海”，一鞭子把方山一分为三的民间传说，被广为流传；东汉开国皇帝刘秀为报答插花村姑救命之恩而降旨修建插花庙，敕封头插野花的村姑为“插花娘娘”，赐名藏身的小桥为“藏龙桥”；晋武帝司马炎改临江县为江宁县；东晋宰辅谢安曾在东山营造别墅，中国军事史上一场以少胜多、以弱胜强的“淝水之战”参谋指挥部就设于此，相传古代成语“东山再起”一词也源出于此；唐代李白、刘禹锡都曾涉足江宁的山山水水，并为之留下许多不朽的诗文，如李白的《东山吟》、刘禹锡的《牛头山第一祖融大师新塔记》等；宋代宰相王安石曾任判江宁府，其父王益曾做过江宁通判，死后就葬于牛首山麓；唐宋八大家之一的苏东坡也到过东山，并赋诗言志，写下《东山》一诗；民族英雄岳飞在江宁牛首山抗金的事迹家喻户晓，而杀害岳飞的元凶、奸相秦桧死后葬在江宁铜井牧龙镇牧牛亭，坟墓人称“秽冢”；南宋末年的民族英雄文天祥曾两度到金陵，最后一次是被元兵押解北上，路经金陵驿（今江宁麒麟南面），写下《金陵驿二首》组诗。江宁还是抗日战争时期的红色革命根据地，留下了粟裕、傅秋涛、钟期光、邓振询等共和国元勋们豪迈壮烈、彪炳史册的光辉业绩。

2月4日，湖熟街道耀华社区居民在湖塘头广场表演湖熟荡湖船

（湖熟街道　供图）

【民　俗】 江宁的民俗内容丰富，涉及广泛，主要包括岁时习俗、节庆习俗、婚丧喜庆习俗、生活习俗和生产习俗。岁时习俗大多与人民生活，农耕有密切关系，深刻地反映人民以土立国，以农为本的思想和休养生息、祈求五谷丰登、百业兴旺的理念，使生活加入绚丽的色彩。这是千百年随着社会发展演化而成，代代相传，且有所摒弃，有所发展，成为中华儿女维系情感的纽带，亦是研究中华古老文明和社会生活的活化石。节庆习俗是指自清宣统三年（1911）辛亥革命后，尤其是中华人民共和国成立后，陆续出现在全国范围内统一施行的节庆。20世纪80年代开始，随着改革开放的影响，西方一些节日逐步为江宁人熟悉，加之媒体及商家的刻意宣传和参与，外来节日受到年轻人的追捧。江宁地域内婚嫁、丧事、喜生、庆岁的习俗历来虽有“三里不同风，十里不同俗”之说，但只是某些细节有异，大的方面趋同。婚丧喜庆的形式和内容伴随着社会形态的变化而变化。江宁人以农为主，兼及林、牧、渔、匠作等多种生计。在长期的社会生活中，他们为生存而劳作，为温饱而奔波，精于耕种，讲求方式方法，积淀丰富多彩的生产习俗。随着时代的进步，科学技术的发展，江宁人的生产习俗不断推陈出新，迷信落后的陈规陋习逐渐被淘汰，具有时代特征的生产习俗日益为人们所接受。

【方　言】 江宁方言属于江淮方言。由于江宁与南京城东、城南、城西南山水毗连，地理上互为渗透，与南京语言文化有着一脉相承的历史渊源，其方言与南京老派方言十分接近，一般人难以区分。甚至从某种角度上看，可以说江宁方言是南京城市老派方言在东南农村的保留版本。史料记载，南京（江宁）方言在六朝前还属婉转妩媚、温柔细软的江东吴语，发展至明清却已变异为浑厚粗犷、铿锵有力的北方方言。语言的转变是渐变的、缓慢的，南京（江宁）在1000多年的时间内完成从吴语向江淮官话的转变，其中最重要的因素是人口的迁徙。东晋南朝开始，晋“永嘉之乱”，北方豪门大户争相迁入，人多势众，其方言冲击当时南京（江宁）方言，随着梁“侯景之乱”又一次使中原地区的居民南渡长江，进一步影响南京（江宁）的方言。明太祖朱元璋从安徽招众多乡亲到南京（江宁），使本已受北方方言大力渗透的南京（江宁）方言发生巨变。江宁作为南京的新城区，社会生活发生翻天覆地变化，有些江宁人离开家乡，到外地去工作学习。与此同时，很多大中型企业落户江宁，吸引着四面八方的从业人员；江宁房地产业的发展，大量工作学习在南京老城区居民入住江宁的新居。特别是南京多所高等院校新校区设在江宁，由高校进驻带进数以万计的教师学生生活学习在江宁。在人口流动成为常态的情况下，人口构成发生极大变化。加之普通话的推广，方言自然随之发生相应变化。如今，在日常生活中使用普通话的人日益增多，普通话作为主要交际语言的地位已经基本确立。

（宁　鉴）

2023年经济社会发展

【经济建设】　2023年，江宁区实现地区生产总值3056.19亿元，比上年增长4.5%；一般公共预算收入238.3亿元，增长17.4%；规模以上工业总产值4126.83亿元，增长2.2%；全社会固定资产投资847.91亿元，下降5.9%；社会消费品零售额1103.49亿元，增长6.8%；实际利用外资及港澳台资9.34亿美元，下降0.2%；外贸进出口总额1335.6亿元，下降19.5%。全体居民人均可支配收入增长与经济增长基本同步。出台促进经济持续回升向好政策、持续优化营商环境、鼓励加大民间投资等政策措施，推动经济高质量发展；参加全市“五拼五比晒五榜”活动，全区累计获得红旗56项，排名全市第一。稳步提升产业质效，着力构建“5+4+5”创新型产业集群，实施制造业强区建设行动计划及专项行动计划，全年新增规模以上工业企业104家。净增高新技术企业近300家，总量突破2400家。新增国家级专精特新企业47家，累计84家，居全省区县首位。茂莱光学、波长光电等2家企业成功上市，累计上市企业47家，位居全省县域第二。智能配电设备产业集群入选2023年度国家级中小企业特色产业集群，中兴滨江工厂、艾默生入选国家5G工厂名录，埃斯顿自动化、南瑞继保电气入选国家智能制造示范工厂，优倍电气等5家企业入选国家智能制造示范优秀场景名单。聚力打造国家产业科技创新中心重要承载区，江宁位列全国创新百强区第七、全省第一。出台“校地人才共建12条”“人才强区16条”，自主培养国家重点人才工程专家26人，组建省级人才攻关联合体5个，位居全省第一。（周　航）

【政治建设】　2023年，中共江宁区委坚持把学习贯彻习近平总书记重要讲话精神作为重大政治任务，在学懂弄通做实上下功夫，做到政治上绝对忠诚、思想上高度统一、行动上坚决有力。严格落实区委理论学习中心组学习会“第一议题”制度，依托习近平新时代中国特色社会主义思想研究中心江宁实践调研基地、“红喇叭”理论宣讲团等载体平台，广泛开展理论阐释和基层宣讲，推动理论学习往深里走、往实里走。建立贯彻落实习近平总书记重要讲话精神的闭环管理机制，聚焦耕地保护、粮食安全、生态环保、安全生产等“国之大者”精准排查问题、及时校准偏差，切实把习近平总书记关心关注的事情一件一件办好办实。坚持把习近平总书记重要讲话精神作为一切工作的行动指引，研究制定打造具有全球影响力的产业科技创新中心示范区、推进制造业强区等行动方案，推动学习成果转化为奋进新时代新征程的实际行动。坚决扛牢管党治党政治责任，采取有力措施，科学精准施策，切实抓好省委巡视反馈问题整改，驰而不息推进全面从严治党。完善意识形态工作责任体系，强化网络、高校、宗教、文化等重点阵地风险研判处置，巩固壮大主流思想舆论。坚持重拳整治强作风，一体推进不敢腐、不能腐、不想腐，紧盯违规吃喝违规收送礼品礼金、国企（平台）融资、工程建设、党员干部不担当不作为等问题开展专项整治，完成十四届区委第四至七轮巡察。（区委办）

【文化建设】　2023年，全区丰富文化产品供给，推动文化建设高质量发展，通过国家公共文化服务体系示范区创新发展复核。区图书馆、博物馆、文化馆等公共文化场馆错延时免费开放，图书馆年接待读者205.28万人次。开展“文化三送”活动，满足基层群众需求，全年组织送戏下乡165场、送书下乡20万元。承办南京市百场公益演出18场、展览2场、讲座5场、培训2场。百家湖文化中心（江宁美术馆）建成开放，累计接待市民26万人次，推出艺术展览34场，举办各类文化活动570余场。推动“江宁之春”群众文化活动提档升级、品质提升，举办街道专场演出10场、各类基层文化活动1800余场、小剧场公益演出10余场。组织创作高品质文艺作品，参加各类比赛和演出，获第二届南京市公共文化“星辰奖”优秀组织奖，音乐、舞蹈、曲艺、戏剧、合唱、广场舞、书法美术摄影等9项13类31件作品获第二届南京市公共文化“星辰奖”奖项。深化文体旅融合，开展“一街一品”节庆活动，先后举办湖熟“稻花节”（菊花展）、汤山“温泉节”、禄口“皮草节”等大型节庆活动，结合江宁“村BA”、“村超”、区九运会开幕式等群众体育赛事，开展开幕式演出、非遗展演、民俗展览等活动，其中九运会开幕式在文化云平台进行实时直播，1.8万人在线观看。（金　晖）

齐武路小学文齐路校区　　（区教育局　供图）

【社会建设】　2023年，全区深入实施中等收入群体壮大行动和农民收入十年倍增计划，农村居民人均可支配收入增速高于城镇居民收入增速。常态化运作稳就业工作专班，开展重点企业月度用工调查，构建多层次、多维度就业失业监测预警体系。扎实开展“职业指导”“直播带岗”“名企优才直通车”“百所高校江宁行”“感知江宁”等系列就业服务活动，新增城镇居民就业4万人。建成东南青年汇景祥店、创智人才公寓等5个宁青驿站，上线房源250间，累计服务外地到宁青年超过2600人次。10类41项重点民生实事项目开工率100%，投入率112%。新增养老机构床位163张，每千名老年人拥有养老床位数48张。完善婴幼儿照护服务体系，建成公建民营托育机构2家、社区亲子活动室6家，每千人口托位数4.5个。教育医疗均衡布局，紧密型集团化办学覆盖率100%。礼尚路小学、禄口小学、上峰小学、文齐路校区、翠屏山校区、湖熟小学一期竣工交付。定位于三级肿瘤专科医院的天印山医院开业运行，中医院门诊及医教研康复综合大楼交付使用，陶吴、丹阳社区卫生服务中心改扩建工程竣工，新改扩建社区卫生服务站点60个。统筹推进文明创建、文明实践、文明培育工作，建立“月月赛”文明创建常态机制、家庭文明建设积分制等长效机制，形成“文明种子”孵化行动、“上元夏之夜”等品牌项目，获评中国好人2人及省、市一批先进典型。持续推进“精网微格”效能提升和专属网格分类管理，健全完善网格员“2+N”工作机制，累计开展1200余次政策法规宣传、300余次矛盾纠纷调解。（周　航）

【生态文明建设】　2023年，全区深入践行习近平生态文明思想，坚持目标导向、责任导向、问题导向、民生导向，突出精准治污、科学治污、依法治污、系统治污，深入打好污染防治攻坚战，推动区域生态环境质量持续向好。推进蓝天保卫战，落实点位达标负责人制，空气质量优良率80.3%；PM2.5浓度均值28.8微克/立方米，连续4年达到国家二级标准。碧水行动全面推进，“河湖长制”得到落实，8个国省考断面水质优Ⅲ比例为100%，18个市考以上断面连续4年全部达标；子汇洲水源地保护区水质100%达标。落实土壤环境分类管理制度，9家尾矿库基本完成整治，土壤风险有效管控；推进突出环境问题整治，长江经济带警示片披露的云台山硫铁矿生态环境问题整改工作通过省、市、区验收销号，第二轮中央生态环境保护督察交办的133件信访件全部整改完成并通过市级销号，省突出环境专项督查反馈的19个问题整改完成18个。加强重点环境信访问题化解，中航发、新康达等环境信访问题得到妥善解决，全区环境信访总量比上年下降41.8%，未发生因环境信访处置不到位而导致的重大群体性事件。生态环境安全进一步巩固，未发生等级以上突发环境污染事件。（江宁生态环境局）

综　述

【概　况】　中共南京市江宁区第十四届委员会由33名委员、7名候补委员组成。常委会由11人组成。区委下设9个工作机关，1个纪律检查机关（监察机关），4个直属事业单位。区委直属党组织37个（直属党委17个、直属党工委19个、直属党总支1个）；基层党组织3591个，其中党委210个、党总支234个、党支部3147个。2023年，区委坚持以习近平新时代中国特色社会主义思想为指导，深入贯彻习近平总书记对江苏工作重要讲话重要指示精神，认真落实中央和省委、市委决策部署，大力开展“五拼五比月月赛”活动，全力拼经济、抓项目、促发展，扎实推进“十个高质量发展”，中国式现代化江宁新实践实现良好开局。全年完成地区生产总值3056.19亿元，比上年增长4.5%；一般公共预算收入238.28亿元，增长17.4%；规模以上工业总产值4126.83亿元，增长2.2%；外贸进出口1335.6亿元，实际使用外资及港澳台资9.34亿美元。

【科技创新】　2023年，江宁区全面启动紫金山科技城规划建设，紫金山实验室发布6G全频段全场景等原创性科研成果，麒麟科技城加快布局建设重大科技基础设施，国家第三代半导体技术创新中心实现电力电子芯片自主量产，6家实验室获批入围全国重点实验室，江宁名列全国创新百强区第七。完善科技企业梯次培育机制，高新技术企业总量突破2400家，新增国家级专精特新“小巨人”企业47家、总量84家，新增数、总数均居全省区县第一。深化与东南大学、南京航空航天大学、南京理工大学等高校战略合作，高水平承办第八届中国创新挑战赛。出台“校地人才共建12条”“人才强区16条”，自主培育国家重点人才工程专家26人，组建5个省级人才攻关联合体，新引进高层次创新人才超500人。优化整合政府投资基金，为科创企业提供全周期接力式金融服务。

【改革开放】　2023年，全区八大改革提升行动有序推进，16项国家和省级改革试点取得成效，4项改革发展工作获省政府督查激励。深入推进“一网统管”三年行动计划，区城市数字治理中心建成并发挥统筹调度指挥作用。创新实施工业项目全链审批服务模式，优化审批服务流程，审批时限提速38%。深入推进“一件事一次办”改革，环节、材料、时限均压减60%以上。谋划实施新一轮国企改革深化提升行动，整合重组旅康集团、江护集团、大数据公司等区属国企。探索“保税展示+跨境电商+实体商贸”发展模式，全年实际使用外资及港澳台资9.34亿美元。强化知识产权创造、运用、保护、管理和服务，获批国家知识产权服务业高质量集聚发展试验区。

【城乡统筹】　2023年，江宁区高水平编制完成国土空间总体规划，全区117个规划发展村庄规划编制全部启动。服务保障地铁5号线、10号线二期等重大交通项目建设，绿都大道等道桥工程建成投用，新增公共绿地面积20.3万平方米。举办“城乡环境大整治、精细治理大提升”月月赛活动，对30条背街小巷进行提档升级，城市生活垃圾资源化利用率超70%，以市场化方式开辟停车泊位2.1万个。纵深推进建设“美好家园”三年行动计划，老旧小区、保障房小区业（管）委会组建率84.8%。扛牢扛稳粮食安全重任，清单式推进非耕地图斑整改，新建高标准农田173.3公顷，创成国家农产品质量安全区。加快推进宜居宜业和美乡村建设，新增4个省级特色田园乡村，连续3年获评全省乡村振兴实绩考核第一等次。

【生活品质】 2023年，全区坚持就业优先导向，城镇新增就业4万人，城乡居民人均可支配收入分别增长3.9%、6.1%。全面推行义务教育阶段集团化办学，江宁高级中学福宁路校区、礼尚路学校等12所中小学、幼儿园建成投用，新增优质公办学位近1万个。探索建设紧密型城市医疗集团，江宁中医院二期、天印山医院等投入使用，通过国家卫生城市复审验收。建设安置房170万平方米，在全市率先实施跨区域房票安置，盘活空置安置房房源1100多套。加快构建居家、社区、机构相衔接的养老服务体系，成立全市首个退役军人关爱基金，完善分层分类社会救助体系，兜住兜牢民生底线。

【环境质量】 2023年，江宁区实体运作区环委办，动真碰硬抓好第二轮中央环保督察交办问题、长江经济带警示片披露问题整改，鞭鞍河、金村沟问题完成销号验收。落实三级点位达标负责人职责，强化PM2.5和臭氧“双控双减”，空气质量优良率近80.3%。推进水环境治理和雨污分流，完成长江入河排污口整治130个，创成幸福河湖46条，8个国、省考断面水质稳定达标。推动48个高风险遗留地块土壤污染状况调查，“无废城市”建设加速推进，江宁获评国家水土保持示范区。推行绿色生产生活方式，2家企业获评国家级绿色制造企业，江宁开发区入选全国首批碳达峰试点园区。

【民主法治建设】 2023年，江宁区支持和保障人大依法履行职能、发挥作用，把人民代表大会制度优势转化为治理效能。支持政协开展民主监督、视察调研、协商议政，擦亮“有事好商量”协商议事品牌。完善大统战工作格局，扎实做好民宗、外事、侨务、对台等工作。充分发挥共青团、妇联、科协、残联等群团组织优势，工会、文联、红十字会、社科联完成换届。支持法院、检察院依法独立公正行使职权，在全省率先出台党政主要负责人依法行政能力考核评价办法，提升“八五”普法实效，宪法主题公园建成开放。

【主题教育】 2023年，全区牢牢把握“学思想、强党性、重实践、建新功”总要求，针对不同领域、不同对象特点，精心部署、精准施策、精细指导，推动主题教育走深走实。区委常委会坚持领学带学促学，扎实开展理论学习中心组学习、读书班、专题研讨，抓好理论学习深化内化转化。紧盯小区治理、消防安全等领域突出问题，高质量开展解剖式调研、蹲点式调研，做到察实情、谋实招、求实效。开展“先锋建新功”“立足岗位作贡献”等活动，清单化落实市、区两级重点攻坚事项，开展“7+1+1”专项整治，上下联动解决民生难题，切实改出新气象、新成效。 （区委办）

重要会议

【区委十四届八次全会】 8月3日，中共江宁区第十四届委员会第八次全体会议在区人民大会堂召开。全会的主要任务是，坚持以习近平新时代中国特色社会主义思想为指导，深入学习贯彻党的二十大精神，全面落实省委十四届四次全会、市委十五届六次全会部署要求，对深入学习习近平总书记重要讲话重要指示精神作出全面部署，总结上半年工作，安排下半年任务，动员全区上下牢记嘱托、感恩奋进、以学促干，在中国式现代化新征程上走在前、做示范，奋力谱写“强富美高”新江宁现代化建设新篇章。会议由区委常委会主持，市委常委、区委书记林涛向全会报告工作并作总结讲话。区委副书记、代区长黄成文就下半年经济工作及全区重大项目推进作具体部署。全会审议通过《中共南京市江宁区委关于深入学习贯彻习近平总书记对江苏工作重要讲话精神，在推进中国式现代化中走在前做示范，谱写“强富美高”新江宁现代化建设新篇章的决定》和《中国共产党南京市江宁区第十四届委员会第八次全体会议决议》，审议通过关于批准有关人员辞去十四届区委委员职务的决定等。区委委员、区委候补委员出席会议。区纪委委员、区各有关方面负责人以及江宁开发区、麒麟科创园负责人，重大科创平台及部分科创型企业、先进制造业企业代表，区第十四次党代会部分基层代表列席会议。会议当天，百名局长百件事在媒体上向社会公示，接受群众监督。

【区委十四届九次全会】 12月28日，中共江宁区第十四届委员会第九次全体会议举行。全会以习近平新时代中国特色社会主义思想为指导，全面贯彻党的二十大和二十届二中全会精神，深入学习贯彻习近平总书记对江苏工作重要讲话重要指示精神，按照中央经济工作会议、市委十五届七次全会部署，总结2023年工作，部署2024年任务，动员全区上下牢记嘱托、感恩奋进，以“十个高质量发展”为主抓手，推动中国式现代化江宁新实践走在前、做示范，奋力谱写“强富美高”新江宁现代化建设新篇章。全会由区委常委会主持。市委常委、区委书记林涛讲话。区委副书记、代区长黄成文就2024年经济工作作具体部署。全会听取和讨论林涛受区委常委会委托所作的工作报告，审议通过《中国共产党南京市江宁区第十四届委员会第九次全体会议决议》，审议通过对有关代表终止代表资格、停止执行代表职务的决定。全会书面审议《区委常委会2023年度落实全面从严治党主体责任情况的报告》。区委委员、区委候补委员出席会议。区纪委委员、区各有关方面负责人以及江宁开发区、麒麟科创园负责人，重大科创平台及部分科创型企业、先进制造业企业代表，区第十四次党代会部分基层代表列席会议。

【区委农村工作会议】 2月22日，区委农村工作会议召开，市委常委、区委书记林涛出席并讲话。会议强调，要扛起使命担当、放大特色优势，全力建设都市现代农业强市示范区。持续释放江宁地理区位、生态本底、农业基础及科教资源优势，主动调整优化农业产业结构，加快拓展农业功能和业态，构建现代化农业产业体系、生产体系、经营体系，走出一条有特色、高质量的都市现代农业发展之路。要聚力补齐短板、提高质量效益，加快推进农业农村现代化建设。持续做大做强特色产业集群，推动农业高质量发展；深化农村高标准建设，加快建设宜居宜业和美乡村；提升农民高品质生活，不断夯实共同富裕基础；聚焦城乡高水平融合，全面激发农村发展活力。要加强党的领导、弘扬“四敢”精神，凝聚新时代“三农”工作强大合力。增强干部敢为之能，激励各类人才在农村大展才华、大显身手；鼓足地方敢闯之劲，在推进乡村产业发展、项目建设、基层治理等方面敢闯、敢试；激发企业敢干之势，在完善农村基础设施、培育特色产业中展现国企担当，并深入开展“万企兴万村”行动，推动村企共建共赢；营造群众敢首创之风，真正让广大农民成为乡村振兴的参与者、建设者和受益者。会议指出，2022年，全区各板块各部门紧扣中央和省委、市委、区委“三农”工作部署，坚持疫情防控和农业农村发展“两手抓、两不误”，全区粮食总产量稳中有增，粮食播种面积稳定在2.8万公顷以上，扎实推进湖熟水乡、青龙山等4个乡村聚落建设，累计建成省级特色田园乡村19个、列全省区县首位，党建引领乡村治理全国试点扎实推进，在全省推进乡村振兴战略实绩考核中再获第一等次。2023年是全面贯彻落实党的二十大精神的开局之年，是建设农业强国的起步之年。全区上下要把思想和行动统一到中央和省委、市委决策部署上来，加大力度实施乡村振兴样板工程，加快全区农业农村现代化建设步伐，为谱写中国式现代化江宁新篇章筑牢“三农”支撑。会议宣读《2022年南京市实施乡村振兴战略郊区街道高质量发展评价结果》《2022年全区实施乡村振兴战略实绩考核结果的通报》《江宁区2022年村（社区）星级评定结果》，总结2022年乡村振兴工作并部署2023年重点任务，秣陵街道、区财政局、东山街道佘村社区、紫金农商银行江宁支行、普莱柯（南京）生物工程有限公司等单位作交流发言。

【全区领导干部会议】 7月10日，区委召开全区领导干部会议，传达学习习近平总书记考察江苏重要讲话精神。市委常委、区委书记林涛出席会议并讲话，区委副书记、代区长黄成文主持。省委巡视组成员、区四套班子全体领导，区法院院长、区检察院检察长，江宁开发区、麒麟科创园全体领导，其他现任市管领导，以及副区级以上老干部参加。会议指出，习近平总书记考察江苏重要讲话高屋建瓴、视野宏阔、思想深邃、内涵丰富，为推动高质量发展、推进现代化建设提供了根本遵循和行动指南。全区各级各部门要深入学习领会、全面对标对表、认真抓好落实。会议强调，要深刻领会重大意义，奋力谱写中国式现代化江宁新篇章；要自觉扛起使命担当，不折不扣推动关键任务落地见效。会议要求，要提高政治站位，把学习宣传习近平总书记考察江苏重要讲话精神作为重大政治任务，抓好学习贯彻组织推进；要逐项对标对表，拿出学习贯彻的具体举措，更好推动总书记重要讲话精神在江宁落地生根；要扛起责任担当，以“时时放心不下”的责任感统筹好发展和安全，高质量完成好全年目标任务，书写学习贯彻优异答卷。

（宁　鉴）

重要活动

【区委常委会集体调研生态环境保护工作】　1月3日，区委常委会集体调研全区生态环境保护工作并召开会议，市委常委、区委书记林涛主持会议。当天，区委常委会集体调研新河村泵站收集运行及国控点彩虹桥站空气质量保障情况，听取区环委办、水务局、城建局、城管局等单位相关工作情况汇报。会议指出，近年来，全区上下加快转变发展方式，全面开展污染防治攻坚，生态环境质量持续改善。会议强调，要提高政治站位，坚决扛起生态环境保护的政治责任；要扭住重点难点，有效解决生态环境的突出问题；要突出系统治理，加快提升生态环境治理现代化水平。

【区委常委会专题调研开发园区高质量发展】　1月27日，春节假期最后一天，区委常委会专题调研开发园区高质量发展并召开会议，市委常委、区委书记林涛主持会议。当天，区委常委会一行调研埃斯顿工业机器人项目二期工程、元宇宙产业大厦项目、华能智链智慧供应链服务平台、新工泰融生物试剂产业集聚区项目。在随后召开的会议上，区商务局、江宁开发区、麒麟科创园、江宁高新区、滨江开发区分别汇报相关工作情况。会议指出，2022年，各园区坚持以习近平新时代中国特色社会主义思想为指导，深入学习贯彻党的二十大精神，战疫情、稳经济、防风险、保安全，在复杂挑战中稳住基本盘、在转型升级上迈出一大步、在奋斗拼搏中展现精气神，取得一系列新成绩。会议强调，要全力支持服务，推动开发园区做大做强；要加快转型升级，当好江宁区高质量发展的示范引领；要深化产城融合，不断提升园区功能品质；要践行“四敢”精神，汇聚赶超跨越的强大合力。

【区委常委会集体调研东山街道】2月28日，区委常委会集体调研东山街道并召开会议，市委常委、区委书记林涛主持会议。区委常委会实地走访东山医院龙湖分院、骆村警务区警网联动工作站、“宁小蜂”驿站等地，了解社区治理有关经验做法，并到土山片区综合开发建设现场，听取相关保障房、道路的建设情况汇报。在随后召开的会议上，东山街道围绕高质量发展助力中国式现代化江宁新实践汇报有关工作，区水务局汇报水环境治理推进情况，相关单位对东山街道日常工作进行点评。会议指出，东山街道在全区高质量发展中有着举足轻重的地位和示范引领作用，在经济贡献率、产业集聚度、城市竞争力、群众幸福感上都位居前列，是全区街道板块的排头兵、城市建设的主力军。围绕树立“首善标准”、实现“东山再起”目标，会议强调，要以更大的格局审视自我，跳出东山看东山、站位全局谋东山、着眼未来强东山，聚焦实现“12355”目标，努力建成彰显中国式现代化特征、具有鲜明特点的首善街道。要以更新的理念引领发展，强化系统思维，加强全局性谋划、整体性推进；强化精细思维，以绣花功夫做好城市管理；强化市场思维，善于引进社会资本参与城市更新；强化数治思维，切实提升基层数字化治理能力和水平。要以更广的视野优化布局，牢牢把握城市发展规律，优化提升产业布局，全面构建“一核引领、两翼齐飞、多点支撑”产业布局；优化提升生活布局，打造便民服务生活圈；优化提升生态布局，为高质量发展提供有力保障。要以更强的决心攻坚克难，建设安全韧性城市，扎实做好征迁扫尾、控建拆违、道路贯通、“九小场所”整治等工作，努力实现本质安全；提升社会治理水平，聚焦群众急难愁盼，持续提升党建引领社会治理能力；狠抓生态环境提升，不折不扣推动区域水环境治理。要以更拼的状态再创佳绩，继续点燃“争第一、创唯一”的激情，落实“敢为、敢闯、敢干、敢首创”要求，强化基层组织，强化正风肃纪，以强有力的组织建设、作风建设保障高质量发展。

【区委常委会集体调研麒麟街道】3月31日，区委常委会集体调研麒麟街道并召开会议，市委常委、区委书记林涛主持会议，区领导赵洪斌、刘玲、樊向前等参加。当天，区委常委会实地调研中科南京移动通信与计算创新研究院、街道社区卫生服务中心、北部片区城市建设情况，详细了解麒麟街道在园街融合发展、民生服务、经济建设等方面的工作，听取相关情况汇报。会议指出，麒麟街道紧紧围绕全区发展大局，在征地拆迁、社会治理、民生服务、经济建设等领域取得显著成效，特别是有力保障了麒麟科创园的建设发展，为全区乃至省市创新发展大局作出了贡献。围绕打造园街融合“新样板”、现代化品质“新主城”，会议强调，要着力提升园街融合度，强化科创项目保障，营造更优创新生态，强化创新赋能增效，持续推动理念创新、方式创新、制度创新，打造活力迸发的“创新之城”。要着力提升产业集聚度，形成区域消费中心，推动工业转型升级，探索发展创新业态，坚持“产城人文”四位一体，打造都市经济的“标杆之城”。要着力提升治理精细度，做强党建引领，做实安全生产，做精社会治理，做优城市管养，加快提升现代化治理水平，打造共治共享的“善治之城”。要着力提升群众满意度，坚持以人民为中心的发展思想，推动公共资源均衡配置、共同富裕扩面增效、城市建设提标提质，下更大功夫解民忧、惠民生、赢民心，打造宜居宜业的“幸福之城”。

【区委常委会集体调研秣陵街道】 5月17日，区委常委会集体调研秣陵街道高质量发展并召开会议，市委常委、区委书记林涛主持会议。会上，秣陵街道围绕经济社会高质量发展、党建引领社会治理情况等汇报有关工作，相关单位对秣陵街道日常工作进行点评。近年来，秣陵街道在产业转型升级、城乡融合发展、社会治理创新、民生服务保障等方面取得新突破、收获新品牌，连续12年获全市“先进制造业主导型街道”称号，为全区高质量发展走在前列作出重要贡献。围绕奋力建设“制造第一街、最美秣陵关”，会议强调，要厚植产业优势，在转型升级上作示范，学习先进地区发展理念和经验做法，加快释放创新动能，优化园街联动机制，做好转型升级文章，向科技创新要动力，向园街联动要效益，向绿色转型要空间。要坚持共建共享，在民生改善上作示范，强化公共服务，提升治理效能，坚持本质安全，加快完善网格化管理、精细化服务、信息化支撑的治理体系，不断提升群众获得感、幸福感和安全感。要突出品质提升，在城乡融合上作示范，高水平推进城市建设，高标准开展生态治理，高质量推动乡村振兴，促进城乡协调发展，使城市更宜居宜业、生活更美好。要强化党建引领，在干事创业上作示范，坚持严的主基调不动摇，锤炼过硬作风、夯实基层基础，继续围绕片区大党委建设、社会治理创新等方面进行探索实践，狠抓推进落实，以高质量党建引领高质量发展。

【区委常委会集体调研汤山板块工作】 8月11日，区委常委会集体调研汤山板块工作，市委常委、区委书记林涛主持会议，区领导黄成文、赵洪斌、刘玲等参加。区委常委会实地调研“汤山北”农文旅融合组团、汤山街道社区卫生服务中心和南京森焱鑫建设科技产业中心等，详细了解汤山板块户外运动集聚区、医联体项目、存量用地提质增效等情况。会上，汤山板块负责人汇报当前经济社会高质量发展相关工作，有关单位对汤山板块日常工作进行点评。会议指出，汤山板块作为江宁东部发展的核心板块，有基础有条件在江宁现代化建设中担负更大责任、作出更大贡献。汤山板块要紧紧围绕加快建设“世界级旅游度假区、高质量发展示范街”目标，突出重点、加压奋进、持续攻坚，重点实现从文旅产业“单一发展”向文旅康养体育和高端制造“齐头并进”转变，园街一体发展从“物理整合”向“化学融合”转变，单一性“旅游度假区”向综合性“未来度假社区”转变，以高质量发展的优异成绩绘就汤山现代化建设的美丽图景。会议要求，要坚持对标一流，立足国际化视野，打造世界级文旅品牌，树立标准化思维，建设世界级标杆景区，突出市场化导向，完善世界级产品体系，创建高水平世界级旅游度假区；要坚持创新转型，跑出文旅融合“加速度”，激发产业转型“新活力”，培育新型经济“生力军”，激活高质量绿色发展新动能；要坚持协调发展，在民生保障上下功夫，在乡村振兴上作示范，在社会治理上求实效，构筑高品质幸福乐居富庶地；要坚持全面从严，坚定理想信念，筑牢基层基础，强化担当作为，打造高素质担当有为好队伍，为中国式现代化江宁新实践贡献汤山力量。

【江宁代表团赴秦淮区考察交流】 9月7日，江宁代表团赴秦淮区考察交流工作。市委常委、江宁区委书记林涛，秦淮区委书记王生，江宁区领导林云飞、周强、汤小南，秦淮区和市南部新城管委会领导顾安国、葛敏、金超、卢杰参加。江宁代表团首先到秦淮区小西湖历史文化街区，考察城市更新、文化保护工作。随后，代表团又走进南京国家领军人才创业园，考察特色创意产业园区规划建设和运营管理工作，调研洛可可、金峰等孵化项目情况。当天，江宁代表团还在新街口金融商务区考察新街口百货中心消防安全管理、消费者权益保护等工作。座谈会上，江宁和秦淮两区围绕科技园区建设、科技创新孵化项目落地、商业圈管理服务、城市有机更新、消防安全治理等方面进行座谈交流。

【区委常委会集体调研江宁街道】 10月10日，区委常委会集体调研江宁街道，市委常委、区委书记林涛主持会议并讲话，区委副书记、代区长黄成文，区人大常委会主任赵洪斌，区政协主席刘玲等参加。会议听取江宁街道主题教育开展、2023年以来经济社会发展等情况汇报。江宁街道是长江入苏第一站，区域面积大，特色鲜明，尤其是生态优势明显，近年来因地制宜探索发展路径，统筹推进经济发展、民生保障、社会稳定等，各项工作取得显著成效。会议指出，迈上新时代新征程，江宁街道要抢抓扬子江大道贯通机遇，承接滨江开发区溢出效应，争当城乡一体发展、园街联动发展、绿色低碳发展、全域安全发展的示范引领，力争利用5年时间，综合实力迈进南京市新城建设前列，全面彰显“美而精、最江宁”的底蕴内涵，全力打造绿色发展、生态宜居、文化融合的“临江福地、诗画江宁”。会议强调，江宁街道要牢牢把握扬子江大道贯通这个最大机遇，加快打造产兴、城美、人聚的现代化新城；要牢牢把握长江大保护这个最大责任，加快打造水清、岸绿、景美的滨江风光带；要牢牢把握自然生态禀赋这个最大优势，加快打造村美、民富、业旺的乡村新画卷；要牢牢把握基层社会治理这个最大挑战，加快打造高效、精准、智慧的治理新格局；要牢牢把握全面从严治党这个最大政绩，加快打造风正、气顺、劲足的干事好氛围。会上，区相关部门分别对江宁街道工作进行点评。会前，区委常委会集体调研江宁街道南京肯特复合材料股份有限公司、便民服务中心、“一网统管”数字治理中心、新市镇PPP项目安置房等，详细了解江宁街道企业运行、民生服务、社会治理、城市建设等方面情况。（宁　鉴）

深化改革

【概　况】　2023年，江宁区全面落实中央和省市委改革部署要求，创造性地抓改革、谋创新、促发展，8项改革提升行动、10个重点攻坚改革项目扎实推进，16项国家和省级改革试点取得成效，4项改革发展工作获省政府督查激励。

【营商环境优化】　2023年，全区深化简政放权赋能、政务服务优化、企业服务体系完善等改革，为重大项目尽快落地建设达产提供体制机制保障。推出“在谈即保障”“签约即预审”“拿地即开工”“竣工即交付”“建成即投产”的全链审批服务模式，整合5个阶段87个事项，实现工程建设项目21个部门、87个事项和36名审批专员“应进必进”，重大项目从洽谈到竣工验收的审批时间由198天压缩至123天。深入推进“一件事一次办”改革，创新推出45项“一件事”主题场景，压减环节、材料、时限均达60%以上。建立多部门联动“综合查一次”组团式执法制度，促进“进一次门、查多项事、一次到位”。不断深化对外开放，复制推广自贸区南京片区制度创新成果，探索“保税展示+跨境电商+实体商贸”发展模式。引进长三角跨境电商中心，打造南京首家跨境电商孵化平台，集聚近100家企业入驻，推动跨境电商发展驶入快车道。

【科技体制改革】　2023年，全区推动创新链、产业链、资金链和人才链深度融合发展，探索“科创+产业”发展新路径，科技体制改革获市级督查激励。制定出台关键核心技术攻关“揭榜挂帅”项目管理暂行办法，承办第八届中国创新挑战赛，常态化举办科技成果转化、高校成果对接等活动。完善“微成长、小升高、高升规”科技企业培育机制，全年备案科技型中小企业突破5000家，高新技术企业总量突破2400家。试点“拨投结合”财政经费支持模式，为科技企业提供全周期接力式金融服务。优化实施人才举荐制，首创推出人才强企工程，以产业需求、企业需要为导向开展精准引才，组建5个省级人才攻关联合体，新引进高层次创新人才500多人。

【农村综合改革】　2023年，全区稳步推进农村宅基地管理改革试点，建立健全区、街道、村（社区）纵向贯通、横向协调的宅基地管理工作机制，选定东山街道佘村社作为全市试点社区，开展闲置宅基地和闲置住宅盘活利用。创新集体经济发展模式，统筹征地补偿资金、留用地资金等6.7亿元，购置江宁开发区高标准厂房，打造区级城乡融合共富产业园。横山村入选中组部红色美丽村庄建设试点，新创成省级特色田园乡村3个、国家等级民宿6家，连续3年获评全省乡村振兴实绩考核第一等次，江宁创建为国家农产品质量安全区。

【社会民生事业改革】　2023年，全区完善零工市场和园街零工驿站建设，打造零工网络服务体系，新增城镇就业4万人。实施跨区域房票安置政策，因时制宜出台房地产优惠政策，加快释放刚性和改善性住房需求，打造稳定有序的住房租赁市场，满足居民多层次住房需求。实施义务教育阶段集团化办学，新增优质公办学位近1万个，创成省义务教育优质均衡发展区。探索建设紧密型城市医疗集团，优化医联体建设，通过国家卫生城市复审验收。

【社会治理创新】 2023年，全区探索党建引领基层治理“两下两上”模式，创新实施区域化党建联盟，全面推行区领导挂包街道片区大党委、“两级书记”下访、区领导“公开接访日”等制度。深化街道综合行政执法改革，强化派驻执法人员属地管理，推动执法人员向街道集中，案件办理数量和质量稳步增长，综合执法效能实现质的提升。探索实施消防委托执法改革，推动区、街两级消委办实质化运行，10个街道应急管理—消防一体化工作站全部挂牌运行。深入推进“一网统管”三年行动计划，建成启用区城市数字治理中心，汇聚63家部门989个事项、超20亿条数据信息，协同运作区、街、村（社区）、网格四级指挥体系，推出“区域防汛”“智慧禁渔”等数十个实战应用场景，近200个政务服务事项和办理流程由“线下”转到“线上”，“一网统管”赋能社会治理改革获评全市优秀改革案例。（李　光）

组织工作

【概　况】 2023年年末，中共江宁区委有基层党组织3591个，其中党委210个、党总支234个、党支部3147个。区委有直属党组织37个，其中直属工委19个、直属党委17个、直属党总支1个。212个村（社区）中，设党委133个、党总支79个。全区有党员80201人。其中，男党员54068人、女党员26133人；35岁及以下党员19536人、36—45岁党员19060人、46—55岁党员11184人、56—60岁党员6539人、61岁及以上党员24063人；研究生6534人、大学本科学历29339人、大专及以下学历44328人；公有制单位21137人、非公有制企业27087人、社会组织669人、农牧渔民12139人、离退休党员17596人、其他党员1573人；1949年10月前入党32人、1949年11月至1966年4月入党3913人、1966年5月至2002年10月入党33096人、2002年11月及以后入党43160人。71个行政村有党员7988人，137个城市社区有党员38457人。

【党建引领基层治理】 2023年，区委组织部根据街道区划在全区建立10个片区党建联盟，通过区委常委挂包联系等机制，先后召开校地融合、金融赋能产业发展、党建引领小区治理等区级联席会议，各片区召集会议100余次，协调解决区域治理难题170余件。坚持以“学仙林、见行动、优治理”活动为抓手，开展小区治理“一降一减双提升”攻坚行动，汇编《全区小区治理工作体系及高频问题接诉联动办理“一本通”》，下派12名“小区治理专员”，推动治理水平低、亟须党组织发挥作用的老旧小区、安置房保障房小区业（管）委会党组织覆盖率达100%。全域打造基层治理点位站91个、网格党群微工作站366个，设立居民群众矛盾诉求集中受理点，实现风险隐患全面排查、群众诉求及时采集、矛盾问题就地化解。建成启用区城市数字治理中心，建立视频轮巡、“随手拍”、“我对书记有话说”、“宁帮手”、网格员巡查发现、媒体监督等全方位的问题发现体系，实时监测、研判、分析城市事件和群众诉求。探索基于电子码的公共服务事项受理办理模式，完成“单轨制”业务协同系统试点建设，开发医疗、民政、审批、教育等各板块子功能800余项，重点模块访问量超过2000万人次，实现“数据多跑路、群众少跑腿”。实施“两级书记”接访制度，区委书记每月一次下沉街道、街道党工委书记每月两次下沉社区，组织区四套班子领导“公开接访日”活动，全年接待信访群众258批、390人次，现场解决信访事项77件。出台行政机关和党员干部首问负责制有关规定，明确对于诉求事项，首问责任单位及首问人即时办理，确需转办的只转一次，接收单位不得再转，杜绝群众办事“跑断腿”、部门“踢皮球”等现象。深化“宁帮手”挂包服务，选派区管正职干部作为“一对一”挂包村（社区），明确区管单位党员干部作为“一对一”挂包网格（楼栋），发动村（社区）广大党员作为“一对多”联系群众，依托“我的江宁”App的“宁帮手”模块，打通与“吹哨报到”机制的数据关联，实现信息在线记录、问题在线反馈。“宁帮手”全年累计走访群众近2.8万户、收集建议问题2.2万条，“吹哨报到”平台办理工单600余件，推动一批民生实事高效解决。

【新业态新就业群体党建】 2023年，区委组织部坚持从“两新”领域党员特点需求出发，扎实开展主题教育，推动全域“两新”领域党组织、党员有效覆盖。开展“两新”组织“双有”提升行动集中攻坚，建立“双有”情况月调度机制，全区从业人员100人以上非公有制企业和社会组织单独组建党组织，50

人以上非公有制企业、30人以上社会组织党的比例分别为95%、96%。实施“暖蜂江宁·四感四心”行动，推动“宁小蜂”驿站提档升级，实际运营“宁小蜂”驿站216个。深化“两新”组织党务工作者“四级五专”体系建设，全区持证“两新”组织党务工作者197人，其中特级1人、中级17人、初级179人。

【党建赋能产业发展】 2023年，区委组织部围绕全区优势产业集群分布，开展党建引领“创新链、产业链、资金链、人才链”四链融合行动，成立智能电网、生物医药、5G+智能制造等产业链党建联盟，发布7项攻坚项目，打造“智聚宁链”产业链党建特色品牌。智能电网产业链党建联盟梳理智能电网企业问题需求30个，开列部门、园区服务资源22条，形成产业链“三张清单”项目18项，依托数字化企业服务平台，为链上企业“点对点”推送自主研发产品信息88条、各类便企信息16条、技术协助信息3条，帮助链上企业签订党建共建、技术攻关、产销合作、金融服务等合作协议20余项。发挥金融等党建联盟跨链协调作用，举办政金企对接活动4场，为60余家链上企业提供精准金融服务，促成6家金融机构与企业达成1.24亿元的授信合作。

【基层干部队伍建设】 2023年，全区启动村（社区）“两委”班子成员梯队培育计划，打破辖区壁垒和身份界限，公开选拔20名高素质、善担当、懂治理的年轻干部，推荐到村（社区）党组织书记、副书记岗位，加大基层人才储备。举办5期村（社区）书记“头雁讲堂”，围绕粮食安全、耕地保护、生态环保、安全生产等关键领域进行专题辅导、领学领讲，提高村（社区）书记依法依规履职能力。全面落实为村（社区）减负要求，精简星级评定指标，明确村（社区）工作者“以发现问题为导向”的网格工作职责，提升为民服务水平。

【干部教育培训】 2023年，区委组织部组织区管干部学习贯彻习近平新时代中国特色社会主义思想和中共二十大精神集中轮训，培训完成率100%。持续实施干部能力提升工程，推进干部教育“供给侧”改革，着力构建“常态化+精准化”主体班次体系，巩固党校主阵地、用好高校资源库，与南京大学等在宁高校合作办学。全年举办主体班次35个、培训班42期，培训各类领导干部6715人次，有效提高参训领导干部专业化水平和履职能力，以高水平干部教育服务保障江宁高质量发展。

【人才工作】 2023年，江宁区发布“人才强区16条”“校地人才共建12条意见”等政策，形成更加契合全区产业发展方向和人才成长规律的政策体系。创新人才组织形式，围绕关键核心技术、行业共性难题，组建省级人才攻关联合体5个，位列全省区县第一，占全市入选总数的50%。优化人才服务环境，制定院士专属服务实施办法，为在区院士提供家政等20项服务。布局建设“宁青驿站”，打造全周期青年人才服务体系。推进人才安居工作，全年发放租赁和购房补贴1.25亿元。举办2023年紫金山菁英人才节、长三角数字经济人才创新发展大会等活动，提升区域人才工作影响力。拓宽人才引进渠道，新入选国家重点人才工程专家28人、省“双创人才”20人，12名博士后入选省卓越博士后计划。建立人才企业梯次扶持机制，全年人才企业新上市2家，25家企业新入选国家级专精特新“小巨人”企业，59家企业入选新一批南京市（培育）独角兽、瞪羚企业。紫金山实验室副主任、首席科学家尤肖虎当选中国科学院院士，南瑞继保和苏博特人才团队入选首批国家卓越工程师团队。 （区委组织部）

【村（社区）书记“头雁讲堂”开讲】 3月18—19日，全区村（社区）书记学习贯彻习近平新时代中国特色社会主义思想和党的二十大精神研讨班暨“头雁讲堂”首讲活动举办。市委常委、区委书记林涛，区领导赵洪斌、刘玲、张思明等参加。围绕学习宣传贯彻习近平新时代中国特色社会主义思想和党的二十大精神主题主线，由区委常委结合分管工作和全区“十个高质量发展”要求，针对村（社区）存在的治理短板、发展难题、能力弱项，开展领学领讲、专题辅导。其间，全区207名村（社区）书记分成10个组，区领导按照片区大党委挂包分工参加分组研讨。从3月起，每月组织开展一期村（社区）书记“头雁讲堂”，交流抓基层党建、经济发展、民生服务、社会治理等方面的思路、经验和成效，进一步激发村（社区）书记干事创业、奋发有为的主动性、创造性。林涛在“头雁讲堂”作首讲。汤山街道龙尚社区、秣陵街道下墟社区负责人分别围绕乡村振兴和社会治理作经验交流；淳化街道科苑社区、湖熟街道万安村负责人围绕改进和加强党建引领社会治理作表态发言；东山街道、江宁街道围绕支持推进村（社区）提升治理水平、实现高质量发展作交流发言；区城管局、房产局、农业农村局、水务局围绕落实“社区吹哨、部门街道报到”机制，推动文明典范城市创建、优化提升服务保障作交流发言。

【全区“一把手”政治能力建设专题培训】 9月2—3日，区委举办2023年度全区“一把手”政治能力建设专题培训班。市委常委、区委书记林涛作开班动员，代区长黄成文作结业讲话。区四套班子全体领导，江宁开发区、麒麟科创园、滨江开发区市管领导，区法院院长、区检察院检察长，以及各部门、街道、园区、国企集团党政主要负责人和相关区管正职干部参加。培训班邀请理论界的权威专家、相关领域研究学者、长期从事相关工作的领导干部等进行专题授课。中央党校思想政治教育教研室主任宋福范围绕“在新的认知高度上把握习近平新时代中国特色社会主义思想的顶层逻辑”主题授课，省产业技术研究院副院长部军、省政府信访局副局长宋永和、南京大学城市科学研究院院长张鸿雁等分别围绕“在科技创新上取得新突破、在强链补链延链上展现新作为”“在推进社会治理现代化上实现新提升”“在建设中华民族现代文明上探索新经验”等主题授课，市委巡察办主任浦礼俊以“构建全面从严治党体系”作案例式教学，区委常委、政法委书记庞志贵，副区长周强等聚焦全区高质量发展和安全稳定等中心工作作解剖式教学。培训班学员还就“带着问题来、带着思考学、带着收获干”进行分组专题研讨。

【全区年轻干部政治素养和履职能力提升专题培训】 11月14日，全区年轻干部政治素养和履职能力提升专题培训班开班。市委常委、区委书记林涛作开班动员并讲授第一课，区领导任宁、孙兆金参加开班仪式。此次培训按照精简、务实、高效原则，与党外干部培训班整合办班。培训对象遴选上，确定77名年轻干部为专题培训班学员，以“85后”正科为主体。培训内容设计上，围绕习近平新时代中国特色社会主义思想和党的二十大精神解读、政治理论、党性教育、能力提升、国情区情等5个板块，综合运用专题讲座、案例教学、研讨交流、现场教学、实地研学等方式，同时探索研究式教学，采取驻点调研与周末课堂相结合方式，帮助学员在岗位实践中提高发现问题、研究问题、解决问题的能力。师资力量配备上，坚持理论联系实际、内与外相结合，既有省市委党校专家教授和高校学者讲授理论前沿成果，也有省市区相关职能部门负责人传授实务、做法、经验，提升培训整体质效。（宁　鉴）

宣传工作

【概　况】 2023年，江宁区委宣传部坚持以习近平新时代中国特色社会主义思想为指导，以学习宣传贯彻中共二十大精神为主线，以推进文化建设高质量发展为抓手，坚持正确的方向导向、坚定文化自信自强，各项工作取得新进展。是年，区委宣传部获评全省宣传思想文化工作先进集体。

【理论武装】 2023年，区委宣传部印发全区各级党组织、区委理论学习中心组学习及巡学旁听工作计划，区委中心组开展专题学习34次，其中交流研讨20次、现场教学（调研）4次。创新开展基层党员冬训工作，集中组织习近平新时代中国特色社会主义思想、中共二十大精神等5个专题培训，线上线下开展“冬训主讲人”“中心所站主任讲理论、优秀党员代表谈体会”等系列活动750余场，江宁区连续6年获评“全省基层党员冬训示范区”。结合主题教育和“贯彻二十大、奋进新征程”主题宣讲，以“红喇叭”理论宣讲“六进”活动示范带动各级党组织开展宣讲350场。健全“名师加盟、名嘴示范”机制，区“红喇叭”理论宣讲工作室和南京航空航天大学等高校名师联合研发《坚持人民至上》《坚持生态优先、推动绿色发展》等微宣讲视频120余部，作品《人退鱼鸟归——“长江入苏第一站”奏响生态蝶变曲》获评全省“我是冬训主讲人”优秀视频奖。推进习近平新时代中国特色社会主义思想研究中心江宁实践调研基地建设，举办“中国式现代化江宁新实践”主题研讨会，深入开展第二批8个理论课题项目研究。联动新华传媒智库等高端智库，在交汇点平台开设“江苏省习近平新时代中国特色社会主义思想研究中心江宁实践”专题专栏，举办“理响江宁·专家看江宁”系列主题活动11场。

【社会宣传】 2023年，区委宣传部开展中共二十大精神、第二批主题教育等主题宣传，全流程保障紫金山实验室、南瑞集团系列采访，对接中宣部“高质量发展调研行”媒体团走进江宁系列活动，持续做好“嗨江苏”、和平论坛等外媒参访，推出《紫金山实验室科研团队——争分夺秒创新攻坚》《外资巨头深耕江宁增资扩产》等重点报道397篇（条），其中央视《新闻联播》12条、《新华日报》头版22篇。用好新闻宣传选题策划机制，开展“中国式现代化江宁新实践”专题报道，全媒体平台策划推出《新时代 新征程 新伟业》《践行“四敢”精神江宁在行动》等主题专栏，新闻类短视频《东山佘村：打造“股份制民宿”村民家门口端起“金饭碗”》获全省践行“四力”、深化“走转改”优秀新闻作品评选一等奖。全年新媒体全平台推出浏览量超100万次作品812件。加强与区信访局、“12345”热线等沟通联络，依托“我对书记有话说”平台，推送“向人民汇报”24期，协调解决城镇环境综合治理、美丽乡村长效管理等问题100余件。

【文明创建】 2023年，区委宣传部深入实施“文明种子”孵化行动，广泛开展各级好人、道德模范等先进人物宣传推选，深化“扣好人生第一粒扣子”“强国复兴、童心逐梦”等未成年人教育实践活动，获评中国好人2人、江苏好人1人、省道德模范1人、南京好人8人、市级“新时代好少年”7人。建成全市首个雷锋主题公园、“文明种子”主题公园，承办市级部分道德典型与身边好人发布仪式，推动社会主义核心价值观融入城市文化、融入日常生活。创新实施“上元夏之夜”、追“锋”公益集、“江宁人·看江宁”、“幸福校车”、“做文明有礼江宁人”等文明实践项目，《文明实践“夜模式” 升腾百姓“幸福味”》入选全省创新开展“点亮星夜”新时代文明实践活动工作案例。全年组织开展文明实践活动5000余场次，在省级以上媒体推送报道631篇，省委、市委主要领导多次走访调研江宁区新时代文明实践中心（所、站）并对工作予以肯定。举办文明创建与经济建设双榜同赛，召开“城乡环境大整治、精细治理大提升”月月赛点评会7场，发布月度街道红黑榜、园区和职能部门排名各9次，季度村（社区）红黑榜3次。发挥各专项整治组作用，实施小区管理、农贸市场、市容市貌、城市秩序等6项攻坚行动，开展专项督查15轮，整改问题1.5万余条。

【意识形态工作】 2023年，区委宣传部围绕省委巡视意识形态专项检查迎查整改落实工作，完善意识形态“2+4”工作责任体系，更新年度重点任务、基层党组织两张责任清单。制定主体责任落实工作提示，对全区各单位活动管理主体责任、信息发布审核责任、重点领域主管责任进行再梳理、再明确。创新常规巡察与意识形态专项检查融合模式，分别组织3轮意识形态工作责任制落实情况集中检查，开展专项督查、阵地检查89次，覆盖48个基层党组织。召开驻区高校宣传部长意识形态工作会议，优化校地协同联动机制，牵头政法、统战、公安、教育等部门成立联合工作组，对全部驻区高校逐一开展走访对接、检查督导，进一步推动三方责任落细落实。协同高校做好风险排查、活动管理、线上监测，保障大学城马拉松、方山艺术节、银杏湖音乐节等活动安全稳定。深入实施“清朗”专项行动，统筹开展互联网资产普查、网站开设运行情况排查、弱口令专项整治等行动，依法查处发布违法违规内容网站2家，梳理各类信息资产500余个，整改

2月17日，2023年江宁区“向人民汇报”活动在区融媒体中心举行　　（区融媒体中心　供图）

弱口令账号530个，清理邮箱122个、邮件10.1万余封，闭环处置网络安全事件（风险）400余起。

【“向人民汇报”首场活动】 2月17日，2023年江宁区“向人民汇报”活动在区融媒体中心启动，首场为江宁开发区专场，邀请园区领导、相关部门负责人走进演播厅，围绕重点工作和民生热点，展示成绩、直面问题、现场办公、接受评议。活动中，江宁开发区管委会副主任汤小南进行“全力以赴拼经济，奋勇争先挑大梁”主题发布。针对“我对书记有话说”平台诉求、“12345”热线工单、人民网留言和部分网络投诉，江宁开发区相关部门负责人现场办公、答疑解惑。部分区人大代表、政协委员、作风监督员、服务对象、市民代表、媒体记者等参加活动，围绕企业关切、民生热点问题进行现场提问，并根据问题回复和整改办结情况评议打分。

【“高质量发展·南京行”系列活动江宁专场】 5月27日，“高质量发展·南京行”系列活动江宁专场暨“高质量发展在江宁”融媒新闻行动，在江宁高新区南京生命科技小镇启动。活动以“创新引领、共筑幸福江宁，一起解码江宁区高质量发展‘秘诀’”为主题，现场播放“悦看江宁”系列短视频宣传片，南京广电集团、区融媒体中心分别围绕“以‘高质量发展·南京行’为抓手推动主题教育取得实实在在成效”和“发挥区属融媒作用为市区高质量发展营造浓厚氛围”主题交流发言，共同探索推进市、区媒体深度融合发展，为全市和全区高质量发展营造良好氛围和环境。

【“护苗·绿书签”行动】 6月2日，南京市2023年“护苗·绿书签”行动启动仪式暨“互助健康成长、共建书香江宁”全民阅读活动在上坊中心小学举行。活动以“护助健康成长、拒绝有害内容”为主题，邀请志愿者进行“护苗·绿书签”主题沙画创作，向观众展示“护苗·绿书签”行动的背景和意义，发布“护苗·绿书签”行动倡议书，为小学生赠送书籍和绿书签，引导青少年理智选择、绿色阅读、文明上网，呼吁家庭、学校等社会各方面共管共治，营造健康向上的社会文化环境。

【“上元夏之夜”文明实践活动】 8月4日，“上元夏之夜”文明实践活动在江宁区新时代文明实践中心举行。活动在非遗表演章山王马灯中开场，现场表演戏曲联唱《百花争艳》，开展文明种子微宣讲和消防安全、应急救护、防溺水知识等科普宣传，传播书法团扇、剪纸、糖画、泥人等非遗手工制作技艺，进一步丰富夜间文化生活，让群众感受到古上元的文化底蕴与新江宁的现代文明交相辉映。

【第七届未来网络发展大会】 8月24日，由南京市人民政府主办，中国通信学会、紫金山实验室等单位承办的第七届未来网络发展大会在江宁区上秦淮国际文化交流中心举办。紫金山实验室首席科学家刘韵洁、尤肖虎发布一批重大科研成果，包括行业首个“智驱安全网络”一体化架构的大网级应用等。中国信通院发布未来网络十大发展趋势。江苏未来网络集团携手庆阳、中卫、贵阳、哈密、乌兰察布等地，签署东数西算确定性算力网络战略合作协议。紫金山实验室、江苏未来网络集团、江苏省未来网络创新研究院与中国联通、百度签署战略合作协议。多名两院院士，国家相关部委、省有关部门、市有关方面负责人，未来网络领域专家，行业、企业代表，高校院所，部分其他省市代表参加大会。

【部分市级先进典型集中发布】 8月31日，南京市部分先进典型集中发布暨南京市道德模范与身边好人现场交流活动在江宁景枫广场举行。现场发布全市首批“红领巾”学雷锋志愿服务岗、2021—2023年度市级文明家庭和2023年第二季度南京好人榜单，由全国志愿服务“四个100”先进典型、省级文明家庭、道德模范和身边好人代表为新当选的市级先进典型颁发证书。现场还开展微宣讲、舞蹈、音诗画、小品等活动，设置“文明种子”孵化行动互动区，将宣传教化与道德实践相结合，共同传递向上向善的正能量。

【“稳经济 促发展”新闻发布会】 9月19日，江宁区“稳经济 促发展”新闻发布会举行，向社会各界发布全区2023年上半年经济社会发展成效，解读新出台的《江宁区促进经济持续回升向好若干政策措施》。区商务局、发改委、工信局、行政审批局等部门分别围绕商务招商、产业升级、政务服务等发布最新情况动态。区人大代表、政协委员、媒体代表就稳就业促就业、建设都市农业强区、强化企业科技创新主体地位、优化营商环境等问题进行现场提问，各牵头部门负责人分别进行现场回复。

【“中国式现代化江宁新实践”主题研讨会】 11月16日，“中国式现代化江宁新实践”主题研讨会暨江苏省习近平新时代中国特色社会主义思想研究中心江宁实践调研基地建设推进会举办，深入研讨中国式现代化江宁新实践，大力推动江宁实践调研基地的理论研究创新、实践调研创新、宣传普及创新，为高质量发展贡献更多江宁智慧。省委宣传部副部长、省政府新闻办主任，江苏省习近平新时代中国特色社会主义思想研究中心副主任赵金松，新华日报社党委书记、社长、新华报业传媒集团董事长双传学等参加活动。现场发布“以智改数转加快推进新型工业化”等8个江宁实践调研基地第二批调研课题项目，邀请汪玉凯、部军、徐康宁、戴珩等专家学者分别从科技自立自强、强链补链延链、彰显现代文明价值和社会治理现代化4个角度为高水平打造江苏省习近平新时代中国特色社会主义思想研究中心江宁实践调研新高地、高质量推动中国式现代化江宁新实践走在前做示范建言献策。

【全区宣传思想文化工作会议】 12月15日，全区宣传思想文化工作会议召开。市委常委、区委书记林涛在讲话中强调，要深入学习贯彻习近平文化思想以及习近平总书记对江苏工作重要讲话精神，全面落实全国和省、市宣传思想文化工作会议部署要求，聚焦凝心铸魂，强化理论学习，创新宣传普及，坚持学用结合，在深化理论武装上取得新成效；聚焦宣传引领，浓厚发展氛围，建强传播矩阵，强化舆论引导，在壮大主流舆论上取得新成效；聚焦价值引领，培育主流价值，深化文明创建，在弘扬时代新风上取得新成效；聚焦创新创造，壮大文化产业，推进文旅融合，注重保护传承，在文化产业繁荣上取得新成效；聚焦风险防范，树牢风险意识，守牢工作阵地，筑牢安全防线，在坚守阵地底线上取得新成效，努力把江宁建设成为践行习近平文化思想的示范区、展示中华民族现代文明建设成果的新窗口，为奋力推动中国式现代化江宁新实践提供坚强思想保证、强大精神力量、有利文化条件。 （杨文俊）

统战工作

【概　况】 2023年，江宁区委统战部全面贯彻落实中央和省委、市委关于统一战线工作的决策部署，推动统战工作服务大局，各领域统战工作取得新成效。区工商联被授予“全国工商联社情民意信息基地”“2022年民营企业劳动关系监测调查工作示范基层单位”称号；红石榴家园实践创新案例获评全省统战工作实践创新成果，6月《“红石榴家园”建设和管理规范》正式发布实施，成为全国标准信息公共服务平台上首个关于“红石榴家园”建设和管理的地方标准。

【思想政治引领】 2023年，区委主要领导先后主持召开区委统一战线工作领导小组全体会议2次、区委民宗工作领导小组会议1次、区委对台工作领导小组会议1次，研究出台《区委统一战线工作领导小组2023年工作要点》《区委对台工作领导小组工作规则》，并召开常委会传达学习中央民族工作会议、全国宗教工作会议精神，研究贯彻落实举措，深入谋划全区统战工作目标思路和重点任务。健全多部门协作机制，形成“6+N”研判新模式，全年召开研判会议11次，巩固完善“大统战”格局。以学习贯彻中共二十大精神为主线，在各统战领域深入开展“凝心铸魂强根基、团结奋进新征程”主题教育，举办中共二十大精神专题学习培训班、党外代表人士学习习近平新时代中国特色社会主义思想专题班、“五一口号”发布75周年座谈会、“中山博爱·墨韵金陵”书画展、“月满中秋·情系两岸”台商台胞代表联谊座谈会等系列活动10余场，参与代表3000人次。建强统战组织，强化代表人士培养任用，举办全区侨务干部培训班、宗教教职人员培训班、党派新成员培训班等15场次。指导各统战团体加强自身建设，完成区新联会、区青企会、区佛教协会、区基督教换届，以及农工党经济支部届中调整、江宁民革3个支部换届工作。推动基层侨联组织建设，新建侨联组织2个、侨胞之家8个。成立总商会党委，与紫金农商银行建立党建共建模式。

【服务中心工作】 2023年，区委统战部支持各统战对象围绕发展难点、社会热点、民生焦点等开展考察调研，提交各类提案建议100余份，收集上报社情民意信息282篇。做好反映民企诉求直报通道工作，对区内262家会员企业进行走访调研，组织95家会员企业开展全国工商联上规模企业调研活动，62家会员企业参与全国工商联民营企业社会责任调研，区民营企业调查点发展到118家。围绕高质量发展这一首要任务，发挥统战桥梁纽带作用，举办高科技企业培育辅导会、银企精准对接会、优化法治营商环境座谈会、“与‘宁’面对面·携手拼经济”民营企业专场座谈会、党外代表人士通报会、“牵手对接助台企·融合发展创未来”等各类活动20余场，协调侨智港建设、银杏湖新建酒店等事宜，解决民营企业生产经营、融资与台胞就业教育等方面问题30多个。召开“万所联万会”工作推进会，在基层商会成立调解工作室，进一步完善商会调解中心，全年调解纠纷184件，总标的额850余万元，为企业节省诉讼费近20万元。继续推进“侨智港”基地建设，撬动社会资本投入5000万元，引入优质企业23家。举办“筑梦金陵”惠侨企高质量发展政策培训、“智汇江宁”国际人才项目跨境路演赛、海归人才学术沙龙、创新创业分享会等活动20余场，多渠道引进海外优秀人才及优秀项目。做好江苏发展大会嘉宾邀请与联络工作，邀请18名海内外嘉宾到江宁考察交流。推动旺旺集团4亿美元总部项目落地，支持达迈科技完成1亿元D轮融资，青创学院引进60个项目入驻。

【促进关系和谐】 2023年，区委统战部加强中外文化交流互鉴，打造瓷刻艺术馆、玉之道艺术馆等侨胞兴办的文化交流特色基地，开展“悦读南京·侨见江宁”非遗文化交流活动、“月明南京”中华优秀传统文化体验活动，并与海外侨团组织联合举办“对话塞浦路斯”“匈牙利端午龙舟节”等活动。推进两岸交流交往走深走实，举办“喜迎新春·携手奋斗”新年联谊会、“卯兔贺岁·迎新纳福”宁台青年庆元宵等联谊活动，承办第二届江苏—台湾青少年围棋赛，全年接待台湾客人58批、2622人。继续开展周末“思享汇”“卓越之路·创新学堂”“法商服务团”“同心健康行”“同心法律行”等品牌活动，做好为侨服务工作，构建侨组织+侨载体+惠侨发展共同体。深化“红石榴+”品牌打造，选树培育精品红石榴家园，推进红石榴大道深化设计，打造“铸牢中华民族共同体意识体验馆”，组建“红石榴”志愿服务队。6月，《“红石榴家园”建设和管理规范》正式实施，为民族团结进步创建工作贡献“江宁经验”。鼓励各党派开展社会公益活动，民革7家中山博爱之家全面建成“三社联动、省市区共建”社会服务机制，民建与禄口街道白云路社区、民进与江宁特殊教育学校联合举办社会公益服务共建活动。举办“同心江宁助力经济发展·退役军人就业创业培训班”，促进退役军人就业创业，服务乡村振兴。引导商会继续热心“光彩事业”，全年向区慈善总会和困难群众捐赠880万元。联合相关部门举办“创响江苏、春风行动”专场招聘会，组织152家会员企业参加，提供就业岗位3210个。

（区委统战部）

【港澳台统战】 12月7日，香港南京江宁同乡联谊会在香港零碳园区举办，香港南京总会名誉会长唐伟年、副会长朱文俊，香港南京江宁同乡会名誉会长王锦辉及同乡会会员、东南大学校友会香港地区部分校友30人参加联谊交流活动。11月7日，在东南大学创新学院举办“同心同源 共谋发展”香港南京江宁同乡联谊活动。全年接待香港中华总商会、香港立法会议员、香港教育工作者联合会会长刘智鹏率新感觉·香港中学师生访问团，香港大学生会同苏港两地青年社团，“澳苏中学生阳光成长”文化交流营，澳门“京华青春之旅”江苏访问团和澳门南京联谊会回乡访问团等9批次、360多人次到江宁考察交流。

（区侨办）

【民族宗教工作】 2023年，江宁区制定下发《关于健全民族宗教工作“三级网络和两级责任制”的实施意见》《2023年江宁区抵御境外基督教渗透专项行动实施方案》《2023年江宁区治理非法宗教活动专项行动实施方案》《关于加强非法宗教活动治理工作的实施方案》等制度文件，明确任务分工，夯实工作基础。与句容市民宗局建立宗教工作跨地协作机制，共同维护民族宗教领域和谐稳定。继续打造东山佘村、汤山龙尚、横溪许呈铸牢中华民族共同体意识实践示范宣传基地和全省首条红石榴大道，牵头起草并发布全国首个红石榴家园建管地方标准《“红石榴家园”建设和管理规范》，为省、市乃至全国“红石榴家园”建设管理提供“江宁经验”。面向民族宗教领域举办中共二十大精神专题学习会、全国两会精神专题学习会3场，120余人参加；组织开展民族宗教政策法规学习专题培训活动9场，520人次参加。完成江宁区基督教“三自会”、区佛教协会换届工作。全年检查宗教活动场所118次，发现并整改隐患问题128处。

（区民宗局）

【新的社会阶层人士统战】 2023年，全区有新的社会阶层人士10万余人，江宁区新的社会阶层人士联合会下设4个分会、13个支会。2月，召开换届大会，选举会长1人、副会长9人，秘书长1人。12月，“同心圆广场”和“汤山新媒汇”被市委统战部评为优秀实践创新基地。区委统战部组织新的社会阶层人士举办“深入学习贯彻中共二十大和两会精神”“习近平新时代中国特色社会主义思想原创性贡献”和“用习近平新时代中国特色社会主义思想凝心聚魂”等专题讲座，开展“凝心铸魂强根基、团结奋进新征程”主题教育，观看爱国主义教育影片《志愿军：雄兵出击》，举行“共沐书香、共促发展”——宁博一体化“同心悦读荟”和“艺苗成长”——2023儿童绘画展启动仪式等活动，引导新的社会阶层人士深刻领悟“两个确立”的决定性意义。发挥新的社会阶层人士参政议政基本职能，围绕全区经济、文化、社会建设等方面开展考察调研，提交提案建议40多份。新媒体网络人士发挥自身专业特长，推动互联网经济发展，区新联会会员企业南京逐日千里科技有限公司举办“同心江宁助力经济发展·退役军人就业创业培训班”和“同心江宁助力宁博一体化发展”——宁博新农人就业创业技能培训等活动，与谷里街道、横溪街道、禄口街道新农人开展合作，推动农产品销售，助力乡村振兴。区新联会采取线上线下方式，开展周末“思享汇”“卓越之路·创新学堂”“心愿浴室”“法商服务团”“艺苗成长”“耕读空间·读者计划”等系列活动，服务社会发展。组织社会公益和慈善捐赠活动，区新联会副会长赵净购置2台烘干机等爱心物资，向市社会儿童福利院特殊儿童送去温暖和关爱。区新联会理事徐秀文在青海省海南藏族自治州共和县开展“华肌·阳光童颜公益”项目活动，捐赠款物价值100余万元。安排10名会员参加市委统战部举办的新的社会阶层人士培训班和专题讲座，在同心圆举办江宁区新联会培训班，学习党和国家方针政策。2月18日，完成区新联会换届工作，选举产生新一届领导班子成员和第二届理事会理事。（马立松）

侨务工作

【概　况】 2023年，江宁区侨务部门围绕“凝聚侨心侨力、同圆共享中国梦”这一新时代侨务工作主题，深入贯彻落实中央和省、市统战工作会议要求，切实解决统战侨务工作中重点难点问题，着力涵养侨务资源，做好“为侨发展服务、侨为经济发展服务”双向服务工作，引导侨胞支持江宁发展、传承中华文化、助力对外交往，为奋力推进中国式现代化江宁新实践贡献侨界力量。

【侨务经济】 12月8日，由省侨联指导，市侨联、市投促局、区侨办主办的“创业中华·侨聚南京”经贸合作大会暨侨智港开园仪式在侨智港（硅巷智造）举办。12个国家的32名知名海外侨领、侨商、外商代表和区内50多名企业代表参加，一批优质项目签约入驻侨智港。侨智港基地与奥地利浙江商会、瑞典华人工商联合总会、法中孵化器联盟协会、德国福建商会、中荷文化经济关系基金会、格中两国经济文化促进会、全日本中国学生学者联谊会、马来西亚沙巴马中联谊协会签订海外侨团投资联盟协议。市、区侨务部门联动举办“创业中华·筑梦江苏”中国潮商南京行暨江宁开发区投资环境推介会，促成多个合作项目签约。与江宁开发区、北欧可持续发展协会等共同举办“海外华侨华人高层次人才走进江宁”“智汇江宁国际人才项目跨境路演赛”等系列活动，促进多渠道引进海外优秀人才及优秀项目。举办“筑梦金陵”惠侨企高质量发展政策培训活动，宣传贯彻政府推动经济运行系列政策，凝聚侨企高质量发展信心。举办共享“一带一路”发展机遇——科技型企业及经贸合作交流活动，助力广大企业海外合作“引进来、走出去”，安心创业、成就事业。举办“涉侨生物医药企业投融资与挂牌上市辅导沙龙”，中信建投、紫金银行及3家股权投资机构与前沿生物等11家生物医药企业精准化对接并持续跟进服务。举办“洞见生涯”人力资源培训活动，对区人才强企政策进行宣讲，并讲授“洞见生涯”职场体验课程。

【为侨服务】 2023年，区侨务部门以全省侨联建设督导行动为契机，推动基层侨联组织建设，新建立街道侨联组织3个、街道（社区）侨胞之家8个。推进实施省、市侨联《关于在侨界群众中开展法治宣传教育的第八个五年规划》，在全区开展“法制宣传月”活动，采取线上线下相结合方式，通过侨胞之家、侨法宣传角、微信群等形式，深入开展普法进社区、进园区、进侨企活动，持续提升侨界群众法治素养。构建“侨组织+侨载体+惠侨发展共同体”，打造“侨·Enjoy&share”服务品牌。围绕修身养心、提振信心、活力开心、关爱暖心、献公益心，组织海归人才学术沙龙、创新创业分享会、文体联谊会等活动50多场，助力侨商侨企共享创益。

【合作交流】 2023年，区侨务部门开展“棕情侨爱·心系江宁”迎端午活动、“月明南京”迎中秋中华优秀传统文化体验活动等，组织侨界人士和留学归国人员举办“三八”国际妇女节、端午佳节等节日主题活动，传统节日上门走访慰问归侨侨眷，了解生活和健康状况，进一步加强联谊交流。与江宁开发区共同承办“侨联五洲、相约江苏”中国侨联海外联谊研修班现场教学、省海联会迎中秋联谊活动，参观走访江宁开发区、泉峰科技等创新创业园区和企业，加强与海外重点华侨华人社团和侨领的交流联谊，内引外联，推介江宁创新发展环境。推动南京传媒学院、晓庄滨河实验学校、翠屏山小学与澳大利亚等华校对接，开展“云牵手”结对共建活动。打造瓷刻艺术馆、玉之道艺术馆等侨胞兴办的文化交流特色基地，开展丰富多彩的侨胞文化交流活动。与市级部门和驻区高校联动开展“悦读南京·侨见江宁”非遗文化交流活动，举办瓷刻艺术展、金箔艺术体验等。

（区侨办）

区级机关党建

【概　况】　2023年年末，江宁区委区级机关工委有直属党组织59个，其中党委15个、直属党总支17个、直属党支部27个；有党员4698人，其中女党员1512人、新发展党员35人。是年，区级机关工委紧扣“围绕中心、建设队伍、服务群众”职责定位，围绕服务保障“十个高质量发展”，突出“机关党建+作风建设”工作主抓手，进一步增强机关党组织的服务力和创新力，基层基础更加牢固，示范引领更加凸显，以学促干更加有力，为推动中国式现代化江宁新实践走在前做示范提供坚强保证。

【机关政治建设】　2023年，区级机关工委依托固定学习日、党员冬训、江宁党建e家、“学习强国”学习平台、机关讲坛等学习载体，采取中心组领学、专家辅导、集中宣讲、支部党课等形式，学习贯彻中共二十大精神和习近平总书记重要讲话精神特别是视察江苏重要讲话重要指示精神，组织党员干部原原本本学习中共二十大报告和新修订党章，学习领会党的二十届二中全会、全国两会以及区委十四届八次全会精神，推动广大党员干部学深悟透党的创新理论，扛起管党治党政治责任，以“四敢”精神投身中国式现代化江宁新实践。印发年度机关党建及各专项工作要点，明确总体思路和重点任务，压紧压实党建工作责任。坚持把党的政治建设摆在首位，组织开展“学习二十大精神、争做新时代先锋”主题活动，激发机关党组织学思践悟比行动、融入融合比创新、担当敢为比作风、主题党日比活力。建立江宁机关党建数字化管理平台，强化数据赋能机关党建信息化建设。

【机关思想建设】　2023年，区级机关工委强化思想政治引领，坚持不懈用党的创新理论武装头脑，学习领会中央和省委、市委、区委关于学习贯彻习近平新时代中国特色社会主义思想主题教育动员部署会精神，聚焦“学思想、强党性、重实践、建新功”总要求，扎实开展学习贯彻习近平新时代中国特色社会主义思想主题教育，坚持用新思想凝心铸魂，坚定拥护“两个确立”、坚决做到“两个维护”。组织区级机关100名党员干部参加全国机关党员干部举办的“学思想、强党性、共奋斗”知识挑战赛，以赛促学感悟思想伟力，以学促行凝聚奋进力量。举办区级机关党务干部培训班，邀请省委党校、市委党校教授和党务专家进行专题授课，通过理论阐述、要点解读、案例剖析、经验交流等方式，集中“充电赋能”，夯实履职能力。深入推进意识形态工作责任制落实，定期分析研判意识形态工作。制定《区级机关党组织落实意识形态工作任务清单》，细化意识形态工作责任清单，对党组织落实主题党日、专题党课和组织党员开展红色教育等意识形态工作落实情况进行抽查，清单化推进落实意识形态工作责任制，防范化解意识形态领域风险。

【机关组织建设】　2023年，区级机关工委坚持大抓基层鲜明导向，选好配强机关基层党组织班子，指导24个党组织完成换届选举工作，新成立直属党支部2个，调整任免党组织负责人11人。组织106名积极分子进行政治理论测试，新发展党员35人，举办新党员封闭集训，提高党员发展工作质量。组织70余名近3年发展新党员、入党积极分子代表开展清明节祭扫活动。做好年度党支部书记抓党的建设述职评议和民主评议党员，督促指导机关党组织严格执行“三会一课”、主题党日等组织制度。实施“共学共进、为企为民”行动，开展以为企业送政策解难题、为基层送服务解矛盾、为群众送温暖解烦忧、为发展送动能解症结为主要内容的“四送四解”活动，进一步深化机关赋能基层为社区发展助力。开设“敢为善为当标兵·机关先锋故事”专栏，讲述机关先锋故事34人次。开展机关党建与业务工作融入融合创新案例展示和评审，形成党建与业务融合创新优秀案例

20个。总结推广“党建+品牌、+项目、+工程、+队伍”等工作举措，以“机关党建+业务”融合载体推进党建创新，服务高质量发展。

【机关作风建设】 2023年，区级机关工委研究制定《关于进一步深化作风建设，助力江宁高质量发展和现代化实践的实施意见》，明确5个方面17条具体工作举措，开展作风提优“五强”行动，推动作风建设走深走实。做好市、区两级满意度评议群众反馈意见整改工作，组织两次“回头看”，62项整改任务全部完成。推动作风监督服务大局、聚焦重点，聘任20名区重大项目负责人作为江宁营商环境观察员，组织企业代表座谈会、营商环境问卷调查和营商环境评议，实施“码上监督”、工业项目全链审批督办考核、高标准农田工作督查等举措。每月开展窗口服务满意度评议“流动红旗”活动，推动窗口服务比学赶超、持续向优。组织63家单位近70名重点科室负责人开展作风建设专题培训，深入推进示范窗口、示范科室评定工作。选聘48名新一届作风建设监督员，完成4次集中暗访监督活动，对发现问题下发作风建设督办单77件。会同区委宣传部、区委督查室开展“向人民汇报”活动24场次。依托“江宁作风建设”微信公众号，刊发优作风惠群众、促发展、提效能作风信息48期。每月会同相关部门汇总分析作风建设突出问题，编印《作风建设工作专报》10期。

【机关廉政建设】 2023年，区级机关工委坚持围绕中心、服务大局，强化政治监督引领，坚持用新思想凝心铸魂，引导机关党员干部坚定拥护“两个确立”、坚决做到“两个维护”。制定全面从严治党主体责任清单和监督责任清单，召开述职述廉会议和党风廉政会议，督促“一把手”和领导班子严于律己、严负其责、严管所辖。通过召开警示教育大会、参观廉政教育基地、观看警示教育片、通报典型案例、廉政集体谈话、书记上党课等系列活动，引导党员干部知规矩、守底线。深化“廉洁机关”单元试点建设，组织“廉政文化宣传月”活动，开展廉言廉语和家训格言征集展播活动，巩固机关良好政治生态。坚持抓早抓小、防微杜渐，办理省、市和区纪委监委转办信访件，行政处罚交办案件1件，下达违纪党员处分决定5件。加强纪检干部教育整顿，组织“两违规”专项整治，开展“四重温四强化”和“六查六看”专题讨论交流、法院庭审旁听及廉政风险点排查等，纪检干部队伍更加忠诚、纯洁。

【机关文化建设】 2023年，区级机关工委实施“宁机益动”志愿服务促发展筑幸福行动暨“美宁十二讲”活动，开展“这个冬天不会冷”助学圆梦、“宁机益动献热血，文明健康迎新春”、“学习贯彻二十大，文明实践我先行”、“强国复兴，奉献有我”、“宁机益动”走进上峰社区等集中志愿服务活动5场。丰富机关干部文体生活，举办机关陆地冰壶挑战赛、职工子女暑期夏令营、羽毛球比赛和“艺润机关”文体培训等活动，组队参加区职工乒乓球、羽毛球比赛和区第九届运动会。举办区级机关健康讲座2期，推进健康机关建设。注重人文关怀，做好机关劳模疗休养、困难职工帮扶慰问、健康体检、医疗互助保障等工作。围绕学习贯彻习近平新时代中国特色社会主义思想和中共二十大精神，开展机关青年集中联学联讲活动3场、分片组联学7次，引领机关青年走进科技创新港、种质资源库、美丽乡村、长

4月23日，区级机关工委开展区级机关企事业单位骑行健身活动
（区级机关工委 供图）

江滩岛等，通过现场见学、专题讲座、观看视频、领学领读和集中测试等形式，提升理论学习效果。举行第二届区级机关党建带群团优秀案例（项目）评审会，评选出优秀群团案例（项目）金奖2个、银奖4个、铜奖7个。开展区级机关“宁洛携手·益起圆梦”捐资助学活动，为洛南家庭困难学生捐资75.6万元。

（袁明辉）

机构编制

【机构编制资源配置】 2023年，江宁区召开区委编委会5次，研究审议通过有关单位“三定”规定事项1项、机构编制调整事项30项，在严格总量控制的前提下，将有限的机构编制资源向民生领域、基层一线倾斜。设立正处级机构土山机场片区开发建设管理办公室，成立江宁区汤山方山国家地质公园管理中心，设立审计局下属事业单位公共工程项目审计中心。推动江宁医院升格为市副局级，江宁公安分局5个派出所升格为副处级。理顺城建、水务、城管等部门市政设施综合管养职责，按建、管、养分离的总体框架，整合组建相关事业单位，优化人员编制配备。落实上级关于优秀村（社区）书记进编要求，核增街道事业编制，为提升基层治理能力强化编制保障。以2022年年底学生数为基数，开展新一轮中小学教职工编制“达国标”工作，完成1所小学、3所幼儿园设立工作。根据上级统一部署，在区卫健委挂牌成立区疾病预防控制局，深化公立医院人员创新管理，根据床位数动态调整江宁中医院、第二人民医院人员总量。

【综合行政执法改革】 2023年，区委编办根据基层综合行政执法改革最新要求，牵头制定《江宁区进一步深化街道综合行政执法改革，巩固提升基层治理效能工作方案》，参与制定《江宁区区级部门派驻街道执法人员干部人事管理办法（试行）》，将城管、市场监管、交通运输3个领域的区级执法人员分别按照不低于80%、70%、70%的比例派驻至街道，加强派驻执法人员属地管理，执法力量进一步向基层一线集中。参与推动各街道按照片区或条线合理设置执法中队、实施执法力量网格化布点和“综合查一次”组团式执法，提升街道综合行政执法合力。

【园区管理体制优化】 2023年，区委编办聚焦“推动经济职能向园区集中，社会职能向街道下沉”目标，开展园区（平台）社会事务剥离工作。在深入走访调研的基础上，针对各园区（平台）主要产业及发展需要不同的实际情况提出剥离、保留意见，确保社会事务剥离划分科学合理。督促街道履行好社会事务承接主体责任，加强与相关园区（平台）沟通协商，促进开发园区聚焦主责主业、更好发挥经济增长主阵地作用。进一步优化园区国有资产监管职责，理顺国资监管体制，着力构建国资监管大格局。

【机构编制法治化建设】 2023年，区委编办制定《江宁区事业编制周转管理办法（试行）》，建立“区级统筹、重点保障、动态调整、周转使用”的事业编制周转制度。统筹各单位未使用的空编资源，形成全区层面的编制“蓄水池”，为需要补充人员的相关单位提供进人路径，解决人员年龄结构老化等困难，提升事业编制资源使用效能。根据上级要求，开展机构编制执行情况和使用效益评估试点，进一步提高机构编制管理科学化、规范化、精细化水平。

【事业单位登记管理】 2023年，区委编办受理事业单位法人设立登记7件、变更登记215件、到期换证95件，完成37家机关单位统一社会信用代码证书换发工作。开展全区事业单位法人年度报告公示工作，公示率100%；开展全区事业单位信用等级评价工作，信用等级均为A等级。补充完善《事业单位法人登记管理工作指南》，累计发放200余册。

（陈柏钊）

老干部工作

【概　况】 2023年，江宁区因病去世离休干部2人。至年末，全区有离休干部41人，其中享受副省（部）长级标准报销医疗费待遇4人，享受厅局级医疗、乘车待遇1人，享受处（县）级待遇14人，其他22人；市管退休干部47人。全区老干部工作围绕党建引领、作用发挥、精准服务，统筹各项工作任务，推动离退休干部工作提质增效。

【离退休干部党建】 2023年，区委组织部以“六好”离退休干部示范党支部创建工作为抓手，实现党建工作有效覆盖。贯彻落实中央《关于加强新时代离退休干部党的建设工作的意见》及省、市实施意见精神，研究出台江宁区《关于加强新时代离退休干部党的建设工作的实施意见》，进一步完善离退休干部党建工作制度机制。印发《关于开展全区“六好”离退休干部示范党支部创建活动的实施方案》，从优化组织设置、选优配强班子、严格组织生活、注重示范带动等方面规范离退休干部党支部建设。强化组织有形有效覆盖，成立江宁区老干部活动中心功能型党总支，将中心内涉老组织党员纳入党总支管理范畴，分设党支部，形成党总支牵头抓总，各支部就近就便就地开展活动，发挥党员优势作用的“1+N”工作模式。聚焦第二批主题教育总要求，通过重温入党誓词、颁发“光荣在党50年”纪念章、过集体“政治生日”等形式，组织离退休干部党员深入开展“学思践悟二十大、紫金银辉在行动”主题党日活动，举办学习贯彻习近平新时代中国特色社会主义思想专题讲座，开展“学习新思想，银发先锋在行动”等学习活动，引导离退休干部党员坚守初心使命、听党话跟党走。开展支部“结对共建”活动，全年推动22家支部成功结对，深化“共学共进共为”活动，联合开展“三会一课”、红色宣讲、调研参观等学习活动80余次，辐射党员群众4000余人次。经过自评申报、调研指导和评审验收等程序，全年创建“六好”离退休干部示范党支部24个，其中省级示范1个、市级示范7个；新增党建阵地3个，接待省、市专题培训现场教学10余期。

【老干部作用发挥】 2023年，区委组织部不断拓宽离退休老干部作用发挥渠道，鼓励离退休干部为高质量发展贡献智慧和力量。指导各街道组建社区老党员志愿服务队，以“乡贤议事会”“银龄服务站”等为载体，组织老党员担任社情信息员、楼栋长，对收集的民意事项以及辖区内矛盾纠纷进行共同商议，助力社区化解矛盾。全年参与治安巡逻、政策宣教、便民助民、应急救援、敬老助残、教育辅导等志愿服务活动1200余次，调解邻里纠纷320余起，化解土地纠纷等13件，矛盾纠纷成功调处化解率100%。在离退休干部中广泛征集助农志愿者，成立老党员乡村振兴志愿服务队，把先进农业技术送到田间地头，为农户果蔬种植、养殖业发展献计献策，促进农民增收。联合市委老干部局、市企业联合会，组织“紫金银辉”老专家深入江宁开发区，开展“助力营商环境提升、赋能企业经济发展”主题志愿服务活动，与企业家面对面座谈交流，进行政策解读，现场解答疑问。以党支部为主阵地，在全区校外教育辅导站开设公益暑托班，10个街道91个村（社区）与民政部门常态化联办，直接参与校外辅导的“五老”志愿者3047人。深化“党建带关建”，发挥关工委老党员专业特长，组织开展“老少同台”展演、“当年的故事”等系列教育活动3458场次，服务辖区青少年10.3万人次。

【老干部服务管理】 2023年，区委组织部开展居家养老和家庭医生签约工作，依托“南京市离休干部居家养老服务管理系统”平台，建立“一人一策”服务档案，落实老干部工作人员“一对一”或“一对多”主动联系服务制度。定期召开家庭医生签约服务调研座谈会，了解相关签约服务情况，有针对性地提出改进措施。全年为全市居住在江宁的离休干部提供家庭医生签约服务560人次，累计提供居家养老生活照护服务3653小时。联合区民政局、卫健委、司法局等部门成立“养老顾问服务团”，开展养老政策咨询、医疗保健、法律咨询等服务。坚持“六必访”制度，全年走访慰问老干部320人次，探望住院离休干部40人次，吊唁逝世离休干部7人、区四套班子退休干部2人。完善困难离退休干部帮扶工作机制，对身患重病、高龄、失能、失独、“空巢”、家庭负担重等对象给予更多关心，切实提高老干部幸福感安全感。坚持“教、学、乐、为”相统一，提出“功能设置用心、活动开展尽心、服务保障暖心，聚人气、聚人才、聚人心”的建设标准，推动区老干部活动中心建设。实施房屋维修出新、功能布局优化，打造银发课堂，开设老年大学教学点，丰富活动供给。全年举办春秋季运动会、掼蛋比赛、清凉一夏、专题讲座等活动20余场，开办中医养生、智能手机应用、书法入门、太极拳等专业教学活动，吸纳老干部学员110人次，服务离退休干部1.8万人次，区老干部活动中心创建为全省示范性老干部活动中心。（区委组织部）

党校工作

【概　况】 2023年，中共江宁区委党校贯彻落实习近平总书记在中央党校建校90周年庆祝大会暨2023年春季学期开学典礼上的重要讲话精神，坚守党校初心、自觉服务大局，推进主题教育、教学培训、科研资政、队伍建设等工作，不断提升办学质量和水平。全年举办主体班34期、培训学员16232人次，承办非主体班147期、培训学员40158人次。优化提升5条精品教学线路，承接省委党校主体班次等现场教学活动48场次、培训学员3121人次。

【主题教育】 2023年，区委党校紧扣学习贯彻习近平新时代中国特色社会主义思想主题教育目标要求，以个人自学、集体研学、支部联学、备课促学等方式，研读原文原著，深入研讨交流，打磨“习近平新时代中国特色社会主义思想的世界观和方法论”“党的二十大精神解读”“《习近平谈治国理政》导读”等专题课程，推动党的创新理论进教案、进课堂、进头脑。开展“牢记嘱托、感恩奋进，挑大梁、勇登攀、走在前”讨论和“学思想·我来讲”活动，落实书记上党课、解剖式调研、问题检视整改等任务。利用党风廉政警示教育展、江宁革命先烈史料展、党史与党性教育主题教室，联动开展党性党风党纪教育，做好区级领导干部读书班、区委主要领导上党课等重点任务服务保障。打通理论宣讲“最后一公里”，选派教师深入基层开展宣讲150余场次，助力全区主题教育走深走实、取得实效。

【教育培训】 2023年，区委党校坚持把学习贯彻习近平新时代中国特色社会主义思想作为教学培训的中心内容和首要任务，及时将习近平总书记考察江苏重要讲话精神、区委重大工作部署纳入教学布局，充分彰显干部教育培训的政治性、时代性和实践性。不断探索理论教学新模式，开发党史与党性教育主题教室、心理健康与心理调适、党史类拓展体验3门新教法课程，与省委党校合作开发2个案例式教学课程，进一步丰富课程体系。依托优质干部教育资源，加强与上级党校和区内各职能部门联动，与区委政法委、区司法局挂牌成立全省首家人民调解学院，与区民政局合作成立江宁区基层治理学院，推动培训资源高效集中。

【科研咨政】 2023年，区委党校聚焦区委、区政府中心工作和社会热点难点问题，与省市委党校和相关部门开展合作研究，完成全省习近平新时代中国特色社会主义思想研究中心江宁实践调研基地课题4项、省市委党校系统课题5项、区改革发展研究中心专项课题12项。在《学习时报》《新华日报》《南京日报》等主流报刊上发表文章16篇，4篇研究报告获区领导批示，1篇报告被《南京改革》采用，2篇论文分别入选市社科联“长江文化发展研讨会”、市委党校“南京都市圈高质量发展论坛”。举办推进中国式现代化江宁新实践理论研讨会、基层治理现代化论坛，出版《高质量发展之江宁实践》读本，获全市党校系统第十届科研工作优秀组织奖。

（车　畅）

7月20日，南京市江宁区人民调解学院揭牌暨首期培训班开班仪式在区委党校举行　（车畅　摄）

党史编研

【概　况】 2023年，江宁区委党史工作办公室继续推进红色经典连环画编纂出版工作，《江宁红色经典连环画（第五辑）》出版发行，《江宁红色经典连环画（第六辑）》完成编纂并进行内审。基本完成《江宁人民革命斗争史》修订工作。与市委党史办联合编辑出版《南京党史（第四期）》，刊出区委、区政府及相关部门介绍江宁经济社会发展和红色文化资源保护利用最新成果文章8篇。拓展线上宣传渠道，与南京龙虎网、区融媒体中心签订合作协议，利用“学习强国”学习平台、江宁发布、微江宁等新媒体开展党史宣传教育。丰富线下活动形式，与金陵图书馆合作，依托金陵图书馆“朗读者”，将《江宁红色经典连环画》录制成有声书广泛服务于视障群体。组织党史“七进”活动，全年赠送《江宁红色经典连环画》1000余套。完成“新四军在江宁”展陈、横山县抗日民主政府旧址布展史料审核，并跟踪落实整改工作。

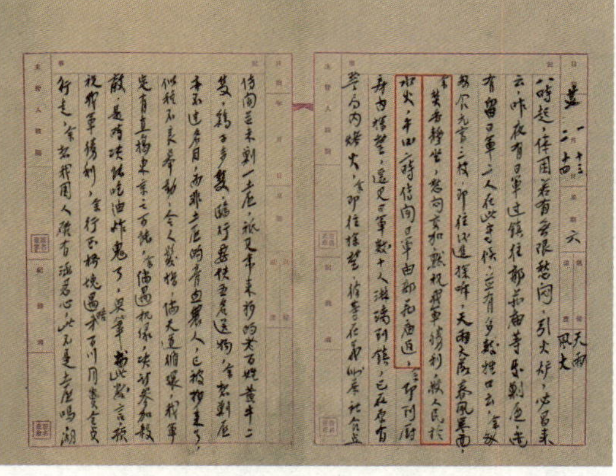

《陶家齐日记》封面和内页　（宁鉴　供图）

【《火红的圣地——江宁红色遗址遗迹图志》出版】 1月，由区委党史办、区退役军人事务局、区地方志办联合编撰的《火红的圣地——江宁红色遗址遗迹图志》由南京出版社出版。该图志分革命纪念地、烈士陵园和烈士墓地、新中国成立后烈士墓地3个板块，对区境内37处红色遗址遗迹进行分类编录，以翔实的文字全景式叙述遗址遗迹的历史和现状，并辅以实地拍摄的照片及珍贵历史图片，图文并茂地还原红色遗址遗迹的历史背景和重要意义。全书全彩印刷，精装并配有护封。

【《江宁古代乡贤》出版】 2月，由区委宣传部、区委党史办、区乡贤文化促进会共同编辑的《江宁古代乡贤》由南京出版社出版。该书记录江宁古代乡贤人物63人，其中有史记载乡贤58人，传说人物5人，包括官吏、学者、画家、诗人、医生、商人、普通百姓等。时间跨度上限至远古时期，下限为1840年前后。全书10.7万字，随文插画、图、照80余幅，全彩印刷。

【《邓振询画传》发行】 8月，由区委党史办、区地方志办编辑的《邓振询画传》由南京出版社出版。全书分为“投身革命、领导工人运动”“成为部长、留下光辉业绩”“万里长征、承担地方工作”“转战南方、组织抗日救亡”“扎根苏南、领导敌后抗战”“血洒秦淮、忠魂永励后人”“结语”7个部分，以120余幅历史图片及文献史料为脉络，用“图片+说明+表述”形式，图文并茂地记述邓振询光辉的一生。该书全彩印刷，精装本。

【《陶家齐日记》问世】 6月，由区委党史办、区地方志办编辑的《陶家齐日记》由南京出版社出版。陶家齐，南京江宁人，著名雨花台英烈。1938年加入新四军，投身抗日工作，先后任新四军湖熟情报站站长、江宁县抗日民主政府赤山区区长等职。1943年9月由于汉奸告密，陶家齐夫妇不幸被捕惨遭杀害。《陶家齐日记》记录陶家齐从1938年2月11日至5月5日间的所见所闻与所思所想共79篇。日记手稿以时间顺序排列，采取一篇日记手稿扫描件、一篇录文形式编排。该书用竖排繁体，宣纸全彩印刷，分上下两卷，线装配函套。

【《江宁红色经典连环画（第五辑）》出版发行】 9月，由市委党史办、区委党史办、区地方志办编纂的《江宁红色经典连环画（第五辑）》由南京出版社出版。该辑连环画共12册，包括《廖海涛画传》6册、《罗忠毅画传》6册。其中，《廖海涛画传》分为“壮阔一生铸军魂”“闽西苏区闹革命”“情深义重‘铁石人’”“赤山之战破神话”“坚持苏南斗顽敌”“血战塘马献终生”6集；《罗中毅画传》分为“赴汤蹈火铸丹心”“红星照耀去战斗”“设计巧战小丹阳”“伏击日伪拔据点”“坚守苏南志不移”“浴血塘马谱壮歌”6集。（张新贵）

综　述

【人大代表构成】　2023年年末，江宁区第十八届人民代表大会有代表436人（年内终止代表资格15人，补选代表11人）。其中，基层代表253人，占58%；公务员代表109人，占25%；国有和集体企业负责人17人，占3.9%；非公有制经济人士40人，占9.2%；事业单位负责人4人，占0.9%；解放军和武警部队4人，占0.9%；其他9人，占2%。

【人大及其常委会机构设置】　2023年，区人大常委会组成人员45人。区十八届人大设法制、财政经济、监察和司法、社会建设4个专门委员会。常委会内设办公室、研究室、预算工作委员会、教育科学文化卫生委员会、环境资源城乡建设委员会、人事代表联络委员会、民族宗教侨务台湾事务委员会、农业和农村委员会。派出机构有10个街道工作委员会和3个开发园区工作委员会。

【常态执行“第一议题”制度】　2023年，区人大常委会坚持把学习贯彻习近平新时代中国特色社会主义思想和习近平总书记重要讲话重要指示精神作为区人大常委会党组会议、常委会会议的“第一议题”，深刻领悟“两个确立”的决定性意义，不断增强“四个意识”、坚定“四个自信”、做到“两个维护”。分层分类深入开展学习贯彻习近平新时代中国特色社会主义思想主题教育，健全常态化学习机制，围绕树立正确政绩观等主题，开展“牢记嘱托、感恩奋进，挑大梁、勇登攀、走在前”大讨论，组织开展课题调研、“四下基层”等活动，助力解决背街小巷整治、农村基础设施完善等问题，有效提升人大工作助力高质量发展的实际成效。

【参与中心工作】　2023年，区人大及其常委会紧扣“走在前、做示范”要求和“四个走在前”“四个新”任务，牢记嘱托、感恩奋进，务实履行法定职责，不断把人大制度优势转化为治理效能。推动科技创新和产业发展，专题视察紫金山实验室、中科南京信息高铁研究院等平台建设情况，促进创新要素高效流动和深度融合。专题视察重大产业项目建设情况，督促区政府进一步强化重大项目研判、优化服务保障。聚焦提升创新能力和产业能级，调研高端智能装备工作，促进产业链图谱成果应用。推动经济回升向好，跟进2023年计划、预算执行，提前介入2024年预算编制，常态化开展经济运行分析。就加强国有资产管理情况监督作出决定，全方位推动提高国有资产管理水平和使用效益。深入推进审计查出问题整改，督促区审计局首次形成全区行政事业单位国有资产管理情况专项审计调查报告。审议全区债务管理情况、“十四五”规划纲要中期评估、全区国土空间总体规划（2021—2035年）编制情况报告，推动统筹高质量发展和高水平安全。

【决策决议】　2023年，区人大常委会围绕批准财政决算及预算调整方案、地方政府债务限额和市转贷新增地方政府债券安排、国有资产管理监督及接受辞职等事项，作出决议决定26项。围绕各项监督议题作出审议意见、专题视察意见24项。

【人事任免】 2023年，区人大常委会依法任免国家机关工作人员77人次，其中任免区人大人员9人次，任免区政府人员15人次，任免区法院人员39人次，任免区检察院人员14人次。任命人民陪审员320人次。 （张祖龙）

重要会议

【江宁区第十八届人民代表大会第二次会议】 1月6—8日，江宁区第十八届人民代表大会第二次会议召开。市委常委、区委书记林涛和区领导洪礼来、赵洪斌、刘玲等出席会议。区长洪礼来作区人民政府工作报告，区人大常委会主任赵洪斌作区人大常委会工作报告，区人民法院院长李传松作区法院工作报告，区人民检察院检察长胡彬华作区检察院工作报告，大会审议并通过上述报告及其他各项报告。大会选举姜平为区第十八届人大常委会副主任，选举产生部分区第十八届人大常委会委员，选举产生出席南京市第十七届人民代表大会代表。新当选的区人大常委会副主任、委员及区人大社会建设委员会主任委员进行宪法宣誓。大会投票选出江宁区2023年度10类民生实事项目；通过议案审查报告，通过关于江宁区人民政府工作报告的决议、关于江宁区2022年国民经济和社会发展计划执行情况与2023年国民经济和社会发展计划的决议、关于江宁区2022年预算执行情况和2023年预算的决议、关于江宁区人大常委会工作报告的决议、关于江宁区人民法院工作报告的决议、关于江宁区人民检察院工作报告的决议。林涛在大会闭幕式上发表讲话。

【区人大常委会会议】 2022年，区十八届人大常委会共召开常委会会议7次，作出决议决定26项，听取审议区政府、区法院、区检察院专项工作报告21项，开展执法检查和专题询问各1次、专题视察5次，作出审议意见、专题视察意见24项，依法任免国家机关工作人员77人次，开展履职评议5人次。

3月29日，区十八届人大常委会第八次会议传达学习全国两会精神，听取和审议区政府关于2022年环境状况和环境保护目标完成情况的报告、贯彻实施《中华人民共和国退役军人保障法》情况的报告，区人大常委会执法检查组关于《南京市供水和节约用水管理条例》实施情况的执法检查报告等，通过有关接受辞职决定和人事任免事项，举行宪法宣誓仪式。

5月17日，区十八届人大常委会第九次会议决定任命黄成文为江宁区人民政府副区长，决定黄成文代理江宁区人民政府区长职务，举行宪法宣誓仪式。

5月30日，区十八届人大常委会第十次会议听取和审议区检察院关于涉案企业合规改革工作情况的报告，区政府关于全区民族工作情况的报告、《南京市江宁区国土空间总体规划（2021—2035年）（草案）》编制情况的报告，听取和评议有关审议意见落实情况的报告，通过区人大常委会关于加强国有资产管理情况监督的决定。

7月28日，区十八届人大常委会第十一次会议传达学习习近平总书记考察江苏重要讲话精神，听取代区长黄成文所作的区政府2023年上半年工作情况和下半年工作安排的报告，审议区政府关于2023年上半年国民经济和社会发展计划执行情况的报告、2023年上半年预算执行情况的报告、2022年度区级预算执行和其他财政收支的审计工作报告、全区农村污水处理设施建设和运维情况的报告、社区矫正规范化建设工作情况的报告，批准江宁区2022年区级决算，通过《全区各级人大代表“牢记嘱托、感恩奋进”学习实践活动实施方案》《南京市江宁区人民代表大会常务委员会关于确定南京市江

1月6—8日，南京市江宁区第十八届人民代表大会第二次会议召开。图为会议现场 （张祖龙 摄）

宁区人民法院人民陪审员名额的决定》，通过有关人事任免事项，举行宪法宣誓仪式。

9 月 26 日，区十八届人大常委会第十二次会议传达学习习近平总书记近期重要讲话精神，听取和审议区政府关于 2022 年度全区国有资产管理情况的书面综合报告、行政事业性国有资产管理情况的专项报告、推进全区义务教育优质均衡发展和城乡一体化工作情况的报告，以及区十八届人大二次会议代表建议、批评和意见办理工作情况的报告和区法院关于少年家事审判工作情况的报告，对 2023 年民生实事项目实施情况进行专题询问，通过有关免职事项。

11 月 30 日，区十八届人大常委会第十三次会议传达学习习近平总书记近期重要讲话精神，听取和审议区政府关于《江宁区国民经济和社会发展第十四个五年规划和 2035 年远景目标纲要》实施中期评估情况的报告、江宁区 2022 年度区级预算执行和其他财政收支审计查出问题整改情况的报告，审查和批准江宁区 2023 年地方政府债务限额和市转贷新增地方政府债券安排及预算调整方案，听取和评议部分人大常委会任命干部履职情况的报告、部分审议意见落实情况的报告，通过有关接受辞职的决定、关于召开区十八届人大三次会议的决定，补选市人大代表，通过有关人事任免事项，举行宪法宣誓仪式。

12 月 30 日，区十八届人大常委会第十四次会议传达学习习近平总书记近期重要讲话精神，听取和审议区政府关于江宁区 2023 年国民经济和社会发展计划执行情况与 2024 年国民经济和社会发展计划草案的报告、2023 年预算执行情况和 2024 年预算草案的报告、2023 年民生实事项目实施情况和 2024 年民生实事候选项目的报告，并对民生实事项目实施情况进行满意度测评；听取代表资格审查报告、区十八届人大三次会议筹备工作情况汇报，通过区十八届人大三次会议议程草案、日程草案、主席团成员和秘书长建议名单，讨论区人大常委会工作报告草案，决定区十八届人大三次会议特邀和列席人员名单，通过有关接受辞职的决定和人事任免事项，举行宪法宣誓仪式。（张祖龙）

6 月 19 日，区人大常委会调研“八五”普法规划实施情况，推动落实“谁执法谁普法”普法责任制（戴巨君 摄）

人大监督

【概　况】 2023年，江宁区十八届人大常委会通过正确监督、有效监督、依法监督，不断推进各项工作扩面、提质、增效。推动民生福祉改善。关注高校毕业生就业创业、退役军人保障法实施情况，促进重点人群更高质量充分就业。领题调研、专题视察住宅物业管理工作情况，推动打造党建引领物业治理“共同体”。关注推进义务教育优质均衡发展和城乡一体化工作，推动全区中小学课桌椅适配率持续提高、义务教育阶段集团化办学全面覆盖。全程监督推进2023年民生实事项目实施情况，开展各类监督活动30次，并开展专题询问，刚性推进民生项目落地落实。推动农业现代化和现代文明探索。推进农产品品牌建设、高标准农田建设，关于粮食安全的调研成果获省、市人大肯定。关注环境状况和环境保护目标完成、农村污水处理设施建设运维和供水节水管理情况，督促区政府守牢生态环境安全底线。持续关注民族、侨务工作，促进“红石榴+”品牌发挥示范引领作用，推动侨务工作提质增效。推动社会和谐稳定。围绕“八五”普法决议实施、涉案企业合规改革、社区矫正规范化建设、少年家事审判等工作提出意见，促进法治政府、法治社会建设。开展安全生产专项整治三年行动“回头看”，助力筑牢区域运行“安全底板”。用心用情做好人大信访工作，规范做好17件次来信来访的受理和督办，为民排忧解难、钝化社会矛盾。

【专项工作监督】 2023年，区十八届人大常委会开展专题视察5次，分别视察全区住宅物业管理、高校毕业生就业创业、科技创新服务平台建设、重大产业项目建设、侨创等工作情况，提出专题视察意见5项。

【法律法规实施监督】 2023年，区十八届人大常委会对《南京市供水和节约用水管理条例》实施情况开展执法检查，听取和审议区政府关于贯彻实施《中华人民共和国退役军人保障法》情况的报告，作出审议意见2项。

【民生实事项目监督】 2023年，区人大常委会围绕办好办实区十八届人大二次会议票决产生的10类41项民生实事项目，成立10个监督组对应开展监督活动，综合运用调研审议、专题视察、质效评估等方式，逐月通报工程进度，及时反馈意见建议。区十八届人大常委会第十二次会议首次对民生实事项目实施情况开展专题询问，进一步明确工作要求。各相关责任单位配合实施，促进各项民生实事工程落地见效。区十八届人大常委会第十四次会议听取和审议区政府关于2023年民生实事项目实施情况的报告，并进行满意度测评，形成监督闭环。（张祖龙）

代表工作

【代表履职】 2023年，江宁区人大常委会围绕代表履职，不断强化服务保障，深化联系机制，提升活动质效。完善履职培训及建议办理、督办机制，首次组织常委会组成人员开展封闭式履职培训，督促承办单位抓紧抓好办理举措、有效落实建议要求。推动区市民中心人大代表联系点、人大代表之家、人大代表联络站等履职载体顺畅运行、发挥作用，全区各级人大代表全年进“站”、入“家”、到“点”开展接待活动1971次，收集问题619个，督促解决问题600个。依托省、市人大基层立法联系点及社会建设观察点，开展立法调研、意见征集、法治宣传实践活动，就《江苏省基层卫生条例》《江苏省水库管理条例》等10部法规提出修改建议70条，为提升农村老龄人口养老服务等工作建言献策，被省、市人大充分采纳吸收。深入实施街道议政代表会制度，加强对街道议政代表会工作的调研指导，督促各街道进一步完善配套机制、强化服务保障、发挥议政代表作用。全年10个街道议政代表提出意见建议93条，推动解决问题82条。

【代表建议督办】 2023年，区人大常委会完善预提交、预交办、再通报以及多层次督办等工作机制，常委会领导牵头督办12件重点建议，各街道、园区工委督办本代表组建议，促进承办单位抓紧抓好办理举措、有效落实建议要求。区十八届人大二次会议以来的187件代表建议，面办率、答复率和满意率均为100%，办成率80.22%，公益创投项目落地、存量空间资源提质增效等一批工作在建议办理中得到推进。（张祖龙）

人大专门委员会工作

【区人大法制委员会】 2023年，江宁区人大法制委员会按照全面依法治区“双提双评”专项行动安排，牵头开展提高地方立

2023年江宁区人大常委会领导重点督办代表建议一览表

表2

序号	提议代表	建议标题	主办单位	督办领导
1	吴昌明	关于修缮街道人居环境整治破损道路的建议	交通运输局	赵洪斌
2	王洪梅	关于推动湖熟街道集镇6个自然村实施雨污分流改造的建议	湖熟街道	
3	宋光勇	关于加快推进乡村民宿业高质量发展的建议	文旅局	焦　龙
4	苏　慧	关于进一步加强施工安全生产整治的建议	城建局	

续表 2

序号	提议代表	建议标题	主办单位	督办领导
5	舒　珍	关于缩短企业工商调档时间的建议	市场监管局	汪　洁
6	王　敏	关于加快推进麒麟街道养老服务机构建设的建议	麒麟街道	
7	李巧娣	关于提升我区“双减”服务水平的建议	教育局	李国忠
8	赵　虎	关于对大学城公园进行维修并加强日常管护的建议	高新区	
9	陈　雷	关于规范蓝领用工市场管理的建议	人社局	蒋时汉
10	施庆凯	关于继续推进治安电子监控系统的建议	公安分局	
11	王德荣	关于进一步加强农路交通安全管理的建议	公安分局	姜　平
12	卓冬青	关于做好“僵尸电瓶车”“僵尸自行车”清理工作的建议	城管局	

（张祖龙）

法公众参与度专项行动，推进立法信息公开，完善公众参与、意见反馈等机制。协助区委依法治区办做好法治江宁建设“一规划两方案”实施情况中期评估工作，开展法治建设相关任务自评，加快高水平法治江宁建设。推动基层立法联系点开展法律法规宣传活动，助力全国守法普法示范区创建。组织立法调研，对10部法规草案反馈修改意见建议70条。加强和改进规范性文件备案审查工作，实现规范性文件备案审查全覆盖。

【区人大财政经济委员会】2023年，区人大财政经济委员会围绕助推经济持续回升向好，开展“十四五”规划纲要中期评估调研，加强计划审查和执行监督，预先审查计划报告和草案，对全区经济运行情况开展月度分析，组织对全区重大产业项目建设情况开展专题视察。深化拓展财经监督，关口前移推进全过程预算监督，规范政府预算调整行为，跟踪监督重点专项资金使用、审计查出问题整改、债务资金安排项目推进及资金使用效益情况，听取和审议全区行政事业性国有资产管理情况，协助出台关于加强国有资产管理情况监督的决定。推进预算联网监督工作，加快人大预算联网监督系统升级改造。

【区人大监察和司法委员会】2023年，区人大监察和司法委员会围绕涉案企业合规改革工作，重点就合规案源筛选、模式匹配、联席制度等方面开展调研、提出建议，助推合规刑行衔接，增强合规激励作用。对社区矫正规范化建设工作开展监督，推动监督管理长效化措施、教育帮扶一体化推进、社区矫正规范化建设。对全区“八五”普法工作开展专题检查并提出针对性意见，推动“八五”普法实施。关注少年家事审判工作，促进区法院履行审判职能、健全关怀机制、强化部门协作、打造工作品牌。

【区人大社会建设委员会】2023年，区人大社会建设委员会对全区贯彻实施《中华人民共和国退役军人保障法》情况进行调研视察，督促区政府强化政策保障、数字赋能、资源整合，推动成立全市首个退役军人关爱基金。协助区人大常委会对全区高校毕业生就业创业工作情况开展专题视察，督促区政府在筹岗拓岗、就业帮扶、校企合作等方面加大工作力度，促进江宁高校毕业生就业联盟成立。（张祖龙）

综　述

【概　况】　南京市江宁区人民政府有工作部门26个，派出机构9个，直属事业单位5个，集体经济组织1个；有市级公安、规划资源、医疗保障3个部门各派驻分局机构1个。区政府有代区长1人、常务副区长1人、副区长8人（含1名挂职副区长）、副区级干部1人。2023年，区政府深入学习贯彻习近平总书记对江苏工作重要讲话重要指示精神，全力践行“走在前、做示范”重大要求，全面落实“四个走在前”“四个新”重大任务，落实中央和省委、市委、区委各项决策部署，在区人大、区政协的监督支持下，弘扬“四敢”精神，突出真抓实干，全力推进“十个高质量发展”，较好完成区十八届人大二次会议确定的主要目标任务。

【增进民生福祉】　2023年，全区城乡居民人均可支配收入分别为76693元、37525元，比上年分别增长3.9%、6.1%，农村居民收入增幅持续高于城镇居民。成立区集体经济发展公司，章村等6个社区入选省“百强社区”。开展“百所高校江宁行”拓岗挖潜行动，构筑“零工市场”“家门口”就业服务站载体矩阵，建成5座“宁青驿站”，新增城镇就业4万人，支持成功自主创业超过4500人。

【完善功能配套】　2023年，江宁区高水平编制完成国土空间总体规划，117个村庄规划编制全部启动。地铁5号线江宁段启动不载客试运行，绿都大道南延、润麒路等25条新建市政道路建成通车，文靖路跨宁杭高速桥、跨秦淮河桥贯通，完成主城区小微堵点整治10处。鼓山路口袋公园、牛首山河“梧桐语”小型城市客厅向公众开放，新增公共绿地面积20.3万平方米。新辟、优化公交线路25条，更新改造镇村公交候车亭100座。

【改善生态环境】　2023年，江宁区实体化运作环委办，高标准抓好第二轮中央环保督察交办问题、长江经济带警示片披露问题整改，完成玉带圩、鞭鞍河、金村沟等问题区级销号，基本完成云台山硫铁矿问题整改。深入实施水环境综合治理三年行动，完成长江入河排污口整治130个，8个国省考断面水质全部达标。深入落实河湖长制，创成幸福河湖46条。完成年度治气项目700个，空气质量优良天数比率80.9%，比上年提升4.7%。江宁被评为国家水土保持示范县。

【优化公共服务】　2023年，全区继续实施义务教育阶段集团化办学，新改扩建中小学幼儿园12所，新增优质公办学位近1万个，创成省义务教育优质均衡发展区。推进紧密型城市医疗集团建设，江宁老年医院、妇幼保健院和5家社区卫生服务中心开工建设，江宁中医院二期、天印山医院投入使用，新改扩建社区卫生服务站点60个，上榜全国生育友好工作先进单位。

【提升城市治理】　2023年，全区创新开展“城乡环境大整治、精细治理大提升”月月赛活动，深入实施“美好家园”建设三年计划，完成老旧小区改造5个，提档升级背街小巷30条，老旧小区、保障房小区业（管）委会组建率84.8%。探索推广可回收物市场化回收处置，城市生活垃圾资源化利用率超70%。成立区城市综合养护发展中心，实现市政设施一体化养护。开辟各类停车泊位超2.1万个。完成15个房屋征收项目扫尾清零。

【4项工作获省政府督查激励】 2023年，省政府办公厅印发关于对2022年落实有关重大政策措施真抓实干成效明显地方予以督查激励的通报，对2022年江苏省推进有关重大政策措施真抓实干、取得明显成效的地方，予以督查激励。江宁区有4项工作上榜，包括知识产权创造、运用、保护、管理和服务成效明显；科技企业孵化器运行成效明显且地方财政给予资金安排；城镇老旧小区改造、棚户区改造、发展保障性租赁住房、农民住房条件改善、城镇污水处理提质增效、城市更新行动、特色田园乡村建设成效明显（发展保障性租赁住房）；减污降碳协同增效、完成生态环境突出问题整改等成效明显。 （区政府办）

重要会议

【区政府常务会议】 2023年1月13日，江宁区人民政府召开常务会议，研究《2023年全区消防工作要点》《江宁区进一步深化街道综合行政执法改革，巩固提升基层治理效能工作方案》《2023年江宁区招商引资实施意见》《2023年江宁区招商引资工作考核办法》《江宁区招商项目全生命周期管理服务暂行办法》，成立江宁区基层治理学院相关事宜、《江宁区“十四五”时期“无废城市”建设实施方案（讨论稿）》等。

1月26日，研究江宁区推进高质量发展相关工作方案，以及《关于调整江宁区投资促进工作领导小组的通知》《2022年全区招商引资工作考核情况通报》《关于表扬2022年度招商引资获奖单位和先进个人的决定》《江宁区招商引资引荐人奖励办法（试行）》《关于加快推动创新链产业链融合发展的实施意见》《江宁区支持企业利用资本市场融资的若干意见》《江宁区关于促进股权投资高质量发展的若干意见（试行）》《南京江宁投资促进发展有限公司组建方案》《江宁区关于促进开发园区高质量发展的若干措施》等。

2月2日，研究《江宁区水环境综合治理行动方案（2023—2025年）》《江宁区餐饮行业综合治理工作实施意见》《关于建立健全分层分级精准防控末端发力终端见效工作机制 推动食品安全属地管理责任落地落实的意见》，以及2023年江宁区制造业智能化改造和数字化转型有关工作、《南京市江宁区创建国家水土保持示范县实施方案》《南京市江宁区生态环境损害赔偿资金管理办法（试行）》等。

2月9日，研究《消委办2月份重点工作（挂牌督办有关事项）》《江宁区推动经济运行率先整体好转若干政策措施》《江宁区建设“美好家园”三年行动计划实施方案(2022—2024年)》等。

2月17日，研究农业农村工作会议有关文件和《“五拼五比 月月赛 敢为善为当标兵”竞赛活动实施方案》《江宁区2023年城市治理高质量发展实施意见》《江宁区政府投资项目全生命周期建设管理的指导意见》《江宁区大数据产业公司组建方案》《南京江护市政集团有限公司组建方案》,以及江宁区法院“智慧法院”等议题。

2月23日，研究《江宁区全面深化教育领域综合改革的实施意见》及江宁区教育高质量发展大会方案、2022年度全区行政复议应诉工作汇报、《江宁区深入推进医疗卫生事业高质量发展实施意见》、《南京市江宁区金融突发事件应急预案》、《江宁区基本养老服务体系建设推进方案》等。

3月10日，研究《江宁区街道重大执法决定法制审核办法（讨论稿）》《江宁区省级农业生产全程全面机械化示范区建设工作实施意见》等。

3月16日，研究《江宁区小型经营场所（“九小场所”）安全生产综合治理实施意见（讨论稿）》《关于全面加强新时代中小学幼儿园劳动教育的实施意见》《江宁区关于进一步加快推进企业上市若干措施》等。

3月24日，研究《南京市江宁区2023年法治政府建设工作计划》《2023年江宁区深入打好污染防治攻坚战目标任务》《2023—2024年周期性南京市江宁区迎接国家卫生城市复审工作方案》和“2023南京江宁大学城半程马拉松赛”筹备工作《江宁区“四上”企业培育入库工作实施意见》等。

4月8日，研究《促进园区高质量发展若干措施的实施细则》《江宁区进一步规范政府采购工作实施意见》《江宁区进一步加强政府购买服务工作实施意见》等。

4月21日，研究近期全区安全生产工作情况、《江宁区保障房及老旧小区消防安全隐患专项排查整治工作方案》、园区社会事务剥离有关事宜、《江宁区关键核心技术攻关“揭榜挂帅”项目管理暂行办法》、《关于推动麒麟科技创新园与麒麟街道统筹联动深度融合发展的实施意见》等。

5月25日，研究《区政府领导班子成员2023年安全生产重点工作清单》《关于开展重点行业领域安全生产风险专项整治巩固提升年行动的通知》《关于加强江宁区电动自行车全链条安全监管工作实施方案》《全面加强国有企业监管的实施细则》《推进江宁区文旅产业深度融合高质量发展的实施意见》《江宁区有序设摊和特色外摆工作方案》《江宁区创建省婚俗改革实验区实施方案》等。

6月3日，研究《南京市江宁区城市运行“一网统管”指挥调度体系建设实施方案》《江宁区新能源汽车充电基础设施建设服务保障运营管理办法（试行）》《关于进一步加强重点困难老年人探访关爱服务的实施方案》《江宁区国防动员办公室2023年工作要点》等。

6月16日，研究全区规范性文件及其他文件清理情况，审议《公布区政府行政规范性文件清理结果的决定》《江宁区进一步盘活行政事业性国有资产工作实施方案》《江宁区鼓励加大民间投资的三年行动计划》《江宁区城市治理高质量发展绩效评价考核办法》《江宁区属国有企业债券发行监督管理办法》《南京市江宁区加快发展未来产业五大专项行动计划（2023—2025年）》《江宁区光学产业发展三年行动计划（2023—2025年）》《江宁区既有建筑拆改行为监管实施办法》等。

6月30日，研究《江宁区党政主要负责人依法行政能力考核评价办法》《江宁区全面提升生活垃圾分类实效工作方案》《江宁区关于加强校外培训机构分类审批与监管工作的意见》等。

7月18日，研究《2023年度街道、开发园区高质量发展绩效评价考核指标体系》《2023年度区直属国有企业高质量发展绩效评价考核指标体系》《推进高标准农田建设提高粮食综合产能的实施意见》和江宁区2022年财政决算（草案）、2023年上半年财政预算执行情况等议题。

7月25日，研究全区贯彻习近平总书记参加江苏代表团重要讲话精神以及省市部署的有关文件、上半年全区经济形势，研究部署下半年重点工作、《“加快文体旅融合 共建新时代江宁”江宁区第九届运动会方案》等。

8月9日，研究《江宁区工业用地“拿地即开工”常态化工作机制》《加强农村道路交通安全工作的实施意见》等。

8月18日，研究创建国家农产品质量安全区工作进展情况等。

8月31日，研究《江宁区生态环境保护责任清单》《江宁区政府推进气象事业高质量发展的实施方案》《进一步加强江宁区政府投资基金管理的意见》等。

9月14日，研究《江宁区促进经济持续回升向好若干政策措施》《江宁区数字人民币试点工作实施方案》《江宁区建设“科创金融合作示范区”行动计划》等。

9月27日，研究《江宁区创建全国基层中医药工作示范县迎审工作方案》《推进江宁区老旧小区改造工作的实施方案》、城镇燃气领域安全生产委托执法事项相关情况和《2022年度全区国有资产管理情况的报告》等。

10月31日，研究《南京市江宁区国民经济和社会发展第十四个五年规划和二〇三五年远景目标纲要》实施中期评估报告和《江宁区高标准农田建设实施计划（2023—2025年）》等。

11月6日，研究江宁区推动长江经济带高质量发展工作及审议《〈南京市贯彻落实全面推动长江经济带发展江苏省对照排查问题清单及改进工作方案细化实施方案〉江宁实施方案》《江宁区关于学习运用浙江“千万工程”经验、加快建设宜居宜业和美乡村的实施方案》《全面策应高水平人才集聚平台建设、奋力打造人才发展现代化试点区的行动计划》和江宁区未成年人思想道德建设工作等。

11月28日，研究《江宁区现代服务业高质量发展行动计划（2023—2025年）（讨论稿）》《南京市江宁区治理货物装载源头超限超载办法》《江宁区加快专精特新企业培育三年行动计划（2023—2025年）》《江宁区加快专精特新企业培育若干政策措施》《江宁区生态文明建设规划（2022—2030）》等。（区政府办）

【招大引强拼经济、高质量发展走在前动员大会】 1月29日，江宁区召开招大引强拼经济、高质量发展走在前动员大会，市委常委、区委书记林涛，东南大学党委常委、副校长黄大卫，南京理工大学党委常委、副校长何勇，区四套班子领导洪礼来、赵洪斌、刘玲等，江宁开发区、麒麟科创园主要负责人，重大产业项目企业、重大创新平台、新型研发机构、重点产业链链主企业、金融机构等代表参加会议。会上，未来网络未来产业科技园和综合交通运输理论交通运输行业重点实验室等创新平台全面启动。会上，落实市委、市政府工作要求，部署开展“五拼五比月月赛 敢为善为当标兵”竞赛活动，将组织江宁区9个园区、10个街道、11家区属国有企业以及各区级机关部门，围绕科技创新、指标贡献、招商成效、项目建设、服务质量等5个方面开展竞赛活动。江宁开发区递交《百亿级重大项目招引军令状》，麒麟科创园、江宁高新区、滨江开发区、汤山度假区、未来科技城分别递交《50亿级重大项目招引军令状》，区政府还专门出台《关于促进开发园区高质量发展的若干措施》。东山和秣陵街道正加快推进产业创新集群建设，规模以上工业产值力争突破200亿元，其他街道持续做大做强特色产业，规模以上工业产值力争突破50亿元。会上，区商务局发布《进一步加强招商引资工作实施意见和促进开发园区高质量发展若干措施》，区发改委发布《江宁区推进重大产业项目绿色通道工作机制》，区科技局发布《关于加快推动创新链产业链融合发展的实施意见》，区金融监管局发布《支持企业利用南京市场融资和促进股权投资高质量发展的若干意见》等。

【江宁区招商引资大会】 9月18日，江宁区召开招商引资大会。市委常委、区委书记林涛，市投促局、市商务局负责人，黄成文、赵洪斌、刘玲、王爱军、樊向前等区领导，以及各类企业、招商合作机构代表，金融机构、科技创投服务机构代表，重点高校代表，高层次创新创业人才代表等参加。大会上，代区长黄成文推介江宁营商环境。区相关负责人发布《江宁区关于强化投资促进，推动制造业高质量发展政策措施》《江宁区促进经济持续回升向好若干政策措施》等。区行政审批局围绕“全链式审批服务”发言，南瑞集团有限公司、南京国博电子股份有限公司、菲尼克斯亚太电气（南京）有限公司、美埃（中国）环境股份有限公司4家企业分别围绕“强链补链做大产业集群”“根植江宁持续创新”“陪伴江宁共同成长”“立足江宁持续发展”作交流发言。当天有49个总投资超500亿元的项目签约。

【全区生态环境保护大会】 11月15日，全区生态环境保护大会举行。市委常委、区委书记林涛，赵洪斌、刘玲、王爱军等区领导，以及省生态环境厅、市生态环境局有关负责人出席。会议指出，生态环境是江宁的宝贵财富，绿色是江宁高质量发展的鲜明底色。进入现代化建设新征程，各板块、各部门要胸怀“国之大者”、自觉对标对表，深入学习贯彻习近平生态文明思想，攻坚克难、砥砺前行，统筹推进高质量发展和高水平保护，加快建设人与自然和谐共生的现代化。就高质量推进生态环境保护，高水平建设美丽江宁，会议强调，要强化政治担当，扛牢生态文明建设之责；要强化问题导向，探索污染防治精准之策；要强化系统思维，闯出绿色低碳转型之路；要强化城乡统筹，展现生态宜居生活之美；要强化制度保障，提升科学监管治理之效。区委常委，区人大常委会、区政府、区政协分管领导，以及各部门、街道、园区、国企集团主要负责人和部分企业负责人等参加。与会人员观看了全区生态环境质量汇报片，相关部门、园区、街道作交流发言。 （宁　鉴）

重要活动

【调查研究】 2023年，江宁区政府办公室围绕全区中心工作，开展调查研究，取得一批调研成果。全年刊发《调查研究》5期，分别为《关于赴成都市、重庆市调研学习的报告》《关于推进人工智能赋能新型工业化的思考》《江宁区人口老龄化现状及应对措施建议》《街道政府合同管理工作中的问题分析与应对举措建议》《推动“点面双控”加强防灾减灾——关于江宁区地质灾害“隐患点+风险区”双控模式研究》。

【南京临空经济示范区建设启动】 5月26日，南京临空经济示范区建设动员大会召开，中共南京临空经济示范区工作委员会、南京临空经济示范区管理委员会正式揭牌。省委常委、市委书记韩立明讲话，市长陈之常主持。省发展改革委、省交通运输厅、民航江苏监管局、民航华东空管局江苏分局、东部机场集团等有关单位负责人参加。南京临空经济示范区于2019年经国家发展改革委、中国民用航空局批复设立，是全国第14个、全省唯一一个国家级临空经济示范区。南京临空经济示范区规划总面积81.8平方千米，将着力构建“航空核心产业+临空先导产业+临空未来产业”的现代临空产业体系，打造“都市圈国际开放枢纽、现代化临空产业高地、航空科技创新样板区、绿色智慧空港新城”，对于优化南京经济格局、促进区域协调发展，提升国际合作和竞争新优势，辐射长三角及都市圈具有重要意义。会上发布南京临空经济区发展战略规划、综合交通规划、建设实施方案。临空制造、临空服务类的14个项目集中签约，总投资额41.23亿元。江宁区、溧水区、东部机场集团、吉祥航空江苏分公司相关负责人作交流发言。

【未来网络未来产业科技园揭牌】 6月5日，汇聚东南大学、紫金山实验室、科研机构及载体、龙头企业、高端人才等创新资源的未来产业先导区——未来网络未来产业科技园揭牌。未来网络未来产业科技园是科技部、教育部批复的全国首批、全省唯一一家未来产业科技园建设试点。该产业园位于几何中心，规划总面积16平方千米，未来3年，产业园将锚定“一地三区”功能定位（建设未来网络前沿技术创新策源地、应用性基础研究创新合作引导区、未来产业科技成果高效转化区、教育科技人才融合发展示范区）勇攀高峰，力争到2025年，完成核心技术攻关60项，集聚高端人才1万人，引培高科技企业500家，实现区域产业规模翻番。

【德国创新经济（江宁）产业基地揭牌】 6月28日，德国创新经济（江宁）产业基地揭牌。江宁作为长三角重要制造业基地、国家产业科技创新中心重要承载区，德国创新经济（江宁）产业基地成立后，将深化创新合作，发挥德国科技创新引领优势和江宁科教资源丰富比较优势，打造科创合作平台，加强人才交流培养，构筑中德创新经济发展高地；强化产业协作，依托德国创新经济（江宁）产业基地，围绕智能制造、新能源汽车、数字经济等新领域新赛道，开展关键核心技术联合攻关，加强产业链供应链协同联动，构建世界领先的产业集群；优化营商环境，落实重大项目绿色通道、企业发展全程陪伴等机制，持续打造市场化、法治化、国际化营商环境，为项目落地、企业发展提供一流服务、创造一流条件。

【区领导领办督办重点提案】 8月11日，代区长黄成文领办督办重点提案“完善政府科技政策供给，推动中小创新型企业发展”，与政协委员、专家学者、相关部门负责人开展协商交流，进一步助推全区中小企业创新驱动高质量发展。区领导周强、吴德厚参加。区政协十三届二次会议上，集体提案《关于完善政府科技政策供给，推动中小创新型企业发展的提案》，被列为重点提案。收到提案后，主办、协办单位及时组织开展专题调研，并通过电话、面谈等形式，听取政协委员的意见，推动提案办理。协商会上，主办、协办单位科技、税务、工信等部门汇报“完善政府科技政策供给，推动中小创新型企业发展”提案办理及助力创新型中小企业发展情况，政协委员、专家学者围绕此议题提出具体意见和建议。黄成文指出，科技创新在江宁现代化建设全局中具有关键地位，要聚力推动产业创新多元发展，推动传统产业转型升级，加快战略性新兴产业发展，抢占未来产业新赛道。不断强化企业创新主体地位，健全科技企业梯度培育体系，鼓励中小企业参与组建创新联合体，实施关键核心技术攻关“揭榜挂帅”。全力构建多层次金融支持体系，优化财政科技投入模式，搭建政银企对接平台，放大区创投引导基金作用。扎实推进产学研深度融合，围绕产业转型升级需求，聚焦全区主导产业，鼓励建立以龙头企业为主导、产学研合作的产业技术创新战略联盟，充分运用产学研平台，建立健全相应的技术转移机制，推行科技副总、产业教授“双聘”制度，逐步建立以创新质量和实际贡献为导向的科技评价体系。持续完善科技创新服务体系，完善创新政策体系，打造新兴科技服务业态，支持重点产业领域引进人才。

【高铁枢纽经济区高质量发展招商推介会】 11月21日，“聚力枢纽·智领未来”——2023高铁枢纽经济区高质量发展招商推介会在江宁会展中心举行。此次活动由江宁区政府、南京市国资委、南京市交通集团主办，旨在探讨高铁枢纽经济区发展机遇，推介区域投资潜力和营商环境，共谋未来合作发展大计。现场，南站江宁综管办、市铁投公司、市交通集团分别与中交建筑集团三级子公司等9个总部型企业项目、复保智酷数据智能服务系统等9个科技型企业项目、东南大学交通学院等8家计算机视觉与智慧交通产学研基地联盟成员签约，签约项目总投资近100亿元。会上，江苏省物流产业促进会、高铁枢纽经济区金融服务联盟揭牌。江苏省物流产业促进会迁入南站片区，将立足江苏，服务长三角，吸引物流产业上下游相关企业落户，打造华东片区物流产业总部。高铁枢纽经济区金融服务联盟由南站江宁综管办、市铁投公司联合银行、券商、基金等金融机构组建，为企业提供一站式全流程金融服务，助力高铁经济枢纽区高质量发展。活动中，招商蛇口产业园事业部南京公司负责人作“枢纽经济区产业园运营经验”主题分享。

（宁　鉴）

政务服务

【概　况】 2023年，江宁区政务服务中心累计办件量83.1万件，比上年增长26.68%，办件量全市第一；接受政务服务“好差评”58.61万余条，综合满意率99.99%。全年办理各类立项审批服务事项1245件，项目计划投资总额1171.96亿元；发放施工许可695件；公共资源交易总额213.79亿元，下降30.97%。“12345”政务热线办结工单39.2万件，综合满意率98.03%，按时办结率100%。

【“全链审批服务”模式推出】 2023年，区行政审批局制定《江宁区工业项目全链审批服务改革实施方案》，构建项目“全要素策划、全链条审批、全周期管理”审批体系，打造全链审批服务大厅，实现21个部门、87个事项一厅办理。为重点项目定制个性化“全链审批服务手册”，提供全流程、精准化帮办服务，实现重大项目开工建设手续审批不超过50天，审批提速50%以上，企业办事周期更短、成本更低、获得感更强。该项改革创新做法被“学习强国”学习平台、人民网、《南京日报》、南京发布等多家媒体专题报道，入选全省行政审批制度改革“十佳案例”。

【群众诉求集中快处中心建立】 2023年，区行政审批局建立“12345”集中快处中心，针对企业和群众普遍关注、反映强烈的急难愁盼问题，通过“马上办”“转身办”分析研判等方式，常态化开展疑难会商研判，对路面塌陷、房屋开裂等紧急诉求进行常态化预警，推动政务热线接得更快、分得更准、办得更实。全年办结工单39.2万件，比上年下降18.17%；解决率85.84%，上升2.1个百分点；综合满意率98.03%，上升3.9个百分点；投诉类工单下降52.77%

【48个“一件事一次办”实施】 2023年，区行政审批局继续推进企业简易注销、开办网吧、重大项目建设审批、二手房转移登记及水电气联动过户、公民身后事等48个“一件事一次办”探索实践，办事环节、申请材料、办理时间和跑动次数平均压减60%以上。依托自建的协同办公平台，增设事项办理模块，为跨部门信息共享、数据流转提供支撑，提高行政效率。

【商事制度改革】 2023年，区行政审批局推行分公司登记“全区通办”试点工作，打破传统办理限制，将分公司登记从政务服务中心“审批窗口”前移到“家门口”，企业申请分支机构实现“就近办”“网上办”。设立“个转企”服务专窗，一户一策开展“个转企”辅导培育，允许最大限度延用原统一社会信用代码，保留原个体工商户名称字号和行业特点。开展企业登记“一照多址”改革，将企业住所和多个经营场所全部整合到一张营业执照上，进一步降低企业制度性交易成本。全年新增市场主体4.2万户，比上年增长2.32%，其中新增企业1.4万户、个体工商户2.78万户，全区累计市场主体36.3万户。

【政务服务体系建设】 2023年，区行政审批局推动政务服务向基层延伸和开发园区赋权工作，梳理赋权事项76项，关联部门10个，涵盖项目投资建设、市场准入准营等领域，江宁开发区赋权57项，麒麟科创园赋权35项，江宁高新区赋权15项，滨江开发区赋权39项，实现“园区事园区办”。推进政务服务事项标准化建设，全区35个部门认领行政权力事项1546项，事项认领率和办事指南编制率均为100%。在区政务服务中心、10个街道便民服务中心、216个社区便民服务站统一设置“办不成事”反映窗口，统一区、街道、社区三级政务服务队伍，实现“有事您找我”。开展政务服务办事员职业技能等级认定考试试点工作，健全业务培训考核制度，完善保障激励机制，增强政务服务队伍稳定性和凝聚力。 （刘梦雅）

人事工作

【概　况】 2023年，江宁区人社部门树立“民生为本、人才优先”和“人才是第一资源”理念，以产业集聚人才，以人才引领发展，围绕高水平人才集聚区建设担当作为，不断创新工作机制、深化干部人事制度改革。组织开发园区、留创载体和需求企业参加人才交流大会、创业大赛、城市推介会等招才引智活动，举办2023年“百名海外博士江苏行”南京未来产业生物医药产业人才专场对接会、第15届南京留交会江宁专场等活动，引进留学回国人员到江宁区就业创业1108人。支持企业建立专家工作室，新建区级企业专家工作室6个，其中4个入选市级企业专家工作室。新增进站博士后36人。

【支持创新创业】 2023年，区人社部门深入实施人才强区战略，进一步完善青年创业培育体系。全区有创业示范基地25家，其中创业孵化基地10家（省级5家），大学生创业园15家（省级7家），全年新增市级创业园区1家（春鸿海智大创园）。实施青年大学生“宁聚计划”，发放住房租赁补贴8466万元，惠及51873人次；面试补贴286.5万元，惠及2865人；开业补贴14.2万元，惠及71人；创业担保贷款及贴息90万元。受理人才购房证明1530份、审核通过448份，人才安居资格社保复核、复查3751人。审核发放“名校优生”生活补贴1461万元、企业引才补助163.2万元。举办2023年百所高校江宁行暨高质量充分就业合作交流活动，全国109所高校、区内近300家重点企业参加。开展“1+1+3+3”系列活动，举办1次校企精准对接会、1场开幕式、3场平行论坛、3场感知体验活动，促进校地企全方位协同合作，助力高校毕业生在江宁创业。

【人才培育与引进】 2023年，全区有国家级博士后科研工作区域总站2家，省级以上博士后工作站70家，其中国家博士后科研工作站（国家级博站）21家、国博分站29家、省博士后创新实践基地（省级博站）20家；市博士后创新实践基地（市级准博站）30家，累计招收博士后240人，年末在站博士后150人。强化乡土人才政策扶持，挖掘乡土人才资源，形成“全覆盖摸排”建库聚才、“订单式培训”精准施策、“政策性激励”释放活力的工作格局。组织区内优秀乡土人才及单位创建乡土人才传承示范基地和乡土人才大师工作室，创成省级示范基地1个、省级大师工作室2个，市级示范基地2个、市级大师工作室1个。举办“梧桐语HR成长学堂”“梧桐语HR读书分享会”4期、“梧桐语HRD思享会”2期、“梧桐语HR标杆企业研学”2期。

【专业技术人员职称评审】 2023年，区人社部门贯彻落实党和国家关于深化职称制度与人才评价机制改革要求，按照各系列专业技术资格条件和初定专业目录开展职称初定工作。全年网上申报各类初定人员4038人，审核通过3505人，其中初定初级职称2933人，初定中级职称572人。包括教育类1459人、工程类1894人。新增各类专业技术人员9060人，其中初级专业技术人员3511人，中级专业技术人员4099人，高级以上专业技术人员1450人。440人参加建设工程中级职称评审，通过393人，通过率88.9%；754人参加中小学（幼儿园）一级教师评审，通过679人，通过率90%；11人参加档案中级职称评审，通过10人，通过率88.8%。教育、卫生类高级职称网上审核722人，其他事业单位专业技术人员高级职称网上审核113人次。

【事业单位招聘管理】 2023年，区人社部门完成777名事业编制工作人员和103名备案制人员公开招聘的指导监督核准备案工作，其中实际招聘到岗事业编制人员748人、备案制医技人员48人，流失事业编制计划29个、备案制医技人员计划55个。第一批区教育系统招聘17个学科228名新教师，14232人参加全市统一笔试，563名考生参加面试，8月底完成223名新进教师的聘用审批手续。第一批区卫健系统所属22家卫生事业单位招聘142名卫技工作人员，其中编制内39人，备案制103人；教育系统15所学校招聘15名校医。区卫健系统所属11家基层卫生事业单位面向江宁区农村订单定向免费培养本科医毕业生公开招聘编制内卫技人员11人。 （区人社局）

信访工作

【概 况】 2023年，江宁区信访部门探索运行“1+N”（信访局+N个部门）信访接待模式，建立重点领域信访接待日制度。每月安排信访矛盾较为突出的12个领域区级部门主要负责人在区人民来访接待中心值班接访，每次接访时间1天，靠前接待、现场解决群众合理诉求，初次信访比上年下降57.93%。

【信访调解】 2023年，区信访部门宣传《中华人民共和国信访工作条例》，印发《信访法治化工作指南》，构建“信访+司法”双重调解模式，选派3名资深人民调解员常驻区人民来访接待中心开展访前调解。提高信访矛盾调处效率，及时调解一批邻里纠纷、家庭矛盾，全年接收信访人锦旗18面、感谢信5封。

【信访受理】 2023年，区信访部门紧扣“分清性质、明确管辖、转办督办”等关键环节，引入标准化理念和手段，规范信访业务流程，推广运行“简易事项马上办、一般事项快速办”以及“线上线下双规范、实体程序双推进”工作模式。全年下发“两函一单”26件，办理复查复核76次，推动责任主体依法及时就地解决问题，及时受理率、按期答复率均为100%。

（张 兵）

外事工作

【概 况】 2023年，江宁区外事部门服务经济社会发展大局，开展对外交流活动，提升涉外管理服务水平。为区委、区政府领导先后出访意大利、德国、韩国、日本等国家和地区做好服务，协调省、市外办对接外国驻华使领馆，确保团组按期出访。

全年因公出国（境）团组21批、68人次。办理外国人来华邀请88批、221人次。

【外事活动与接待】 2023年，区外事部门服务南太平洋岛国政要、非洲国家使节、共建“一带一路”国家高级官员等外宾参访江宁活动。全年累计接待外宾16批、358人次。保障“投资中国年”国家级经济技术开发区专场推介暨“第十届开发区对话500强”活动、菲尼克斯电气创新与行业发展论坛、第二届全球药学院校发展论坛等重大涉外活动，促成菲尼克斯、马波斯、爱尔集新能源、舍弗勒、马自达、达索、蓝帜集团等知名跨国公司高管拜访省、市、区主要领导。

【外事服务管理】 2023年，区外事部门依托江宁区智慧政务办公平台，新建“外国人来华邀请流程”“APEC商务旅行卡流程”，实现外国人来华邀请、APEC商务旅行卡等便民服务项目在线审批，办事人员最多跑一次，外事便民服务项目办理时间从7个工作日压缩到1—3个工作日。全年申报外国人来华邀请核实单88批、211人次，申办APEC亚太经济合作组织商务旅行卡14批、42人次。

【民间对外交流】 2023年，江宁区承办省千名外国友人“感知新时代新征程”江宁专场活动，建立牛首山文化旅游区对外文化交流基地，与国际友好城市和国际友好团体共建牛首山国际友谊林。依托区职工服务中心设立中外企业职工文化交流中心，为中外企业职工提供交流活动场所。打造金域蓝湾国际友好社区和大学城国际友好社区，增进社区内中外居民友谊。南京苏青科技集团有限公司董事长刘伯敏获2023年度“江苏省青年友好使者”称号。（方　舟）

【江宁与匈牙利韦伦采市缔结友好城市】 7月25—26日，匈牙利韦伦采市市长格哈德·阿科斯率经济代表团到江宁考察。其间，江宁区与匈牙利韦伦采市签署友好城市合作备忘录。代区长黄成文、副区长邱益萍会见代表团一行，并就深化两地合作展开交流、探讨。韦伦采市坐落于匈牙利费耶尔州，距离首都布达佩斯40千米，旅游业发达，文化遗产丰富，以其优美的生态环境而闻名。在江宁的两天时间内，格哈德·阿科斯一行还考察了牛首山文化旅游区、汤山龙尚民宿村等地。（宁　鉴）

对台工作

【概　况】 2023年，江宁区对台工作深入落实新时代党解决台湾问题的总体方略，根据中央和省、市对台工作决策部署，围绕中心，服务大局，推动对台工作展现新作为、取得新成效。推动全区台资企业和台资项目实现质的有效提升和量的合理增长，主动协调对接，推动台资经济融合发展。利用南京台湾青年创业学院、牛首山文化旅游区和区内台资企业等对台资源，接待台湾嘉宾团组68批、2847人。依托南京台湾青年创业学院开展精准精细化服务，帮助台青到江宁就业创业。加大台商矛盾纠纷多元化调处和化解力度，依法维护台商台企合法权益，全年受理台商投诉案件15件，满意率98%。

【区台办与南大、东大合作签约】 3月，区台办先后与东南大学、南京大学港澳台办签约，协同推进和承办两岸交流项目活动，发挥南京台湾青年创业学院载体作用，为在宁台湾青年学生提供创新交流、学习成长机会，培养台湾青年创业创新人才，推动两岸融合发展。区台办将与南京大学、东南大学两所“双一流”高校建立长期、稳定合作关系，利用各自优势为青年创业创新建立交流平台；双方协作资源共享，为台湾青年创业人才举办各类讲座、展演，使之成为台湾青年创业人才活动推广平台，不定期举办各类交流活动；共同申报、承办两岸交流项目，联合在江宁台企，开展台湾大学生的实习、就业培训指导等工作。（周　勇）

【牵手对接助台企活动】 8月18日，“牵手对接助台企 融合发展创未来”系列活动走进南京银杏湖农业休闲观光有限公司。活动中，区台办、文旅局、商务局、旅康集团及秣陵街道、江宁街道、谷里街道相关人员实地考察南京银杏湖农业休闲观光有限公司的运行情况。南京银杏湖农业休闲观光有限公司成立于2000年，是一家集主题乐园、度假酒店于一体的综合型休闲度假景区。该企业持续发展，人气集聚，但同时也面临着节假日游客较多、其余时间入园人流量较少等问题。了解企业运行情况和实际需求后，与会人员分别围绕打造景区特色、完善旅游线路、加强周边景区联动等方面进行交流探讨，为企业健康良性发展建言献策。（宁　鉴）

中国人民政治协商会议南京市江宁区委员会

综　述

【概　况】　政协南京市江宁区第十三届委员会有416名委员，由中共界、农业和农村界、经济界、科技科协界、社会科学界等23个界别组成。常委会有主席1人、副主席5人、秘书长1人，有常务委员38人。设有办公室和提案委员会、经济科技和农业农村委员会、教卫文体（文史）委员会、人口资源环境（城乡建设）委员会、社会法制（民族宗教）委员会、委员工作委员会6个专门委员会，区政协委员纳入13个“地域+界别”履职联组开展履职，设立履职党支部，以党建为引领“地域+界别”联动履职。2023年，区政协坚持以习近平新时代中国特色社会主义思想为指导，全面贯彻中共二十大和中共二十届二中全会精神，深入学习贯彻习近平总书记关于加强和改进人民政协工作的重要思想以及对江苏工作重要讲话精神，紧紧围绕中心、服务大局，履行政治协商、民主监督、参政议政职能，广泛凝聚共识，充分发挥专门协商机构作用，为推动中国式现代化江宁新实践坚实起步发挥积极作用。

【政协委员构成】　2023年，江宁区十三届政协有委员416人，分别来自中共、民革、民盟、民建、民进、农工党、致公党、九三学社、台盟、工商联、总工会、共青团、妇联、文化体育、科技科协、教育、医卫、社会科学、经济、农业和农村、台侨、民族宗教、特邀等23个界别。其中，党外委员256人，占61.5%；女委员118人，占28.4%；本科学历以上360人，占86.5%；中级以上职称166人，占41%；企业中高层以上代表人士174人，占43%。实现委员“三个全覆盖”，即8个民主党派（民革17人、民盟12人、民建25人、民进14人、农工党12人、致公党7人、九三学社14人、台盟1人），无党派代表人士和新的社会阶层代表人士全覆盖，驻区高校全覆盖，“5+4+5”先进制造业产业体系全覆盖。汇集全区政治、经济、文化、社会、生态文明建设各领域各行业的杰出代表人士，为江宁全面发展协商民主，形成共同致力谱写中国式现代化江宁新篇章的强大力量。

【政协常委会自身建设】　2023年，区政协常委会切实履行政治协商、民主监督、参政议政职能，紧紧围绕中心、服务大局，充分发挥专门协商机构作用，针对党政关注、群众关心的经济社会发展重点议题开展协商议政，助力高质量发展。定期听取经济社会发展情况、提案办理情况等通报，健全专委会与党政部门对口联系机制，完善委员履职清单和积分制管理办法，建立中共党员常委履职建言点评、常务委员提交履职报告等制度，完善委员履职考评和结果运用机制。

（区政协）

重要会议

【区政协第十三届委员会第二次会议】　1月5—7日，政协南京市江宁区第十三届委员会召开第二次会议。会议听取和讨论市委常委、区委书记林涛代表中共江宁区委在会议开幕时的讲话；

听取和审议区政协主席刘玲代表区政协第十三届常委会所作的工作报告和区政协副主席吴德厚所作的提案工作情况的报告；列席区十八届人民代表大会第二次会议，听取和讨论区长洪礼来所作的政府工作报告；审议通过政协南京市江宁区第十三届委员会第二次会议决议。

【区政协常务委员会会议】 2023年，区政协共召开常务委员会会议4次。

3月27日，区政协召开十三届常委会第六次（扩大）会议，围绕“推动创新链、产业链、资金链、人才链‘四链’深度融合，加快实施创新驱动”开展专题协商。会前，组织政协委员赴江苏苏博特新材料股份有限公司、金斯瑞生物科技有限公司进行视察。会议听取区科技、工信、金融监管、人才部门关于江宁区推动“四链”融合工作开展情况的通报，听取区政协经科委相关调研情况的汇报。会上，围绕加强全区推动“四链”融合、加快实施创新工作，委员们结合自身岗位实际，提出加强校企合作、培养复合型人才、加强人才精准引进、设立科创引导基金、完善产业链梯次体系、推动多元共治等建议。会议形成《关于推动“四链”深度融合加快实施创新驱动的建议案》，得到区委主要领导批示和相关部门采纳。

6月20日，区政协召开十三届常委会第七次（扩大）会议，围绕“积极探索推进市域社会治理现代化的江宁实践”开展专题协商。会前视察江宁区城市数字治理中心，与会人员详细了解全区“一网统管”工作开展情况，了解推进市域社会治理现代化面上工作。会议听取区委政法委关于全区推进市域社会治理现代化实践工作的情况通报，听取区政协社法委相关调研情况的汇报。会上，与会委员结合自身实际和调研情况，提出及时公开涉及居民利益的信息、引导“人人参与”社区治理、充分发挥社会力量、提升城市精细化管养水平等建议，会议形成《关于积极探索推进市域社会治理现代化的江宁实践的建议案》，得到区委主要领导批示和相关部门采纳。

9月27日，区政协召开十三届八次常委会会议，传达学习习近平总书记考察江苏重要讲话精神，围绕区政协十三届二次会议以来提案办理情况开展专题协商。会前，与会人员集体视察关于加快“智改数转”方面重点提案办理现场——菲尼克斯电气有限公司“智改数转”车间场景等，了解全区推进“智改数转”工作成效。会议听取区政府、区政协提案委关于区政协十三届二次会议以来委员提案办理情况的通报，区工信、民政部门主要负责人围绕进一步提高提案办理工作水平进行交流发言。区政协委员从不同角度对加强委员履职能力建设，提高提案质量、办理质量和服务质量，提出意见建议。

12月27日，区政协召开十三届九次常委会会议。会议听取区政府关于2023年全区经济社会发展情况通报,研究通过《关于召开政协南京市江宁区第十三届委员会第三次会议的决定（草案）》，协商讨论区政协十三届三次会议议程（草案）和日程（草案），研究讨论区政协常委会工作报告（讨论稿）和提案工作报告（讨论稿），协商通过区政协十三届三次会议报告人建议名单。会议对党员常委履职建言进行点评，审议区政协常委年度履职情况报告，通过部分区政协委员调整事项，并对高标准做好区政协十三届三次会议的筹备、组织工作，提出明确要求。

【区政协主席会议】 2023年，区政协共召开主席会议12次。

2月13日，区政协召开十三届十三次主席（扩大）会议，传达学习省政协十三届一次会议、市政协十五届一次会议精神，讨论通过区政协十三届二次会议提案并案立案工作情况，研究通过《政协南京市江宁区委员会2023年度工作要点（讨论稿）》，听取各专委会2023年工作思路和举措的汇报。

3月20日，区政协召开十三届十四次主席（扩大）会议，学习传达全国两会精神；学习传达区委《关于贯彻落实“让干部敢为、地方敢闯、企业敢干、群众敢首创”重要要求，推动高质量发展争当示范引领的实施意见》；研究区政协2023年度提案办理协商工作方案；研究区政协十三届六次常委会会议方案。

4月23日，区政协召开十三届十五次主席（扩大）会议，围绕“加强培育和发展专精特新企业”开展协商议政。会前，集中视察南京贝迪新材料科技股份有限公司，了解企业发展现状，直观感受全区专精特新企业发展情况。会议听取区工信部门关于全区加强培育和发展专精特新企业情况的通报，政协委员结合实际提出优化市场准入条件、不断完善专精特新企业梯度培育机制、支持专精特新企业深度参与产学研协同创新、优化人才招引和培养质量等建议。会议形成《关于加强培育和发展专精特新企业的建议案》，得到区委、区政府主要领导批示。

5月18日，区政协召开十三届十六次主席（扩大）会议，围绕“推进全区燃气安全管理工作水平提升”议题开展协商议政。会前，集中视察华润燃气指挥控制中心，了解全区燃气安全管理工作基本情况。会议听取区城建部门关于全区燃气安全管理工作推进情况的通报，相关行业的区政协委员和东山、秣陵街道负责人结合工作实践与所见所闻，对燃气安全管理提升工作提出完善责任体系、压实属地责任、健全预防管控机制、加快推进瓶装液化石油气市场整顿和安全整治、加大燃气前置审批服务力度等建议。会议形成《关于推进全区燃气安全管理工作水平提升的建议案》，得到区委、区政府主要领导批示。

6月13日，区政协召开十三届十七次主席（扩大）会议，围绕“提升美丽乡村文化新活力”议题开展专题协商。会前，集中视察谷里街道公塘社区公塘头、亲见村薛家，直观感受江宁美丽乡村的文化内涵与活力。会议听取区农业农村局和文旅局关于全区提升美丽乡村文化新活力工作有关情况的通报，区政协委员结合所见所闻，对乡村文化建设提出对现有区域内文化特色村镇进行“文化+”提质、持续优化美丽乡村产业发展环境、探索培养和集聚乡村文化人才新路径、提升乡村公共文化服务水平、引导更多群众在乡村建设发展中共治共创共享等建议。会议形成《关于提升全区美丽乡村文化新活力的建议案》，得到区委、区政府主要领导批示。

7月18日，区政协召开十三届十八次主席（扩大）会议，传达学习习近平总书记考察江苏重要讲话重要指示精神，交流上半年履职工作，部署下半年政协工作。会上，各街道（园区）相关负责人围绕上半年履职情况及下一步工作安排进行交流发言，区政协办公室和各专委会作书面交流。

8月9日，区政协召开十三届十九次主席（扩大）会议，围绕“增强创新研发新动力、推动外资研发中心高质量发展”议题开展专题协商。会前，视察调研美埃（中国）环境净化有限公司，实地了解全区企业外资研发中心建设运行情况。会议听取区商务局关于全区外资研发中心发展情况的通报，相关领域的区政协委员和企业代表结合工作实际，对推进外资研发中心高质量发展提出加强产学研合作、打造“政产学研用”协同平台，助力外资研发中心科技成果转化和应用、加强国际国内协同保护机制建设、加大对外资研发中心扶持力度等建议。会议形成《关于增强创新研发新动力、推动外资研发中心高质量发展的建议案》，得到区委、区政府主要领导批示。

9月19日，区政协召开十三届二十次主席（扩大）会议，研究通过服务为民和民生专题协商议事月活动实施方案，研究讨论区十三届政协第三期委员履职能力培训方案，研究通过区政协十三届八次常委会会议方案。

10月25日，区政协召开十三届二十一次主席（扩大）会议，听取服务为民和民生专题协商议事月活动开展情况汇报，研究区政协十三届三次会议筹备工作总体安排，研究布置近期工作。

11月20日，区政协召开十三届二十二次主席（扩大）会议，讨论修订《政协南京市江宁区委员会协商工作规则》，研究通过《政协南京市江宁区委员会中共党员常委履职建言点评实施办法（试行）》。会议还听取关于区政协十三届三次会议筹备工作进展情况汇报。

12月25日，区政协召开十三届二十三次主席会议，传达学习十四届区委118次常委会会议对区政协党组提出的要求，研究关于召开区政协十三届三次会议的决定（草案）、议程（草案）和日程（草案），讨论区政协常委会工作报告和提案工作报告，协商讨论部分区政协委员调整事项，研究通过2023年度优秀提案、优秀社情民意信息表彰名单和区政协十三届九次常委会会议安排。

协商议政

【概　况】 2023年，江宁区政协始终把围绕中心、服务大局作为政协工作的重要原则和根本要求，有效运用调研视察、专题协商、提案办理协商、民主监督、社情民意信息、基层“有事好商量”协商议事等形式，深入开展协商议政，以发挥专门协商机构作用，助力全区高质量发展。

【专题视察】 3月27日，区政协围绕“推动创新链、产业链、资金链、人才链‘四链’深度融合，加快实施创新驱动”议题，组织政协委员赴江苏苏博特新材料股份有限公司、金斯瑞生物科技有限公司开展专题视察，为召开区政协十三届常委会第六次（扩大）会议做好调研准备。

6月20日，区政协围绕“积极探索推进市域社会治理现代化的江宁实践”议题，组织政协委员赴江宁区城市数字治理中心开展专题视察，详细了解全区“一网统管”工作开展情况和推进市域社会治理现代化面上工作，为召开区政协十三届常委会第七次（扩大）会议做好调研准备。

【调研考察】 4月23日，区政协围绕“加强培育和发展专精特新企业”议题，组织政协委员赴南京贝迪新材料科技股份有限公司开展调研考察，了解企业发展现状，直观感受全区专精特新企业发展情况，为召开区政协十三届十五次主席（扩大）会议做好调研准备。

5月18日，围绕“推进全区燃气安全管理工作水平提升”议题，组织政协委员赴华润燃气指挥控制中心开展调研考察，了解全区燃气安全管理工作基本情况，为召开区政协十三届十六次主席（扩大）会议做好调研准备。

6月13日，围绕“提升美丽乡村文化新活力”议题，组织政协委员赴谷里街道公塘社区公塘头、亲见村薛家开展调研考察，感受江宁美丽乡村的文化内涵与活力，为召开区政协十三届十七次主席（扩大）会议做好调研准备。

8月9日，围绕“增强创新研发新动力、推动外资研发中心高质量发展”议题，组织政协委员赴美埃（中国）环境净化有限公司开展调研考察，实地了解企业外资研发中心的建设运行情况，为召开区政协十三届十九次主席（扩大）会议做好调研准备。

【重点议题协商建言】 2023年，区政协制定年度协商计划，报区委常委会审议后，由区委办、区政府办和区政协办联合印发，遴选9个议题作为年度重点协商议题。分别围绕“推动‘四链’深度融合，加快实施创新驱动”“积极探索推进市域社会治理现代化的江宁实践”召开议政性常委会会议。围绕“加强培育和发展专精特新企业”“推进全区燃气安全管理水平提升”“提升美丽乡村文化新活力”“增强创新研发新动力、推动外资研发中心高质量发展”召开议政性主席会议。围绕“提升居民小区垃圾分类收集、转运、处理水平”“推进部分涉农社区卫生服务站点建设”“海外高层次人才引进和扶持”召开专题协商会协商议政，广泛征集政协委员和社会各界意见建议，邀请区领导和相关部门到会议现场，听取委员意见、回应委员建议，报送各类建议案、专项建议10件，供区委、区政府决策参考。

【提案工作】 2023年，区政协十三届二次会议以来共提出提案333件，立案提案289件，其中党派团体提案7件、集体提案32件、联名提案81件、个人提案169件。72家承办单位高度重视，统筹安排，强化落实，办理质量持续提升。截至2023年年底，立案提案全部办复完毕。其中，解决采纳的A类273件、占94.46%；逐步解决的B类6件，占2.08%；作出解释的C类10件，占3.46%，政协委员满意率和基本满意率100%。区领导领办督办重点提案22件，区委、区政府主要领导带头督办重点提案，全年开展各类督办活动30多场，“坚持质量导向，发挥作用效应，不断推动提案工作提质增效”等经验做法在市区政协提案工作学习培训总结暨联席会议上作交流。

【民主监督】 2023年，区政协常委会会议定期听取全区经济社会发展情况、提案办理情况等通报，完善专委会与党政部门对口联系机制。健全区领导领办督办政协重点提案机制，区委、区政府主要领导领衔督办，多形式开展提案督办和提案办理“回头看”等活动。省、市、区政协联动开展推动经济运行率先整体好转政策落实情况专项民主监督活动，深入企业一线进行集中视察和民主监督，提出5个方面的具体建议，助力惠企政策与企业诉求的“双向奔赴”。发挥政协协商式民主监督作用，把民主监督与专题调研协商相结合，围绕垃圾分类管理、社区卫生服务站服务能力建设等议题，组织委员开展协商式监督活动，将民主监督过程中发现的苗头性、倾向性问题作为协商议事的优先选题，鼓励委员开展自主调研，联系界别群众参会，在深入协商互动中增进互信、化解矛盾、达成共识。

【反映社情民意信息】 2023年，区政协制定下发《关于做好2023年反映社情民意信息工作的通知》，明确任务指标，凝聚信息工作合力。依托提案联系点、商量快车等平台载体，加强社情民意信息的收集、整理和编报工作。全年反映社情民意信息170多篇，全国和省、市政协采用103篇，省、市领导批示15篇。

【基层治理协商】 2023年，区政协运用“有事好商量”协商议事平台，广泛开展多层协商议事，助力基层社会治理。出台《关于运用“有事好商量”助推基层社会治理的意见》，推动党员干部力量、委员资源力量和专委会工作重心“三个下沉”，各“地域+界别”履职小组紧盯基层治理中的堵点和难点，重点围绕水环境治理、美好家园建设等议题，在10个街道、村（社区）常态化开展协商议事活动。9—10月，根据省、市政协部署，发挥委员联系界别群众优势，连续第5年在街道（园区）、村（社区）开展“服务为民”民生专题协商议事月活动，推动民生改善和基层治理。全年开展各类协商议事活动261场，300余名政协

委员、3600多名社会各界人士参与，278件群众关心关注的“关键小事”，通过协商形成解决办法和共识。（区政协）

委员工作

【委员调整】 2023年，经政协江宁区第十三届委员会常务委员会第九次会议决定，接受李小靖、吴权、佘风琴、孙俭、孙学忱、马磊6人辞去区十三届政协委员职务。因工作需要，增补谈琳、张抗震、丁玲、钟翔、李富园、朱斌、林冉、孙浩、周爱林、杨正、李翊、王文德、陈永、陶衔、蒋文渊、徐超、李勃、王小彬18人为区十三届政协委员。

【委员履职能力提升】 2023年，区政协继续实施委员履职能力提升三年行动计划，开展政协委员（政协系统工作者）履职能力提升培训。3月22—24日，在区委党校举办第二期委员履职能力提升培训班；10月18—20日，在区委党校举办第三期委员履职能力提升培训班，共培训政协委员160多人。组织委员参加全国政协培训中心在北戴河举行的第163期地方政协干部（委员）培训班。分批次组织委员参加调研视察、学习报告会、协商议事等活动，不断提高委员履职尽责、服务大局的政治站位和能力素质。

【“三联系”工作机制】 2023年，区政协推进政协工作规范化建设，加强政协委员联系群众工作，建立进一步完善党组成员联系履职党支部、党员委员联系党外委员、委员广泛联系界别群众的“三联系”工作机制。党组成员按照《关于区政协党组成员联系指导各履职党支部的意见》，联系相应履职党支部，实现联系履职党支部全覆盖。党员委员以所在“界别+地域”联动履职党支部和履职小组为依托，加强结对联系、增进了解、沟通思想、提升工作，实现党员委员联系党外委员全覆盖。全体委员依托所在“界别+地域”联动履职小组、商量书房等履职平台，立足工作实际和行业特点，深入基层、深入界别群众，广泛联系和动员各界群众，进一步加强同党外知识分子、非公有制经济人士、新的社会阶层人士等的沟通联络。

【界别委员工作室】 2023年，区政协打造经济界、文体界、社会科学界等6个委员工作室（界别委员联系点），突出界别特色，服务身边群众，创新开展营商环境体验官系列活动，推动委员精准履职。在江宁市民中心建立企业家会客厅（经济界委员联系点），支持经济界委员广泛联系产业链上下游企业，开展政金企一线协商、政协委员走进南航校企对接等活动21场次，在技术合作和融资等方面牵线搭桥、助企纾困。《人民政协报》以《企业家会客厅助力高质量发展》为题进行报道。（区政协）

政协专门委员会工作

【区政协提案委员会】 2023年，江宁区政协提案委员会通过清单化梳理区委全会等重要工作部署条目，向党政部门征集参考选题，利用“三联系”工作机制和“12345”热线、企业家会客厅、商量书房等提案联系点，征集提案线索88条，为委员撰写提案提供精准服务。制定下发《2023年度提案办理协商工作的通知》，坚持区委、区政府主要领导“双领衔”督办重点提案机制。组织开展提案办理“回头看”活动，推动提案办理从“答复型”向“落实型”转变。截至2023年年底，立案提案全部办复完毕，政协委员满意率和基本满意率100%。

10月18—20日，区十三届政协第三期委员履职能力培训班在区委党校举办，让委员深入学习领悟习近平新时代中国特色社会主义思想、提升履职尽责能力。图为10月20日培训小结（宁鉴　供图）

【区政协经济科技（农业农村）委员会】 2023年，区政协经济科技（农业农村）委员会发挥基础性作用，将部门职能工作、委员关注热点问题进行精准搭台接入，形成服务科技创新工作的整体效应。找准链接抓手，打造专业专门协商平台，联合市民中心，打造企业家会客厅（经济界委员联系点）。紧扣技术需求，架设企业高校沟通桥梁，结合区科技局“双链融合·智汇江宁”百场千企，开展政协委员走进南航校企对接活动。聚焦融资需求，结合区金融监管局“五拼五比月月赛”工作内容，开展政金企一线协商，服务企业融资。瞄准政策需求，推行专题式协商，结合区工信局40件承办提案办理计划，开展专精特新企业发展、民营中小企业发展和产业数字化发展3个专题协商活动。全年开展相关活动18次，帮助企业融资2000万元。汇编南京航空航天大学、南京工程学院、南京交通职业技术学院、南京工程学院等驻区高校的科技成果，为企业技术需求与高校成果精准对接提供支持。

【区政协人口资源环境（城乡建设）委员会】 2023年，区政协人口资源环境（城乡建设）委员会围绕“推进全区燃气安全管理水平提升”，广泛征集意见议题，赴先进地区开展调研，向区委、区政府报送的《关于提升燃气安全管理水平的建议案》，获区委领导批示。围绕“提升居民小区垃圾分类处理水平”开展专题调研协商，组织委员学习先进地区居民小区垃圾分类工作经验，参观区回收公司垃圾分拣中心，察看庆缘花苑小区垃圾分类情况，线下征求专家学者、社会组织、城市治理公众委员、政协委员、群众代表等社会各界意见建议，向区政府报送《关于推进全区垃圾分类管理水平的建议案》，为提升居民小区垃圾分类处理水平建言献策。

【区政协教卫文体（文史）委员会】 2023年，区政协教卫文体（文史）委员会围绕“关于提升美丽乡村文化新活力”议题开展主席会议协商，围绕社区卫生服务站点建设开展专题协商，跟进文化、卫生、教育方面58件提案办理，特别是3件重点提案的办理落实。会同机关党总支部、东山街道政协工委举办“江苏书画里的党史”专题党课，邀请知名书画艺术家为机关党员干部授课。联系江苏省收藏家协会等社会机构，利用百家湖艺术中心资源优势，举办“金陵名家耀江宁”书画精品展。联合区档案馆，主持编纂《千秋水脉·秦淮新河》一书，以秦淮新河开掘档案为基础，历时1年，于2023年12月正式出版发行，50多万字的详细档案和史料解读，300多幅珍贵历史照片首次面世。

【区政协社会法制（民族宗教）委员会】 2023年，区政协社会法制（民族宗教）委员会围绕区政协工作重点，适应全区法治建设和社会治理新形势、新任务，把“积极探索推进市域社会治理现代化的江宁实践”和“海外高层次人才引进和扶持”列入年度重点议题，多次对接区委政法委、区司法局、区人社局、江宁人才集团等相关部门征求意见建议，邀请相关委员参与，通过线上“商量快车”广泛收集基层群众的意见建议。先后赴重庆、宜昌、武汉等地学习先进经验，组织政协常委会会议协商，形成问题清单和初步建议清单报送区委、区政府，助力全区社会治理。

【区政协委员工作委员会】 2023年，区政协委员工作委员会完善“商量江宁”委员履职管理系统，并对委员履职情况做到每月一核实、每季一通报，年底形成委员履职档案。联合区委党校开展2期委员培训，组织委员参加全国政协北戴河培训。完善党组成员联系履职党支部、党员委员联系党外委员、委员广泛联系界别群众的“三联系”工作机制，不断加强政协委员联系群众工作。根据新修订的政协章程，对《中国人民政治协商会议南京市江宁区委员会协商工作规则》提出修订建议；结合《政协南京市江宁区委员会常务委员提交年度履职报告工作制度》，制定《政协南京市江宁区委员会党员常委履职建言点评制度》，进一步完善江宁政协委员管理制度。

（区政协）

综 述

【概 况】 中共南京市江宁区第十四届纪律检查委员会由13名委员组成；常委会由7人组成，其中书记1人、副书记2人。南京市江宁区监察委员会由7名委员组成，其中主任1人，副主任2人。区纪委、区监委合署办公，实行一套工作机构、两个机关名称。区纪委监委机关有内设科室14个，派驻机构10个，直属事业单位1个。全区有基层纪检监察组织25个。

【主题教育和教育整顿】 2023年，区纪委监委统筹开展学习贯彻习近平新时代中国特色社会主义思想主题教育和纪检监察干部队伍教育整顿，以更高标准、更严要求纯洁思想、纯洁组织。区纪委常委会严格落实“第一议题”制度，常态化跟进学习习近平总书记重要讲话重要指示批示精神，全年组织中心组学习22次，开展“四重温四强化”等专题研讨6次。一体组织委机关、派驻机构、巡察机构理论学习，班子成员带头讲主题党课、作廉政教育报告，综合运用“三会一课”、青年论坛、全员培训、现场教学、庭审教育、家属助廉等方式，促进广大纪检监察干部学思用贯通、知信行统一。全面深入自查自纠，在全系统开展2轮次谈心谈话，“六查六看”查摆问题66项，“三查摆三强化”检视问题190条，清理整顿微信群1101个，排查风险点356个，完善防控措施445条。持续深入整改整治，重点推进不规范办案、干部因私出国（境）违规问题等“点穴式”整治，采取电话抽查等方式督促纪检干部抵制违规吃喝。严肃清理门户，教育整顿期间立案查处2名纪检干部并清理出系统。坚持“当下改”与“长久立”相结合，建立健全区纪委常委会关于加强自身建设的意见、常委会议事规则、“三重一大”决策制度及科级以下干部因私出国（境）管理监督工作规定等制度。全年编报教育整顿工作简报27期，省市纪委监委内部工作网编发江宁做法35篇。市纪委监委指导组调查问卷显示江宁区教育整顿好评率99%。

【“廉洁江宁”纪法护航工程】 2023年，区纪委监委继续推进“廉洁江宁”纪法护航工程，召开年度动员部署会，系统阐释“廉洁江宁”纪法护航工程的理论逻辑和实践路径，纵深推进“五大清风行动”，取得成效。查处的纪某“自洗钱”案作为全省唯一案例入选中央纪委2023年执纪执法指导性案例，报送的一起典型案例被中央纪委《纪检监察信息》采用。牵头制定全省“乡案县审”工作指引，并在全省审理论坛（苏南片区）作经验介绍。区纪委监委被确定为省纪委监委信访举报工作联系点，在全省信访举报工作会议上作工作交流。按时完成154名监察官等级首次确定。 （张益波）

重要会议

【十四届区纪委三次全会】 2月6日，中共南京市江宁区第十四届纪律检查委员会第三次全体会议召开。出席会议的区纪委委员12人，列席会议196人。市委常委、区委书记林涛出席会议并讲话。区委、区人大常委会、区政府、区政协领导和区法院、区检察院主要负责人出席会议。区纪委常委会主持会议。全会高举习近平新时代中国特色社会主义思想伟大旗帜，全面贯彻落实党的二十大精神，落实中央纪委二次全会、省纪委三次全会、市纪委三次全会及区委七次全会决策部署，总结2022年全区纪检监察工作，部署2023年重点任务。林涛在讲话中充分肯定过去一年全区全面从严治党取得的成绩，并就深入学习贯彻习近平总书记重要讲话精神，在新时代新征程上始终保持永远在路上的政治定力，坚定不移推动全面从严治党向纵深发展，持续营造风清气正的良好政治生态提出明确要求。全会审议通过张安代表区纪委常委会所作的题为《深入贯彻党的二十大精神，纵深推进全面从严治党，为谱写中国式现代化江宁新篇章提供坚强保障》的工作报告。全会要求，要以习近平新时代中国特色社会主义思想为指导，全面贯彻落实党的二十大精神，落实中央纪委、省市纪委和区委决策部署，坚定不移全面从严治党，紧紧围绕“十个高质量”发展目标，纵深推进“廉洁江宁”纪法护航工程，深化正风肃纪反腐，努力推动新时代新征程纪检监察工作高质量发展，为谱写中国式现代化江宁新篇章提供坚强保障。

【区纪委常委会区监委会议】 2月14日，区委常委、区纪委书记、区监委主任张安主持召开区纪委常委会区监委会议，区纪委监委领导班子成员、各派驻纪检监察组、委机关各部门负责人参加会议。会议审议通过《江宁区纪委监委支持和鼓励“敢为、敢闯、敢干、敢首创”二十条措施》。会议强调，要深入学习贯彻习近平总书记关于“让干部敢为、地方敢闯、企业敢干、群众敢首创”的重要论述，充分发挥纪检监察机关监督保障执行、促进完善发展作用，用最大限度保护干事创业的积极性、主动性、创造性。

5月11日，区委常委、区纪委书记、区监委主任张安主持召开区纪委常委会区监委会议，区纪委监委领导班子成员、各派驻纪检监察组、委机关各部门负责人参加会议。会议审议通过《关于开展“百名纪检监察干部访千企”活动的工作方案》。会议要求，纪检监察干部要通过此次活动精准监督、深入调研、靠前服务，带头营造亲商尊企氛围，摸清找准企业发展痛点难点堵点，协调帮助企业纾困解难，做企业健康发展的“护航员”。

6月24日，区委常委、区纪委书记、区监委主任张安主持召开区纪委常委会区监委会议，区纪委监委领导班子成员、各派驻纪检监察组、委机关各部门负责人参加会议。会议审议通过《江宁区关于纪检监察监督与巡察监督、审计监督、财会监督、统计监督贯通协同高效的工作措施（试行）》。会议强调，区纪委监委、区委巡察办、区审计局、区财政局、区统计局要在区委统一领导下，发挥各自优势，有效配置资源，深化信息沟通、工作联通、成果融通，构建分工明确、衔接顺畅、配合有效的大监督工作格局。会议还审议通过《关于加强对区属国有企业派驻监督的实施方案》。会议要求，相关派驻纪检监察组专职负责区国资办和相关国有企业的派驻监督工作，要切实发挥监督保障执行、促进完善发展作用，进一步构建国有企业大监督格局，不断深化国有企业全面从严治党和党风廉政建设工作，更好推动国有企业高质量发展。

【全区纪检监察干部队伍教育整顿动员部署会议】 3月15日，全区纪检监察干部队伍教育整顿动员部署会议召开，区委常委、区纪委书记、区监委主任张安出席会议并讲话。区纪委监委领导班子成员，委机关、派驻机构、区委巡察机构全体干部，各街道、园区、区级机关工委、区属企事业单位纪检组织负责人及业务骨干，麒麟科创园纪律监督室负责人及业务骨干参加会议。会议强调，要深入贯彻落实习近平总书记关于加强纪检监察干部队伍建设的重要讲话和指示批示精神，落实党中央重大决策部署，严格遵循上级纪委监委和区委工作要求，扎实推进纪检监察干部队伍教育整顿，以彻底的自我革命精神接受锻造洗礼，着力打造堪当新时代新征程重任的高素质纪检监察铁军，为谱写中国式现代化江宁新篇章提供坚强保障。会议指出，要深刻领会教育整顿的重大意义，自觉接受锻造洗礼，坚定不移筑牢忠诚之基、永葆铁军本色。要牢牢把握教育整顿的工作要求，刀刃向内自剜腐肉，从严从实纯洁思想、纯洁组织。要切实强化教育整顿的组织领导，压实责任统筹推进，持续推动成果转化、队伍净化。

（张益波）

党风廉政建设

【概　况】 2023年，江宁区纪委监委以高度负责精神履行全面从严治党协助职责，配合区委主要领导就纵深推进全面从严治党开展深度调研，全面梳理大党独有难题在江宁的具体表现，形成《江宁区全面从严治党突出问题50条》专项报告，并在市管领导干部读书班上全文通报，引发强烈反响。持续传导责任压力，完善两个责任“个性化”清单，综合运用廉政谈话、约谈提醒、监督检查、绩效考核等方式，提高责任落实的“刚性”和“密度”，全年问责党员干部和监察对象33人。

【党风政风监督】　2023年，区纪委监委聚焦“关键少数”，深入街道、村（社区）及企事业单位，就增强“一把手”和领导班子监督向基层干部群众寻策问道，研究制定加强“一把手”和领导班子监督“三清单”“一指引”“一提示”等操作指南。以党委全面监督引领带动责任落实，提请区委主要领导对13名街道和区级部门“一把手”约谈，印发工作提示，督促各单位“一把手”针对关键岗位人员集中开展廉政谈话，首次在区委巡察中对被巡党组织“一把手”进行专题评价，形成层层传导、全面加压的监督态势。

【党纪国法教育】　1月4日，全区领导干部警示教育大会召开，市委常委、区委书记林涛出席会议并讲话，区长洪礼来主持。与会人员集体收看区纪委监委制作的警示教育片《正风肃纪零容忍》。会议要求，全区各级党组织和领导干部要从中吸取教训，时刻警觉由风及腐的现实风险和严重危害。要在坚决拥护“两个确立”中彰显政治担当，在走好新的赶考之路上保持清醒坚定；要把纪律规矩挺在前面，严格遵守中央八项规定精神和廉洁自律各项规定；要全面落实从严治党政治责任，真正把全面从严的要求落实到党的建设各领域、各方面。

3月18日，在全区村（社区）党组织书记学习贯彻习近平新时代中国特色社会主义思想和党的二十大精神研讨班暨“头雁讲堂”上，区纪委监委主要领导以《强化使命担当、严守纪法底线，争当廉洁奉公的乡村振兴带头人》为题，深入剖析村（社区）干部违纪违法案件的主要表现及原因，勉励村（社区）党组织书记做政治过硬的“明白人”、为民解忧的“贴心人”、群众信赖的“正派人”、廉洁奉公的“老实人”。

5月10日，区纪委监委组织开展“5·10”思廉日暨全区年轻党员干部廉洁从政教育主题活动。76名来自区级机关、企事业单位和街道、村（社区）的年轻党员干部赴雨花台烈士陵园，重温入党誓词，缅怀革命英烈。活动要求，全区年轻党员干部要以党规党纪约束自己的行为，争做“明白人”，要推动警钟长鸣，触动“局中人”，要坚守初心使命，当好“接班人”。

5月17日，区纪委监委主要领导受邀为区政协委员、民主党派成员、区政协和区委统战部机关党员干部300余人作报告，报告以《自觉落实守纪律讲规矩重品行重要要求，同心协力共建新时代“廉洁江宁”》为题，介绍全区深入实施“廉洁江宁”纪法护航工程取得的成效，阐述党风廉政建设和反腐败斗争形势，就贯彻落实习近平总书记重要要求，当好“守纪律、讲规矩、重品行”的政协委员进行辅导宣讲。

10月19日，全区国资系统领导干部警示教育大会召开，12家区属国有企业以及牛首山、台创园2家园区所属国企的区管领导80人参加会议。与会人员观看市纪委制作的警示教育片，区纪委监委主要领导以《深化以案为鉴，筑牢廉洁防线，当好严于律己严负其责严管所辖的国企当家人》为题作廉政教育报告。会议强调，国资系统领导干部代表党和政府履行国有资产的经营者、管理者、看护者职责，必须时刻保持清醒头脑，切实规范从政行为，严格自律守底线，健全机制强约束，推进现代治理。

【廉政制度建设】　2023年，区纪委监委全面加强“四项监督”统筹衔接，进一步丰富“室组”联动监督、“组组”协同监督、“室组地”联合办案实践。制定纪检监察监督与巡察、审计、财会、统计等监督贯通协同工作措施，有效凝聚“五类监督”合力。加强对派驻机构的领导管理，区纪委常委会专题调研派驻工作，召开派驻机构及园区、国企、学校纪检组织负责人座谈会，调整对国资系统单位的综合派驻，促进制度优势向治理效能转化。以“廉洁清风惠万民”专项监督推动监督下沉，发挥街道及村（社区）纪检组织基础性作用，小微权力“监督一点通”平台群众满意率94%。

【廉洁文化建设】　2023年，区纪委监委举办党风廉政警示教育主题展，展示监察体制改革后全区24起严重违纪违法案例，汇编党的十九大后江宁涉腐干部忏悔录、村（社区）干部违纪违法典型案例，选取年度重点案例制作警示教育片《贪途末路》，加固拒腐防变思想堤坝。坚持每周发送“廉政短信”，集中编印《廉洁从政相关法规汇编》，“清风江宁”公众号发布原创稿件37篇，推送“纪法课堂”29期。激发新时代廉洁文化活力，联合高新区制作的微视频《座位·人生》获市廉洁文化作品评选一等奖。讲好正风反腐“江宁故事”，在中央级媒体发稿10篇，在市级以上主流媒体刊稿80余篇。区纪委监委获评全国纪检监察系统报网宣传工作先进单位。（张益波）

【全区领导干部警示教育大会】 1月4日，江宁区召开全区领导干部警示教育大会，通过身边的违纪违法典型案例，以案明纪、以案说法，从反面典型中吸取教训，举一反三、警钟长鸣，增强免疫力、筑牢防火墙，为奋力谱写中国式现代化江宁新篇章开好局起好步提供坚强保障。市委常委、区委书记林涛出席会议并讲话，区长洪礼来主持。会上，与会人员观看警示教育片《正风反腐零容忍》。会议指出，全区各级党组织和领导干部要从中吸取教训，时刻警觉由风及腐的现实风险和严重危害，坚持从小事小节上加强修养，从一点一滴中砥砺品质，切实筑牢反腐倡廉防线，不断提升拒腐防变能力，为奋进新征程、建功新时代营造良好政治生态、提供坚强政治保障。会议强调，新时代新征程上，全区各级党组织和党员干部要深入贯彻党的二十大关于全面从严治党的部署要求和习近平总书记重要讲话精神，坚持以党的政治建设为统领，始终牢记“国之大者”，忠诚拥护“两个确立”、坚决做到“两个维护”，坚定不移推进全面从严治党向纵深发展。会议以视频形式召开，区委常委，区人大、区政协主要领导，江宁开发区、麒麟科创园管委会主任，区政府副区长及市管领导，区法院院长、区检察院检察长，各部门、街道、开发园区主要负责人在主会场参会，各街道、开发园区设分会场。

（宁　鉴）

监督执纪

【政治监督】 2023年，江宁区纪委监委聚焦贯彻落实习近平总书记关于“让干部敢为、地方敢闯、企业敢干、群众敢首创”重要要求开展调研监督，协助区委出台《关于贯彻落实“四敢”重要要求，推动高质量发展争当引领示范的实施意见》。全年报送“三项机制”典型案例8件，为2个党组织、16名党员干部澄清正名，对200余名受处分干部进行“暖心回访”，提振干事创业精气神。推进优化营商环境专项监督，发起“百名纪检监察干部访千企”活动，“E路清风”问卷调查有2100余家市场主体参与，推动解决融资、招聘等方面难题120余个，查处损害营商环境问题19件，向区委提出3方面9条具体建议。王津东开办“影子公司”谋利案入选全市营商环境监督治理正面案例汇编。针对言明林案件暴露出的一段时期全面从严治党宽松软问题，落实市纪委监委纪检监察建议，协助区委制定并落实整改措施83条，督促上坊建设公司重点整改并收回项目资金约8000万元，推动完善《全面加强国有企业监管的实施细则》等制度20余项。加强保障粮食安全和耕地保护监督，集中开展高标准农田建设问题专项治理，严查乱占耕地建房等乱象背后的责任和作风问题，3593.3公顷抛荒地整改到位并落实种植计划，推动涉粮问题专项巡视巡察整改率提升至96%。守牢安全生产底线，开展保障房及老旧小区消防安全专项整治，督促推动大里聚福城怡景园小区“4·3”火灾等事故调查与剖析警示，全年处理安全生产责任履责不力13人。防范化解重大风险，开展国有企业及平台融资领域违规问题专项整治，推动有关国企平台谈判压降贷款中介费用516笔。开展政府投资基金问题专项治理监督，通过查处原科创投集团董事长车鸣案，推动员工持股平台股份及收益1.2亿余元收归国有、17亿余元政府基金纳入国有监管。

【专项监督】 2023年，区纪委监委整治违规“挂证取酬”，通过大数据建模比对发现漏报瞒报行为，立案41人次，运用第一种形态处理23人，收缴违纪违法所得160余万元。清查村居“合同乱象”，紧盯低价协议、超期出租、无租金增长机制等问题开展专项清理整治，给予处分17人，推动整改违规合同1077宗，累计追缴租金7500万元。守护师生“舌尖安全”，以省委巡视公办义务教育学校食堂管理为契机，严肃查办违规收受供应商钱物、挪用伙食费等问题，立案17人。会同有关部门推动学校食材供应模式改革，组建国有配送公司“点对点”配送，严控食材质量，降低廉政风险。跟进督办群众急难愁盼问题，开展信访举报集中攻坚化解工作，重复举报率比上年下降5个百分点，信访举报上行态势得到缓解。紧盯安置房办证难问题，深入16家项目主体单位跟进督办，向区委提出加强协调联动、提高办证效率等5项建议。开展水务工程领域专项监督，查摆招投标、合同订立、项目考核管理等问题49个。

【“四风”纠治】 2023年，区纪委监委开展“两违规”专项整治，累计给予党政纪处理61人。深化整治党员干部和公职人员酒驾醉驾及背后“四风”问题，公开通报典型案例3起。突出查处风腐交织典型案件，以区委名义印发《关于宣昊严重违纪违法问题及其教训警示的通报》，督促推动江宁开发区开展“四风”问题专项整治。全年查处享乐主义、奢靡之风问题49件、60

人。以“治不正之风、促担当作为”系列监督为抓手，聚焦安全生产、环境保护、违建管控、违法用地等领域，严肃查纠敷衍塞责、推诿扯皮、懒政怠政等行为，整治随意决策、违规决策、脱离实际盲目蛮干等政绩观偏差行为，持续推动基层“清牌减负”。全年查处形式主义、官僚主义问题57件、67人。会同组织部门开展干部因私出国（境）违规问题专项整治，清退362名干部违规领取未休假补贴193.8万元。严把政治关、廉洁关，审慎规范回复党风廉政意见129批、2284人次。

【审查调查】　2023年，全区纪检监察组织立案审查调查474件，给予党纪政务处分411人，其中查处处级干部35人，留置21人，移送检察机关审查起诉6人。加大追赃挽损力度，直接追回涉案资金1.1亿余元。开展“喊话”行动，有12人主动投案。打击行贿行为，立案审查调查行贿人员4人。全年运用“四种形态”处置1141人次，第一至第四种形态占比分别为66.6%、29.2%、1.6%、2.6%。

【以案促治】　2023年，区纪委监委坚持从个案清除向重点整治、系统整治转变，区街两级纪检监察组织共制发纪检监察建议21份。针对区劳动服务公司失管乱管问题开展专项整治，立案查处3名基层劳保所负责人，督促人社部门厘清管理体制，收回管理资产1.2万平方米，归拢资金2064万元。针对王津东案件暴露出的问题，向区民政局制发纪检监察建议，督促其压实责任、加强治理，举一反三推进养老领域专项监督，推动“小江家护”系统平台软件著作权合法收回。劳服公司、养老领域以案促治有关做法被省纪委信息专刊推介。

（张益波）

巡察工作

【概　况】　江宁区委巡察机构设一办（区委巡察工作办公室）四组（区委第一至第四巡察组），区委巡察办为区委工作部门，设在区纪委。2023年，区委巡察机构坚守政治巡察定位，充分发挥巡察在党的自我革命中的战略作用，强化震慑作用，深化成果运用，为全力保障党的二十大精神和习近平总书记对江苏工作重要讲话精神在江宁落地见效提供政治保证。

【配合保障省委巡视江宁】　2023年6月28日至8月31日，根据省委统一部署，省委第一巡视组对江宁区进行巡视。在区委统一领导、统筹部署下，区委巡察机构扎实做好省委巡视配合协调保障工作。10月15日，省委第一巡视组向江宁区反馈巡视情况。针对省委巡视反馈的18个问题，协助区委制定整改方案，141项整改任务已整改落实到位63项，取得明显成效75项。集中整改期内，部署开展村（社区）债务专项整治、区属国企制度体系建设情况专项稽查等，推动制定区委经济运行调度工作方案、重点产业项目全链审批服务保障机制等措施，做到解决一个问题、完善一套制度、堵塞一批漏洞。

【巡察监督】　2023年，区委巡察机构完成第四至第七轮区委常规巡察，督促立行立改问题32件，向区委呈报专题报告17份，发现各类问题646个，移交问题线索53件，推动留置3人。穿插开展消防安全专项巡察、对园博园机动巡察、市区联动对区法院一体化巡察，首次开展巡察整改“回头看”。至年末，十四届区委巡察已覆盖41家区级单位、83个村（社区），覆盖率分别为46.6%、40.1%。

【巡察队伍建设】　2023年，区委巡察机构深入开展第二批主题教育和教育整顿工作，加强思想政治教育、纪律警示教育，深入学习宣传贯彻党的二十大精神。开展“以学促改抓调研”、党员干部常态化下沉挂包村（社区）和网格、楼栋，以及百名纪检监察干部访千企等活动。驻点期间成立临时党支部，教育引导党员干部坚定不移深化政治巡察。巡后开展巡察“微故事”“微案例”“微反思”评选活动，进行巡察复盘、强化作风纪律后评估，着力打造一支忠诚干净担当的巡察干部队伍。

【全区巡察工作会议】　12月13日，全区巡察工作会议召开，市委常委、区委书记林涛出席会议并讲话。会议深入学习贯彻习近平总书记关于巡视工作的重要论述，全面落实省、市巡视巡察工作会议，以及省委巡视反馈会议精神，进一步强化责任担当、突出标本兼治，加强巡视巡察整改和成果运用，为推进中国式现代化江宁新实践提供政治保障。会议要求，要把准政治监督定位，持续提升巡察监督质效，准确把握加强整改落实和成果运用的新要求，把巡视巡察整改作为重大政治任务抓紧抓实抓到位，扎实做好巡视巡察“后半篇文章”。要把党的领导贯穿巡察工作始终，强化责任落实、协作配合、工作创新、队伍建设，不断开创巡察工作新局面。（张益波）

民革江宁区总支部

【概　况】 2023年，民革江宁区总支部有党员201人，其中年内新发展20人。分布在党政机关、事业单位、高校、社会企业等领域。党员中有省人大代表2人，省政协委员1人，市政协委员2人，区人大代表1人，区政协委员11人，其中区人大常委1人，区政协常委2人。

【组织建设】 2023年，民革江宁区总支落实基层组织换届工作要求，召开述职和民主评议会。晓庄学院支部并入民革江宁总支，江宁总支共8个支部，其中4个支部年内完成换届工作。7月6日，举行述职和民主评议会，区总支委员及所辖各支部班子成员，总支民革党员中的人大代表、政协委员参加会议，民革南京市委会专职副主委王真理出席会议，民革南京市委会组织处处长严艳主持会议，民革南京市委会内部监督委员会委员王春伟应邀参加。7月8日，江宁区综合一支部、经贸一支部、经贸二支部举行支部换届会议。7月14日，南京晓庄学院支部举行支部换届会议。全年新发展党员20人。

【参政议政】 2023年，民革江宁区总支结合参政议政工作和社会服务经验选题，与相关部门联合开展调研活动，形成一批参政议政成果。全年提交人大建议8篇、政协提案18篇、社情民意4篇，涵盖教育、医疗、文化、社区治理等方面，其中社情民意“建议加大对特殊行业从业者的保护和关注”“网络餐饮外卖配送亟须立法监管”被市政协采纳。

【社会服务】 2023年，民革江宁区总支有7个“中山博爱”社会服务基地，分别为留守儿童关爱服务基地、环保服务基地、乡村振兴服务基地、老年服务基地、非遗服务基地、法律服务基地、中山博爱（新媒体）社会服务基地。2月17日，组织部分民革党员赴禄口街道，与禄口街道在张桥村联合开展“中山博爱（留守儿童关爱）服务基地——关爱留守儿童，护航青少年健康成长”社会服务活动，禄口中学、铜山中学教师与学生代表等参加活动。3月5日，民革江苏省委、民革南京市委等主办，民革江宁区总支等承办的“‘三社联动、省市共建’　助力党派高质量履职”暨3月5日学雷锋活动在东山街道东山社区举办，并举行总支社会服务基地与省直支部共建、社会服务品牌项目进社区仪式。10月21日，民革江宁区总支在“中山博爱”法律社会服务基地召开绘就“朝夕美好”、民革“一老一小”工作参政议政专题座谈会。11月2日，民革江宁区总支、区检察院联合召开民主监督和公益诉讼工作交流会，民革江宁区总支中的人大代表、政协委员、“益心为公”志愿者等参加。　（段文龙）

民盟江宁区基层委员会

【概　况】 2023年，民盟江宁区基层委员会设民盟晓庄学院总支，下设3个支部；设金陵科技学院、海事职业技术学院、交通职业技术学院、经济、综合、江宁医院6个支部。有盟员276人，女性成员90人，其中省市区人大代表、政协委员20人。年内新发展盟员20人。

【组织建设】　2023年，民盟江宁区基层委员会深入开展“凝心铸魂强根基、团结奋进新征程”主题教育，用习近平新时代中国特色社会主义思想引领盟员的思想建设。11月26日，在金陵科技学院举办趣味运动会。3月31日，晓庄学院总支组织盟员赴溧水红色李巷、石山下村等地学习考察；10月28日，赴马鞍山濮塘开展“凝心铸魂强根基、团结奋进新征程”主题教育。经济支部组织盟员参观南京非遗馆，推动非遗文化的传承和发展。

【参政议政】　2023年，民盟江宁区基层委员会切实履行参政党职能，围绕区委、区政府中心工作，积极参政议政，全年提交多项提案建议，均被立案或采纳。其中，民盟江宁区基层委员会主委苏慧“关于加强专精特新企业与驻区高校联合建设产业学院的建议”的提案由区政府办、区工信局、教育局承办；“关于启动检查江宁区所有住宅小区消防设备及维修的建议”的提案由区城建局、城管局承办；“关于进一步加强施工安全生产整治的建议”的提案由区政府办承办。民盟南京晓庄学院总支主委赵向军向区政协提交“关于加强商品房精装修市场管理的建议”“关于优化江宁区道路交叉口交通组织的建议”的提案，向省政协提交“关于坚持教育优先发展，切实加大教育投入”的提案附议等。

【社会服务】　2023年，民盟金陵科技学院支部响应民盟中央的倡议，帮助脱贫地区巩固拓展脱贫攻坚成果、助农增收，有26名盟员踊跃购买脱贫地区农副产品，价值2763.8元。盟员苏慧获“第10届民盟教育论坛”优秀论文奖，并以“智慧教育赋能高质量发展”为主题在分论坛上发言。苏慧主持的“五新五建四提升”数字化教学体系研究与实践项目，获江苏省高等教育教改课题重点项目立项。盟员杨晓莉获省教育厅颁发的“江苏省教学名师”称号，并立项国家级一流本科课程。盟员申新军当选江苏省光彩事业促进会理事会理事。盟员张强勇领军的技能大师工作室获国家级技能大师工作室称号。盟员王长锋当选中国医药教育协会胃肠肿瘤专业委员会委员。

（许剑颖）

民建江宁区基层委员会

【概　况】　民建江宁区基层委员会下设7个支部，有会员190人，其中新发展18人；有区人大代表5人、区政协委员19人。会员漆金刚被民建南京市委评为2022年度优秀会员，会员沈雪、陶潇男被民建南京市委评为2022年度优秀会务工作者，会员李华京被南京市慈善总会评为2023年“爱心济困善行”江苏专场优秀个人。

【组织建设】　2023年，民建江宁区基层委员会深入开展“凝心铸魂强根基、团结奋进新征程”主题教育，团结和号召会员不忘合作初心，继续携手前行。定期组织班子成员学习中央、省、市重要会议精神，强化能力素质提升，努力把班子建设成为政治坚定、能力胜任、高度负责、民主和谐、开拓创新、作风过硬的集体。加强社会宣传，扩大民建影响，潘柏宇撰写的《“爱撒边疆·情系特克斯”民建江宁区三支部开展“3·5”学雷锋日捐衣活动》《“医”如既往，民建江宁区三支部携手陶吴社区举办“骨质疏松”健康知识讲座》，范中柱撰写的《杨平主委带队调研视察新农集团》等在民建南京市委官网发布。

【参政议政】　2023年，民建江宁区基层委员会向区政协提交提案20件。会员童涌参加区政协十三届常委会第八次（扩大）会议提案办理现场视察活动，围绕区政协十三届二次会议以来提案办理情况通报并开展专题协商。周士杰向区政协提交“关于强化困境青少年心理疾病干预治疗的建议”提案。漆金刚参加区第十三届政协会议提交2篇提案，其中1篇入选大会发言材料。全年提交社情民意及调查报告13篇，其中周志华提交的社情民意分别被民建省委、市委统战部及市政协采用。

【社会服务】　2023年，民建江宁区基层委员会向南京市委会思源工程捐款33150元；联合社会爱心企业捐助1万余元，帮助秣陵街道重度耳聋儿童田杨瑞泽和肢体智力残疾儿童徐恩惠进行康复支持。民建天阙志愿服务小分队全年提供150余次600多小时志愿服务，服务游客5000多人。民建江宁区二支部主委王继强利用自身法律专业优势，多次为会员会友提供法律援助。

（江宁民建）

民进江宁区基层委员会

【概　况】　2023年，民进江宁区基层委员会下设1个总支部和8

个支部，有会员213人，其中年内新发展10人；有省政协委员1人，市政协委员3人，区人大代表4人、区政协委员12人。

【组织建设】 2023年，民进江宁区基层委员会联合民进南师大基层委员会开展“凝心铸魂强根基、团结奋进新征程”主题教育皖南实地学习活动，瞻仰新四军皖南事变烈士陵园，参观新四军军部旧址纪念馆等。与民进浦口区基层委员会联合召开主题教育学习交流会。开发园区支部联合民进江苏科技大学支部赴安徽泾县革命传统教育基地，组织部分会员赴中央民进会史第二批教育基地——江门雷洁琼故居开展主题教育。综合支部召开主题教育动员部署会，会员苏诚以《坚持和完善中国新型政党制度》为题，分享学习中共二十大精神体会。晓庄学院总支赴湖熟街道邹家红色展览馆、湖熟菊花基地开展主题教育和调研，体验红色引领、产业融合、旅游兴旺的新面貌。金陵科技学院支部赴闽江学院调研，南师附中江宁分校支部组织部分会员赴河南安阳开展主题教育。经济二支部获评民进中央宣教工作优秀集体，民进江宁区基层委员会获评民进全省宣传思想工作先进集体。经济二支部主委贾靖、晓庄学院总支副主委余荣虎获评民进全省宣传思想工作先进个人。

【参政议政】 2023年，民进江宁区基层委员会（含晓庄学院总支）报送的社情民意信息被采用41篇，多篇被省民进、市政协、市委统战部等采用。“关于高质量推进江宁中小学生劳动教育”的提案及民进会员的多项提案获评2023年度江宁区政协优秀提案。开发园区支部牵头相关单位在九龙湖商量书房召开东南大学——江宁区融合发展乡村振兴专项座谈会，并形成会议纪要向区委、区政府主要领导报告。会员田娟、郑华撰写的“关于打造韧性社区，提升基层应急管理能力的建议”作为南京市政协重点提案，由市委常委、纪委书记刘月科督办，并获市政协优秀提案奖。会员李巧娣提出的人大建议“完善措施、优化配置、努力提升双减服务水平”由区长督办。

【社会服务】 2023年，民进江宁区基层委员会继续与江宁特殊教育学校开展共建帮扶活动，向“学生手工作坊”捐赠耗材费5000元和牛奶300箱。综合支部、南师附中江宁分校支部组织为乡村送教活动，走进周岗学校乡村教育服务站开展送教活动。经济二支部参与市委会在贵州安龙县普坪中学建设一间“同步课堂”教室项目，由“同心贻芳行”基金会支付教室装修工程费用10.88万元。 （龚颖湖）

农工党江宁区基层委员会

【概　况】 2023年，农工党江宁区基层委员会下设6个支部，有党员171人。党员界别以医药卫生为主，涉及农业、教育和企业等，其中市人大代表1人、市政协委员1人，区人大代表2人、区政协委员8人。

【组织建设】 2023年，农工党江宁区基层委员会结合学习农工党章程、农工党党史，集中开展主题教育1次，各支部组织政治学习活动6场，先后到邓演达墓地、广西百色、安徽金寨等红色教育基地，对农工党党员干部进行革命传统教育、理想信念教育等现场教学活动4次。对标“四新”“三好”要求，筹建“农工之家”3个，发展新党员10人。8月31日，江宁区基层委员会“农工之家”揭牌。9月26日，农工党江宁区经济支部召开届中调整选举会议，江宁区经济支部“农工之家”揭牌。

【参政议政】 2023年，农工党江宁区基层委员会围绕高质量发展重点领域和关键环节，深入开展调查研究，积极参政履职。定期组织召开党员中人大代表、政协委员参政议政座谈会，进行深入交流，切实提升人大代表、政协委员的参政议政能力。密切关注群众所需要解决的问题，反映社情民意，全年提交社情民意信息15篇。

【社会服务】 2023年，农工党江宁区基层委员会持续7年开展“牵手夕阳、情暖社区”公益活动，全年举办义诊活动24场，义诊3000余人次。开展社会资助帮扶活动，党员华小兵所属景古环境建设股份有限公司先后参加新疆特克斯县喀拉托海镇农贸市场基础设施提升项目帮扶、区慈善总会助困助学、金陵科技学院2021级企业奖学金、企业职工学历提升资助（扬州大学）、2023年“爱心济困·善行江苏”专场及“99公益日”活动、退役军人关爱基金捐助等7项活动，共捐款65.61万元。经济支部企业家吴冬根赴新疆特克斯参加“圆梦教室”活动，捐助5万元，帮助贫困学生完成学业。8月，吴冬根参加农工党南京市委会在陕西商洛举行的“宁商农工情、共圆大学梦”捐资助学仪式，将经济支部募捐的10万元善款，捐助给商洛20名困难家庭大学新生，每人发放助学金5000元。3月，启动“情暖特克斯、让爱与春天同行”公益活动，为新疆少数民族农牧区以及儿童福利院捐赠衣物34箱、近1000件。江宁综合支部完成农工党南京市委会调研项目“聚力细胞治疗再生医学创新发展，增强全省生命健康科技力量”申报工作并结题。

（徐庆芳）

致公党江宁区基层委员会

【概　况】　2023年，致公党江宁区基层委员会下设3个支部，有党员56人，其中新发展10人。年内，致公党江宁区基层委员会被致公党江苏省委员会表彰为“合作共建”品牌工程建设先进集体，被致公党南京市委员会表彰为党务工作先进集体。

【组织建设】　2023年，致公党江宁区基层委员会召开“凝心铸魂强根基、团结奋进新征程”主题教育动员部署会，抓好骨干领学和集体跟学，组织新党员培训，选送3名党员参加市委会在四川长征学院举办的主题教育暨骨干党员培训班，1名党员在市委会主题教育学习会上作交流发言。组织3个支部主委参加致公党市委会党务工作推进会，与致公党马鞍山市博望区支部联合开展“学习中共二十大、团结奋进新征程”考察学习和共建交流活动。强化阵地建设，推进致公党员交流研讨、开展活动、共同进步的“致公之家”建设。做好组织发展工作，坚持政治标准，注重结构调整，全年新发展党员10人。

【参政议政】　2023年，致公党江宁区基层委员会围绕江宁区“十个高质量发展”主题，先后调研3家党员企业，向致公党市委会提交调研报告2篇；党员参加各类调研活动20余次，向市、区两会提交议案提案11篇，1名党员在区政协学习报告会上发言。完善信息员骨干队伍建设，组织党员参加社情民意信息和宣传工作培训，并参与致公党省委会调研成果转化工作，党员施永钢被评为全市优秀人民监督员突出贡献奖。

【社会服务】　2023年，致公党江宁区基层委员会组织党员开展阳光助学、志愿服务和敬老爱老春节慰问活动。在秣陵街道双金社区举办应急消防演练，组织党员参与江宁街道陆郎社区综合服务项目。党员薛飞为“我的中国梦”南京市少儿才艺大赛的2支参赛队伍作义务指导，袁泉前往贵州开展捐资助学公益活动。

（江宁致公党）

九三学社江宁区支社

【概　况】　2023年，九三学社江宁区支社有社员74人，其中年内新发展社员7人，增补区政协委员1人。有省人大代表1人，市人大代表1人，区人大常委1人、区政协委员7人，其中常委2人。

【组织建设】　2023年，九三学社江宁区支社组织社员参加社中央政治辅导网络课堂学习，观看中央统战部《大道薪传》系列纪录片。开展新修订的《九三学社章程》学习和九三学社建社78周年纪念活动，深化“凝心铸魂强根基、团结奋进新征程”主题教育。9月17—22日，组织部分骨干社员赴贵州省贵阳市、遵义市开展主题教育，提高主题教育实效。

【参政议政】　2023年，九三学社江宁区支社加强调查研究，参与政治协商，省人大代表胡歙眉提交的“关于加快产业链核心技术突破步伐，打造科技创新策源地与产业高地的建议”被省委书记信长星牵头督办，省长许昆林领办；市人大代表朱春明提交建议3件。支社在区两会上提交建议和提案7件，集体提案1件，内容涵盖企业创新与发展、医疗服务、城市综合治理、乡村振兴等方面。钟翔、陶婷、毛恒等社员提交调查报告4篇。选派骨干参加社市委举办的社情民意信息工作培训班，上报社市委和区委统战部各类信息15篇，其中毛恒撰写的“关于加大对儿童重组人生长激素居民医保报销比例的建议”被全国政协录用。

【社会服务】　2023年，九三学社江宁区支社推进社中央乡村振兴实践基地建设，接待社福建省委会及所属各市委会赴基地调研。申请社中央专项助农经费10万元，支持基地辐射范围内的西阳社区茶叶种植基地项目，促进林项改造、品种更新和设施升级，联合社省、市委会组织农业专家开展农技指导。

（江宁九三学社）

台盟江宁区支部

【概　况】　2023年，台盟江宁区支部有1名主委、2名副主委、2名委员，有盟员13人，其中女性9人。有人大代表1人、政协委员1人。

【组织建设】 2023年，台盟江宁区支部围绕台盟市委和中共江宁区委决策部署，参加盟市委召开的“凝心铸魂强根基、团结奋进新征程”主题教育动员会暨中共二十大精神主题报告会，组织盟员开展主题教育。学习贯彻《台盟南京市委员会内部监督工作条例》，增进支部盟员对中国共产党和中国特色社会主义的政治认同、思想认同、理论认同、情感认同。

【参政议政】 2023年，台盟江宁区支部发挥盟员参政议政作用，聚焦经济发展和民生改善履职尽责。组织盟员学习《关于在全党大兴调查研究的工作方案》和李钺锋副主席在台盟中央2023年重点调研课题协调会上的讲话精神，明确支部重点调研课题。开展“践行低碳新时尚、助推生活新方式”调研，与市生态环境科学研究院专家合作，为垃圾分类和资源利用提出建议。参与政协协商议事活动，通过调研智能工厂示范企业，为企业加快数字化转型步伐建言献策。支部向区政协十三届二次会议提交的“关于流程再造，推动江宁行政审批改革的建议”提案，被评为2023年度优秀提案。

【社会服务】 2023年，台盟江宁区支部组织盟员参加“血浓于水、大爱无疆”——两岸青年奉献爱心义务献血和“情系灾区·众志成城”爱心捐款活动，为甘肃省临夏州积石山县捐款捐物。 （江宁台盟）

江宁区工商业联合会

【概 况】 2023年，江宁区工商业联合会（总商会）有主席（会长）1人、副主席22人（3人驻会）、副会长6人、常委43人、执委131人。区工商联（总商会）有企业会员4220家、基层商会50家。是年，区工商联牢牢把握促进民营经济健康发展和民营经济人士健康成长主题，坚持信任、团结、服务、引导、教育的方针，全面加强工商联思想、组织、作风、制度建设，不断增强凝聚力、影响力、执行力，各项工作取得新成绩。区工商联被全国工商联评为全国“五好”县级工商联。

【非公有制经济人士教育引导】 2023年，区工商联贯彻落实习近平总书记关于新时代民营经济统战工作的重要指示，以引领思想、引领方向、引领责任为重点，增强党对民营经济人士的领导力和凝聚力。组织基层商会学习贯彻《中国共产党统一战线工作条例》，开展中共二十大精神学习活动，邀请专家教授集中授课，解读党的二十大精神、学习习近平总书记在参加政协会议民建工商联界委员时的讲话精神。通过走访调研、召开座谈会、党支部学习会、教育培训等方式，引导广大民营经济人士宣传党的方针、路线和政策。突出教育示范引领，组织会员企业家参加各类学习报告会、新宁商大讲坛等活动，宣传落实党和政府各项扶持企业的政策措施。全区基层商会举办主题党日活动、赴红色革命教育基地接受理想信念教育活动30多次，进一步增强企业家“听党话、跟党走”的理想信念和实践自觉，筑牢政治共识。4月，成立区总商会党委，并与紫金农商银行江宁支行举行党建共建签约仪式，达成以“党员联育、工作联抓、队伍联建”为抓手，构建“资源共享、优势互补、互促互进、同频共振”党建工作新格局，发挥“商会+银行”合作模式，推动金融资源支持民营企业，服务民营企业健康发展。联合《中华工商时报》，围绕民营企业专注实业、精研技术，对12家民营企业进行专题采访报道，引导民营经济人士爱国、敬业、创新、守法、诚信、贡献。区工商联获《中华工商时报》构筑非公经济舆论阵地先进单位称号。

【服务非公有制经济发展】 2023年，区工商联深化“万所联万会”工作机制，联合区司法局召开江宁区“万所联万会”工作推进会，建立健全律所与商会对接机制，增强协作服务效能。在基层商会成立调解工作室，帮助商会企业调处化解工资给付、合同履行、房屋租赁等纠纷，对接企业司法需求，送法进企业，优化沟通联动机制。联合江宁开发区法院召开商会调解中心优化法治营商环境交流座谈会，对企业法务问题释疑解惑，听取企业法律需求，进一步完善商会调解中心工作，推进商会调解工作走深走实。商会调解中心及分中心全年调解涉及商事合同、劳动争议等涉企纠纷184件，调解成功68件，总标的额850余万元，为企业节省诉讼费近20万元。开展“商会进法院”“商会进检察院”等活动，召开《中华人民共和国民法典》专题培训会，强化在合同谈判、签订、履行及争议解决全过程中的风险防范意识，提升合同规范管理能力，防范合同法律风险。针对省、市、区有关推动经济高质量发展的惠企政策，举办高新技术企业培育辅导会、银企精准对接会、科技型中小企业申报辅导等活动。扩大“即申即享”“免申即享”“网申捷享”覆盖面，开展“服务民企365”行动。

【非公有制经济人士参政议政】 2023年，区工商联发挥会员中人大代表、政协委员建言献策作用，组织撰写议案、提案，实事求是地反映社情民意。全年上报政务信息282篇，其中区级民营经济中人大代表、政协委员建议、提案等社情民意信息153篇，国家、省级约稿129篇。组织会员企业开展全国工商联上规模企业调研、民营企业社会责任调研和民营企业劳动关系监测调查工作。1月，区工商联被授予“全国工商联社情民意信息基地（2023—2024）”；3月，被全国工商联通报表扬为“2022年民营企业劳动关系监测调查工作示范基层单位”。区工商联提交的“关于发展壮大江宁区专精特新企业的建议”提案，获评区政协2023年度优秀提案。

1月9日，2023年慈善“情暖江宁”活动启动仪式在滨江开发区商会举行。图为会员企业南京甘汁园股份有限公司向区慈善总会捐赠550万元

（区慈善总会　供图）

【优化营商环境】 2023年，区工商联组织各商会学习《中共中央国务院关于促进民营企业经济发展壮大的意见》，并开展专题交流。围绕省、市、区支持民营经济健康发展的各项举措等文件精神，协调职能部门落细落实。区工商联与区检察院共同研究制定《关于强化协作共同营造优质法治营商环境的工作办法》，服务保障民营经济健康发展，依法维护企业合法权益，引导企业守法合规经营。组织民营企业开展民营企业运行情况及防范化解风险摸底调研，做好防范非法集资宣传及风险排查工作。加强民营企业调查点工作，区工商联民营企业调查点工作连续多年位列全省第一，被全国工商联评为2023年度“民营企业调查点工作先进示范单位”。

【非公有制经济人士社会责任履行】 2023年，区工商联引导会员企业履行社会责任，广泛参与社会公益活动，全区基层商会和会员企业共捐赠17万元用于助学活动；捐赠扶弱济困资金13.1万元，其中8.1万元用于慰问走访38户困难家庭，5万元直接捐赠给区慈善总会。在滨江开发区商会举办2023“情暖江宁”活动，发动会员企业参加捐赠活动，其中甘汁园和中江新材料2家会员企业分别向区慈善总会捐赠550万元和300万元。组织38家会员企业参加市工商联联合高校举办的促就业行动专场招聘会，以及所属商会联合相关部门举办的“创响江苏春风行动”专场招聘会，152家会员企业参加，提供就业岗位3210个。（区工商联）

江宁区总工会

【概　况】　2023年年末，江宁区有独立工会2264个、联合工会58个、工会联合会173个，涵盖法人单位4091家，会员总数28.6万人，其中新就业形态劳动者1.5 万人。是年，全区各级工会组织坚持以职工为中心的工作导向，求真务实，开拓进取，在服务全局中强化自身建设，在推进改革中提升工作水平。全区获省五一劳动奖章1个、省模范职工之家称号5个、省职工小家称号1家、省工人先锋号2个、省优秀工会工作者称号3人；市五一劳动奖章7个、奖状2个，市工人先锋号6个，“十佳文明职工”称号1人；表彰区先进职工之家、先进职工小家各50家，优秀工会工作者60人、优秀工会之友45人，命名区工人先锋号班组40个。

【职工思想引领】　2023年，区总工会开展“中国梦·劳动美·幸福路——凝心铸魂跟党走、团结奋斗新征程”主题宣传教育系列活动，开发“党的二十大精神”智能学习助手，组织党的二十大精神线上二十一天视频打卡活动，宣传党的创新理论。推进“蒲公英”劳模工匠进企业、进校园活动，开展宣讲活动50余场，该项目获省学雷锋先进典型优秀项目奖、省第七次志愿服务交流会银奖。推进职工书屋建设，获评全国职工书屋示范点1个，省总工会职工书屋示范点2个、书香企业1家，市职工书屋5家、书香企业1家。开展职工志愿服务活动，获评市“职工志愿服务品牌”“职工志愿服务组织”各1个，市“优秀职工志愿者”1人。举办职工足球、飞镖、篮球、乒乓球、羽毛球等赛事活动，吸引广大职工参加。区总工会获评南京市职工宣传思想文化建设先进单位（一等），“以宣讲志愿服务为载体，推进职工思想政治工作创新”获评南京市职工宣传思想文化创新项目（一等）。

【职工素质提升】　2023年，区总工会弘扬劳模精神、劳动精神、工匠精神，开展“劳模工匠进校园、思政教师进企业”活动，依托819路公交线路举办“劳动光荣号”公交宣传专线开通仪式。组织职工技能竞赛、“工匠”选树等活动，举办区职工职业技能大赛9场，联合举办劳动技能竞赛3场，1个项目被列入2023年度市级重点工程（项目）劳动竞赛。推进产业工人队伍建设改革，组织开发园区、产改试点企业代表10人参加市产业工人队伍建设改革工作培训。推进劳模（工匠）、职工创新工作室创建，获评南京市职工创新工作室2个，推荐申报市十大创新成果1项、十大发明专利1项，评定区劳模创新工作室4个、职工创新工作室6个。开展工匠选树活动，被市总工会命名第七批“南京工匠”1人，获评第二批“江宁工匠”10人。

【职工权益维护】　2023年，区总工会全面落实以职代会为基本形式的企事业单位民主管理制度，获评“省厂务公开民主管理先进单位”和“省厂务公开民主示范单位”4家，评选江宁区职工代表大会制度建设典型单位20家。开展集体协商要约工作，走访街道、园区和企业工会40家，指导46家企业开展集体协商工作，评选区集体协商典型单位30家，入选南京工会能级工资集体协商优秀案例选集1个。举办劳动法治微课堂、微讲座40场，提供面对面法律咨询服务40次，开展企业劳动用工监督评估专项服务行动20次。依托区总工会法律服务窗口，接待并现场解答来访职工8560人次，满意度95%以上，协调处理中软国际科技公司微博及“12351”江苏职工热线转交的职工个人劳动争议等事项。联合区人社局、司法局等部门，依托区总工会职工服务中心阵地，打造工会劳动人事争议多元化解中心。

【服务职工群众】 2023年，区总工会审核建档困难职工20人，发放生活救助金20.6万元，发放助学金19人、3.65万元。落实医疗救助政策，帮助55人申请南京市医疗救助。开展“送温暖”慰问活动，慰问困难职工53人、10.6万元，向春节留江宁员工和医护人员赠送礼包600份、价值33万元，向新就业形态劳动者赠送冬日暖心礼包400份、价值10万元及工会康祥意外保障2065份，完成“微心愿”258个。落实劳模待遇，发放劳动模范荣誉津贴209人、27.94万元，春节慰问金503人、34.1万元，困难劳模补助金22.17万元；慰问建档困难劳模18人次、3.6万元，推荐16名劳模参加省、市疗休养，组织区劳模、先进工作者疗休养4条线路5批次、224人。开展“春风行动”，组织100余名求职者参加2023年全国工会就业创业服务系列活动启动仪式暨长三角区域工会综合招聘会。依托市总工会小额贷款平台，发放贷款15人、285万元。开展农民工“求学圆梦”“关爱·圆梦”行动，帮助4人提升学历。落实职工互惠政策，新参加和续保互助会员2.95万余人，享受互助待遇910人次、183万元，春节慰问困难家庭互助会员514人、89万元。组织职工疗休养活动11批次、343人。加强女职工服务，新建康乃馨服务站26家、爱心母婴室33家，提档升级50家。基层工会暑期职工子女托管中心30家，其中获评江苏工会爱心托管班2家。组织20场700名职工子女参加的“大国工匠、未来有宁”公益夏令营；举办青年职工交友联谊活动2场，青年职工集体婚礼1场、46对新人参加。

【工会组织建设】 2023年，江宁区召开工会第十五次代表大会，完成工会委员会换届选举工作，选举产生区工会第十五届委员会和经费审查委员会、第八届女职工委员会。强化党工共建，依法建会，推进新就业形态劳动者建会入会，新增独立工会81家、9222人，其中新就业形态劳动者 2356 人。9家直属工会完成换届、1家直属工会及1家行业工会新组建。协助市总工会完成8家企业考察评价、8名非公企业经济代表人士综合评价工作。组织86名直属工会干部集中培训，邀请工会研究专家进行授课。区职工文化中心全面投入运营。加强工会经费预算和收支管理，推进工会经费审查审计监督体系建设，完成区总工会和17个直属工会2021年、2022年经费收支情况审计，对区总工会困难帮扶资金收支情况进行审计，对接受区总工会阵地建设补助的10个社区工会进行专项资金审计。开展区总工会财政资金和工会经费收支预决算、自收经费收缴和小微企业工会经费返还工作。（刘忠凯）

【区工会第十五次代表大会】 3月1日，南京市江宁区工会第十五次代表大会开幕。市委常委、区委书记林涛，市人大常委会副主任、市总工会主席张一新出席会议并讲话，区领导洪礼来、赵洪斌、刘玲等出席会议，区人大常委会副主任、区总工会第十四届委员会主席李国忠主持会议并作工作报告。3月2日，大会在完成各项议程后闭幕。大会选举产生区总工会第十五届委员会常务委员、副主席、主席，区总工会第十五届经费审查委员会主任和区总工会第八届女职工委员会主任、副主任，表决通过《关于江宁区总工会第十四届委员会工作报告的决议》《关于江宁区总工会第十四届委员会财务工作报告的决议》和《关于江宁区总工会第十四届经费审查委员会工作报告的决议》。

【区职工服务中心启用】 5月1日，“全心惠民生·共筑幸福家”江宁区职工服务中心启用仪式举行。区职工服务中心位于湖山路399号，总体建筑面积4.19万平方米，地上7层面积3.05万平方米，地下1层面积1.14万平方米。主体大楼由北楼的文体中心和南楼的服务中心组成。南北楼由连廊相接，既是服务职工群众的综合服务型阵地，同时也是集文化、体育、商业配套、休闲于一体的高品质职工群众生活服务中心。南楼一楼服务大厅设有6个服务窗口，主要功能是方便企事业单位职工办理工会社团法人登记、法律咨询、法律援助、困难帮扶、互助互济、劳动争议案件调解等相关事项。一楼还设置职工书屋，书籍在全区实现通借通还。职工书屋面积300平方米，有藏书2.1万余册。书屋内还设置“图书瀑布流”，10万余册电子图书实时更新，市民可以扫描二维码实现在线阅读、在线听书。南楼的二楼至七楼，分别是工会展厅、培训教室、业务用房、多功能厅等。北楼文体中心的负一层是游泳馆，一楼和二楼则是商业配套区域和体育培训基地。其他楼层设有羽毛球馆、乒乓球馆、篮球馆等，主要用于课程培训、各类比赛、职工健身等。活动现场发布江宁区职工服务中心对外服务举措。其中，江宁区内劳动模范可享受五折经营售价优惠，区内工会会员可享受经营售价7折优惠。

【湖山路户外劳动者服务站获评最美站点】 12月，全国总工会下发《关于确认2023年“最美工会户外劳动者服务站点”名单的通知》，江宁区售水公司湖山路工会户外劳动者服务站点被评为“最美工会户外劳动者服务站点”。湖山路户外劳动者服务站点成立于2020年7月，由江宁水务集团有限公司出资建设，位于东山街道湖山路158号江宁供水服务中心休息区，该站点配备空调、冰箱、微波炉、饮水机、书报刊物、手机充电器、应急药箱、茶点等物品，为户外劳动者搭建一个“累可歇脚、热可纳凉、口渴喝水”的爱心驿站。2020年11月，该站点被命名为南京市工会户外劳动者“爱心驿站”。

【一康乃馨服务站获评省级示范点】12月，省总工会通报2023年度全省工会女职工康乃馨服务站建设和服务情况，南京未来科技城经济发展有限公司女职工康乃馨服务站获评2023年省级女职工康乃馨服务站示范点。该公司女职工康乃馨服务站建有母婴室2个，并配备专业心理咨询室和法律咨询室、职工书屋等。心理咨询室与专业心理咨询工作室签订服务协议，配置专业的心理测评系统及心理沙盘，由心理咨询师定期开展电话咨询及面询、心理讲座或沙龙，为园区广大女职工提供心理咨询服务。（宁　鉴）

共青团江宁区委员会

【概　况】 2023年年末，江宁区共青团组织有基层团（工）委64个、团总支182个、团支部3054个，有共青团员39535人。是年，团区委带领全区团员青年围绕中心工作，切实履职尽责，深化改革攻坚，发挥党的助手和后备军作用。团区委在县域基层组织改革试点终期评估中被团中央评定为优秀等次，先后获“全国五四红旗团委”、团中央“大学生返家乡优秀单位”、2022年“西部计划绩效考核优秀等次服务县项目办”、第十四届“中国青年志愿者优秀组织奖”和2022年度“全省共青团工作先进单位”、2022年度“全省共青团工作‘10100’创新创优工程优秀项目奖”、2022年度“全省青年之家项目展评活动优秀项目奖”、2023年度“全省团属报刊宣传工作先进单位”等荣誉。

【青少年政治思想引领】 2023年，团区委用习近平新时代中国特色社会主义思想武装团员青年，线上开设“青年大学习”“红领巾爱学习”等网上主题团课，线下推动共青团品牌项目建设，搭建“1+N”的工作格局，打造“一支部一品牌”。结合“五四”“国家安全日”“建队节”等，发动各级共青团、少先队组织开展仪式教育，常态化开办“青马工程”“青社学堂”“伙伴讲堂”培训班。以乡村振兴为主题，完善“水乡印记”青年学习社“4+X”个性化学习线路建设，累计组织参观学习26批、覆盖青年600余人。开展第十四届“江宁十佳青年”评选活动，选树榜样青年20人；培育共青团“两红两优”，6个集体、4名个人获省级荣誉；深化分批“红领巾奖章”争章活动，推选个人五星章6人；创建“青年文明号”，推选3家市级青年文明号、7名市级青年岗位能手。加强“江宁青年”政务新媒体平台运营管理，落实“三审三校”制度，发布微刊445篇，其中原创362篇，总浏览量111.2万人次；在《中国青年报》、“学习强国”学习平台、《新华日报》等媒体发布宣传报道72篇。围绕学习贯彻中共二十大和团十九大精神，组织青年讲师、团干部、青年典型深入基层一线，开展“青春向党学思想、感恩奋进建新功”等主题宣讲184场，覆盖青年5500余人。以“青言青语”向青少年宣传阐释好党的理论，在团员和青年中开展习近平新时代中国特色社会主义思想主题教育，有序推进“4+1”学习安排，全区团支部“思想旗帜”专题学习覆盖率100%。

【基层团组织建设】 2023年，团区委坚持用党建标准引领团建，以“为党兴团”的使命感与责任感将团的基层建设抓严抓实，做好共青团改革“后半篇文章”。指导旅游康养集团、江护集团等建立团组织，社会领域团组织增长8.3%。在全市率先成立行业团工委，T3出行团委完成网约车司机功能型团组织建设。深化“青年之家”建设，围绕“有阵地依托、有项目支持、有运营力量、有制度规范、有资源保障”要求，入驻“青年之家”云平台35家，开展中共二十大精神学习、创业培训、文化交友等各类活动1522场，参加活动9.16

万人次，活动转发量66.28万人次。发挥“社工联系街道”机制优势，点对点对接街道、园区开展2023年团员发展电子档案核查和“学社衔接”指导工作。团员发展控量提质按照“先审核后录入”原则，全年发展学校领域团员2615人、社会领域团员185人。做好流动团员组织关系转接和常态化联系，严把学校输出关卡，杜绝毕业即失联现象，学社衔接率100%。推进“选育管用”全链条培育体系建设，指导各街道、园区、直属单位团组织配齐配强团干部班子，批复调整团干部街道6个、园区13个、直属机关32个、学校1个。招募9名大学生共青团助理充实基层团组织。创新开展“青春助力区域高质量发展”团干部交流提升行动，加强各直属单位团干部之间的交流互动，培养团干部协同合作精神，不断提升团组织的凝聚力和向心力。

7月31日，乡村振兴志愿者新老交流座谈会在江宁区召开

（团区委　供图）

【青年志愿服务】 2023年，团区委聚焦党政所需、青年所盼、共青团所能，围绕创新创业、乡村振兴、志愿服务等工作履职尽责。完成2023届江宁区乡村振兴战略校地定向招募，招募乡村振兴志愿者48人，并出台《江宁区乡村振兴志愿者管理细则及考核办法》。大兴调研之风，申报课题23个。实施“青春e行、建功乡村”行动，举办电商实训营4期，培训农业从业者200余人次。召开2023年江宁共青团校地联席会，针对“返家乡”社会实践工作与18所驻区高校形成长效联系机制，建立返乡大学生微信群7个。组织“双百共建”专场结对活动，促成57所高校学院与街道、村（社区）结对，形成“区级+基层”合作项目40个。开展“江宁区青春助力全国文明典范城市创建统一行动日”活动，400余名大学生走进全区10个街道开展实践活动。春节、“五一”、国庆节期间，组织600人次参与文明实践、物流保障、景区讲解和疏导等志愿服务，累计志愿服务时长超过3500小时；开展志愿服务月暨“七彩志愿社区行”主题活动42场，2000多人志愿服务时长近4000小时。牵头制定《2023南京江宁大学城半程马拉松大学生赛事志愿者服务保障工作整体方案》，组织南京工程学院等4所高校的1318名大学生志愿者为赛事提供服务保障。打造首个园区级小志工作室“青春U志号”青年志愿服务城市站，为新业态新就业群体提供便民服务。落实落细“联青聚力”工程，组织482个支部开展团团“1+1”结对活动，举办统一行动日、集中服务日等联青聚力活动512场，参与团干部、团员青年和志愿者1.3万余人次。出台《“十万青年走在前，携手践行新时尚”助力垃圾分类系列行动的实施方案》，促进青联委员企业与江护集团、水务集团开展厨余垃圾新技术合作试点，组织各类垃圾分类活动100余场，发动近1万名青年和少先队员参与。

【少先队工作】 2023年，团区委组织“六一游园会”“庆祝六一主题队会观摩活动”“童心里的极美南京公益研学”“江宁—特克斯少先队员手拉手”等活动，举办“学习二十大、争做好队员”主题征文评比和“我为高质量发展献一计”——科学小建议征集活动以及红领巾讲解员大赛、科普讲解大赛、科创大赛等比赛10余次。指导各学校加强队前教育，并于6月和10月举行分批入队仪式，有21210名学生加入少先队组织。申报2023年“江苏好少年”和“红领巾奖章”个人四星章各170人，创建全国“红领巾中队”7个，评选“红领巾奖章”二星集体293个、三星集体50个、四星集体6个，评选“江宁区优秀少先队集体”124个，申报“南京市优秀少先队集体”12个、“江苏省优秀少先队集体”4个。开展“优秀少先队辅导员”评比活动，评选区级优秀辅导员124人，申报市级优秀辅导员12人、省级优秀辅导员2人。推动学校少工委与高校、校外少先队活动基地和村（社区）少工委共建，组建“红领巾学习小队”450支，开展研学活动480场，参与队员5800人。少先队员全部注册为红领巾讲解员，实际到校外参与打卡队员1万余人。全年新增南京市校外少先队实践基地15个，新成立村（社区）少工委47个，辖区内有学校的村（社区）全部成立少工委。表彰“江宁区优秀少先队辅导员（校外）”10人、“南京市优秀少先队辅导员（校外）”1人。

【青少年权益维护】 2023年，团区委深入实施“法护青春”法治宣传教育行动和“青春护航”身心健康关爱行动，联合区教育局、区少工委，在全区开展以“法护青春、引航成长”为主题的2023年青少年“法治公开课”、“八五”普法活动，实现全区中小学全覆盖。组织全区中小学通过法治讲座、主题班会、知识竞赛、模拟法庭等多种形式，开展民法典宣传教育活动。邀请法治副校长、法治辅导员、公益律师等专业人员深入学校，对青少年进行《中华人民共和国民法典》宣传教育，采取以案释法、法治讲座、法律问答等形式上好“法治公开课”，增强青少年法治观念，有效预防青少年违法犯罪。各街道团工委通过“双百”共建工程，组织大学生志愿者为居民宣传安全生产政策措施、法律法规、岗位责任、安全知识、避险逃生技能等科普知识。组织各街道、园区、中学开展2023年南京市青少年模拟政协提案征集活动，采取问卷调查、实地走访、座谈交流等方式，将调研中的思考转化为模拟政协提案，完成提案作品160余件。

【困境青少年帮扶】 2023年，团区委成立“党群聚力、圆梦青春”困境青少年关爱联盟，构建“精准摸底+物质帮扶+成长关爱+素质养成”一体化全方位关爱帮扶体系，形成党建带群建工作合力，为困境青少年提供精准贴心服务。开展“暖冬行动”，帮助区内及对口援建地区困境青少年群体实现微心愿1554个，参与活动团干部297人、志愿者298人。继续实施“完美的一天”“希望家长”“小屋来信”等小切口关爱活动，与新华书店开展“凤凰少年书架”公益关爱活动，面向全区1504名困境青少年发放“凤凰关爱卡”；与区慈善总会、区老区建设与乡村发展“三会”和南京市圆梦青少年发展基金会合作立项困境关爱项目，组织“圆梦青春”关爱项目募捐活动，筹措关爱资金60余万元。推出“梦想小屋”民生实事项目2.0版，在建设10间梦想小屋的基础上，提供“爱心暑托班”增值服务，面向10个街道、3个园区开设办班点22个，服务青少年近1.7万人次。

【服务青年发展】 2023年，团区委开展江宁区大学生“六进”实习实践活动，为大学生提供实践岗位937个。举办“联青助企、职为宁来”春季、秋季线上专场招聘会，联络200余家企业，发布专业岗位400余个、职位1500个。组织“青耘计划”大学生一站式就业帮扶行动，动员9家医药企业为毕业生精准提供就业岗位。举办青年科技人才沙龙，摸排留学归国青年信息，有近30名海归青年进入江宁企业。推出“‘宁’青讲”城市主理人计划，组建提案调研小组20个、“城市主理人”社群20余个。承办江苏省暨南京市2023年“共青团与人大代表、政协委员面对面”集中座谈会，聆听青年心声，吸纳青年建议。为青年搭建逐梦栖息地，在全区打造宁青驿站5个，动态提供房源250间，为青年求职期间提供最多14天免费“拎包入住”服务，服务青年2407人、15097天。（团区委）

【团区委获“全国五四红旗团委”称号】 4月，共青团中央作出表彰决定，授予296个团组织“全国五四红旗团委”称号，江宁团区委榜上有名。近年来，团区委紧扣“三力一度”总体布局，引领凝聚青年围绕中心大局建新功。坚定理想信念，思想政治引领持续深化，高质量开设“青年大学习”网上主题团课，累计学习245万人次；“江宁青年”宣传矩阵不断发力，在央视《新闻联播》、《中国青年报》等媒体宣传报道800余篇。聚焦党政中心，大局贡献度稳步彰显，打造小志青年志愿服务品牌，组织超千名“小金葵”志愿者为中国航天大会等大型赛事赛会提供服务88.2万余人次，网络化动员5000余名志愿者参与基层防疫。建立“青春助力乡村振兴工作站”，组织青年民宿创业交流活动，助力美丽乡村宣传。着力夯实基础，团的自身建设持续向前向好。“四维驱动”推进县域共青团改革试点工作，被团中央评定为优秀等次。拓展社会领域团建有效覆盖，在网约车、律师、青年社会组织等行业建立团的组织；36个青年之家串点成线，开展统一行动日、集中服务日活动，累计走访困境青少年和青年团员1.5万人次，畅通联系青年的“最后一公里”。坚持青年为本，服务成长成才富有成效。落实“六进”岗位实习计划，提供岗位4108个，1515名大学生获得实习机会。“江宁合伙人”蓬勃发展，上升为团省委重点项目向全省推广，获团中央点赞；强化中南谷青创融合空间等青创空间建设，“博士生下午茶”活动吸引高校硕博生广泛参与。搭建梦想小屋51个，实现全区及对口支援地区的困境青少年微心愿超3099个，成立“凤领雏鹰”青少年圆梦基金，“71·61”暖心工程实现“一对一”帮扶困境青少年，帮扶资金超60万元。

【第14届“江宁十佳青年”名单揭晓】 5月，由团区委、区委组织部、区委宣传部、区级机关工委、区总工会、区妇联、区青联联合开展的第14届“江宁十佳青年”评选活动获奖名单揭晓。评选活动受到社会各界的广泛关注和广大青年的积极响应，经基层推荐、组织考察、资格审查、公示、现场评审等多轮综合评选，陈睿、阴祉豪、张志桢、夏和平、钱海鹏、杨彦召、张允雷、詹修宸、王澜波、邹武健10人获评第14届“江宁十佳青年”，王宽、王志鑫、王善辉、李中迁、李兆慧、周佳、万良淏、阿伊提拉·买买提、崔校菊、侯静波10人获第14届“江宁十佳青年”提名奖。

【全市首个汽车销售行业团工委成立】 10月，江宁区汽车销售行业团工委成立。位于土山片区的南京东山汽车4S园，于2007年9月启动建设，拥有67家汽车4S店，经营81个汽车品牌，是华东地区规模最大的汽车销售企业集聚区。在东山汽车4S园成立的全市首个汽车销售行业团工委，涵盖企业成员单位39家，有职工3118人，其中35周岁以下青年占比超50%。 （宁 鉴）

江宁区妇女联合会

【概 况】 2023年年末，江宁区有各级各类妇联组织466个，其中街道妇联10个、园区妇联7个、区属国企平台妇联12个、新领域妇联组织230个、村（社区）妇联207个。是年，区妇联学习贯彻习近平总书记关于妇女和妇女工作的重要论述，坚持“党建”领航定向，落实“妇建”凝心聚力，强化思想政治引领，服务经济发展大局，推进家庭家教家风建设，维护妇女儿童合法权益，深化妇联改革和建设，在新时代新征程中展现新作为。

【妇女组织建设】 2023年，全区新增妇女微家13个，新建“三新”领域妇联组织17个，累计建立妇女微家232个、“三新”领域妇联组织230个。规范妇女儿童之家、妇女微家等阵地建设，鼓励基层盘活阵地资源，实施妇女微家增能项目，分类探索规范化建设路径，提升妇女微家服务能力和水平。拓宽“她公益”微创投项目服务领域和范围，全年实施面向基层妇女儿童家庭的公益服务项目18个，服务3万余人次。举办妇联系统三级干部培训班，常态化举办妇联系统“娘家人研学班”，提升妇联干部工作能力。

【巾帼建功行动】 2023年，区妇联深化巾帼建功系列活动，举办“宁姐田间大课堂”巾帼骨干培训班4期、女主播训练营2期，创成省级“美丽家园”示范点3个，市（区）美丽庭院示范户200户，省、市巾帼示范基地6个。完成区女企业家协会换届工作，成立区女科技工作者联盟，开展公益服务活动20余场。在全省率先出台《江宁开发区关于支持“科技创新巾帼行动”的七条措施》，获相关政策补贴200万元，为100余名优秀女性提供免费人才公寓。开展“宁姐月嫂”培训196人，组织家政进社区服务活动8场。

【妇女儿童权益维护】 2023年，区妇联在全市率先选树妇联“法律明白人”典型，承办市妇女权益保障法主题宣传活动。通过自接、上级交办以及“12345”“12338”和阳光信访等平台，办理群众来电来访来信131件，办结率100%。开展“我助妇儿康·妇儿权益维护与安全守护课堂”项目进社区活动235场次。建立家暴家庭分类台账，做到“一户一档”。实施2户、3人次特殊困难妇儿家庭“一户一策”微关爱计划。

【江宁区女科技工作者联盟成立】 2月27日，江宁区女科技工作者联盟揭牌仪式暨江宁开发区“科技创新巾帼行动”数字赋能专场宣讲活动在江宁开发区举行。各街道、园区妇联，区女科技工作者联盟成员代表，开发区部分女企业家、女创业者以及金融机构代表110人出席活动。该联盟首批成员54人，分别为智能制造、生物医药、新能源新材料、网络通信等相关领域的女性科技工作者。联盟的成立，将为女科技工作者提供一个学习交流平台，让科技“她力量”在新时期科技创新主战场中发挥更大作用，为江宁经济社会发展贡献巾帼力量。

（张 雷）

【全区妇女儿童工作会议】 12月23日，全区妇女儿童工作会议召开，区委副书记、代区长黄成文讲话，副区长、区妇儿工委主任伏进进主持会议。会议指出，近年来，全区深入贯彻学习习近平总书记关于妇女儿童工作、家庭家教家风建设重要指示重要论述和对江苏工作重要讲话精神，深入实施国家妇女儿童发展纲要和省市区发展规划，持续推动妇女儿童事业走在省市前列，全区妇幼健康水平不断提升，妇女儿童教育事业稳步发展，妇女干事创业舞台更大，妇女儿童保障福利持续加强，妇女儿童工作体制机制逐步健全。会议强调，要学深悟透习近平总书记重要指示精神，切实增强做好新时代妇女儿童工作的政治自觉。要全面贯彻落实习近平总书记重要指示精神，扎实推进全区妇女儿童事业高质量发展。会议要求，要充分认识新形势下发展妇女儿童事业、做好妇女儿童工作的重要意义，切实加强对妇女儿童工作的组织领导，压实责任、强化保障、营造氛围，形成做好新时代妇女儿童工作的强大合力。会上，区检察院、区卫健委、城建集团、汤山街道、秣陵街道下墟社区作交流发言，区统计局作全区妇女、儿童发展规划指标完成情况说明。

（宁　鉴）

江宁区科学技术协会

【概　况】 江宁区各类基层科协组织健全，人员配备齐全，全区10个街道和开发园区均设立科协组织。2023年，全区科协系统深入贯彻落实中央和省、市关于加强和改进群团工作的决策部署要求，履行“四服务一加强”职责，以更实工作作风稳步推动科协工作发展。江宁区被表彰为“江苏省科普示范区”，区科协被评为“2023年全国科技活动周暨江苏省第35届科普宣传周优秀单位”。

【学术交流与评比表彰】 2023年，区委组织部、区委宣传部、区科技局、区人社局、区科协联合开展第10届“江宁区优秀科技工作者”评选活动，中电环保股份有限公司朱来松等10人获第10届“江宁区优秀科技工作者”称号。10月，以“守正创新求突破，踔厉奋发促发展”为主题，举办江宁区第11届学术年会，面向全区征集优秀学术论文近300篇，涵盖工程技术、卫生医疗、农业、教育等多个行业，经过专家评审，共产生优秀学术论文100篇。组织2023年度“江苏省科协青年科技人才托举工程”申报工作，推荐国网江苏电力有限公司电力科学研究院刘建等4人参加南京市科协第15届“十大科技之星”评比。

【科普活动】 5月，区科协举办第二届南京科普产业发展论坛暨江宁区第35届科普周活动，围绕人工智能、生物医药、新一代信息技术、未来产业、科技兴农、非遗文化、科普文创七大产业，通过产品展示、专家沙龙、推广交流、签约协作等形式，搭建科普产业发展合作平台，有51家企业参展。评选区级科普教育基地，发动街道社区、学会协会、学校、科普教育基地等，开展各类科普活动164场次，推动科普资源汇聚共享。6月，在第三届南京市老年人智能手机大赛上，江宁区代表队获一等奖；8月，参加全省公民网上知识竞赛答题活动获全省第三名、全市第一名；9月，联合区科技局、教育局举办2023年江宁区“全国科普日”活动，组织各类活动300多场，中国科学院院士都有为、欧洲科学院院士王承祥分别在南京晓庄学院滨河实验学校、南京东山小学为近600名师生作科普报告。依托江宁广播电台的“真真假假”“听听十万个为什么”等广播科普益智互动节目，开展科学知识普及，营造讲科学、爱科学、学科学、用科学氛围。10月，协助省传播中心在江宁区举办2023年江苏省“智享银龄”科普专项行动，围绕智能服务、科学养老、网络诈骗等主题精准开展老年人科普活动。

【科技项目申报立项】 2023年，区科协继续实施市、区两级金桥工程、讲比贡献等品牌项目，提升科协为企业创新服务、科技为经济社会建设服务能力。全年各学会、协会、企事业科协、园区科协及各街道科协申报项目被市科协立项19项。对全区170余家企业科协进行评定工作，根据企业申报、专家会评，认定示范企业科协10家，其中四星级2家、三星级8家。邀请东南大学、南京信息工程学院、南京大学医学院附属鼓楼医院医学影像与人工智能研究所、中国半导体行业协会集成电路分会的4名专家学者分别在江宁高新区、江宁开发区和滨江开发区举办“科创江苏”江宁行系列活动，以元宇宙产业、第三代半导体、新材料等专题为切入点，开展多种形式前沿学术交流研讨，促进相关项目产业化。

【科普宣传】 2023年，区科协联合江宁科普教育示范基地和科技工作者联盟等为部分小学开展编程科普普及，组织南码科技的

“芝麻开门”和机御未来机器人科技编程课，进入东山小学、禄口二小和月华路小学，有3000名学生参与。组织南京大学、南京晓庄学院、东南大学等高校教授分别走进上坊小学、龙都小学、横溪小学、江宁小学、陆郎小学，举办实用科普讲座。每月5日，联合街道、村（社区）开展文明实践日活动，为社区居民上门送科技知识。在江宁街道朱门社区举办的文化科技卫生“三下乡”活动中，向社区捐赠各类科普图书2万余册。贯彻《南京市江宁区全民科学素质行动计划纲要（2021—2025）》，举办“全国科技周暨江宁区科普周”“全国科普日”系列活动，开展各类科普教育宣传活动，推动全民科学素质提升。（黄　婷）

【首家气象科普劳动教育基地签约揭牌】　3月23日是“世界气象日”，区气象局与南京晓庄学院实验小学联办的江宁首家气象科普劳动教育基地签约揭牌。南京晓庄学院实验小学自2015年创办开始，秉承陶行知教育思想，践行“整全教育”办学理念，突出强调“知行合一”“动静和融”的办学主张。该校将以签约揭牌仪式为起点，建立专门的气象观测点，添置一些仪器设备，进一步加强校内外联系，形成强大的教育合力，为学生的健康成长提供更广阔的舞台。

【江宁入选省科普示范区】　5月，省科协发布江苏省科普示范县（市、区）名单，江宁榜上有名。全区创新机制、完善措施，推动科普理念、科普内容、传播方式和服务模式等全面创新，形成科普创建与经济社会发展相互促进、共同提高的局面。全区建成国家级科普教育基地2家、省级10家。坚持科普从娃娃抓起，每年组织科普大篷车进校园活动50余场，让更多学生了解大国重器、前沿科技，东山小学、禄口铜山小学创成省级“青少年科技创新基地”。依托新时代文明实践“区、街、村”三级体系，建立科普服务示范点24个，全年开展活动100多场，区科技科普服务平台被列入中国科协助力新时代文明实践中心建设“智惠行动”项目。面向各类重点人群，开展科普宣传。搭建“四位一体”平台，播放“科普中国”优质视频资源、开设科普知识有奖竞答栏目，联合区融媒体中心、抖音平台等，制作疫情防控等科普小视频，精准推送至目标人群。坚持需求导向，邀请专家学者、科技达人等进行直播，对群众关心的问题在线答疑，提升互动性和体验感。（宁　鉴）

江宁区文学艺术界联合会

【概　况】　2023年，江宁区文学艺术界联合会有12个协会和东晋书画院。区文联坚持“二为”方向和“双百”方针，推进文联组织建设，加快文艺精品创作，唱响主旋律、弘扬正能量，推动全区文化建设和文艺工作繁荣发展。召开区文联第六次代表大会，完成新一届文联和主席团及各基层文联、区文艺家协会换届工作。加强文联系统组织建设，制定实施《江宁区文联系统协会管理办法（试行）》，完善协会组织（社会团体、民办非企业单位）管理制度，推动协会管理制度化、规范化。深化与省内外文联交流合作，举办“丹青翰墨·文润宁洛”——2023年江宁洛南书画摄影展、“江源河湟——西宁市书法摄影作品南京展”等活动，承办全省文联第五期新文艺群体优秀人才培训班，不断扩大江宁文联影响力。培育“艺见江宁、艺起幸福”文艺惠民品牌，结合“我们的节日”主题，策划开展百家湖1912街区传统文化文艺活动，组织“艺见江宁、艺起幸福”城市摄影作品、流行音乐原创歌曲作品和“家在江宁”主题书法展等征集活动，联动各街道基层文联、文联各文艺家协会举办系列活动60场次。开展文艺创作表演奖励申报工作，评选符合奖励标准作品221件，签约优秀文艺作品3部，非遗元素作品《茶·忆江南》入选省艺术基金资助项目，锡剧《雨花谣》等原创作品获市“五个一工程”奖。

【区文联第六次代表大会】　3月2日，江宁区文学艺术界联合会第六次代表大会在区人民大会堂召开。会议总结回顾过去5年区文联工作，提出今后5年工作任务，审议通过《江宁区文联第五届委员会工作报告》，讨论修订江宁区文联章程，选举产生新一届文联领导班子。

【全市诗教工作现场交流推进会】6月16日，诗化南京·全市诗教工作现场交流推进会在江宁空港小学召开。与会代表现场观摩空港小学诗词特色教育成果，观看学生表演的诗词朗诵节目。会上，江宁区诗词楹联学会、禄口街道、空港小学分别介绍开展创建中华诗词之乡和诗教工作的经验做法。

【省文联“文艺两新”专场惠民演出】　8月17日晚，由省文联主办，省文艺志愿服务中心、省茉莉花艺术团承办，区文联、汤山街道龙尚村新时代文明实践站协办的江苏省文联“文艺两新”专场惠民演出走进江宁区汤山街道龙尚村。活动中，“文艺两新”群体表演女声独唱《边境的小鸟》、魔术《魔幻时刻》、独舞《寻》、快板《十八愁绕口令》、群舞《吉祥颂》、黄梅戏《牛郎织女》、默剧《生日》、京剧《贵妃醉酒》等节目。

（杨文俊）

【“文脉心迹·活力江宁”中国画学会作品展】 5月9日，“文脉心迹·活力江宁”——2023江苏省中国画学会作品展在江宁美术馆开幕，此次展览展期持续至5月31日。“文脉心迹·活力江宁”——2023江苏省中国画学会作品展，由中国画学会、江苏省文化和旅游厅、江苏省文联指导，江苏省中国画学会、江宁区文化和旅游局、江宁区文联主办，旨在传承和弘扬中华民族优秀传统艺术，展示江苏中国画艺术向时代性、大众性、民族性多维度发展的新成就，助推江宁文化艺术事业发展。此次展览共展出江苏省中国画学会120余名艺术家的最新力作，作品题材全面，涉及山水、花鸟、人物等，艺术语言丰富多彩，具有强烈的时代风貌，表现新时代江苏发展新貌，展现江苏中国画的创作水准。

【省首届新文艺群体书法篆刻作品展】 7月19日，江苏省首届新文艺群体书法篆刻作品展在江宁美术馆开幕。江苏省首届新文艺群体书法篆刻作品展是省书协首次举办以新文艺群体为特定对象的书法展赛。展览共收到全省各地投稿作品1500余件，在公平、公正、阳光、干净的评审原则下，最终评出入展作者107人、优秀作者15人。其中，江宁入展作者5人、优秀作者3人。入展作品五体兼备，风格多样，全面展示全省新文艺群体书法家的创作水平。此次展览持续至8月15日。

【“墨韵华章”当代中国画名家作品邀请展】 9月20日，“墨韵华章”当代中国画名家作品邀请展在江宁美术馆开幕。此次展览由省文联、市文联指导，中国文化艺术发展促进会、水墨画专委会、江宁区文化和旅游局、区文联主办，共展出100名中国画名家名作，以别具一格的创作方式，展现独特的艺术魅力和深刻意境。

（宁　鉴）

江宁区残疾人联合会

【概　况】 2023年年末，江宁区有持证残疾人25956人，其中视力残疾3774人、听力残疾1989人、言语残疾210人、肢体残疾13130人、智力残疾2467人、精神残疾3476人、多重残疾626人。是年，区残联围绕江宁区“十四五”残疾人事业发展目标，完善残疾人社会保障制度和关爱服务体系，不断增进残疾人民生福祉，促进残疾人全面发展和共同富裕，推动全区残疾人事业高质量发展。

【残疾人就业与培训】 2023年，区残联将残疾人招聘工作融入全区招聘活动，推进按比例就业工作，举办“残疾人网络专场招聘会”和“就业援助月”线上线下专场招聘会，通过“云服务”为残疾人和用工单位搭建招聘平台，依托第三方建设区残疾人就业服务中心，为就业年龄段残疾人提供就业指导和跟踪服务。全年举办小规模、多频次、精准化线上线下专场招聘活动8场，净增残疾人就业1290人，其中新增按比例就业138人，12名应届毕业残疾大学生实现100%就业。全区累计残疾人就业6057人，就业率58.06%，比上年提高15个百分点。在秣陵、东山、麒麟街道便民服务中心开展盲人按摩服务进机关宣传体验活动，18个盲人按摩机构参加，累计服务236人次。11月，组织31个盲人按摩机构参加，开展盲人推拿体验券发放活动，推广盲人按摩师技术和服务，扩大盲人按摩行业市场知晓度和影响面。加大残疾人就业培训力度，全年举办各类培训班10余期，培训残疾人309人，为133名残疾人开展农业实用技术培训。针对智力、精神和重度肢体残疾人就业困难，依托全区35家“残疾人之家”，开展手工制作、蛋挞烘焙、苎麻编织等技能培训，增强辅助性就业能力。

【残疾预防与康复服务】 2023年，区残联推进残疾预防重点联系地区工作，按照“全民动员、科学施策、依法推进”要求，制定颁布江宁区残疾预防行动计划和实施方案，组织技术攻关队伍，构建防残助残立体网络。应用“互联网+”技术和创新辅助技术，提升残疾康复服务可及性和康复服务水平。全面落实《国家残疾预防行动计划（2021—2025年）》，加强重点人群残疾预防知识普及，完善信息共享试点工作，促进康复与预防联动。开展“全国残疾预防宣传日”、全国第24次“爱耳日”活动，组织广场咨询讲座10余场次，悬挂横幅40余条，发放宣传资料4600余份。简化康复服务审批流程，有效保证0—14岁困难残疾儿童及时得到康复训练服务，全年为771名0—14岁残疾人儿童进行抢救性康复训练。

【残疾人服务体系建设】 2023年，全区新办理残疾人证984人，8874名残疾人领取生活补贴，10619人领取重度残疾人护理补贴，补贴总额9996.51万元。推进残疾人全员参保工作，持证残疾人参加城乡居民养老、居民医疗保险费用全额补贴，为2646名残疾人发放参保补贴445.81万元，为3840名轻度残疾人代缴居民医保参保费用。为26222名持证残疾人及在训残疾人购买综合性商业保险，为1039名残疾人报销金额263.19万元。规范托养机构建设，提升托养服务水平，全区托养服务16—59周岁智力、精神和重度肢体残疾人988人，其中新增365人。各专门协会举办形式多样的体育活动，在市残疾人运动会上取得5个第二名、2个第三名的成绩，区残联获最佳组织奖、体育风尚道德奖。开展“书香南京、阅读有我”残疾人主题阅读活动，在第33次“全国助残日”期间，评选表彰10名残疾人自强模范典型。在“99公益日”捐赠活动中募捐善款151.58万元，连续两年募集社会资金额位居全市第一。是年，区精神残疾人及亲友协会主席江永新获评“中国好人榜”助人为乐好人。

（芮　东）

5月19日，区残联在第33次“全国助残日”期间，评选表彰10名残疾人自强模范典型。图为残疾人自强模范合影　（区残联　供图）

江宁区红十字会

【概　况】 2023年，江宁区红十字会全力保障人的生命和健康，弘扬红十字精神，践行社会主义核心价值观，深入开展“三救三献”核心业务，不断提升群众获得感和满意度，为全面推进中国式现代化江宁新实践贡献红十字力量。区红十字会获全国无偿献血促进奖特别奖、中国红十字会总会年度报刊宣传先进集体、红十字生命教育应急救护知识竞赛单位组织一等奖，江苏省无偿献血先进单位、江苏省红十字会“学用新思想‘苏’写新时代”主题宣传活动优秀组织奖、江苏省“探索人道法项目学生学习成果大赛”优秀组织奖，南京市红十字工作先进单位等荣誉。

【红十字会组织建设】 2023年，区红十字会全面推动村（社区）红十字会基层组织建设，补齐红十字会组织建设短板，促进基层组织建设规范化。加快学校红十字会组织建设，驻区高校、中小学校红十字会组织实现应建尽建。成立江苏经贸职业技术学院、南京江宁滨江外国语学校等8所属地学校红十字会，组织开展应急救护技能培训和红十字志愿服务活动。年末，全区有红十字会基层组织331个、志愿服务队伍225支，红十字会会员21103人。3月22日，召开江宁区红十字会第七次会员代表大会，选举产生新一届领导班子，依法设立监事会，并制定监事会制度，明确监事会职责。

【红十字人道救助】 2023年，区红十字会开展“依法募捐、帮困救助”活动，与爱心企业合作，搭建爱心平台，牵手弱势群众，实现筹资与救助工作“双提升”。组织“博爱送万家”常态化活动，春节、端午、中秋、重阳等节日期间，慰问辖区内孤寡老人、大重病患者及困难“捐友”“癌友”等困难家庭2909户，发放救助款物价值301.45万元。聚集社会公益力量，扩充“江小红公益联盟”朋友圈，开展“5·8”人道公益日和“99公益日”等线上线下众筹活动，以“一起捐”方式参与“生命接力、阳光助学”“金陵宝宝博爱资金”“关助捐友行动”等项目，累计募集爱心款14.35万元，有6213人次参与。

【红十字救护】 2023年，全区公共场所新安装1500台自动体外除颤器（AED），开展心肺复苏、AED使用持证救护培训1.2万人”，被列入江宁区2023年民生实事项目。区红十字会组织各街道（园区）开展多轮实地查看论证，制定1500台AED布点规划，依法完成AED政府采购招投标，并全部安装完毕，全区配置率为每10万人128台。联合市红十字会开展“生命引擎 现在启程”寻找AED线上线下系列活动，宣传AED使用方法及应急救护知识，提升群众学习应急救护积极性。深化部门和行业合作，围绕构建全民参与的应急救护体系，开展接地气的“地摊培训”、开设公益课堂，以进社区、进农村、进学校、进企业、进机关、进高危行业等“六进”为平台，全年为辖区企事业单位提供上门培训742场，CPR+AED持证培训42155人次，持证救护员培训3500人次。举办应急救护师资培训班3期，259名救护员经过考核取得救护培训师资资质。区红十字救护培训基地被评为省红十字救护培训示范基地，“江小红”公益课堂被评为省优秀志愿服务项目、市优秀职工志愿服务品牌。

【红十字无偿捐献】 2023年，全区参与无偿献血34231人次，献血量1168.32万毫升，献血人数和献血量再创新高。区红十字会利用救护培训“六进”和献血车上门服务等时机，开展造血干细胞知识宣讲70余场次，组织“2023年骨髓捐献者日”主题宣传和“爱心相髓+生命教育”行动，召开造血干细胞捐献者交流座谈会，做好造血干细胞入库招募、捐献动员、跟踪随访等全过程服务。全年新增造血干细胞报名采样251人份，实现捐献5例。加强人体器官捐献动员和协调工作，开展“关爱生命、博爱奉献”广场宣传及志愿服务活动10余场；在百家湖凤凰坛广场举办以“真爱永恒——沐手敬书、金陵缅怀”为主题的2023年南京市“遗体器官捐献”缅怀纪念活动，组织发动捐友和广大市民参与。全年新增捐友114人，有15人实现捐献愿望，捐友总人数1049人。（钟小三）

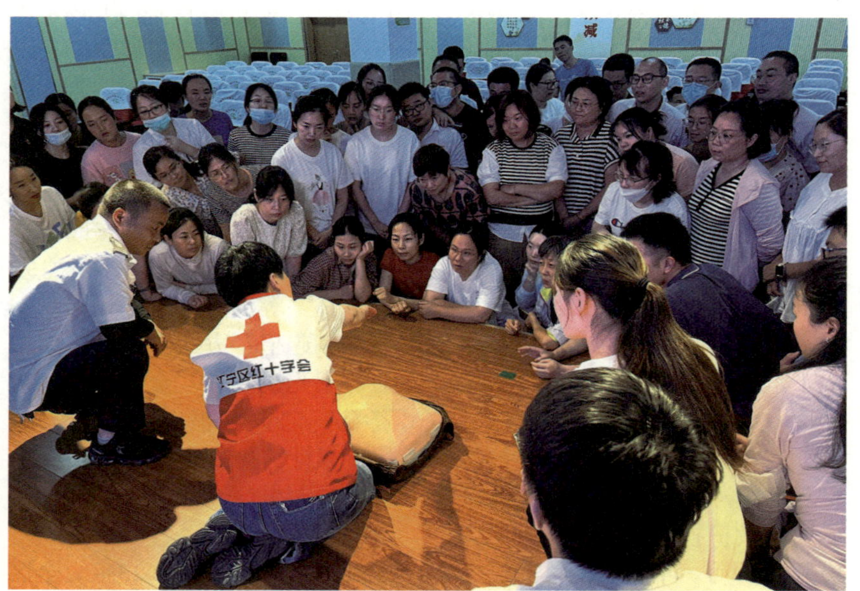

2023年，区红十字会为辖区企事业单位提供742场上门培训服务，CPR+AED持证培训42155人次，持证救护员培训3500人。图为7月14日，区红十字会救护培训师在麒麟街道文体服务中心为95名学员开展CPR+AED应急救护培训（张鸥　供稿）

【区红十字会第七次会员代表大会】 3月22日，江宁区红十字会第七次会员代表大会召开。市委常委、区委书记林涛，市红十字会党组书记、常务副会长徐莉莉，区领导赵洪斌、刘玲、伏进进出席。会议审议通过《江宁区红十字会第六届理事会工作报告》，选举产生区红十字会第七届理事会理事、监事会监事。会议还通报表扬为全区红十字事业作出突出贡献的先进集体和个人。

【区红十字会获“全国无偿献血促进奖特别奖”】 6月，国家卫生健康委、中国红十字会总会、中央军委后勤保障部联合下发《关于表彰2020—2021年度全国无偿献血表彰奖励获得者的决定》，江宁区红十字会获“全国无偿献血促进奖特别奖”，是江苏省5家单位之一，也是南京唯一获此殊荣的区。自1998年《中华人民共和国无偿献血法》颁布实施以后，区红十字会创新无偿献血工作，丰富拓展无偿献血宣传发动的内容和形式，推进无偿献血宣传进机关、进学校、进企业、进社区。同时，与省血液中心协作，因地制宜设置献血屋2处、固定献血车2辆和流动献血车停放点11个，打造江宁主城“15分钟献血圈”。在落实省、市政策基础上，加大对志愿者的精神表彰和慰问奖励力度，为长期参加活动的无偿献血志愿者购买意外险，保护其合法权益，解决其后顾之忧。近5年，全区献血7.74万余人次、献血量2630万毫升，献血人数和献血量稳居省市前列，多次被省卫生厅、省红十字会、省军区后勤部联合授予省无偿献血先进单位称号。（宁　鉴）

法 治

政法委与综治

【概 况】 2023年，江宁区政法维稳战线坚持统筹发展和安全，以矛盾纠纷“大调解”、护航发展“大服务”、风险隐患“大攻坚”、资源力量“大沉底”、政法队伍“大提升”五大行动为抓手，全面做好防风险、保安全、护稳定、促发展各项工作，为全区经济社会高质量发展和人民幸福安宁生活营造平安稳定的政治社会环境，取得党的领导全面加强、安全稳定全面巩固、法治效能全面释放、社会治理全面深化、政法铁军全面过硬的工作成效。区委政法委被市委、市政府表彰为“争当表率、争做示范、走在前列”三大光荣使命先进集体，全区群众安全感99.67%，位居全省县（市、区）第一；政法队伍满意度96.15%，位于全市第一方阵。

【法治营商环境】 2023年，区委政法委印发《江宁区政法系统护航高质量发展专项行动2023年实施方案》，从建设更高质量平安江宁、依法严厉打击涉企犯罪等12个方面，明确政法系统各单位主要任务。7月，组织区委统战部（区工商联）、区级机关工委、区工信局、江宁开发区、江宁高新区、滨江开发区以及企业家代表、法学专家，对政法系统各单位工作开展情况进行中期评估并形成专报报区委。10月，召开民营企业家座谈会，深入了解民营企业法治需求，建立政企常态化沟通交流机制，切实维护企业权益，全力解决存在问题。全区政法单位在法治化营商环境建设中发挥主力军作用，坚持服务大局，促进公平正义，为实现高质量发展和社会和谐稳定提供法治保障，民营企业获得感、安全感和满意度提高。

【安全稳定维护】 2023年，区委政法委完成全国两会、国家公祭日、杭州亚运会等重大活动期间政治安全维护工作，连续3年在全市维护国家政治安全工作会议上作交流发言，区委政法委制作的视频作品《邪教那些事》获第18届全国法治动漫微视频三等奖。协助国家安全机关开展风电领域某企业调研，工作情况经综合整理，获国家领导人圈阅。在部分驻区高校试点党建引领高校安全稳定“一机制三平台”建设，推进驻区高校警务站（室）、驻校服务站、“一站式”学生社区工作站建设。

【平安建设】 2023年，区委政法委牵头制订《江宁区2023年度大调解行动实施方案》，推进区、街、村（社区）三级矛盾调处中心建设，构筑问题“访、调、诉”三级递进、线上线下全面覆盖的多元治理工作格局。下发《关于组织开展2023年社会治安重点地区和突出治安问题排查整治工作的通知》，确定2个区级重点地区、10个街道级重点地区，电信诈骗这一突出治安问题全部摘牌销号。强化对电诈犯罪打击治理，紧抓防范关键环节，会同公安部门落实每日“江小格”发布电诈警情通报机制，辐射全区近46万个家庭、140余万人。组建“江宁大学城高校青年志愿者反诈联盟”，出台资金劝阻工作指导意见，完善“源头防范+快速止付、预警劝阻+督导反查”工作闭环。全年电信网络诈骗刑事案件立案数比上年下降9.82%，损失金额下降11.35%。制定《关于进一步健全完善全区平安稳定形势分析研判机制的意见》，召开区级平安稳定形势分析研判例会8次，并分别形成《江宁区平安稳定形势分析研判报告》，为科学精准施策提供基本依据。开展《中华人民共和国反有组织犯罪法》学习。全年受理各类涉黑涉恶案件线索9件，其中2件线索由公安机关立案，并采取强制措施。制订《江宁区平安乡村和平安小区建设示范点培育工作实施方案》，1个市级、18个区级平安乡村（小区）示范点通过验收。落实严重精神障碍患者监护人“以奖代补”政策，发放奖补资金1133.39万元，投入资金161万余元购买严重精神障碍患者第三者责任险。

【执法监督】 2023年，区委政法委协调开展涉法涉诉信访领域“百日会战”“双月攻坚”“专项攻坚”等活动，组织滚动排查4次。落实“减存量、控增量、防变量”举措，国家及省信访局登记件比上年下降29.53%，涉法涉诉类重复访第三批国治件区交办件全部通过国家信访局审核，化解率100%。实施司法救助，主要对象为农村地区弱势群体及遭受犯罪侵害的未成年人，全年审核发放110人次救助资金333.71万元。6月，牵头组织12名区执法监督（案件评查）专家就181件重点案件法律文书和卷宗暨政治督察信访案件进行集中评查，重点对区政法各单位涉法涉诉信访案件进行评查，通过反向审视信访案件所涉部门、领域、问题，及时发现和解决苗头性、倾向性问题，依法及时纠正执法办案中的过错与瑕疵。10月，针对中央政法委执法司法突出问题专项检查，组织区政法各单位就五类案件7个方面问题进行全面自查，排查案件1257件，暂未发现存在问题。探索形成工作流程指引细则和“1+4+N”操作运行机制，以“单轨制”方式办理危险驾驶类案件1000余件，并将试点案件类型拓展至交通肇事罪、危险驾驶罪、故意伤害罪、盗窃罪、诈骗罪、容留他人吸毒罪等8类案件。

【社会治理】 2023年，区委政法委2次组织对全区网格治理单元进行优化调整。开展“最美”系列评选活动，评选表彰区级最美网格员65人、优秀网格长10人、十佳政法网格员10人，获评市级最美网格员10人、市级综合网格示范网格6个和专属网格示范网格1个。在江宁广播电台开办“讲好网格故事”栏目，年内共播出35期，并通过市域社会治理试点验收。整理市域社会治理台账90本，从59个创新案例中选择33个社会实效好、措施办法新、群众认可度高案例，编印成《江宁区市域社会治理现代化创新案例汇编》。5月18—19日，省验收组分别对区综治中心、退役军人服务管理中心等点位，以及秣陵、江宁2个街道点位和泥塘、章村、横岭、火炬、南山湖5个社区点位进行实地检查，所有点位均未扣分，获省验收组一致好评。

【江宁区法学会】 3月8日，江宁区法学会第二次会员代表大会召开。会议深入学习贯彻习近平法治思想，总结回顾区法学会成立以来的工作，研究部署下一阶段重点任务，选举产生区法学会新一届理事会成员。市委常委、区委书记林涛，市委政法委副书记丰友芳，区委常委、政法委书记、区法学会会长庞志贵参加会议。6月20日，中国法学会副会长张苏军一行在省法学会会长周继业，市委常委、政法委书记徐锦辉陪同下，到谷里法治小院进行调研。9月27日，区法学会举行二届一次常务理事会暨第一届首席法律咨询专家聘任仪式，传达学习中共中央办公厅、国务院办公厅《关于加强新时代法学教育和法学理论研究的意见》、王晨在中国法学会《习近平著作选读》学习交流会和第五届中国法学优秀成果表彰会上的讲话精神，审议通过《江宁区法学会首席法律咨询专家工作制度》，为区首席法律咨询专家颁发聘书。 （区委政法委）

【新增4个省级民主法治示范村（社区）】 1月，省委全面依法治省委员会办公室、省司法厅、省民政厅联合印发《省委全面依法治省委员会办公室、省司法厅、省民政厅关于命名表彰第十六批省级“民主法治示范村”“民主法治示范社区”的决定》，江宁区江宁街道大庙村、汤山街道阜东村、秣陵街道长山社区、禄口街道白云路社区榜上有名。全区全面推进乡村振兴，不断完善社会治理体系，提升社会治理效能，村（社区）法治水平、村（居）民法治素质得到提升。全区累计创成国家级民主法治示范村（社区）2个，省级民主法治示范村（社区）112个，创建率55.7%。 （宁 鉴）

法治政府建设

【概 况】 2023年，江宁区坚持以习近平法治思想为指引，深入学习贯彻党的二十大精神和习近平全面依法治国新理念新思想新战略，按照中央、省、市相关决策部署，围绕落实《法治江宁建设规划（2021—2025年）》《南京市江宁区法治政府建设实施方案（2021—2025年）》《南京市江宁区法治社会建设实施方案（2021—2025年）》，立足新发展阶段、贯彻新发展理念、服务构建新发展格局，以法治工作“争第一、创唯一”为导向，不断推进法治政府建设，法治保障与促进功能凸显。是年，江宁创成江苏省法治政府示范区。

【规范性文件合法性审查】 2023年，江宁区关口前移指导协调规范性文件制定工作，逐一梳理确定各单位规范性文件制订年度计划。对4件以区政府名义发文的规范性文件进行合法性审核并出具合法性审核意见，备案报备率、及时率和规范率均达100%。落实《南京市江宁区政府合同管理办法》，对12件区政府合同进行合法性审核，完成对106件区领导批办件及10件各类法规、规章立法的征求意见工作。在区政府的履职申请答复合法性审查工作中，参与案件会商，严格依据法律法规加强风险研判，从依法履职和争议化解的角度，对区政府向当事人的答复进行程序和内容合法性审查，提出建设性的修改意见，做到参之有据、谋之依法、言之成理。

【依法行政】 2023年，江宁区委主要领导主持召开4次区委全面依法治区委员会会议，审议并通过《中共南京市江宁区委全面依法治区委员会2023年工作要点》《2023年法治为民十件实事》等文件，听取部门执法履职情况、全区行政执法履职专项督查工作情况、街道综合执法推进情况、全面依法治区“双提双评”专项行动开展情况等汇报。全区89家单位党政主要负责人在区委全面依法治区委员会会议上，以“现场述法+书记点评+书面述法”形式集中述法。党政主要负责人履行推进法治建设第一责任人职责情况被纳入区管领导干部年终述责述廉报告内容。创新出台《江宁区党政主要负责人依法行政能力考核评价办法》，建立依法行政能力评估体系，全力提升党政主要负责人依法行政能力和水平，相关做法被省政府办公厅《每日要情》采用，得到省司法厅厅长张晓伟批示肯定。

【行政复议】 2023年，江宁区开展“行政复议能力提升年”活动，推进行政复议规范化建设，开展案件审理“下基层、进企业”工作，探索行政复议“上门服务”新模式。在全省率先出台行政应诉全流程督导工作机制实施意见，实体运行行政争议协同化解江宁工作站、江北新区法院行政诉讼江宁巡回审判点，推动诉讼案件控增量、减存量。落实行政机关负责人出庭应诉通报制度，行政负责人出庭应诉率100%。全年受理行政复议案件419件，办结377件，直接纠错率12.5%，实质性化解率35.5%。

【行政执法监管】 2023年，江宁区组织开展行政执法履职情况专项督查、道路交通安全和运输执法领域突出问题专项整治。深化街道综合执法改革，在全市率先出台街道重大执法决定法制审核办法，推进构建区街两级全覆盖的行政执法协调监督工作体系。推进包容审慎监管，区政府办印发《江宁区行政处罚“三张清单”》，推动实施轻微违法违规行为免予处罚、减轻处罚、从轻处罚及企业合规指导“3+1张清单”。加强全区1819名行政执法人员、3122名执法辅助人员管理，建立行政执法人员培训考试云平台，组织68家单位分管负责人参加民主法治专题研讨班，组织对全区10个街道650余名执法人员和辅助人员分3期、每期4天的专项业务培训和理论测试。举办第6期“提升依法行政能力”专题培训班，涉及25家区级单位和10个街道共100人。拓展行政执法监督渠道，在全区设立17个行政执法监督企业联系点。

【依法决策】 2023年，江宁区加强重大行政决策事项管理，不断提高依法科学民主决策水平。对《江宁区推动经济运行率先整体好转若干政策措施》和《南京市江宁区治理货物装载源头超限超载办法》2件重大行政决策，从实施依据、实施决策的必要性和可行性、决策规定的主要内容和解决的主要问题等方面进行公众参与、专家论证、风险评估、合法性审查、集体讨论决定等程序，并将重大行政决策事项目录在区政府网站予以公布。

（杨梦莹）

【17家行政执法监督企业联系点挂牌】 6月12日，区全面推进依法行政工作领导小组办公室为17家行政执法监督企业联系点集中授牌。根据《江苏省行政执法监督办法》《江宁区行政执法监督企业联系点工作制度》等相关规定，此次设立的17个联系点，经全区各行政执法机关推荐，区司法局审核把关。17家企业包括卫岗乳业、法宁格节能科技、金箔集团、格力电器、多伦科技、腾亚精工、长安马自达、宝色股份等，这些企业将向司法行政部门和行政执法机关反映行政执法

情况，接受问卷调查，协助收集涉行政执法社情民意，对行政执法工作提出合理化建议、意见；对违法、不当的行政执法行为向司法行政部门和行政执法机关投诉、举报，并协助查处。

（宁　鉴）

公　安

【概　况】　2023年，南京市公安局江宁分局坚持和发展新时代“枫桥经验”，纵深推进现代警务战略和“十大攻坚提升行动”，着力构建具有江宁特色的“主战主防”实战化职能体系，全力抓好防风险、保安全、护稳定、促发展、惠民生各项工作，为中国式现代化江宁新实践创造安全稳定的政治社会环境。年内，各级领导83次批示表扬分局工作，全国25个省79个市公安机关131批次到江宁分局考察交流。群众安全感99.67%。

【社会稳定维护】　2023年，江宁公安分局进一步提高政治站位、树牢风险意识，始终将维护安全稳定置于首位，从政治的高度、稳定的角度，审视处理每起警情案事件，防范应对各类风险挑战。高校专班实体化运行，压紧压实高校主体责任。

【刑事犯罪案件侦查】　2023年，江宁公安分局推进专业化打击改革，抽调262名干警，新成立8个侦查专业队、1个反诈专业队，将打击破案彻底从派出所剥离，实现打处责任、方式“两个根本转变”。聚力攻坚大案要案，全年8起命案、68起“八类案件”全破，协破外地命案7起，累计破案4305起，比上年上升75.6%，抓获各类犯罪嫌疑人4738人、在逃人员407人，分别增长5.66%、36.58%，“夏季行动”“秋冬会战”战果成效均排名全市第一。多破快破民生小案，以“入盗必破”为切口，快挽损、保民生，确保逐案必盯、全程盯案，更多地破小案、更多地追赃挽损，切实提升人民群众认同感、安全感。刑事发案下降8.4%，盗窃类可防性案件下降28.4%，入室盗窃案件立案438起，破案409起，破案率93.7%，达历史峰值。持续强化电诈打防，成立反诈专业队，统筹打防反制各项措施，累计处置涉诈警情4000余起，止付资金1.6亿元、冻结资金3.2亿元，分别上升35.8%、118.4%，返还被骗资金1000余万元。

【社会综合治理】　2023年，江宁公安分局紧盯基础短板弱项、重点治安问题、公共安全风险，从严从细落实打、防、管、治措施，进一步提升社会综合治理水平，消除各类风险隐患。深化警网融合联动，181名社区民警在村（社区）“两委”班子任职率100%，152个警网站点融合，围绕场所、力量、工作、数据、考核“五个一体化”目标，牵头带动2017名网格员，深入207个村（社区），协同推进“四防”基础工作。深化重复警情治理，围绕“一人多警、一事多警、一地多警”，全面起底风险隐患3915个、治安复杂区域28个，深入分析研判潜藏的违法犯罪、民意热点、治安隐患问题，并连续下发53期《重要事项交办单》，点对点推送属地所队，精准指导、对账销号，努力实现降警情、控发案、去风险、除隐患，全区总警情、重复警情比上年分别下降17.6%、78.9%。针对重点部位，分局主要领导实地检查、挂牌攻坚、跟踪督办，全力挤压违法犯罪空间。累计抓获违法犯罪人员1380人，打架、涉娼警情分别下降23.8%、32.5%。加强公共安全监管，聚焦群租房、危化品等重点领域，深化“梳网清格”，累计整治住人地下室1.16万间，消除安全隐患1.67万处，新登记出租房屋4.4万户、暂住人口19.9万人。针对22所驻区高校1314间危化品实验室，从全区9所高校优选12名专家，连续开展5轮次交叉互查，发现并及时整改隐患370余处。

【治安管理及安保】　2023年，江宁公安分局完成警卫任务、大型活动安保314次，比上年增长284%。开展“清风2023”、夏季治安打击整治、“钟山一号”等系列专项行动，查处娼赌刑事案件99起、行政案件758起，刑事拘留364人，行政处罚1960人，其中涉娼类刑事拘留162人，行政处罚583人；涉赌类刑事拘留202人，行政处罚1377人。通过一系列组合拳整治，辖区涉娼警情下降29.2%，涉赌警情下降41.3%。对全区1.6万余家消防监管单位开展地毯式检查，摸排隐患点5370处，当场整改2362处，下发责令整改通知书2716份，抄告相关街道、消防部门625家，实现消防隐患闭环处置100%。对检查的3634家单位中发现的487处隐患全部落实整改措施，对其中10家涉危涉爆从业单位进行行政处罚。

【道路交通管理】　2023年，江宁公安分局处理交通事故类警情16.03万起，规范录入一般程序道路交通事故1378起，发生亡人交通事故144起、死亡147人，比上年减少3起、1人。组织开展酒醉驾查处、交通安全夏季整治、冬季攻坚等专项行动167次，查处各类交通违法行为100.2万起，其中现场处罚34.9万起，饮酒驾驶1777起、醉酒驾驶1136起，危化品车违法780起；非机动车违法34.1万起，其中骑乘人不戴头盔24.2万起、醉驾1340起；不规范车辆5090辆；违停贴单45.7万起、清拖1.2万起；扣留电动二轮车236辆，电动三轮、四轮车3074辆，共享电动自行车3633辆。优化公安检查站实战机制，有效过滤逾期未检未报废高危车辆，落实重点追踪防控。全年布控查缉车辆1127辆。

【“110”接处警】 2023年，江宁公安分局“110”电话呼入量132.85万件，日均3640件，接通率99.5%。其中，报立刑事案件9164起，查处行政（治安）案件4.59万件，调解各类纠纷7.76万起，处理交通警情16.18万起，救助服务群众63.11万件，其他7.3万件。

【见义勇为】 2023年，全区确认奖励见义勇为人员142人，专项奖励26人，发放奖励金13万元。其中，参与抢险救灾41起，救助42人；阻止电信诈骗7起；提供破案线索6条，协助破获各类案件15起，抓获违法犯罪嫌疑人18人。申报市级奖励43人次，其中辅警22人、群众21人。区基金会10次上门送奖、慰问受奖励人员26人，春节、中秋节慰问60人，发放慰问金42.9万元。10月，江宁医院医生高贵昆入选江苏省第13届见义勇为称号评选名单。11月，在南京市第16届见义勇为宣传日活动中，上坊街道居民王书生、横溪街道居民石文军被授予“南京市第16届见义勇为积极分子”荣誉称号，江宁保安服务有限公司保安刘绪昌、陶青岭，汤山街道居民朱德喜、朱长超、朱长成被授予“南京市第16届见义勇为积极分子群体”荣誉称号。

2月5日，江宁公安在秣陵街道上秦淮烟花集中燃放点开展保障工作
（刘锦雷 供稿）

检 察

江宁区检察院

【概 况】 2023年，江宁区人民检察院深入贯彻习近平法治思想，深刻领会“两个确立”的决定性意义，从政治上着眼、从法治上着力，忠实履行宪法法律赋予的法律监督职责，充分发挥维护稳定、促进发展、守护民生、保障善治等职能，各项检察工作取得新进步。

【刑事案件检察】 2023年，区检察院精准打击各类刑事犯罪，受理刑事案件1486件，批准逮捕244人，提起公诉1021人，比上年分别上升59.48%和15.89%。监督立案撤案、纠正漏捕漏诉等核心监督数据居全市前列。不断提高刑事审判监督精准度，提起抗诉5件。加强刑事执行检察监督，协调推动3名判实刑罪犯收监执行。

【民事案件检察】 2023年，区检察院审结各类民事监督案件56件。细致审查148条民事生效裁判监督线索，对8件诉讼主体不适格案件制发再审检察建议。专项排查涉公积金执行领域和司法网拍中的不规范行为，监督纠正未公示定价依据、未公示优先购买权人等情形，14份检察建议均获采纳。为困境群体维权“撑腰”，办理民事支持起诉案件74起，帮助69人追索劳动报酬202万元。

【行政检察】 2023年，区检察院办理各类行政检察监督案件179件，对行政非诉执行中的违法情形提出检察建议33件，并得到采纳整改。常态化开展行政争议实质性化解37件。依托全市数据碰撞发现行政违法行为监督线索49条，联合区纪委、区司法局开展行政执法履职情况法治督查专项行动，纠正行政违法行为60件。

【公益诉讼检察】 2023年，区检察院摸排公益诉讼线索95条，提起民事公益诉讼5件，制发行政诉前检察建议45件。跟进整改难度大、易反复的民生痛点，对2022年以后的诉前检察建议落实情况全面“回头看”，发现落实不力或整改后又反复的，提起诉讼2件。全面摸排文物保护、国有财产、公共安全等6个领域，办理案件57件。扩大“益心为公”朋友圈，116名公益志愿者参与案件调查、公开听证、线索报送。

【维护社会稳定】 2023年，区检察院常态化推进扫黑除恶，协同公安机关建立“九类案件”警情强制检索报告制度。对省公安厅指定管辖的新类型案件，审查电子勘验数据483G、书证2800余份及证人证言193份，锁定以合法经营为幌子实施的组织卖淫犯罪，对“零口供”首犯及15人犯罪团伙提起公诉，同步移送线索、协助查获当地“保护伞”1人。坚持逐日、逐案、实时、动态滚动排查涉检风险，对2件重点案件落实措施，对8件风险案件持续关注，切实做好特殊时期维稳安保工作。

【护航经济发展】 2023年，区检察院出台《护航“企业敢干”实施办法》，与区工商联会签《关于强化协作共同营造优质法治营商环境的工作办法》。依法惩治破坏市场经济秩序犯罪，起诉92人；从严办理集资诈骗、非法吸收公众存款等金融犯罪，起诉18人；切实加强反洗钱协作配合，对贪污、传销等上游经济犯罪贯彻“一案双查”，办理洗钱犯罪9件、15人。开展高速公路桥下空间安全执法专项监督，督促清理违规堆放的建筑垃圾。立案办理民事公益诉讼、行政公益诉讼环境案件34件。与区财政局、江宁生态环境局等9家单位会签管理办法，规范生态环境损害赔偿资金管理，1起案件入选2023年江苏省检察机关打击污染环境犯罪典型案例。

【深化司法为民】 2023年，区检察院实施“四检合一”护民生工程，办理市委主要领导批办的伪造、买卖食品经营许可及健康证明案，推动解决高层住宅消防无水、渣土车夜间噪声污染等问题。深化涉未成年人案件综合履职，办理侵害未成年人犯罪案件67件、84人，未成年人犯罪案件34件、52人，开展涉未成年人公益诉讼27件。深入推进“法治进校园”，检察官兼任中职院校法治副校长实现全覆盖；“面对面”开展校园法治教育18场，受益师生2万多人。保护特殊群体合法权益，发挥司法救助“救急救困”作用，向77名困难当事人发放救助金227.9万元，其中困难妇女及农村地区五类人员占90.91%。

【助力社会治理】 2023年，区检察院推动社会治理检察建议落实纳入全区高质量发展绩效评价考核指标体系，促使检察建议从“办理”向“办复”转变，8件社会治理类检察建议得到落实。坚持治罪与治理并重，专题调研伪劣灭火器大量流通、掩饰隐瞒犯罪所得案高发等现象，形成书面报告4份、对策建议22条，通过办案促进提升社会治理效能。以检察智慧助力“抓前端、治未病”，3件检察建议获评全市优秀社会治理检察建议，2件案件文书获省检察院专刊转发推广。主动回应基层差异化法治需求，升级“检察+网格”基层治理协作模式，将普法宣传、矛盾化解、司法救助、上门接访、社区听证等作为政法网格员参与基层治理的重要内容，组团走访、深入社区服务400余人次，帮助提升基层治理法治化水平。

【侦查监督与协作配合机制建设】 2023年，区检察院与公安机关会签《提前介入刑事案件侦查活动实施办法》，制定社会危险性标准、社会志愿服务启动标准和帮信类犯罪取证标准等6份办案规范。依托侦协办平台，将案件以“微罪、轻罪、重罪”3类分流导入检察环节。协同公安机关持续优化以证据为中心的刑事指控体系，从侦查源头夯实基础，制定电信诈骗及关联犯罪取证标准、社会危险性量化评估标准等3份办案规范。提前介入疑难复杂、诉前分流等案件768件，批准逮捕率81.06%。

【推进数字检察】 2023年，区检察院成立数字检察工作领导小组，并设立办公室，定期召开数字检察周例会，以业务部门为主导，组建大数据法律监督模型团队，全面梳理在手项目。确立贩卖麻精药品监督、拒执线索漏罪监督等8个监督模型，完成各条线大数据法律监督模型一本账，出台院大数据法律监督模型考核加分细则，通过模型应用，推进法律监督全方位、系统性重塑。与区大数据局加强联系，获取全区行政机关、事业单位数据845项，支撑数字检察建设。

【强化检察监督】 2023年，区检察院加强检察权运行监督管理，通过案件评查、数据核查、办案流程监控等方式，实时监控办案风险点。出台《司法瑕疵问题处理实施细则》，通过个案督察、专项督察，对发现问题及时提醒。自觉接受履职制约，健全刑事案件律师辩护全覆盖体系，完善律师异议反馈和辩护评价机制，保障律师依法充分履职。主动接受人大监督，落实区十八届人大二次会议决议，向区人大常委会专题报告企业合规工作。邀请代表监督检察办案，对照代表审议报告、视察座谈时提出的13条意见建议改进工作。持续深化检务公开，线下举办“检察开放日”9期，全方位展示办案成效；线上公开典型案例、工作动态418条，政协委员、人民监督员等社会各界人士参与监督办案、检察活动403人次。

（区检察院）

江宁开发区检察院

【刑事案件检察】　2023年，江宁经济技术开发区人民检察院办理审查逮捕案件157件、218人，审查起诉案件590件、751人。严厉打击故意杀人、故意伤害等严重暴力犯罪34件、38人。办理省公安厅和省检察院联合督办“2·28”工地敲诈勒索案，批捕20人，起诉26人。与江宁公安分局联合印发《关于推行“九类犯罪”案件警情强制检索报告制度的实施细则》，在全市率先启动扫黑除恶“九类犯罪”案件警情强制检索报告。坚决遏制电信网络诈骗高发势头，办理电信诈骗、掩饰隐瞒、洗钱等犯罪35件、78人，形成全链条打击合力。办理的公安部督办“2·11”特大跨境电信诈骗案，起诉16人，追捕追诉16人，撰写的《揭秘境外电信诈骗犯罪新动向》被《检察日报》专版及最高人民检察院微信公众号、微博报道。

【法律监督】　2023年，江宁开发区检察院实质化运行侦查监督与协作办公室，与公安机关会签提前介入工作机制，对重大疑难复杂案件提前介入并提出引导侦查意见，依托侦协办数据信息共享查询，进一步提升协作监督配合质效。监督公安机关立案、撤案158人,纠正漏捕5人、漏诉46人；纠正法院刑事审判活动违法13件，二审刑事抗诉3件全部得到法院判决采纳。制发再审民事检察建议5件，针对公示催告程序类案中存在的未依法送达等问题制发检察建议6件。立足同级法院无行政诉讼案件等客观情况，重点拓宽线索来源渠道，与税务机关、公安机关会签协作机制，推动工作顺畅衔接。

【未成年人检察】　2023年，江宁开发区检察院将检察履职贯穿未成年人司法保护全过程，办理侵害未成年人案件25件、35人，开展社会调查、心理疏导等30次。围绕案件中反映的校外培训、酒店住宿、交通安全问题，制发诉前检察建议6份、社会治理类检察建议2份，督促有关部门依法履职。联合区卫健委召开卫生系统内侵害未成年人案件信息强制报告工作会议，推动医疗机构强制报告全覆盖。办理未成年人犯罪12件、14人，开展帮教7人次，附条件不起诉率70%。与公安机关会签加强未成年人司法保护工作协作意见，为在校学生量身打造“模拟听证会”，通过亲历式法治体验接受法治教育4次，受众130余人。举行“检爱同行 共护花开”检察开放日活动，走进校园普法26次，受教育学生1.5万人次。

【护航企业发展】　2023年，江宁开发区检察院依法打击破坏市场经济秩序、侵犯企业和企业家人身安全及财产权益的刑事犯罪，办理侵企案件26件、30人，起诉18件、20人，为企业追赃挽损1263万元，“启程”涉企办案团队获评南京市检察机关优秀办案团队。在全省功能区检察院服务区域经济发展工作调研会上，护航企业工作做法作交流发言。坚持打击整治和追赃挽损相结合，办理商业特许经营领域内新型涉众经济犯罪案件，为97名个体业主被害人追赃挽损1000余万元。办理的省民营科技企业公司、杨某等13人污染环境案获评江苏省法学会犯罪学研究会优秀实践案例奖。在九龙湖国际企业总部园建立公、检、法护航企业联盟，与江宁开发区法院会签《关于护航民营企业高质量发展的十项举措》，建成全市首个“护航企业网上法治基地”，创新建立“政法网格员+园区检察官”工作机制，相关案例入选市委政法委政法网格员优秀案例。

【参与社会治理】　2023年，江宁开发区检察院坚持和发展新时代“枫桥经验”，办理信访案件59件。加大司法救助力度，办结40件，向51人发放救助金97.43万元，案均救助2.44万元。一司法救助案例在市委政法委举办的南京市域社会治理创新项目展示会上现场分享，根据司法救助经验做法和真实案例编写的《检察蓝+巾帼红》一文在《中国检察官》刊载。聚焦社会治理薄弱点和风险点，发出社会治理类检察建议8份。规范安置房交易市场秩序，就多起安置房买卖诈骗案中发现的安置房交易乱象和监管漏洞，向职能部门制发检察建议，推动做好安置房信息公开、权证办理，入选全省社会治理类检察建议专刊。开展地下室违规出租整治专项活动，向行政机关移送整治线索并制发检察建议督促履职。自主研发的盗窃、诈骗类案件审判监督模型和金融借贷领域洗钱犯罪线索核查法律监督模型在市检察院竞赛中获奖。

【检务公开】 2023年，江宁开发区检察院举办“检察开放日”活动15场，邀请人民监督员、人民听证员参与案件公开审查、公开庭审等活动125场次。综合运用公开听证、简易听证、上门听证等形式，让检察权在阳光下运行，在全市首推线上检察听证公告，发布听证公告18场次，48名群众参与旁听公开听证。在市第二看守所就1名涉嫌诈骗罪的未成年犯罪嫌疑人是否逮捕开展不公开听证，为首次在看守所开展听证活动。就一起盗窃案被害人为孤寡老人的申诉案件，到被害人所在的禄口养老院开展上门听证，一方面对案件中存在的疑点要求公安机关补充侦查，加大追赃挽损力度，另一方面就被害人的生活困难启动司法救助程序，被市检察院作为典型案例刊发。

（戴　妍）

法　院

江宁区法院

【概　况】 2023年，江宁区人民法院践行习近平法治思想，以“四项攻坚行动”和“敢拼善为赛业绩、护航发展比贡献”竞赛活动为抓手，打造高质量司法、建设现代化法院，为谱写“强富美高”新江宁现代化建设新篇章提供司法服务和保障。全年新收各类案件33060件，办结32886件，比上年分别上升14.11%和14.16%。

【刑事案件审判】 2023年，区法院依法惩治犯罪，增强群众安全感，审结刑事案件865件、1150人。依法维护生产安全，审结重大责任事故案件10件、11人。严厉打击严重危害人民群众生命财产安全犯罪，审结故意伤害、抢劫、盗窃等案件272件。依法严惩扰乱市场秩序犯罪，审结组织、领导传销活动案件24件、89人。对涉众型金融犯罪保持高压态势，审结非法吸收公众存款犯罪案件4件，涉案金额8013万元。召开涉诈骗类案件新闻发布会，发布典型案例8件。参加打击治理电信网络诈骗犯罪“百日行动”，严厉打击帮助信息网络犯罪和掩饰隐瞒犯罪所得行为，审结两类案件115件、179人。

【民商事审判案件】 2023年，区法院审结各类民商事案件23571件，办理的“张某某与某建设公司居间合同纠纷案”入选《最高人民法院公报》。妥善处理家事矛盾纠纷，促进家庭和睦幸福，审结婚姻家庭继承案件1162件，“祖父母代为抚养但父母法定抚养义务不能免案”入选江苏法院家事纠纷典型案例。维护金融管理秩序，规范民间融资行为，办理的“某银行诉马某等金融借款合同案”入选《中国法院2023年度案例》。优化法治化营商环境，妥善审理涉及买卖、承揽、保险等商事合同纠纷案件，2件案例入选南京法院司法护航民营企业高质量发展典型案例。促进公司完善内部治理结构，1件案例入选南京法院公司类案件典型案例。深化最严格知识产权司法保护，与多部门共同签订《知识产权保护合作协议》，发布知识产权审判白皮书和典型案例，1件案例入选南京法院知识产权司法保护十大案例。加强破产审判工作，审结破产案件119件，涉及债权8.52亿元，1件破产和解案例入选南京法院破产典型案例。与区商务局联合制定《关于建立企业破产财产处置、重整投资人招募协作联动机制的意见》，促进府院联动机制深入发展。推进“执破融合”，健全“以破促执、以执助破”工作衔接机制，提升破产案件办理质效。

【案件执行】 2023年，区法院依托全区综合治理执行难协作联动机制，推动解决执行难工作向纵深发展。全年办结执行案件8450件，实际执行到位金额10.01亿元。综合运用强制执行措施，加大对规避执行、抗拒执行的打击力度，开展集中执行22次，强制搜查114件次，作出拘留决定109件次，罚款61件次、72.8万元，移送拒执犯罪线索12件、15人。加强信用惩戒，向失信信息平台发布失信被执行人名单信息228次、限制高消费7002次，促使当事人主动履行义务。完善执行快速反应机制和执行“110”值班、备勤制度，累计出警1399人次。完善网络拍卖机制，提起网拍686次，成交金额1.83亿元，实现执行资产价值最大化。严格审查执行异议，促进执行工作规范运行。

【民生权益保护】 2023年，区法院强化民生权益保障，回应群众关切。参与护“薪”行动，审结劳务合同纠纷1004件，协助区城乡建设局成功调处一起涉及近百名农民工的欠薪纠纷。加强消费者信用权利的保护，“胡某诉某银行名誉权纠纷案”入选“全国消费维权十大典型司法案例”提名案例。以司法裁判弘扬社会主义核心价值观，“父亲病危请假未批回家被辞退获赔案”受到广泛关注和好评。

【审判监督】　2023年，区法院学习贯彻最高人民法院2023年版审判质量管理指标体系，加强审判运行态势研判，定期分析审判质量管理指标数据，及时发现问题、查找原因、提出对策。完善审判权制约监督机制，加强“六类案件”监督管理，确保院庭长监督不缺位、不越位、可追溯。落实“入额必办案”，院庭长带头办结案件17061件，占全院结案总数的51.88%。召开审执衔接专题会议，审判、执行部门对业务工作进行互评，增强审执兼顾的“一盘棋”意识，促进审执工作协调配合。开展长期未结案件专项清理，加强流程节点管控，常态化组织案件质量评查，提升审判质效。

【诉讼制度改革】　2023年，区法院优化繁简分流机制，实现轻重分离、快慢分道。完善认罪认罚从宽工作机制，对调整量刑建议、简化审判流程、审判中启动程序等规则予以细化，确保轻刑简单案件快速化审理，疑难复杂案件精细化审理，刑事案件简易、速裁程序适用率77.8%。完善民事速裁机制，配置15个速裁团队，实现繁简分流在各审判领域全覆盖。优化执行快执机制，成立快执团队，执结6310件，占执行结案总数的74.67%。开展诉源治理，把非诉讼纠纷解决机制挺在前面，制定实施《诉前调解工作指引》等规范性文件，对调解员开展专题培训，提升诉前调解工作质效。加强诉调裁审对接，完善劳动争议“五位一体”联合调处工作机制，下沉社区开展“法官进网格”活动，妥善化解“20年前出售房屋反悔案”，获评“全市政法网格员优秀案例”。坚持和发展新时代“枫桥经验”，完善“风险隐患联合排查、矛盾纠纷联合调处、法治宣传联合开展、党群工作联合推进”工作机制，有效融入基层社会治理体系。汤山法庭以古泉社区侯家塘“法润乡风”微法庭为抓手，联合社区、司法所、派出所就地解决矛盾纠纷，相关做法被《中国审判》杂志以《汤山法庭“法润乡风”描绘四时“枫”景》为题进行报道。（区法院）

江宁开发区法院

【概　况】　2023年，江宁经济技术开发区人民法院受理案件16465件，办结案件14237件，分别比上年上升5.45%和5.99%。员额法官人均结案数600.7件，案访比、审限内结案率持续向好，执行完毕率提升。江宁开发区法院被省人社厅、省法院评为先进集体，立案庭被省法院评为全省法院立案信访工作先进集体，1人被评为“全省法院办案标兵”和“南京最美法官”，3人被评为全省法院先进个人，33人次获三等功、优秀法官（公务员）、嘉奖等奖励。

【刑事案件审判】　2023年，江宁开发区法院审结一审刑事案件438件，判处罪犯629人。加大电信网络诈骗、养老诈骗等新型犯罪打击力度，依法审理公安部督办的黄某某等15人跨国电信诈骗案、周某某养老诈骗案、奶茶加盟合同诈骗案等，其中奶茶加盟合同诈骗案追赃挽损金额近1100万元。以全民禁毒宣传月、“6·26”国际禁毒日为契机，联合江宁开发区检察院走进社区开展禁毒知识宣讲，组织“少年不‘毒’行·书画谱安宁”主题宣传活动，营造全民“抵制毒品 参与禁毒”氛围。坚持治罪和治理并重，针对刑事案件中暴露出的企业经营风险隐患和管理漏洞，协同公安、检察机关“面对面”为企业提供精准化建议，促进企业合规管理。

【民商事案件审判】　2023年，江宁开发区法院审结各类民商事案件9748件。审结劳动争议案件1251件，平等保护劳企双方合法权益。与区人社局建立开发区科技型企业劳动人事争议联合（线上）调处机制，深化“调裁审一体化”工作，高效化解高科技人才劳动人事纠纷。防范化解房地产领域风险，审结涉房屋买卖、租赁、建设工程等案件1614件。建立辖区内房地产开发项目涉诉案件归口管理机制，统筹化解工程施工、农民工工资清欠、商品房预售“保交楼”纠纷，提升建设工程涉诉案件司法效能。加强新兴消费领域纠纷化解，2件案例分别入选江苏省、南京市2022年度消费者权益保护典型案例。妥善处理婚姻家事纠纷543件，促进家庭和谐稳定。强化知识产权司法保护，定期开展知识产权案件巡回审理和走访调研，与区市场监管局、江宁开发区、江宁高新区等8家单位签署知识产权保护合作协议，凝聚知识产权保护合力。

【案件执行】　2023年，江宁开发区法院执结首次执行案件3600件，有财产可供执行案件法定期限内执结率100%，首次执行案件执结率、案拍比、案访比等“晒五榜”质效指标排名全市第一。坚决打击拒不执行判决、裁定行为，移送拒执罪案件19件，拘留212人，发布悬赏50次，拘传174人次，搜查169件次，罚款11件次、罚款金额7.5万元。成立“执破融合中心”，建立常态化信息共享和即时反馈工作机制，推动执行程序与破产程序的双向互动和有效衔接。受理“执转破”案件26件，其中新收22件，审结24件，进一步维护市场主体稳定。贯彻善意文明执行理念，运用“预罚款”方式敦促被执行人自觉履行义务，相关案例入选南京市法院“司法护航民营企业高质量发展典型案例”。

【营商环境优化】 2023年，江宁开发区法院审结一审商事类案件2392件，标的额8.5亿元。常态化开展“企业大走访”，以走访江宁开发区四大创新产业集群、专精特新企业、高新技术企业为重点，走访座谈民营企业和中小微企业58家，邀请企业家进法院24人次，收集意见建议36条，提供优质司法服务保障。与江宁开发区检察院联合发布《关于护航民营企业高质量发展十项举措》，获区委主要领导批示肯定。推动商会调解中心高效有序运行，调解涉企纠纷1503件，调解成功587件，总标的额近1亿元，为企业节省诉讼费用100余万元，1件案例入选全省法院商会商事调解典型案例。强化风险监管协同联动机制，加强与工商联、税务、市场监管等部门的沟通，凝聚各方力量保护企业合法权益，2件案例入选南京市法院近5年公司类案件典型案例。

【多元解纷和诉讼服务】 2023年，江宁开发区法院坚持“抓前端、治未病”理念，在秣陵街道家园社区、禄口街道群力社区开展“无讼社区”法治品牌创建试点，与社区共同做好各类纠纷研判调处工作，试点社区居民实现“零诉讼”。与区司法局、禄口街道党工委联合组织38名社区干部赴法院跟班法治实训，培训人员运用学到的“背靠背”“面对面”“手拉手”等调解妙招参与调解、化解矛盾纠纷200余件，相关做法被《人民法院报》头版报道。推动建立群体纠纷联动化解机制，定期召开群体性纠纷研判会，做到“一案一策”。加强立案登记预警，建立群体性纠纷信息台账，完善示范调解判决机制，促成同类批量案件在诉讼外快速解决，45起群体性纠纷通过调解化解，涉及案件846件。针对辖区内物业服务合同纠纷、物业矛盾突出情况，推动秣陵街道成立物业纠纷人民调解委员会，实现区域内95%以上物业纠纷诉外分流。组织“政法网格员”进网格活动1000余人次，深入调研了解基层法治需求。坚持能动司法理念，运用司法建议参与社会治理，力求“办理一案、治理一片”，“司法建议推进新型毒品全链条治理”系列案件入选市法院典型案例，被《人民法院报》专题报道。强化运用社会主义核心价值观释法说理，“见义勇为反被诉案”被央视新闻、最高人民法院微信公众号报道点赞。组织“萤火虫”普法宣讲，进校园、社区、企业开展“法润少年护航成长”、打击整治养老诈骗等法治宣教活动26次，推动全民普法落地见效。

【诉讼制度改革】 2023年，江宁开发区法院在全市首创“宜商司法驿站”品牌，构建“园区平台驿站助手+园区网格法官+调解员+N”的解纷模式，进一步畅通和规范企业诉求表达、法治咨询和权益保障通道，相关做法入选《江苏法院2023年司法改革案例选编》。印发《企业“法律诊断”意见书》，为9家涉诉较多企业开展非接触式“司法体检”，帮助企业发现管理漏洞和法律盲点，做到系统诊断、靶向治疗。选聘一批退休法官和律师志愿者担任专家调解员，成立“专家解纷志愿团”，依托非诉讼服务中心开展多元解纷工作。“专家解纷志愿团”被市委政法委、市平安志愿者联合会评为年度南京市最佳平安志愿服务品牌，专家调解员葛亚健被评为“江宁区十佳金牌调解员”，并担任江宁区人民调解学院特聘讲师。

10月27日，江宁开发区宜商司法驿站启用仪式举行
（开发区法院　供图）

【监督制约机制建设】 2023年，江宁开发区法院常态化开展警示教育，持之以恒落实中央八项规定精神。做好审务督察及纪检日常工作，制订《审务督察工作方案》，印发审务督察工作情况通报12期。贯彻落实防止干预司法“三个规定”，坚持“有问必录”，完成数据填报1670人次，全年未出现实质性干预司法工作情形。定期开展党性党风党纪教育，使党员干部知敬畏、存戒惧、守底线。不断改进机关作风和司法作风，让人民群众切实感受到司法作风新变化新气象。邀请人大代表、政协委员进行两会精神宣讲，走访代表委员，组织代表委员视察法院、参加座谈、旁听庭审、见证执行等140余人次。组织新闻发布会、集中采访7场次，定期制发《法院工作简报》，通报法院工作情况，组织人民陪审员参审案件273件。 （宁奇雷）

司法行政

【概 况】 2023年，江宁区司法局紧扣“争第一、创唯一”工作要求，围绕区委、区政府中心工作，按照基础工作抓规范、重点工作有突破、创新工作出亮点的思路，稳步推进各项工作，为推进江宁“十个高质量发展”贡献司法行政智慧和力量。区司法局被推荐申报全国公共法律服务先进集体，连续3年获得全省司法行政系统高质量发展考核区县第一；1人获评全国“黄丝带帮教”工作先进个人。10月，南京市司法行政系统高质量发展推进会在江宁区召开。

【法治宣传教育】 2023年，区司法局以“八五”普法中期评估验收为契机，深化普法和依法治理工作，发布年度“十大法治典型案例”，建成宪法广场并举办“12·4”国家宪法日主题活动，推出FM88.5“律师说法”专题普法栏目，评选区级法治文化宣传教育基地24家。开展“送法进小区·百千万工程”活动，召开2023年度普法责任制履职评议会，“长江普法联盟”和“民企公开课”入选司法部案例库。建立领导干部应知应会法律法规清单制度，组织全区国家工作人员学法用法考试。推进基层法治建设，实施村居法律顾问万场讲法活动。全区各执法单位全年开展各类普法活动 2667场次，受教育群众约633万人次，发放法治宣传资料 165万份。

【人民调解】 2023年，区司法局围绕纪念毛泽东批示学习推广“枫桥经验”60周年暨习近平总书记指示坚持和发展“枫桥经验”20周年，着力打造大调解格局，成立工作专班，推动矛盾纠纷多元化解平台建设。组织践行新时代“枫桥经验” 、深化“非诉服务”专项行动，开展重大矛盾纠纷专项排查整治。牵头7个部门建立家庭矛盾预防化解工作机制，举办“千名调解员入网格进万家”活动，召开全区调解工作会议，努力把问题解决在基层、化解在萌芽状态。完善调解组织建设，建立健全菜鸟网络南京空港园区等行业性专业性调委会，实体化运行全区10个商会调解室，建成江苏顺丰速运等41个企业调解组织，打造“宁无忧”调解工作站和调解工作室100个，推进“有事您说话”“百姓说事”“评理室”等各具特色调解组织建设。在全省建立首个江宁区人民调解学院，编印《人民调解法律法规制度汇编》，组织开展各类调解业务培训6批次、768人次。强化典型选树和培训指导，开展“枫桥式”街道和村（社区）评选及首届江宁区“十佳金牌调解员”评选活动，调解员胡从富先进事迹获省委常委、政法委书记刘建洋，省司法厅厅长张晓伟批示肯定。全年指导化解各类矛盾纠纷43716件。

【法律服务】 2023年，区司法局围绕构建“5+4+5”创新型产业集群，深化“产业链+法律服务”，营造法治化营商环境，2次被评为全区“五拼五比月月赛”拼服务效能标兵。出台《现代公共法律服务体系建设改革创新项目工作方案》《村（居）公共法律服务室建设方案》等指导性文件，建成207个村（居）公共法律服务室，制定区、街、村各级公共法律服务事项清单49项，园区公共法律服务具体项目清单30项。发挥法律服务产业园作用，拓展高新区和滨江开发区企业法律服务工作站功能，精准对接全区1000余家企业，为企业提供“法治体检”1500余次，审核企业文件9860件，解决法治问题358个。进一步完善南京仲裁委江宁办事处工作机制，在园区建立仲裁联络点，及时就地化解涉企纠纷。

【法律援助】 2023年，区司法局聚焦群众急难愁盼问题，新设立5个法律援助工作站点，其中江苏省零工市场法律援助工作站获评全省首批“法援惠民生”服务品牌，知识产权维权援助考核位列全市第一。全年办理法律援助案件2911件、法律帮助案件2005件，为受援人挽回经济损失4400余万元。

【社区矫正和安置帮教】 2023年，区司法局深入开展社区矫正安置帮教工作“争先提优年”活动，推进社区矫正规范执法，完成区社区矫正管理局赋码工作，代表区政府向区人大常委会汇报社区矫正规范化建设情况，开展社区矫正安置帮教重点案件交叉评查和暂予监外执行案件专项检查。针对女性、未成年人社区矫正对象开展分类精准矫正，打造“彩虹心桥”系列品牌，促进社区矫正对象融入社会。开展《江苏省社区矫正工作条例（修订草案）》立法调研，承办省司法厅与团省委联合开展的特殊人群未成年子女“护苗助成长、培育好少年”主题日活动和全市社区矫正和安置帮教工作会议。区社区矫正局被评为全省社区矫正安置帮教工作突出单位。（杨梦莹）

【江宁零工市场法律援助工作站投用】 6月，全市首个专为零工求职人员提供法律援助的江宁零工市场法律援助工作站经过试运营后正式投用。区司法局在菲尼克斯路70号江苏省零工市场设立的法律援助工作站提供除咨询服务外，还无偿为经济困难公民和符合法律援助法定条件的其他当事人提供法律文书代拟、劳动争议调解与仲裁代理等法律服务，服务范畴不限于劳动争议，还包括因医疗事故、交通事故、工伤事故造成的人身损害赔偿事项等所有法律援助事项，窗口实行“首问负责制”一跟到底。窗口按江宁区法律援助实施准则，将经济困难标准调整至本地最低工资标准，即月收入2280元以下（含），降低受援门槛。此外，窗口还简化经济困难证明手续，对追索劳动报酬类事项，免予经济状况审查范围由农民工拓展至所有困难人群。

【全省首家调解学院揭牌运行】 7月20日，南京市江宁区人民调解学院揭牌暨首期培训班开班仪式在江宁区委党校举行，这也是全省首家调解学院。区人民调解学院旨在通过系统化专业培训，一体推进调解员队伍的政治淬炼、技能锻炼、实践历练，全面提升人民调解工作的体系化、规范化、科学化建设水平，走出一条符合时代要求、为省市探路的矛盾纠纷多元化解新路径。揭牌仪式后，区人民调解学院首期培训班开班，邀请业内专家，围绕“坚持以人民为中心、弘扬民法典时代精神”“基层矛盾纠纷的化解”“相邻关系与相邻权纠纷”等主题开展培训。（宁 鉴）

秣陵街道宪法广场 （杨梦莹 供图）

仲 裁

【概 况】 2023年，江宁区劳动人事争议仲裁院加强源头治理，健全多元处理机制，提升调解仲裁工作规范化、标准化、专业化、智能化水平，依法维护劳资双方合法权益。全年受理争议案件8747件，比上年增长7.5%。其中，线下立案7175件，10人以上集体案件36件，涉及745人；线上转办1572件（部平台898件、省平台674件），调解成功率78%，不予受理727件。争议主要发生在私营企业，占比达93%，其中小微企业占比超过2/3。矛盾点主要为劳动报酬（案发率65.7%）、解除和终止劳动合同（案发率47.8%），部分案件还涉及确认劳动关系、未签劳动合同2倍工资、社会保险待遇、休息休假、福利待遇等。

【调处平台建设】 2023年，区劳动人事争议联合调处中心发挥裁审衔接机制作用，通过仲裁、法院定期互通案件处理情况，疑难复杂案件及裁审不一致案件研讨，微信群分享最新政策、口径等，统一案件受理、处理尺度。建立劳动人事争议联合调处中心工会分中心，承接江宁高新区、淳化街道等东片劳动争议案件。开辟集体案件、工伤案件、农民工工资案件维权“绿色通道”，协调区司法局提供法律援助服务；成立农民工工资争议速裁庭，强化与劳动监察、工会、司法、法院、行业主管部门及属地劳保所等部门联动，减轻农民工诉累，实现案件处理提速提质。对接指导园街，提升基层能力，禄口街道和江宁高新区劳动人事争议调解中心获省、市“劳动人事争议金牌调解组织”称号。区劳动人事争议联合调处中心全年接待来访4.19万人次，受理各类劳资案件3.28万件，其中监察9215件、仲裁8747件、江宁法院1480件，涉及劳动关系“12345”工单13261件，受理法律援助案件1800余件，联调中心案件调处率78%。

【仲裁管理】 2023年，区劳动人事争议仲裁院探索“互联网+调解仲裁”模式，依托数字赋能提升仲裁办案质效，在全市率先启动劳动人事争议智能仲裁院建设，并获评全省首批智能仲裁院。全面规范操作流程，保证案件处理与信息系统操作实时同步，案件网上运行率100%，省、部调解平台100%按期受理、按期结案。优化办案小程序性能，新增新业态案件、农民工工资案件统计、结案统计、线上申请用章等功能，提升信息化服务水平和提升办案效率。组织业务培训，召开全区仲裁、调解办案经验交流会，提高仲裁员、调解员依法办案能力。

【仲裁宣传】 2023年，区劳动人事争议仲裁院加强普法宣传，落实青年仲裁员志愿者联系企业活动常态化长效化工作机制。组队参加全市仲裁员、调解员、书记员技能竞赛，获优秀组织奖，参赛项目选手获“南京市技术能手”“南京市五一创新能手”称号。联合区总工会、区民营经济协会和各街道、园区举办法治宣传讲座10余次，联合劳动监察等部门对重点企业开展约谈活动，提升企业依法用工意识及自我化解矛盾能力。与监察、工会、信访、公安等部门协作形成重大争议风险预警处置机制，实现信息共享、协调联动，努力将矛盾化解在萌芽阶段。建立企业联系名单，加大对重点行业、领域、企业隐患摸底排查力度，及时发现苗头性、倾向性问题，妥善化解因欠薪、不规范用工等引发的风险隐患。 （区人社局）

江宁区人民武装部

【概　况】　2023年，江宁区人民武装部深入贯彻习近平强军思想，落实警备区党委扩大会议精神，围绕新体制下职能使命任务，强化政治引领、加强练兵备战、深化基层治理、打牢基层基础、全面从严治党，确保年度各项任务落到实处，全面建设取得新发展、新进步。

【战备训练】　2023年，区人武部深入贯彻习近平新时代军事战略方针和主席训令，牢固立起战斗力标准，始终把工作重心放在备战打仗上，遂行应急应战能力得到提升。全面落实党委主体责任、主官第一责任，严格落实党委议战议训制度，始终以备战打仗为中心，战备训练水平取得进步。常态开展形势战备教育和职能使命教育，深挖彻改和平积弊，树牢底线思维、极限思维，全体人员任期内打仗、随时打仗的意识增强。按照“需求牵引、军种联动、分工协作、实用管用”思路，加强作战准备整体筹划，完善作战行动方案和非战争行动方案体系。紧扣动员支前、保交护路、维稳救灾等现实任务，及时修订完善各类行动方案预案。保持严谨有序的战备状态，组织新入职文职人员值班培训考核，开展应急情况处置演练，细化应急处置流程，进一步规范值班秩序。及时对接地方相关部门，建立信息交流共享机制，充分发挥民兵情报信息员职责，及时搜集汇总辖区情报信息。“两节”、两会等重要时节常态组织战备教育，战备期间落实值班规定，指挥信息系统运行顺畅，抽点应答及时准确，战备秩序正规。坚持一切工作向“服务打仗、保障打赢”聚焦，深入落实习近平主席关于练兵备战一系列重要指示。坚持实战实训、联战联训、从严治训，制定年度军事训练计划，明确年度训练任务，全方位展开、全员额参与、全要素训练。5月，组织民兵参加防汛抢险实战演练，高标准完成临时指挥所搭建任务，为应对汛情提供保障。6月，邀请军队院校、现役部队专家进行专题授课指导，完成省军区赋予的民兵无线通信保障排清单式大纲试训任务。7月，针对省军区赋予的重要目标防范无人机侦察课题，对照驻区部队实际和军地联合现实情况，研究制定重要目标防范无人机侦察方案、建立军地联动机制、确定“四个程序”和“十个步骤”的处置措施，并在10月组织民兵反无人机连与部队在方山开展重要目标协防演练，对课题研究成果进行检验，演练结果达到预期目标，获警备区首长肯定。组织民兵高炮连集中训练，参加国防动员演练，出色完成演练任务，进一步检验和提升组织指挥及军地协同动员能力。

【民兵整组】　2023年，区人武部结合辖区实际，推动实施民兵建设“十四五”规划。定期召开民兵整组工作推进会，按照“三个确保”要求，将新质力量全部按需编实编强，依托电信公司、联通公司、公交集团、融媒体中心、交通运输局、城建局、卫健委等60家对口专业和行业单位组建民兵支援分队，提升基干民兵技术含量。5月下旬，采取逐单位逐建制形式，组织10个街道、3个开发区及各编兵单位现场点验，各基层单位组织程序规范、人员参点率符合要求、点验要素基本齐全，做到编实队伍、健全组织、夯实力量，民兵遂行多样化军事任务能力不断提升。

【兵员征集】 2023年，区人武部先后5次组织召开征兵工作推进会，科学研判形势，制定对策措施。深入3所挂钩高校、10个街道40多个村（社区）检查征兵工作情况，实时掌握征兵底数。开展征兵宣传，在南京工程学院召开征兵政策宣讲会，组织街道专武干部、村（社区）民兵营长、网格员上门入户开展精准宣传发动，将征兵优惠政策向应征青年及家长宣讲到位。完成全年新兵征集任务，入伍新兵高中以上毕业生占93.5%。在开展征兵工作过程中，严格遵守《江苏省廉洁征兵工作细则》，实行廉洁征兵“零报告”制度，在营区公布廉洁征兵举报电话、信箱，确保举报渠道畅通。联合区融媒体中心通过“江宁发布”平台公布廉洁征兵“十不准”和廉洁征兵“十严禁”、区廉洁征兵监督员名单和电话，并在征兵工作开展前集中组织廉洁征兵专题纪律教育，确保廉洁征兵。

【基层武装建设】 2023年，区人武部以《专职人民武装干部履职量化考核实施办法》为抓手，军地合力开展专武干部履职考核工作，进一步提高专武干部队伍能力素质。组织第三批次民兵连长集训，完成部分民兵营长资格认证，一次性通过率100%。拓展“四个秩序”试点成果，制定《江宁区人武部职工管理规定》，优化组织机构职能，规范各科室业务工作开展，激发职工干事创业热情。坚持目标导向、问题导向，抓好军委巡视巡察反馈问题整改工作，坚持分类整改、纠建并举，做到拉单列表、建账销账，推动各项建设规范化、制度化。深入贯彻《军队基层建设纲要》，按照省军区基层人武部规范化要求和《关于加强新时代江宁区基层武装工作规范化建设实施意见》，统筹推进基层武装部、村（社区）民兵营连部达标建设，全区10个街道武装部和201个村（社区）民兵营规范化建设水平提升。（张　欣）

国防动员（人民防空）

【概　况】 2023年，江宁区国防动员（人民防空）部门全面贯彻习近平强军思想和新时代军事战略方针，按照“老责要扛、新责要担”要求，紧扣主责主业，对标实战需求，奋力开拓创新，进一步完善综合防护体系，狠抓国防动员和人民防空军事斗争准备，推进国防动员（人民防空）工作融入经济社会和城市建设，高标准推动国防动员高质量发展。

【训练演练】 2023年，区国防动员（人防）部门针对区情社情、周边形势和任务变化，及时修编江宁区人民防空方案，督促区国动委各成员单位据实制定专项方案，开展“城市人口疏散（掩蔽）保障要素分析”课题研究。督促区国动委相关成员单位完成抢险抢修、医疗救护等人防专业队伍整组编训工作。7月，人防治安专业队依令接受市国动办抽查点验。全年组织参加省、市国动办举办的各类能力培训10余次，2次组织全区国动干部职工、人防专业队骨干进行封闭式集训。结合“5·12”防灾减灾月活动，完成覆盖面不少于10%的社区人员疏散隐蔽演练目标任务。组织参加“联合超越—2023”国防交通保障演练，联合高淳区国动办开展人防机动指挥所实战化演练。“9·18”防空警报鸣放期间，分别在文靖东路小学、岔路口学校开展人员紧急疏散演练。参加南京、马鞍山两市遂行国防动员行动机动通信保障演练和市区指挥所开设保障演练，联合玄武区国动办开展临战人口疏散与接收安置演练，组织参加“宁动—2023”南京市国防动员研究性实兵演习，强化新质新域支撑。

【潜力核查】 2023年，区国防动员（人防）部门全方位开展国防动员潜力核查工作，分别于5月、7月先后两次集中力量深入基层一线核对核实相关数据，精准掌握国防动员专业队伍援战水平和战略物资应急保障能力，做好国防动员军事斗争准备。8月，开展“解剖式”走访调研活动，梳理整合区国动委各成员单位和社会人力资源，最大限度释放援战效能。9月12日，国动领域相关要素的潜力核查工作完成。10月下旬，区国动委联合办公室赴基层宣传贯彻将肩负重要的“兵员装备过境通道、新质新域战力生成基地”的使命。

【人防工程建设与管理】 2023年，区国防动员（人防）部门统筹地下空间开发利用，调整优化防护工程功能布局和各要素配比，按照国土空间总体规划同步修编人防工程专项规划，启动将人防工程建设指标纳入国土空间总体规划体系工作，组织编制《江宁区人防工程专项规划（2021—2035）》。常态化开展地下空间普查，推进人防基础设施建设。

【国防动员宣传教育】 2023年，区国防动员（人防）部门建立部门协同联动机制，全面推进国防动员宣传融入学校宣传、国防宣传、普法宣传和社会公共安全教育。利用新兵役前集训、国防动员援战演练、军地联演联训等时机，结合纪念日等节点，广泛举办知识竞赛、主题演讲等形式多样的宣传教育活动，不断增强全民国防意识。督促各中小学校普及国防动员知识技能，继续免费为全区30所中小学征订发放《国防动员知识读本》。更新257块多媒体警报器电子大屏和209个村（社区）国防动员宣传栏内容；利用省市区主流媒体、国防动员网站、微信公众号等媒体网络，全方位展现国防动员工作成效。（周　航）

双拥共建

【概　况】 2023年,江宁区双拥工作深入贯彻习近平强军思想和关于双拥工作的重要论述，弘扬双拥优良传统，强化服务保障，落实双拥政策，进一步巩固发展军政军民团结局面，助力南京市争创全国双拥模范城“十连冠”。

【双拥模范城创建】 8月17日，江宁区召开南京市争创全国双拥模范城“十连冠”动员部署会，落实全市有关部署，推动全区双拥工作再上新台阶。市委常委、区委书记、区双拥工作领导小组组长林涛出席会议并讲话，驻地某部队、区国防动员办、东山街道作交流发言。创建期间，全区利用大型双拥广告牌5个、LED电子大屏251块、LED电子小屏1120块，在公交站台、公共自行车桩点，设置双拥创建宣传牌74块、道旗50面、横幅514条，加强双拥模范城创建宣传，营造创建社会氛围。

【拥军优属】 2023年春节、八一建军节前夕，区四套班子主要领导走访慰问驻地部队，使用双拥经费280万元，为部队办实事、解难题。区双拥办开展“军事日”国防教育、“国学讲座”进军营、“理论宣讲”进军营、科技拥军、军地青年联谊会等系列拥军活动12场，组织150余名驻地部队营连主官、基层士官代表和拥军模范军嫂参加“看美丽江宁”活动。联合区科协、区档案馆与驻地某部队开展以“铭记历史铸忠魂、科技拥军筑长城”为主题的军地共建活动。全年发放随军未就业家属生活补贴123人次、76.7万元。

【拥政爱民】 2023年，江宁驻地部队累计走访慰问地方五保户、孤儿、低保户等困难群众125人，发放慰问金16.4万元。驻区某部队投入30万元，援建地方一条长600米道路，方便群众出行。炮防学院南京校区投入30万元，支持地方实体店建设。3月5日，驻地部队在江宁双拥公园集中开展学雷锋便民服务活动，40余名官兵为社区居民开展义诊、理发、家电维修、赠送药品等便民服务，惠及群众数万人。（许剑龙　姜　飞）

【八一军地共建活动】 8月1日，区双拥办联合区科协、区档案馆与驻地某部队，开展以“铭记历史铸忠魂、科技拥军筑长城”为主题的八一军地共建活动。活动邀请陈家余、许进洲、孙德顺3名抗美援朝老战士，以及在朝鲜战场牺牲的赵广志烈士女儿赵春英参加，大家共同观看纪念抗美援朝战争胜利70周年英烈故事视频《永恒的思念》。活动中，区档案馆发布红色档案资料征集倡议，深入挖掘全区丰富的红色档案资源，更好地抢救和保护散存于社会的红色档案资料，进一步丰富馆藏，守护红色记忆，用档案讲好党的故事，传承红色基因。（宁　鉴）

退役军人事务

【概　况】 2023年，江宁区退役军人事务部门围绕区委、区政府工作部署，以推动退役军人工作高质量发展、争当示范引领为主题，以“敢为、敢闯、敢干、敢首创”的担当作为，聚焦难点问题破解、安置就业质效、退役军人期盼、基层基础建设，求真务实、精准施策，推动江宁退役军人工作取得新成效。

【退役军人优抚褒扬】 2023年，区退役军人事务部门为国家抚恤补助待遇人员、义务兵等其他各类服务对象，发放优抚安置资金1.06亿元。优抚关系转移12人，新增满60周岁农村籍退役士兵71人、残疾军人17人、“三属”人员5人、带病回乡4人。为1126名重点优抚对象按照每人345元标准购买商业保险。参战参试退役军人补助金标准由1740元/月提高至1810元/月，113名带病回乡退伍军人补助标准由1615元/月提高至1680元/月，53名烈士遗属、因公牺牲遗属、病故军人遗属抚恤标准由5590元/月、4970元/月、4350元/月分别提高至5820元/月、5170元/月、4525元/月，在乡复员军人生活补助标准由4475元/月、4100元/月、

3725元/月分别提高至4655元/月、4265元/月、3880元/月，600余名残疾军人提高抚恤补助标准，满60周岁农村籍退役士兵抚恤补助标准由每服1年义务兵役每人每月补助54元提高至57.33元。36名满60周岁烈士子女生活补助标准由715元/月提高至760元/月。组织优抚对象进行免费健康体检，建立困难退役军人及其他优抚对象“一本账”，定期走访慰问企业军转干部，为企业退休参战参试人员发放“两节”慰问金。对重点优抚对象中重病和生活困难人员救济120余人次，走访慰问优抚对象家庭100余户，发放救济和慰问资金40余万元。对优抚对象进行年度确认，为退役军人及其他优抚对象集中办理优待证。为烈属、军属和退役军人等家庭上门悬挂光荣牌，为现役立功军人登门送喜，送出二等功喜报4件、三等功喜报36件。分别在清明节、烈士纪念日组织赴土桥烈士陵园举行集体祭扫活动，开展纪念抗美援朝战争胜利70周年系列活动，制作英烈短视频《永恒的思念》，并获省级评比三等奖。八一期间，走访慰问66名参加抗美援朝在乡复员军人和残疾军人、抗美援朝牺牲烈士遗属，发放慰问金和慰问品。开展“我为烈士看爹娘”活动，与5名烈士父母建立常态化联系，为36名烈士子女购买“宁惠保”医疗商业保险。

【退役军人接收安置】 2023年，区退役军人事务部门拓宽安置渠道，坚持“阳光安置”，推动“精准安置”，完成转业军官及安排工作退役士兵移交安置工作，安置率100%。筹措112个企事业单位岗位（其中11个事业编制）用于退役士兵安置。采取“量化评分排序、按序积分选岗”办法，安排退役士兵参加选岗会。

11月1日，区退役军人关爱基金成立。图为成立大会现场

（张中华　供图）

【退役军人就业创业】 2023年，区退役军人事务部门联合区委统战部为退役军人举办职业技能培训，推荐录取多名退役军人参加省组织的特色培训，完成2期退役士兵适应性培训。全年发放退役士兵学历补助193万元，办理大学生士兵学费减免手续，审核认定参加全日制教育退役士兵。以“专场+合作”模式举办各类招聘会，提供就业岗位1200多个。组织13家企业参加市退役军人事务局组织的“戎创金陵”创业大赛，获优秀组织奖和4个三等奖；开展首届全市“军创集市”江宁专场，为17家企业提供创业指导，为3家新公司办理注册申报。区退役军人事务局获评全省退役军人就业创业工作先进集体。（张中华）

【全市首个退役军人关爱基金成立】11月1日，江宁区退役军人关爱基金成立。区退役军人关爱基金是南京市首家区级退役军人关爱基金，旨在褒奖先进典型，感染、影响、激励更多的退役军人积极投身中国式现代化江宁新实践。已通过企事业单位、社会组织、爱心人士捐助募集和政府资助捐赠等渠道，募集资金近350万元，并纳入区慈善总会统一管理，重点开展针对退役军人的帮扶解困、志愿服务、就业创业扶持、服务保障体系建设等有关活动。（宁　鉴）

宏观经济管理

【概　况】 2023年，江宁区发展和改革部门在充分调研及与各相关部门沟通的基础上，牵头编排江宁区2023年国民经济和社会发展目标。按照季度监测目标任务执行情况，督促责任单位按序时进度推进各项工作，重点梳理目标任务半年期完成情况，对未达进度目标以及完成困难目标及时整理上报区委、区政府。区十八届人大二次会议确定的各项目标任务经一级分解为6类、29个大项、155个小项。至年末，完成年度目标任务149项，占目标总数的96.1%。统筹做好2023年市对区高质量发展绩效评价考核，将考核目标任务及时分解到责任部门，跟踪督促、高效沟通，推动目标任务完成。

【经济运行监测】 2023年，江宁区委成立经济运行调度工作领导小组，依托经济运行一体化分析平台，实时监测经济发展过程，洞察宏观经济形势和微观发展趋势，厘清重难点问题靶向施策，进一步增强经济工作的预见性、主动性和针对性，确保经济运行在合理区间。坚持目标导向，以“十四五”规划目标、市对区高质量发展考核、区人代会目标为准绳，推动地区生产总值、规模以上工业总产值、社会消费品零售总额等重点经济指标平稳运行，促进经济稳中提质。密切关注国内外形势，制定并落实江宁区统筹发展和安全“1+2+10”工作推进机制，加强经济风险研判预警，维护经济社会稳定局面。

【重大产业项目建设】 2023年，全区攻克产业项目建设中存在的困难和问题，加强工作联动，有序推进重大产业项目建设。全区171个实施类项目全部开(复)工，累计完成投资372.9亿元，投入率107%。其中，盛鑫集成电路、玻纤院、中材锂膜等50个项目设备购置及竣工投产(含部分)，南京信息高铁、开市客等26个项目结构性封顶，品博航空装备、江亚数码等33个项目实施主体建设，恒立智能生产、迈拓仪表等62个项目进行基础建设。80个市级重大项目中，23个计划开工项目全部开工建设，有5个力争开工项目实现开工，累计完成投资259亿元，投入率95.9%，创历年新高。其中，10个省级重大项目完成投资56.7亿元，投入率102%。（周　航）

【《江宁区拼经济促发展若干措施》发布】 1月3日，《江宁区拼经济促发展若干措施》发布，重点聚焦有效投入、内外需求、要素保障等关键领域，制定“四强化五聚焦”9条措施，切实凝聚全区力量、提振发展信心、激发市场活力。主要内容包括春节期间留工保供、项目连续施工的企业和工地，按实际留宁过年外地参保(或户籍)员工每人500元标准发放一次性留工补助；对2023年1—2月完成规模以上工业产值同比增速超10%的规模以上工业企业，按照经济贡献分档给予最高不超过100万元资金补助；对2023年1—2月产值超亿元且同比增速超20%的规模以上工业企业，按照经济贡献分档给予最高不超过500万元资金补助；对员工来源地较为集中地区无法及时返岗的情况,开展点对点接返服务，对企业支出的包车费用，可给予50%补助，最高不超过30万元。

【2023年民生实事项目确定】 1月8日，在江宁区十八届人大二次会议第三次全体会议上，与会区人大代表以投票表决方式，确定全区2023年度民生实事项目。经人大代表审议、票决，2023年全区重点实施强化基层医疗设施、提升安居宜居水平、推进城乡环境提升、力解“一老一小”难题、加大教育服务供给、丰富文体生活场景、方便市民安心出行、深化就业创业服务、化解公共安全隐患、助推乡村振兴发展10类41项民生实事项目。其中，新增10个市AAA级（含）以上社区居家养老服务中心，为困境青少年建设10个“梦想小屋”；推进淳化、秣陵街道社区卫生服务中心等一批基层医疗服务机构改扩建，进一步提升基层医疗卫生服务水平；推进高旺路幼儿园、文齐路小学等一批学校项目新建或完工，优化教育资源布局；新建及更新室外健身路径150套，新建健身步道10千米，改建5片灯光球场，开展“江宁之春”等各类群众文化活动1000场次以上，丰富群众文体生活等。

【2个小镇入选省首批特色小镇】 2月，省发展改革委发布关于命名第一批江苏省级特色小镇的通知，全省有20个特色小镇入选，其中南京市2个，分别为江宁区南京未来网络小镇和南京江宁生命科技小镇。特色小镇是集聚特色产业、生产生活生态空间相融合、不同于行政建制镇和产业园区的创新创业平台。南京未来网络小镇和南京江宁生命科技小镇始终坚持聚力特色主导产业、促进产城人文融合、突出小镇功能优势，在重大项目推进、产业集聚、科技创新、体制改革等方面作出积极创新和有益探索，取得显著成效，成为全区在高质量发展中奋力谱写中国式现代化江宁新篇章的重要载体和展示窗口。

【13个项目被列入2023年省重大项目】 2月，省发展改革委印发2023年江苏省重大项目清单，明确2023年全省重点推进实施的重大项目，江宁区有13个项目位列其中，比上年净增6个。其中，实施类项目10个（新开工4个、续建6个），净增4个，总投资197亿元，年度计划投资55.4亿元；储备项目3个，净增2个，总投资35亿元。按照省重大项目划分，中国电科院南京科研基地和南京粤浦科技南京云创中心2个项目被列入省重大项目现代服务业类别，南京理工大学长三角高端装备创新中心项目被列入省重大项目重大创新载体类别，南京恒立新能源汽车智能控制设备、南京南瑞继保电气化装备二期、南京汇川技术机器人、南京盛鑫集成电路外延材料产业化、南京福特电动车核心零部件、南京中材锂离子电池隔膜等6个项目被列入省重大项目战略性新兴产业类别，南京泉峰新能源电动工具项目被列入省重大项目先进制造业类别。南京中汽创智新能源智能网联汽车产业化、南京大桥机器气象探测设备研制、南京惠隆汽车循环处理利用等3个项目被列入省重大储备项目。

2023年，省重大项目战略性新兴产业项目——南京中材锂离子电池隔膜 （滨江开发区 供图）

【95个项目被列入市重大项目】 4月，市政府办公厅印发南京市2023年经济社会发展重大项目名单，全市经济社会发展重大项目490个，包括427个实施项目和63个前期项目。江宁区被列入市级重大项目的95个项目总投资2072亿元。其中，实施类项目80个，位列全市第一，总投资1661亿元，年度计划投资240亿元；前期项目15个，总投资411亿元。实施类项目中，包括科创类项目17个，年度计划投资37.7亿元；制造业项目49个，年度计划投资160亿元，项目个数和投资分别占总量的61%和67%；服务业项目12个，年度计划投资35.7亿元；民生类项目2个，年度计划投资6.5亿元。

【开发区入选全国首批碳达峰试点园区】 12月，国家发展改革委发布首批25个碳达峰试点城市和10个碳达峰试点园区名单，江宁开发区入选。11月，国家发展改革委发布《国家碳达峰试点建设方案》，提出将在全国范围内选择100个具有典型代表性的城市和园区开展碳达峰试点建设，为全国提供可操作、可复制、可推广的经验做法。江宁开发区将依托自身资源条件和产业基础进行探索，在园区打造“三大高地”，即“双碳”驱动新质生产力发展高地、新型电力系统示范应用高地、绿色技术与产业融合创新高地。同时，加快实施“六大行动”，包括推进打造现代化产业体系行动、推动能源消费清洁低碳行动、推动基础设施绿色低碳提升行动、深化资源循环高效利用行动、开展生态固碳减排治污协同行动、落实企业碳管理转型行动。（宁　鉴）

土地资源管理

【概　况】 2023年，江宁区土地资源管理部门制定全市首个建设用地报批工作实施细则，报批时长实现极限压缩。统筹资源供给，项目应保尽保，盘活存量用地160.5公顷，新增载体面积262.5万平方米，入选全省首批盘活优化存量资产、扩大有效投资典型案例。推进耕地保护督察问题整改，年内督察问题已销号4宗、2.2公顷，整改率35.74%。在全市首创“征供并联一体化流程”，利用省、市审批征地报批材料“等待期”，基本完成方案审定、评估、集体决策等供地前期工作，提升征供地效能，节约时间两个月以上。

【建设用地管理】 2023年，区土地资源管理部门办理出让、划拨国有建设用地供应260宗、1136.17公顷，出让金155.94亿元。其中，经营性用地挂牌成交12宗、57.57顷，出让金141.62亿元；产业用地挂牌成交34宗、150.96公顷，出让金10.03亿元；协议出让成交6宗、4.23公顷，出让金1.14亿元；已出让用地改变土地使用条件47宗，出让金3.15亿元；划拨类供地161宗、923.4公顷。完善和保障新铜花苑七期、汤东片区棚户区改造、航空产业片区棚户区改造等一批保障房项目用地，共21宗、109.75公顷。全年办理临时用地规划许可和临时用地审批86宗、57.28公顷，复垦保障金470.69万元。

【重大项目保障】 2023年，全区重大产业项目171个，其中新开工项目89个，续建项目82个。至年末，171个重大产业项目年度用地需求实现“应保尽保”，保障率100%，及时推动粤浦、恒立智能、南瑞二期等一批省、市重点项目落地开工。

【违法建设查处】 2023年，区土地资源管理部门开展违法建设巡查2282次，巡查里程42064千米，巡查上报新增违法用地11宗、面积6.4公顷，其中耕地2.2公顷。向各街道、园区下发违法用地整改函53件，立案查处违法用地案件38宗，下发处罚决定书28件，罚款1577.06万元，没收建筑物18.02万平方米。年内国土资源部下发卫片图斑499个，总面积405.3公顷，其中耕地155.5公顷，基本农田11.1公顷。已审核图斑中，审核通过图斑260个、294.5公顷；非农化问题47个、32.3公顷（主要类型为已征未供的重点项目和存量违法项目）；非粮化问题2个、0.3公顷。省国土资源厅日监测图斑440个、总面积243.7公顷，其中耕地105.4公顷、基本农田37.6公顷。已审核图斑中，审核通过图斑316个、177.5公顷；非农化问题49个、20公顷（主要类型为已征未供的重点项目）；非粮化问题5个、0.7公顷。

【测绘管理】 2023年，区土地资源管理部门完成各项测绘1722件，其中供图749件、验（放）线314件、日照复核39件、竣工测量345件、零星测绘服务211件、联合测绘64件。按照江宁区地下管线批后监管优化方案，做好公共区域地下管线的验线、竣工测量、数据汇交工作。全年市政管线立案批后监管316件、核发许可283件、验线253件、竣工测量数据汇交146件。测绘单位作业的各类测绘成果通过测绘服务监管平台完成入库工作，累计10087件，其中放大样321件、验（放）线2725件、竣工测量1484件、联合测绘277件、零星测量1650件、免费供图3475件、日照复核155件。

【不动产登记】 2023年，区土地资源管理部门办理不动产权证书7.1万本，比上年下降20.2%；不动产登记证明5.7万份，增长13.8%；办理线上“不见面”业务3.78万件，增长42%；档案查询8.1万份，增长68.5%；司法查解封5728件，下降24%；非公证继承业务600余件，增长45.6%；接听咨询电话3.4万通，增长15%；“12345”工单4826件，增长31%，综合满意度97.9%。推进二手房转移登记联动水电气过户“一件事”改革，联合区行政审批局、区房产局、水务集团、电力公司和华润燃气等多部门，打通业务链条、实现数据共享。通过江宁区政务服务协同平台，打造“一窗受理、联动服务”新模式，实现“一件事、一次办”，办理二手房转移登记水电气联动过户业务1500余件。推行“带押过户”，办理存量房“带押过户”登记业务1508户。

【确权登记】 2023年，区土地资源管理部门开展林权不动产档案数字化面积2.3万公顷，林地所有权847个，林地承包经营权宗地1541个，录入林权申请表881张、各类证明资料6846页、生成界址点97101个，并建立江宁区林权数据库。完成江宁区农村集体土地所有权确权登记，制证25289宗。在集镇周边权籍调查8611宗，常态化处理761宗，登记发证232宗。已登簿未发放证书2601宗，其中缺材料（如家庭信息、配偶证明、离婚协议、身份证明等）1022宗，通知后未领取697宗，缺少签字（如权籍调查表等材料）183宗，家庭矛盾（如分家析产）111宗，需变更77宗，有疑义（如不认面积）266宗，拆迁问题29宗，其他（去世、非农房、占农、分户）216宗。

【土地市场交易】 2023年，全区经营性用地成交12宗、面积57.6公顷，出让金141.62亿元，其中住宅用地9宗、面积46.7公顷，出让金136.9亿元。产业用地成交38宗、面积161.9公顷，出让金10.78亿元，其中科教用地9宗、面积22.1公顷、出让金4.22亿元。办理土地抵押备案103宗、面积274公顷，债务价值95.64亿元，交易服务费95.95万元；办理土地使用权转让备案10宗、面积13.1公顷，转让金总额2.26亿元，交易服务费29.91万元；协助变更登记4宗、面积19.1公顷。全年评估宗地94宗、面积370公顷，评估总值193.48亿元。其中，产业类用地68宗、面积296.4公顷，评估总值26.93亿元；经营性用地26宗、面积73.5公顷，评估总值166.55亿元。

（王梦菲）

国有资产监督管理

【概　况】 江宁区人民政府国有资产监督管理办公室依法履行出资人职责、区直属国有企业监管职责和负责区直属国企党的建设。区国资办直接监管区城建集团、交建集团、国资集团、商务商贸集团、人才集团、农副物流中心、公交集团、旅康集团、江苏园博园公司、上坊建设公司、江护集团11家区直属国企集团。2023年，区国资系统按照区委全会决策部署和省、市国资委工作会议要求，坚持和加强党对国有企业的全面领导，坚定不移做强做优做大国有资本和国有企业，牢牢抓住高质量发展首要任务，不断增强国企核心功能、提高国企核心竞争力、提升国资监管效能，持续推动全区国有经济稳定发展。根据专项审计，年末，区直属国企集团资产总额2057.5亿元，比上年增长1.4%。全年实现营业收入92.7亿元，增长45.9%。

【国资监管】 2023年，区国资办根据省、市关于全面加强国有企业监管的政策文件，牵头起草《关于全面加强国有企业监管的实施细则》，并以区委办、区政府办名义印发，建立“直接监管+委托监管+指导监管”体系，统筹企业内部监督、出资人监管、外部协同监管联动，进一步构建国资监管大格局。推进国资国企在线监管系统建设和上线运行，实现监管企业产权管理、对外投资、全面预算、融资担保、薪酬管理、人力资源、监督审计等监管事项统一归集、监管数据统一汇总、监管结果统一展示。围绕提高核心竞争力、增强核心功能、防范重大风险的考核导向，按照“一企一策”分类下达考核目标值，重点考核经营业绩、债务管控、三项制度改革、盘活存量资产、资金管理等，大幅提升利润总额考核分值权重，引导企业提升管理水平，不断提高经济效益。贯彻落实区委、区政府关于深化国有企业和国有资本审计监督的工作部署，成立区国资办党委审计委员会，全面加强办党委对区属国企内审工作的指导和监督，推动区属国企构建集中统一、全面覆盖、权威高效的审计监督体系。

【法治国企建设】 2023年，区国资办加强国资监管制度体系建设，修订完善涵盖综合监管、改革发展、产权管理、预算财务、督查审计、人事薪酬、党的建设等7类40项国资监管文件，形成《江宁区企业国有资产监管制度汇编》，基本实现全区国资监管制度协同一致、行权履职规范，进一步提升依法依规监管履职水平。举办全区国企合规管理专题讲座，从合规管理组织架构、合规风险控制、重点合规领域等方面，解读《中央企业合规管理办法》，指导企业树立依法合规经营理念，全面加强合规管理。根据《南京市江宁区区属国企稽查办法》，部署开展区属国企制度体系建设专项稽查，促进企业建立健全内控制度体系，及时修订完善制度内容。组织区属国企招标采购、薪酬分配专项检查，指导督促区属国企建立健全相关管理制度，常态抓好制度落实。

【深化国企改革】 2023年，区国资办推进国企重组整合，以旅游产业集团为主体组建旅游康养集团，增加各类养老设施市场化运营、养老基本公共服务市场化保障等功能。整合环卫集团、停车发展公司、锦东园林工程公司、

2023 年江宁区属国企集团经营情况表

表 3　　单位：万元

集团名称	资产总额	主营收入	集团名称	资产总额	营业收入
城建集团	6268769	424078	公交集团	170791	21127
交建集团	4075372	202179	旅康集团	559808	5951
国资集团	3615754	43466	园博园	2640178	29544
商贸集团	1082090	91855	上坊建设	443282	4865
人才集团	292757	11381	江护集团	54898	25200
农副物流中心	1370941	66974	合　计	20574641	926620

（李　硕）

江海路灯工程公司，成立江护集团，推动全区城市综合养护业务市场化、专业化、标准化运营。深化三项制度改革，对照经理层成员任期制和契约化管理文本操作要点，督促各集团完善和签订年度经营业绩考核责任书，着力在年度经营业绩考核结果和薪酬兑现上体现差异性，构建基于中国特色现代企业制度的新型经营责任制。配合区委组织部开展选拔年轻干部到区直属国企任职工作，公开遴选 12 名中层管理人员，拓宽国企选人用人渠道，推动国企选人工作由内部小循环向市场化大循环转变。规范外部董事履职，开展外部董事年度考核工作，将考核情况作为外部董事调整交流、培养使用以及续聘解聘的重要依据。召开外部董事工作部署会，建立外部董事履职情况报告制度，推进外部董事管理工作走深走实。

【风险防控】　2023 年，区国资办加强区属国企债务“两线两清单”管理和投融资计划管理，制定下达重点关注和监管企业名单，组织区属集团编制年度投融资计划，严把投资源头关口，避免无序融资和过度融资，有效防控企业债务风险。起草《江宁区属国有企业债券发行监督管理办法》，实行债券发行年度计划管理。落实《江宁区融资平台公司数量压降工作方案（2022—2026 年）》，累计退出 74 户，完成率 60.2%，提前完成 2024 年年末压降过半的目标任务。修订《江宁区区属国有企业投资监督管理办法》，实施投资限额管理和分级分类监管，建立健全投资事前论证决策、事中监督检查、事后评价及责任追究全链条制度体系。制定《关于进一步加强区属国有企业资金管理工作的意见》，重点从银行账户、资金预算、债务融资、对外借款担保、资金集中管控等方面，明确保障资金安全的具体要求，切实防范资金风险，提高资金使用效益。下发《关于加强区属集团对外捐赠管理有关事项的通知》，进一步规范区属集团对外捐赠行为，引导企业正确履行社会责任。配合做好省委巡视期间追赃挽损工作专班工作，开展区属国企异常融资中介费追缴以及违规出借、担保资金追回、民企拖欠费用收回等工作。贯彻落实省、市、区有关安全生产要求，围绕安全生产“三督促一参与”职责，印发《2023 年区国资办安全生产工作要点》，定期专题研究安全生产工作，定期召开国企集团安全生产专题会议，定期检查国企集团安全生产工作落实情况，指导督促集团全面防范化解安全风险，坚决遏制安全生产事故发生。（李　硕）

【江宁国有资产经营集团】　南京江宁国有资产经营集团主要职能是对授权范围内的国有资产进行经营管理和资本运作，实现国有资产保值增值。集团注册资本 15 亿元，由区国资办持 100% 国有股权，信用主体评级 AA+。集团内设 9 个部门，实际运营子公司 8 家，员工总数 138 人。2023 年，江宁国资集团围绕金融服务、股权投资、片区开发、城市更新、民生保障和乡村振兴等领域，深化国企改革，推进集团市场化转型进程，创新集中—分散型财务管理模式，实行子公司预算管理制，开展子公司优化重组、实体化运作等专项行动；通过完善现代企业法人治理结构，提升经营管理水平，聚合形成投资与资产管理、综合金融服务、片区开发运营三大主营业务板块。年末，集团资产总额361.58亿元，全年完成营业收入4.35亿元。严控新增债务规模，密切关注市场动态，把握政策窗口期，不断优化融资结构，压降财务成本。集团对外投资51家、投资总额64亿元。出资成立南京江宁大数据产业有限公司，推进“一网统管”视频补盲、“我的江宁”支付中台等项目，提升城市数字治理水平；与农副物流合作组建南京国众食材配送有限公司。集团资产63处，房产总面积20.3万平方米，其中经营性资产出租率100%。推进阳光新城资产对外招商运营，引入全季酒店等优质商户。依托城市文化客厅绚集店，打造“宁·十二辰”特色品牌，引入合作伙伴“新味二十四单”。拓展区工人文化宫经营业态，引入优质商户24家，实施原龙园宾馆资产提档升级。开展土山路两侧及营南巷双塘片区地块开发项目招商，加快三钢地块生活区城市更新改造，完成天印大道北延项目跨秦淮东河主桥及中前社区段道路、上高路扩建改造项目丰收河桥梁，高桥经济适用房（一期）项目部分住宅主体结构封顶，站前路跨秦淮河桥、加油站迁建、上元大街资产装修等项目有序推进，龙泽苑剩余商品房屋纳入区房源超市。（国资集团）

民营经济管理

【概　况】 2023年年末，江宁区市场主体总数36.3万户，比上年增长3.9%。其中，企业14.3万家，个体工商户21.9万户，农民专业合作社714家。全年新登记市场主体4.3万户，增长2.3%。其中，企业1.5万家，下降0.45%；个体工商户2.8万户，增长3.72%；农民专业合作社10家，增长66.67%。市场主体注销28610户，增长35.8%。（王　雯）

【中国个协调研江宁民营经济发展】 8月，中国个体劳动者协会一行到江宁区调研民营经济发展和民营经济协会工作情况，指导民企非公党建工作，助力民企健康稳定发展。调研组一行先后调研区民营经济协会、江苏小厨娘餐饮管理有限公司和南京义乌小商品城，听取全区民营经济协会工作汇报，详细了解民营企业和个体工商户非公党建和发展情况。调研组对江宁区民营经济协会工作给予肯定，希望协会继续发挥好桥梁纽带作用，服务个体私营经济健康发展。同时，鼓励个体民营企业要坚定发展信心，强化党建队伍建设，将党建工作与生产经营结合起来，增强企业内部凝聚力，促进企业可持续发展。

【2家企业入围“中国制造业民营企业500强”】 10月，全国工商联发布“2023年中国制造业民营企业500强”榜单，江宁区2家企业入围，分别是南京金箔控股集团有限责任公司、南京高速齿轮制造有限公司。南京金箔控股集团有限责任公司成立于1955年5月，是一家跨地区、跨行业、跨领域的多元化产业集团公司。公司主营金箔及箔类深加工产品、工程贴金及佛教贴金，烟草、食品、药品等包装配套材料，机电产品，商业农贸运营，酒店餐饮服务、房地产开发，农业食品，文化教育培训等，是世界五大金箔生产中心之一、国家级非物质文化遗产企业、国家金质奖企业、国家金箔行业标准制定者、故宫官式古建筑材料基地，已连续第7年入选“中国制造业民营企业500强”。南京高速齿轮制造有限公司是专业从事风电齿轮传动设备研发、生产的国家高新技术企业，2023年列中国机械工业百强第37位，是工业和信息化部首批制造业单项冠军示范企业、国家技术创新示范企业等，曾获国家科学技术进步奖、Windpower Monthly 2022年度最佳传动链金奖、江苏制造突出贡献奖、江苏省省长质量奖等。作为全球风电齿轮传动领域的领军企业，该公司可批量供应1.5兆瓦至1.8兆瓦全系列风电齿轮箱，产品销往全国30多个国家和地区。南高齿风电主齿轮箱国内市场份额60%，全球市场份额超30%，连续多年稳居全球行业第一，已累计为客户提供风电主齿轮箱超过10万台。（宁　鉴）

财　政

【概　况】 2023年，江宁区财政部门坚持稳字当头、稳中求进工作总基调，完整、准确、全面贯彻新发展理念，服务和融入新发展格局，推动高质量发展。全年完成一般公共预算收入238.28亿元，比上年增收35.32亿元，增长17.4%。其中，税收收入218.03亿元，增长25.56%，税收占比91.5%。一般公共预算支出272.62亿元，增长8.44%。政府性基金收入161.52亿元，下降14.9%，其中土地出让收入入库151.47亿元，下降13.7%。政府性基金支出179.3亿元，下降8.1%。

【落实民生保障】 2023年，区财政部门坚持统筹兼顾，办好民生实事，民生领域支出223.9亿元，比上年增长18.5%。安排教育基建项目专项资金2.3亿元、教育技术装备专项资金6200万元、学校经费补助2.42亿元等各类教育专项，落实教育优先发展。做好低收入人群生活兜底保障，累计发放最低生活保障金、特困供养经费、困难残疾人生活补贴等社会救助资金1.7亿元，惠及2.15万人次；支持养老服务体系建设，落实普惠性就业创业政策、创业担保贷款和贴息政策，营造良好就业创业环境。以“保底租金＋约定分红”模式，推动村集体经济高质量发展；全面推进水环境综合治理，优化农村人居环境。严格落实惠民补贴政策，全年通过“一折通”发放政策性补贴项目58个，金额4.14亿元，惠及54.88万户。

【助力经济发展】 2023年，区财政部门强化重大项目建设资金保障，调度保障126、246国省干线公路和地铁3号线三期、5号线等重点交通建设资金，推进区职工文化中心等项目建设，支持公共服务设施提档升级和区内农路建设及交通治堵。激发消费市场新活力，打好房产政策组合拳，累计发放人才安居补贴资金8049.32万元和竞配建住宅购房补助3587.4万元，满足居民刚性和改善性住房需求；发放新能源汽车消费补贴等各类消费奖补资金，推动文化旅游市场加快复苏。落实惠企政策，构建“5+4+5”创新型产业集群，缓解企业成本压力，为区内企业发展提供安全支持；出资设立“江宁区小微快贷”，发挥财政资金引导作用，惠及民营企业939家，带动银行贷款52.74亿元。加快实施创新驱动发展战略，安排各类科技创新资金，专项用于高新技术企业培育、新型研发机构奖补、人才引进；建立“揭榜挂帅”关键核心技术攻关机制，整合财政资金800万元专项支持科技创新；探索财政拨投结合支持科技成果转化项目新模式，加快打造具有全球影响力的产业科技创新中心示范区。

【政府采购管理】 2023年，区财政部门以优化政府采购营商环境为着力点，加强政府采购监督管理，释放政府采购政策功能，政府采购工作成效显著。落实预留份额、价格扣除等优惠措施，支持中小微企业发展；宣传政府采购支持科技创新政策，鼓励采购人优先采购创新产品；开展违规收取政府采购各类保证金及其他欠款专项清理工作，减轻供应商企业负担，激发市场活力。进一步完善政府采购和购买服务实施意见，规范政府采购及购买服务工作，提高财政资金绩效；以价格为主导开展竞争性磋商，规范小型建设工程政府采购管理；推进“互联网＋政府采购”，实现省预算管理一体化系统和政府采购云平台“苏采云”有效对接，强化社会代理机构规范化和刚性约束。运用政府采购政策支持消费帮促工作，助力脱贫地区乡村产业振兴。按照不低于上年度食堂食材总额的10%和3%比例，预留财政部“832平台”“鲜丰汇平台”采购份额，全年实际完成农副产品采购605.62万元。

【债务管控】 2023年，区财政部门强化债务管控体系建设，成立债务管理工作领导小组及“三类债务”管理工作专班，进一步加强监管，规范国有企业投融资行为，防范经营性债务风险交织传导。争取政府债券额度，跟踪项目支出进度，发挥债券资金使用效益，针对确需不再使用的债券资金，加强联动协调，避免债券资金闲置。加大隐性债务化解力度，结合各板块土地出让及资金状况等实际，挂图作战，压实各单位隐债化解责任，逐笔逐条严格审核，确保隐债化解程序规范、资金合规、规模真实。加强债务规模管控，确保经营性债务规模增幅始终控制在市债务办核定范围之内；压降融资平台公司数量，全区融资平台公司压降比例为60.2%，远超于审计认定的压降目标；常态化推动债务成本压降，全区经营性债务平均融资成比上年末下降27BP。

【财政管理】 2023年，区财政部门深化预算管理一体化改革，推进非税账套核算与一体化对接，规范开展非税收缴、清算、记账等核算工作，确保会计核算工作及时规范。落实财政总会计制度改革，推进总会计制度及预算指标账核算，全面准确反映政府预算管理情况及财政财务状况。深化国库集中支付改革，以“服务全区”的理念推进工资统发改革。创新财政监督模式，将财政监督检查与预算绩效管理有机结合，加强和改进财政绩效监督，开展财政绩效“全过程”监督管理检查工作2项，对财政资金使用和管理、绩效评价等进行财政绩效专项监督，推进财政监督和绩效评价有效嵌入财政主体业务和财政运行全过程，加强财政监督结果运用。建立财政重点绩效管理结果向部门反馈和问题整改机制，推进绩效信息全面公开，倒逼部门加强各环节管理，树立绩效理念；优化绩效结果与预算安排挂钩机制，细化监控结果与预算调整、评价结果与预算安排的挂钩办法，明确预算压减比例。全年对绩效监控、评价存在问题项目调减预算7.31亿元。

（区财政局）

2023年江宁区财政收入一览表

表 4

指 标	2023年（万元）	2022年（万元）	比上年增长（%）
一般公共预算收入	2382787	2029631	17.40
1. 增值税	939512	469990	99.90
2. 企业所得税	314724	371889	−15.40
3. 个人所得税	167015	150650	10.90
4. 资源税	733	681	7.70
5. 城市维护建设税	146506	136595	7.30
6. 房产税	133352	129660	2.80
7. 印花税	50948	33115	53.90
8. 城镇土地使用税	34413	35992	−4.40
9. 土地增值税	152781	219322	−30.30
10. 车船税	10322	11913	−13.40
11. 耕地占用税	30432	6909	340.5
12. 契税	191039	160188	19.30
13. 环境保护税	8606	9570	−10.10
14. 其他税收收入	43	10	334.20
15. 专项收入	114117	174778	−34.70
16. 行政事业性收费收入	39377	48503	−18.80
17. 罚没收入	2649	15373	−82.80
18. 国有资本经营收入	—	—	—
19. 国有资源（资产）有偿使用收入	46216	52652	−12.20
20. 政府住房基金收入	—	1162	−100.00
21. 其他收入	1	679	−99.90
政府性基金收入	1615208	1897851	−14.90
附：国有资本经营预算收入	29000	51000	−43.10

2023 年江宁区财政支出一览表

表 5

指 标	2023 年（万元）	2022 年（万元）	比上年增长（%）
一般公共预算支出	2726219	2514485	8.40
1. 一般公共服务支出	167379	178816	−6.40
2. 外交支出	—	—	—
3. 国防支出	1640	670	144.80
4. 公共安全支出	131589	133161	−1.20
5. 教育支出	535590	476725	12.30
6. 科学技术支出	240058	241328	−0.50
7. 文化旅游体育与传媒支出	25829	35342	−26.90
8. 社会保障和就业支出	249942	271121	−7.80
9. 卫生健康支出	259202	242704	6.80
10. 节能环保支出	11980	16968	−29.40
11. 城乡社区支出	520074	188360	176.10
12. 农林水支出	186185	186237	−0.03
13. 交通运输支出	40478	65373	−38.10
14. 资源勘探信息等支出	94573	227563	−58.40
15. 商业服务业等支出	19454	25588	−24.00
16. 金融支出	5288	2607	102.80
17. 援助其他地区支出	200	100	100.00
18. 自然资源海洋气象等支出	8906	7719	15.40
19. 住房保障支出	137394	121487	13.10
20. 粮油物资储备支出	3932	7081	−44.50
21. 灾害防治及应急管理支出	10887	8859	22.90
22. 其他支出	2826	2765	2.20
23. 债务付息支出	72594	73581	−1.30

续表 5

指 标	2023 年（万元）	2022 年（万元）	比上年增长（%）
24. 债务发行费用支出	219	330	−33.60
政府性基金预算支出	1793009	1950714	−8.10
1. 教育支出	—	—	—
2. 文化体育与传媒支出	27	132	−79.50
3. 社会保障和就业支出	810	553	46.50
4. 节能环保支出	—	—	—
5. 城乡社区事务支出	1704882	1878065	−9.20
6. 交通运输支出	—	—	—
7. 资源勘探信息等支出	—	—	—
8. 商业服务业等支出	—	—	—
9. 其他支出	31454	21137	48.80
10. 债务付息支出	55532	50634	9.70
11. 债务发行费用支出	304	193	57.50
12. 抗疫特别国债安排的支出	—	—	—
附：国有资本经营预算支出	20487	35894	−42.90

（区财政局）

税 务

江宁区税务局

【概 况】 2023 年，国家税务总局南京市江宁区税务局管辖税户 16.89 万户，其中企业 7.37 万户、个体工商户 9.52 万户。全年组织各项收入 440.36 亿元，比上年增长 22.77%。其中，税收收入 213.31 亿元，增长 27.71%；社会保险费收入 120.69 亿元，增长 8.71%；非税收入 106.35 亿元，增长 31.89%。实现一般公共预算收入 121.79 亿元，增长 24.56%。

【税收征管】 2023 年，区税务局全面排查征期存在的风险，制定征期催报计划，高频率、多轮次发送申报缴款提醒，引导纳税人准期申报、及时缴纳税款。全年发送申报提醒 8.2 万条，纳税人准期申报 451 万次，准期申报率 98.66%。批量开展未申报户催报工作，征期结束后批量制作催报文书，通过电子送达、公告送达等方式送达纳税人，责令纳税人即时履行申报义务，共制作催报文书 2.54 万份。推广“即办注销”，进一步压缩注销办理时长，对系统扫描通过无风险税户，按规定即时办结注销流程，对系统扫描存在风险税户，及时开展风险应对工作，跟踪监控流程状态，确保注销办理不超期。全年办理税务注销 1.15 万笔，其中即办注销 1.08 万笔、一般注销 639 笔，注销即办率 94.43%。制定《国家税务总局南京市江宁区税务局欠税管理工作指引（试行）》，通过数据分析、走访了解、约谈警示等方式清缴欠税，共清理欠税14.65亿元，其中陈欠1.88亿元、新欠12.77亿元。加强“外地来宁”建筑企业预缴税费管理，成立工作专班，组织召开“外地来宁”建筑企业专项整治会议，建立健全与财政、建工、交通运输、水务等部门联动机制。依托街道、税源办等部门实地核查，查验“外地来宁”建筑企业报验登记或本土化运营相关情况，逐步推进建筑项目专项整治工作。累计核实项目197个，其中已匹配报验登记38个，报验登记疑点数据159个；核实纳税进度疑点55个，入库4.04亿元。

12月1日，区税务局业务骨干走进演播室宣传税收政策

（沈瑞龙　供图）

【纳税服务】　2023年，区税务局继续优化税费服务举措，推动建设“快易达”（易事快办、难事易办、好事直达）工程，推出“服务专员＋流程集约”制度和“三最三找”（最急的事找值班长、最堵的事找专窗、最难的事找局长）服务举措。完善跨地域业务通办，落实《税费事项“全市通办”清单》《“跨省通办”“省内通办”清单》列举的通办事项，并联合马鞍山市博望区税务局开展税费服务一体化建设。加强跨领域服务融合，以入驻江宁区政务服务中心和建立政务服务分中心方式全面融入政务服务体系，在办税服务厅设置“宁企通”推广体验区，强化区政务服务中心社会保险费参保缴费“一件事”专区职能，与中国建设银行江宁支行联合打造“e税港湾”。加强涉税专业服务机构管理，探索“服务＋信用＋监管”新路径，加强宣传辅导，办税厅提供专区服务，将TSC信用5级机构占比提高至15%，引导63户优质机构入驻“苏税援·涉税专业服务专区”，查处3家虚假宣传机构和1家未办理行政登记的税务师事务所。全年为1042万户次纳税人缴费人提供税费服务，其中“非接触式”方式办理1012万户次，占总数的97.13%。“好差评”评价结果满意率100%。规范信用评价管理，完成7.74万户次纳税信用评价，其中A级纳税人5022户，占6.49%；B级纳税人3.57万户，占46.1%；M级纳税人2.97户，占38.39%；C级纳税人824户，占1.06%；D级纳税人6153户，占7.95%。受理补复评申请23户次，帮助纳税人信用调整通过18户次。按月公示重大税收违法案件，将相关纳税人纳入黑名单管理并直接判为D级。完善咨询热线和诉求响应，加强“12366”税费服务热线与办税服务厅之间工作人员统筹联动，建立咨询专家团队，专门帮助接线员解决疑难杂症，对每日接通率和人均接通量逐日量化考核。区税务局“12366”税费服务热线转人工语音量19.62万人次，人工接听量19.21万人次，人工接通率97.94%。推广征纳互动服务，优化智能与人工应答手段，征纳互动条数5.74万条，其中智能互动应答成功率96.31%。全年受理投诉3787件，其中“12345”工单3203件、“12366”工单1745件，全部按规定予以答复，作风满意率96.54%，结果满意率94.23%，综合满意率95.39%。

【减税降费】　2023年，区税务局通过税企服务智能平台和征纳互动服务推送税收优惠、政策问答等各类信息71.65万户次、短信83.03万条。健全税费落实问题快速反应机制，走访辖区内14个市级重大项目、40个区级重大项目，全年新增减税降费及退税缓费43.08亿元。其中，累计完成增值税期末留抵税额退还308户次，退还税额9.95亿元；11.2万户次纳税人申报享受“小规模纳税人免征增值税”政策，减免金额7.57亿元；1.59万户次纳税人申报享受“小规模纳税人3%征收率减按1%征收增值税”政策，减免金额1.81亿元；798户次纳税人申报享受“生产、生活性服务业增值税加计抵减政策”，抵减税额5595.79万元；255户次纳税人申报享受“先进制造业企业增值税加计抵减政策”，抵减税额1.26亿元；减免房产税744户、减免金额9262.04万元，城镇土地使用税1036户、减免金额3940.96万元；核准3户城镇土地税困难性减免，减免城镇土地使用税113.9万元；核准3户房产税困难性减免，减免房产税181.2万元；6.3万户纳税人享受“六税两费”减免2.6亿元。

（沈瑞龙）

江宁开发区税务局

【概　况】　国家税务总局江宁经济技术开发区税务局承担秣陵街道、禄口街道、江宁开发区、未来科技城等350平方千米区域税费管理职责。2023年，江宁开发区税务局坚持“稳中求进、进中提质”工作总基调，围绕高质量发展首要任务，紧扣税收中心工作，务实创新，开拓进取，各项工作取得新成效。获评“全省税务系统县级税务局政治机关建设示范单位”“江苏省优秀职工读书组织”“争做‘税务巾帼文明岗’和争当‘税务巾帼建功标兵’活动突出集体”“青年文明号入库培育集体”“女职工康乃馨服务站”“南京市优秀职工阅读组织”；有22人次被授予“江苏省按比例安排残疾人就业工作表扬个人”“全省税务系统退税减税嘉奖”“南京市三八红旗手”“江宁区社会主义现代化先行示范区建设先进个人”等省、市、区级荣誉。

【税收征管】　2023年，江宁开发区税务局稳步推进税收征管改革，数电票上线推广、社保费“统模式”改革、出口退税机制调整等重大改革平稳有序落地。优化征管机制，调整局机构职能设置和人力资源配置，设置专业税费服务、重点税源管理、复杂涉税事项调核查机构，实施个体工商户专业化管理，征管运行效能得到提升。以“5C”“六基”监控评价指标为抓手，开展征管基础提升攻坚行动，5C指标综合评价结果提升至A+，位居全市前列。加强欠税管理，自主研发欠税管理小助手，实现欠税信息归集、分析监控、过程录入智能闭环管理，累计清欠税款6812.51万元。承接国家税务总局现代化税收风险防控体系建设试点，组建局税收监管运营中心，立足“税收遵从风险、执法风险、管理风险”三险同防，梳理风险防控事项清单12类、26项，自主梳理搭建“三类风险”指标库212项，依据“数据＋规则”常态化开展风险自我识别、自我管理，入库税款2.31亿元，滞纳金125.74万元，调亏847万元。全年推送风险应对任务283户，入库成效3.91亿元。

【税收政策落实】　2023年，江宁开发区税务局成立税费优惠政策落实工作领导小组，依托税费优惠政策落实机制，加强税费优惠政策落实统筹管理。组织新政策学习培训，统一政策执行口径，收集政策执行中出现的问题、建议，按要求向上级部门反馈。根据市税务局下发的“双十条”制定《推动经济运行率先整体好转若干政策措施落实情况表》，按季度对具体落实措施及时间计划、取得成效、典型案例、存在问题及建议进行统筹。把落实落细税费优惠政策作为重大政治任务，运用五措并举策略，开展政策找人、精准推送，利用征纳互动平台、智能外呼等渠道，精准推送“红利账单”、税费优惠政策等198批次、50.2万户次。针对不同主体组织线下分类宣讲11场，开展“送政策、问需求、解难题”活动。全年落实各项减税降费政策60多亿元，其中支持先进制造业企业增值税加计抵减3.8亿元，支持生产、生活性服务业增值税加计抵减1.1亿元，支持小规模纳税人减免征收增值税优惠金额3.1亿元。助力稳外贸稳外资，出口退税平均办理时间压缩至0.6个工作日，6家企业享受再投资递延纳税8000万元。相关做法被国家税务总局简报刊发，获市委常委、区委书记林涛批示肯定。

（于明君）

【以税资政】　2023年，江宁开发区税务局坚持以服务为中心，努力涵养税源，促进区域经济高质量发展。聚焦经济回暖、行业发展等热点，撰写税收经济分析报告22篇。其中，《迎难而上担当作为、组织收入支撑有力——江宁开发区税务局2022年组织收入运行情况分析》《从税收大数据看全区智能电网产业发展状况及建议》等4篇分析得到市委常委、区委书记林涛批示，1篇分析得到区委副书记、代区长黄成文批示，2篇分析得到江宁开发区管委会主任王爱军批示。《从税收大数据看全区智能电网产业发展状况及建议》批示情况刊登在国家税务总局《每日要情》上，获得国家税务总局局长王军批示。

（江　伟）

【纳税服务】　2023年，江宁开发区税务局牢固树立“便利度就是满意度、体验感就是获得感”理念，深入推进“便民办税春风行动”，强化标准化、精细化、智能化税费服务，税收营商环境持续提升。实施服务流程再造，推出“快易达、融易办”工程，打造办税厅、“融e办”小站、“融e办”窗口“一体两翼”融合新模式，推出“无柜台、肩并肩、零距离、一站式”服务机制，窗口平均等待、办理时长压缩一半。建立1分钟快办事项清单，平均办理时长约50秒，线上办税比率等优化营商环境指标稳居系统前列，相关做法在《南京税务简报》刊发，获全省“智税2023”创新大赛现场评审第二名。成立税费服务运营中心，实施线上业务集约处理、服务资源统筹调度、服务质量一体管控，推进“征纳互动、问办一体”服务，征纳互动平台智能互动2.6万条。与园区街道联动，设立5个“赤诚为宁”税费服务驿站，打造“15分钟办税服务圈”。组建“赤诚为宁”税费服务志愿队，常态化开展税法宣传活动，组织定向辅导18场、税费小课堂15次，拍摄制作的短视频《这个夏天，我们去哪儿？》被“第四届‘税眼看发展’全国短视频大赛”收录。开展“枫桥式”税务所（分局、办税服务厅）创建活动，设立公职律师争议调解中心、社保费争议调解中心，税费争议调解满意率100%。强化接诉即办、未诉先办，建立“简单矛盾马上办、复杂矛盾精准办、疑难矛盾合力办”机制，90%以上诉求在24小时内解决，开发区税务局办税厅获评全省税务系统首批新时代“枫桥式”办税服务厅。

（于明君）

审　计

【概　况】　2023年，江宁区审计部门聚焦审计监督主责主业，强化审计机关建设，推进投资审计转型发展，以高质量审计监督护航江宁经济社会高质量发展。全年完成计划审计项目21个，查出管理不规范金额56.7亿元，促进增收节支13.1亿元；查出非金额计量问题332个，提出审计建议66条，移交审计线索10条。完成计划外结算审计项目103个，核减10.27亿元；计划外跟踪审计项目54个，出具土地成本审计项目9个，查出问题130条，出具审计意见单85份，移送审计线索9个。在全市审计机关年度综合考核中名列第一等次第一名，获评全省审计通联宣传先进单位，获全市审计机关宣传工作先进单位一等奖、优秀大数据审计项目一等奖、优秀审计项目三等奖，市统计局大数据审计案例2个二等奖、2个三等奖和优秀组织奖。

【财政审计】　2023年，区审计部门开展江宁区2022年度区级预算执行、决算草案及其他财政收支审计，助力财政资金发挥促进经济社会持续健康发展的重要作用，努力实现公共资金审计监督全覆盖。重点关注“菜篮子”、“米袋子”及就业创业等民生和社会热点问题，审计区级预算执行情况，部门预算执行、行政事业单位国有资产管理使用情况，并对助企纾困专项资金、就业创业服务补助资金等重点民生专项资金、地方政府专项债券发行使用情况进行审计，查出区级预算管理、部门预算执行等八大类28个问题。

【固定资产投资审计】　2023年，区审计部门依靠改革创新破解制约审计发展的障碍和难题，通过分级管理，投资审计实施规模以上项目必审、中小型项目落实备案审查制度，全面推进投资审计全覆盖。新成立正科级事业单位江宁区公共工程项目审计中心，增加2个事业编制和1个正科职数。全年实施计划审计项目1个；完成结算审计项目103个，审定造价93.5亿元，核减10.27亿元；跟踪审计项目54个，立项投资额360.37亿元，签订施工合同金额235.01亿元；出具土地成本审计项目9个，审定额8.28亿元。通过审计，查出问题130条，出具审计意见单85份。

【经济责任审计】　2023年，区审计部门加强领导干部经济责任审计和自然资源资产离任审计，发挥审计监督作用，强化对权力运行的制约和监督，促进履职尽责、担当作为。全年开展领导干部经济责任审计和自然资源资产离任审计项目13个，重点关注领导干部经济决策权、政策执行权、经济管理权和资金使用权行使情况。

【专项资金审计】　2023年，区审计部门落实市区联动审计专题，开展2022年度助企纾困专项审计，重点关注小微企业及个体工商户房租减免及助企纾困资金管理使用情况，核实财政助企纾困资金分配下达时效性、拨付投向精准性、使用管理规范性、绩效评价效益性等。通过审计，查出房租减免类问题11个，涉及金额165.04万元；助企纾困专项资金类问题14个，涉及金额716.33万元。

【内部审计】　2023年，区审计部门于年初召开全区内部审计工作会议，部署全年内审工作；4月，组织全区内审骨干赴京开展集中研修培训；6月，局机关和江宁街道在全市内部审计工作推进会上作交流发言；9月，组织8家园区召开内审工作调研会；10月，结合审计项目开展情况，赴项目现场进行交流指导，就6家国企、园区等被审计单位内审工作情况进行专题调研。全年组织2期“以干代训”培训，培训内审人员23人。

【审计信息化及大数据审计】 2023年，区审计部门实践大数据审计新技术新方法，加强自然资源资产审计平台、智能审计平台和各类数据资源应用，固化审计模型100多个，促进大数据技术与审计业务深度融合，促进数字化审计提质增效。推行“双主审”模式，审计项目全部实行“双主审”“双方案”“双报告”模式，强化大数据技术与审计业务“双核”作用。通过审计署计算机中级考试4人，公开招聘计算机专业人员2人，组织13人参加市大数据审计案例竞赛。邀请审计专家开展大数据审计专题培训，集中攻关审计中大数据难题，提升审计人员各类审计平台应用和数据分析能力。加快大数据审计硬件建设，按照等保四级标准建成大数据分析室，并接入各类审计平台。

【审计整改】 2023年，区审计部门坚持审计整改“下半篇文章”与揭示问题“上半篇文章”一体推进，落实审计整改工作长效机制，加强全方位、全周期、全链条管理，提升审计整改效能。建立“审计问题清单”，强化统筹和督导，做到每月跟踪、每季报告、年终总结。抓紧抓实“上审下”审计整改工作和同级审计中揭示的重大问题整改，强调以坚决有力的措施全面彻底抓好整改，以实实在在的整改成效，交出一份经得起检验的合格答卷。结合开展研究型审计，加强对审计发现问题的研究分析，深挖根源，促进堵塞漏洞、完善机制，实现标本兼治，督促相关单位建章立制，达到“审计、整改、规范、提升”的效果。推动将审计结果纳入领导干部经济责任审计内容，审计结果及整改情况纳入年度高质量发展综合考核内容。（姚沛永）

统　计

【概　况】 2023年，江宁区统计部门围绕全区经济社会发展目标任务，立足主责主业，以服务发展为中心，以改革创新为动力，以夯实基础为支撑，努力适应高质量发展对统计工作的新要求，聚力真抓实干，主动担当作为，不断提高统计工作的科学性和有效性，为全区经济社会发展提供精确、及时、高效的统计服务。

【统计调查】 2023年，区统计部门严格遵守统计调查基本要求，确保统计资料的真实性、准确性、完整性和及时性，充分发挥统计在了解国情国力、服务经济社会发展中的职能作用。根据行业监测和反馈计算，江宁区全年实现地区生产总值3056.19亿元，按不变价格计算，比上年增长4.5%。其中，第一产业增加值74.9亿元，增长1.2%；第二产业增加值1657.93亿元，增长4.3%；第三产业增加值1323.36亿元，增长4.8%。全区三次产业结构调整为2.5 ∶ 54.2 ∶ 43.3。

【统计监测服务】 2023年，区统计部门围绕全区经济社会发展目标任务，紧扣“十大工程”和“十个高质量”发展要求，结合高质量发展综合绩效评价指标，突出重要战略、重大项目、重点行业和工业50强、服务业30强、建筑业20强、批零住餐业10强等重点企业，全方位加强统计监测预警，全程掌握经济运行态势，及时发现苗头性、倾向性、潜在性问题，向相关行业主管部门和板块发出预警。全年撰写各类统计分析、快报272篇，其中22篇获区委主要领导批示。凝聚各行业主管部门、税务和园区、街道力量，建立“培育企业跟踪库”和“退规风险企业库”，全年新增规模企业299家。依规发布统计数据，及时升级各类统计产品，建好“江宁统计”微信公众号。高标准完成第五次经济普查试点、普查区划分、人员培训、规模单位培训等，完成23万多户单位、个体户清查登记工作。第五次全国经济普查期间，设立热线，全天候不停歇答复群众关心关切问题；设立集中登记点，为网约车司机、外卖小哥等群体提供登记服务。

【统计法治建设】 2023年，区统计部门深化统计法治建设，贯彻落实统计法律法规，推进依法统计、依法治统。坚持统计讲堂先讲法、业务培训先学法、检查调研先普法，开展统计法进党校，送法入企、送法下基层等活动，加强统计法规学习宣传，增强统计法治意识，树牢依法统计根基。履行统计监督职能，印发《江宁区贯彻落实省专项统计督察反馈意见整改工作方案》，组织统计造假屡禁难绝专项治理行动。层层签订承诺书，强化防范和惩治统计造假、弄虚作假承诺制管理。分专业开展数据质量核查，对省统计局抽选单位及湖熟、禄口街道共100家企业进行执法检查，确保源头数据质量。

【统计队伍建设】 2023年，区统计部门以统计事业改革发展需求为导向，以全面提高统计人员素质为目标，健全人才培养机制。印发《2023年江宁区统计教育培训计划》，全年组织各类人员培训 197 场、1.28 万人次，其中“四上”单位培训覆盖率 69.4 %。完善“首席统计师、首席统计员、首席统计员助理”三级体系，举办首届首席统计师（员、助理）业务培训班，为有效履职奠定基础。修订区统计局和各园区、街道统计工作绩效评价办法，对全区统计干部职工的理论素养、专业素质、法治意识和创新能力提出硬性标准要求，进一步提升统计干部的服务力、协同力、研究力、参谋力和执行力。

（杨晓晓　李晨颖）

市场监督管理

【概　况】 2023 年，江宁区市场监督管理部门聚焦优化营商环境，深入实施质量强区战略，加强计量、广告合同、不正当竞争、企业信用、食品药品安全、特种设备安全监管，维护消费者利益。全年办结各类市场监管案件 1382 件，罚没款 1008.17 万元。区市场监管局获市委、市政府颁发的 2022 年度“争当表率、争做示范、走在前列”三大光荣使命先进集体，获“江苏省食品安全工作先进集体”“全市市场监管系统工作优秀单位”称号。

【经营主体发展】 2023 年，全区新增个体工商户 2.8 万户，比上年增长 3.2%，存量个体户 22 万户。新增外资及港澳台资企业 144 家，增长 20%，存量外资及港澳台资企业 1992 家。加大“个转企”支持力度，对知名小店、传承老店、特色经营、新兴产业等“名优特新”个体工商户实施分型分类培育和精准帮扶，支持个体工商户做优做大。

【质量强区战略实施】 2023 年，全区质量品牌创建工作成效显著，1 家企业列入第五届中国质量奖候选名单，2 家企业获 2023 年度江苏省省长质量奖，3 家企业获 2022 年度南京市市长质量奖、1 人获提名奖。提升质量小站服务效能，通过线上线下全方位服务模式，服务智能电网产业链上下游企业 400 余家次。加强质量文化建设，1 名企业代表在省级首席质量官职业技能竞赛中获二等奖，2 名企业代表获优秀首席质量官称号，4 人包揽南京赛区首席质量官职业技能竞赛一、二等奖。

【标准化工作】 2023 年，区市场监管部门引导企业参与标准制定，全区起草制定国际标准 9 项、国家标准 60 余项。加大标准化试点培育力度，新增 5 个省级标准化试点项目。推进标准创新，1 家企业获 2022 年度中国标准创新贡献奖标准项目奖一等奖。

【广告合同监管】 2023 年，区市场监管部门将与人民群众利益息息相关的保健品、教育培训、房地产及金融投资等重点领域广告作为整治重点，先后开展医疗美容行业、长江禁渔、“神医”“神药”、互联网广告等行业、领域专项整治工作。组织医疗美容行业突出问题专项整治，牵头 8 家单位成立工作专班，印发工作方案，对 215 家相关市场主体进行现场检查和 20 条线索核查，查处相关案件 9 起，罚没款 12.54 万元。实施合同格式条款规范整治行动，约谈房地产企业 18 家，审查合同格式条款 33 份。

【消费者合法权益维护】 2023 年，区市场监管部门受理“12315”投诉工单 55112 件、“12345”投诉工单 21706 件，受理信访件 662 件。开展线下实体店 7 天无理由退货承诺活动，承诺单位 2073 家，涉及商户、专柜、品牌 209 个。发挥“江宁督督工作站”作用，27 家工作站全年处理消费维权纠纷 680 件，满意率 99.6%。

【企业信用监管】 2023 年，区市场监管部门加强企业年报精细化管理，上报年报企业 109939 家，企业年报率比上年提高 2.3 个百分点。健全市场主体退出机制，对长期停业未经营的 4878 家企业和 9 家农民专业合作社给予清理吊销、除名。开展企业信用提升行动，修复经营异常名录 1453 件，行政处罚信用修复 43 件，指导企业申请严重违法失信名单修复 40 余件，帮助企业重塑信用，恢复生产经营。

【食品安全监管】 2023 年，区市场监管部门压实食品安全责任，全区 271 家食品生产企业按规定要求“三类人”均已配备，2845 家企业分别设置食品安全负责人和食品安全管理员，按要求落实日管控、周排查、月调度制度。启动农贸市场食品安全快检服务外包工作机制，由南京市质检院指导或派专人开展食品快检，提升快检工作效能。组织食品生产及销售环节监督抽检，共抽检 6500 批次，其中不合格 96 批次，对不合格批次产品依法依规予以后处置。对全区学校大宗食材集中采购进行现场抽检，覆盖 109 所学校食堂，共抽检 220 批次，合格率 100%。突出重点业态、重点领域及重点时段的风险隐患管控，狠抓餐饮环节安全主体责任和监管责任落实，加大对学校食堂及集中供餐单位食品安全执法力度，强化餐饮行业综合治理，提升辖区外卖集中区、商业综合体内餐饮单位食品安全质量保障水平。

2023年，为守护夏夜餐桌上的饮食安全，区市场监管局强化夏夜市场食品安全监管，为餐饮“夜精彩”添活力、保安全　（王旭　供图）

【药品化妆品医疗器械监管】 2023年，区市场监管部门开展药品经营使用单位专项检查、含麻制剂和含精神药品复方制剂专项检查等，打击药品化妆品违法行为。加强药品化妆品法规宣传活动，举办江苏省化妆品宣传周启动仪式，150余人参加现场活动，23.8万网友观看在线直播。强化医疗器械经营使用环节和第一类医疗器械生产监管，全年检查医疗器械经营企业834家次、医疗器械使用单位340家次，结案6件，罚没款14.26万元。抽样药品、医疗器械109批次，检出不合格药品1批次。

【特种设备安全监管】 2023年，区市场监管部门推进液化石油气阳光充装工程，督促充装单位应用气瓶质量追溯系统进行气瓶充装管理，提升气瓶本质安全。全年检查特种设备使用单位499家，对142台使用达15年风险隐患较大电梯开展安全风险评估。

（宋雪珍）

【6家单位获评省级放心消费创建示范】 2月，2022年度全省放心消费创建示范单位、区域名单公布，江宁区6家单位通过现场考核验收，其中南京云水涧休闲文化有限公司、南京天阙文化旅游服务有限公司、南京一八八六汽车综合服务有限公司获评2022年度江苏省放心消费创建示范单位，百家湖1912街区、砂之船奥莱、湖熟街道金陵水乡钱家渡入围2022年度江苏省放心消费创建示范区域名单。全区持续推动市场监管和消费维权服务重心下沉、平台前移，不断创新消费维权方式。截至2022年年末，全区在各大型商场、超市、市场、景区等场所创建26个“江宁督督工作站”，实现“12315”消费维权服务站、消费者协会维权服务站、食品安全工作站和“督督工作站”职能深度融合，一个窗口对外服务。健全相关机制，引导各经营单位持续提升服务质量，推出线下实体店7天无理由退货承诺活动，全区有899户经营户承诺7天无理由退货，涉及商圈、专柜、品牌209个。

【新增2家“江苏精品”认证企业】 2月，2022年第二批“江苏精品”认证获证企业名单公布，江宁区新增南京卫岗乳业有限公司、南京锦江园林景观有限公司等2家“江苏精品”认证企业。“江苏精品”认证是省委、省政府实施品牌发展战略，建设质量强省的一项重要举措，通过对符合高标准、高品质要求的产品和服务进行第三方认证，推动形成一批自主创新、品质高端、服务优质、信誉过硬、市场公认的品牌群体。区市场监管局走访调研辖区企业，对企业生产经营情况进行摸底，并依托质量小站平台，“一对一”协助企业解决标准技术难题。该局还邀请质量专家开展专题培训，解读相关政策、技术标准、申报流程等，鼓励和引导区内企业参加该项认证活动。自2021年以后，全区有8家企业的10个产品获得“江苏精品”认证，数量居全市各区首位。

【江宁企业获“中国标准创新贡献奖”】 4月，2022年度“中国标准创新贡献奖”获奖名单公布，由江宁区企业国网电力科学研究院有限公司参与制定的GB/T31464-2015《电网运行准则》获标准项目奖一等奖。中国标准创新贡献奖是由国家市场监督管理总局设立，并经中央批准的奖项，是全国标准化领域的最高奖项，每两年评选一次，用于表彰在标准化活动中作出突出贡献的组织和个人，进一步推动标准化工作并调动标准化工作者的积极性和创造性，激发全社会标准化创新活力。《电网运行准则》适应国家电力体制改革、特高压交直流电网建设、新能源产业发展要求，创造性地构建支撑电网运行的技术体系，系统性提出覆盖电力设计、并网、运行全生产环节的通用技术要求和工作程序。

【省药监局审评核查南京分中心在江宁启用】 12月6日，江苏省药品监督管理局审评核查南京分中心在江宁高新区启用。该中心办公地址位于天元东路6号，设有综合、质量管理、药品（化妆品）审评、医疗器械审评、药品（化妆品）检查、医疗器械检查等6个科室。根据省药监局《江苏省药品监督管理局审评核查分中心考核与赋权实施办法（试行）》的规定，省药监局审评核查南京分中心获得一类赋权的有21项便民办理事项、22项便民受理事项、9项审评事项、17项核查事项。省药监局审评核查南京分中心主要职责是根据省药监局赋权，承担辖区内药品、医疗器械和化妆品的技术审评（核）、便民事项受理办理，组织实施药品、医疗器械、化妆品检查等工作，负责药品、医疗器械和化妆品企业相关申请事项的政策法规咨询服务和技术指导工作。

（宁　鉴）

价格管理

【概　况】 2023年，江宁区市场监管部门在全区开展节日市场商品和服务价格检查、医疗收费检查、转供电环节收费专项整治、粮食市场秩序专项整治、涉企收费检查、行业协会收费检查、房产中介市场检查、公务员考试培训机构专项检查等价格与收费专项检查工作。全年办理“12345”“12315”投诉举报工单510件，罚没款总额154万元，有效维护消费者合法权益和区域市场价格秩序。

【价格法律法规宣传】 2023年，区市场监管部门加强行政指导，发放价格政策提醒函，提醒经营者合理定价、合规经营。针对疫情政策调整后，各类会议、演出、体育赛事活动增多，叠加出游需求集中释放，牵头组织对区内宾馆、酒店、景区等相关单位进行巡查，现场向经营户下发价格政策提醒函1000余份，要求经营者根据自身经营成本合理定价，取得良好效果。（孟　垲）

【价格调控】 2023年，区发展和改革部门贯彻落实省、市各项价格调控措施，把价格调控目标责任分解到相关部门和街道，建立价格形势分析机制，分析研判重要民生商品市场价格走势。对米、油、肉、蛋、蔬菜等重要民生商品价格进行常年监测，在重要节日和重点时段，加大监测密度和频率，及时发现市场价格波动情况。全年上报省、市发改委价格监测报表740余份、价格数据5.4万多条。配合市场监管、行业主管等部门对经营者开展合规指导，维护市场价格秩序，全区居民消费价格涨幅控制在省定调控目标3%以内。（周　航）

知识产权

【概　况】 2023年，江宁区深入推进国家知识产权强县示范县建设，获批国家知识产权服务业高质量集聚发展试验区。印发《江宁区贯彻〈南京市知识产权强市建设纲要（2021—2035年）〉的实施意见》《江宁区关于加强知识产权保护优化营商环境的实施措施》等规范性文件，知识产权工作获省政府2022年落实有关重大政策措施真抓实干成效明显地方督查激励。2家外国专利代理机构通过国家知识产权局备案，江宁高新区获批首批国家级专利导航服务基地。

【知识产权创造】 2023年，全区专利授权量1.64万件，其中发明授权6697件；有效发明专利拥有量33235件，其中高维持11年以上2785件；PCT（专利权）申请量349件。商标申请量15439件，商标注册量9898件，有效商标拥有量101043件，马德里国际注册商标19件。

【知识产权运用】 2023年，区知识产权部门组织区内企业申报省、市知识产权计划，其中南京国电南自电网自动化有限公司获评省高价值专利培育计划项目，南京高速齿轮制造有限公司获评省工业品牌培育和保护项目，南京南瑞继保工程技术有限公司等3家企业获评市高价值专利培育中心项目，南京佑天金属科技有限公司等7家企业获评市企业专利导航项目，五城圩青虾获评市地理标志商标注册培育项目，苏博特等13家企业获市知识产权密集型产品认定。获第24届中国专利奖金奖1件、银奖1件、优秀奖5件，获首届江苏专利奖金奖3件、银奖2件、优秀奖4件。新增国家知识产权优势企业6家。14家企业购买专利保险169件。194家企业以232件专利、3件商标作为质押物，在16家金融机构质押融资27.36亿元。

【知识产权保护】 2023年，江宁高新区生物医药及新型医疗器械专利导航报告，获2023年度国家专利导航优秀成果奖。奥赛康、善田江宁、横溪味道、金陵金箔、横溪工作站入选“千企百城”商标品牌价值提升行动名单。开展杭州亚运会知识产权保护专项行动、新版地理标志专项检查行动、知识产权蓝天行动、知识产权执法保护行动和“双随机、一公开”核查工作等，办理商标行政执法案件21件，独立承办专利侵权纠纷7件，协助调查或参办专利侵权纠纷裁决3起，上海宠幸等3件案件入选市向省推荐典型案例。加强海外知识产权纠纷应对指导工作，获批成立南京分中心江宁开发区工作站，建立江宁区重点企业、重点市场知识产权保护名录。落地全市首单知识产权海外侵权责任保险和境外展会专利纠纷法律费用保险，为企业“出海”保驾护航。对3批涉嫌非正常申请专利进行查证。

【知识产权服务】 2023年，区知识产权部门配合商务部门拟定知识产权特色服务出口基地建设方案，接待国家知识产权局等领导现场参观调研。专利代理对外开放试点取得实质性进展，韩国田、日本秋樱专利商标事务所南京代表处在省市场监管局登记注册，并签订知识产权运营合作协议。申报国家知识产权服务业高质量集聚发展试验区，南京中高知识产权股份有限公司入选江苏省知识产权信息公共服务网点。指导辖区内171家商标代理机构办理重新备案，完成集聚区服务机构绩效考评工作。

【知识产权宣传培训】 4月25日，区知识产权部门举办主题为“加强知识产权法治保障、有力支持全面创新”的知识产权宣传周活动，以圆桌会议的形式开展世界知识产权日主题研讨。江宁开发区承办“百企千人”、地标新标、质押融资等专项培训活动，全年组织各类培训活动50场。组织人员参加江苏省知识产权系统全员学法活动，牛欣欣代表南京市知识产权局参赛获个人三等奖。

（曹建培）

【高新区入选首批国家级专利导航服务基地】 1月，首批国家级专利导航服务基地名单公示，江宁高新区入选。国家级专利导航服务基地旨在面向重点产业领域，承担专利导航需求对接、组织实施、推广应用等任务，发挥专利导航工作推进和信息沟通的关键节点作用，推动专利导航成果应用，助力创新主体提升核心竞争力，促进产业创新资源的优化配置，推动区域经济高质量发展。江宁高新区以《知识产权强国建设纲要（2021—2035年）》为指引，将知识产权能力提升作为园区重要发展战略，设立知识产权专项资金，探索建设以“一中心一联盟一基金”为主要内容的专利转化和运营服务体系，成立知识产权联盟，在构建知识产权创造、运用、保护全链条服务体系上下功夫，打造一流的创新生态和营商环境。江宁高新区先后获批生命科学、高端装备2个市级产业专利导航实验区，并入选首批国家级知识产权强国建设试点园区。

【3项专利获首届江苏专利金奖】 3月，江苏专利奖评审委员会办公室完成对首届江苏专利奖拟获奖名单的公示，江宁区获3项金奖、2项银奖、4项优秀奖。江苏专利奖评选致力于深入实施知识产权强国战略，增强全民创新意识，促进知识产权高质量创造、高水平保护和高效益运用，加快建设知识产权强省。该奖项每两年评选1次，经评审，首届江苏专利奖共评选出金奖项目10项，银奖项目20项，优秀奖项目50项，发明人奖10名。其中，江宁区企业江苏苏博特新材料股份有限公司、国电南瑞科技股份有限公司南京南瑞继保电气有限公司（南京南瑞继保工程技术有限公司）等企业的3项专利获金奖。

【前沿生物获中国专利奖金奖】 7月21日，国家知识产权局公布第二十四届中国专利奖获奖项目名单，江宁高新区企业前沿生物药业（南京）股份有限公司发明专利“HIV感染的肽衍生物融合抑制剂”获中国专利奖金奖，这也是首个国产抗HIV创新药专利金奖。中国专利奖由国家知识产权局和世界知识产权组织联合授予，是中国专利领域的最高级别政府奖，也是全国唯一对授予专利权的发明创造给予奖励的政府部门奖，代表中国自主创新的最高水平，是中国知识产权界的最高荣誉。这次获得中国专利金奖的“HIV感染的肽衍生物融合抑制剂”，是前沿生物自主研发的全球首个长效HIV融合抑制剂、中国首个原创抗艾滋病药物——艾可宁（注射用艾博韦泰）的核心化合物专利。该专利技术的成功开发和应用，使艾可宁在针对耐药、肝肾功能异常、住院及重症艾滋病患者的治疗和暴露后预防等方面，相比于之前的艾滋病治疗药物在长效、药物相互作用、耐药屏障等方面均取得重要突破，是全球首个利用人体自身白蛋白体内共价结合技术实现多肽长效化成功开发上市的药物。

（宁 鉴）

江宁经济技术开发区

【概　况】　2023年，南京江宁经济技术开发区完成地区生产总值1399.82亿元，比上年增长5%，其中服务业增加值469.5亿元；一般公共预算收入102.1亿元，增长21.3%；全社会固定资产投入297.9亿元，增长4.6%；规模以上工业总产值2029.24亿元，增长1%；社会消费品零售总额306.28亿元，增长7.5%。在商务部公布的2022年国家级经济技术开发区综合发展水平考核评价中位列第八，在2022年度江苏省经济开发区高质量发展综合考核评价中位列第三。

【项目引进与建设】　2023年，江宁开发区引进南京缘旺投资有限公司、江苏宏讯企业管理（集团）有限公司等千万美元以上外资及港澳台资企业12个，其中1亿美元以上外资及港澳台资企业3个。实际利用外资及港澳台资5.7亿美元。签约引进50亿元以上内资项目10个，其中百亿元级项目3个。推进中国电科院南京科研基地、南瑞继保智能化电气化装备产业园二期、恒立智能电动控制产品生产基地等70个区级实施类项目（含省市重大）建设，当年完成投资124.9亿元，投资完成率104.2%。其中，南京国兆光电OLED微显示器件扩产、南京粤浦江宁开发区高标准厂房等省、市重大项目33个，当年完成投资84.6亿元，投资完成率113.2%；完成工业固定资产投入206.1亿元，比上年增长24.8%。南京茂莱光学科技股份有限公司在上交所科创板上市，江苏鑫昇腾科技发展股份有限公司在“新三板”挂牌。

【科技创新】　2023年，江宁开发区随同市政府科技招商团赴法、德等国开展招商活动，举办2023南京国际科技合作交流大会中国—西班牙智能制造产业对接会、第三届“智汇江宁”国际人才跨境路演等活动，组织举办南京抢占人工智能产业新赛道对策研究座谈会、“大模型时代”下的人工智能创新发展论坛、第三代半导体创新发展大会、第五届紫金知识产权国际峰会“知识产权护航高质量发展”分论坛等创新创业活动。组建国家海外知识产权纠纷应对指导中心南京分中心江宁开发区工作站、知识产权产业运营中心（江宁开发区）等一批专业平台，高标准建设国际人才街区，“海智湾·江宁”国际人才街区新增入湾人才200多人。发布“腾飞八条”3.0版本，加快构筑覆盖科技企业成长全生命周期的政策体系，新增国家级专精特新“小巨人”企业20家、省级专精特新企业48家，净增高新技术企业127家，有效期内总数突破1000家。国家第三代半导体创新中心（南京）一期竣工。企业知识产权创造、保护、运用水平逐步提升，2项专利获首届江苏专利奖金奖、2项专利获第二十四届中国专利奖银奖，3家企业入选省级、市级高价值专利培育项目，5家企业立项市专利导航项目。完成专利质押融资额12亿元。

【基础设施建设】　2023年，江宁开发区全面推进51项年度城市建设任务，完成投资52亿元，通淮街改造、东善桥七期西侧规划道路等市政工程投入使用，东善桥七期安置房、禄口03地块、禄口 01 地块、东善桥四期二片区、横溪三期、殷巷复建房五期等安置房项目有序推进。加速科创载体、轻型工业标房、人才公寓等产业创新服务综合体建设，吉印产业创新园二期、空港租赁住房、无线谷科技园 G 楼和 H 楼建成，中关村科创中心二期、综保区研发楼、新都中心一期等载体加快推进。实施存量用地提质增效，完成皇冠、福田、景誉、三里港等 16 宗、55.1 公顷低效用地再开发。出让经营性用地 4 宗、16.7 公顷。推动楼宇经济高质量发展，打造社会楼宇园区 44 处、240 万平方米，集聚企业 5000 余家、亿元楼宇 2 幢。加快建设百家湖硅巷，落地康师傅江苏运营总部、声临其境文旅集团、戴西软件、易税信息、龙泰环保、西顿照明江苏总部等优质企业，引进中科星图、中建五局一公司、南京矿山、中材宁锐等一批总部企业。

【南山飞卓宇航航空精密制造基地项目投产】 5 月 5 日，南山飞卓宇航航空精密制造项目在江宁开发区空港片区正式投产运营。该项目由飞卓宇航集团和南山铝业集团共同投资设立，主要从事航空结构件、发动机及其精密部件的生产加工，包括飞机翼梁、飞机座椅、起落架、发动机零件等配件组件生产等，为波音、空客等国内外飞机制造商和飞机发动机制造商提供所有类型的航空航天金属成品零件。

【华坤高端装备研发生产基地项目开工】 5 月 26 日，华坤高端装备研发生产基地项目开工建设。该项目总投资 10 亿元，占地总面积 6 公顷，主要从事新能源发电核心装备及风电运维系统、高精密零部件的研发、制造和销售。

【一批重大项目集中签约或竣工投产】 6 月 17 日，江宁开发区举办重大项目集中签约暨竣工投产活动，智能装备及智能机器人产业园等 16 个项目集中签约，总投资 245 亿元；泉峰年产 1200 万台电动工具等 20 个重点产业项目竣工投产。中建五局一公司同时揭牌成立。

【国博电子射频集成产业化（二期）项目开工】 9 月 10 日，国博电子射频集成产业化（二期）项目在江宁开发区开工建设，总投资 26.6 亿元。该项目是国博电子建设具有国际领先水平的射频集成电路全产业链的重要项目，致力推动国产射频集成电路产品在 5G 移动通信市场上打破国外垄断、填补国内空白。

【中国—西班牙智能制造产业对接会】 10 月 19 日，中国—西班牙智能制造产业对接会在江宁开发区举行。伊巴米亚 (Ibarmia) 高端数控机床项目、钣金渐变柔性成型装备项目、数字孪生与智能制造项目、自动旋转瓶取料项目等一批国家重点研发计划“政府间国际科技创新合作”项目进行路演；Surfin 钢铁产品的自动表面检测系统项目、ELCODE 电极控制的透皮给药系统项目、垂直起降飞行器项目等部分优质海外项目发布技术合作需求，进一步深化与西班牙企业间各领域的务实合作。

【卫岗乳业数智化工厂投产】 11 月 28 日，卫岗乳业数智化工厂在江宁开发区空港片区竣工投产。该项目总投资 17 亿元，总建筑面积 17 万平方米，建有国际先进水平生产线 24 条，以及与之配套的能源、环保、检验、物流等设备设施，是亚洲最大的单体低温乳制品工厂。项目投产后，可年产巴氏灭菌乳、低温发酵乳等乳制品 60 万吨，每天可为 400 万个家庭提供所需的健康乳制品。

【国盛公司首枚硅基氮化镓外延片下线】 12 月 22 日，中电科半导体材料有限公司下属国盛公司南京外延材料产业基地第一枚硅基氮化镓外延片在江宁开发区下线。硅基氮化镓材料具有高频率、低损耗、抗辐射性强等优势，制成的器件具有较强的竞争力。国盛公司生产的硅基氮化镓外延片，可满足电力电子用氮化镓器件需求。该产品的下线，标志着国盛公司实现多元化布局，进入第三代半导体产业发展快车道。

（江宁开发区）

【10 个重大外资项目签约落户】 2 月 21 日，江宁开发区举办重大外资项目签约活动，投资总额 26 亿美元的 10 个重大外资项目落户园区。此次签约项目包括菲尼克斯精益智能示范工厂、百事可乐扩能项目、西门子数字化工业集团运动控制业务亚太区总部、西门子电力自动化区域性总部、叠拓华东区研发中心、汉桑 AIOT 智能制造基地项目等，项目涵盖新能源汽车、智能电网、智能制造、新一代信息技术等产业领域，具有投资体量大、技术含量高、引领带动力强等特点。其中世界 500 强投资项目 5 个，行业领军企业投资项目 5 个；百亿元级投资项目 1 个，10 亿元级投资项目 5 个。

【CENI 大厦建成投用】 7 月，江苏省未来网络创新研究院正式搬迁入驻位于秣周东路 7 号的 CENI 大厦。江苏省未来网络创新研究院成立于 2011 年，坐落于江宁开发区。作为专业从事未来网络核心技术研发的机构，该研究院以建设国内领先、国际先进的通信与网络创新基地及产业高地为目标，致力于成为引领中国未来网络发展方向的行业龙头、率先实现通信与网络关键技术突破的科研领头、新一代信息技术发展的产业源头。该研究院作为法人单位牵头建设中国通信与信息领域首个国家重大科技基础设施——未来网络试验设施(CENI)。CENI大厦是江宁开发区为支持CENI项目建设、持续推动研究院科技研发与成果转化工作而代建的创新载体。大厦地上17层、地下2层，地上总建筑面积5.2万平方米。其中，1—4层为CENH南京运行管控总中心，5—17层为研究院科研及产业孵化办公场所。（宁 鉴）

【空港枢纽经济区（江宁）】 2023年，空港枢纽经济区（江宁）实现地区生产总值119亿元，比上年增长10%；规模以上工业总产值216亿元，增长3%；对外及对港澳台贸易总额54亿元；一般公共预算收入9.8亿元，增长102%；全社会固定资产投资71.7亿元。引进钟凯利中国区投资总部、中利能源南京空港双碳新能源智造基地、极兔供应链江苏区域总部等亿元以上项目33个，总投资339亿元。6个省、市、区重大项目全部开工建设，11个项目竣工，包括7个工业项目和4个现代服务业项目。跨境电商产业园出口商品979.1万单，增长74.3%，通关量保持全省第一位。15个城建计划项目完成年度投资10.8亿元，禄口01地块配套道路及华商路、飞天大道改造工程竣工，家园北路、朝霞路启动建设，完成新城佳苑一期不动产权证办理，新城佳苑二期完成分房，永欣新寓三期完工，空港租赁住房竣工。礼尚路小学建成交付，乾清路小学进行主体施工。新动能产业创新园开启运营。

【江宁开发区高新园】 2023年，江宁开发区高新园实现规模以上高技术制造业产值584.3亿元；技术合同成交额103.4亿元，比上年增长25%；高新技术产业投资121.2亿元，增长12%。备案国家级科技型中小企业2323家，净增高新技术企业127家，有效期内高新技术企业数量突破1000家，入选市级“独角兽”“瞪羚企业”123家；新增省级及以上孵化载体7家、市级孵化载体5家。

【江苏软件园】 2023年，江苏软件园实际利用外资及港澳台资1250万美元，其中制造业780万美元；实现规模以上工业产值36.5亿元；一般公共预算收入2.2亿元；全社会固定资产投入31.3亿元，其中工业固定资产投资额19亿元。培育（潜在）“独角兽”“瞪羚企业”14家，新认定市级以上科创载体1家、在孵企业190家，净增高新技术企业21家，其中规模以上工业高新技术企业3家，引进亿元以上项目13个，其中阳光电源项目投资50亿元，签约项目投资总额120亿元；恒立、英飞源、政坤等重大产业项目开工建设，软件园人才公寓二期主体验收；完成智能网联示范区启动建设和运营前期手续，保障“双智”试点和省级先行区验收。全年载体（含“三创”载体、德邦厂房、人才公寓和126省道江宁段指挥部）租金收入2285万元，收回低效载体9000平方米，低效用地太安堂项目成功嫁接新能源汽车领域研发企业。基本完成正方大道以南片区控规修编，加快片区稀缺的46.9公顷工业用地入库、软件园中学前期手续办理。

【南京综合保税区（江宁）】 2023年，南京综合保税区（江宁）完成外贸进出口总额407亿元，一般公共预算收入8796.3万元，实际利用外资及港澳台资1196.8万美元、实际利用内资22.4亿元。引进科思产业基地二期、汉桑智能制造基地、得斯威国际货运区域总部等亿元以上项目11个，投资总额35.7亿元。推进美乐威、方桥、盛鑫、鸣啸、芯长征等7个在建项目建设，总建筑面积33.9万平方米，1个项目投产、3个项目主体竣工、3个项目加快建设。“乐享+”企业员工家园职工书屋获评省级职工书屋。

【九龙湖国际企业总部园】 2023年，九龙湖国际企业总部园实现税收5.4亿元，一般公共预算收入2.7亿元。续租载体面积3.4万平方米，新租载体面积1.1万平方米。全年净增高新技术企业15家，培育“独角兽”“瞪羚企业”14家。引进江苏迪纳科精细材料公司总部、木木西里科技公司总部、小厨娘餐饮总部、英诺赛科第三代半导体研发中心等17个项目，新增米物科技研发中心、酷态科公司总部等2家小米生态链项目，以及西门子数字化工业集团运动控制业务亚太区总部；上市公司投资项目宇通客车华东销售总部落户。

（江宁开发区）

江宁高新技术产业开发区

【概 况】 2023年，南京江宁高新技术产业开发区完成规模以上工业产值583.6亿元，比上年增长3.2%；全社会固定资产投资141.2亿元，增长8.6%，其中工业固定资产投资42.1亿元，增长

17.7%；限额以上社会消费品零售额57.9亿元，增长7.5%。绿色智能汽车产业实现产值108.4亿元、增长26%，高端智能装备产业实现产值320.4亿元、下降5.9%，生物医药产业实现产值54.4亿元、下降3.9%。受新能源汽车消费市场拉动，上汽大通产值快速增长，全年实现产值80.5亿元，增长31.7%；协众汽车新增东风日产、奇瑞订单，产值增长20.4%；南高齿、舍弗勒受央企市场订单减少、产品单价下调，以及地缘政治影响，增速分别下降17.6%、15.2%；格力电器产能增加北美出口业务，产值增长42.1%。

【产业转型升级】 2023年，江宁高新区36个实施类产业项目当年计划投资82.8亿元，开工率、列统率均达100%，完成投资86亿元。南玻院、金斯瑞、上汽大通（MPV）、传奇生物二期、恒瑞医院、天印健康创新园、上汽大通（智能网联）、万物致成、南高齿9个项目投产；开市客项目加油站通过竣工验收，卖场具备验收条件；国网电科院、苏博特2个项目进入装修施工、设备安装；天印智造谷、申智汇谷二期、麦澜德3个项目主体施工；万德斯、康缘、景枫商办、新工彤天4个项目基础施工。

【招商引资】 2023年，江宁高新区签约亿元以上项目83个，项目投资总额428.4亿元，实际投资总额120.3亿元，实际利用外资及港澳台资1.78亿美元。包括以投资100亿元的东久生命科技港、50亿元的上汽大通全新架构新能源车型及新MPV产业化项目、52亿元中科雁栖湖新能源产业基地项目等为代表的装备制造项目13个，以投资30亿元的中国抗体国内总部及生产基地项目、20亿元的中牧股份兽用药物制剂及宠物食药产品生产基地项目等为代表的生物医药项目15个，以Unity、华能立信、人加、幻陆全息等为代表的数字经济项目21个。推进在手在谈项目150余个，总投资650亿元。制定《江宁高新区加快元宇宙产业发展三年行动计划（2023—2025）》，成功举办第二届长三角体育节“天翼杯”首届长三角电竞赛车公开赛、第二届长三角数字经济大会等活动，加快打造“南京市元宇宙产业核心区”。

2月15日，软通动力天枢元宇宙研究院揭牌活动在江宁高新区举行
（江宁高新区　供图）

【科技创新】 2023年，江宁高新区加速集聚创新主体，净增高新技术企业85家、累计424家；8家企业获批国家级专精特新“小巨人”企业，14家企业获批省级专精特新中小企业；新增市级以上工程技术研究中心8家、累计83家。完成技术合同备案47.6亿元，获批国家级专利导航服务基地，典型案例获全国优秀、全市唯一案例。发明专利授权1620件，有效发明专利拥有量7589件，知识产权质押融资项目39项、总额3.3亿元。国家人才A类申报53人、入选5人，B类入选1人，新增省人才攻关联合体1个、省级人才15人、市高峰人才2人，累计引育各类领军人才1557人。

【校地企合作】 2023年，江宁高新区加快平台建设，推进与中国药科大学共建“原创药物研究院”、与东南大学共建“江苏运动健康研究院”，累计申报专利24件、软著38件，注册运营企业10余家。协调中国药科大学为23家园区药企把脉问诊，抗前列腺癌候选药物与天士力药业达成1.2亿元开发合作，发布全球首个人工智能和人体器官芯片结合的大模型成果。聚焦校友经济，举办江宁区首届校地企融合发展大会，与4所驻区高校达成共建合作，推动5所高校开放共享文体资源。推出《关于激发高校创新活力、支持校友经济发展的若干政策》，引进校友企业12家，孵化成果落地22项。激发创新活力，举办万名大学生走进江宁、江宁大学城半程马拉松、第11届英雄联盟全国高校联赛总决赛、和平精英高校赛全国总决赛、第一届无畏契约全国总决赛等活动。青年创意活力街区入选首批南京市艺术 Mall（街区）试点单位。

【营商环境】 2023 年，江宁高新区推进集成改革试点工作，继续提供一站式、高质量保姆式服务，行政服务中心全年办理业务 3.4 万余件，整体满意率 99.9%。贯彻《江宁高新区存量企业赋能提升激励政策》，组织 55 家优质企业开展“一企一策”赋能提升行动。完善园区领导长效挂钩服务机制，打造“用心维护支持、小心呵护信任”的“两心”服务品牌，现场会办解决正大天晴、上汽大通等企业诉求 156 项，鼓励重点企业扩产扩投。落实“免申即享”惠企服务机制，为园区专精特新、“瞪羚”、“独角兽”等 36 家企业兑付奖励资金 2000 多万元。通过线上线下智能招聘服务系统，开展招聘活动 30 余场，首次举办直播带岗活动，累计发布岗位信息 1 万余条，收到投送简历 1.5 万余份。搭建“五位一体”工作模式，创建市级金牌劳动人事争议调解组织，全年化解重大争议及欠薪案件 16 起，追讨欠发工资 2200 万元。加快高旺路等 3 所幼儿园、方山南等 3 所中小学建设，全年兑付幼儿园、中小学等相关费用 1.2 亿元。完成横岭三期安置房 2011 套不动产证办理。

【产城融合】 2023 年，江宁高新区围绕国际化生态型科技品质新城定位，突出“山水融城”城市风貌，加快城乡一体化进程。统筹推进八大类 35 个城建项目建设，重点实施东拓区端拱路东延（福英路—果园路）、药谷片区路网等道路工程，完成方山南开市客周边道路、正方大道以北道路和积水点改造，以及天印大道、龙眠大道等小微堵点改造。推进高家边二期复建房 A 组团附属工程施工，B 组团、解溪小区主体施工，C 组团土方开挖，横岭四期桩基施工，加快建设总建筑面积 12 万平方米的月华路人才公寓，完善公共租赁住房配套，构建多元化人才住房保障体系。加快城市更新步伐，完成南京工程学院竹山路住宅地块、协众科宁路厂区等 4 个项目 21.4 公顷土地出让，推进江亚数码低效用地转型，盘活日立产机、霍尼韦尔厂区等低效闲置用地 68.3 公顷，打造城市新形态和经济发展新业态。完成 26.5 万平方米“天印智造谷”A 区高标准厂房验收，有效破解园区项目等土地等载体的难题。深化生态环境治理，扎实做好第二轮中央生态环境督察销号工作。立足彩虹桥国控点范围“无尘区”，开展制药、涂装等六大行业大气深度治理，完成奥赛康、正大天晴等 10 家企业提标改造。严格落实“河湖长制”，实施玉带圩河道整治修复工程，确保洋桥国考断面水质稳定达标。加强全域 58 家在建工地扬尘监管，重点监管 3 千米 231 家餐饮业，守牢餐饮油烟达标排放底线。

【3 家企业 11 款药品被纳入新版国家医保目录】 1 月 18 日，国家医保局公布 2022 年国家医保目录调整结果，江宁高新区 3 家企业 11 款药品被纳入新版国家医保目录，数量位居全市前列。11 款药品分别为奥赛康泊沙康唑注射液、注射用多黏菌素 E 甲磺酸钠、注射用替莫唑胺、哌柏西利胶囊，正大天晴沙格列汀片、来那度胺胶囊、吉非替尼片、注射用地西他滨、枸橼酸托法替布片以及前沿生物独家专利产品艾可宁。

【省药监局审评核查南京分中心入驻】 1 月 31 日，江苏省药品监督管理局审评核查南京分中心正式落户江宁高新区，并于 12 月 6 日正式启用。该分中心按照“省管市有、省市共建”模式运行，以履行省药监局审评、核查为首要职责，落实“42 条”政策措施，探索药品审评核查检验工作新模式，为全市生物医药企业提供优质服务，推进生物医药产业高质量发展。

【21 个重点产业项目集中签约】 2 月 1 日，江宁高新区举办重点产业项目签约活动，总投资 211 亿元的 21 个产业项目集中签约。其中，总投资 100 亿元“东久生命智造港”全外资项目落户园区，将打造总建筑面积 100 万平方米、100% 自持的高端产业高地。其他 20 个项目多为总部研发类型，与江宁高新区发展定位、产业方向、招商要求等高度契合。

【高新区天印融创中心揭牌】 3 月 1 日，江宁高新区天印融创中心揭牌，华泰洋河母基金、紫金川港母基金、江宁数字文化基金等总规模 118.5 亿元的 8 个基金项目签约落户。天印融创中心金融集聚区面积 2.4 万平方米，将以产业基金和创投管理机构落户为先导，聚焦“要素、产业、生态”三大要素，构建产业与金融“循环畅通”的新格局，打造长三角具有影响力的创投服务基地。

【元宇宙产业研究与孵化服务平台落户】 8 月 21 日，以“AI 赋元共创未来”为主题的 FMIF 未来元宇宙创新大会在南京国际博览中心召开。会上，元宇宙产业研究与孵化服务平台揭牌。该平台由南京元宇宙产业协会和江宁高新区共建，通过对元宇宙技术的市场需求、技术导向、应用场景等进行研究，为政府提供决策参考，以及依托南京市文投集团和江宁高新区的政府引导基金，为企业提供孵化支持，还将通过基金招商等方式，为江宁高新区招引元宇宙龙头企业。

【江宁区基因与细胞技术产业园揭牌】 10月23日，江宁区基因与细胞技术产业园在江宁高新区揭牌，旨在推动金斯瑞集团3年内集聚10家行业头部企业，力争上市公司达5家，形成以金斯瑞总部为核心的百亿级高精尖产业集群，打造具有战略领航性、示范带动性、科技引领性的创新型特色产业园区。江宁高新区《支持金斯瑞生物科技集团发展基因与细胞技术专项政策8条》同步发布，将以真金白银投入、真情实意服务，支持金斯瑞高质量发展。

【高新区首个海外创新基地挂牌】 12月，江宁高新区首个海外创新基地在德国卡尔斯鲁厄理工学院挂牌并正式运营。该基地通过平台建设、活动交流、政策服务等举措，充分发挥创新资源整合作用，围绕重点特色产业，拓宽对外开放合作渠道，为园区科技创新及产业发展赋能。

（王世杰　陈启航）

江宁滨江经济开发区

【概　况】 南京江宁滨江经济开发区位于南京西南部，成立于2003年3月，2006年5月升格为省级经济开发区。园区规划面积49.49平方千米，有入园企业482家，其规模以上工业企业131家、高新技术企业131家。先后获国家新型工业化产业示范基地、江苏省特色产业园区和省级绿色园区等称号，是江宁乃至南京布局战略性新兴产业的重要板块，逐步形成新一代信息通信技术、绿色智能汽车、高端装备制造三大主导产业和新材料、生命健康两大新兴产业体系。2023年，滨江开发区完成地区生产总值161.67亿元、一般公共预算收入17.71亿元、规模以上工业总产值904.09亿元、地方外贸进出口总额185亿元，比上年分别增长4.6%、9.32%、6.5%、25.4%。完成全社会固定资产投资63.9亿元，增长0.6%，其中工业固定资产投资46.68亿元，增长47.3%。在全市“五拼五比晒五榜、勠力同心促发展”活动竞赛中活力榜摘榜次数实现“大满贯”。

【招商引资】 2023年，滨江开发区签约以四部先进结构件智造基地50亿元级旗舰型项目为代表的亿元以上项目68个，投资总额364.8亿元，实际投资额94.82亿元；举办中兴通信配套项目走进滨江活动，5个产业链配套项目签约。发布滨江开发区新材料产业百亿级聚集区三年跃升行动计划，新材料产业园EOD项目纳入省生态环境厅第二批EOD项目试点名单。全面推进土地集约利用，全年盘活6个地块、32.8公顷低效用地，为四部先进结构件智造基地项目落地腾出空间。

【项目建设】 2023年，滨江开发区完善重大项目推进机制，推行重大项目全链审批服务，保障新开工项目“拿地即开工”。20个省、市、区重大项目全部开（复）工，完成投入74亿元，完成率108%。其中，中材锂膜项目试生产，乾元浩项目投产运营。

【科技创新】 2023年，滨江开发区建立“高校＋园区＋企业”成果转化机制，不断提高科技成果转化和产业化水平。全年新增省级工程技术研究中心1家、累计12家，新增市级工程技术研究中心7家、累计45家。园区规模以上工业研发投入强度为1.55%，发明专利授权147件，有效发明专利636件，高维持年限发明专利量（11年以上）110件。打造创新平台，中聚互联获工信部中小企业服务中心认定，累计招引孵化科技企业109家，科创载体在孵企业199家，科技型中小企业入库256家。培育创新氛围，精选链主企业及龙头项目，在政府和企业端双向发力，开展各类科技创新活动10余场，园区参会企业300多家。完善科技创新奖励办法，新增单项冠军企业1家、国家级专精特新“小巨人”企业6家、省级专精特新中小企业10家。

【城乡融合】 2023年，滨江开发区18个城建A类项目全部开工，其中7个项目竣工，完成投资24.32亿元。完成滨江新城中部组团4条道路建设，盛江花苑八期A区、B区复建房建成，G58幼儿园项目进入室内装饰施工阶段。启动全市首个商品房房票安置项目，商品房签约318套、面积3.27万平方米。滨江租赁住房项目竣工交付，首批入住爱尔集新能源员工2000余人。东善桥—牧龙220千伏双回线路工程、乐金化学220千伏总降变外线提升工程、中材锂膜110千伏总降变外线工程全线建成送电。

【绿色低碳发展】 2023年，滨江开发区坚持“共抓大保护、不搞大开发”，加强19.08千米长江岸线和新济洲国家湿地公园生态修复与保护，省委常委会解剖式调研新济洲国家湿地公园，南京长江洲滩湿地生态修复项目获保尔森奖自然守护类别十大提名项目，入选江苏首届十佳湿地生态修复案例。打出工业废气治理、工地扬尘整治、餐饮油烟治理“组合拳”，推进废物资源化、减量化和无害化，全域空气质量优良率87.6%。全面落实“河长制”“断面长制”工作要求，实施水环境综合治理，牧龙河景明大街桥省考断面水质均值达Ⅲ类标准，“滨江天蓝”“牧龙水清”成为靓丽风景线。深入践行绿色发展理念，严控“两高”项目发展，大力发展循环经济，中兴通信、佳盛机电创建为绿色工厂，完成自愿性清洁生产企业14家，园区获评全市唯一省级绿色园区。

【新材料产业百亿级聚集区启动】 9月8日，滨江开发区举办新材料百亿级聚集区跃升行动计划发布暨重大项目落成活动，以中国航天科工四院四部、驰韵科技为代表的涵盖新材料、电子信息、智能制造等多个专业领域的17个重点项目集中签约，总投资150亿元。同日，《江宁滨江开发区新材料产业百亿级聚集区三年跃升行动计划》发布。该计划以中国航天科工四院四部、中材锂膜2家企业为重点，以滨江新材料产业园为载体，培育百亿规模企业，深化“强链、延链、补链、壮链”工作。（严　琪）

南京麒麟科技创新园

【概　况】 南京麒麟科技创新园位于南京中心城区，北接仙林大学城，南连江宁大学城，区位条件优越，山水环境优美，为功能复合的现代化生态科技创新城区，规划总面积83平方千米，已开发建设面积46.15平方千米。园区于2010年7月启动建设，2016年5月获省政府批准筹建江苏省麒麟高新技术产业开发区。2023年，园区以服务高水平科技自立自强为战略抓手，紧扣“两区三城”发展定位，打造“国家区域科技创新中心核心承载区、国家战略科技力量承载区”，建设“创新策源活力之城、科技产业实力之城、生态宜居魅力之城”，各项工作均取得新成效。全年实现地区生产总值107.7亿元、一般公共预算收入6.69亿元、全社会固定资产投资139亿元。在市、区“五拼五比”竞赛活动中，园区多次获红旗激励和标兵称号；在全市高新区（园）综合评价通报中再次实现进位，在15家高新区中排名第八位。

【科技创新】 2023年，麒麟科创园中科院“一院四所”迁建工程全部建成、各院所全面开展搬迁，信息高铁综合试验平台、未来能源系统研究院等项目载体完成年度建设目标。“信息高铁综合试验基础设施”发布城市算力网运营平台，“开源软件供应链平台”建成国内最大规模代码图谱、重要成果“源图3.0”在2023南京软博会发布，“决策智能与计算创新平台”实现企业级大数据决策存储架构及传输模式，“问天Ⅰ”类脑计算机成为国内规模最大、国际一流的类脑超级计算机。与中国科学院科技创新发展中心共建中科（南京）智汇工场，与自动化所打造唯一成果转化基地，加快推动“中科系”创新成果产业化落地。南京现代综合交通实验室先后获省人才攻关联合体、省研究生工作站等项目支持，土壤所、地湖所、古生物所3家重点实验室全部落地到位。技术合同成交额、高新技术产业投资额、企业发明专利授权数等核心指标排名靠前，新研机构平均研发投入、平均发明专利申请量位居全市首位，关联带动企业营业收入突破20亿元。出台人才发展规划和专项政策，入选省“双创人才”7人，定向人才房等配套建设有序推进。

【招商引资】 2023年，麒麟科创园举办首届中国标准化大会、2023国际标准化（麒麟）大会等活动，投资总额30亿元的华设检测总部等市优质项目落地，实际利用内资40亿元、完成亿元以上签约项目43个。通过资本招商落户企业主体38家，签约投资总额30亿元，全年回款近1亿元，退出增值率超过50%，已投企业中有12家完成新一轮融资，实现融资金额近10亿元。实施工业集中区转型升级，增加首幅工业用地，开创全市工业科研混合用地先河，为优质项目招引落地开拓空间、提供支撑。

【产业发展】 2023年，麒麟科创园围绕人工智能、低碳新能源两大主导产业，加快建设具有全球影响力的产业科技创新中心主先行区。南京智能计算中心二期建成投用，算力达到900P，获批国家新一代人工智能公共算力开放创新平台。中科南京人工智能创新研究院、南京应用数学中心、英特尔智能边缘计算联合研究院、南京低碳城市研究院等创新平台建设取得新进展，为园区产业发展提供基础支撑。借助中国科学院高端人才集聚和“百人计划”引才品牌优势，集聚“双聘”院士13人，各类国家重大人才33人，省“双创”人才、市科技顶尖专家等累计入选101

人。发挥中科方寸知微、英麒智能、南栖仙策等企业带动作用，在基础算法研究、智能计算、智能芯片、智能终端等细分赛道持续发力，集聚人工智能重点企业超过100家、相关企业营业收入50亿元，其中规模以上人工智能企业18家、营业收入20亿元，新增人工智能产业领域国家级专精特新“小巨人”企业3家。推动中国能谷各板块建设，中国能谷产业生态区首期启动区主体结构封顶、中央商务区开工建设。加快IEC国际标准促进中心（南京）建设，促进华为、三峡集团与IEC共建，开展“碳足迹认证”等工作，创建双碳示范园区。

【城市建设】 2023年，麒麟科创园继续深化“小麟通”企服品牌建设，搭建近100家“彩虹企业”培育库，依托创投、企服等公司不断优化基金引导、市政管养、物业管理、餐饮配套等营商服务。与南师附中签约共建麒麟科技城配套学校，对接中国医科院皮肤病医院推动共建北京协和医学院南京医院、国家皮肤病医学中心，二期保障房G5地块14万平方米、900套竣工交付，安置居民2700人，燕西路等5千米道路竣工交付。（麒麟科创园）

【南京智能计算中心成为国家级平台】 6月，科技部发布首批国家新一代人工智能公共算力开放创新平台的批复通知，位于江宁区的南京智能计算中心等9家平台获批。南京智能计算中心位于麒麟科技创新园，由园区携手中科寒武纪科技股份有限公司共同打造。南京智能计算中心分三期建设，最终将建成理论峰值为1250 POPS的智算中心平台。一期已于2021年12月全面建成，二期2023年完成，为长三角地区算力规模最大、计算能力最强的智算中心，国内性价比最高、单位建设成本最低、硬件迭代速度最快的智算中心，进一步为蛋白质折叠、天文研究、宇宙探索、自动驾驶等前沿科技领域服务，为南京下一代新兴技术产业发展提供优质的算力支持。

【中科（南京）智汇工场启动】 9月15日，中科（南京）智汇工场启动活动举行。此次活动以“智汇麒麟·创享未来”为主题，由麒麟科创园（生态科技城）管委会、中国科学院科技创新发展中心指导，中科智汇工场主办，中科（南京）智汇工场承办。活动现场，中科（南京）智汇工场、中科（南京）概念验证中心、中科学院揭牌成立，中科极光激光显示制造基地、高品质氮化硅生产、光储充检智能超充站建设、国产数字化设计软件、通信网络系统综合解决方案、通信网络监测及大数据解决方案、元宇宙人工智能创新中心、南京AI产业物联网运营总部8个项目签约落地中科（南京）智汇工场。中科（南京）智汇工场以中国科学院资源为基础，充分整合科技、产业、金融、人才要素，打造中国科学院科技创新服务体系，聚焦信息技术、人工智能、智能制造等南京优势产业领域，服务科技成果转化孵化、产业结构转型升级、创新创业需求，带动南京区域经济向纵深化发展，努力建设成为立足南京、辐射长三角的科创高地，以及中国科学院与江苏省科技合作、科技成果转化和产业化的模式典范。

【6家单位入选省研究生工作站】 10月，省教育厅、科技厅联合发布《关于公布2023年江苏省研究生工作站和优秀研究生工作站示范基地名单的通知》，麒麟科创园南京现代综合交通实验室、中科南京软件技术研究院、南京景曜智能科技有限公司、中科南京信息高铁研究院、南京瀚海伏羲防务科技有限公司、江苏有线数据网络有限责任公司6家单位与高校联合申报的研究生工作站入选，获批江苏省研究生工作站。研究生工作站作为研究生培养的一种新型模式，是由设站单位与省内高校联合申请设立、共同建设，引入企事业单位优秀科研人才和高校研究生导师共同指导研究生团队开展科技创新和成果转化的平台，是与院士工作站、博士后科研工作站相配套，成体系的高端科研创新平台，也是高校培养研究生的重要创新实践基地。（宁　鉴）

土山机场片区

【概　况】 2023年3月，南京市江宁区土山机场片区开发建设管理办公室正式成立，为江宁区委、区政府派出机构（正处级单位）。土山机场片区位于东山街道行政区划范围以内，总规划面积14.04平方千米，东至远泰路、南至宏运大道及文靖路一带、西至秦淮河、北至江宁区界。土山机场片区以宁宣高速南京支线为界大致分为东西2个片区，以东片区由原东山总部园和高桥棚改区组成，占地7.05平方千米；以西片区为土山机场迁建及待开发片区，占地6.99平方千米。土山机场片区打造总部型创新研发办公区、江宁汽车4S园、工业集中区3个板块，建设以现代化工业为主导、汽车文旅为特色、创新研发为支撑的现代化城市功能区域。2023年，土山机场片区完成一般公共预算收入5亿元，规模以上工业产值104.23亿元，限额以上社会消费品零售额192.69亿元，全社会固定资产投资11.87亿元，其中工业投资11.73亿元。

【招商引资】 2023年，土山机场片区围绕新材料、新一代信息技术等现代产业，引进江苏越升大型混炼挤压造粒设备研发与制造、南京澳博阳6G太赫兹通信研发及生产等15个亿元以上项目，完成投资总额72亿元，实际利用内资12亿元。江苏越升科技股份有限公司总投资10亿元，建设越升大型混炼挤压造粒设备研发建设项目，打造大型混炼挤压造粒设备领域领军企业。南京澳博阳射频技术有限公司总投资10亿元，新建6G太赫兹通信研发及生产项目，从事6G太赫兹通信的传输距离、容量、保密通信、传输速率上的研发与生产。

【项目建设】 2023年，土山机场片区按照项目成熟度，梯次推进重大产业项目开工建设，8个区级重大产业项目全部开工（当年新开工项目2个、续建项目6个），项目总投资32.5亿元，年内实际完成投资11.68亿元。8个项目中列统项目7个，其中省陶瓷、悦天平、安澳、泰瑞、扬润5个项目投资完成率均超过100%，省陶瓷项目完成投资1.08亿元，已部分投入使用。

【产业转型升级】 2023年，土山机场片区新增国家级专精特新“小巨人”企业1家、省级专精特新中小企业2家。入围国家级智能制造优秀场景1个，新增省级绿色工厂1家，入选南京市“瞪羚企业”5家。培育规模以上工业企业2家、限额以上商贸企业11家。辖区内低效用地再开发6.73公顷，2宗低效用地再开发项目土地手续完成，进入桩基图审查阶段。

【科技创新】 2023年，土山机场片区以创新为动力，推进科技、产业、政策、人才与服务深度融合，持续培育创新主体、集聚更多创新要素。全年新增高新技术企业19家、累计67家。加快优质项目成果转化，累计发明专利申请量473件，其中高维持专利100件，年均授权发明专利75件，拥有知识产权贯标企业27家，年均利用知识产权质押融资额4000万元，完成技术交易额4.9亿元。新入选国家重点人才工程A类专家2人、博士专项1人，培育省科技创业家6人、市科技企业家3人、市级创业人才48人、海内外高层次创新创业人才100余人，兑付招才引智类奖励5000万元。

【大峘集团获“中国专利年度奖”】 2月，土山机场片区企业大峘集团有限公司发明专利“一种煤粉动态分配器装置及工作方法”获中国专利年度奖三等奖。该发明专利是大峘集团主要产品——高炉喷煤系统专利中的核心专利。大峘集团在全国范围内承建高炉喷煤系统，每年为钢铁企业节省约3000万吨焦炭。高炉喷煤项目的应用，不仅优化高炉喷煤装备业产品生产环境，也推动高炉喷煤装备制造业的科技进步。

【2家企业入选南京市百强高企】 2月，市科技局发布“2021年度南京市百强高新技术企业”名单。土山机场片区企业大峘集团有限公司、南京华脉科技股份有限公司名列其中。土山机场片区引导鼓励企业技术创新，推动辖区高新技术企业聚集及高新技术产品快速发展，形成“厚植沃土—育苗造林—引领示范”的高新企业成长路径，为做强辖区实体经济、助力区域高质量发展注入活力。

【东山汽车4S园新能源汽车销售升温】 2023年，土山机场片区持续推动东山汽车4S园汽车品牌迭代升级，引导淘汰低档滞销品牌，引进中高档或畅销品牌，汽车业态由传统汽车向新能源品牌逐步过渡。全年有14家汽车销售企业实现品牌更迭，其中10家由销售油车更换成新能源车，新能源汽车品牌由17个增至24个。新能源车全年销售量21649辆，占比24.69%，比上年提升4.55个百分点；新能源车销售额61.48亿元，占比24.36%，提升6.79个百分点。

（俞菁菁）

数字经济

【概　况】　2023年，江宁区贯彻落实《南京市推进数字经济高质量发展2023年工作要点的通知》《南京市江宁区推进数字经济高质量发展实施方案》等文件精神，发挥"5+4+5"创新型产业集群优势，促进数字技术和实体经济深度融合，赋能传统产业转型升级，催生新产业新业态新模式，不断做强做优做大数字经济，为构建新发展格局、推动高质量发展注入新动能。

【数字化基础建设】　2023年，全区加快通信基础设施建设和升级改造，城乡光纤通信实现全覆盖，用户光纤接入率近100%。累计建成4300余座5G基站，建设总量位居全市各区第一，实现信号基本连续覆盖。不断完善工业互联网功能体系，中汽创智、卫岗乳业、复创智能制造3家企业建设的工业互联网标识解析二级节点，标识解析服务能力增强，接入企业12246家，标识注册量39.4亿次，标识解析量15.1亿次。创成省重点工业互联网平台9个，新获批省工业互联网标杆工厂6家。稳步推进数字技术创新平台建设，国家第三代半导体技术创新中心完成一期SiC电力电子器件中试平台厂房改造并投产，举办第三代半导体产业创新发展大会；信息高铁综合试验基础设施建设"信息高铁"城市算力网解决方案已辐射郑州、苏州、宁波等城市；国家重大科技基础设施未来网络试验装置完成未来网络试验设施40个骨干节点建设，梳理可转化应用30项成果；国家"东数西算"二期工程的"安全新总线"项目启动建设。

【数字产业化】　2023年，全区依据《数字经济及其核心产业统计分类（2021）》，结合产业发展实际，科学界定数字经济及其核心产业统计范围，全面统计数字经济发展规模、速度、结构。全区有规模以上数字经济核心产业企业354家，全年实现产值1659.1亿元，比上年增长3.1%。其中，数字产品制造业企业239家，实现产值1385.6亿元，增长2.5%；数字技术应用业和数字要素驱动业企业115家，实现产值273.5亿元，增长6.5%。开展关键核心技术攻关"揭榜挂帅"项目遴选工作，遴选智能领域关键技术研发5项、安全加密领域1项，并给予资金支持。6G太赫兹光电集成器件及系统关键技术研发、基于昇腾全栈技术的决策大模型与通用平台研发等4个项目获2023年省科技计划专项资金支持；智能制造数字底座关键核心技术研发、城市智慧交通车路协同关键核心技术研发等4个项目入选市级重大科技专项（综合类）拟立项名单。

【产业数字化】　2023年，全区新增省级智能制造示范工厂5家、智能制造示范车间8家，7家企业入选国家级智能制造示范工厂揭榜单位和优秀场景名单，中兴滨江工厂、艾默生入选国家5G工厂名录。全年有90家企业通过省星级上云认定，累计有355家企业实现上云用云。分园区、街道举办7期制造业"智改数转"专场培训以及"两化"融合自评估实操培训，培训园街、企业"智改数转"工作负责人350余人次；为487家规模以上工业企业提供免费诊断服务，全年实施"智改数转"项目795个，覆盖规模以上工业企业654家。统筹用好区级财政专项资金，对188个智能化改造、数字化转型技改投资项目给予补助6443万元。出台《江宁区贯彻落实国家文化数字化战略实施方案》《江宁区数字文化提质发展行动计划》，研究制定《江宁区智慧文体旅大数据平台建设方案》，制作发布江宁文物电子导览图，开设江宁博物馆网上云展览，推出线上文物科普课程。牛首山通过云渲染、AR、AI、图计算、云计算、NLP等技术，打造数字藏品和“数智牛首”。全区创建省级跨境电商产业园1个、跨境电商保税进口展示区1个、公共海外仓1家、市级跨境电商创业创新孵化基地3个，开展跨境电商业务企业超过300家。建成4个市级农业物联网示范基地和6个区级智慧农业项目示范基地，新增农业智能生产面积66.7公顷，总面积1600公顷。采取校地合作、“理论＋观摩＋实训”形式，举办2期农业信息技术人才培训班，培育农业电商人才130人，农业电商交易额22亿元。

（区工业和信息局）

【第二届长三角数字经济发展大会在江宁举行】 4月11日，第二届长三角数字经济发展大会在江宁举行。大会以“数实融合·数智未来”为主题，凝聚产、学、研、政、商、金等各方力量，推动数字经济和实体经济融合发展，助力长三角经济加速腾飞。会上，江宁高新区管委会、新华日报社财经传媒中心、江苏省数字经济联合会共同签署数字经济产业园项目战略合作协议，三方将优势互补，资源共享，开展数字技术创新，深化数字化转型，共同推动江宁高新区数字经济产业园项目。江苏省数字经济联合会数字经济产业基地落户江宁高新区，该基地将融合各方力量，打通数字经济产业上下游链条，提高区域竞争力，壮大高新区数字经济产业集群，助力打造新兴经济培育集聚区。当天，“长三角AIGC联盟”正式成立，该联盟遵循“开放、平等、协作”原则，打造“共建共享、开放融合、互助共进”的平台。“长三角数字化转型标杆企业”榜单同步揭晓，30家企业入选。在圆桌环节，多个领域的行业领跑者、专家学者围绕所在行业的数字化经验，分享一系列有价值的观点。

【南京数字化赋能中小企业发展大会在江宁举办】 5月9日，以“数实融合 宁链未来”为主题的南京数字化赋能中小企业发展大会在江宁开发区举办。活动现场，江宁开发区管委会与中国工业互联网研究院合作签约。中国工业互联网研究院作为部属科研事业单位和国家级智库，将发挥人才、技术、产业、资源优势，助力江宁开发区成为引领数字化转型的先行区域，更好打造产业数字化高质量发展高地。此外，江宁开发区专精特新企业科润工业介质、达迈实业、埃斯顿、简睿捷、江苏南高智能等分别与东南大学、东北大学、南京工程学院、南京航空航天大学结对签约；园区智能化改造和数字化转型重点服务商企业南京优倍、未来网络、鹏力装备、中电鹏程、菲尼克斯分别与协同医药、东华智能、南京消防、悦之恒、南瑞集团结对签约。活动当天，“十城千企”中小企业数字化服务行南京首站启动。大会还为江苏省首批财政支持中小企业数字化转型试点入选平台企业及南京市2023年度省级智能制造示范工厂企业授牌。江宁开发区在大会现场发布“智改数转六条”“专精特新六条”专项政策。

【一企业获评综合实力型智慧赋能名牌企业】 5月，2023首届中国软件创新发展大会在武汉举办，会上发布2022年度智慧赋能名牌企业名单，江宁区企业小视科技（江苏）股份有限公司获评综合实力型智慧赋能名牌企业。小视智能视觉中枢平台通过算力资源动态分配机制，实现算法算力智能调度，针对性解决视频分析算力资源不均衡、匹配不合理等问题。在社会治理、智慧生活与智慧产业领域，小样本鲁棒学习技术巧妙应对场景数据长尾分布难题，让模型定制快速、高效。

【T3出行入选中国互联网企业百强榜单】 11月，中国互联网协会发布《中国互联网企业综合实力指数（2023）》报告，并揭晓2023年中国互联网综合实力前百家企业榜单，南京有4家企业入围，其中包括江宁区企业南京领行科技股份有限公司。南京领行科技股份有限公司是由一汽、东风、长安发起，联合腾讯、阿里巴巴等互联网企业共同投资打造的智慧出行生态平台。该企业以“成为中国最值得信赖的出行服务企业”为愿景，以“科技引领愉悦出行”为使命，为用户提供安全、便捷、高品质的出行服务。自2019年7月22日登陆南京以后，T3出行保持高速发展，已相继登陆武汉、重庆、杭州、长春、广州、天津等108座城市，完成五大核心经济圈的布局。（宁　鉴）

数字政府

【概　况】 2023年，江宁区加快推进数字政府建设，不断提升数字化公共服务水平。完成全区“一网统管”体系及平台建设，形成区、街道、村（社区）、网格四级协同指挥体系，在大客流应对、消防救援、环境监测、扫雪防冻、防汛防台、经济运行分析等多方面取得实效。

【“互联网+政务服务”】 2023年，全区建设人口、法人、社会信用、电子证照等六大基础库，建立政务服务等21类主题库，政务数据共享交换平台累计汇聚63个部门、990个数据目录；通过“南京市政务数据开放平台”，累计向公众开放数据目录100个。对涉及营业执照、生产经营许可证、身份证、驾驶证等九大类证照、400多个事项、1004个材料，在市一体化政务平台实现电子证照关联。

【数字惠民服务】 2023年，全区深化智慧中医云平台应用，通过“云上中药库”创新共享中药饮片629种，接入23家社区卫生服务中心及214个社区卫生服务站，累计提供智慧中医药服务2.8万人次。加快车联网基础设施建设，新增享受补贴的新能源充电设施53处，下拨省补资金580.5万元。深化经营场所登记改革，放宽市场主体住所（经营场所）登记条件，核准利用网址作为经营场所登记个体工商户124户。普及“金陵微校”学习场景，推进“江苏省智慧校园”建设，投入200万元，新建竹山中学、麒麟科创园学校2所市级“未来教室”试点学校，全区有“未来教室”4个，打造综合性江宁教育云平台，提供一站式“互联网+教育”服务。 （区工信局）

数字社会

【智慧城管】 2023年，江宁区城管部门加强景观亮化、停车管理、环卫保洁、数字城管等信息化应用，增加采集人居环境、市政道路等问题种类，及时发现日常管理中存在的问题，优化类型提升质量。全年上报工单13.27万件、注销169件、立案13.25万件、核查5.19万件、视频立案7688件，其中街面秩序75418件、市容环境27825件、扩展事件13954件、宣传广告9586件、施工管理6742件。采集垃圾分类普查1432件、卫生城市创建普查578件、道路积水（积雪）647件。处理市级工单4.13万件，结案4.13万件，整改率100%。（强巴格列 陈翔）

【智慧人社】 2023年，区人社部门继续推进社保经办数字化转型，不断巩固优化80多项社会保险公共服务事项“一网通办”。建立集网上服务、手机端、自助终端、窗口柜台、基层平台于一体的社保智能化服务矩阵，将业务从实体大厅转向虚拟大厅，实现线上24小时社保服务办理不断线，最大程度利企便民。全年业务办理量36万件，综合网办率77.52%，其中单位参停保高频业务网办率95%。办理实体社保卡“江苏（南京）一卡通”21.2万张。江宁人社“12333”相时而动，上线秒懂人社系列短视频10期、兔年拜年视频1期；发布线上“12333”热点问答推文10期；回复公众号后台留言2512条。线下参与“春风行动”“宁机益动”“情系端午，青锋筑梦”等活动，进一步拓宽电话咨询服务渠道。“12333”人工呼入总量14万通，人工接听总量13.7万通，平均接通率98.1%、满意率99.8%、主动评价率53.2%。 （区人社局）

【公交集团“宁易行”App2.0版本上线】 3月8日，江宁公交集团出行一体化App“宁易行”2.0版本上线。“宁易行”App是江宁公交集团自主开发的公交出行类便民服务移动端应用软件，新版本的布局更合理、内容更全面，涵盖江宁公交、公共自行车、校车、汽车租赁等12类的本地生活应用。在“实时公交”板块，用户可随时查看公交线路上下行站点名称、公交实时到站信息、车厢拥挤状况、同站线路等，乘客可以根据信息合理规划出行。在“公交换乘”板块，可以提供南京市内公交、轨道交通换乘方案，让乘客的出行更加智慧便捷。同时，还结合市民实际需求，增加“扫码乘车”板块，支持南京本地公交、轮渡、有轨电车扫码使用，可以享受乘坐公交八折及最高1.6元换乘优惠，还能在线充值。

【智享公交“小宁萌”投运】 9月20日，由江宁公交集团联合江宁开发区、牛首山管委会共同打造的“智享公交”——“小宁萌”Z01路在百家湖硅巷投入运营，线路配备6辆新型纯电动公交车，市民通过“宁易行”App可以在3个预约站点乘车。“智享公交”是利用物联网和大数据等技术，对传统公交线路进行智能调度和优化，从而提升服务质量和运营效率的一种新型公交服务模式。即将客流相对集中的主干道路设为常规公交“固定线路”，将出行需求相对较少的支线道路设为“非固定线路”，同时设置预约站点，依托智能调度平台和乘客预约需求，灵活调整线路走向，用一条公交线路覆盖一个区域，满足更多市民个性化短途公交出行需求，其运营模式具有设置灵活、线路可变、高效智能、营运成本低、覆盖范围广等特点。“小宁萌”Z01路在江宁开发区站至河定桥南站间往返，沿途停靠站点：江宁开发区、胜太西路·利源路、湖滨公寓、挹淮街南、董村路、临淮街、胜利路、胜利路·双龙大道、河定桥南。其中，董村路站、临淮街站、胜利路站为预约站点。高峰发车间隔约15分钟、平峰发车间隔20—30分钟，服务时间为7:00—21:00，票价2元，IC卡通用。 （宁 鉴）

农业

综 述

【概 况】 2023年，江宁区完成农林牧渔业总产值127.79亿元，比上年增长0.6%。其中，农业产值79.8亿元，下降0.5%；林业产值3.88亿元，增长4.1%；牧业产值5.8亿元，增长13.5%；渔业产值25.97亿元，下降1.6%；农林牧渔专业及辅助性活动产值12.34亿元，增长7%。全区围绕中央和省委、市委农村工作会议部署要求，锚定“建设都市现代农业强区”目标，聚焦粮食安全、产业发展、强村富民、乡村建设等重点工作，立足当前，久久为功，全面推进农业农村现代化建设迈出坚实步伐。区农业农村局获“中国渔政亮剑专项执法行动工作成绩突出集体”“全国农村集体产权制度改革经验交流典型单位”等多项国家级荣誉称号，江宁区创建为“全国农产品质量安全区”，连续4年位列全省农村人居环境整治实效评估第一等次。

【农业科技创新与智慧农业】 2023年，全区加强科技体系建设，农业科技水平明显提升。支持南京农业大学国家现代农业科技示范展示基地建设，江宁水稻科技小院参与实施南京市农业重大技术协同推广——智慧稻作项目，湖熟梨科技小院实施的市级农业科技产学研合作示范基地项目通过验收，8个省级现代农业产业技术体系示范基地全部通过省级考核，数量位居全省区县首位。新建9个、立项8个市级农业科技产学研合作基地，新建4个市级、10个区级农业物联网示范基地，全区农业智能生产面积1600公顷。江宁区越千凡公司培育苏彩甜糯908、越光518等2个主要农作物新品种。

【“互联网+”农业】 2023年，全区继续推广农业网络化经营，进一步发展“互联网+”农业。上线“善田江宁”网上商城小程序，集中展示、推介和销售优质地产农产品，全年完成农业电商交易额22亿元。

【现代农业经营体系建设】 2023年，全区累计培育区级以上农业龙头企业179家（其中国家级4家、省级16家），年销售额突破1000亿元，众彩农副物流入围全国农业龙头企业前十强。有家庭农场1242家，其中示范家庭农场365家（新增68家）；农民专业合作社785家，其中示范社126家（新增18家）。全年实现休闲农业综合收入71亿元。综合运用以奖代补、先建后补等方式，加大对新型农业经营主体的支持力度，扶持产业化项目14个，投入资金858.7万元，办理“金陵惠”农贷贴息520万元，覆盖91家新型农业经营主体。推进产业链条延伸，鼓励和引导新型农业经营主体向“企业+农户”“企业+基地+农户”等多种形式的产业经营模式发展，形成订单生产、产销联动、利润返还等紧密型利益联结机制，创建市级以上农业产业化联合体20家（新增4家）。

（区农业农村局）

【全市首个新农人学历提升班开班】 3月9日，江宁区新农人学历提升班开班，这是全市首个专门面向新农人举办的学历提升班。39名新型职业农民参加江宁区2022年度市级农技推广人员培训开班仪式暨2023级“新农人”

学历提升开学典礼，正式成为南京农业大学继续教育学院大一新生，开始为期3年或5年的大学生涯。江宁区新农人学历提升班，由区农业农村局和南京农业大学继续教育学院合作开办，目的是提高辖区农业生产经营主体和相关从业人员的学历层次、业务水平，打通农民学历提升通道。凡通过入学招生考试的江宁区高中学历以上农民，即可入学南京农业大学继续教育学院。该班学制有3年和5年两种，3年制是专科起点本科，5年制为高中起点本科。教学采取函授模式，即主要以有计划、有组织、有指导的自学为主，并定期组织系统的集中面授。学校每学期不少于3次集中面授，每次3—4天，其余时间学生在家自学。学生学习期满，成绩合格者由学校颁发成人高等教育本科毕业证书，教育部统一电子注册，国家承认学历，符合条件者还可申请学士学位。此次新农人学历提升班录取学员39人，其中年龄最大的53岁、最小的26岁，涉及农学、水产养殖、动物医学、园艺等专业。取得毕业文凭后，区农业农村局还将通过专项资金为其报销一半学费，平均每人补贴约3000元。

【中苏科技获评全国农牧渔业丰收奖】 9月，全国农牧渔业丰收奖名单公布，江宁区中苏科技股份有限公司主要参与完成的“江苏省高标准农田高效节水灌溉技术集成与推广”项目获2019—2021年度全国农牧渔业丰收奖农业技术推广成果奖二等奖。中苏科技股份有限公司是专业从事智慧农业及智慧水务技术研发及装备制造，以及现代农业产业园、田园综合体、智慧农场、无人农场规划、设计和建设的高科技上市公司。中苏科技股份有限公司在江苏省高标准农田项目上深耕多年完成高标准农田建设项目100余个，其中高效节水灌溉项目成果显著。通过SINOSO系列现代农业及水务物联网智能装备，如MPIS一体化智能泵站、IEV智能电动阀和ISG一体化智能闸门等节约劳动力资源，手机远程操作简便，并使用SINOSO系列新型加筋聚乙烯（PE）管道大幅度节约能源，在相同口径相同流量时，输水电耗较普通PE塑料管减少30%以上。

（宁 鉴）

【农田水利工程建设】 2023年，全区加快推进重点农田水利工程建设，句容河综合整治工程完成年度投资1.4亿元，累计完成投资2.4亿元。西湖、周古庄泵站更新改造工程，山北当家塘、新民水库、邓家塘3座重点塘坝综合治理工程通过完工验收。龙泉小流域综合治理项目通过结算审计及竣工验收，谷里街道张溪翻水线更新改造工程通过完工验收。汤村、驻驾山、后塘3条翻水线实施更新改造，横溪街道东山凹水库、汤山街道阜东水库2个防汛消险工程通过完工验收，完成10座水库库容恢复及生态清淤工程，乌刹桥、小彭、光明3座重点泵站开工建设。全年建成农村生态河道48.23千米。

（区水务局）

农业产业

【粮油产业】 2023年，江宁区粮食种植面积2.84万公顷，粮食总产量21.4万吨，分别比上年下降0.7%和2.7%。其中，秋粮播种面积2.11万公顷，包括水稻1.76万公顷；夏粮小麦7213.3公顷。油料作物播种面积5540公顷，总产量1.17万吨，分别增长8.6%和2.3%。

【蔬菜园艺产业】 2023年，全区以“安全、营养、生态、高效”为标准，推广蔬菜园艺新品种、新技术、新模式、新装备，大力发展优质、健康、营养的蔬菜园艺产业。全年蔬菜播种面积2.8万公顷，总产量99.01万吨；瓜果类播种面积2520公顷，总产量8.56万吨。

【林 业】 2023年，全区依托丰富的林业资源，推进林业产业化和林业一、二、三产业融合发展。全年实现林业产业总产值78亿元，其中第一产业22.8亿元、第二产业23.7亿元、第三产业31.5亿元。发展林下经济，创建区级特色经济林示范点4个、林下种植示范点1个、森林景观利用示范点1个，全区林下经济总面积2786.7公顷。

【畜牧业】 2023年，全区注册规模养殖企业12家，保留规模以上养殖量8家。年末，生猪存栏6.79万头、牛存栏219头、羊存栏4092只、鸡存栏85.32万羽、鸭存栏1.48万羽、鸽存栏4.56万羽。家禽年出栏34.95万羽、羊出栏3781只。猪肉品自给率30%，生猪大中型规模养殖比重为90%，畜禽规模养殖场备案比重为100%。

【水产业】 2023年，全区水产养殖放养面积4973.3公顷，其中特色水产养殖面积4032公顷，占比81%；实现水产品总产量2.85万吨，渔业经济总产值27.4亿元。推进水产健康养殖，构建绿色发展模式，在完成1000公顷连片养殖池塘生态化改造的基础上，建立健全长效管护机制，确保养殖尾水达标排放。加快设施渔业建设，实施江苏坤泰农业水产种业基地能力提升项目，进一步提升设施渔业水平。以水产品质量安全、渔业科技入户、水生动物病害防控为抓手，加强渔业安全监管，调整品种结构、推广应用新技术，促进全区渔业绿色高质量发展，巩固“国家级水产健康养殖和生态养殖示范区”创建成果。

（区农业农村局）

【黄龙岘绿茶获评“中国气候好产品”】 10月，由中国气象服务协会主办的全国气象生态产品推介会在广西桂林举办。会上举行2023年“中国气候好产品”发布及授牌仪式，江宁区黄龙岘绿茶金陵龙针、金陵龙毫获评“中国气候好产品”，这是江苏第二个、南京市首个获该称号的农产品。“中国气候好产品”认证是中国气象服务协会以提供高质量气象服务为导向，推进气象为农服务提质增效的有效举措。“中国气候好产品”认证采用科学指标分析农产品的气候品质价值，通过采信国家市场监管总局授予农产品核心生产企业认证结果及农产品气候品质评价技术报告，授予地方政府“中国气候好产品”品牌认证。黄龙岘属于丘陵山地，海拔高度200米左右，一年四季分明，常年气候温和，冬季无严寒，夏季无酷暑，年平均气温20℃，无霜期较长，雨水充沛，土壤肥沃，呈酸性，非常适宜茶叶生长和发育。黄龙岘景区内有茶园193.3公顷，盛产茶叶，同时景区与南京农业大学茶叶研究所合作，对茶园进行生态管养，进一步提高品质。黄龙岘绿茶纯手工制作，主要品种有龙毫、龙针。龙毫茶白毫显露、龙针茶外形光润，汤色绿明、香气高长、滋味鲜醇、叶底细嫩，色香味形俱佳，因纯手工采摘制作，较多地保留鲜叶的天然物质，含有较多的茶氨酸、儿茶素，在改善肥胖和心脏病中有一定效用。

（宁　鉴）

2023年江宁区渔业生产情况表

表6

指 标	计量单位	2023年	2022年
一、淡水养殖面积	公顷	4974.86	4974.87
二、淡水产品产量	吨	28490.00	28488.70
(1) 捕捞产量	吨	—	—
(2) 养殖产量	吨	28490.00	28488.70
1. 鱼类	吨	21372.00	21354.35
# 鲢鱼	吨	4674.37	4765.15
草鱼	吨	2438.19	2422.80
2. 虾蟹类	吨	5722.00	5733.95
# 青虾	吨	3038.84	3033.83
河蟹	吨	1070.00	1063.00
3. 贝类	吨	1304.00	1308.40
# 河蚌	吨	929.10	927.10
4. 其他	吨	92.00	92.00

（区统计局）

农业生产经营

【高标准农田建设】 2023年，江宁区集中连片、功能完善、生态良好的上图入库高标准农田2.37万公顷。出台《江宁区高标准农田建设实施计划（2023—2025年）》，利用两年时间完成未上图入库4440公顷的新建任务和已上图入库4606.7公顷的改造提升任务，新建和改造提升高标准农田9046.7公顷。制定《关于进一步加强耕地保护、严格耕地用途管制、保障粮食安全的实施意见》等文件，推进抛荒地整治工作。全区抛荒地普查工作中发现抛荒地面积3900公顷，组织10个指导组，督促各街道充分运用好“小田变大田”、“回填土”、高标准农田项目等政策工具，全面开展抛荒地整治行动。至年末，全区完成整治面积3593.3公顷，其中抛荒地整改3346.7公顷，整改率85.93%，复种面积2033.3公顷。

【农业机械化】 2023年，全区农机总动力54.53万千瓦，农业机械化水平93%。将人工查田和智能植保监测设备相结合，建成2个省级绿色防控示范基地、2个市级绿色防控示范片，农作物统防统治率62%，在全国率先基本实现主要农作物生产全程机械化。

【现代农业园区建设】 2023年，全区建有7个市级以上农业园区（1个政策性国家园区、2个省级园区），8个省级现代农业产业技术体系示范基地。农业园区充分发挥育秧中心、社会化服务组织、种植大户功能，示范推广优质高产新品种、新技术。江宁台创园形成以花卉、瓜果为主的优势产业；湖熟园区建成特色现代农业产业矩阵，即优质稻米、生态水产、特色园艺三大产业；淳化园区主导产业为优质稻米生产；横溪园区以西甜瓜为主，辅以蔬菜、稻麦等农作物；谷里园区以叶菜为主的绿色蔬菜产业已发展成全产业链业态。

江宁汤山水稻田俯瞰 （区农业农村局 摄于2023年）

【农业农村重大项目建设】 2023年，区农业农村部门召开多场农业资源招商对接会，签约项目22个，总投资57.11亿元。上报农业农村重大项目43个，总投资195.4亿元，年度计划投资42.7亿元；当年实际完成投资37.2亿元，项目开工率100%。江宁区兽用灭活疫苗生产项目、江宁区智慧农牧科技园一期项目列为2023年省级示范项目。

【新型经营主体培育】 2023年，全区有区级以上农业龙头企业179家，其中国家级4家、省级16家，年销售额突破1000亿元，众彩农副物流入围全国农业龙头企业前十强；家庭农场1242家，其中示范家庭农场365家（新增68家）；农民专业合作社785家，其中示范社126家（新增18家）。全年休闲农业旅游综合收入71亿元。以项目建设为抓手，综合运用以奖代补、先建后补等方式，加大对新型农业经营主体的支持力度，全年扶持产业化项目14个，投入资金858.7万元，办理“金陵惠”农贷贴息520万元，覆盖91个新型农业经营主体。

【产业链条延伸】 2023年，全区鼓励和引导新型农业经营主体向“企业+农户”“企业+基地+农户”等产业经营模式发展，形成订单生产、产销联动、利润返还等多种紧密型利益联结机制，将小农户引入现代农业发展轨道，累计创建市级以上农业产业化联合体20家（新增4家）。推进农业一、二、三产融合发展，举办“苏韵乡情”专场活动和“农民丰收节”系列活动，成立一、二、三产业融合发展用地工作专班，协调、推进用地审批工作，申请用地13.3公顷。发展“互联网+”农业，上线“善田江宁”网上商城小程序，集中展示、推介和销售优质地产农产品，农业电商年交易额22亿元。

【农产品质量安全】 2023年，区农业农村部门开展农产品质量安全监管追溯体系建设，配备检测追溯仪器设备，全方位应用江苏省农产品追溯平台，全区2800家主体实现入网监管，完成定量检测2800余批次。建有农产品质量安全村级服务站点35个，提供快速检测和承诺达标合格证出证服务。以农业投入品使用环节为重点，全年抽检农产品样品309批次，其中种植业208批次、畜禽37批次、水产品64批次。实行“网格化＋精准监管”，组织开展农资打假、农产品质量安全等四大专项行动和稳粮保供、豇豆农药残留整治、种子执法等

2023年江宁区农业机械化情况表

表7

指　标	计量单位	2023年	2022年
一、机耕面积	公顷	66090	66390
二、机播种面积	公顷	58750	53440
三、机械植保面积	公顷	64010	64108
四、机收割面积	公顷	52260	50517
五、机电灌面积	公顷	66150	66470
农业机械总动力	千瓦	545324	537032
一、大中型拖拉机	台	1154	1099
	千瓦	61547	57679
二、小型拖拉机	台	3673	3671
	千瓦	32249	32209
三、农用排灌机械动力	台	18879	18879
	千瓦	217926	217926
四、机动植保机械	台	4929	4891
	千瓦	10233	10007
五、联合收割机	台	213	198
	千瓦	10921	9860
六、农产品加工机械	台	5652	5546
	千瓦	31188	31170
七、农田基本建设机械	台	128	128
	千瓦	8124	8124

（区统计局）

集中整治行动，有效保障农产品质量安全，屠宰场等“四类场所”动物卫生监督率100%。加大优质良种培育力度，全区良种覆盖率99%以上，中科院万建民院士创办的南方水稻研究所落户淳化街道，江苏坤泰入选国家级水产种业阵型企业，并获得省级水产良种场资格认证。江苏越千凡公司培育苏彩甜糯908、越光518两个主要农作物新品种。是年，江宁区创建为国家农产品质量安全区。

（区农业农村局）

【区家庭农场联合会成立】 5月，江宁区家庭农场联合会在谷里蓝卉庄园揭牌成立，吸纳区内一批具有一定规模和产业特色的家庭农场。全区有家庭农场1242家，其中，省级示范家庭农场48家、市级示范40家、区级227家。区家庭农场联合会成立后，将着重发挥成员引领作用、平台服务功能、资源聚合效应，进一步实现家庭农场之间市场、信息、技术共享，推动家庭农场更好更快发展。

（宁　鉴）

江宁台湾农民创业园

【概　况】 2023年，江宁台湾农民创业园立足资源禀赋和产业特色，以12万平方米设施温室为承载，逐步形成“花卉＋园艺”两大优势主导产业，入驻盛美生物、瀚灏园艺、林语花海等花卉园艺企业30余家，引进金埔集团“台创园艺＋”项目，构建一站式园林园艺产品服务中心，聚力打造花卉及园艺“研发＋生产＋销售”全产业链链条。全年完成蝴蝶兰种苗年产量650万株，开花株年销量200余万株，花博园花卉苗木销售10亿多元。园区花卉园艺主导产业产值14.99亿元，占园区总产值的80%。

【科技创新】 2023年，江宁台创园深化与南农大、省农科院等涉农高校院所的对接合作，签订科技成果转化、项目合作协议，建强用好种质资源库，推进国兰、蝴蝶兰、莲花等种业新品种研发。邀请台湾育种专家黄重铭、黄德焕等到园指导，加快关键种业核心技术攻关，全年推出花卉园艺新品种50个，引进新品种739个。新品种权授权公示2项、授权发明专利7项、实用新型专利1项，制定企业生产标准2项，组织技术培训观摩500余人次。产学研项目备案2家、科技型中小企业入库10家、科技载体在孵企业18家。

江宁台创园兰花种植繁育基地玻璃温室（横溪街道　摄于2023年）

【招商引智】 2023年，江宁台创园持续开展产业链招商、以商引商，分别赴厦门、山东、云南、广西、陕西洛南等地开展考察招商活动5次，赴连云港参加第24届江苏农洽会，赴福建参加第一届海峡两岸农业交流大会，赴厦门参加2023年海峡两岸现代农博会、海峡两岸花博会，收集项目信息20余个。签约卫岗农文旅等项目6个，深入推进蝴蝶兰衍生产品等在谈项目3个。全年引进亿元以上内资项目10个，签约项目投资总额20亿元、实际利用内资额11亿元，实际利用外资及港澳台资400万美元(含横溪街道)。申报国家重点人才工程QM计划1人、博士后专项1人、市高层次创新创业项目1人，新增留学回国人员15人。

【基础设施建设】 2023年，江宁台创园聚焦转型发展，着力优化园区“硬”环境。宁创路20余千米主干道建成通车，下脉腰区域土地整理项目完成施工，建成台创园兰花种植繁育基地玻璃温室，盘活闲置温室2.4万平方米、闲置土地16.7公顷，累计增收650万元。实施花博园外场环境提档升级工程，开展花博园市场占道经营、乱倒垃圾、车辆违停等专项整治行动，清理违规搭建11处、1100平方米，清除违法树木栽种1500株、菜地5公顷。

（江宁台创园）

工业

综述

【概况】 2023年，江宁区围绕“走在前、挑大梁、多作贡献”重大使命，紧扣构建现代化产业体系建设目标，推动工业经济高质量发展各项举措落地见效，全区工业经济平稳健康运行。1258家规模以上工业单位全年完成产值4126.83亿元，比上年增长2.2%；完成工业投资276.66亿元，增长23.7%。75个市“双百工程”项目当年计划投资124亿元，实际完成132亿元。工业用电量60.03亿千瓦时，增长2.72%；规模以上工业综合能源消费量118万吨标准煤，下降2.2%。

【工业经济运行监测与服务】 2023年，区工业和信息化部门按照南京市2023年工业和信息化发展目标，结合区人代会确定的年度经济发展指标任务，印发《关于分解下达2023年经济和信息化发展目标任务的通知》，将工业产值、能耗、投资、“智改数转”、企业培育、应用场景建设，以及淘汰低端低效产能、工业集中区转型升级目标任务细化分解下达到各街道园区，明确工作任务，压实主体责任。对接区城市数字治理中心，协同推进“江宁区经济运行一体化平台”建设，提供基层信息上报渠道，及时反馈经济发展状况及趋势，为区委、区政府工作决策部署提供支撑。落实惠企政策，开展“百企提升”巡诊服务，举办小升规企业培训以及银企对接会、专精特新企业申报培训、“千校万企”紫金行动等20余场。全年兑现区级惠企资金1.5亿元，向上级争取资金3.9亿元，惠及企业近600家。开展“服务企业·面对面”活动，深化清理中小企业拖欠账款专项行动，助力企业持续健康稳定发展。

【企业科技创新】 2023年，区工业和信息化部门完善以国家级技术中心为龙头、省级技术中心为骨干、市级技术中心为基础的企业创新体系，构筑企业研发平台“硬实力”。精选链主企业及龙头企业，政府和企业端双向发力，激发制造业原发创新力，鼓励创办企业技术中心。全区有国家级中心7家；新增省级企业技术中心24家，累计116家；新增市级企业技术中心42家，形成较为完善的研发中心培育梯队。定期召开规模以上企业、专精特新企业培育工作推进会，推动省级以上专精特新企业数量质量双提升。101家企业纳入规模以上工业企业培育库；新增国家级专精特新“小巨人”企业47家、累计84家，培育国家级制造业单项冠军企业6家，新增量、总量位列全省区县第一。新增省级专精特新中小企业116家，累计324 家。江宁区连续4年位列中国工业百强区前十，2023年位列工业百强区第八。智能电网产业连续3年被工业和信息化部评为五星级产业示范基地。

【产业转型升级】 2023年，区工业和信息化部门贯彻落实国家“碳达峰、碳中和”重大战略，践行绿色发展理念，对10家自愿开展清洁生产企业进行现场审核验收。组织2023年度工业和信息化部节能技术装备推荐工作，12家企业获评省级绿色工厂，1家企业获评国家级绿色工厂，1家企业获评国家级绿色供应链管理企业，滨江开发区获评省级绿色园区。开展服务型制造示范企业和企业工业设计中心项目申报工作，3家企业获评省级企业工业设计中心，2家企业获评省级服务型制造示范企业。落实国家和省产业结构调整指导目录，推进低端低效产能淘汰工作，12个项目被列入淘汰低端低效产能项目，并全部关停。加快中小工业集中区转型发展，盘活闲置资源，36个在库重点项目，有28个项目纳入区级以上重大项目库，年内有34个项目开工建设（区级以上重大项目28个）。根据《江宁区街道中小工业集中区高质量发展三年行动计划》，全年完成低效闲置用地转型升级135.7公顷，盘活工业载体11.6万平方米。加快先进制造业与现代服务业有机融合，开展“生产服务业发展难点解析”专题调研，组织企业参加省“紫金奖”工业设计大赛等活动。申报服务型制造示范企业和企业工业设计中心项目，3家企业获评省级企业工业设计中心，南京泉峰科技有限公司获第五届中国优秀工业设计奖金奖。（区工业和信息化局）

【新增10家省级绿色工厂】 2月，省工业和信息化厅发布2022年江苏省绿色工厂（第三批）名单，江宁区国电南瑞南京控制系统有限公司、南京卫岗乳业有限公司、南京圣知锐建材实业有限公司等10家企业上榜。全区落实中央关于“碳达峰、碳中和”重大决策部署，构建绿色制造标准体系，推行绿色制造、循环制造，提高全要素生产率和资源能源综合利用率。区工业和信息化局等相关职能部门组织企业开展企业能效提升、清洁生产、污染防治设施等技术改造，支持企业建立能源管理中心，争取工业能源消耗零增长，推动企业和开发园区实现经济效益、生态效益和社会效益协调优化。

【新增47家国家级专精特新“小巨人”企业】 7月，国家级第五批专精特新“小巨人”企业名单公布。江宁区新增国家级专精特新“小巨人”企业47家，累计有国家级专精特新“小巨人”企业84家，新增数、总数蝉联全省区县第一。围绕构建“5+4+5”创新型产业集群，紧扣打造具有国际竞争力的先进制造业强区目标，按照国家和省、市工业和信息化部门提升中小企业创新能力和专业化水平的工作要求，全区狠抓专精特新中小企业的培育发展，以专精特新企业为引领的一大批中小企业科技创新主体作用不断彰显，为江宁经济高质量发展发挥积极作用。此次入选企业包括多伦科技股份有限公司、徐工集团凯宫重工南京股份有限公司、南京麦驰钛业有限公司、南京赛宁信息技术有限公司、南京国兆光电科技有限公司、苏世博（南京）减振系统有限公司等。

江苏省绿色工厂——格力电器（南京）有限公司内景

（江宁高新区 供图）

【新增2家国家级绿色制造企业】 11月，工业和信息化部公布2023年度绿色制造名单，江宁区再添2家国家级绿色制造企业。其中，南京南瑞继保电气有限公司获评国家级绿色工厂，南京国电南自电网自动化有限公司获评国家级绿色供应链管理企业。至此，全区累计获评国家级绿色制造企业5家，国家级绿色园区1家。全区聚焦“5+4+5”创新型产业集群，制定《江宁区推进制造业强区行动计划》，主动融入国家“双碳”目标布局，实施“绿色低碳高质量发展”工程，推进制造业转型升级。

【2家企业上榜2023年5G工厂名录】 12月，工业和信息化部印发2023年5G工厂名录，江宁区企业艾默生5G工厂和中兴滨江5G工厂上榜。5G工厂是充分利用以5G为代表的新一代信息通信技术，集成打造新型工业互联网基础设施，新建或改造工厂级生产现场，形成生产单元广泛连接、信息(IT)运营(OT)深度融合、数据要素充分利用、创新应用高效赋能的先进工厂。艾默生以5G网络为基础，利用边缘计算、大数据等技术，打造出具有艾默生特色的5G全连接工厂。艾默生依托信息化建设，聚焦核心产品、重点市场、营销体系和营销团队等多方面重点突破，开拓市场，完善服务体系；通过信息化手段，加强产品的自主研发与生产，快速满足国内外客户的产品需求，使技术向着产业化发展，并优化公司各职能部门业务流程，变革

组织架构，实现内部运营管理全面数字化；利用公司在行业内积累的产品工艺技术，引进先进生产设备，加大技改力度，不断向智能制造迈进，最终实现柔性化精益生产。中兴滨江将数字化转型定为公司级战略，明确定位公司全球5G产品生产基地为优先实践基地，协同运营商建设工厂5G网络，搭建工业互联网云平台，推动5G技术与工业网络、工业软件、控制系统融合，不断丰富“5G+X”应用创新，以场景驱动，逐步推进智造数字化升级，实现数字化、自动化、智能化，打造黑灯工厂，引领行业“5G+智能制造”创新发展　　（宁　鉴）

高端智能装备产业

【概　况】　2023年，江宁区高端智能装备产业主要包括智能制造装备产业、航空航天装备产业、海洋工程装备产业、轨道交通装备产业4个方向。全区有规模以上高端智能装备制造企业540家，占规模以上企业总量的42.9%。全年实现产值1930.27亿元，占规模以上企业总产值的46.7%，比上年增长0.5%。高端智能装备产业龙头企业主要集中在智能制造装备产业领域，涉及工业自动控制系统、齿轮及减变速箱、滚动轴承、通信设备、工业机器人等行业。全区产值超过100亿元企业3家，分别是中兴通讯（南京）有限责任公司428.54亿元，国电南瑞南京控制系统有限公司148.53亿元，中兴智能科技南京有限公司112.69亿元，3家企业实现产值699.77亿元，占全区规模以上高端智能装备制造企业总产值的36.25%；超10亿元企业17家，实现产值573.49亿元，占29.7%。

【重点项目建设】　2023年，全区有38个高端智能装备制造业项目列入南京市“双百工程”重点项目库，项目总投资230.96亿元，当年计划投资49.1亿元，实际完成投资50.41亿元。其中，南京高速齿轮制造有限公司新增投资4亿元用于省重大项目“南高齿可再生能源装备生产线建设项目”，预计投产后可年新增1200台大兆瓦风电齿轮箱；南京南瑞继保电气有限公司新增2.3亿元用于新建厂房项目，项目建成后，电力控制保护系统年产能增加2000套，分散控制系统（DCS）年产能增加40套，可编程逻辑控制器（PLC）年产能增加4000套。
（区工信局）

【一企业项目入选国家试点】　2月，国家标准化管理委员会、工业和信息化部公布2022年度智能制造标准应用试点项目名单，江苏省共有6个项目入选，江宁区企业菲尼克斯亚太电气（南京）有限公司试点项目入选。菲尼克斯亚太电气（南京）有限公司新一代智能工厂采用数字化、智能化系统，实现精益布局与智能物流。新一代智能工厂投产后产能率提高36.5%、良品率提高52%、库存周转率提高23%。

【智能配电设备产业集团入选省特色产业集群】　7月，省工业和信息化厅印发《关于公布2023年度省级中小企业特色产业集群名单的通知》，江宁区智能配电设备产业集群位列其中。江宁区智能配电设备产业集群位于江宁开发区，拥有南瑞集团、南瑞继保、国电南自、菲尼克斯、西门子等120多家规模以上智能配电企业，其中上市企业14家，产值超百亿元企业3家，构建上下游较为完整的产业链，是全国产品研发的领跑者、核心技术的策源地、行业标准的制定者，重点产品市场份额占全国的70%，国产自主可控水平超85%。经过多年发展，全区智能配电设备产业集群覆盖“发电、输电、变电、配电、用电、调度、通信、综合能源服务、电力网络安全”九大环节，实现产业链上下游大中小企业的融通发展，强链补链效果显著。集群通过整合上游电力设备制造企业和下游电力服务企业，打造一个完整的电力系统集成产业链。

【智能配电设备产业集群入选国家级榜单】　10月，工业和信息化部公布2023年度中小企业特色产业集群名单，江宁区智能配电设备产业集群入选，也是全市唯一入选的产业集群。2022年，工业和信息化部启动中小企业特色产业集群遴选认定工作。江宁区按照《制造业强区建设行动计划》相关部署，打造“5+4+5”先进制造业体系，推动四链融合，推进智能电网产业各环节向纵深发展，建立健全优质中小企业梯队培育机制，撬动产业链大中小企业融通发展，促进全产业链共同繁荣。全区智能配电设备产业集群集聚120多家规模以上智能配电企业，其中制造业单项冠军企业1家、省级以上专精特新企业27家。　　（宁　鉴）

智能电网产业

【概　况】　2023年，江宁区智能电网产业聚焦提高国家能源安全和保障能力，锚定世界级产业集群目标，强化规划引领，突出科技创新，发挥龙头骨干企业带动作用，促进关键技术、核心产品迭代升级和新技术智慧赋能，助推产业高质量发展。全区184家智能电网规模以上企业完成产值1299.15亿元，比上年增长1.8%；占规模以上企业总产值的31.5%，提高0.9个百分点。智能电网规模以上企业中有78家产值实现两位数增长，占产业规模以上企业总数的42.4%，其中南瑞联研半导体、江东电力器材、中汇电气等8家高成长性企业产值增速超过100%。全年产值突破1亿元的智能电网企业70家，其中产值超10亿元企业27家，占全区10亿级企业数量的42.9%。南京南瑞继保工程技术有限公司、爱尔集新能源科技（南京）有限公司、国电南瑞南京控制系统有限公司3家企业产值超过100亿元。

【重点项目建设】 2023年，全区智能电网产业15个市“双百工程”重点项目实际完成投资21.8亿元，占年度计划的105.3%。总投资20亿元的中国电科院南京科研基地项目完成投资3亿元，进行部分基坑开挖等基础建设；总投资16.3亿元的南瑞继保智能化电气装备产业园二期项目完成投资3亿元，进入主体建设；总投资4.9亿元的国电南瑞智慧物联装备生产项目完成投资1.5亿元，项目已竣工。南高齿可再生能源装备项目完成投资4亿元，泉峰电动工具、久驰电动工具、恒安储能等3个重点项目完成投资额均超过1.5亿元。

【产业科技创新】 2023年，全区智能电网龙头企业加快实施新型电力系统科技攻关重大项目，争当新型电力系统建设排头兵、引领者。南瑞集团自主研发4500V/3000A IGBT挂网成功，连续举办8届“紫金论电”学术研讨会，推进南瑞—西交大联合研发中心建设；“电网运行风险防御技术与装备全国重点实验室”获批建设，全年获国家电网公司及省部级以上科技奖励150项，新发布IEC国际标准3项，7项技术装备入选国家能源局第三批首台（套）名单，31项成果通过权威鉴定，核心技术达到国际领先水平。国电南自参与共建华电阳江海上风电实验室柔直联合研发中心，携手中国移动共建数字能源5G+物联网联合创新实验室；完成省部级鉴定25项，14项达到国际领先水平，2个集团“揭榜挂帅”项目通过验收，有4项成果获相关行业一等奖，科技创新能力进一步提升。国电南瑞入选国资委“央企ESG·先锋100指数”，位居国家电网公司系统第一。南京南瑞继保电气有限公司特高压直流与柔性输电高端装备攻关团队获全国首批“国家卓越工程师团队”称号。

【产业链拓展】 2023年，全区智能电网产业企业紧盯市场和技术前沿，推动国际国内交流合作，助推延链补链拓链。南瑞集团下属信通科技/信通公司承建的国网公司“电力行业工业互联网标识解析二级节点”获上海市通信管理局颁发的标识注册服务机构授牌。国电南自中标厄立特里亚DCS改造项目，为推动共建“一带一路”贡献最新“华电方案”，研制的“华电睿蓝”在首台全国产化F级50兆瓦重型燃机配套应用。南瑞继保拓展工业控制领域取得成效，大型火电DCS、水电和抽蓄PLC应用超过90台（套）；中标世界首个秘鲁南部电网500千伏DPFC工程，潮流控制技术走出国门；中标沙特首套绿氢项目SVG设备，SVG产品沙特市场占有率位列第一；承建的南方区域电力现货市场技术支持系统启动全域结算试运行，超过16万家市场主体参与现货交易，在国内首次实现区域现货交易系统与网省两级电力调度系统联合稳定闭环运行。

（区工业和信息化局）

【国电南瑞获评国家级绿色工厂】 3月，工业和信息化部发布2022年度绿色制造名单，江宁区企业国电南瑞科技股份有限公司被认定为国家级绿色工厂。“绿色工厂”是指实现用地集约化、原料无害化、生产洁净化、废物资源化、能源低碳化的工厂。国电南瑞坚持生态优先，将绿色发展理念融入生产经营全过程，围绕资源能源利用效率和清洁生产水平提升，全面推行绿色生产，持续加大环保投入，优化用能结构，贯彻落实各项绿色发展举措。全面推广绿色出行，江宁区基地内建设交直流充电桩50余台，通勤班车全部采用新能源汽车，努力建设资源节约型和环境友好型企业；采用绿色设计和绿色包装，推进以节能减排和环保技术进步为主要目标的设备更新及技术改造；加快清洁能源并网，深入研究新能源主动支撑、源网荷储协同控制等关键技术，助力开启绿电交易模式；依托建筑屋顶、停车场等场所，自建分布式光伏发电系统，年发电量240万千瓦时，构建智慧园区综合能效管理平台，有效提升企业能源使用效率和污染防治管控水平。 （宁 鉴）

新能源（智能网联）汽车产业

【概 况】 2023年，江宁区作为江苏省整车生产基地之一，拥有上汽大众、长安马自达、上汽大通3家龙头整车制造企业，集聚爱尔集、法雷奥、佛吉亚、塔塔、布雷博等产业链各环节零部件企业，引进福特、马自达、海拉、大陆、延锋伟世通等设计研发中心，形成集研发、设计、测试、零部件制造、发动机制造、整车制造、营销、服务于一体的较完整的产业链。全区有规模以上新能源（智能网联）汽车企业108家，全年实现产值983.53亿元，比上年增长0.5%，未达到序时进度。主要原因是受订单减少、市场终端销售下滑以及新车型转换因素影响。其中，上汽大众汽车有限公司实现产值267.3亿元，下降11.9%；长安马自达汽车有限公司实现产值101.8亿元，下降9%；上汽大通有限公司南京分公司实现产值80.5亿元，增长31.7%。

【重点项目建设】 2023年，全区被列入南京市“双百工程”重点项目的汽车产业项目有8个，计划总投资88亿元，当年计划投资33.45亿元。至年末，实际完成投资37.7亿元，占112.7%。

（区工业和信息化局）

【上汽大通新车型项目签约】 4月13日，上汽大通全新架构新能源车型及新MPV产业化项目签约落地江宁高新区。该项目分两期实施。其中，一期于2023年启动建设，充分利用上汽大通南京分公司主厂区已有生产线及工装设备，对车型差异部分进行适应性改造，完成上汽大通新能源系列车型产业化建设。二期围绕插电混动等新产品，继续对主厂区工艺布局进行优化改造，并规划新增20公顷用地，建设生产配套及智能电零部件产业园等。同时，打造上汽商用车南京研发中心，加大研发投入和核心技术预研，加快推动智能网联、电气化、软件等核心技术在产品端的应用落地，更好地赋能大通未来新产品，打造差异化竞争优势。

9月21日，上汽大通MAXUS新能源轻型车品牌发布会在江宁高新区举行（江宁高新区　供图）

【上汽大通新能源轻型车品牌发布】 9月21日，“绿色科技引领未来”上汽大通MAXUS新能源轻型车品牌发布会在江宁高新区举行，上汽大通MAXUS新能源轻型车品牌“大拿eDeliver”正式发布，并推出新品牌下的首个“全球纯电智慧轻型车架构平台”MILA，基于该平台打造的首款车型大拿V1、大拿T1同步上市。这两款车都将在位于江宁高新区的上汽大通南京江宁基地生产。上汽大通MAXUS“全球纯电智慧轻型车架构平台”MILA通过SMIT共用接口和即插即用技术，可实现整车结构、电池系统、驱动系统和悬架系统四大模块灵活组合，从而快速构建出多达15种的多场景、多品系、多维度产品矩阵，并且研发周期从24个月大幅缩短至12个月。（宁　鉴）

新一代信息技术产业

【概　况】 2023年，江宁区规模以上新一代信息技术企业298家，涉及通信系统设备制造、应用软件开发、互联网信息服务等43个门类，全年实现产值1272.2亿元。从行业分布看，电子核心产业企业131家，产值360.5亿元；下一代信息网络产业企业54家，产值676.3亿元；互联网与云计算、大数据服务企业29家，产值134.7亿元；新兴软件和新型信息技术服务81家，产值996亿元。从企业分布看，滨江开发区规模以上新一代信息技术企业21家，产值760.4亿元，占59.8%；江宁开发区129家，产值322.2亿元，占25.3%；江宁高新区26家，产值50亿元，占3.93%；未来科技城13家，产值32.8亿元，占2.58%；秣陵街道22家，产值31.6亿元，占2.48%；东山街道21家，产值20.4亿元，占1.6%；麒麟街道（麒麟科创园）33家，产值24.4亿元，占1.92%；汤山、湖熟、禄口、谷里、横溪、江宁、淳化7个街道32家，产值32.4亿元。

【电子核心产业】 2023年，全区有新型电子元器件及设备制造规模以上企业84家，包括电子元器件与机电组件设备制造、显示器件制造、敏感元件及传感器制造等行业门类12项。其中，贝迪新材料核心产品量子点增强膜

(QDEF)的性能达到国际领先水平，市场占有率位居国内第二、省内第一，打破国外厂商长期对该领域的垄断,填补国内空白。高储能和关键电子材料制造规模以上企业26家，包括锂离子电池制造、电子专用材料制造等行业门类4项。其中乐金化学在移动设备电池、汽车电池、ESS电池等领域世界领先，客户包括现代、沃尔沃、通用、克莱斯勒、雷诺等著名汽车制造商。电子专用设备仪器制造规模以上企业10家，其中南京马波斯自动化设备有限公司作为马波斯在全球最大的生产基地，为全球各行业提供精密测量设备，生产的设备测量精度达1‰毫米，行业领域包括机床制造、航空航天、汽车运输、能源等。集成电路制造规模以上企业11家，其中国基南方射频集成电路产业化项目主要面向新一代信息基础设施建设，布局射频集成电路设计、制造、封测全产业链关键环节，建设化合物半导体制造线，打造涵盖一、二、三代半导体的射频集成电路产业地标，满足5G及未来移动通信基站和终端市场需求，推动实现射频集成电路核心芯片自主保障。

【新兴软件和新型信息技术服务】2023年，全区有新兴软件开发规模以上企业67家，包括应用软件开发、支撑软件开发等行业门类4项。其中，甄视智能自主原创算法近100种，研发的“戴口罩人脸识别+红外测温”系统，提升防疫管理效率。新型信息技术服务规模以上企业12家，包括物联网技术服务、信息系统集成服务等行业门类4项。其中，拓恒物联研发的NB-IoT模块、LoRa模块、5G+边缘计算网关等物联网中间件，可应用于智能电网、智能交通、智能消居等多类场景。

【下一代信息网络产业】 2023年，全区有网络设备制造规模以上企业26家，其中中兴通讯南京滨江工厂定位为中兴通讯全球5G智能制造基地，既是5G产品制造基地，也是5G技术创新孵化基地。新型计算机及信息终端设备制造规模以上企业23家，包括通信终端设备制造、雷达及配套设备制造、工业控制计算机及系统制造等行业门类6项。

【互联网与云计算、大数据服务】2023年，全区有互联网与云计算、大数据服务规模以上企业29家，包括互联网科技创新平台、互联网生产服务平台、互联网搜索服务等行业门类7项。其中中科曙光研发的警务大数据及视频智能分析系统，是国内智能安防大数据优秀企业。

（区工信局）

新型节能环保产业

【概 况】 2023年，江宁区109家新型节能环保规模以上企业完成产值897.6亿元，比上年增长2.6%，高于全区规模以上产值增速0.4个百分点。其中，全年产值100亿元以上企业2家，10亿元以上企业17家，1亿元以上企业50家，共完成产值872.2亿元，占全产业产值的97.2%。

【集群企业提质升级】 2023年，全区新型节能环保产业企业跟踪产业发展，聚焦核心技术，不断集聚发展势能。产业集群拥有省级以上专精特新企业54家、省级以上绿色工厂8家、省级服务型制造示范企业5家，企业专业化、绿色化、服务化发展趋势明显。中电环保“高盐废水资源利用集成技术”、万德斯环保“矿井水深度处理及资源化技术装备”2个技术项目入选国家鼓励的工业节水工艺、技术装备目录，企业装备技术处于国内领先水平。 （区工业和信息化局）

【滨江新材料产业百亿级集聚区跃升行动计划发布】 9月8日，滨江开发区发布《江宁滨江开发区新材料产业百亿级集聚区三年跃升行动计划》，全力打造具有“江宁特色、南京示范、全国一流”的新材料产业集聚区。园区将在稳固中江半导体、一夫新材料、瑞洁特等现有企业的基础上进一步加大投资，吸引产业链上下游企业聚合发展，同时以中国航天科工四院四部、中材锂膜2家企业为重点核心，以滨江新材料产业园为载体，培育百亿规模企业，力争到2026年，集聚新材料企业超80家，累计新增百亿级规模企业2家，重点培育国家级重点产业项目1个，引入5个50亿元以上项目，集聚区主导产业产值突破500亿元。

【储能应用示范园区启动建设】9月15日，2023新型储能产业高质量发展大会暨江宁区储能产业联盟成立和重点项目签约活动在江宁开发区举行。活动现场，江苏省新型电力系统示范项目、南京储能产业集聚区分别授牌，江宁区储能产业联盟揭牌。该联盟的成立将为全区储能企业搭建交流合作平台，“链”上发力，共同推进新时代新能源高质量发展。当天发布《江宁区新型储能产业集聚区发展规划》，未来4年，江宁区将聚焦新型储能产业集聚区走在前列、新型储能创新能力显著跃升、新型电力系统结构基本建立、储能应用场景大幅拓展、储能产业生态持续优化5

项重点目标，支撑构建新型电力系统，加快推动新型储能产业高质量发展。活动中，江宁公交集团与南瑞继保签约共建储能应用示范项目，综保区、无线谷与南瑞继保合作建设储能示范园区，交建集团与南京电信共同打造储能电站。协鑫储能电站等8个储能产业招商项目签约落地，涉及电池梯次利用、用户侧储能、能源管理数字化、新型储能设备等领域，体量大、质量高、结构优。（宁 鉴）

生物医药和医疗器械产业

【概　况】 2023年，江宁区加快创新型医药、医械、医疗服务等产业集群发展，抢滩制造业强区及未来产业新高地，打造持续发展的先导产业链。全区拥有行业内规模以上企业38家，其中制药行业14家、医疗器械行业24家。全年完成生物医药产值132.68亿元。其中，制药行业50.55亿元，比上年下降4.9%；医疗器械行业82.13亿元，增长9.6%。

【产业项目建设】 2023年，全区推进生物医药和医疗器械产业重大项目建设，进一步夯实产业基础。南京中桂药业有限公司药品制剂生产项目，完成4.9万平方米厂房及附属设施基础建设，主体封顶，建成后将成为具有国内领先水平的新药研发及生产基地，主要生产适用于儿童、老年人服用的口服液、混悬液或糖浆剂以及其他适用于儿童和老年人的药用剂型。江苏奥赛康药业有限公司口服固体制剂车间技术改造项目，进入设备购置阶段。建成后可转化公司一类创新药ASK120067片技术成果，形成年普通药口服固体制剂产品5亿片、抗肿瘤药口服固体制剂产品3亿片产能。南京麦澜德医疗科技股份有限公司总部研发及生产基地项目，完成主体结构建设及外幕墙施工，拟建设集研发、生产、组装、调试和仓储物流于一体的现代化总部研发及生产基地，购置相关研发设备，对信息系统进行升级和完善。项目建成后，可增强企业研发能力，扩大企业现有盆底及产后康复类产品及配套耗材供给能力，丰富企业产品生产线。南京传奇生物科技有限公司精准免疫细胞抗癌新药产业化厂房二期建设项目，完成机电安装、设备安装，项目竣工验收与调试。项目建成后，可形成年产精准免疫细胞抗癌新药200升产能。

【星昊医药高端药物制剂研发及生产基地项目开工】 1月8日，江宁区举行2024年重大项目建设推进会。活动现场，总投资10亿元的星昊医药高端药物制剂研发及生产基地项目开工建设。该项目当年计划投资 4 亿元，主要进行厂房及车间主体建设。项目建成后，将覆盖加工、质检、大规模生产等应用领域，预计年产值20亿元。（区工业和信息化局）

【高新区药企产品获批上市】 3月，江宁高新区企业南京康舟医药科技有限公司仿制药芝雪康（注射用特利加压素）获批上市。注射用特利加压素用于治疗食管静脉曲张出血，临床广泛应用于治疗肝肾综合征、肝硬化腹水、感染性休克、烧伤、急性肝功能衰竭、心脏骤停等，被国内外多篇指南/临床实践指导所推荐。在2022版《特利加压素在肝硬化并发症临床应用的实践指导》中，特利加压素被指导用于肝硬化并发症。注射用特利加压素原研企业为辉凌制药，产品一经推出即被评为“中国十大处方药重磅新品”。

【全球首个人体器官芯片医药大模型问世】 10月，全球首个人体器官芯片医药大模型在江宁高新区问世。人体器官芯片是2010年诞生的一项变革性生物医学新技术，借助干细胞、生物材料、纳米加工等前沿科技，科研人员在U盘大小的芯片上模拟出跳动的心脏、呼吸的肺、流动的血管等生理系统和药物在人体内的代谢，用于替代临床试验和动物实验。东南大学生物科学与医学工程学院院长、江苏运动健康研究院院长顾忠泽教授团队提前布局，克服统一细胞生长方向、为体外细胞搭建仿生血管等技术难题，取得系列研究成果，在国内外产生较大影响。他的团队与华为公司发挥各自在器官芯片和人工智能上的优势，开发全球首个人体器官芯片医药大模型。该模型以华为盘古药物分子大模型、华为组学大模型和自研细胞影像大模型为基础，结合器官实验，助力药物研发全流程。

（宁 鉴）

综 述

【概 况】 2023年，江宁区通过政策支持、产业激励和技术指导等方式，加速建筑业改革创新步伐，强化对全区建筑产业现代化的引导、规范、扶持和监管，引导建筑企业用好省、市、区促进经济发展的各项政策举措，提升区内建筑企业经营实力和市场竞争能力。全年完成建筑业总产值（含市政）1143亿元，与上年持平。其中，竣工产值587亿元，占建筑业总产值的68.1%。房屋建筑施工面积3038万平方米，增长7.8%；竣工面积861万平方米，占施工面积的28.3%。建筑业签订合同总额1427亿元，其中新签合同额586亿元。新开工建筑面积575万平方米，其中装配式建筑302万平方米，装配式建筑占新开工建筑面积的52.5%。海绵城市累计建成面积85.5平方千米，占全区建成区面积的38%。全年受监房屋建筑工程304个，总建筑面积1981万平方米；办结建设工程消防设计审查142项，建设工程消防验收112项、备案426项；创建市级文明工地106个、省星级标准化示范工地27个，“智慧工地”135个、“差别化管理工地”20个。

【行业管理】 2023年，区城建部门加强建筑市场行业管理，做好建设市场各类企业机构资质、从业人员资格管理等工作。年末，区内有资质企业2547家（资质5381项），其中特级企业1家，一级施工总承包资质72项、专业承包一级资质217项。新增一级总承包资质5项；完成560家建筑施工企业、15家监理企业企业信用手册核验换证工作和2544家建筑业企业信用等级考评工作。强化建筑市场行为监管，开展市场行为季度专项检查3次，市场行为日常巡查1次，检查建设项目159个，通报批评施工企业14家、监理企业16家；停标施工企业3家、监理企业3家。

【招投标管理】 2023年，区城建部门依托江苏省建设工程招投标行政监督平台，依法对房屋建筑和市政基础设施项目招投标活动进行招投标过程电子化全覆盖式监督。全年建设工程进入有形市场承发包187个标段，中标价182.56亿元。完成招标公告备案187件，招标文件备案180件，备案监管行政监督意见138件，受理招投标投诉2件，招投标异议备案11件。加大事中监管、事后标后执法力度，查找问题和堵塞制度漏洞，健全招投标市场长效管理机制。开展建设工程招投标领域专项整治、评标专家领域专项整治、招标代理专项检查、标后督导执法等，进一步规范房屋建筑和市政基础设施工程招投标市场秩序。印发《关于政府及国有投资规模标准以下小型工程建设项目发包的指导意见》《关于进一步加强和规范房屋建筑和市政基础设施工程招投标管理的通知》，要求区级国有项目单位健全内控制度，落实内部控制措施。 （刘厚伍）

建筑施工

【工程质量监管和建筑监测】 2023年，区城建部门新增受监工程269项，总建筑面积749万平方米；含上年接转工程累计受监房屋建筑工程839项，总建筑面积2310万平方米。开展住宅工程分户验收监督81项，建筑面积197万平方米、18757户。发出监督抽检通知单756份、整改通知单60份。参与竣工验收监督224项，建筑面积666万平方米。在引入第三方专家参与分户验收监督抽查基础上，新增分户验收摇号模块，优化质监信息系统模块功能，构建与江宁质监信息平台相匹配的App管理端，有效提升监管效能。全年获优质结构工程210项、“金陵杯”工程44项、“扬子杯”工程12项、“鲁班奖”工程1项。

【工程施工安全监管】 2023年，区城建部门严格按照建设行业法律、法规和相关标准规范及“安全第一、预防为主、综合治理”方针，坚持“关口前移、提前防范、落实责任、强化监管”，围绕“杜绝较大以上等级事故、减少一般事故、全面提升建筑安全生产和文明施工水平”目标，深入开展建设工程领域安全生产专项整治行动，通过完善制度、落实责任、创新监督模式、提升监督效能，确保全区建设工程领域安全生产、文明施工工作平稳有序。有174家施工企业和96家监理企业在江宁区从事建设施工活动，经检测投入使用的起重机械设备650台、吊篮563批次。全年组织各类安全生产监督检查3094次、安全生产专项检查和综合执法检查4次，下发建设工程安全监督记录2851份、建筑施工隐患整改通知书131份、建筑工程施工暂停通知书122份。（刘厚伍）

【建设工程安全生产应急救援演练】 6月7日，江宁区2023年建设工程应急救援演练现场观摩会在禄口街道永欣新寓安置房三期项目现场召开。活动中，参会人员“云观摩”南京华致建设集团有限公司施工的空港乾清路小学项目临时设施火灾事故应急救援演练。模拟火灾发生后，邻近的3个建设项目迅速组建联合应急救援队伍，凝聚应急救援合力，快速处置突发事件，有效控制灾情、排除险情。现场，南京宏亚建设集团有限公司分享该公司“信息化安全管理系统”及其在建工地安全管理经验做法，参会人员还实地观摩建设工程安全生产智慧展区及施工工地安全生产管理的具体举措，各类智慧化的项目管理系统以及形式多样的智慧建造机械给大家留下深刻印象。

【首期装配式建筑构件生产培训】 7月6—7日，为期2天的江苏省首期装配式建筑构件生产培训班在江宁区举行。此次培训活动由区城乡建设局指导、区建筑产业现代化研究会主办，全区装配式预制混凝土构件生产企业管理人员、产业工人等100余人报名。首期开班采取小班制、小组学习、讲师定向辅导的方式进行。首批受训学员35人，培训结束后在实训基地进行考核，区人力资源和社会保障局工作人员对实训考核进行现场监督，通过考核学员将获得市人力资源和社会保障局颁发的专业职业技能证书。培训旨在进一步贯彻落实江苏省关于加快装配式建筑产业队伍建设，加强智能建造与新型建筑工业化专业技术人员教育培训，逐步推行关键岗位持证上岗制度的总体要求。（宁 鉴）

重点企业简介

【南京宏亚建设集团有限公司】 始建于1982年，注册资本12亿元，是一家集房屋建筑施工、市政公用工程、装饰装修工程等于一体的大型国家特级和建筑行业甲级设计施工总承包企业。2023年，完成施工产值181亿元。公司连续多年被评为中国建筑业竞争力百强企业、全国建筑业优秀施工企业、中国建筑业信用AAA级企业、江苏省综合竞争力百强企业、江苏省著名商标、江苏省名牌产品、江宁区龙头企业等，形成建筑产业研发及地产开发、装配式建筑、EPC工程与施工总承包、建筑设计、建筑产业化基地等产业体系。拥有从业人员6500人，企业管理人员800余人，建筑师及一、二级建造师260人，高级工程师88人，工程师220人。累计创省优质工程“扬子杯”54项、市优质工程“金陵杯”144项、市优质结构工程320项、省级新技术应用示范工程65项、省星级标准化工地93项、市文明工地206项，参编国家行业标准1项，获国家级工法1项、国家专利26项、省级工法52项、省新技术应用示范工程39项、省绿色施工示范工程45项，在省级以上刊物发表论文220余篇。

【南京华致建设集团有限公司】 成立于2004年12月，注册资本1.2亿元，位于江宁区东山科技创新园万泰路29号。拥有房屋建筑工程、市政公用工程施工总承包双一级资质、建筑装修装饰工程专业承包一级资质、特种工程结构补强专业承包（不分等级）、行业建筑工程设计乙级资质等。2023年年末，公司有国家注册建筑师、结构师、建造师、造价师近200人，中、高级专业技术人员100余人，具有一套完整的生产、技术、安全、质量、核算等管理体系，公司通过并实施ISO 9001质量管理体系、ISO 14001环境管理体系和ISO 45001职业健康安全管理体系的认证。多次获得“中国建筑业成长性200强企业”“中国建筑业AAA信用等级企业”“江苏省建筑业最具成长性百强企业”“江苏省重合同守信用企业”“南京市建筑业高质量发展20强”“南京市优秀企业”“江宁区建筑业十强企业”等多项荣誉，并创建一批市级标准化文明示范工地、省建筑施工标准化星级工地以及“金陵杯”“扬子杯”等工程项目。公司坚持“管理规范化、运行程序化”的经营理念以及“确保每道工序受控、建造业主满意工程”的管理理念，先后实施住宅、商业、工业和研发办公项目开发，合作投资装配式建筑PC构件生产工厂。成立建筑设计院，由施工总承包企业转型升级为具备设计施工一体化的工程总承包企业。

【南京润盛建设集团有限公司】 始建于 1966 年，2001 年完成企业改制，2005年正式更名为南京润盛建设集团有限公司。润盛集团系股份制民营企业，具有房屋建筑工程和市政公用工程施工总承包一级，桥梁工程专业承包一级，市政公用工程和房屋建筑施工监理甲级，公路工程、水利水电工程施工总承包二级，钢结构、环保、机电安装工程专业承包二级，以及建筑装饰装修与设计一体化二级等资质，是具备综合施工能力的大型建筑施工企业。集团注册资本 1.2 亿元，2023年施工产值超40亿元。润盛集团具有科学、完善的经营管理机制和质量安全管理体系，获国家级、省级、市级多项荣誉。连续多年被评为“中国建筑业最具成长性百强企业”“中国建筑业AAA 级信用企业”“中国施工企业诚信典型先进企业”“江苏省建筑业百强企业”“江苏省建筑行业最佳企业”“江苏省建筑施工安全生产先进集体”“江苏省重合同守信用单位”和南京市“重合同守信用单位”、南京市“优秀民营企业”、南京市“建筑业优秀企业”。累计完成房屋建筑工程近2000 万平方米、各级各类道路近 1 万千米。获国家优质工程银质奖1项，市政金杯奖2项，国家发明专利8项，江苏省优质工程“扬子杯”10项、省级标准化示范工地文明工地50项，市优质工程“金陵杯”50余项。

【南京久大建设集团有限公司】 成立于2000年，系久大产业投资集团旗下核心企业，是一家以市政配套、桥梁、房建、水利、公路、养护为主，以项目资本运营为辅的大型综合性建筑企业集团。集团具有市政公用工程总承包一级资质、房屋建筑工程总承包一级资质、水利水电工程总承包二级资质、公路工程总承包三级资质、桥梁工程专业承包二级资质，注册资本2亿元。2023年年底，集团资产总额23亿元，流动资产18亿元，净资产10亿元，全年实现营业收入28亿元。有总价值超过2亿元的各类机械设备3000余台（套）。在市政工程、路桥建设领域享有较高信誉，城市道路建设里程突破1000千米，建设各类桥梁20余座，铺设雨污水、再生水、燃气、热力、电力、电信等市政综合管线600余千米。全年投入研发经费1亿元，发表论文28篇，取得6项工法、6项专利，获国家级QC成果奖7项，新增“金陵杯”2项、“扬子杯”1项。

【天茂建设集团有限公司】 成立于2003年7月，注册资金1.09亿元。2023年，完成施工产值10亿元。专注设计、施工、BI米、软装、智能维修、运营等一体化全程式服务，拥有建筑装修装饰工程专业一级、建筑工程施工总承包三级、机电工程总承包三级、建筑装饰工程/幕墙工程设计专项甲级、展览陈列工程设计与施工一体化一级、建筑幕墙工程专业承包二级、消防设施工程专业承包二级、建筑机电工程专业承包二级、特种工程（结构补强）专业承包等资质。连续多年获中国建筑装饰行业百强企业、江苏省建筑业百强企业、江苏省优秀装饰企业、江苏省民营科技企业、江苏省守合同重信用企业等称号，累计获国家级设计奖100多项、国优奖60多项，省优、市优奖120多项，科技创新成果奖50多项，实用新型发明专利和省级工法100多项。

【南京金中建幕墙装饰有限公司】 创建于1999年，注册资本2.58亿元，是集建筑外装饰工程产品研发、工程设计、生产制造、安装施工、咨询服务于一体的综合型、国家高新技术企业，是国家设计甲级、施工一级企业。生产研发基地面积6.7公顷，各类生产办公用房6万平方米，从美国、德国、奥地利、意大利引进多套具有世界先进水平的现代化生产设备，其中先进的幕墙加工流水线为中国第一家从德国全套引进，是江苏省建筑产业现代化第一批（部品类）示范基地。公司致力于构建以领先的设计技术为核心驱动，以标准化的精品制造为依托，以全系列装配式现场安装为模式的新型绿色建筑装饰体系，充分运用BI米技术和信息化管理，致力于高性能内外装产品的研发设计、制造施工、运维保障与创新。公司连续多年被评为中国建筑装饰百强企业、全国建筑幕墙50强企业、江苏省建筑装饰10强企业、江苏建筑业百强企业、江苏装饰装修行业信息化建设先进企业，并获南京市建筑业高质量发展企业奖。累计创中国建筑工程装饰奖36项，省优质工程“扬子杯”55项、市优质工程“金陵杯”135项，省星级标准化工地44项，获国家专利138项、省级工法19项。公司有一级注册建造师38人、高级工程师30人、工程师81人。（刘厚伍）

商贸服务业

综 述

【概 况】 2023年，江宁区积极应对区域消费市场压力和挑战，针对行业精准施策，强化企业入库纳统，保证商贸流通领域各类经济指标稳中有进。全年实现社会消费品零售总额1103.49亿元，比上年增长6.8%；其中限额以上社会消费品零售总额657.74亿元，增长3.9%。

【商圈和商业综合体】 2023年，全区以国际消费中心城市示范区建设为引领，加速构建"1+5+10"全域商业服务体系，优化完善生活性消费空间布局，集聚国际国内消费资源，打造高品质消费载体场景，全面提升生活消费发展水平。主要商圈和商业综合体全年完成销售额116.8亿元，上年增长16.2%。新增品质外摆、常态化市集、特色小店、夜间主题、多元融合消费等特色消费新场景134项，引进YO+、豪德亨等区级以上首店首牌105个，举办"乐享江宁·四季有约"活动启动仪式，开展"银杏音乐节""有乐生活节""CO·Life绚集""宁有爱·欢乐嘉年华""义乌春季美食节""横溪西瓜节""冬季消费节"等主题促销和重点企业让利活动127场。

【电子商务】 2023年，全区有电子商务企业3400余家，网络零售店铺4.4万家，从业人员9.6万余人。全年完成网络零售额392.9亿元，比上年增长16.7%。区内有J6软件创意园(省级)、江宁电商产业园(市级)2个，南京新媒体数字产业园电商直播基地、江苏经贸数动未来大学生乡村振兴电商产业园2个市级电商直播基地，电商平台叮咚买菜设有生鲜供应仓10家。从商品类型看，全区实物商品网络零售额314.5亿元，占网络零售总额的80%，增长10.4%；非实物商品网络零售额78.4亿元，增长51.6%。从交易模式看，B2C网络零售额337.9亿元，占网络零售总额的86.4%，增长9.2%；C2C网络零售额54.9亿元，占网络零售总额的13.6%，增长47.5%。从行业看，文化办公用品、粮油和食品、服装鞋帽和针纺织品位居网络零售额实物行业前三，占比分别为33.8%、10.6%和10.1%；在线餐饮、在线旅游和虚拟商品网络零售额位居非实物行业前三。从农产品看，全年农产品实现网络零售额18.6亿元，增长51.6%，农产品网络零售额排名前三的大类分别为肉禽蛋、休闲食品和水产品，网络零售额占比分别为40.9%、11.7%和11.4%。从市场主体流向看，因网络零售市场主体流动（店铺转让或企业迁移），年内流入网络零售额48711.5万元，流出网络零售额64227.1万元，净流出15515.6万元。全年网络零售额排名前十的电商企业为南京小林智能信息科技有限公司13.97亿元，南京芷兰阁电子商务有限公司4.22亿元，南京逆盟信息科技有限公司4.14亿元，南京云桔信息科技有限公司2.59亿元，艾澌克（南京）生物科技有限公司2.59亿元，南京乐礼电子科技有限公司1.82亿元，南京我乐家居股份有限公司1.77亿元，南京盛锦合进出口贸易有限公司1.14亿元，南京美宠宠物用品有限公司1.2亿元，江苏川归家居有限公司1.08亿元。

（区商务局）

【江宁商务商贸集团】 江宁商务商贸集团注册资本3亿元，是由江宁区国资办100%出资的国有全资企业。集团主营业务为商超贸易经营、粮食储备及经营、生猪屠宰供应，以及食品加工、医药销售、建材市场、农贸市场等领域。2023年，集团资产总额108.21亿元，所有者权益总额63.34亿元，资产负债率41.47%。全年实现营业收入9.18亿元，其中资产租赁收入8337.8万元。开展外购外销、内储外销、外储外销，全年完成粮油经营总量37.91万吨。做好夏粮、秋粮两季粮食收购工作，收购粮食总量7.75万吨。落实储备粮轮换政策，省、市、区三级储备粮完成轮出5.93万吨、轮入6.25万吨。优化巨诚超市经营结构，完成巨诚超市东山店、上坊店、滨江店经营布局调整。加强建材市场、农贸市场日常管理、招商稳商工作，市场影响力进一步提升。完成生猪屠宰量12.56万头，比上年增长1.6%。5月底建成5万吨仓容的凤凰山粮食储备库项目并投入运营，增强政府调控粮食市场、应对突发事件、保障市场供应能力。梳理3处存量土地资产、27宗闲置房产资产、1处运营项目、2处确权办证项目等闲置资源，按照区国资办存量资产盘活推进计划，盘活存量房产11142.97平方米，增加租赁收入337.7万元。按照“分类管理、统一调配、有效运营”原则，制定集团资产运营管理规划及资产集中统一管理方案，成立集团资产集中统一管理中心，实行集中统一管理。（邢　然）

【全区跨境电商高质量发展大会】10月25日，全区跨境电商高质量发展大会暨2024亚马逊全球开店卖家启动大会举行。活动现场，百家湖硅巷跨境电商产业园揭牌，南京江宁国家知识产权服务出口基地与金陵海关、禄口机场海关联合发布跨境电商知识产权保护及合规服务合作意向。长三角跨境电商创新发展中心作功能推介，长三角跨境电商生态服务联盟启动。当天,4个跨境电商重点项目签约落户江宁。其中，美国纪奈尔海外仓项目提供基于海外仓服务、物流服务和销售渠道建立，以及亚马逊等主流电商平台开办和辅导服务；江宁全球跨境电商多平台对接服务系统为跨境电商企业对接境外电商平台精准建立合作渠道；中韩跨境优品展销平台为江宁品牌拓展韩国市场，以及为韩国品牌进入中国提供对接服务；跨境电商精准营销大数据项目为跨境电商企业提供选品大数据分析服务和辅助决策。

12月20日，南京国际消费节江宁专场活动暨乐动力江宁数字体育中心启动仪式举行。图为活动期间江宁数字体育中心俯瞰图

（江宁高新区　供图）

【南京国际消费节江宁专场活动】12月20日晚，“宁好2024！”南京国际消费节江宁专场活动暨乐动力江宁数字体育中心启动仪式举行。此次活动由省商务厅指导，市商务局、区政府主办，区商务局、江宁高新区管委会承办，市体育局协办。活动当天，冰雪嘉年华拉开帷幕。1000平方米的户外冰（雪）场，辅以露营、游乐类和冰（雪）上项目，为多年龄段消费者提供适宜且优质的冰（雪）体验。冰雪嘉年华期间，举办3场冰上赛事活动，开展3次全民冰上健身项目推广，并联动电竞、文创和餐饮等多品类市集业态，引领“商业+文旅+体育”消费联动发展。现场举行腾讯“无畏契约”电竞表演赛，全新打造的乐动力江宁国际电竞中心，涵盖赛事&直播、文创周边、互动娱乐等系列服务体验。该中心依托阿里巴巴集团的生态资源，发挥集团的互联网和新零售优势，以智慧体育产业为核心，创新导入橙狮体育运动银行产业新模式，助力南京和江宁创新商业、体育内容与服务形态，并同步发展数字经济产业，聚合产业链上下游企业，带动周边区域整体发展，放大“商业+”“体育+”虹吸效应。活动现场还设置“新”满意足年货大集，集结中华老字号等南京特色商业，“最忆江宁”“乐享江宁”品牌市集，上汽大通、金元宝、金鹰、龙湾天街、砂之船等重点商业综合体，以及国货潮牌、非遗技艺、文旅产品、电竞周边等特色商品，打造出

适合多元化消费需求的集成式年货市集。（宁　鉴）

供销合作商业

【概　况】 2023年，江宁区供销社系统完成商品销售总额70.25亿元，社会消费品零售额48.47亿元，农业生产资料销售额2.07亿元，电商销售额17.26亿元。提档升级为农服务社5家、农家店5家，建成农村电子商务服务站点3家。申报19个项目获补2023年南京市农村供销合作服务体系建设专项资金201万元，申报禄口供销社改造提升、湖西雅居商贸服务综合体改造2个项目获补2023年江苏省供销合作发展专项资金299万元；完成基层社改造提升2家（东山中心社、横溪中心社），9家为农服务载体入选2023年全省供销合作社改造提升农村综合服务社达标名单。

【网点建设】 2023年，区供销合作总社扶持农村专业合作经济组织建设，参办领办农民专业合作社2个，累计参办领办农民专业合作社74个。提档升级农家店、为民服务社、农村电商服务站等为农服务载体，重新调整布局，更换老旧柜台货架，更新经营品类，提高市场竞争力，优化农村消费环境。

【为农服务】 2023年，区供销合作总社开展农药零差率统一配供监管和服务工作，加强零差率农药配送销售和农技指导，全区21家配供站配送金额1100万元。成立农产品销售推进办公室，以“个十百千万”工程为抓手，设立“善田江宁”优质农产品展示展销区5个，展示展销“善田江宁”授牌企业农产品及江宁区对口援建新疆、陕西地区特色农产品。推荐“善田江宁”品牌进驻市级机关事务管理局消费帮扶农产品展示展销馆，助力“善田江宁”农产品进机关、强口碑、扩销售。组织专业合作社参加农民丰收节等活动10场，多措并举畅通农产品上行渠道。开展2023“善田江宁·悦供销”中秋集市、供销周末集市（夜市）等活动26场，促进新消费，实现销售额超过100万元。组织6家“善田江宁”优质农业企业、专业合作社、家庭农场赴上海宝山区参加“2023江苏名优农产品进上海暨‘鲜丰汇’金秋购物节”活动，促进消费帮扶、助农增收。参办2023年第四届江宁—特克斯牛羊节及综合推介营销活动，发挥供销合作社资源优势，促进江宁和新疆两地交流、交往、交融，助力特克斯特色产业发展和乡村振兴。

【电商发展】 2023年，区供销合作总社与9家“善田江宁”优质农产品区域公用品牌授权企业共同签署农产品“社区团购”产销合作协议，组织农产品社区团购业务3场。与“大叔严选”“快团团”“饿了么”等电商平台合作，拓展社区团购业务，覆盖江宁近100个小区。以“善田江宁”供销周末集市活动为载体，组织30余家参展企业入驻“宁供臻品”“供销直播进百村”“紫金优选”直播间，扩大200余种本土特色农产品销售，通过抖音直播号“宁供臻品”进行直播推介和线下代购，吸引众多“粉丝”关注，场均点赞数超过1.2万人次。

【资产开发】 2023年，区供销合作总社修订印发《江宁区供销合作总社工程建设管理制度》《江宁区供销合作总社系统工程建设项目招投标管理办法》，逐步完善工程建设项目管理，促进资产管理工作科学化、制度化、规范化，全年开展租赁招标工作涉及13家基层单位32处资产。强化老旧资产维修和低效资产开发，切实消除安全隐患，促进资产保值增值，全系统累计维修老旧资产项目24个。

【民生保供】 2023年，区供销合作总社根据区防指对防汛物资储备的相关要求，对4个区级储备库防汛物资进行盘存并实时补足更新。组织区级防汛物资储备库负责人参加全区防汛抢险综合实战演练，增强应急调运能力。赴省防储中心镇江分中心交流学习，实地参观镇江分中心新建仓储基地，对标找差。各防汛库按区防指要求，储备草包9万只、麻袋13.61万只、编织袋11.73万条、木桩403.3立方米等，保质保量承担防汛物资储备任务，确保全区安全度汛。（宣　雯）

【区供销合作社第八次代表大会】 10月23日，江宁区供销合作社第八次代表大会召开。市委常委、区委书记林涛，市供销合作总社党委书记、理事会主任陈恒斌，区领导蒋时汉、张道平、姚燕玲等参加。会上，区供销合作总社负责人作第七届理事会工作报告，第七届监事会作书面工作报告。会议选举通过区供销合作总社第八届理事会主任、副主任、常务理事和监事会主任名单，表决通过《关于江宁区供销合作总社第七届理事会工作报告的决议（草案）》和《关于江宁区供销合作总社第七届监事会工作报告的决议（草案）》，表决通过《关于修改江宁区供销合作总社章程的决议（草案）》。（宁　鉴）

烟草专卖

【市场监管】 2023年，南京市烟草公司江宁分公司查获各类涉烟案件508起，查获违法卷烟56118条、雪茄烟956支、烟斗丝69.12公斤，总案值1434.59万元；查处5万元以上案件58起，上报国标网络案件2起。查获电子烟案件12起，查获一次性电子烟904个、烟具117个、烟弹1299个，总案值18.79万元。

【行政执法】 2023年，江宁烟草分公司准予新办卷烟零售许可证486件、电子烟零售许可证9件。查处涉烟违法案件496起，收缴罚没款70.61万元，罚没假烟、走私烟298.4条，罚没非国标电子烟804个；销毁假烟、走私烟180.9条，销毁涉案电子烟1368个（盒），办理非涉案委托销毁电子烟29195个。

【经营管理】 2023年，江宁烟草分公司累计销售卷烟7.27万箱，比上年增长3.41%，单箱结构5.16万元，增长3.61%。客户零售毛利率保持在15%以上。全年销售国产手工雪茄烟7.4万支。（刘笑羽）

对外及对港澳台贸易

【概　况】 2023年，江宁区实现进出口总额1335.6亿元，比上年下降16.5%。其中，出口总额860.9亿元，下降26.4%；进口总额474.7亿元，增长10.5%。南京江宁国家知识产权服务出口基地建设创新案例——“面向转型发展中的数字贸易主体提供全链条知识产权涉外服务的整体解决方案”入选江苏省数字贸易创新案例。推进品牌建设，全年培育省级外贸国际知名品牌10个，新增海关AEO认证企业2家，新认定市级跨境电商创新创业孵化基地3家。新设和增资外商及港澳台商投资项目146个，引进千万美元以上项目27个，其中1亿美元以上项目6个，合同利用外资及港澳台资29.22亿美元，增长138.9%。实际使用外资及港澳台资9.34亿美元，下降0.2%。引进南京金露服装有限公司等省级跨国公司地区总部及功能性机构等18家。（区商务局）

【江宁现代产业高质量发展项目对接会在香港举行】 2月7日，“‘宁’聚香江、共创未来”江宁现代产业高质量发展项目对接会在香港举行，世界500强外企高管、在港央企高管及其他在港外资企业代表参加。一批项目现场签约。其中，中远海运物流（香港）有限公司拟在江宁开发区空港经济区内建设国际物流供应链管理项目，包含外贸空运、陆运、空铁公多式联运、仓储物流、电商、快件、供应链管理等业务，打造中远海运江苏地区航空及外贸供应链综合基地；新里程国际医疗控股集团有限公司拟在江宁高新区建设新里程国际医疗控股集团全球总部及产业基地，打造全球领先的全生命周期肿瘤医学产业生态链并实现上市IPO。

【南京品牌出海高峰论坛在江宁举行】 4月7日，由市商务局、市贸促会、区政府指导，江宁开发区管委会和区商务局联合主办的南京品牌出海高峰论坛暨江宁开发区稳外贸促发展推进大会举办。会议以“聚势出海 链接全球”为主题，亚马逊、eBay、焦点科技等知名跨境平台，近100家制造类、外贸类企业及卖家代表参加，通过主旨演讲与圆桌论坛形式，共同探讨品牌出海、跨境发展新机遇，推动进出口贸易高质量发展，培育参与国际经济合作和竞争新优势。活动中，江宁开发区发布2023年“外贸6条”政策及2022年度拟奖励名单，江宁开发区与3家新引进外贸主体，长三角跨境电商创新发展中心与入驻项目、合作单位等14个项目签约。作为百家湖硅巷引进的全市首家跨境电商孵化平台——长三角跨境电商创新发展中心正式揭牌并开园。

【米兰江宁招商联络处揭牌】 4月17日，江宁区赴意大利、德国经贸交流团在意大利相关部门支持下，为米兰江宁招商联络处揭牌，搭建两地经贸交流“引进来、走出去”的沟通桥梁。新揭牌的米兰江宁招商联络处作为江宁全球招商体系的“桥头堡”和“瞭望塔”，常态化收集跨国公司投资动向及并购需求、科研机构成果转化意向、海外高层次人才创业计划等潜在项目资源。作为江宁区招商引资的最前沿，向外展示全区交通、地理、人口、产业等基本情况，以及江宁区聚力打造智能电网等5个两千亿级产业集群，前瞻布局未来网络等十大百亿级产业集聚区的蓬勃生机和巨大潜力。

【韩国经济代表团考察江宁】 10月，韩国经济代表团一行到江宁区考察，了解江宁相关情况，促进双方合作交流。8月，江宁区招商团访问韩国首尔等城市，开展一系列企业走访及项目洽谈活动，拓展产业合作空间，取得丰硕成果。此次韩国企业家们回访江宁，旨在文化旅游、人工智能生态养殖、数字化运营等方面开展多种形式的交流合作，实现更高水平的互利共赢。签约现场，数字化运营跨境金融项目、MEMRAY 中国研发中心项目、海思珂雅植物生态日化项目、人工智能生态养殖一体化产业基地项目落地江宁区。随后，江宁区商务局相关负责人向韩国企业家推介江宁投资环境，韩国企业家进行项目路演。（宁　鉴）

快递服务业

【概　况】 2023 年，江宁邮政管理局完成邮政快递业务处理量 18.47 亿件，比上年增长 6%；投递、揽收量 5.07 亿件，增长 9.5%，其中投递 2.93 亿件、揽收 2.14 亿件。邮政业务收入 4.32 亿元，邮政业务总量 0.22 亿件，其中函件 41.58 万件、汇票 0.51 万张、包裹 2.9 万件。订销报纸 1293.86 万份、杂志 59.88 万份。江宁邮政管理局获 2023 年全省县级邮政管理机构服务地方贡献奖。

【邮政普遍服务保障】 2023 年，江宁邮政管理局完成邮政机要通信 24192 件，安全率 100%。《中华人民共和国第十四届全国人民代表大会》《毛泽东“向雷锋同志学习”题词发表六十周年》《成都第 31 届世界大学生夏季运动会》等纪特邮票发行销售，德信烟岚山庄等 5 个住宅小区、8943 户居民信报箱通过验收。强化高考录取通知书寄递服务保障，组织实施高考录取通知书投递跟班专项检查。

【寄递渠道安全保障】 2023 年，江宁邮政管理局与区内全部邮政快递企业签订 2023 年度安全生产承诺书，深入开展行业“九小场所”专项整治，督促区内 800 余家末端网点严格落实安全生产责任，防范消防、房屋建筑、用电、寄递信息安全风险。加强 2700 余辆邮政快递电动自行车全链条安全监管，实现“六个统一”规范化管理。做好重大活动期间寄递服务保障，坚守底线思维，筑牢行业安全防线，督促企业对寄往重点地区的邮件快件 100% 过机安检，发挥邮路护城河作用。

【行业发展保障】 2023 年，江宁邮政管理局为区内 3148 名春节期间坚守岗位的快递员发放补贴 342.94 万元，覆盖 11 家主流邮政快递品牌。组织 5 家快递企业申报中央服务业资金专项资金（县域商业）项目，争取专项资金 143.4 万元。实地核查全区 100 余家村级快递物流节点，完成省级农村物流示范区复查相关工作。联合区委组织部开展暑假期间快递小哥子女看护工作，高温天气慰问一线快递小哥。全年受理“12345”投诉 515 件，及时办结率 100%。（江宁邮政管理局）

中介服务业

【公证服务】 2023 年，江宁区司法局深化公证“最多跑一次”改革，实现街道远程视频公证系统全覆盖，17 类公证事项可在就近的街道公共法律服务中心在线办理。为拆迁安置、新教师招聘入围面试抽签，为长江南京段渔业资源增殖放流项目等重大活动提供保全证据、现场监督等公证服务，服务全区经济社会发展。全力保障江宁区首次房票安置选房工作，为选房的 3 个街道 1095 户居民提供选房顺序号摇定、选房现场监督以及具结、声明公证等全流程公证法律服务。全年办理各类公证 12314 件，其中内地继承类公证 1477 件，遗嘱公证 152 件，委托、声明类公证 2898 件，现场监督（招投标、抽签摇号等）类公证 5550 件，其他内地公证 957 件；涉外、涉中国港澳台地区公证 1280 件。

【律师服务】 2023 年，全区有律师事务所 46 家，公职律师办公室 36 家，公司律师事务部 11 家，有律师 970 人，包括公职律师 22 人、公司律师 20 人、法援律师 6 人。区司法局加强行业党建工作，开展律师行业“宁心聚律”公益行活动，组织党员律师开展送法进园区、进企业、进社区、进学校等活动。发展壮大律师队伍，实施江苏石城律师事务所与江苏东银律师事务所合并，打造全区首家“百人律师事务所”。落实“万所联万会”制度，遴选 15 家优秀律所与区工商联下属 15 家商会签约结对帮扶。推进律师行业进网入格工作，参与基层治理，开展法律帮扶，助力乡村振兴。全区村（社区）法律顾问全年现场服务 39010 人次，举办法治讲座 702 场，覆盖 25452 人次；参与矛盾纠纷调处 1120 起，其中涉农纠纷 540 起，涉及金额 1120 万元。（杨梦莹）

【人力资源服务】 2023 年，区人社部门组织开展春风行动“促返岗·保用工”专题活动等线上线下招聘活动，零工市场累计服务求职零工人员超过 3 万人次，就业匹配成功 1.1 万余人。落实评审小组共同把关审核流程，对全区 250 家人力资源服务机构进行诚信等级评审，228 家机构审核通过，其中 A 级 12 家。举办 4 期普法教育培训班，326 家人力资源机构参加培训。培育新生江宁特色劳务品牌，“江南小厨娘”获省级劳务品牌称号，“谷里康养师”获市级劳务品牌称号。（区人社局）

物流业

综　述

【概　况】　2023年，江宁区有物流企业195家，从业人员近2.6万人，包括规模物流企业（营业额千万元以上）169家。其中，营业额5000万元以上102家；省级重点物流基地3家（南京农副物流、空港物流园、滨江物流园），省级重点物流企业13家（江苏安吉零部件物流有限公司、江苏润恒物流发展有限公司等）。初步形成空港物流、滨江航运、农副物流、基地物流和快递物流等五大物流集聚区。全年完成物流交易额1900.15亿元，比上年增长7.9%。（区商务局）

【第20届中国物流学术年会在江宁召开】　2月25—26日，由中国物流学会、中国物流与采购联合会共同主办的第20届中国物流学术年会暨第15届物流领域产学研结合工作会在空港经开区召开。国家发展改革委、省发展改革委、市政协等相关领导参加。年会上，来自全国的物流与供应链领域专家围绕贯彻党的二十大精神，聚焦相关热点话题展开讨论，知名物流企业高管分享创新思路、经营模式和前沿技术，推动物流业高质量发展。在产学研结合环节，中国物流学会产学研基地的代表们聚焦物流创新人才培养实践、钢铁物流与供应链产学研基地工作经验交流等主题，现场分享产学研结合工作的创新工作方法和未来发展方向。活动还设置11个专题分论坛，吸引众多专家学者和企业参与。

【众彩物流获评食品安全“双C认证”单位】　5月，南京众彩检验检测有限公司通过检验检测机构CMA资质认定和农产品质量安全检测机构CATL资质认定，成为全国首家通过“双认证”的单位。南京众彩物流通过CMA和CATL检测机构“双C”认证资质后，检测能力和检测权威性进一步增强，检测技术也由原来的气相（液相）相谱级别提升到气质（液质）质谱级别，实现“菜篮子”食品安全检测能力量级提升。同时，检测参数实现全面扩充，由有机磷类、菊酯类，扩增至氨基甲酸酯类、杀菌剂、除草剂、植物生长调节剂等6个类别、120余项参数，扩线率超过200%。可实现对蔬菜、果品、食用菌、糖料、茶叶、香辛调味料、谷物、油料、坚果、植物油、水产品等11类产品的“全参数”检测，切实守护好市民“菜篮子”安全。

【天环仓储物流园二期项目投运】　8月，位于谷里街道的南京天环仓储物流园二期项目建成投用。天环仓储二期项目总投资3.6亿元，建筑面积5.3万平方米，实际使用面积8万平方米。这座现代化冷库建有智能化机房，通过安装高位货架增加空间利用率，同时引入光伏发电减少能耗。（宁　鉴）

物流基地

【南京农副产品物流配送中心】　2023年，南京农副产品物流配送中心实现市场交易额823.84亿元，交易量1471.02万吨，经营收入7.56亿元，比上年分别增长6.09%、3.46%和2.44%。全年获“国家骨干冷链物流基地”“江苏省级示范物流园区10强”“省级生产性服务业集聚区”等省级以上荣誉10余项。优化组织架构，围绕构建“集团公司+专业平台”的“1+7”运营体系，完成“众彩集团”筹建方案（讨论稿）制订工作。严格审核和控制财务费用、维修费用、物业卫生费用等5项支出，全年缩减经费支出8887万元。开展农展中心、配套公寓楼、生活广场等非主营资产评估，完成小额贷款等非主营业务剥离工作。建立健全传统批发板块“基本租金＋进场交易费”模式，优化配套服务板块“一铺一议价”机制，全年实现租金收入4.63亿元，增加0.58亿元。以“轻资产”转型为突破口，探索管理服务输出业务，与山东济南、安徽滁州、江西共青城、连云港赣榆等地开展对接工作，南京国众食材配送有限公司运营，年内实现销售收入1.8亿元。先后完成高压配电工程二期、香蕉房冷库改造工程等建设，雨污分流改造工程项目立项。以“数智众彩驾驶舱”平台为依托，新版结算、安全人员管理、管道管线管理等系统接入测试，市场数智化建设水平进一步提高。

（农副物流中心）

【空港物流园】 南京空港江宁快递产业园由南京空港经济开发区（江宁）管理委员会下属南京空港枢纽经济区投资发展有限公司投资建设。快递产业园规划面积231.33公顷，其中核心区面积50.64公顷，拓展区面积180.69公顷，是长三角区域一体化发展战略支点和宁杭生态经济带黄金节点，是推动宁镇扬一体化、辐射带动南京都市圈发展的重要一环，在承东启西贯通长江经济带、带动中西部地区发展方面具有独特的航空交通物流中枢作用。随着快递产业园设施建设、配套服务和企业正式建成运营，快递产业园企业营业收入逐年增加，2021—2023年年均营业额54.32亿元，年均缴纳税金5822万元。

【滨江物流基地】 滨江物流基地作为南京海港枢纽经济区“一带两核三区”重要组成部分，按照“整体规划、分步实施、市场运作”模式，推进物流产业转型升级，实施“港、产、城”深度融合发展。健全工作机制，成立投资管理平台及管理机构，发挥工作职能，协调滨江物流基地内基础设施建设。完善发展规划，按照南京市枢纽经济区建设要求，将滨江物流基地纳入《南京海港枢纽经济区发展规划（2025）》，并编制《江宁滨江海港枢纽经济区发展规划》。重点项目引进初见成效，依托21.5千米长江黄金岸线资源，在建成中储、大件、永辉港口的基础上，引进康泉、宇陪等一批物流企业入驻，重点发展以仓储物流、电商物流、冷链物流等为主导的现代物流业，中储、华能、康泉、宇陪等项目投入运营。加快基础设施配套，推进疏港通道338省

南京农副物流中心　　（蔡悦　摄于2023年）

道江宁段及物流基地内部路网建设，物流基地内部路网全部建成通车，疏港通道完成锦文路至汤铜路建设，北延段路基及跨江宁河大桥下部结构正在施工，水、电、气、通信等设施配套到位。

【中储物流基地】 中储南京物流有限公司滨江物流中心于2015年12月成立，是2011年开始投资建设的大型综合物流中心。物流中心占地总面积26.7万平方米，拥有290米长江岸线，位于滨江开发区丽水大街1186号，地处江苏、安徽两省交界处，立足长江黄金水道，具有良好的区位及交通优势。主营业务有货场钢材装卸、期货交割、库房物流、运输配送、剪切加工、金融物流、输出管理等。客户主要分布在南京、上海和浙江地区，南京地区主要客户有梅钢、沙钢、江苏恒鸿；上海地区主要客户有上海建发物资有限公司；浙江地区主要客户有浙江永安资本管理有限公司。中心建有万吨级货轮码头190米，配套40吨港机1台、25吨港机2台，后场建有7万平方米全覆盖露天货场、4.8万平方米钢结构中转仓库，配备龙门吊、高位叉车等专业起重装卸机械40余台。自配自卸重型半挂运输车辆5辆、日常协作车辆100多辆，从事公路、水路、铁路多式联运的业务开发和维护。对承接业务有完善的管理流程、周到便捷的服务、严格的风险控制流程，拥有中储智运平台的大数据支撑。

【圆通速递总部基地】 江苏省圆通速递有限公司隶属圆通速递有限公司，为圆通速递江苏总部，成立于2012年11月。截至2023年，江苏圆通在省内网络拥有直营转运中心6个，分别位于南京、淮安、无锡、苏州、南通、泰州；城配中心2个，分别位于南京栖霞和徐州。全省服务网点300余个，地市级网络覆盖率近100%，县级城市网络覆盖率近98%。全省拥有近5万名员工，日均快件量超400万件。圆通速递江苏总部负责指导、监督、管理加盟商，主要经营管理南京转运中心，负责南京及周边地区快件的中转。江苏圆通于2020年搬迁至江宁空港物流园，占地13.3公顷，总投资10亿元。其中，一期已投入使用8.7公顷，总建筑面积7.5万余平方米；二期2023年完成建设。

（区商务局）

重点物流企业

【菜鸟中国智能骨干网】 中国智能骨干网（南京空港）项目是菜鸟智能骨干网的核心节点，由阿里巴巴菜鸟网络科技投资建设。菜鸟（天猫超市）南京运营中心项目占地35.6公顷，位于江宁开发区空港经开区将军大道以西、钟萃路以东、凌霄路以南、苍穹路以北，规划建筑面积30万平方米，主要建设内容为电商仓库、配送中心、办公楼等。该项目主要依托南京空港交通区位优势、南京地区产业资源及苏皖地区电商市场需求，打造成区域电商及物流综合型平台。2023年，完成营业额40亿元，纳税1.6亿元。

【江苏顺丰速运有限公司】 顺丰物流供应链智能设备生产项目由顺丰集团投资建设，打造华东地区最大综合型，以智能供应链管理服务和金融服务为核心的大型现代电子商务服务平台，引领华东地区电商模式创新发展，成为华东地区电商影响力中心，并与顺丰全国电商产业园网络以及顺丰快递、物流、金融、O2O等业务板块协同构建成一个分布式、全供应链服务平台。项目总投资13.5亿元，用地83公顷。

【江苏益丰医药产品分拣加工项目】 益丰大药房连锁股份有限公司是一家以医药零售为主，含医药电商、医药代理和医药物流等在内的大健康产业集团。益丰大药房在空港经济区内投资建设的江苏总部及运营中心项目，包括江苏行政管理总部、江苏益丰大药房下属所有门店的汇总结算中心，华东区域电商运营中心、生产配套仓储物流中心、研发（培训）中心。项目用地位于空港经济区将军大道以西、苍穹路以南，占地面积约4.5公顷，总投资3.7亿元，注册资本1亿元。2023年，完成产值4亿元，纳税2000万元。

【苏宁华东物流中心项目】 由苏宁控股集团有限公司投资建设。投资方总部位于南京，是中国最大零售企业，位列中国民营企业前三强。苏宁创新互联网零售，按照“一体两翼三云四端”的互联网零售战略构架，坚持零售本质，O2O融合运营，并顺势进入地产、金融等领域，形成商业、地产、金控、投资、文创、体育六大产业协同发展的格局。苏宁华东物流中心项目主要为物流云综合平台、国内快速干线运输、跨境电商、进出口贸易和社会开放平台等，项目总投资50亿元。2023年，完成主营业收入近100亿元，年纳税2亿元。

【杭州百世网络技术有限公司江苏分公司】 百世江苏总部基地

项目由百世集团与澳大利亚嘉民集团合作，由嘉民集团为其定制硬件设施，百世集团是国内率先运用信息化转型升级的大型快递公司，综合实力位居快递企业前列。该项目占地面积12公顷，总投资10亿元，主要为总部基地、电商运营中心、分拣及仓储配送中心、第三方物流供应链管理中心等，项目总投资1.56亿美元。2023年，完成营业额5亿元。

【中国邮政速递物流股份有限公司南京分公司】 中国邮政速递物流股份有限公司是国内规模最大、网络覆盖范围最广、业务品种最丰富的快递物流综合服务提供商。业务范围遍及全国，通达全球200余个国家和地区，营业网点超过4.5万个。中邮速递物流南京总部项目是中国邮政速递物流股份有限公司下属全资项目，该项目总投资6亿元，用地面积8公顷，总建筑面积7万平方米。项目选址位于江宁开发区信诚大道以南、将军大道以东，建设邮政速递物流南京总部项目，主要从事总部办公、供应链管理、航空邮件处理中心及对外国际合作平台等业务。2023年，日均处理物流及快递邮件40万件，营业额5亿元，综合纳税2000万元。

【江苏九州通医药有限公司】 是中国民营医药商业企业——九州通（股票代码：600998）医药集团股份有限公司的全资子公司，成立于2007年1月，注册资金5.05亿元。公司下设南京九州通物流技术开发有限公司、淮安九州通医药有限公司、无锡九州通医药有限公司、苏州九州通医药有限公司、徐州九州通医药有限公司、无锡星洲医药有限公司等6家全资公司，控股1家合资公司。业务覆盖江苏全境，配送网点分布苏中、苏南、苏北绝大部分地级城市和全国省会城市，可满足200千米12小时、紧急用药即时送达的到货需求。经营范围为中药饮片、中成药、化学药、生物制品、体外诊断试剂、精神药品（限二类）、医疗用毒性药品、蛋白同化制剂、医疗器械、保健食品、预包装食品、乳制品（含婴幼儿配方乳粉）等商品的销售与配送，同时承接三方药品物流、普通货运、货物专用运输等三方物流业务。具备丰富的药品零售连锁委托配送、医院托管业务经验、资源，竭诚为合作药店、诊所、医院提供药品代存代储、配送，中药煎制，信息化支持等一站式全方位服务。江苏公司仓储面积7.4万平方米，阴凉库、冷藏库、冷冻库、恒温库等库房健全，存储货位6.8万个，自有车辆60余辆，单日出货量可达2万件。

【南京深普物流有限公司】 创立于2001年6月，为高端装备制造业和B2B商贸企业，提供包括供应链协同和嵌入式集成物流等综合的、集成的、系统的服务。基于深普集成物流管理系统平台，实现智能仓储、投料、下线、包装、智能调度、运输配送、单证管理等物流执行要素的高效集成，为客户提供嵌入式集成物流服务。深普供应链在南京、常州、深圳、珠海、保定等高端装备制造业聚集地拥有运营中心，是南瑞继保、南瑞集团、常州博瑞、深瑞科技、国电南自、北京四方、金智科技等知名智能电网装备制造企业的供应链管理服务商，在智能电网装备这个细分行业，占有全国80%以上的市场份额。

【江苏御港物流有限公司】 成立于2007年1月，公司注册资金2001万元，注册地为江宁区湖熟街道工业集中区，实际经营地为江宁区禄口街道将军大道普洛斯物流园区，在普洛斯物流园区拥有5000平方米冷冻库区。连续多年通过江苏省道路货运企业质量信誉考核，被评为质量信誉AAA级企业。具备道路运输经营许可证、冷藏运输营运资质、医药冷藏仓储运输GSP等相关审批资质。公司业务包括冷链零担、餐饮店配、冷链仓储、冷链整车、医药冷链等B2B仓储配送服务、包装分拣、单据管理等综合性物流服务。（区商务局）

综述

【概　况】 2023年，江宁区落实省、市金融工作部署，紧扣“服务实体经济、防控金融风险、深化金融改革”三项重点任务，以长三角（南京）科创金融中心建设为抓手，加快完善区域金融服务体系，推动实现金融服务不断深化、金融体系逐步完备、金融生态持续优化，为江宁经济社会高质量发展提供金融保障。全区金融业实现增加值108.02亿元，占地区生产总值比重为3.5%，按可比价比上年增长12.6%。年末金融机构本外币各项存款余额4097.71亿元，比上年末增加438.06亿元、增长11.97%；各项贷款余额3797.65亿元，比上年末增加555.4亿元、增长17.13%。全区有一级银行支行43家，经营网点166个；保险一级分支公司22家；证券营业部14家；新设地方金融组织1家、累计24家。

【支持科技创新】 2023年，区发展和改革部门抓住上海、南京等五地建设科创金融改革试验区重要机遇，结合江宁实际，制定出台《江宁区建设科创金融合作示范区行动计划》，细化“优化科创金融常态化合作服务体系”重点任务。推动长三角资本市场服务基地南京分中心和长三角（南京）科创金融中心高标准、一体化运作，QFLP试点基金1家完成注册、1家申请试点资格。支持茂莱光学联合江宁开发区成立光学产业链基金，指导腾亚精工等上市公司参与设立私募股权投资基金落地江宁高新区，“多节点”载体优势进一步提升。至年末，全区创投机构326家，注册资本总规模231.66亿元；中基协备案基金管理人37家，其中新增2家。南京分中心获2023年度长三角资本市场服务基地第五届年会“优秀服务案例”奖。江宁高新区天印融创中心注册落户44家机构，完成对外投资项目20家，金额10亿元。出台《江宁区数字人民币试点工作实施方案》，联合区内8家数字人民币运营机构共同探索数币应用场景试点建设，全区累计个人月活钱包数41万个，受理数币线下商户门店1.99万户，数量居全市前列。

【扩充上市板块】 2023年，区发展和改革部门坚持“为企业上市服务，为上市企业服务”的工作理念，建立并完善区级拟上市企业培育库机制和推进资本市场发展联席会议机制。成立江宁上市企业联盟并于5月正式揭牌；6月，举办“国家使命——科创板开市周年报告”活动，为南京市科创板上市企业提供交流平台；10月，举办首届江宁区上市企业联盟活动，发布联盟章程、议事规则、组织架构和倡议书。撰写《江宁区上市公司分析报告》，为上市企业高质量发展建言献策。全年新增上市企业2家，累计境内外上市企业48家，位居全省区县前列；“新三板”挂牌企业24家；新增拟上市储备库企业64家，总数252家，其中重点型企业14家。定期走访100余家上市企业，动态掌握企业经营情况和上市过程中存在的融资对接、合规性确认等问题，并协调相关部门及时予以解决。

【服务实体经济】 2023年，区发展和改革部门立足“凤凰台·金融汇”江宁本土金融服务品牌，常态化开展“上市直通车”“上市问诊”“资本市场沙龙”等系列活动，针对全面注册制改革、企业转板上市、融资路径探索等，组织开展培训、调研和座谈等活动，牵头举办系列活动10场、服务企业350余家次；带动各园区街道开展对接250余场次，惠及区内企业近1000家；举办各类专场融资项目路演15场，参演企业100余家次。推广省综合金融服务平台和南京金服平台，为中小企业和金融机构高效撮合金融产品和贷款需求。全年在江苏省综合金融服务平台注册企业40499家，解决区内企业融资需求4189笔、金额163.68亿元；南京市民营企业转贷基金协助江宁区企业成功办理转贷业务1524笔，使用转贷基金57.4亿元，带动银行贷款58.7亿元。

【普惠金融】 2023年，区发展和改革部门启动运营“江宁金融服务超市”政务中心服务点，通过银企精准高效对接，为企业提供导办帮办、产品介绍、数字人民币开户等一站式综合性服务，满足多样化金融需求。引导紫金农商银行在全区10个街道所属村（社区）设立金融服务站，建立和维护站点171个。联合银行、担保机构共同推出“江宁小微快贷”政银担信贷产品，设立3000万元风险资金池，撬动金融机构贷款最大化投放，为小微企业提供优惠信贷支持。引导地方金融组织充分发挥支持“三农”领域和中小微企业的功能，助力乡村振兴和经济高质量发展。年末，小贷机构贷款余额10.14亿元，其中新增对外贷款10.96亿元；融资担保机构在保余额3.26亿元，其中新增担保金额2.17亿元，中小微企业和“三农”领域融资担保占比100%。（周　航）

【江宁金融党建联盟成立】 6月29日，江宁金融党建联盟正式成立。江宁金融党建联盟是由江宁区地方金融监管局党组发起，与驻区金融机构、地方金融组织党组织共同商议成立的党建工作议事联络协调机构。成立大会上，为金融党建联盟轮值理事长单位和常务理事单位授牌。江宁金融党建联盟将着力把党的政治优势转化为经济发展优势，加强联动合作，深化政金企合作交流，强化改革创新，助力数字人民币试点等一批新型金融开放工作在江宁有序开展，以“党建＋金融”新模式，努力实现共建组织、共商事务、共享资源目标，引导驻区金融机构高效配置信贷资源，实现金融与实体经济血脉相通、同频共振。（宁　鉴）

银行业

【农发行江宁区支行】 2023年年末，中国农业发展银行南京市江宁区支行各项存款余额9.33亿元，比上年末增长103.27%；各项贷款余额68亿元，增长9.32%。加强支农项目贷款审批与投放工作，全年累计投放各类项目贷款10.4亿元，流动资金贷款2亿元。其中，农村路网流动资金贷款是南京市农发行基础设施条线首笔流动资金贷款，投放的城乡一体化项目是首个被认定为绿色信贷的安置房项目。坚持以粮食业务为立行之本，在夏秋两季收购前加强政策宣传，确保粮食收储安全，发放各类购销储贷款2.42亿元，累计收购、收储各类粮食7341.27万公斤。（顾　勇）

【工商银行江宁支行】 2023年年末，中国工商银行股份有限公司南京江宁支行各项存款余额421.57亿元，比年初增加68.43亿元；各项贷款余额654.89亿元，增加144.23亿元。全年累计投放贷款350亿元，其中个人住房按揭贷款投放22亿元。支持牛首山、园博园和汤山旅游度假区等文化休旅项目发展，以及区内科研载体、办公楼、商业及工业园运营主体建设，助力空港城市更新项目建设。服务实体经济发展，聚焦区域发展重点，深耕普惠金融。至年末，银保监口径普惠贷款净增15.8亿元，普惠有贷户净增488户，融资合作高新技术企业70家。（刘玉曈）

【农业银行江宁支行】 2023年年末，中国农业银行股份有限公司南京江宁支行本外币存款余额480.87亿元，比年初增加85亿元；本外币贷款余额489.35亿元，增加75.29亿元；拨备后利润8.55亿元。支持实体经济发展，服务地方重大战略、重大项目建设，全年审批贷款项目10个、金额93.2亿元，净增投放26.6亿元。发展普惠金融，“一项目一方案一授权”取得成果，银保监口径法人普惠贷款24.81亿元，比年初增加9.89亿元。加强各类金融服务场景建设，打造农行金融服务“生态圈”，为百姓生活提供便利，全年净增互联网有效场景22个，数字人民币线上有效场景15户。（陶　钧）

【中国银行江宁支行】 2023年年末，中国银行股份有限公司南京江宁支行本外币日均存款余额387.08亿元，贷款余额412.67亿元，拨备前利润8.08亿元。推动区域重大项目建设，支持泰鑫科技长江岸线江宁段城市更新项目、临航建设航空产业片区横溪城市更新项目、屿发房地产G16地块项目等。加快科技金融创新赋能，开展“瞪羚”企业走访、科创金融服务驿站签约等活动，科技金融贷款余额突破30亿元。实施普惠金融服务升级行动，落实“苏岗贷”“人才贷”等各项惠企信贷政策，新增普惠金融贷款16亿元。中国银行江宁支行获南京市财贸（金融）工会“五一巾帼标兵岗”，支行营业部获中华全国总工会“最美工会户外劳动者服务站点”。11月23日，中国银行汤山支行开业。（徐奕君）

【建设银行江宁支行】 2023年年末，中国建设银行股份有限公司南京江宁支行存贷款规模分别为324亿元和293亿元；一般性存款日均新增71亿元，各项贷款日均新增62亿元。加大对辖区内专业市场和科技型小微企业的支持力度，全年新增普惠贷款12亿元，新增小微客户533户。打造住房租赁区域标杆，新投放住房租赁贷款8亿元，支持将军大道“创智人才公寓”智慧社区建设等保租房项目，助力江宁在全市率先实施跨区域房票安置。联动省文旅厅打造牛首山数币文旅消费示范区，为数字金融赋能江宁文旅产业发展贡献建行力量。支持制造业、绿色金融、乡村振兴等领域发展，新增中长期制造业贷款5亿元、绿色贷款25亿元、涉农贷款3亿元。全年投放基础设施贷款69亿元，净增23亿元。（郭　欣）

【交通银行江宁支行】 2023年年末，交通银行股份有限公司南京江宁支行各项存款余额232.44亿元，比上年末增长5.41%；各项贷款余额211.16亿元，增长7.82%。坚持金融为民，引金融活水“滴灌”中小微企业，全年净增普惠两增贷款3.32亿元。优化信贷结构，围绕江宁区“5+4+5”产业集群深耕市场，加大制造业、战略性新兴产业、绿色信贷、乡村振兴等实体领域的贷款投放，净增制造业贷款6.04亿元。开展为天印高级中学贫困学生捐资助学、“春日学雷锋 情暖敬老院”、为环卫工人夏送清凉、为贫困地区捐赠冬衣等公益活动，打造适老敬老“爱心驿站”“绿色通道”“敬老柜台”“适老便老”等特色服务品牌，下辖上元支行获评江苏省银行业协会适老化服务示范网点。联合江宁区政务服务中心，推广数字人民币应用，参与一体化平台升级改造、对接开发等工作，探索数字人民币与政务服务领域的深度融合。（陈　悦）

【邮储银行江宁支行】 2023年，中国邮政储蓄银行股份有限公司南京市江宁支行实现业务收入39361万元，比上年增长22.34%；实现利润28174万元、中间业务收入2206万元。年末各项存款余额60.79亿元，比上年末增加5.78亿元；各项贷款余额174.25亿元，增加29.18亿元。支持园区先进制造业、战略性新兴产业、专精特新企业发展，全年新增授信27亿元，服务专精特新及科创客户38户，贷款余额3亿元。加大乡村振兴金融支持力度，支持小微企业减负纾困，全年投放小企业贷款9亿元，小额贷款25亿元，普惠型涉农贷款4亿元。推进信用村普遍授信，建设乡村振兴服务站，打造“一县一品一策”项目，全年新增信用户466户。支持地方国有企业开展产品创新，首次参与区内城市更新项目建设，解决地方国有企业融资难、融资贵问题。全年新增江宁地方国企授信13户，累计投放37.54亿元。（杭　超）

【江苏银行江宁支行】 2023年年末，江苏银行南京江宁支行各项存款余额84.19亿元，比年初增加4.55亿元，其中对公存款余额63.37亿元，储蓄存款余额20.82亿元，贷款余额59.92亿元，增加5.56亿元。突出普惠金融，精准“滴灌”小微企业，围绕“三个聚焦”扩大客户群。聚焦渠道拓展，陆续拜访江宁开发区、江宁高新区、九龙湖国际产业园、滨江开发区、未来科技城、谷里街道企服中心等地，推广金融新产品。聚焦银企对接，联合园区平台参与多场银企对接会，包括江宁开发区、江宁区民营经济协会等。聚焦白名单跑户，在支行开户的未授信结算客户中梳理出符合条件的科技中小企业，进行电话营销和实地拜访。成立乡村金融突击队，创新服务方式，新增小微客户107户。（陶　青）

【南京银行江宁中心支行】 2023年年末，南京银行江宁中心支行各项存款余额271亿元，贷款余额455亿元（含投行）。围绕江宁区“5+4+5”创新产业集群，将制造业作为服务实体经济、提供信贷支持的优先领域，为275家制造业企业提供贷款14亿元，为399家高新技术企业和规模企业提供贷款20亿元，为地方政府平台提供融资支持150亿元。围绕供应链金融、现金管理、国际业务三大主线，根据客户融资需求匹配个性化方案，多渠道缓解目标客户资金压力。推广“专精特新保”“宁创担”“鑫e科企”等金融产品，累计投放“宁创担”117户、“鑫e科企”140户，贷款总额5.5亿元，“江宁快贷”实现签约及首笔投放落地。履行金融公益职能，开展防范通信诈骗、反洗钱、金融知识进社区等宣传活动，提升客户金融安全意识。（李雨婷）

【紫金农商银行江宁支行】 2023年年末，紫金农商银行江宁支行各项存款余额538.94亿元，比上年末增长14.52%；各项贷款余额238.32亿元，增长7.51%。在江宁地区有营业网点36家，网点数量在区域同业中排名第一，实现对地区所有街道全覆盖。推进金融服务点建设，建成金融服务点156个，累计办理业务44万笔。丰富产品体系，精准对接农户、农企、农业融资需求，不断丰富乡村振兴系列产品，包括“金陵兴村贷”“金陵惠农贷”“金陵惠农小额贷”“惠农快贷”“民宿贷”“乡村振兴信用卡”等，实现“生产、生活”两个维度，“集体经营、家庭经营、合作经营、企业经营”4项经营全覆盖。联合市农业农村局创新“村村通”项目，推动村级资金审批与转账全流程电子化。对村（社区）定期存款利率，给予最高上浮比例，助力账户资金实现保值增值。

（吉晶晶）

【招商银行江宁支行】 2023年年末，招商银行股份有限公司南京江宁支行各项存款余额182亿元，其中对公存款余额100亿元，储蓄存款余额82亿元；贷款余额140亿元。国标1000万元以下小微企业贷款完成率104%，国标1000万—3000万元小微企业贷款完成率120%。聚焦区域支柱产业，支持新动能实体客群发展，全年新增制造业贷款近3亿元，科技型新企业开户110户，净增科技型敞口授信户29户。成立科技金融团队，驻点江宁科学园支行，为科技型企业提供从股权到债权融资的一站式服务，从员工持股、差旅费控、薪酬管理到E餐通等金融科技服务。

（李　敏）

【宁波银行江宁支行】 2023年年末，宁波银行股份有限公司南京江宁支行各项存款余额59.79亿元，各项贷款余额54.89亿元。将民营企业和小微企业作为服务重点，在持续增加基础客户的前提下，对不同种类民营企业提供差异化金融服务，创新推出“小微贷”“转贷融”“小微租赁”等针对小微企业的信贷产品，不断提升服务民营和小微企业的深度和广度，支持地方经济发展。通过国际业务和金融市场业务联动，为民营企业提供汇率、利率、期权等避险产品，帮助民营企业规避汇率和利率风险。为优质进出口民营企业提供跨境结算、贸易融资、现金管理等综合服务，促进优质民企“走出去”，参与国际市场竞争。

（陈　曦）

【兴业银行江宁支行】 2023年年末，兴业银行股份有限公司南京江宁支行各项存款余额42.45亿元，比上年增长38%；各项贷款余额46.75亿元（中长期贷款37.51亿元），增长114%。围绕“巩固基本盘、拓宽新赛道”布局，坚持金融回归本源、服务实体经济，新增授信56户，其中实体企业29户，占51.79%，先后为东山公交、华能智慧、天元租赁等实体客户投放贷款15亿元。投放重大项目贷款34.4亿元，项目类型包括城市更新、低效用地、环境整治等。与区内招商部门对接，跟踪服务江宁高新区等园区招商签约项目，落地集溢半导体材料总部等重大项目。发挥普惠金融优势，成为区住房保障和房产局便民服务网点，与市房产交易中心、安居集团以及现代快报联合举办“房屋租赁进社区”、房屋租赁知识直播专场活动，深入社区开展金融普惠知识进小区等，先后获“银行业文明规范服务千佳单位”“江苏银行业文明规范服务适老网点”等称号。

（朱　明）

保险业

【中国人保财险江宁支公司】 2023年，中国人民财产保险股份有限公司南京市江宁支公司完成全险种保费收入14.53亿元，比上年增长4.56%。其中，车险保费收入11.65亿元，增长1.93%；个非保费收入1.17亿元，增长19.02%；法人保费收入1.05亿元，增长16.95%；农险保费收入5596万元，增长14.75%；普惠金融保收入1009万元，增长1.92%。实现表结利润18982万元，增长28.43%。履行金融央企的责任与担当，融入社会治理。服务地方金融，联合政府部门开创新型产品为辖内企业提供多元保障服务。支持乡村振兴，结合农村发展实际谋划商业农险的提标、增品、扩面工作。（邢淑平）

【利安人寿江宁支公司】 利安人寿保险股份有限公司是经原中国保险监督管理委员会批准设立的一家全国性人身保险公司。利安人寿江宁支公司位于江宁区潭园西路128号，2023年个险新单价值保费5498万元，比上年增长32%。银保渠道新单期交保费12773万元，团险渠道新单期交保费5300万元，续期实收保费21300万元，年度总保费规模39571万元。

（利安人寿江宁支公司）

【太平洋产险江宁支公司】 中国太平洋财产保险股份有限公司南京市江宁支公司位于江宁区胜太西路62号，是集财产险、健康险、责任险、信用险、农业险于一体的综合性保险机构。2023 年实现保费收入 2.15 亿元，比上年增长 18.44%。进一步提升农险服务水平，通过加大对“三农”服务站、理赔设备、人员队伍等方面的投入力度，提升公司经营软实力和硬件水平，受到广大农户欢迎。开发“共富保”，助力乡村振兴，守护百姓美好生活。创新开发“太好保”“校园保”等产品与工具，帮助客户增强应对风险的能力和信心。 （陈 慧）

【中国人寿财险江宁支公司】 2023 年，中国人寿财产保险股份有限公司南京市江宁支公司实现保费收入 11377 万元，承保利润 1845 万元，保费规模位列全市第一，承保利润位列全省第二。深化党建引领，被中共中国人寿财产保险股份有限公司委员会评为“四强”党支部；服务“三农”保民生，参与各项金融活动，服务实体经济；创新保险产品，在工程险、履约保证保险、企业安全生产和居民普惠性医疗等方面进行产品创新。

（人寿财险江宁支公司）

【平安产险江宁支公司】 中国平安财产保险股份有限公司南京市江宁支公司隶属于中国平安财产保险股份有限公司江苏分公司，江宁区有 2 家网点，平安产险江宁支公司本部位于秦淮路 15 号，在汤山街道设立汤山营销服务部。平安产险江宁支公司为区内超过 11 万车险客户提供车险服务保障，平安专属车主 App——好车主，是活跃度高、功能齐全的车主 App，购买保险、理赔、保养、查违章、停车、年检、道路救援等用车、养车相关的服务，均可在 App 上完成。2023 年，平安产险江宁支公司实现保费收入 4 亿元，理赔支付金额 1.5 亿元。 （张 帅）

【大地产险江宁支公司】 中国大地财产保险股份有限公司南京市江宁支公司主营财产险、货物运输险、建筑工程险、雇主险、机动车辆保险、意外险等保障性保险。位于江宁区天印大道 696 号。隶属于中国大地财产保险股份有限公司南京中心支公司，2023 年完成保费收入 7700 万元，比上年增长 24.2%。聚焦保险业经济减震器和社会稳定器功能，服务实体经济与绿色发展，为一批中小企业提供保险保障与增值服务。服务国家战略，加强绿色保险、科技保险创新，培育创新险种，综合运用智能科技风险管理平台，提供风险管理服务，为江宁经济社会发展贡献力量。

（耿 凤）

【紫金产险江宁支公司】 紫金财产保险股份有限公司南京市江宁支公司位于江宁区园中路 9 号，占地面积 800 平方米。2023 年，完成保费收入 6131 万元，其中车险 3398.5 万元，财意险 2732.95 万元。新拓多个非车项目，非车保费增长 32.46%；增加车险合作渠道及板块业务，新开拓综合修理厂渠道、私车团购项目、网约车板块业务等。 （陈 晨）

证券业

【中信建投证券金箔路营业部】 2023 年，中信建投证券股份有限公司南京江宁金箔路证券营业部有员工 35 人，并拥有证券从业、期货从业、基金、投资顾问等资质。响应中信集团“百园万企”战略倡议，与区内多个园区及国资集团建立深度战略合作关系，并协同公司债券部完成江北产投 10 亿元的债券项目和江宁国资集团 30 亿元小公募项目发行，展现营业部金融服务能力，促进区域经济融合发展。

（中信建投证券金箔路营业部）

【申万宏源证券胜利路营业部】 申万宏源南京胜利路证券营业部位于江宁区胜利路 76-3 号，有从业人员 15 人，是申万宏源证券有限公司在江苏省内的重要分支机构之一。2023 年，营业部坚持“以客户为中心”的发展理念，深化“研究 + 投资 + 投行”战略，坚定不移推进业务转型，为客户提供一站式一揽子综合金融服务，助推实体经济持续发展，致力于为广大投资者提供全方位、高品质的证券金融服务。拥有一支经验丰富、专业精湛的金融服务团队，为客户提供包括股票交易、债券投资、基金销售、融资融券、期货 IB 业务、财富管理以及投资咨询在内的多元化金融服务方案。注重与社区紧密联系，履行社会责任，努力成为居民信赖的金融伙伴。

（申万宏源证券胜利路营业部）

【南京证券挹淮街营业部】 南京证券股份有限公司创建于 1990 年 12 月，由中国人民银行南京分行发起设立。公司设有 140 余家分支机构，拥有宁证期货（原南证期货）、富安达基金、巨石创投、宁夏股权托管交易中心、蓝天投资等成员企业，形成覆盖证券、期货、基金、私募股权投资、股权托管交易、另类投资等较为完整的证券金融产业链。南京挹淮街营业部成立于 2013 年 9 月，营业部编制内员工 5 人，托管资产 100 多亿元。2023 年，公司债权融资总部和江宁地区企业联动，为牛首山、江宁交建、江宁滨江投资、江宁滨江新城等多家国有企业发行债券，规模超过 50 亿元。营业部与腾亚精工肯特股份、诺泰生物等多家上市公司建立联系，不仅有部分资产托管在营业部，有的还购买公司资管发行的理财产品，收益稳定获投资人好评。与江宁人才集团、东山街道等共同组建私募股权基金，通过“投资+保荐”模式服务于拟IPO企业，为企业提供全生命周期服务。

（南京证券秣淮街营业部）

【中国银河证券双龙大道营业部】 中国银河证券南京双龙大道营业部成立于2018年，位于江宁开发区景枫中心，是中国银河证券在南京的第十家营业部，也是中国银河证券位于江宁开发区的旗舰营业部。中国银河证券双龙大道营业部有员工30人，平均年龄28岁，本科以上学历28人。2023年，营业部有各类客户3.3万人，有效户1.4万户，托管总资产37亿元。全年完成营业收入超过1500万元。

（中国银河证券双龙大道营业部）

【华安证券胜太西路营业部】 华安证券南京胜太西路营业部成立于2016年12月8日，注册地址江宁开发区利源中路20号，经营面积349平方米。有员工24人，其中中后台人员4人、营销人员17人、经纪人2人。主要经营基础经纪业务、投资顾问服务、金融产品销售等财富管理业务。2023年，净增有效资产2.11亿元，完成营业收入661万元，营业支出620.2万元，利润总额40.8万元。

（华安证券胜太西路营业部）

【上海证券胜太路营业部】 上海证券有限责任公司南京胜太路证券营业部成立于2008年10月，位于江宁区胜太路6号。经营范围包括证券经纪，证券投资咨询，与证券交易、证券投资活动有关的财务顾问，证券（不含股票、上市公司发行的公司债券）承销，证券资产管理，证券投资基金代销，融资融券，代销金融产品等。营业部在职员工8人，学历均为本科及以上，均获证券从业人员资格证书，并将“诚信、稳健、开拓、高效”的经营理念融入每名员工日常工作中，从而保证为客户提供优质服务。2023年，营业部努力开拓各类创新业务，在发展和服务私募客户、理财产品销售、资管业务等方面取得新成果。年末，营业部资产总值12亿元。全年交易量272亿元，营业收入705万元，经营利润421万元。（上海证券胜太路营业部）

公司上市

【茂莱光学在科创板上市】 南京茂莱光学科技股份有限公司成立于1998年9月，注册资本5280万元，注册地址江宁开发区铺岗街398号，主要经营范围包括光学光电元件、仪器设备的研发、生产和销售及相关设计服务。茂莱光学于2023年3月9日正式登陆上交所科创板，股票代码688502。茂莱光学是国际先进的精密光学综合解决方案提供商，产品广泛服务于全球生命科学及医疗、无人驾驶、生物识别、AR/VR检测设备等应用领域，在国内外设立光学测量工程技术研究中心和光学综合应用研发中心，拥有120项境内外授权专利，获国家级专精特新“小巨人”企业、南京市培育“独角兽”企业、江苏省科技型中小企业等称号。

【波长光电登陆深圳证券交易所创业板】 南京波长光电科技股份有限公司成立于2008年12月，注册资本11572万元，注册地址江宁区湖熟工业集中区，主要经营范围包括光机电产品和激光产品及配件的研发、生产、组装、销售。波长光电于2023年8月23日正式登陆深交所创业板，股票代码301421。波长光电专注于服务工业激光加工和红外热成像领域，是国内精密光学元件、组件的主要供应商之一，掌握“光学薄膜的设计与制备”“高功率激光镜头制造技术”“红外分级变焦和连续变焦光学系统设计技术”等多项核心技术，获国家级高新技术企业、国家级专精特新“小巨人”等称号。（周　航）

3月9日，南京茂莱光学科技股份有限公司在上交所科创板上市

（区发改委　供图）

2023年江宁区上市公司一览表

表8

序号	公司名称	所属区域	证券类别	证券名称	股票代码	上市日期
1	国电南京自动化股份有限公司	江宁开发区	上海A股	国电南自	600268	1999-11-18
2	航天晨光股份有限公司	江宁开发区	上海A股	航天晨光	600501	2001-06-15
3	国电南瑞科技股份有限公司	江宁开发区	上海A股	国电南瑞	600406	2003-10-16
4	江苏中圣高科技产业有限公司	江宁高新区	新加坡凯利板	中圣集团	5GD	2005-03-16
5	中国中材国际工程股份有限公司	江宁开发区	上海A股	中材国际	600970	2005-04-12
6	中材科技股份有限公司	江宁高新区	深圳A股	中材科技	2080	2006-11-20
7	江苏金智科技股份有限公司	江宁开发区	深圳A股	金智科技	2090	2006-12-08
8	中国高速传动设备集团有限公司	江宁高新区	香港联合主板	中国高速传动	658	2007-07-04
9	江苏华瑞服装有限公司	江宁开发区	美国纳斯达克	华瑞服装	EVK	2008-07-16
10	南京科远智慧科技集团股份有限公司	江宁开发区	深圳A股	科远智慧	2380	2010-03-31
11	中电环保股份有限公司	江宁开发区	深圳创业板	中电环保	300172	2011-02-01
12	南京新联电子股份有限公司	江宁开发区	深圳A股	新联电子	2546	2011-02-11
13	千百度国际控股有限公司	江宁开发区	香港联合主板	千百度	1028	2011-09-23
14	协众国际控股有限公司	江宁高新区	香港联合主板	协众国际控股	3663	2012-06-18
15	南京宝色股份公司	滨江开发区	深圳创业板	宝色股份	300402	2014-10-10
16	南京埃斯顿自动化股份有限公司	江宁开发区	深圳A股	埃斯顿	2747	2015-03-20
17	江苏省广电有线信息网络股份有限公司	麒麟科创园	上海A股	江苏有线	600959	2015-04-28
18	南京音飞储存设备（集团）股份有限公司	江宁开发区	上海A股	音飞储存	603066	2015-06-11
19	金斯瑞生物科技股份有限公司	江宁高新区	香港联合主板	金斯瑞	1548	2015-12-30
20	多伦科技股份有限公司	江宁高新区	上海A股	多伦科技	603528	2016-05-03
21	南京奥联汽车电子电器股份有限公司	秣陵街道	深圳创业板	奥联电子	300585	2016-12-29
22	南京寒锐钴业股份有限公司	秣陵街道	深圳创业板	寒锐钴业	300618	2017-03-06

续表 8

序号	公司名称	所属区域	证券类别	证券名称	股票代码	上市日期
23	南京三超新材料股份有限公司	淳化街道	深圳创业板	三超新材	300554	2017-04-21
24	南京华脉科技股份有限公司	东山街道	上海A股	华脉科技	603042	2017-06-02
25	南京我乐家居股份有限公司	江宁开发区	上海A股	我乐家居	603326	2017-06-16
26	江苏大烨智能电气股份有限公司	江宁开发区	深圳创业板	大烨智能	300670	2017-07-03
27	南京佳力图机房环境技术股份有限公司	秣陵街道	上海A股	佳力图	603912	2017-11-01
28	江苏苏博特新材料股份有限公司	江宁高新区	上海A股	苏博特	603916	2017-11-10
29	南京泉峰汽车精密技术股份有限公司	江宁开发区	上海A股	泉峰汽车	603982	2019-05-22
30	南京万德斯环保科技股份有限公司	江宁高新区	上海科创板	万德斯	688178	2020-01-14
31	南京传奇生物科技有限公司	江宁高新区	美国纳斯达克	LEGN	LEGN	2020-06-05
32	南京科思化学股份有限公司	江宁开发区	深圳创业板	科思股份	300856	2020-07-22
33	前沿生物药业（南京）股份有限公司	江宁高新区	上海科创板	前沿生物	688221	2020-10-28
34	迈拓仪表股份有限公司	滨江开发区	深圳创业板	迈拓股份	301006	2021-06-07
35	孩子王儿童用品股份有限公司	麒麟科创园	深圳创业板	孩子王	301078	2021-10-14
36	南京金埔园林股份有限公司	东山街道	深圳创业板	金埔园林	301098	2021-11-12
37	泉峰控股有限公司	江宁开发区	香港联合主板	泉峰控股	2285.HK	2021-12-30
38	南京沪江复合材料股份有限公司	秣陵街道	北交所	沪江材料	870204	2022-01-18
39	南京腾亚精工科技股份有限公司	东山街道	深圳创业板	腾亚精工	301125	2022-06-08
40	南京灿能电力自动化股份有限公司	秣陵街道	北交所	灿能电力	870299	2022-06-10
41	南京国博电子股份有限公司	江宁开发区	上海科创板	国博电子	688375	2022-07-22
42	南京北路智控科技股份有限公司	滨江开发区	深圳创业板	北路智控	301195	2022-08-01
43	南京麦澜德医疗科技股份有限公司	江宁高新区	上海科创板	麦澜德	688273	2022-08-11
44	南京磁谷科技股份有限公司	江宁开发区	上海科创板	磁谷科技	688448	2022-09-21
45	美埃（中国）环境科技股份有限公司	秣陵街道	上海科创板	美埃科技	688376	2022-11-18

续表 8

序号	公司名称	所属区域	证券类别	证券名称	股票代码	上市日期
46	濠暻科技国际控股有限公司	江宁开发区	香港联合主板	濠暻科技	2440	2022-12-12
47	南京茂莱光学科技股份有限公司	江宁开发区	上海科创板	茂莱光学	688502	2023-03-09
48	南京波长光电科技股份有限公司	湖熟街道	深圳创业板	波长光电	301421	2023-08-23
49	南京茂莱光学科技股份有限公司	江宁开发区	上海科创板	茂莱光学	688502	2023-03-09
50	南京波长光电科技股份有限公司	湖熟街道	深圳创业板	波长光电	301421	2023-08-23

2023 年江宁区“新三板”公司一览表

表 9

序号	公司名称	所属区域	股票名称	股票代码	证券类别	上市日期
1	南京大树智能科技股份有限公司	江宁开发区	大树智能	430607	创新层	2014-01-24
2	江苏省铁路发展股份有限公司	江宁开发区	江苏铁发	430659	创新层	2014-03-28
3	南京上元堂医药股份有限公司	东山街道	上元堂	830923	创新层	2014-07-03
4	南京宝泰特种材料股份有限公司	江宁开发区	宝泰股份	831004	基础层	2014-08-22
5	南京光辉互动网络科技股份有限公司	江宁开发区	光辉互动	831575	基础层	2014-12-31
6	南京斯迈柯特种金属装备股份有限公司	江宁开发区	斯迈柯	832528	基础层	2015-05-29
7	江苏宝美户外用品股份有限公司	江宁高新区	宝美户外	833649	基础层	2015-09-29
8	江苏谷峰电力科技股份有限公司	江宁开发区	谷峰科技	835266	基础层	2016-01-05
9	江苏凯基生物技术股份有限公司	江宁高新区	凯基生物	835272	创新层	2016-01-13
10	江苏美特林科特殊合金股份有限公司	江宁开发区	美特林科	836136	创新层	2016-03-01
11	南京科润工业介质股份有限公司	江宁开发区	科润股份	835906	基础层	2016-03-28
12	南京生兴有害生物防治技术股份有限公司	江宁高新区	生兴防治	836337	基础层	2016-04-15
13	江苏南自通华智慧能源股份有限公司	江宁高新区	南自通华	837864	基础层	2016-07-06
14	南京国电南思科技发展股份有限公司	江宁开发区	南思科技	839751	创新层	2016-11-14
15	南京东富智能科技股份有限公司	江宁开发区	东富智能	870071	基础层	2016-12-14

续表 9

序号	公司名称	所属区域	股票名称	股票代码	证券类别	上市日期
16	南京海融医药科技股份有限公司	江宁高新区	海融医药	870070	创新层	2016-12-16
17	江苏君立华域信息安全技术股份有限公司	江宁开发区	君立华域	871280	基础层	2017-04-07
18	江苏景古环境建设股份有限公司	东山街道	景古环境	871424	创新层	2017-05-08
19	江苏淘车无忧汽车管理服务股份有限公司	东山街道	淘车无忧	870689	基础层	2017-05-12
20	南京英斯瑞德高分子材料股份有限公司	滨江开发区	英斯瑞德	872129	基础层	2017-08-23
21	中苏科技股份有限公司	江宁高新区	中苏科技	872102	创新层	2017-08-29
22	南京西格玛医学技术股份有限公司	麒麟科创园	西格医学	873450	基础层	2020-07-10
23	金广恒环保技术(南京)股份有限公司	淳化街道	金广恒	873912	基础层	2022-11-07
24	江苏鑫昇腾科技发展股份有限公司	江宁开发区	鑫昇腾	874330	基础层	2023-12-20

（区发改委）

地方金融组织

【概　况】 2023年，江宁区经批准设立的在营地方金融组织共六大类、26家，其中由江宁开发区监管服务5家，分别是科技小额贷款企业3家、典当行1家、融资担保机构1家；由区发改委监管服务21家，分别是小额贷款企业9家、融资担保机构1家、典当行7家、地方交易场所1家、商业保理企业1家、融资租赁企业1家。26家在营地方金融组织注册资本31.09亿元，从业人员245人。

【金融服务】 2023年，全区地方金融组织坚持“小额、分散”的经营原则和“灵活、便捷”的业务特色，严守监管要求，精研主营业务，发挥与银行等传统金融机构优势互补作用，为中小微企业和“三农”领域发展提供特色化、差异化金融服务，为地方经济发展作出新贡献。全区在营小贷、融资担保、融资租赁和典当等地方金融组织全年提供金融服务总额86.59亿元，为1110家次“三农”领域、中小微企业、个体工商户等提供金融支持。

（周　航）

2023年江宁区部分地方金融组织一览表

表 10

序号	公司名称
一、小额贷款公司	
1	江苏信保科技小额贷款股份有限公司（江宁开发区）
2	江苏双创科技小额贷款有限公司（江宁开发区）
3	南京宁港融通科技小额贷款有限公司（江宁开发区）
4	南京市滨江科技小额贷款股份有限公司

续表 10

序号	公司名称
5	南京市天元科技小额贷款有限责任公司
6	南京市江宁区恒沣农村小额贷款股份有限公司
7	南京市江宁区银瑞农村小额贷款有限公司
8	南京市江宁区协众农村小额贷款有限公司
9	南京市江宁区金骐林农村小额贷款有限公司
10	南京市江宁区日升隆农村小额贷款有限公司
11	南京市江宁区明阳融通农村小额贷款有限公司
12	南京市江宁区宁台农村小额贷款有限公司
13	南京市江宁区科兴农村小额贷款有限公司
二、融资担保公司	
1	南京市江宁区创业担保有限责任公司
2	南京民兴融资担保有限公司（江宁开发区）
三、典当公司	
1	南京盈丰典当有限公司
2	江苏易典典当有限公司
3	南京海融典当有限公司
4	江苏益源典当有限公司
5	江苏全东典当行有限责任公司江宁分公司
6	南京市金瑞典当有限责任公司城南分公司
7	南京市金瑞典当有限责任公司城东分公司
8	南京市金瑞典当有限责任公司江宁分公司（江宁开发区）
四、融资租赁公司	
1	南京天元租赁有限公司
五、商业保理公司	
1	江苏银华商业保理有限公司
六、地方交易场所	
1	江苏省文化产权交易场所有限公司

（区发改委）

旅游业

旅游资源

【概　况】　2023年年末，江宁区有国家级旅游度假区1个（汤山温泉国家级旅游度假区），国家A级旅游景区6个（AAAA级3个、AAA级2个、AA级1个），全国乡村旅游重点镇1个（谷里街道），全国乡村旅游重点村3个（黄龙岘村、石塘村、大塘金村），江苏省乡村旅游重点村4个（徐家院、公塘头、钱家渡、龙尚尚庄村）。全区旅游资源类型丰富，全境“山水城林湖泉”一应俱全，拥有距今50万年的“南京人”遗址、4000多年的“湖熟文化”、十朝古都的人文积淀，牛首山供奉着全球佛教界至尊圣宝，汤山温泉位居全国四大温泉之首。

【旅游规划】　2023年，全区在立足和突出现有文旅资源特色的基础上，持续将资源优势转化为产业优势，把推动经济发展的成功经验移植到文化旅游产业上，重点扶持、培育一批辐射力强的大项目，挖掘文化旅游产业发展潜力。以项目规划建设带动文化旅游产业发展，“一山一城一园”（“一山”即牛首山、“一城”即金陵小城、“一园”即江苏园博园）文旅产业综合性项目全面建成，成为文旅产业融合发展新动能。

【旅游项目建设】　2023年，全区继续打造黄龙岘、苏家小镇、观音殿等乡村文旅项目，建成银杏湖、华谊电影小镇、紫清湖野生动物园、欢乐水世界等一批龙头项目，云水涧、茶乡星谷等精品民宿成为住宿业态新亮点。牛首山文化旅游区、金陵小城·燕集里上榜2022—2023年度江苏文旅消费热力榜。南京牛首山东麓商文旅综合体项目建设规模16.18万平方米，总投资28.3亿元，新建希尔顿酒店、演艺中心以及文创中心等业态，12月牛首山希尔顿酒店建成正式对外营业。汤山温泉旅游度假区体旅融合场景、野趣国际营地“户外活动+营地”场景、黄龙岘乡村体育休闲旅游场景入选2023年江苏省体育消费场景典型案例。

【旅游线路开发】　2023年，全区整合优质文旅资源，串联区内重点旅游景区、乡村民宿、文化体验等旅游项目。汇总整理6条经典精品路（红色·记忆、泉韵·园博、天阙·怀古、美宿·田园、亲子·野趣、都市·夜景），并编印成册、对外发布。根据时令策划“江宁四季 ”精品游线，其中“春日花漾”以花为媒，“夏日悦游”以水为介，“秋日骑行”以骑为友，“冬日暖冬”以暖为心，结合区域美景、美食、美居、趣游，串联成满足不同需求的主题游线。横溪街道石塘人家入选“橙黄橘绿、乡村胜景”全国乡村旅游精品线路，江宁街道黄龙岘茶文化村入选文化和旅游部长江乡村振兴之旅国家级旅游线路。

（金　晖）

【江宁入选长三角最值得投资旅游目的地前十榜单】　6月27—28日，2023第四届TRUE文旅生产力峰会在上海召开。活动中，发布《2023 TOP10长三角投资价值旅游目的地》榜单，江宁区榜上有名。全区以推动文旅产业高质量发展为主题，加大文旅产品服务供给力度，探索文旅融合实践路径，加快构建文旅融合发展体系，全区文旅事业取得新进展。建成国家级旅游度假区1个，国家等级景区6个，全国乡村旅游重点镇1个，全国乡村旅游重点村3个，获批全国首批国家全域旅游示范区、国家公共文化服务体系示范区、国家体育产业示范基地等一批“金字招牌”。打造牛首山文化旅游区、江苏园博园等一批旗舰文旅项目，建成银杏湖、紫清湖野生动物园、欢乐水世界、金陵小城等一批龙头项目，云水涧、茶乡星谷等精品民宿成为非标准住宿业态新亮点，江宁区位列“2022年全国市辖区旅游综合实力百强区”第13位。

（宁　鉴）

【江宁旅游康养产业集团】 2023年1月，区委、区政府决定，在原南京江宁旅游产业集团有限公司基础上，整合全区旅游康养资源，通盘统筹推进江宁美丽乡村与健康养老服务产业互促融合发展，集团重组更名为南京江宁旅游康养产业集团有限公司。江宁旅游康养产业集团紧扣“农文旅康融合先行者、区域经济高质量发展推动者”定位，聚焦“旅游、农业、康养”三大主业，打造黄龙岘茶文化旅游村、云水涧文化展示中心等一批乡村旅游“金名片”，加快构建溪田、方山南组团农文旅基地，试点探索田园乡村旅居养老、都市社区精品养老、凤凰山地产养老等康养产业体系，力争成为长三角地区旅游康养头部企业，初步形成景区运营、酒店管理、旅游服务、高效农业、健康养老、文化创意、数字科技七大服务板块。丰富业态新谱系，推出亲子研学、非遗文创、国韵体验、时尚运动等新玩法，通过帐篷节、音乐节、美食节、艺术节等业态，营建体验式、沉浸式、互动式文旅融合消费新场景。启动“农业+”新尝试，策划农业体验、农业科普、农业科技、农业观光等新业态。推进“康养+”新布局，筹划推出“田园乡村旅居康养、都市社区精品康养、医养结合保健康养”系列康养产品。全年实施各类项目30多个，青蓝杉谷·杉居酒店品质趣野度假酒店建成营业，方山南未来都市田园、云逸都荟花园养老综合服务中心等一批重点项目加速推进。推出全新集团品牌标识，引领品牌体系建设，联动提升“享趣江宁”IP，举办“江宁周末露营计划”、DS自然探索赛等品牌活动，做强黄龙岘、云水涧、茶乡星谷、钱家渡等既有品牌，打造耕浓文创、溪田农业、盛世康养、小江科技等特色品牌，构建面向大市场的品牌体系。实施“全渠道营销、精准化营销、联动式营销”等营销模式创新，坚持线上线下协同发力，以市场化方式发行“江宁旅游联卡”5.5万多张，加强与莱斯乡村、飞猪、抖音、携程、途牛等平台合作，启动抖音、小红书等直播带货达人团队计划，建立多层次、多渠道、全方位的营销体系。采取自主经营、托管经营、合作经营、对外租赁等市场化运营模式，盘活低效资产20余处，引进创新业态30多个，主营业务稳中有进，全年完成主营业务收入5951万元。

（李　婷）

重点旅游景区

汤山温泉旅游度假区

【概　况】 汤山温泉旅游度假区位于南京市东郊，地处江宁区东北端，沪蓉高速、沪宁高铁、城际轨道穿境而过，地理位置优越。因“帝王温泉”“史前溶洞”和“绝世碑材”而闻名，区内山、水、泉、林、洞、碑、寺、塔相依相融，远古文化、六朝文化、明文化以及民国文化传承有序，自然人文景观交相辉映，是集观光、休闲、度假、娱乐于一体的旅游度假胜地。汤山旅游度假区规划面积29.74平方千米，重点发展文化休旅、康养度假、智能装备制造等产业。2023年，汤山获“全国避暑旅游目的地”“江苏省体育消费场景典型案例”“南京市特色消费新场景”等称号。全年游客接待量824.6万人次，比上年增长63.1%；实现旅游收入23亿元，增长49.4%。

【旅游资源开发】 2023年，汤山旅游度假区不断厚植文旅发展优势，利用独特的生态旅游资源，做好农旅、文旅、体旅、康旅等业态融合文章。围绕自营景区旅游产品开发，健全基础设施，提升服务配套，推进雷公涧、儿童乐园等新产品、新项目落地。统筹“招引增量”“服务存量”，深入开展全员大招商、企业大走访，助力工业转型、文旅提质，加快退役军人创业创新基地项目、山海战银河沉浸式演艺项目、汤山医美产业园和玛雅医疗项目落地建设。推进科技创新发展，南理工创新港项目有魁元实验室、复杂多体系统动力学重点实验室等7个高能级科学研究创新平台入驻。设立南理工国家大学科技园汤山园区，先期入驻科技企业4家。

【景区景点建设】 2023年，汤山旅游度假区围绕加快建设“世界级旅游度假区、高质量发展示范街道”目标，制定《关于推进汤山文旅产业深度融合高质量发展的实施意见》，加快打造世界级文旅品牌。整合和统筹汤山奥莱、紫清湖、园博园、乡村旅游等，以文化和产品为轴线串联各景区各板块。深耕汤山文化资源，打造富有文化内涵和教育价值的研学产品，设计丰富有趣的亲子研学产品，开展地质、历史考古、生物发掘等研学活动。深入研究汤山历史、传统、民俗等文化，完成古猿人洞人物 IP 文创系列开发，促进景区二次消费，参与上海、南京展陈文创市集，提升“汤有礼”文创品牌知名度。整合多媒体多平台，构建内外宣传引擎矩阵，以自媒体“四季汤山”运营为基础，辅以“江宁发布”等政务媒体联动，创刊《汤山文旅》月刊，不断提升汤山文旅影响力。

【节庆活动】 2023 年，汤山旅游度假区协调各大品牌体育运动赛事活动落户汤山，加强与旅游机构、体育组织的合作，成功举办越野、马术、健身瑜伽、攻防箭等体育赛事。汤山矿坑公园为游客在不同季节提供多样游玩体验，春日“花花万物季”、夏日星空露营计划、秋日游园会等，吸引大批游客。水世界举办水上电音节，邀请知名 DJ、MC 演出，创新多元的场景和产品，引爆消费热点，夜场游客量、销售额创新高。举办第 15 届汤山温泉文化旅游节，围绕“燃情汤山、悦动嗨 GO”主题，推出惠民福利，创新消费场景，促进交流传播。汤山方山国家地质公园博物馆举办省内首次“生物多样性”主题自然科普展，全新推出大型沉浸式国风国潮灯会“千灯集·灯火汤山”冬日夜游项目，全面整合传统文化、互动体验、人文自然等相结合的多元文旅产品，为夜间休闲消费注入新活力。

（褚 真）

【汤山温泉文化旅游节】 10 月 14 日，第 15 届汤山温泉文化旅游节在矿坑公园开幕。该届温泉节持续至 2024 年 2 月 24 日，围绕“赛事引流”“让利互惠”“场景促销”“交流传播”四大特色，着眼“吃、住、行、游、购、娱”等内容供给，持续推出赛事运动、惠民促销、文化休闲等多元活动，打造文旅消费新场景，全面释放市场潜力，点燃消费新活力。温泉节通过“政府引导、市场主导”模式，充分发挥企业特色，打造“政企联动”开幕式。开幕式融合数字技术、音乐舞蹈和烟火秀等各色潮流元素，观众可以赏《汤泉水韵》、听《汤山声音》、看瑜伽表演以及观绚丽烟火。开幕式上，数字人“汤汤”现场推介汤北户外以及温泉节相关活动。在开幕式分会场，汤山百联奥特莱斯举办“体育嘉年华”，汇聚马术骑行、无人机限时组装、划船机、桌上冰壶、异形魔方秀、户外露营等 20 个潮流体育运动项目，5 个汤山文旅市集，7 家风尚潮流品牌，打造融文体商、游购娱为一体的街头消费新场景。 温泉节期间，汤山各企业、各点位还围绕文化、运动、赛事、休闲等主题，举办各类赛事活动和文化活动，为游客提供多样化的出游体验。

（宁 鉴）

牛首山文化旅游区

【概 况】 2023 年，南京牛首山文化旅游区深入践行“文旅+”发展理念，在文旅融合发展、景区运营管理、降本增效等方面精准发力，游客接待量和自营业务收入创历史新高。全年接待游客 701.91 万人次，比上年增长 3.81 倍；自营业务收入 6.98 亿元，增长 5.07 倍。

【文旅融合发展】 2023 年，牛首山文化旅游区依托深厚的文化底蕴和生态优势，展示独特的文化内涵，走出一条以文塑旅、以旅彰文的文旅融合创新发展之路。通过“牛首十二讲堂”公益文化客厅，举办 20 余场文化活动，打造“四季牛首”系列文化品牌，吸引单霁翔、贾平凹、梁晓声、马伯庸、龚良等名人齐聚牛首，进一步增添牛首山文化底色。挖掘牛首山资源价值，依托“春牛首”民俗文化积淀，入选省级非物质文化遗产名录。凭借佛顶宫建筑文化、虎凤蝶生态文化、郑和海丝文化等 12 种特色文化，获省级科普教育基地称号。金陵小城作为全市“夜间经济”文旅消费新场景代表，获评南京市夜间文化和旅游消费集聚区。举办“发现四季·极美牛首”主题影像大赛、春牛首·长三角媒体采风行等媒体宣传活动，邀请长三角地区 15 家主流媒体，掀起镜头下的牛首山拍摄热潮。深化与江苏有线、《新华日报》等媒体合作，全年在中央和省、市级媒体刊发报道 512 篇，总阅读量突破 900 万人次。经过 1 年多研发筹备，联合腾讯推出“数智牛首”智慧化平台，累计使用量 544 万人次，用户量 78.86 万人次，入选 2023 年度江苏省智慧文旅示范项目。坚持“自主研发+品牌联名”的开发模式，投产文创产品 150 款，与拉玛、三鼎、珀瑞等 10 家单位联名合作，上架联名产品 71 款。通过天猫直播 30 场次，新拓展大客户资源 40 余家，文创雪糕、十八子珠串等成为销量领先的爆款产品，禅境流香茶具套装获第三届江苏旅游文创商品大赛铜奖、2023 中国旅游商品大赛入围奖。

【文旅配套设施建设】 2023 年，牛首山文化旅游区金陵小城保持良性运营态势，逐渐成为南京夜游市场的一张名片，获“南京艺术 MALL 街区”“文旅消费热门新场景”“南京市夜间文化和旅游消费集聚区”及乐享江宁·四季有约“TOP10消费新场景”等荣誉。10月27日，牛首山希尔顿酒店开业试运营，成为希尔顿大中华区第600家品牌酒店，商业板块已签约引进大英图书馆、蓬皮杜艺术中心、当红齐天VR科技体验馆等文化商业项目。牛首山希尔顿酒店的建成，不仅填补牛首山住宿业态文旅配套的“空白”，也标志着牛首山从观光型旅游景区向度假型旅游目的地转型升级。

【旅游资源开发】 2023年，牛首山文化旅游区转变经营模式，创新文旅发展举措，最大限度盘活可用资源，努力实现让“空间存量”变为“经济增量”。增加南部片区、宝相湖融咖啡等空间利用率，以“音乐+旅游”“赛事+旅游”为主线，推出牛首山伯音生活节、有乐生活节、第四届冰酷炫跑等系列活动，缓解景区核心区域游客承载压力，促进牛首山区域均衡发展。以“实景游赏+数字体验”形式，开发打造的“东禅心旅”数字体验游项目进入测试阶段，通过文化遗址数字化修复，串联李瑞清墓、岳飞抗金故垒、明代摩崖石刻等文化景观点，进一步丰富东线游览内容，让游客近距离感受牛首山近千年的文化底蕴，计划2024年4月底正式对外运营。探索琵琶井数字文旅产业园合作开发模式，对接中央和省、市知名国有文化企业，通过资产作价入股等合作形式，减少园区支出成本，降低投资风险，并与江苏有线初步达成合作意向。

【服务设施建设】 2023年，牛首山文化旅游区实施景区公交车站点升级改造，增加排队通道以及遮阳顶棚、电风扇、喷水雾森等人性化服务设施。平整景区西入口3处区域地块作为游客免费停车场，开辟西入口停车位1200个，解决游客停车难问题。改造升级东游客中心休息区，东入口增设宠物寄存处，景区道路沿途增加指引标识标牌及休息座椅，佛顶宫区域投入500台自助语音讲解器供游客免费取用。国庆节期间，提供停车点至景区免费接驳服务，累计接驳24.4万人次。引进知名商业品牌入驻，东入口增设牛首山美食市集、一箪蔬食2家餐饮门店及马伍旺饮料厂饮品店；佛顶宫增设桃源村、卫岗乳业牛牛的店2家特色轻食、面包糕点商户和天玺雅集木雕工艺品售卖店；南广场设“颂福牛首”西点咖啡店，全年租金收入1400万元。热酱汉堡、大蔬无界、霸王茶姬、瑞幸、茉酸奶作为收费型景区首店入驻。

（牛首山文化旅游区）

【南京国际文学艺术节在牛首山开幕】 3月12日，“春来牛首、阅美东方”2023南京国际文学艺术节在牛首山文化旅游区开幕，省市区文化和旅游主管部门、专家学者、文旅行业代表和国内外文化艺术界代表出席。此次“春来牛首、阅美东方”2023南京国际文学艺术节在3个月时间里，举办阅赏·文都、阅游·春色、阅享·乐跑三大板块20余场系列活动。其中，阅赏·文都板块主要是谈古今厚韵、赏诗词佳赋，有10场专题活动贯穿全程。此外，还举办“春牛首”踏青赏春、5千米主题乐跑等活动。

（宁　鉴）

江苏园博园

【概　况】 2023年，江苏省园艺博览会博览园先后推出“冰纷·园博园”“灯火汤山”“南艺520”“焰遇·园博园”第二季等活动，承接2023南京和平论坛、Sisley全能乳液新品发布会等，全年接待游客101万人次，营业收入3.43亿元。获“全国生态文明教育实践基地”“2023年度江苏省海绵城市优秀工程项目”“江苏省智慧文旅示范项目”“2023年度江苏省科普教育基地”称号和中国建设工程鲁班奖（国家优质工程）。

【文旅融合】 2023年，江苏园博园全面推动园区文旅深度融合，着力塑造吸引力强、辨识度高的文旅IP。在品牌端，深化顶层战略研究，充分利用地质遗迹、工业遗存、园林建筑和温泉等文化价值，培植园博园独特的文化底蕴，以文促旅、以旅彰文，不断丰富“世界山地花园”IP内涵。在市场端，进一步调整定位方向，推出“爆款活动”、推送“宣传大片”、制造“流量话题”，吸引新客户；与B站、抖音、小红书、携程以及各类旅行社等线上线下渠道商建立战略合作。

（郭伟都）

【园博园大型无动力儿童亲子乐园开放】 1月1日，江苏园博园大型无动力乐园“抱抱乐园”对外开放。“抱抱乐园”坐落于园博园“崖畔花谷”区域，以可爱的熊猫抱抱为主题，打造出一个可爱有趣的梦想世界。乐园由“自然之丘”和“治愈山谷”两块组成，“自然之丘”有大面积的草地，“治愈山谷”则依托崖畔花谷的特殊地势，凌驾湖面，融入树木山林。走进乐园，映入眼帘的是滑梯、蹦床、攀爬架、沙坑、秋千等众多游乐设施。

（宁　鉴）

旅游接待

【概　况】 2023年年末，江宁区有国家级文化产业示范基地1个（江苏爱涛文化产业有限公司），省级文化产业示范基地1个（江苏博济堂科技创业服务管理有限公司）和省级文化产业示范园区1个（秣陵9车间）。有星级宾馆饭店4家，其中五星级1家。集聚汤山温泉国家级旅游度假区、牛首山文化旅游区等拳头产品，建有百家湖1912省级夜间文化和旅游消费集聚区、省级旅游休闲街区。全年接待游客4069.7万人次，实现旅游收入350.21亿元，比上年分别增长18.4%和22.4%。

【元旦假期接待游客57.6万人次】 2023年元旦期间，全区各旅游景区（点）接待游客57.62万人次，实现旅游综合收入1.3亿元，恢复至2022年同期的75%；重点乡村旅游区接待游客12.07万人次，乡村旅游收入1305.5万元，分别恢复至85%和87%。特色文旅活动拉动消费，牛首山文化旅游区、江苏园博园、汤山旅游度假区、旅游产业集团等旅游平台开展丰富多彩的文旅活动，丰富文旅产品供给。“冰纷·园博园”冰雪嘉年华活动单日接待游客突破1万人次，日均客流量近7000人次，人均消费255元。旅游民宿市场逐步回暖，城市周边微度假仍是主流选择，全区上线旅游民宿单日接待最多746人次，温泉民宿平均入住率87.46%，龙尚、汤家家民宿村多家温泉民宿处于满房状态，接待游客中本地游客占比超过50%，其次是省外游客，为35.25%。

【春节假期接待游客增长】 2023年春节期间，全区各旅游景区（点）接待游客150.05万人次，比上年增长1.12%；旅游总收入3.56亿元，增长0.6%。牛首山、园博园、金陵小城等7家重点纳统景区（点）累计接待游客31.67万人次，增长43.2%；实现旅游收入5392.55万元，增长49.1%。跨省游逐渐恢复，外地游客占比逐步回升。牛首山景区游客多以江苏、安徽、浙江为主，南京市内游客占19%；上海、苏州、宁波成为除南京以外排名前三的城市客源地市场，省外游客占近60%。园博园内度假酒店入住旅客中南京本地占比43%、上海20%、其他地区37%。乡村旅游及民宿市场回暖迅速，全区纳统的乡村旅游区累计接待游客26.68万人次，实现旅游收入2306.72万元，增长25.69%。乡村旅游民宿接待5914人，增长34%。云水涧、茶乡星谷、钱家渡、漫谷漫心等热门民宿入住率70%以上。

【“五一”假期旅游收入增长34.2%】 2023年“五一”假期，全区各旅游景区（点）接待游客189.2万人次，比上年增长32.5%；实现旅游综合收入3.36亿元，增长34.2%。主要景区人气爆棚，牛首山、园博园、金陵小城等7家重点纳统景区（点）累计接待游客46.8万人次，增长162.06%；旅游收入5295.41万元，增长110.59%。其中，牛首山景区接待游客23.6万人次，增长637.5%；旅游收入1981.73万元，增长500.34%。全区纳统的乡村旅游点累计接待游客46.03万人次，增长22.4%；旅游收入4579.85万元，增长79.84%。180家乡村旅游民宿累计接待游客1.35万人次，实现收入780万元，平均入住率72.2%。“旅行+演艺”“旅行+露营”“旅行+国风民俗”受到市场青睐，牛首山“有乐生活节”、金陵小城“金陵风雅季”、紫清湖“六朝游园会”等活动，给游客以新奇体验。

【端午假期接待游客84.51万人次】 2023年端午假期，全区各旅游景区（点）接待游客84.51万人次，比上年增长22.55%；实现旅游综合收入1.61亿元，增长18.89%。主要景区持续火爆，7家重点纳统景区（点）累计接待游客17.87万人次，增长151.62%；实现旅游收入2078.74万元，增长99.92%。其中，牛首山景区接待游客11.1万人次，增长500%，旅游收入956.64万元，增长354.27%。乡村旅游尽显活力，全区纳统的乡村旅游点累计接待游客20.89万人次，增长16.83%；旅游收入1794.58万元，增长50.85%。乡村旅游民宿接待1954人，实现收入118.5万元。特色节庆活动释放文旅消费潜力，牛首山和金陵小城的“浪漫金陵、风雅端午”传统文化体验活动吸引大量游客；黄龙岘“我们的节日·端午”茶乡音乐节和金陵水乡钱家渡“盛夏粽头戏、端午游园会”等活动，激发游客“非遗+文旅”体验热情。

【中秋国庆假期旅游人次和收入创新高】 2023年中秋国庆假期，全区各旅游景区（点）接待游客282.71万人次，按可比口径增长39.3%；实现旅游收入5.98亿元，增长27.2%，游客人数和收入创新高。6个等级景区累计接待游客45.2万人次，增长166.2%；旅游收入5375.24万元，增长132.6%。“一站式”文旅消费体验受热捧，看演出、品美食、买好物、住民宿的“一站式”城市近郊度假休闲游成为热门选择，乡村旅游民宿接待游客11828人次，旅游收入615.06万元，分别增长46.3%、43.4%，人均消费超500元。丰富多彩的音乐节庆活动增添文旅消费活力，江苏园博园“焰遇·园博园”沉浸式音乐焰火秀、云水涧景区“云朵音乐节”、银杏湖乐园“金秋音乐节”打造“音乐+潮玩”新体验。（金　晖）

【江宁文旅产品推介发布会】　5月，2023年“中国旅游日”江宁文旅产品推介发布会在云水涧举行。发布会以厚植江宁文化底蕴、塑新城市封面、推动高质量发展为出发点，聚焦“江宁周末露营计划”，重点推介江宁户外旅游产业项目和“露营季”“户外游”系列文旅新产品。会上，区文旅局发布2023江宁文旅市场和资源概况。江宁旅游康养集团发布“江宁周末露营计划”，江宁周末露营计划是江宁首个露营品牌活动，以露营活动为载体，根据各景区特色，围绕文体旅康4个板块，策划举办系列“露营+”活动。活动现场，5条精品线路图推出，分别是休闲自驾线路（牛首山—金陵小城—满庭芳民宿—钱家渡）、绿色氧吧线路（石塘人家—乡伴苏家、龙乡·双范、茶乡星谷民宿—牛首山—金陵小城）、温泉康养路线（江苏园博园—汤山矿坑公园—紫清湖温泉度假区）、低碳骑行路线（佘村—“小川藏线”—峪U·Space、龙尚摩界咖啡—龙尚民宿区—江苏园博园—汤山矿坑公园）、红色研学路线（横山县抗日民主政府旧址—横山新四军革命纪念馆—横山新四军第一支队指挥部旧址—阳山碑材—汤山古猿人洞—方山国家地质公园博物馆）。在文旅新产品主题推介中，秣陵街道、汤山街道、谷里街道分别结合各自辖区的优美环境和文旅特色，就露营产品作重点推介。

【7家民宿入选市等级乡村民宿】　10月，“2023南京美食美宿乡村生活季”举行，活动向南京市首批16家等级乡村民宿进行授牌，江宁区有7家民宿入选。此次评定工作将民宿等级分为3个级别，由低到高分别为三星级、四星级、五星级，从环境与建筑、民宿客房厨房与餐厅、公共空间与民宿配套管理服务、特色与效益等方面进行量化考核。区内光荫里度假民宿、良竺艺术农场、圃舍卿水等7家入选。

【青蓝杉谷·杉居酒店开业】　11月，由江宁旅游康养产业集团打造的青蓝杉谷·杉居酒店开业。青蓝杉谷·杉居酒店位于横溪街道许高社区，紧邻青蓝杉谷度假区“趣野营地”，依山势和水域建成，四周竹林、松林环绕，生态环境优越，共建设房屋22栋，各类型房间95间。酒店提供住宿、餐饮、康乐、会议、亲野自然、亲子活动、手工文创等多项服务。游客服务中心内，除游客基础服务，还配备青蓝咖啡吧、阅读书吧、文创产品区、宋服体验馆等区域，供游客休闲娱乐。（宁　鉴）

旅游业态

【全域旅游】　2023年，江宁区继续构建全域旅游发展新格局，形成“一带双核四廊六片区”（“一带”即环绕越文化体旅经济带，“双核”即东部汤山组团核心、西部牛首山组团核心，“四廊”即西部长江廊道、云台山廊道，中部秦淮河廊道，东部青龙山廊道，“六片区”即东部汤山温泉文体旅度假区、中部城市商贸文体旅休闲区、西部牛首山文体旅示范区、东南部湖熟文化传承发展区、西南部美丽乡村文体旅休闲区、西部滨江生态文体旅发展区）文体旅空间布局，拥有牛首山、园博园、银杏湖等文旅旗舰项目，谷里街道上榜全国首批乡村旅游重点镇，黄龙岘茶文化村、大塘金村、石塘村获评全国乡村旅游重点村，旅游景区景点数量位居江苏各区县前列。

【乡村旅游】　2023年，全区发挥资源集聚效应和创业扶持资金引导效应，推进民宿高质量发展，集聚规模配套发展，提升民宿经济市场活力，通过产业融合、文旅融合、文体融合，加快推进乡村旅游发展，促进乡村振兴。全年新开办民宿36家，新增床位800张。光荫里民宿创建为全国甲级民宿，玺舍台湾、薰衣草遇见你、一亩方塘、原舍平湖、圃舍卿水5家民宿创建为全国丙级民宿，实现国家高等级民宿零的突破。加快旅游厕所建设，7座旅游厕所被评定为2022年度国家Ⅱ类旅游厕所，1座旅游厕所被评定为国家Ⅰ类旅游厕所。推进乡村旅游重点村创建工作，优化乡村旅游产品供给，促进乡村旅游全产业链发展，秣陵观音殿入选江苏省乡村旅游重点村培育单位。

【文化旅游】　2023年，全区集聚汤山温泉国家级旅游度假区、牛首山文化旅游区等拳头产品，建有百家湖1912省级夜间文化和旅游消费集聚区、省级旅游休闲街区。发布《关于推进江宁区文旅产业深度融合高质量发展的实施意见》，出台《关于推进文旅深度融合高质量发展十五条措施》，为营造良好的文旅产业发展环境创造有利条件。江宁区上榜2023文旅TRUE榜长三角投资价值旅游目的地前十，入选第二批江苏省文化和旅游产业融合发展示范区建设单位。

（金　晖）

旅游管理

【概　况】 2023年，江宁区文旅部门加强旅游市场管理，完成旅行社及网点初审和备案工作，做好群众投诉受理工作。组织全区17名选手参加南京市导游大赛，获一等奖2人、二等奖2人、三等奖1人，区文旅局获优秀组织单位称号；在江苏省导游大赛中，江宁区选手扈纯婕获第一名；在全国导游大赛中，扈纯婕获三等奖。

【旅游市场监管】 2023年，区文旅部门围绕游客满意目标，努力提升旅游服务质量。建立旅行社管理常态工作机制，完善旅行社信用等级评定办法、星级评定办法，引导旅行社行业规范、有序发展。全年检查旅行社76家次，检查覆盖率近80%。联合区市场监管局等相关部门联合检查九洲国际旅行社，妥善解决"旅游卡纠纷"问题。

【旅游安全监管】 2023年，区文旅部门开展旅游行业安全生产和各类专项整治工作，确保全行业安全稳定。修订《江宁区文体旅广电领域安全应急管理工作实施方案》，健全安全生产责任体系。开展"百日攻坚"行动、"平安景区""平安文化场所"创建和"安全生产月"等活动，全年组织旅游行业安全检查201次，出动人员743人次，共检查各类场所1960家次，发现并整改游乐设施安全、建筑安全、密闭场所安全、高危场所安全等问题1654处。举办旅游行业安全培训20次、安全防范演练15场，组织20家单位申报创建平安景区，其中示范单位2家、先进单位8家、达标单位10家，江宁被市文旅局评为"平安创建先进区"。（金　晖）

2023年江宁区旅游景区（景点）一览表

表11

类 别	名 称
国家A级旅游景区	AAAA级：阳山碑材景区、紫清湖旅游区、牛首山文化旅游区 AAA级：方山风景区、大塘金香草谷 AA级：台湾农民创业园
旅游度假区	汤山温泉旅游度假区（国家级）
省级乡村旅游示范区	五星级：大塘金香草谷、石塘人家、黄龙岘茶文化村 四星级：汤山七坊、翠谷现代农业园、汤家家温泉村、湖山村、石地水乡、锁石村、台湾农民创业园、七仙大福村、东山香樟园、溪田生态园、世凹桃源、公塘头村、秣陵杏花村、马场山、翠洲芳谷亲子文化园、景业百果园、杨柳湖 三星级：豪翔农庄、朱门农家、金和园旅游盆景基地、三界稻花村、陡门口村、佰菜园、白鹭田园、观音殿、哪吒河、徐家院、佘村、鑫森龙锦园、钱家渡
全国乡村旅游重点镇	谷里街道
全国乡村旅游重点村	黄龙岘茶文化村、大塘金村、石塘村
江苏省乡村旅游重点村	金陵水乡钱家渡、公塘头、徐家院、尚庄
工业旅游示范区（点）	金箔艺术馆、海尔曼斯、海龙红木艺术馆、禄口皮草小镇、南京樱桃鸭工业文化旅游园、卫岗乳业
房车露营地	华宁温泉房车露营地
自驾游基地	华宁温泉房车露营地、大塘金香草谷、云水涧露营地
夜间文旅消费集聚区	省级：百家湖1912街区 市级：金陵小城·燕集里

（金　晖）

房地产业

房地产开发经营

【概　况】 2023年，江宁区有房地产开发在建项目85个，商品房建设规模930.17万平方米。其中，悦著玖章府、云谷世纪名苑等78个在建在售商品房项目，商品房建设规模862.75万平方米；如园、龙湾雅园等7个在建未售商品房项目，可上市商品房面积67.42万平方米。

【楼盘供给】 2023年，全区有73个楼盘分129批次上市销售。在东山片区、江宁两湖片区、南站片区、方山片区、上秦淮片区、麒麟片区等地段推出品质较高的改善型优质楼盘。其中，东山片区有璀璨璟园、都荟启境、新亭府、云来府等楼盘；江宁两湖片区有百家臻园、铂萃云湾府楼盘；南站片区有悦著玖章、禧樾府等楼盘；方山片区有大方鸣翠府等楼盘；上秦淮片区有芳原名邸、紫京四季雅园等楼盘；麒麟片区有熹屿花园、五星广场、云谷世纪名苑、紫麟景院等楼盘。

【商品房供应】 2023年，全区房地产市场贯彻落实各项调控政策和措施，加强市场监测监管，提升服务质效，促进区域市场平稳健康发展。统筹商品房项目上市结构和批次，全年有11批次、132个项目上会审核，优化过会项目上市节奏，稳步推进月度、季度、年度市场供应总量，实现各项调控目标。全年商品房上市面积179.89万平方米。

【商品房销售】 2023年，区住房保障和房产部门先后组织4次房展会、2次“送房进企业”、2次“送房进园区”、1次走进高校政策宣讲，并开展“江宁区2023年踏秋看房直通车”等活动，有效链接供需双方，实现库存去化，存量盘活。零距离、集中全面展示区域房地产商品，为房地产行业营造安全的交易环境，努力满足人才、外来居民及江宁企业员工等群体刚性和改善性住房需求，进一步促进房地产市场良性循环和健康发展。全年完成商品房合同销售面积169.33万平方米，商品房合同销售总额352.39亿元。商品住宅成交均价23742元/平方米，稳定在合理区间。

【房地产租赁与中介】 2023年，全区有注册经营并办理资质备案的房地产经纪机构772家，规模化住房租赁企业20家。其中，经营集中式长租公寓9家，租赁房源9201套；经营分散式长租公寓11家，租赁房源6815套。区住房保障和房产部门全年为93家房地产经纪机构办理资质备案，办理房产交易资金监管108笔，监管资金1.03亿元。开展“双随机、一公开”检查和日常巡查，检查房地产经纪机构105家，下发限期整改通知书12份。完成房屋租赁登记备案13527件。推进空港、滨江开发区2个新建市场化租赁住房项目建设，完成施工面积10.7万平方米。

【房地产市场监管】 2023年，区住房保障和房产部门加强房地产市场监测和监管工作，密切关注房地产市场动态和运行情况，针对市场存在的风险隐患和热点、难点问题及时采取有效监管措施。根据《南京市江宁区商品房项目交付前联合服务工作实施方案》，牵头江宁规划资源分局等部门按照“一张表单、全面覆盖、集中服务”模式，提前介入，精准帮助企业落实商品房交付前各项建设内容。开展悦著玖章府、璀璨璟园、中天云来府等31个项目、1.54万套、169.4万平方米交付房屋的联合服务工作，查找并整改各类交付问题430个。

（区住房保障和房产局）

房屋管理

【房屋安全管理】 2023年，江宁区住房保障和房产部门牵头组织各责任主体对照年度隐患整治任务，完成房屋安全隐患整治334幢。制订《江宁区既有建筑安全监管工作配套经费测算及使用方案》，为既有建筑动态巡排查、信息化管理平台建设、安全鉴定等提供资金保障。推动各街道建立动态发现处置机制，通过财政资金引导，由各街道聘请资质全、信誉好的房屋安全鉴定单位协助做好房屋安全日常管理工作。印发《江宁区既有建筑拆改行为监管工作实施办法》，规范既有建筑拆改行为。10个街道全年受理装修备案4036件。

【直管公房管理】 2023年，全区有公共租赁住房2399套，建筑面积15.2万平方米；竞配建住宅1795套，面积18.77万平方米。区住房保障和房产部门常态化开展直管公房管理工作，完成5个公共租赁住房权属资料清查归档、21个竞配建住宅项目相关权属资料清点交接。组织九龙湖人才公寓、商业大厦公租房、滨河街区、景祥北苑、逸品花园小区房屋设施以及水、电、气设备安全隐患排查4次，开展消防演练2次，对排查发现的问题及时制定落实应急预案和安全隐患整治方案。

【白蚁防治】 2023年，区白蚁防治所签订新建房屋白蚁预防受理单169份，受理面积563.3万平方米。新建房屋白蚁预防施工913幢，建筑面积799.6万平方米；竣工验收房屋864幢，建筑面积752万平方米。公益灭治服务92户，白蚁防治施工综合满意率100%。为困难群体提供免费白蚁灭治100余户，为市民提供无偿蚁害检查300余次，接受市民白蚁防治咨询240多次，获锦旗8面。

（区住房保障和房产局）

物业管理

【概　况】 2023年年末，江宁区有各类居民住宅小区1029个，其中安置房小区176个、商品房小区644个、小产权房小区209个。有老旧小区445个（含部分商品房、小产权房）。物业服务从业人员3万余人。

【物业信用监管】 2023年，区住房保障和房产部门完善“红黑榜”、星级评比等考核评比办法，将“红黑榜”从“季度榜”改为“月度榜”，并对服务不到位、整改不力、推诿扯皮的物业企业落实“一次警告，二次‘黑榜’，三次征信”的惩戒措施，促使物业企业自觉规范服务，提升服务品质。全年发布物业服务项目“红黑榜”12期，其中红榜项目179个、黑榜项目168个。评比星级小区110个，其中五星级小区14个、四星级小区40个、三星级小区56个。征集物业服务企业不良信息6条。

【物业维修资金监管】 2023年，全区归集各类维修资金50383.23万元，受理维修资金使用审批218件，划拨资金4886.7万元，其中应急使用受理21件，划拨资金909.9万元。全年组织、参加各类高层消防消险会议20余次，实施19个小区高层住宅消防消险工程，为居民小区消除消防安全隐患，保障业主生命财产安全。加强维修资金使用管理，加大政策宣传，指导督促属地街道落实监管责任，严格执行相关法律法规，提高维修资金使用安全性、高效性。

（区住房保障和房产局）

金融城二期东区C3公寓内景　（夏琰　摄于2023年）

公 路

【概 况】 2023年年末，江宁区境内公路总里程2419.2千米，公路密度155千米/百平方千米。其中，高速公路150千米（含国道、省道高速公路），一级公路401.7千米，二级公路122千米，三级公路416千米，四级公路1329.6千米。全年境内公路客运量1170.33万人次，旅客周转量2.1亿人千米；公路货物运输量3210.33万吨，货物周转量43.4亿吨千米。

【交通基础设施建设】 2023年，全区继续推进002省道江宁段、246省道江宁段、东麒路北延、宁杭高速淳化互通以及338省道江宁段南延工程等一批重点道路工程建设。分步实施农村公路高质量提档升级工程建设，完成农路提档升级37千米、危桥改造22座。

【路政管理】 2023年，区交通运输部门按照“八无”标准，持续整治公路路域环境，针对群众反映强烈的占道经营摆摊设点、违法设置非标等现象，进行集中整治。加大重点路段巡查力度，加强施工路段管理，每天巡查辖区内国省干线，发现涉路违法行为及时制止、纠正和整治，发现标志标线缺失及时增补。全年清除违法堆积物14处、54平方米，清理路面污染10处、55平方米，清除固定非标23处、移动非标385块，整治摊点260个，有效制止违法涉路施工行为10起。在全区涉路违法行为较多路段，发放普法宣传材料300余份。以江宁超限检测站为中心，加强与公安部门联动，实行24小时联合驻站治超制度，严厉打击恶意超限超载运输行为。建立健全联合治超机制，深化跨地区联合治超工作；增加科技治超投入，强化非现场监管。全年称重检测车辆1805辆，卸驳载10821.5吨，依法处罚逃避检测案件949起。

【交通运输行业管理】 2023年，全区新辟公交线路1条，优化调整公交线路22条，增设公交站点5个，优化调整公交站点74个。拥有营运线路198条（城市公交线路65条、城乡公交线路31条、镇村公交线路102条），公交线路总长度2832.8千米，线网总长度1607.3千米，公交场站76座。有巡游出租车1008辆，在营运车辆473辆，从业人员529人。全年出租车客运量242.33万人次，载客130.5万车次，运营里程3819.26万千米。有道路运输业户5473户、道路运输车辆14287辆，审验道路运输业户3436户、道路运输车辆14373辆，新增从业人员82人。

【汽车维修管理】 2023年，全区有机动车维修企业530家（一类71家、二类274家、三类177家、摩托车维修企业8家）。区交通运输部门加强汽车维修企业日常管理，全年检查维修企业830家次，出动执法人员1326人次，执法车辆530辆次。其中，危废储存和处置专项检查733家次，发现隐患并立即整改到位68起；货车非法改装专项检查97家次，未发现非法改装现象；联合市场监管局、生态环境局开展“双随机”检查，检查维修企业20家、驾培企业10家。

【驾校培训管理】 2023年，区交通运输部门审核各驾校上

报计划11.56万人次，审核后上报10.98万人次，上报增班计划11.6万人次。全年检查驾培企业170家次，出动执法人员350余人次、执法车辆170辆次，发现隐患并立即整改到位5起。开展机动车驾驶培训违法违规经营行为行政处罚8起，罚款金额4.5万元。完成3家驾培企业经营场地备案变更、1家驾培企业增加经营范围备案勘验及换证工作，备案新办驾校1家。

【公路养护】 2023年，区交通运输部门坚持“优质养护、智慧养护、绿色养护”理念，建立以“机械为主、人工为辅”养护模式，高标准做好辖区668千米道路养护工作。开展“苏式品牌”创建活动，推进205国道、104国道等整线化养护工作，根据要求创建104国道部级交通安全精品路，打造126省道停车区省级公路驿站，营造“畅安舒美”的交通环境。全区国、省道优良路率始终保持96%以上，县道优良路率92%以上。区交通运输局获全省公路系统争先创优表现突出单位、省级“公路驿站”等表彰。

（行俊文　卢　婷　孙亚鸣）

【002省道秦淮河大桥双向通车】 1月1日，由江宁交建集团承建的002省道秦淮河大桥全面建成通车。002省道南京段扩建工程秦淮河大桥位于湖熟街道境内，东西走向横跨秦淮河，是002省道上连通湖熟、禄口街道的枢纽工程。为提升桥梁通行能力，同时满足秦淮河规划Ⅳ级航道要求，该项目对原有老桥进行拆除，新建2座分离式桥梁，从双向二车道提升为双向六车道。该项目全长2.1千米，全线采用一级公路标准，设计时速80千米，桥梁全长826.4米。002省道秦淮河大桥实现双向通车后，与002省道禄口段、湖熟非集镇段连成整体，实现全线双向六车道通行，不仅消除路段堵点，而且分离式桥梁设计还确保车辆按行驶方向分流，显著提升行车安全性。

【“宁径织美”入选江苏十大优秀农村公路品牌】 3月，省交通运输厅公路事业发展中心公布2022年度农村公路品牌提升成效评选结果，其中江宁区“宁径织美”入选2022年度江苏十大优秀农村公路品牌，大西线入选2022年度江苏“美丽农村路”样板路。“宁径织美”打造科技美径，在全区农村公路大规模应用厂拌热再生技术，采用桥头软基耐久性技术措施等科技创新技术，创新农村公路管养理念，开展“农村公路”信息化建设，让农村路变成智慧路。打造创新美径，创新农村公路建设理念，强化主动意识，对接乡村发展，同时开展道路指引标识研究，与旅游指引、乡土文化相结合，让农村路推动乡村振兴。打造风景美径，在西部最美“十七”千米乡村路、“荧光漫道”淳马线等现有美丽乡村公路基础上，继续强化林荫大道建设，开展农村公路“驿站+”建设研究，更好服务本地群众、外地游客，让农村路变成风景线。打造产业美径，深化农村公路产业带动作用，紧密联系乡村扶贫、产业发展，构建出内联外通、畅行通达的农村公路网，让农村路促进百姓富。大西线蜿蜒于横溪街道许高社区大岘水库旁，被誉为“江宁最美生态旅游大道”。这条旅游大道以西部生态环线为主，加上之后建成的西部生态环线北延、南延线，形成一条长约60千米的江宁西部特色田园乡村快速通道。

【农村公路养护修补工作启动】 4月，江宁区全面启动85.6千米农村公路养护修补工作，其中县道33.6千米、乡村道路52千米。153县道天金线全线长7.5千米，年内计划修护路段3千米，是江宁街道天然、南山湖、洪幕3个社区居民和附近企业员工出行的重要通道，养护修补完成后达到三级公路标准，与周边已完成提档升级的农路相连接，进一步保障居民通畅出行。

【2个案例成全省交通综合执法新模式典型示范】 9月，第一批江苏省“一体化+智慧执法+信用监管”交通综合执法新模式典型示范案例名单于公布，江宁区交通运输综合行政执法数字化指挥中枢体系建设、交通运输行政检查派单制2个案例在102个参选案例中脱颖而出，被列入34个典型示范案例，是南京唯一入选的县（区）级案例。江宁区交通运输行政检查智慧化巡查、205国道铜井苏皖省界跨省跨部门联合执法2案例入选此次省交通综合执法新模式优秀案例名单。江宁辖区内水、陆、空等运输方式齐全，行业管理体量较大，执法监管任务繁重。区交通运输部门通过制订《数字化指挥中枢体系建设三年行动计划（2022—2024）》，全面推行数字化指挥中枢体系建设，形成交通运输行政检查派单制、智慧化巡查、跨省跨部门联合执法等一系列创新举措。（宁　鉴）

【江宁交通建设集团】 南京江宁交通建设集团主要从事道路、桥梁、市政等基础设施建设与投资，美丽乡村建设与开发、地产建设与开发、汽车检测、物业管理、交通配套产业的经营、投资与开发等业务。集团注册资本

17.18亿元，企业主体信用评级为AA+等级，总资产276.4亿元，拥有全资子公司13家、控股公司4家、参股公司8家。2023年，完成固定资产总投资6亿元，11个城建计划项目均按序时进度推进。按照既定时间节点要求，加快工程建设进度，站前路（学院北路—土山路）新建工程项目基本完成施工，东麒路北延项目完成总工程量的87%，上汽大通下穿104国道地下通道工程、江宁区农路SG5标通过竣工验收。承接双宁新村、29号大院清疏修缮（雨污分流）等一批惠及民生的重点环境治理工程。实施“参与竞争、走向市场”发展战略，先后中标安徽博望高端卫材离型纸智能化生产及研发项目、陕西洛南苏陕协作四方结对共建美丽乡村项目等工程。开展捷运大道项目、宁杭高速淳化互通、002省道江宁段、246省道江宁段前期手续办理。

【上汽大通下穿104国道地下通道工程竣工】 12月14日，上汽大通下穿104国道地下通道工程竣工。该项目位于104国道江宁段道路两侧，起终点分别位于上汽大通南北两个地块，通道以隧道形式下穿104国道，为双向2车道，全长377米，红线宽度为10.1米，建筑限界高2.8米，建筑限界宽8.5米，设计时速20千米。其中，敞开段151.57米，暗埋段225.43米（顶推段70米）。项目于2020年8月4日启动建设，建设单位为南京江宁交通项目管理有限公司，施工单位为南京西部路桥集团有限公司。项目建成后，极大便利上汽大通内部员工车辆来往两个厂区，提升通行安全性和便携性。

【2022年江宁区农路SG5标竣工通车】 11月20日，2022年江宁区农路SG5标竣工通车。该项目施工范围涉及湖熟街道与禄口街道农路SJ6标段、SJ7标段的乡村道工程，其中养护工程总里程12.91千米、安防工程76.86千米，同时对超70个道路交叉口进行安全隐患治理。为四级公路标准，设计时速20千米，路面结构设计使用年限5年。项目于2023年4月16日开工建设，投标总价2841.02万元，建设单位为江宁区交通运输局，施工单位为南京西部路桥集团有限公司。项目建成后，进一步提升农村人居环境质量，助推江宁建设美丽宜居乡村。 （时辰旭）

铁　路

【概　况】 2023年年末，江宁区布局1条普速铁路（宁芜铁路），1条硫铁矿厂专用线，4条快速铁路（京沪高铁、宁杭高铁、宁安城际和沪宁沿江高铁），总里程127.5千米。铁路途经东山、麒麟、汤山、谷里、江宁、湖熟、淳化、秣陵、横溪9个街道和江宁开发区、江宁高新园、滨江开发区、麒麟科创园4个园区，涉及村（社区）35个，铁路管理单位5家。其中，京沪高铁江宁段30千米、宁杭城际江宁段22.9千米、宁安城际江宁段28千米、沪宁沿江高铁江宁段31.8千米、宁芜普速江宁段14.8千米。区内有8条城市轨道交通线路，分别为1号线、3号线、4号线、机场S1号线、S7号线、S9号线、麒麟有轨电车线、宁句线，总里程114.7千米（不含麒麟有轨电车7千米）。

【铁路安全管理】 2023年，江宁区完善由分管副区长为铁路段长、街道分管负责人为涉铁街道段长责任制。45个护路联防工作站正常运行，80名涉铁网格员和254名兼职护路队员开展常态化巡查，建成智能化护路设备42处，进一步把牢护路联防前沿阵地，铁路沿线专项安全整治范围从100米扩大至500米。将铁路沿线安全环境整治纳入区“月月赛”计划，通过巡查、路查、步查等方式，进行检查核实，及时整治问题清单150个。结合沪宁沿江高铁开通，整治沪宁沿江高铁安全隐患400处，全部落实整改并销号清零。

（行俊文　卢　婷　孙亚鸣）

【沪宁沿江高铁开通运营】 9月28日，作为上海至南京间的第二条城际高速铁路，沪宁沿江高铁正式开通运营。沪宁沿江高铁是长三角地区城际轨道交通网的骨干线路，项目起自南京南站，经江苏省南京市、镇江市、常州市、无锡市、苏州市，在太仓站与沪苏通铁路交会后共线，接入上海铁路枢纽。线路全长279千米，设计时速350千米。全线共设南京南、句容、金坛、武进、江阴、张家港、常熟、太仓8座车站，其中南京南、张家港、常熟、太仓站为既有车站，句容、金坛、武进、江阴站为新建车站。沪宁沿江高铁按最高时速350千米运营。开通运营初期，铁路部门安排每日开行动车组列车10对。其中，南京南至上海虹桥5对；南京南至上海1对；南京南至太仓3对；芜湖至上海1对。南京南至张家港、常熟、太仓站间铁路出行最短时间分别由2小时35分钟、2小时46分钟、3小时07分钟，压缩至1小时06分钟、1小时07分钟、1小时35分钟。

【地铁5号线南段不载客试运行】 12月19日，南京地铁5号线南段（吉印大道站—文靖路站）正式开始不载客试运行。不载客试运行期间将对运营组织管理和设施设备系统的可用性和可靠性进行检验，向初期运营迈出坚实一步。5号线南段工程起于吉印大道站，止于文靖路站，线路全长12.9千米，均采用地下敷设，设站9座，其中换乘站3座。线路包括吉印大道站、九龙湖南站、诚信大道站、前庄站、科宁路站、竹山路站、新亭路站、东山站和文靖路站。其中，吉印大道站与S1号线（机场线）换乘，诚信大道站与3号线换乘，竹山路站与1号线换乘。车辆采用标准A型车6辆编组，最高运行时速80千米。（宁　鉴）

水　路

【概　况】 2023年年末，江宁区管辖航道里程133.2千米，包括等级航道60.2千米。其中，秦淮河四级航道11.2千米、六级航道20.4千米，秦淮新河四级航道6千米，句容河五级航道7.5千米、六级航道15.1千米；等外级航道73千米。内河港口3个，码头泊位9个，码头岸线总长630米。全年内河港口码头吞吐量80.08万吨，水路货运量504.5万吨，水路货物周转量752142.92万吨千米。

【水路设施】 2023年，全区有内河码头岸电桩供电系统8套，产品采用模块化设计，集监控、计量、计费、支付、保护功能于一体，为内河船舶靠岸提供安全可控的电源。通过购买第三方服务方式，公开招标一家运维企业流动接收辖区运输船舶的生活污水和含油污水。全年接收生活污水444.1立方米，实现辖区船舶生活污水、含油污水接收、转运、处理、排放全过程闭环处置。4家内河港口码头建成港口粉尘在线监测系统，并接入生态环境部门监测系统运行。

【航道管理】 2023年，区交通运输部门开展内河交通安全专项整治、“打非治违”专项整治及“安全生产月”等系列活动，辖区通航秩序进一步改善，船舶违章率明显下降。全年组织车艇动态巡航85次，累计航时7812小时，巡航里程3331千米，出动人员335人次；船舶现场监督检查55艘次；船舶燃油抽样检测92艘次、合格率100%。出动75个检查督查组，检查涉水企业98家次，进行船舶安全检查33艘次、船员实操能力专项检查70艘次、船舶污染防治检查104艘次、游览船舶检查30艘次，发布预警预防信息25起，排查并消除安全隐患44项，整改合格率100%。
（行俊文　卢　婷　孙亚鸣）

【12座桥梁防撞设施投入使用】 7月，区港航事业发展中心历时3个多月对河定桥、宏运大道桥等12座桥梁加装的防撞设施竣工并投入使用。船舶大型化、极端天气、汛期等因素增大了船舶与桥梁碰撞的风险，桥梁防碰撞工程既可以有效防止水上交通安全事故发生，又可以保护桥梁结构，确保桥梁安全。此次加装桥梁防撞设施采取分期、分桥墩施工模式，加装主动预警装置、通航管控设施、桥区水域警示标志、防撞设施等，防撞设施采用鲜艳的红色以及醒目灯光提示过往船舶注意通行安全，降低船舶撞击事故发生概率。（宁　鉴）

航　空

【东部机场集团有限公司】 2023年年末，东部机场集团有限公司有在编员工9964人；资产总额389亿元，负债总额203亿元，资产负债率52.2%，所有者权益186亿元，其中归属于母公司所有者权益134亿元。全年完成业务总收入29亿元，亏损11亿元。南京禄口国际机场完成运输起降架次22.25万架次，比上年增长76.7 %；旅客吞吐量2734.05万人次，增长125.2%；货邮吞吐量38.35万吨，增长1.5%。机场靠桥率由80%提升至85%。
（李晗旭　何　欢）

【南航艾维国际飞行学院（南京）有限公司】 2023年年末，南航艾维国际飞行学院（南京）有限公司有在编人员28人，其中全职飞行员6人，均持有教员等级，机务人员8人，航务人员3人。自有在册直升机6架，其中罗宾逊R22II 2架、罗宾逊R44II航空器1架、贝尔206B3航空器3架。公司主营业务为直升机训练飞行及空中游览，全年累计完成飞行时间897.49小时，起落5208次。年末，固定资产原值4229.98万元，净值1817.05万元。全年完成业务总收入1971.18万元，上缴税金17.03万元，亏损699.54万元。（高尔凌）

【南京空港油料有限公司】 2023年年末，南京空港油料有限公司有在编员工213人，其中合同制员工199人、劳务制员工14人；高级职称4人、中级职称32人、初级职称31人；专业技术人员67人。全年保障各类航班加油11.22万架次，实现航油销售76.37万吨。年末，固定资产原值46512.61万元，净值10649.7万元。全年实现销售总收入47.85亿元，缴纳税费5231万元。（陈　晖）

【禄口国际机场苏州货站揭牌】12月28日，南京禄口国际机场苏州货站在苏州新城投资国际物流大厦揭牌，标志着东部机场集团首个异地货站项目正式启用。苏州货站运营后，有利于江苏自由贸易试验区苏州片区的高新技术企业降本增效，拓展国际航空物流新通道。（何　欢）

电　信

【中国电信江宁区分公司】2023年，中国电信股份有限公司南京江宁区分公司继续聚焦“云改数转”，深入打造平台型企业，将一网统管项目从区、街道两级向社区级突破，率先建成三级联动的标杆指挥平台，建立引领性、示范性的个性化战略数字平台，助力区域内政府行政效率提升。整合江宁区范围内可利用的产业资源、新兴技术，打造江宁品牌项目并对外输出。凭借中国电信5G移动网络优势，搭建具有行业影响力的包含“5G智慧应用+工业PONE”全连接标杆融合慧项目平台，参与工业企业“智改数转”诊断项目，为区域内工业企业提供工业智能化改造建议，展现数字化改造能力。全年新建5G基站154个、5G室分113个，实现重点集镇以上全覆盖和重点场景5G室分全覆盖。持续4G深度覆盖，聚焦护航行动，完成49个居民区建设，解决高层小区、老旧底层小区及地下车库等不同场景覆盖需求。（区电信分公司）

【中国移动江宁分公司】2023年，中国移动通信集团江苏有限公司江宁分公司发挥信息技术优势，服务地方经济发展，完成运营收入15.5亿元，无重大投诉、安全生产事故。依托“连接+算力+能力”新型信息服务体系，强化新一代信息技术对各行各业的应用赋能，与智能制造龙头企业科远智慧合作，中标江宁开发区和江宁街道“智改数转”2个标段，为26家企业和2个街道提供诊断服务。履行江宁信息化产业链链长企业责任，依托公司在5G、大数据、物联网、云计算等方面的优势，为数字政府、数字经济、数字社会建设贡献力量。利用丰富的集客产品，提升乡村政务服务水平，基于多种技术打造美丽乡村。高价值专线、国际专线、跨省数据专线、高校大带宽专线全面运营，为企业商户提速减负服务。全年新建4G宏站站点65个、5G宏站站点165个、700M宏站71个、5G室分483个。新上线小区和农村342个、7.69万信息点。推进降本增效工作，累计降本1590万元。融合推荐各项权益类业务，属地权益涵盖396个品牌、6500余家门店，覆盖各类权益类用户23万户，覆盖率约16%。建立全方位、广覆盖的反诈宣传体系，加大诈骗风险提醒力度，全年开展反诈宣传进社区、进乡村、进家庭、进学校、进企业活动40次。（谭慧玲）

【中国联通江宁分公司】2023年，中国联合网络通信有限公司南京市江宁分公司5G网络有自建宏站996个、室分917个，共享电信宏站1336个、室分926个，等效站点4175个；4G网络有自建宏站1816个、室分1638个，共享电信宏站1111个、室分1324个，等效站点5889个。站点主要覆盖城区、高校、景区、乡镇等场景，基本实现城区连续覆盖。主城区网络经过多轮优化后整体5G覆盖率99%，5G驻留比98.85%，NSA切换100%成功，下行平均速率1000兆以上。全区宽带小区覆盖955个，联通用户74.3万户，实现全光网络覆盖。其中，8个涉农街道、141个涉农村，约8.1万户常住家庭，占家庭总户数的17.2%。聚焦重点乡镇，围绕重点区域连片覆盖，打造双优高地，数字乡村建设覆盖40余个、4.76万余户。推进新型数字信息基础设施建设，加快超高速光纤宽带网络建设，构建超高速宽带网络，推动超高速、大容量光传输技术应用，提升企业、商用宽带传输速率和服务质量，为全区商务楼宇、开发园区提供万兆到楼、千兆到层、百兆到桌面的宽带接入能力。以5G网络为底座，建成多项5G专网工程，主要有埃斯顿自动化5G工厂工业应用、国电南瑞5G专网应用研究、紫金山实验室5G无人驾驶、中科院5G无人机和无人驾驶等，其中利用5G、大数据、云计算、AI等技术，构建陆海空天一体化网络体系，建成覆盖长江南京段98千米的规模5G低空智联网，构建并验证基于5G智联环境的低空监管体系，在长江南京段水域成功开展5G+无人机的各类场景应用，并获第五届“绽放杯”区域赛一等奖。（中国联通江宁分公司）

城市建设

城市规划

【概　况】　2023年，江宁区国土空间总体规划成果完成省级部门意见征询，117个行政村多规合一实用性村庄规划编制启动率、专家评审通过率均为88%，批复率66%；获批全市首个红色文化资源保护利用规划和乡村传统风貌建筑保护整治及再利用导则。编制江宁城区公园城市发展规划，天元路玉带圩、鼓山路口袋公园、沿牛首山河"梧桐语"城市客厅等一批民生项目建成开放。方山地质灾害治理入选全省最美生态保护修复案例，汤山矿坑公园生态修复入选自然资源部《国土空间生态修复典型案例集》。

【规划编制】　2023年，江宁规划资源分局统筹推进滨江中部组团、仙林副城麒麟片区、江苏软件园等12项片区控规编制，重点开展土山机场片区等主城重要板块规划编制，加强滨江、方山、禄口等新城重要片区规划研究，完善铜山、周岗等外围新社区控规编制。其中，东善桥老集镇控规获市政府批复，土山机场片区控规编制工作启动。加快凤凰山铁矿项目规划研究和主城中心区、利源路沿线、青龙山片区等7项城市设计研究，进一步提升东山、"两湖"、上坊—麒麟片区功能品质。其中，滨江新城、双龙大道沿线2项城市设计完成，2项通过专家评审会审议，3项有序推进。保障重大项目落地与民生项目建设，开展65项控规图则修改或技术深化工作，其中46项完成、3项上报、16项加快编制。落实市政府关于产业用地高质量发展的相关要求，全力做好省、市、区重大项目保障工作，完成天佑、正力新能源、麒麟人工产业园D区、联东U谷等17个重大项目控规调整；保障公共设施项目落地，推进省脑科医院图则编制，通过市规委办会审议，待市政府批复。全年出具11款经营性用地地块规划条件，用地总面积40.5公顷。

【规划行政审批】　2023年，江宁规划资源分局受理各类行政审批案件2727件，包括用地预审与选址意见书50件、协议出让8件、用地许可及划拨决定书218件、规划条件149件、规划方案279件、规划许可1133件、规划核实367件、验线284件、改变用地条件36件、临时用地规划许可与用地审批108件、抵押转让备案与不动产登记95件。牵头成立江宁区建设用地报批工作领导小组，联合人社局、农业农村局、区委政法委等10个部门制定发布《江宁区建设用地报批工作实施细则》，再造建设用地报批工作流程，项目报批从立项至组卷时间由163天压缩至75天（单独选址类85天）。推进"征供一体化"，大幅压缩征供地时序，经营性用地挂牌出让项目、产业用地挂牌出让项目、符合划拨供地政策项目，在征地手续上报省、市时，园区、街道、平台或符合划拨政策的用地单位可同步开展供地前期手续。围绕征地报批11个阶段细化任务并同步办结，将征地时间压缩至3个月以内。

【江宁区城市交通拥堵治理三年规划通过评审】　2023年，《江宁区城市交通拥堵治理三年规划及年度行动计划》通过专家评审。此次江宁区交通拥堵治理提出三年治堵规划和年度行动计划，形成交通建设项目库，系统治理结构性拥堵、节点性拥堵2类拥堵。治堵规划通过分析江宁区城市结构、道路系统、停车系统、公共交通、慢行系统和交通管理等方面的不足，剖析成因，研判对策，制定三年治堵项目库，科学论证、有序推进。规划共梳理7个轨道交通建设项目、8个快速路项目、4个枢纽互通项目、34个城市路网完善项目、9个慢行系统建设项目、12个公共停车场项目等一批实施项目。年度行动计划一方面按照三年治堵规划落实治堵项目库，有序推进各项治堵措施落地；另一方面解决节点性拥堵问题，按照边评估边实施、按年滚动推进的思路，分片区、分类型聚焦“小切口”，实施小微堵点改造。梳理出38个小微堵点建设项目，分三年逐步推进开展，通过采用优化交叉口渠化、改善交通组织等措施缓解拥堵。

【《江宁区城市风貌控制导则》初步成果研讨会】 1月11日，江宁规划资源分局组织召开《江宁区城市风貌控制导则》初步成果研讨会，设计团队分别对城市风貌空间结构、城市色彩设计指引、建筑风貌设计指引、夜景照明设计指引、城市家具设计指引、店招标牌设置导则及户外广告设置导则等方面作详细阐述。根据《江宁区城市功能提升工程（2021—2025）》“在风貌塑造、特色彰显上树标杆”的要求，前期江宁规划资源分局会同区城管局、区城建局开展《江宁区城市风貌控制导则》编制工作，并形成初步成果。该导则深入挖掘江宁区自然、人文、经济等城市风貌特征，旨在解决城市建设中存在的城市风貌不协调、各类附属设施缺少规范性和优美度问题。后期还将会同设计团队，结合相关部门意见，进一步优化完善《江宁区城市风貌控制导则》成果，加快推进导则落地实施和为城市风貌设计、管理、监管提供依据。

【滨江新城城市设计通过评审】 2023年，江宁规划资源分局会同滨江开发区开展《南京江宁滨江新城城市设计》编制工作，并通过专家评审。该规划由东南大学王建国院士牵头，针对滨江开发区产城发展特征和生态环境特色，搭建多专业融合的设计团队，开展针对性专题研究，提出“生态文明示范区、创新产业集聚地、南京滨江新门户”总体定位，形成生态、产业、空间“三合一”的整体思路和技术路线。生态研究划分区，对洲岛、岸线提出生态发展策略，明确以生态保育、生境恢复为主导；对城市建设区内提出多层次生态优化策略，通过串联现状水系重塑场地水网格局，搭建蓝绿骨架塑造生态廊道，营造多条防护绿带构建防护体系等方式，共同打造“一洲、两带、五廊、多心绿网”的生态格局，构建“洲、江、岸、城”一体的生态骨架。产业研究优功能，系统梳理现状产业优势，确定产业发展战略与目标，构建以信息技术、智能装备、新能源新材料为主导的“3+3+1+1”产业发展体系；明确各功能板块发展方向，形成北部宜居生活、南部原乡田园、信息通信和智能制造四大功能片区；重点深化中部组团及铜井组团工业用地有机更新，探索存量工业用地转型路径及方向，鼓励沿重要轴线产业用地多用途复合开发利用。空间研究显特色，挖掘当地历史文脉和区域发展特色，对现状空间要素进行详细分析，厘清空间特色塑造线索；对生态岸线体验轴、景明大街发展轴、锦文大道活力融合带、盛安大道创新融合带和牧龙湖生态融合带等重点地段展开详细设计，落实生产生态生活融合发展策略；通过多专业协同，多系统叠加和多模式复合方式，勾绘生态有提升、产业有成长、空间有特色的江宁滨江新城发展新蓝图。（王梦菲）

城市更新

【概　况】 2023年，江宁区以高质量发展为主题，推进以人为核心的新型城镇化建设和乡村振兴，构建承载经济社会高质量发展的空间格局，让现代都市和诗意田园交相辉映，打造人与自然和谐共生的美丽江宁，推动社会主义现代化建设各项事业高质量发展。全年计划实施安居保障、交通基础设施建设等八大类重点实施A类项目405个，当年计划投资314.38亿元。至年末，A类项目开工392个，开工率96.79%，其中绿都大道建设工程、通淮街（董村路—胜太路）改造、文齐路小学等271个项目完工。

【惠民工程建设】 2023年，区城建部门为全区4802户低保、特困、政府购买养老服务的3类人员免费进行燃气灶具安装置换工作，为14491户燃气用户免费安装“放心阀”，并完成5862户餐饮用户增装燃气报警切断装置。实施麒麟街道华汇康城、横溪街道桃红小区等老旧小区3000余户居民天然气通气工程，银河湾紫苑541户及锦绣花园多层苑全部用户的“两气”转换和颐家名苑楼前架空管施工，蓝天名苑蓝天路小区内部开孔190户，市政天元城摩登道新老管道气源全部进行转换。

【路灯建设与管理】 2023年，区城建部门继续围绕“强化城乡融合发展、打好提升功能品质冲锋战”目标任务，促进农村地区路灯建设，自2022年起计划用3年时间对全区范围内不符合安全运行要求的老旧路灯、所有新（改、扩）建农村路灯以及承载防汛功能河堤路灯统一予以更换或安装新的太阳能LED路灯34055套，涉及全区10个街道、135个村（社区）的1047个自然村。至年末，全区已安装太阳能LED路灯23851套，占总任务数的70%。（刘厚伍）

【房屋征收】 2023年，全区有18个房屋征收项目列入城建计划。至年末，3个项目全部完成，7个项目签约，8个项目暂未签约，累计征收总建筑面积87.1万平方米。聚焦宁马城际、江南生物能源再利用中心协议搬迁，省脑科医院征收集体土地涉及房屋补偿安置等重点项目，基本完成宁马城际、江南生物能源再利用中心协议搬迁住宅户的签约工作。开展亟待清零的25个攻坚扫尾行动，已清零项目16个，涉及住宅117户、非住宅18家，建筑面积10万平方米。

【棚户区改造】 2023年，全区紧扣省政府下达的棚户区住房改造新开工14540套、基本建成3608套的年度目标任务，坚持问题导向，紧盯关键环节、重难事项，强化联席会办、实施专项督查，取得进展。全年完成棚户区改造新开工20339套，基本建成4206套，超额完成棚户区改造目标任务。

【老旧小区改造】 2023年，全区完成老旧小区改造5个（阳光翠庭、科苑公寓、乙炔气厂宿舍楼、横溪老中学住宿楼、陶吴粮管所住宿楼），改造面积7.1万平方米。改造前问计问需于民，广泛听取居民意见，邀请小区居民参与方案设计；改造中按时序推进，督促相关街道按时间节点实施小区改造；改造后建立健全共建共治共享机制，引导居民共同决定小区管理事项。鼓励和指导老旧小区引入市场化、专业化物业管理，共同维护改造成果。

（区住房保障和房产局）

【上坊旧城改造】 上坊片区位于宁杭、绕越两大高速交界处，西连东山副城、北接土山机场片区、东靠青龙山及麒麟科创园、南临江宁高新区，主要涉及东山街道上坊、天云、永安3个社区及东山街道泥塘社区、淳化街道陵里社区部分地块。核心区规划用地面积3.59平方千米，项目总建筑面积近400万平方米。项目功能片区涵盖核心商务区、品质住宅区、公建配套区和景观区，业态类型包括品质住宅、商业综合体等，力争打造成为东山副城城市现代化新标杆和南京主城南部中心示范区。2023年，上坊片区启动区殡仪馆丈量及资产核算，万安陵园推进资产复核和拆迁谈判。全年完成11户住户及2家企业征迁，房屋征迁签约面积2万平方米。上坊安置房C区竣工交付，并启动二期1400套安置房分房结算工作，600余户征迁户迁入新居。加快片区基础设施和市政配套建设，南北主干道润麒路基本贯通，片区交通拥堵状况得到缓解；天宁路、临麒路等多条“断头路”抓紧建设。天佑路小学全面动工，上坊中学迁建项目主体竣工，计划2024年9月面向片区招生。利用遗留建筑、厂房设施等资源，分区域、分主题对内外环景观绿化进行统一规划，完成“yue”街区、体育公园等关键节点方案设计；万安陵石刻公园预计2024年上半年完工。核心区设计定位及控规调整取得初步成果，全年建设项目投资超过7亿元。加强片区资金运作监管，盘活存量资产资源，完善业态布局。对自持的4.5万平方米商业资产重新策划运作，其中部分商业资产与专业商管公司合作，拟引入盒马、肯德基、小银星等知名品牌，提升片区商业氛围和业态品质。对合资公司组织架构重新进行优化调整，与中国金茂达成合作，共同推动片区发展。

（倪　浩）

【江宁城市建设集团】 2023年，江宁城建集团下辖水务集团、建工集团、苏城地产、汤城园林、大禹水利、乐恒物业、乐城建设、乐昇商管、民心保障房等9家子公司，参股企业16家，员工总数1700余人，集团资产总额626.9亿元。全年完成营业收入42.4亿元，比上年增长135%。是南京市首家区级AAA信用评级国有企业。实施重点项目15个，当年计划投资7.2亿元，超额完成年度计划。文靖路跨宁杭高速桥、文靖西路跨秦淮河桥建成通车，打通老城区东西向大动脉，城市综合承载能力提高。提升局部交通微循环，骆监军巷、金山路西延等4条市政道路完成立项，正办理供地等前期手续。推进48万平方米保障性住房建设，竹山安置房一期项目全面封顶，谷里向阳保障房一期启动建设。建成全市首条儿童友好街区——竹新路儿童友好示范街区。区职工文化中心、凤溪路幼儿园、G45幼儿园项目交付使用，区法院增建审判法庭项目主体通过验收，人民来访接待中心进行竣工验收。横溪、高新区、空港等片区供水管网建设均达序时进度，东山、湖熟、禄口等街道低压供水片区改造全部完成。修订印发《安全生产工作职责清单》，组织开展冬季专项整治、百日攻坚等专项行动20余次，排查现场165家次，发现并处置各类安全隐患525处。加强经营性资产管理，对外招租面积11.12万平方米，签约10.33万平方米，出租率92.95%，比上年增长4%；收缴租金5000万元，增长80%。公共租赁住房、直管公房收入1500余万元。东山街道2023 G49地块挂牌出让，加强杨家圩二期商办地块意向地产商沟通，推介泥塘工业园三期、横溪街道、湖熟街道等在手地块开发，尽快发挥土地效益。与诚品书店、北京文投等行业龙头企业以及专业服务提供商洽商，探索研究新图书馆项目市场化运营模式。（王华芳）

市政公用事业

道路　桥梁

【概　况】 2023年，江宁区有市政道路616条、市政桥梁297座，其中东山主城区市政道路100条、市政桥梁39座。年内新建市政道路18条，包括主干路1条、次干路2条、支路15条。1条主干路为站前路，位于岔路口片区及土山片区，西起岔路口片区学院北路，向东跨越秦淮河后，至土山机场片区土山路，全长2482米，为双向六车道城市主干路，标准段红线宽度36米，主线设计时速40千米，金盛路高架桥设计时速30千米，辅道限制时速20千米。2条次干路为汤佳路，起点金鑫东路，止点将军大道，全长957.8米，道路面积22987.2平方米；百川路，起点吉印大道，止点古翠路，全长337米，道路面积7988平方米。（刘厚伍）

【文靖西路跨秦淮河桥投用】 1月，区“三重一大”项目文靖西路跨秦淮河桥竣工投用。文靖西路跨秦淮河桥位于东山新市区，西接学院路，跨越秦淮河，东接文靖西路，设计为双向四车道，总长1132米，其中桥梁长485米。该项目建设内容包括道路、桥涵、排水、路灯、交通、绿化等工程。大桥通车后进一步优化学院路、源聚街、滨河路、文靖西路等区域交通路网，打通东山主城东西片区，有效缓解周边交通压力。

【文靖路高架桥通车】 4月3日，文靖路高架桥建成并正式通车。文靖路高架桥是江宁区“三重一大”项目，位于东山街道姚湖路以东，万安北路以西，下穿宁杭高铁和沪宁沿江高铁、上跨宁杭高速公路。桥梁设计时速50千米，双向六车道，为双塔四索面斜拉桥，全长903米，宽43米。大桥通车后，贯通江宁老城片区和上坊片区，开车节省5—10分钟，有效解决附近居民出行不便等问题，进一步改善周边路网状况，缓解东麒路互通交通压力，带动周边区域发展。文靖路高架桥是南京市政行业首座采用转体施工的桥梁，共推广应用住房和城乡建设部10项新技术中的六大项15个小项，江苏省建筑业10项新技术中的2个大项3个小项。

【通淮街(董村路—胜太路)竣工】 11月1日，位于百家湖硅巷片区的通淮街（董村路—胜太路）竣工通车，江宁百家湖和南京南站片区之间新添一条主通道。通淮街（董村路—胜太路）北接绿都大道，南接胜太路。此次改造路段全长570米，路宽由原12米拓宽至44米，由双向二车道变为双向六车道。

【绿都大道（宏运大道—董村路）建成】 11月30日，南京市2023年重点推进的打通跨区“断头路”项目——绿都大道（宏运大道—董村路段）建成通车。绿都大道项目北起宏运大道，向南以桥梁形式先后跨越滨河路、秦淮新河、秦淮路，止于董村路与通淮街交叉口，全长1.26千米，是南京南站集疏运系统的关键一环，被列入南京市2023年度10项民生实事项目之一。项目于2021年5月开工，在2023年8月完成全线主体结构贯通。绿都大道主线为双向六车道，分别设置人行道与非机动车道。（宁　鉴）

公共交通

【公　交】 2023年，南京江宁公交集团有限公司总资产17.1亿元，实现营业收入2.11亿元。所属各类公司13家，职工总数3703人，各类营运车辆2079辆(公交车1440辆、校车332辆、出租车169辆、包车租赁车辆138辆)，公共自行车7000辆，拥有公交营运线路198条，各类场站81座，公交站点3923个。全年完成客运量7966.61万人次，比上年增长15.67%；行驶里程8470.43万千米，增长10.52%；公共自行车借还90.26万辆次。优化调整低客运量线路8条，减车28辆、减人46人，年节约费用2000万元。推进镇村公交线路响应式停靠全覆盖，提高公交运行效率。推进汽运公司市场化转型先行先试，完善组织架构、薪酬机制、标准化建设等机制体制，加快市场业务拓展、扩大品牌影响。维修公司正式营业，承接集团内外汽车维修业务520余辆，全年营业收入300万元。完成长盛客运、环盛资源利用公司2家低效亏损企业减资退股。通过“公益化+市场化”的合作经营模式，与传媒集团开展全集团广告资源利用战略合作，年增加收入200多万元。完成西部枢纽中心综合楼、陆郎公交场站、中粮祥云、江宁客运站综合楼、东部停保场加气加氢站招商招租，年租金235万元。加快东部公交停保场工程建设，年内完成投资1.44亿元。先后实施4座公交场站出新改造、10座老旧场站维修，以及100座镇村公交站台升级改造，推进义乌商品城、武夷花园场站综合开发利用。新辟优化调整公交线路25条，开通点对点特色定制公交线路4条。分类实施刷卡优惠、换乘优惠，以及老年人、学生、军人等费用减免，惠及人群约5000余万人次，减免金额7200万元。新购中小学生专用校车20辆，有专用校车332辆，运营线路268条，新辟线路4条、调整8条，安全行驶里程223.5万千米，接送学生443.4万人次。进一步丰富车厢文化，打造“幸福校车”四大实践流动课堂，新建特色线路20条。加快“汽旅”融合发展，有序开展牛首山、园博园等景区内交通运输服务，实现客流532.42万人次。完成区两会、马拉松、中高考等重大活动保障，安全运送人员287.71万人次。推动出租车巡网一体化发展，40辆巡网一体化出租车运营良好。拓展车辆租赁业务，有租赁车辆74辆，服务区内企事业单位10家。实施网点更新改造和智能升级，公共自行车网点与地铁站点衔接率95%，日借还量最高4000余次。完善升级公共交通智能管理系统平台，健全平台功能、推动迭代升级、完善子平台建设，实现公共交通运营管理智能调度全覆盖。推进科技成果应用转化，拥有公交车辆主动安全防御系统、360°全景监控系统、一键报警系统、OD客流统计分析系统、司机安全包围等，覆盖率100%，江宁主城（含东山主城、高新区、开发区）公交站台信息化率超过90%，建成“5G智能触摸式互动站台”8座。打造“智享公交”新模式，开通Z01路百家湖硅巷智享公交线路，通过“非固定线路+需求响应式路径”相结合方式，提升公交资源利用效率，增强公交运营与乘客需求匹配度。（公交集团）

【巡游出租车】 2023年，全区有巡游出租车1008辆，在营运车辆473辆，从业人员529人。全年出租车客运量242.33万人次，载客130万车次，运营里程3819.26万车千米。

【地　铁】 2023年，江宁区境内有8条城市轨道交通线路，总里程121.7千米。其中，1号线江宁段长18.9千米，设车站12座，途经江宁高新区、秣陵街道、江宁开发区，工程于2006年11月20日开工建设，2010年5月28日建成通车。3号线江宁段长14千米，设车站8座，途经江宁开发区、秣陵街道，工程于2010年12月开工，2015年4月1日建成通车。S1号线（机场线）江宁段长35.8千米，设车站8座，途经秣陵、横溪、禄口、江宁开发区、滨江开发区，工程于2011年6月启动建设，2014年7月1日建成通车。4号线江宁段长5.1千米，设车站2座，途经麒麟街道，工程于2011年12月开工，2017年1月18日建成通车。S9号线江宁段长14.3千米，设车站1座，途经禄口街道， 工程于2013年1月开工，2017年12月30日开通试运行。S7号线江宁段长2.8千米，设车站1座（禄口机场内），途经禄口街道，工程于2016年1月开工，2018年5月26日开通试运营。麒麟有轨电车江宁境内长7千米，南京麒麟有轨电车是南京有轨电车线网第二条开通线路，2017年10月31日开通试运营。地铁S6号线—宁句城际长43.64千米，途经江宁区麒麟、汤山，在江宁设6个站点，2021年12月28日开通运营。

（行俊文　卢　婷　孙亚鸣）

供　水

【概　况】 2023年，江宁水务集团拥有4座自来水厂、8个中大型增压泵站，日供水能力135万立方米，供水范围覆盖江宁全域及溧水、句容、博望部分区域，实现跨省、跨市、跨区供水，服务人口约200万人。全年完成总供水量3.01亿立方米，日均82.44万立方米，比上年增长0.31%；最高日供水量92.07万立方米，下降6.92%。出厂水水质合格率100%，水压合格率100%。

【供水工程建设】 2023年，江宁水务集团加快供水管线工程项目建设，高新区片区输水管道改扩建工程项目完成工程总量的65%，空港片区（华商路—云龙路）、飞天大道（西岗路—汉韵路）、飞天大道（信诚大道—启航路）给水管道工程通过竣工验收，开发区水厂供水调配管道工程完成工程总量的98.3%。横溪街道供水系统改造工程完成340支管安装5.8千米。加快低压片区改造，年内有12个住宅小区完成改造。（王华芳）

供　气

【概　况】 2023 年，南京华润燃气有限公司特许经营范围江宁区内 1561 平方千米（汤山、麒麟部分地区除外），主营管道天然气并提供“百尊”燃气具销售、车用气供应、蒸汽供应、天然气配套施工、安装、应急抢险、燃气保险业务等相关服务。服务各类天然气用户 52.5 万户，敷设管网 2409 千米，建设各类天然气场站、加气站 11 座，包括储气能力 48 万立方米 LNG 储配站 1 座。全年销售天然气 3.1 亿立方米。新开发居民用户 2.5 万户、工商业用户 250 户，新建天然气市政管网 20 千米，完成危旧燃气管网改造 2.3 千米。

【安全管理】 2023 年，南京华润燃气有限公司以“安全管理强化年”行动为主线，结合重大事故隐患专项排查整治、全国城镇燃气安全专项整治要求，推动区政府出台《江宁区城镇燃气安全“四进”行动方案》，联合区燃管所、街道和村（社区）开展非居用户隐患排查和停气行动，提高非居用户端用气安全水平。全年完成老旧管道改造和 26.33 千米立管改造，以及东山老城区土山路、东沟巷、中宁巷等区域 2.3 千米危旧燃气管网改造，更换民用超期表 6 万户。组织各类安全检查 260 余次，发现各类安全隐患 130 余处，整改率 100%。开展员工安全教育培训 180 余次，实现安全教育全覆盖。

【客户服务】 2023 年，南京华润燃气有限公司全面推行“燃气安全管家”服务模式，建立居民用户网格化管理机制，为用户提供抄表、安检、维修、个性化拆改迁等一站式服务。根据区域用户数变化，动态化调整网格内服务模式，稳步推动网格化管理工作。开展燃气安全宣传活动和社区便民服务，为客户提供免费燃气具清洁及维修服务。

【业务发展】 2023 年，南京华润燃气有限公司继续推进燃气管网进老集镇，完成铜山、龙都集镇气源通达工程。加快麒麟、谷里、横溪等偏远地区市政管网建设，提高燃气覆盖率，新增吴峰新村、虹南新寓等偏远老旧小区用户 4000 余户。实施“1+2+N”发展战略，成功开发乾元浩生物有限公司供热客户，针对滨江开发区苏旺食品、烽火科技等潜在用户，不断开拓综合能源新市场。结合江宁东部公交停保场加气加氢合建站建成投运，与江宁公交集团、上汽大通等企业合作推动加氢车辆本地化，促进加氢业务发展。以新城加气站业务转型为契机，利用闲置配电设备资源及公交场站，开展充、换电站项目投资评估工作。　（王华芳）

2023 年，湖熟尚桥社区“光储直柔”微电网项目入选国家级农村能源高质量发展成果目录　（赵紫菱　供图）

供　电

【概　况】 2023 年，国家电网南京市江宁区供电公司向全区 90 余万户电力客户提供安全、经济、清洁、可持续的能源供应服务，供电服务面积 1329 平方千米。全年全社会用电量 148.45 亿千瓦时，比上年增长 7.45%；公司售电量 141.35 亿千瓦时，增长 9.61%。管辖 110 千伏变电站 30 座、35 千伏变电站 12 座，总容量 1252.6 万千伏安；220 千伏输电线路全长 767 千米，110 千伏输电线路全长 411 千米，35 千伏输电线路全长 357 千米；10 千伏配电线路 1021 条，全长 8837.48 千米。冬季调度用电最高负荷 262.87 万千瓦，增长 7.49%，创历史新高，电网整体保持稳定运行。

【电网建设】 2023 年，区供电公司按期建成投运公塘 220 千伏、横溪 110 千伏输变电工程，湖熟 110 千伏、苏庄 220 千伏扩建工程 4 项迎峰度夏工程。开工建设 500 千伏东善桥主变扩建工程，取得 220 千伏东善桥至科学园线路、110 千伏蓝霞输变电等项目选线规划手续。建成江宁—博望配网跨省联络工程，解决苏皖两省交界地区配网末端网架薄弱问题。不停电作业工作站投入运行，开展不停电作业 3099 次，增长 25.77%。全区供电可靠率提升至99.99%。全面启动江宁现代智慧配电网综合示范建设，规划实施7个示范工程。打造南京现代智慧配电网示范区展厅，全市首个配网调控微电网示范项目建成运行。提请政府出台储能补贴政策，推动嘉隆电器等7个新型储能项目落地。湖熟尚桥社区“光储直柔”微电网项目入选国家级农村能源高质量发展成果目录。

【供电服务】 2023年，区供电公司联合区发改委召开迎峰度夏（冬）电力保供专题会议，高位协调电力保供、树线矛盾治理等工作。提请区电力安委会出台双（多）电源用户安全运行管理办法，保障重要用户可靠用电。成立重大项目服务工作小组，高效接电盛鑫半导体等32个省、市重大项目，提前送电腾讯变电站、横溪二期复建房、东善桥七期复建房等重点项目，满足民生保障和招商引资需要。推动出台全市首个区级新能源汽车充电基础设施建设服务保障运营管理办法，完成265个“开门接桩”小区布点。开展频繁停电专项治理，计划停电和故障停电时户数分别压降21.14%、24.51%。打造东山副城南部和科学园东部零计划停电网格，升级百家湖1912电力抢修驻点驿站，扩大湖熟尚桥综合能源驿站服务效能。新建改造配农网线路194.36千米，新增配变315台、容量11.2万千伏安，农村电网实现提档升级。完成156个电气化项目改造，建成5个“村网共建”电力便民服务点，陡门口村零碳驿站获评国网电力便民服务示范点。 （区供电公司）

【220千伏公塘输变电工程投用】 7月，江宁区2023年迎峰度夏重点工程——220千伏公塘输变电工程建成投用。220千伏公塘输变电工程是全区电网“十四五”重点工程，位于江苏软件园附近，为新建的220千伏智能变电站。该工程新上2台180兆伏安主变压器，新建线路长30千米，杆塔39基。作为江宁开发区核心区的枢纽变电站，公塘变电站缓解秣陵、横溪、谷里片区以及江宁开发区、滨江开发区等地的供电压力，也将助力中国电信吉山软件园项目、腾讯华东云计算基地项目、南京盛鑫半导体材料有限公司大尺寸硅外延材料产业化项目等省、市重大项目建设，为区域经济发展注入新动能。

（宁　鉴）

污水处理

【概　况】 2023年，江宁水务集团有自建城市污水处理厂7座，接管11个街道污水处理厂站运维管理工作，运营污水处理厂18座。城市污水日处理规模73.5万吨，集镇污水日处理规模10.1万吨，农村生活污水设施日处理规模4.1万吨，全区污水日处理规模87.7万吨。全年处理污水2.18亿吨，日均处理污水59.7万吨，比上年增长8.8%；产生污泥量17.43万吨，日均污泥量477.4吨，产泥率增长4.2%。其中，城市污水厂处理污水量19767.5万吨，日均污水处理量54.2万吨；街道处理污水2011.4万吨，日均处理污水5.51万吨。

【污泥处置】 2023年，江宁水务集团与无锡国联环保科技有限公司共同出资，成立南京江宁国联环保科技有限公司。江宁高新区污水处理厂和南区污水处理厂内建有2座污泥高干脱水中心，日处理规模550吨（含水率80%）。

【再生水利用】 2023年，江宁水务集团所属各污水处理厂共建成日规模21.75万吨的再生水利用工程，采用次氯酸钠消毒工艺，处理后的再生水达到《城市污水再生利用城市杂用水水质》标准。处理后的再生水主要用于厂内道路、设备冲洗及绿化灌溉；厂外用于市政道路冲洗、绿化灌溉、河道补水等。 （王华芳）

园林绿化

【概　况】 2023年，江宁区实施梅龙湖公园环境综合整治和江宁开发区景观提升工程建设，新增绿地20.3万平方米。打造沿水系及环山绿道系统，建成梅龙湖公园5.1千米绿道，完成6个公园绿地和绿道项目建设。

【南京南站绿荟公园】 9月，南京南站绿荟公园建成开放。该公园位于宏运大道与江南路交界处，万科都荟天地小区旁，总面积3900平方米，是南京市首个“雷锋主题公园”。公园将健康步道、雨水花园、阳光草坪等元素有机串联，以“四季常绿、三季有花”为设计理念，通过常绿乔木为底，搭配花灌木、色叶乔木，为四季增花添彩，让市民“推窗见绿，出门入园”。

【龙眠大道口袋公园】 9月，龙眠大道口袋公园建成开放。该公园位于江宁高新区芝兰路以南、龙眠大道西侧，占地面积8868平方米。公园内，喷绘运动健身步道、小型广场及特色小品、改造微地形及种植组团等结合，呈现出一幅造型别致但又独具特色的街头园林美景。公园通过专业的景观设计、绿化种植等，打造休憩、运动、观景、社交等功能分区。

【鼓山路口袋公园】 11月，东山城区鼓山路口袋公园建成开放。

该公园位于鼓山路幼儿园门口，总面积2072平方米。公园因地制宜打造多功能活动场地、游戏沙坑、草坪等活动区域，合理布置绿化与休憩设施，丰富的植物配置，实现四季有花、四季有景。

【梅龙湖绿道】 2023年，梅龙湖绿道建成开放。该绿道位于淳化街道梅龙湖范围内，在充分利用现有河湖资源基础上，满足水利要求前提下，通过环境整治、地形修整、驳岸打造和绿化栽植等，对现状岸线进行修整，设计沿河步道、景观亭、景观栈道、亲水平台、运动场地等市民休闲设施，栽植香樟、中山杉、落羽杉、广玉兰、银杏、樱花、美国红枫等乔木8152株，以及草坪、板块苗面积24万平方米。（刘厚伍）

城市管理

【市容市貌】 2023年，江宁区城市管理部门聚焦城市容貌提升，分类实施30条背街小巷整治，打造同心街、前河路2条精品街巷，完成硅巷美丽街区创建工作.按照“地面干净、立面整洁、设施有序”的标准，落实“门前三包”责任制，“门前三包”知晓率、签约率、履责率100%。建立82处“门前三包”自治联盟，形成定期巡查和评级机制，切实解决群众反映强烈的背街小巷脏乱差问题。完成10幢不洁楼宇清洗、11条街巷小广告标准化治理和8家优质洗车场创建工作，拆除违规广告牌3569个。

【停车管理】 2023年，区城管部门加强停车设施建设，规范车辆停放秩序，有效缓解“停车难”，停车管理水平全面提升。完成对东山文化广场、竹山路、明月路3处闲置地块的改造建设，新增公共泊位89个。引导社会资本参与公共停车设施建设，全年新增公共经营性停车设施60处、泊位21392个。加强大中型车辆停放秩序管理，在大中型车辆从业者较多区域分两批开放大中型车辆场站17处，场站地点、包月价格、联系人等信息对外公布。强化共享单车管理，制订重大节日保障工作方案，督促企业建立单车管理电子地图，明确单车投放量、运维配比、分片包干等。开展共享单车专项检查和单车扫码与运维人员检查，完成扫码9000余辆次。

【渣土管控】 2023年，区城管部门全面启动电子招标流程，办理渣土处置许可131件，审批工程回填、土地复垦等渣土弃置场地140处，核准渣土量750余万立方米，完成市拨渣土量500余万立方米。下发督办单14件、转办单52件、交办单90件，查处渣土运输各类违法违规行为712起，处罚金额186.73万元。推动云台山硫铁矿塌陷坑土方回填和土质监管工作，全年回填渣土19710车次、19.7万立方米，土质检测均无污染，云台山硫铁矿生态环境问题通过省级销号验收。区城管局获评南京市2023年度渣土管理先进单位。

【违建管控】 2023年，区城管部门突出重点、聚焦难点，坚持新增违建早发现、早制止、早纠正。全年拆除各类违建13.8万平方米，办理行政处罚案件24起，罚款金额731万元；加大巡查力度，及时处置违建问题，办理相关工单4230件，工单数比上年下降55.4%。印发《关于进一步完善全区违法建设管控机制的规定》，建立全区信息平台并运行。

【市政维护和管理】 2023年，区城管部门开展江宁城市综合养护发展中心筹备组建、职能划转、建章立制等工作，实施秋月路改造、姚湖路优质示范道路创建、东山仿古亭修缮、中心河鞭鞍河防腐木维修出新等项目。全年办结工单300余件，获市级媒体正面新闻宣传报道近50次，获南京市城市道路维护管理工作综合评比一等奖，养护中心获南京市城市道路优质示范路创建一等奖和城市道路平整度整治专项三等奖，辖区文靖路被评选为南京市第四届“十佳示范路”。

（强巴格列　陈　翔）

【环境卫生】 2023年，江宁江护集团及各子公司（项目部）有在岗职工1661人。集团道路保洁总面积1034.12万平方米。其中，主次干道161条、837.06万平方米；街巷160条、170万平方米；广场及内部道路23条、27.06万平方米。管养各类公厕84座。管养垃圾中转站13座，生活垃圾日清运量861吨。开展厨余一体化服务，对全区1004个住宅小区、55个农贸市场厨余垃圾进行清运，厨余垃圾日收运量61.5吨，餐厨垃圾日收运量58吨。集团拥有各类作业及后勤保障车辆442辆，其中机扫车73辆、冲洗车（含洒水车）54辆、抑尘车12辆、护栏清洗车4辆、大拉臂车39辆、厨余车76辆、压缩车35辆、其他垃圾车（自卸式垃圾车、丙车）44辆、吸粪车7辆、大件垃圾收集车4辆、可回收垃圾车3辆、有害垃圾车3辆、小拉臂车17辆、其他类型车辆（小海德、扫雪等车辆）27辆、后勤保障车辆38辆、装载机4辆、挖掘机2辆。（江护集团）

乡村振兴

乡村治理

【村级党组织建设】 2023年，江宁区212个村（社区）中，设党委133个、党总支79个。在全区建立10个片区党建联盟，通过区委常委挂包联系等机制，先后召开校地融合、金融赋能产业发展、党建引领小区治理等区级联席会议，各片区召集会议100余次，协调解决区域治理难题170余件。全域打造基层治理点位站91个、网格党群微工作站366个，设立居民群众矛盾诉求集中受理点，实现风险隐患全面排查、群众诉求及时采集、矛盾问题就地化解。启动村（社区）“两委”班子成员梯队培育计划，打破辖区壁垒和身份界限，公开选拔20名高素质、善担当、懂治理的年轻干部，推荐到村（社区）党组织书记、副书记岗位，加大基层人才储备。举办5期村（社区）书记“头雁讲堂”，围绕粮食安全、耕地保护、生态环保、安全生产等关键领域进行专题辅导，提高村（社区）书记依法依规履职能力。

【红色村庄建设】 2023年，区委组织部以点带面，推动红色村庄建设，努力提升抓党建促乡村振兴成效。抓住横溪街道横山村被中组部、财政部确定为2023年推动红色村组织振兴、建设红色美丽村庄试点的契机，实施“溪旺集结号富美乡村”铁军项目，进一步整合全区红色资源、丰富文化内涵，示范带动研学、民宿等红色文旅产业发展，因地制宜打造品质优良、特色鲜明、群众认可的抓党建促乡村振兴好路子。区级层面打造集体经济共同富裕产业园，建立全省第一家区（县）级集体经济发展公司，通过统筹村集体资金与财政转移支付资金购置或新建高标准厂房、楼宇载体，整体返租园区运营，以“保底租金+约定分红”保障收益，并将股权和收益量化至村（社区），推动“给钱输血”转变为“资产造血”。（区委组织部）

【区老区建设与乡村发展“三会”】 2023年，江宁区革命老区开发促进会、江宁区乡村发展协会、江宁区乡村发展基金会组织开展“99公益日”慈善募捐活动，3天全区参与捐款3.03万人次，捐款总额339.3万元，比上年增加53.63万元，连续第5年在全省夺冠。全年发放公募善款400.6万元，增加87.7万元。区“三会”及各街道分会全年扶持农民专业合作社、家庭农场及涉农企业26家，贴息贷款额2479万元，共贴息103.3万元，有效带动合作社和家庭农场加大对农业项目投资1.1亿元，新增农村劳动力就业150人，人均年增收8360元。举办农业科技、职业技能及创业能力等专项培训69期，培训人员2552人次。完成区“三会”换届选举工作，区老促会、乡村发展协会、乡村发展基金会均被民政部门评定为AAA级社会组织。全年新增帮扶志愿者219人，总数1978人，开展江宁区第二届“最美帮扶志愿者”评选活动，表彰“最美帮扶志愿者”36人。（刘春宝）

农村产业

【优质稻米产业】 2023年，江宁区推进优质稻米基地粮食绿色高质高效创建项目建设，以“节本增效、高质高产”为目标，示范推广“南粳5055”“南粳46号”“宁香粳9号”等优质食味品种。加强农机农艺融合、集中育秧技术、水稻精确定量栽培技术、机插同步测深施肥等绿色高质高效技术实验与示范，集成推广水稻绿色高质高效技术，充分发挥新型经营主体的示范作用，展示绿色标准化生产成效，提高标准化绿色生产的主动性和积极性。建成淳化街道综合农事服务中心，服务面积1333.3公顷，有效降低作业成本，并带动30个家庭农场参与订单农业发展，增加农民收益。

【花卉产业】 2023年，全区形成东边湖熟菊花园、南边江宁台创园、西边谷里花木园、北边汤山花博园、中间秣陵白鹭田园“五园”发展格局。其中，湖熟菊花园基地面积26.7公顷，江宁台创园核心花卉基地面积18公顷，谷里花木园34.7公顷，汤山花博园面积20公顷，秣陵白鹭田园绣球基地面积20公顷。

【渔业产业】 2023年，全区水产养殖面积5000公顷，总产量28.53万吨，总产值25.97亿元。大力发展特色鱼产业链，推动建成以兴凯湖白鱼、鲈鱼、鳜鱼等为特色主导品种，集苗种生产、养成、初级加工、休闲垂钓于一体的特色鱼产业链。成立江苏奇水长江特色鱼产业研究院，完善技术支撑，加强招商引资，逐步形成以湖熟园中园、坤泰、宏顺，汤山顺意，秣陵哪吒河，淳化荣新、子枫等渔业单位为重点，湖熟周岗特色鱼产业链示范区为核心的三产融合发展新局面，逐步完善特色鱼产业链。

（区农业农村局）

乡村建设

【乡村规划】 2023年，江宁规划资源分局指导相关街道开展观东、郄坊、夏庄3个传统村落保护发展规划编制工作，规划成果通过区规委会审议。根据《江宁区红色文化资源保护利用三年行动计划（2020—2022年）》，推进《江宁区红色文化资源保护利用总体规划》编制工作，并于11月获区政府批复。贯彻“保护好农业遗迹、文物古迹、传统建筑等，推动非物质文化遗产活态传承”方针，开展《江宁乡村传统风貌建筑保护整治及再利用导则》编制工作，于11月获区政府批复。组织相关街道开展117个“多规合一”实用性村庄规划编制工作，其中103个规划成果通过专家评审，71个规划成果获区政府批复。

（王梦菲）

【乡村基础设施建设】 2023年，全区加快农村基础设施建设，新建农村公路安防工程56千米，农村公路自动化检测率83.6%，县道优良路率92.26%，乡村道优良路率87.36%。注重环保设施建设，统筹环卫保洁与垃圾分类设施布局，累计配备入户两分类桶20多万只，配建自然村垃圾分类集中转运亭（点）1867个、社区暂存点207处，粪池标准化改造1340座。

【乡村人居环境整治】 2023年，全区在率先完成全域农村人居环境集中整治基础上，推进“十四五”农村人居环境整治提升行动，加快区级“补短板”项目建设，建成市级以上美丽乡村450个，连续4年获评全省农村人居环境整治提升工作第一等次，被市政府予以督查激励。深化“厕所革命”，印发《关于高质量推进“十四五”农村厕所革命的实施方案》，所有整治村农村公厕改造达三类及以上标准。农村生活污水治理高效运维，实行“1年建设、15年运维”，全区累计建设改造污水处理设施2640余套，覆盖136个村（社区）的1437个自然村，受益农户12万户，实现自然村全覆盖。建立健全农村生活垃圾分类体系，累计配置入户两分类桶20多万只，配备四色运输车200余辆，配建垃圾分类收集亭2291处、暂存点184处、分拣站（中心）10座。结合省、市农村人居环境整治村庄垃圾清理专项行动和村庄清洁行动季节战役要求，深化“四清一治一改”，全年开展村庄清洁宣传5340场次，清理农村生活垃圾76444.4吨，清理村内河塘沟渠3007处。全区农村公路总里程1973千米，被评为“四好农村路”全国示范县。累计建成绿美村庄79个，位列南京市第一。全年新创成省级美丽家园示范点3个、市（区）级美丽庭院示范户（提升）200户。深入开展农村住房条件改善行动，全年完成危房整治29户、低收入群体危房改造22户、农房改善633户。

【特色田园乡村建设】 2023年，全区继续推进具有江宁特质“一村一品”建设，继续开展省级特色田园乡村创建工作。全年新创建省级特色田园乡村4个，累计建成省级特色田园乡村23个，特色田园乡村数量位居全省第一。

（区农业农村局）

【乡村民主法治建设】 2023年，全区累计培育“法律明白人”5628人。继续压实“法律明白人”培育工作责任，加强“法律明白人”

动态管理，注册使用省司法厅学习平台，日常登录学习实现随时学，进一步提升“法律明白人”法律素养和工作能力。开展全区首批“法律明白人”星级评定活动，综合考量“法律明白人”政治品格、履职时间、业务能力等方面，由各村（社区）推荐，经审核公示后，有1122名“法律明白人”获评星级，其中五星“法律明白人”5人。加强民主法治示范村（社区）动态管理，全区创成全国民主法治示范村（社区）3个、省级民主法治示范村（社区）101个。完成第二批全区法治文化宣传教育基地申报工作，江宁区人民法院汤山法庭社会主义核心价值观教育实践展示馆等12个法治文化宣传教育场所获评第二批“江宁区法治文化宣传教育基地”。区司法局作为全省唯一区县级司法局承接全省法治科研项目“促进乡村振兴法治问题研究”。（杨梦莹）

脱贫攻坚成果巩固

【促进农民增收】 2023年，江宁区结合产业发展特点和用工需求，举办订单式技能培训班，培训农民1400人次、民宿管家200人次。鼓励和引导农民工、中职校和高校毕业生、留学回国人员、退役军人、科技人员等各类返乡入乡人员，结合自身优势和特长，发展现代种养业、休闲农业、农村电商服务业等特色产业，对首次创业、正常经营1年以上的农村创新创业基地和农户给予一次性创业奖补。全年补贴创业创新基地2个、拨付资金40万元，补贴创新创业农户28户，拨付资金28万元。

【壮大新型集体经济】 2023年，江宁区支持各村（社区）因地制宜发展新型集体经济，成立江宁区集体经济发展有限公司，8个街道统筹汇集征地补偿资金、征地留用地资金及利息等资金6.5亿元，有序推进吉印产业园资产购置工作，打造城乡融合共富产业园，返租园区经营，以“保底租金＋约定分红”保障收益，增强村（社区）自身“造血”功能。推进乡村振兴衔接补助资金项目，全年市、区两级下拨奖补资金3100万元，扶持2个街道及21个村（社区）。

【深化农村改革】 2023年，全区加强“三资”监管，深化农村产权交易规范化建设，推进“应进必进”。制定《农村土地经营权流转管理暂行办法》，完善农村土地流转、租用、建设等全周期管理机制，加强农村业态准入和管控。印发《江宁区关于积极稳妥开展农村闲置宅基地和闲置住宅盘活利用指导意见(试行)》，支持农民采取出租、自营、入股等方式盘活利用。

【金融支农服务】 2023年，全区开展龙头农业企业、家庭农场、农民专业合作社等新型农业经营主体贷款贴息工作，办理贴息520万元，覆盖91家经营主体。推进“金陵惠农小额贷”整村授信工作，解决农户融资难、担保难问题，授信用户17.75万户、金额186.6亿元，全年用信1815户、贷款2.05亿元。

（区农业农村局）

【江宁区集体经济发展有限公司成立】 5月，全市首个致力于做强村级集体经济的区级平台——南京市江宁区集体经济发展有限公司正式成立。该公司由全区137个集体经济较薄弱的村（社区）自愿集资入股，以公司为经营主体购置、新建各类载体发展物业经济，蹚出一条集体经济自我“造血”新路径。全区有145个村（社区）因年稳定性收入不足300万元而享受财政补助政策，区级财政每年补足资金为2.2亿元。为增强村（社区）集体经济自我“造血”功能，推动集体经济做大做强，江宁区决定成立区集体经济发展有限公司，把村（社区）的小额资金归集成一笔大额资金，让一艘艘集体经济“小舢板”抱团组成可抗市场风浪的“大航母”。145个村(社区)中，除8个村（社区）由属地街道实施强村计划外，剩余137个村（社区）将其既有扶贫资金、征地补偿款和征地留用资金约10亿元作为股本，入股江宁区集体经济发展有限公司。具体运作方式是，街道以股份经济合作联合社名义将村（社区）资金转入区集体经济发展公司，成为公司8个大股东。各村（社区）如有富余资金，也可参与入股分红。公司注册资本1000万元。约10亿元资金全部归集后，将用于在江宁开发区、江宁高新区等地购置或新建高标准厂房、楼宇及公寓等载体，再整体返租给园区，以“保底租金＋约定分红”保障收益。

（宁　鉴）

融入长三角一体化发展

【概　况】　2023年，江宁区继续推进长三角一体化发展，加快融入南京都市圈，推动江宁—博望跨界一体化发展示范区建设。区推进长三角一体化发展领导小组多次召开专题会议，研究部署相关工作。按照《南京市江宁区实施长三角一体化工作方案》，明确任务分工，完善督查机制，做到责任到人、落实到位。融入长三角一体化和南京都市圈发展，落实宁镇扬一体化发展举措，在基础设施、公共服务等方面加强与毗邻地区对接，取得新进展。

【长三角重点项目库江宁项目建设】 2023年，国家及省、市推动长三角一体化发展重点项目库涉及江宁区产业项目4个、道路设施项目2个，根据上级部门要求，及时完善项目前期工作，跟踪项目进展，摸排项目资金情况。至年末，产业项目恒瑞南京创新药物临床研究试验及医学转化中心完成一期医学中心项目外装建设；长三角智能制造与装备创新港（一期）完成科技创新区HP项目土建施工；装备研发区部分载体改造工程投入运营，部分设备及团队入驻；华东云计算基地一期2栋IDC机楼和1栋综合楼竣工，总建筑面积5.7万平方米；江南生物能源再利用中心一期完成核准、稳评、环评、规划许可、施工许可等前期手续及桩基施工。道路设施项目南沿江城际铁路完成南沿江“四电”用地交付和长深高速并行段改一工程涉及的房屋征收工作；宁马市域（郊）铁路进行项目红线内涉及住宅户拆迁工作，项目用地进入市级审核阶段。　（周　航）

【长三角（南京）科创金融中心揭牌】　5月12日，长三角（南京）科创金融中心揭牌。该中心位于未来科技城，其内部分为科创金融体验中心、长三角资本市场服务基地南京分中心和综合金融服务中心3个功能区，运营内容为整合全区产业载体，通过科创金融机构获得精准有效的项目信息，为企业上市、股权投资等提供金融服务；通过科创金融载体和配套政策，招引金融机构特别是科创金融机构落户服务实体经济发展，是长三角地区重要的科创金融集聚基地。

【3条公交线路跨省延伸】　6月1日，安徽省马鞍山市宁马慈湖公交枢纽启用，当天，江宁公交707路、867路、892路3条公交线路延伸至该场站，与同步调整入驻的马鞍山公交125路实现无缝换乘，进一步方便两地百姓公交出行。宁马慈湖公交枢纽位于马鞍山慈湖高新区园中路与安东路交叉口东南角，占地面积7800平方米，设置45个公交车位、10个充电桩，为毗邻公交线路优化发展提供硬件保障。江宁公交集团、马鞍山市公交集团，以及南京、马鞍山两地交管部门依托这一公交枢纽，携手推进交通基础设施互联互通、公交线路无缝换乘。从6月起，江宁公交集团将油坊桥地铁站始发的707路、河定桥场站始发的867路、澄江路站始发的892路自“界碑”站经宁芜大道、安东路延伸至“宁马慈湖公交枢纽”站。同时，马鞍山公交125路起终点站由火车站至天宝新材料集团，调整为火车站至宁马慈湖公交枢纽，并延长服务时间，宁马慈湖公交枢

纽末班车发车时间由 19:35 延至 20:00。

【江宁海安两地战略合作协议签订】 8 月 19 日，海安市委书记、海安经济技术开发区党工委书记于立忠率考察团到江宁区考察交流，共商两地深化合作大计。当天，签订《江宁区人民政府和海安市人民政府战略合作协议》，两地宣传、科技、农业、教育等部门签订相关合作协议。双方将进一步加强区域合作，强化优势互补，共同携手谱写高质量发展和现代化建设走在前做示范的新篇章。会前，海安市考察团一行还实地考察南瑞继保公司、南京茂莱精密测量系统有限公司、紫金山实验室，了解江宁区推进重大科技任务攻关、先进制造业集群发展、推动高质量发展等情况。

【马鞍山市政代表团到江宁考察交流】 11 月 9 日，马鞍山市党政代表团到江宁考察交流。两地召开工作座谈会，深入贯彻落实习近平总书记关于推动长三角一体化发展的重要讲话精神，进一步深化合作内涵、拓展合作领域、提升合作水平，为推进长三角高质量一体化发展作出更大贡献。马鞍山市委副书记、市长葛斌，南京市委常委、江宁区委书记林涛讲话。林涛说，作为长三角一体化的排头示范，江宁和马鞍山肩负着区域联动、协同发展的光荣使命。就下一步更好推动两地交流发展，林涛表示，要强化政治担当，完善协作平台，建立健全沟通协调机制，着力推动基础设施一体高效、产业融合共赢共荣、生态环境共保共治、公共服务共建共享，为长三角一体化发展探索新路径、注入新动能；要深化产业合作，推动协同发展，围绕产业链发展，发挥各自优势，努力在科技自立自强上相互赋能、在构建现代化产业体系上同向发力，共同打造产业科技创新高地；要细化民生服务，促进协商共治，围绕交通出行等领域推进一批示范性项目，完善水、气、土壤污染防治联防联控机制，全面推广跨省通办服务，不断提升老百姓的获得感和幸福感。葛斌表示，马鞍山与江宁地缘相近、人缘相亲。江宁在产业发展、科技创新、民生服务等领域取得的显著成绩，为马鞍山经济社会发展发挥了有力的辐射带动作用。葛斌希望双方在交通互联、生态环境、产业转型、民生保障等领域加强互动交流，在推进产业合作上互惠互利，在推进科技创新上协同互补，在推进人文往来上同心共鸣，携手书写交流合作新篇章，共同推动长三角一体化发展走向纵深。座谈会前，马鞍山市党政代表团一行先后参观九龙湖国际企业总部园、南瑞集团、南京科远智慧科技集团股份有限公司等园区和企业。

【长三角数字经济人才创新发展大会在江宁召开】 11 月 13 日，作为 2023 紫金山菁英人才节系列活动之一，长三角数字经济人才创新发展大会在江宁开发区举办。国内外专家学者、行业代表、企业代表齐聚江宁，围绕人才发展和技术创新，共话产业创新合作，全力推动打造数字经济人才高地，为纵深推进长三角区域经济高质量发展贡献创新力量。活动现场，江宁开发区数字人才实训基地揭牌，13 个数字经济产业人才项目、4 个人才攻关联合体项目签约。签约项目涵盖数字经济高技能人才联合培养、数字经济人才产学研合作等方面，与南京大学、东南大学、华中科技大学、南京理工大学等高校院所展开战略合作。会上，南京戎光软件科技有限公司、一汽（南京）科技开发有限公司、南京优倍电气技术有限公司进行数字经济场景发布。其中，一汽（南京）科技开发有限公司发布“红旗第三代 L4 全无人 Robotaxi”，该产品采用业内首创的“视觉 + 固态雷达”自动驾驶解决方案，增加冗余备份系统、远程控车系统、车路云协同功能，实现自动驾驶软硬件系统全面升级，已获北京市自动驾驶道路测试牌照，具备开放道路测试运营能力。（宁　鉴）

江宁—博望跨界一体化示范区建设

【概　况】 2023 年，江宁区印发《2023 年江宁—博望跨界一体化发展示范区工作计划》，编制的《江宁—博望跨界一体化发展示范区规划》通过南京市和马鞍山市规划部门联合组织的专家评审。拆除省际限高架 5 处，打通“断头路”2 条，126 省道衔接工程加快建设。推进创智谷项目建设，组建联合招商团队，加大优质项目招引力度，全年推荐南京大学张凤鸣教授 5GW 高端光伏等项目 7 个。签订跨界流域综合治理、生态联防联治等框架协议，重点在水环境治理、大气污染防治等方面加强联防共治，完成丹阳河（江宁段）治理。成立南京市百家湖小学博望分校，开展合作办学；一体化供水项目正式通水，博望区丹阳镇居民喝上“长江水”；国网南京市江宁区供电公司与马鞍山市当涂区供电公司江宁—博望跨省联络线路投运，博望燃气公司向江宁丹阳片区跨省输送天然气。开展政务服务“一网通办”；江宁 861 路公交实现跨省延伸运营，开通博望至江宁毗邻1路公交线路。“两省一街”警务室揭牌并实质化运作，设立公共法律服务中心、联合人民调解委员会和在监服刑人员远程会见室，司法行政一体化向纵深推进。（周 航）

【江宁博望签订供水一体化合作协议】 1月16日，江宁博望供水一体化合作签约仪式在江宁区举行。2020年，博望区与江宁区签订水务一体化框架合作协议，随即启动相关供水工程建设，2022年供水主干管网实现联通开始试运行。此次签订的江宁博望供水一体化合作协议，标志着试运行结束，开始正式运行。协议中约定，两区采取跨省边界供水合作模式，由江宁水务集团向博望区供水，并通过省边界总表计量收取水费。

【博宁毗邻1路公交线试运行】 7月，博望至南京毗邻省际环线公交——博宁毗邻1路公交线开通试运行。博宁毗邻1路公交线，串联起博望镇、丹阳镇、禄口机场、溧水、江宁等区域，可换乘南京地铁，实现博宁两地公交网络无缝对接，满足毗邻地区群众出行需求。该线路以博望汽车站为起讫点，设立先行溧水和先行丹阳2条对开环线。其中，先行溧水环线为博望汽车站—嘉民物流—比亚迪客车—金龙客车厂—翔鹰四路·空港新城（禄口机场）—秣周东路双龙大道（地铁S3号线）—正方中路（地铁S1机场线）—空港工业园北—苍穹路（顺丰丰泰产业园）—钟萃路（菜鸟网络南京空港园区）—上穆庄—横溪卫生服务中心—董塘—丹阳步行街—澄心路口—新博招呼站—博望汽车站。反方向为先行丹阳环线。该线路支持投币、微信、支付宝、市民卡等多种支付方式，执行一票制4元/人次，优待群体享受票价优惠政策。公交线路试运行后，原博宁客运班线停止运营。

【宁博新农人就业创业技能培训】 11月，由区委统战部、马鞍山市博望区委统战部联合举办的“同心江宁，助力宁博一体化发展”——宁博新农人就业创业技能培训班在江宁区举行，两地的40多名新农人参加培训。此次培训为期2天，根据就业市场对新媒体网络行业的需求和趋势，邀请行业专家担任讲师，围绕直播带货、短视频制作、发布技巧、“粉丝”维护等主题设计课程，通过理论讲解和实际操作相结合方式，提高参训学员职业技能水平，帮助他们通过新媒体网络平台，获取更多市场信息，了解产品趋势，拓宽销售渠道，把握市场机会，提升产品转化率。

（宁 鉴）

对口支援协作

【概 况】 2023年，江宁区继续承担对口支援新疆特克斯县（2011年开始）、对口协作陕西省洛南县（1991年开始）、南北共建帮促淮安市淮阴区（1995年开始）以及江宁开发区与淮阴区（2006年开始）、重庆万州（2016年开始）等地园区合作共建对口支援协作合作任务。印发《2023年江宁区东西部协作和对口支援工作计划》，细化目标任务，多层次、多方位、多领域形成工作合力，取得新成效。对口支援协作合作各项工作得到受援地区肯定和好评，市对区考核列全市第一名。

【对口支援新疆特克斯县】 2023年，江宁区致力于维护特克斯县社会长期稳定和长治久安，从资金、项目、就业、智力支援等方面开展支援工作。至年末，累计委派干部47人、专业人才46人，援建项目200个。全年完成特克斯县省统筹资金使用，实施项目21个。马场卫生院、供销社惠民服务中心抓紧建设，2024年将建成运营；特克斯县江宁实验中学（第三中学）开工建设，建成后可容纳2000名学生入学。协助特克斯县柔性引进医疗、教育、住建、水利、农业农村等6个领域33名当地紧缺人才，举办骨干教师培训班6期、培训201人，36名特克斯卫健系统业务骨干和管理干部赴江宁区跟班培训学习。

【对口帮扶陕西省洛南县】 2023年，江宁区协助洛南县巩固拓展脱贫攻坚成果同乡村振兴有效衔接。至年末，累计委派干部22人、专业人才90人，援建项目108个。全年完成苏陕协作项目资金使用，实施项目14个；区帮扶资金实施项目5个。草店村玻璃温室项目启动建设，引进绿色生态循环奶牛示范园三产融合项目等。2名援洛挂职干部继续在洛南工作，组织新一轮18名“三支”人才赴洛南县开展组团式支医支教支农工作。举办洛南县线上线下招聘活动27场次，点对点输送务工人员2117人次，其中向江苏输送460余人次。帮助洛南420多名农村劳动力实现劳务协作就业，其中转移就业353人次。鼓励机关、企事业单位、民营企业和社会组织，优先采购结对地区农特产品，累计采购、帮助销售洛南县农副特产品1.1亿元。继续实施镇街、村（社区）、村企、社会组织、学校、医院等多方参与挂钩结对帮扶模式，动员社会力量向洛南县投入社会帮扶资金和捐物折款271.8万元。

【五方挂钩帮促淮阴区】 2023年，江宁区作为省扶贫工作队副队长单位，主要任务是聚焦“五方挂钩”，增强帮扶村集体经济发展和群众增收致富。至年末，累计选派干部10人，实施项目170个。年内完成拨付省定区级援淮资金，实施项目6个，主要为产业帮促、带动就业、提升村庄基础设施方面。（周 航）

【洛南县绿色生态循环奶牛示范园三产融合项目启建】 4月，由江宁区企业南京卫岗乳业有限公司和陕西省商洛市洛南县城投公司共同出资实施的洛南县绿色生态循环奶牛示范园三产融合项目启动建设。该项目位于洛南县古城镇，一期项目2023年9月底完成，建成存栏5000头奶牛的现代化生态观光牧场；二期项目将建成一座智能化乳制品工厂，并配套开发建设生态牧场乡村旅游与休闲农业示范区，打造集奶牛养殖、乳制品加工、农业观光、休闲旅游、互动体验等于一体的多元化产业集群。洛南县绿色生态循环奶牛示范园三产融合项目建成后，预计可实现年产值2.4亿元，解决就业300余人，既带动周边农户、企业通过饲草种植、物流运输、旅游服务等实现增收致富，又填补商洛市及周边城乡优质奶制品消费需求空缺。

【江宁洛南书画摄影展开展】 4月12日，“丹青翰墨·文润宁洛”——2023年江宁洛南书画摄影展在江宁美术馆开展，共展出书法、美术、摄影作品100多幅，面向市民免费开放。此次参展作品契合江宁、洛南两地地域特色，以秦岭山水、金陵特色人文风貌以及乡村振兴、苏陕协作为题材，反映苏陕协作成果和洛南风土人情、江宁人文气韵。当天，江宁洛南对口协作座谈会召开，会上，两地签订2023年宁洛协作战略合作协议，两地将不断深化对口帮扶协作，进一步在乡村振兴、产业项目、文旅康养、消费帮扶、人才交流等方面寻求突破，相互借鉴好思路、好经验、好做法，助推经济社会发展，不断巩固拓展苏陕协作成果，奋力谱写新时代宁洛协作新篇章。

【区领导赴洛南实地考察对口协作工作】 6月19—20日，市委常委、区委书记林涛率考察团赴陕西洛南，实地考察对口协作工作，并参加以“品甜蜜、享健康、促振兴”为主题的洛南县首届苏陕协作西瓜节暨农特产品展销活动开幕式。在洛南期间，林涛一行先后深入宁洛小学、宁洛产业示范园、煌朝真空玻璃项目现场、宁农瓜果蔬菜产业示范园、卫岗乳业绿色生态循环奶牛产业示范园、“四方结对”共建乡村振兴示范村草店村和罗坡村苏陕协作农特产品供销基地，通过听取汇报、实地察看、座谈交流等方式开展考察活动。座谈会上，江宁区向洛南县捐赠1000万元协作资金。在6月20日举行的洛南县首届苏陕协作西瓜节暨农特产品展销活动中，洛南县宁农瓜果蔬菜产业示范园分别被授予“江苏省农科院横溪西甜瓜产业研究院洛南县工作站”和“江苏省西甜瓜产业技术服务共同体示范推广基地”。南京江宁台湾农民创业园发展有限公司与洛南县玫瑰小镇旅游开发有限公司，签订洛南县蝴蝶兰栽培示范基地项目协议；南京志清农产品专业合作社与洛南县农业农村局，签订洛南县高海拔冷凉地区草莓苗繁育示范基地项目协议。在洛南，林涛还考察伶伦文化研究院，参加宁洛协作党建活动中心揭牌仪式。

【开发区与特克斯县进行产业项目对接】 8月8日，江宁开发区——特克斯县产业合作对接会举行，重点围绕产业链市场链加强融合，深化对口支援成果，在项目投资、产品入驻、产品采购、旅游业发展等领域签订合作协议，助推两地经济高质量发展。当天的合作对接会上，有4个项目签约，签约金额1.82亿元。现场，特克斯县政府分别与江苏波杜农牧股份有限公司、科舸物联科技有限公司、南京宝辉生物饲料有限公司、江苏清腾生物科技有限公司等签订项目投资协议，与江宁区供销合作总社签订设立特克斯土特（旅游）产品江宁区门（网）店入驻协议，与江宁区总工会签订特克斯农副产品采购协议，与省旅游协会房车与自驾游分会、江宁区全域旅游发展研究促进会签订支持和促进特克斯县旅游业发展协议。

【特克斯牛羊节在南京举行】 12月17日，由江苏援伊·南京江宁工作组、江宁区供销合作总社、特克斯县供销社联合主办的“江特亲如一家，共享华疆盛世”——第四届江宁·特克斯牛羊节暨农特产品综合推介会在南京开幕。此次牛羊节以特克斯牛羊为媒，以吃带购促游扩产，为享有“世界喀拉峻、中国八卦城”美誉的特克斯冬春旅游作推介，为健康、味美、有营养的特克斯牛羊肉全面打开南京市场作推广，为馕、蜂蜜、黄芪、树上干杏等特克斯农特产品走进千家万户作推销。（宁 鉴）

综　述

【概　况】 2023年，江宁区坚持以习近平生态文明思想为指导，突出精准治污、科学治污、依法治污、系统治污，深入打好污染防治攻坚战，推动区域生态环境质量持续向好。PM2.5浓度均值28.8微克/立方米，空气质量优良率80.3%，连续4年达到国家二级标准。8个国省考断面水质优Ⅲ比例达100%，18个市考以上断面全部达标，子汇洲水源地保护区水质100%达标。落实土壤环境分类管理制度，全区48个高风险遗留地块完成土壤污染场地调查，土壤风险得到有效管控。中央生态环境保护督察、省突出环境问题专项督查和长江经济带警示片披露问题整改取得实效，133件央督交办件完成整改并销号，鞭鞍河、玉带圩等涉水问题和云台山硫铁矿等突出环境问题通过省级验收。全区生态环境安全，未发生等级以上突发环境污染事件。

【生态文明创建】 2023年，全区深入践行“绿水青山就是金山银山”的绿色发展理念，持续巩固生态文明建设成果。组织党员、干部参加上级部门和高校举办的相关班次培训，区管干部参训率100%，科级干部在线学习全覆盖。湖熟街道新农社区、汤山街道阜东村被命名为“江苏省生态文明示范村”，区水务集团水PARK馆被命名为“南京市生态文明教育基地”，文靖东路小学、月华路小学获评市生态环境局和市教育局联办的第三届“我是环保小局长”活动优秀学校。发布《江宁区生态文明建设规划（2022—2030）》，启动江宁区生物多样性本底现状调查，完成南京新济洲生态岛试验区建设方案编制，生态岛试验区建设正式启动。

【生态环境项目评价】 2023年，区生态环境部门按照优化营商环境、惠企纾困和服务重大项目要求，服务经济高质量发展。全年审批项目134个，审核土地预评价地块11个，环境管控情况审核表37件，土地挂牌出让意见49件。利用各类会议、上门帮扶、现场指导等形式，宣传环保政策法规和环境准入要求，强化企业环评责任。针对企业难点堵点问题，帮助企业提前做好项目服务，重点项目提前邀请相关行业专家开展技术咨询、专题论证，提出审查意见。重大项目实行专人负责、专班统筹推进，建立环评服务信息卡制度和每周提醒、半月跟踪、月月推进制度，第一时间审查、受理环评报告，先后完成惠隆汽车拆解、华创瑞风、明可达传动、126省道江宁项目、站前路、中远海运、南高齿公司、药科大学动物实验室等一批省、市、区重大项目审批。

【生态环境执法】 2023年，区生态环境部门以行政执法大练兵活动为契机，深入打好污染防治攻坚战，推进美丽江宁建设。全年开展潭桥商业街餐饮油烟、混凝土行业、医疗废物和废水、安全生产、生态环境部大气监督帮扶交办问题复核等专项执法检查行动30余次，单部门“双随机”执法检查355家次，跨部门“双随机”检查32家次；标准执法3715家次，出动执法人员7430人次；快捷留痕1303家次，出动执法人员2606人次；8步法标准执法+快捷留痕执法强度为49.92。全年下达行政处罚决定

293件，其中查封扣押25件，行刑衔接司法移送环境案件7起；下达行政指导意见书44份。上报典型案例13件，办理省督办单264件、市交办单70件，发现问题214个，立案查处22家，行政约谈6家。（江宁生态环境局）

【区生态文明促进会第二次会员代表大会】 4月23日，江宁区生态文明促进会第二次会员代表大会在江苏园博园召开，会议选举产生第二届理事会理事、常务理事等。中国生态文明研究与促进会、江苏省生态文明研究与促进会、市生态环境局相关负责人，副区长张道平等参加。区生态文明促进会成立于2017年5月12日，由谷里街道、区城建集团、区交建集团、中联水泥、中电环保5家单位主要发起，是由致力于生态文明实践的工作者、学者、企事业单位和其他社会组织自愿结成的非营利性、全区性的社团组织。作为全省第一个区级层面的生态文明促进会，区生态文明促进会自成立以后，深入学习贯彻习近平生态文明思想，贯彻落实中央和省委、市委、区委关于生态文明建设的决策部署，凝聚全区有志于生态文明建设的中坚力量，推动和参与生态文明宣传教育，为协同推进区域经济高质量发展和生态环境高水平保护发挥作用。当天，会议表决通过江宁区生态文明促进会第一届理事会工作报告、财务报告；选举产生第二届理事会理事、常务理事、理事长、副理事长、秘书长、副秘书长、监事长，并为新晋理事单位授牌。中国生态文明研究与促进会授予江苏园博园“生态文明教育实践基地”称号，江宁区生态文明促进会表彰2017—2022年度8个优秀会员单位和10名优秀会员。

【园博园成为生态文明教育实践基地】 5月，中国生态文明研究与促进会发布《关于同意在江苏园博园设立生态文明教育实践基地的复函》，授予江苏园博园“生态文明教育实践基地”称号，进一步向公众普及生态环境科普知识、宣传生态文明建设成就，拓宽公众参与生态建设和环境保护渠道。江苏园博园建成后，区域内整体绿化面积由不足10%提升至80%，园区公共区域绿化面积166公顷，森林抚育总面积91.22公顷。生态系统持续修复，生物多样性更加丰富，园区植物种类增加近1000种。江苏园博园先后获2021年度江苏省人居环境范例奖、2022年江苏省十佳景区称号等荣誉。（宁 鉴）

环境质量

【大气环境质量】 2023年，江宁区空气优良率为80.3%，比上年提高4.1个百分点。空气质量优良天数293天，其中优秀80天，减少2天；良好213天，增加13天。空气质量超标72天，其中轻度污染63天，减少14天；中度污染8天，减少2天；重度污染1天，增加1天。细颗粒物PM2.5浓度均值为28.8微克/立方米，达到国家二级标准，上升6.3%；PM10浓度均值为53微克/立方米，上升6%；二氧化硫浓度均值为5微克/立方米，基本持平；二氧化氮浓度均值为29微克/立方米，上升7.4%；臭氧日最大8小时第90百分位数为176微克/立方米，下降2.2%；一氧化碳日均值第95百分位数1毫克/立方米，下降8%。降尘浓度2.5吨/平方千米·月，上升4.2%。

【水环境质量】 2023年，区内秦淮河洋桥国考断面水质达到考核目标要求；赵村水库、横溪河黄桥、秦淮新河将军大道桥、牧龙河景明大街桥、句容河龙都大桥、汤水河张府仓东、长江江宁河口—林山下游7个省考断面水质达到考核目标要求，水质优Ⅲ比例为100%；外秦淮河上坊门桥、江宁河江宁河闸、江宁河宁芜公路桥、板桥河新肖家路桥、铜井河铜井农桥、运粮河双麒路桥、九乡河仙林大道桥、七乡河龙门坝、云台山河严公渡、牛首山河马木桥10个市考断面水质达到考核目标要求；子汇洲水源地、赵村水库应急水源地水质达到或优于Ⅲ类比例达到100%，且逐月水质达标。牧龙河（省控）、江宁河（市控）、铜井河（市控）3条入江支流控制断面水质为Ⅲ类，均达到考核要求。26个区考断面（23个考核目标为Ⅲ类）达标率76.9%。综合市、区两级监测数据，全区44个考核断面达标率86.4%。Ⅲ类水以上断面35个，其中4个断面水质比上年提升。

【声环境质量】 2023年，全区区域昼间环境噪声声级值为54.1分贝，处于较好水平。区域夜间环境噪声声级值为47.8分贝，等级为三级。道路交通昼间噪声声级值为68.8分贝，处于较好水平；道路交通夜间噪声声级值为65.8分贝，等级为五级。功能区噪声昼间、夜间达标率100%。

【辐射环境质量】 2023年，南京γ辐射累积剂量测点布设在江宁区淳化街道土桥社区，每季度监测1次。江宁土桥测点的γ辐射空气瞬时吸收剂量率为51.8nGy/h（每小时内辐射剂量），与上年相比略有升高，仍属江苏省天然本底水平。（江宁生态环境局）

环境治理

【概　况】　2023年，江宁区以改善生态环境质量为核心，以落实《2023年深入打好污染防治攻坚战目标责任书》为重点，坚持目标导向、责任导向、问题导向、民生导向，突出精准治污、科学治污、依法治污、系统治污，着力打好长江生态保护修复攻坚战和蓝天、碧水、净土保卫战。围绕年度治污攻坚目标任务发力施策，全面推进区域生态环境质量持续改善。空气质量优良率80.3%，PM2.5浓度均值达到国家二级标准，国家及省、市考断面和子汇洲水源保护区水质全部达标。

【大气污染防治】　2023年，全区实施《江宁区2023年度大气污染防治工作计划》《江宁区2023年度大气污染防治“首季争优”专项行动工作方案》等系列大气污染防治工作方案，对区域内各类污染源进行摸排，形成治气问题清单，落实整改措施。加强大气管控，优化重点区域交通方案，严控工业、机动车船、扬尘、臭氧污染。强化对全区400余个建设工地扬尘管控，建成“智慧工地”122个、“差别化工地”20个，工地文明施工达标率95%以上。淘汰营运柴油货车215辆，路检移动源柴油货车1802辆，处罚超标19辆；检查非道路移动机械1957台，超标9台。严格控制挥发性有机物，未审批生产和使用高挥发性有机物含量的涂料、油墨、胶黏剂、清洗剂等建设项目，培育源头替代示范企业14家，完成源头替代150家，无组织治理工程95个、有组织治理工程598个。加强餐饮油烟管理，规范餐饮整治600家，新换装高效油烟净化器200家。

【水污染防治】　2023年，江宁区印发《水环境综合治理行动方案（2023—2025）》，全面启动水环境综合治理三年行动。全年新建污水管网3千米，推进谷里、禄口污水处理厂新建，开发区污水处理厂改造及高新区污水处理厂五期建设。开展入河排污口整治，实施130个长江入河排污口整治并通过区级验收，秦淮河、句容河等主要河湖15个排污口整治通过验收销号。印发《江宁区重点河湖入河排污口排查整治强化工作方案》，推进骨干河道等其他重点河流入河排污口排查整治。深入落实河湖长制，全区各级河湖长有效巡河总次数40276次，解决各类河湖问题6768个。推进幸福河湖和美丽河湖建设，新创建46条幸福河湖和牛首山河省级美丽河湖。加强水质监控监测预警，针对汤水河张府仓东断面超标问题组织溯源排查监测，达到精准预警和有效识别污染源目标。加快提升污水收集处理质效，7个“城镇污水处理提质增效达标区”通过市级验收，达标区占建成区面积提升至85%。严格排水监管，累计发放排水许可证10225本，覆盖率88%。开展水源地环境风险年度评估工作，实现饮用水水源地常年稳定达标。编制杨库市级应急水源地、新济洲凤凰湖区级应急水源地保护区划分方案，妥善处理“6·6”子汇洲水源地油污染事件。

【土壤污染防治】　2023年，全区对化工等退役高风险遗留地块进行全面摸排，开展48个高风险遗留地块土壤污染状况调查，为管控和治理提供条件。组织重点建设用地（住宅、公共管理和公共服务用地）土壤污染状况调查评审24家次，有效保障“一住两公”用地的土壤环境安全。加大污染修复力度，受污染耕地安全利用率99%以上。

【农业面源污染防治】　2023年，全区12家规模畜禽养殖场完成重新核定，实行动态监管，粪污全部实现集中收集和综合利用，资源化利用率97%以上。60家规模水产养殖场实施以“一池两坝”为主要模式的生态化改造、排污口登记和尾水排放监测。开展农村黑臭水体排查整治，全区未发现农村黑臭水体或水体返黑返臭现象。农村生活污水治理通过省农村生活污水治理试点区验收，144家农污设施排放情况监督监测结果全部达标。

【安全隐患排查整治】　2023年，区生态环境部门印发《关于组织开展生态环境领域重大事故隐患专项排查整治行动的通知》《江宁生态环境领域“生命至上、隐患必除”消防安全专项行动工作方案》《生态环境领域岁末年初安全生产重大隐患专项整治工作方案》《关于进一步抓紧抓实岁末年初生态环境领域安全生产工作的通知》等，对9家尾矿库、12家涉铝灰铝渣企业、18家粉尘涉爆企业、8所驻区高校危化品实验室、36家较大以上环境风险企业、72家危险化学品企业、43家核与辐射重点单位、9家危废经营处置单位、53家年产危废100吨以上单位、235家家具制造企业及5类环境治理设施企业进行全面排查，建立问题清单，全面摸排重点5类环境治理设施底数，深入推进危险废物和5类污染防治设施安全生产隐患排查整治。巩固提升危险废物等安全专项整治三年行动成果，全年检查产废企业1124家次，检查发现问题142家，查处危废案件11件。全区申报纳入江苏省固体废物管理信息系统产废单位1240家，纳入小微ERP系统申报产废单位1459家。

【辐射环境管理】 2023年，区生态环境部门依法行使核与辐射许可审批职责，审批首次申领、重新申领、变更、延续、注销辐射安全许可证115家次，现场核查首次申领、重新申领83家次。全区新增核技术利用单位44家，核技术利用单位累计281家，审批辐射环评5家。组织开展核与辐射监督执法检查，使用核与辐射移动执法平台检查涉源单位8家，检查率100%；检查射线装置利用单位（含新申领单位）210家次，检查率50%以上。加强辐射安全管理标准化建设，委托南京伊环环境科技有限公司对辖区内5家涉源医疗机构和38家Ⅱ类X射线探伤单位开展辐射安全标准化建设专项核查工作，提高重点单位辐射安全现代化管理水平。在爱尔集新能源科技（南京）有限公司组织2023年度辐射事故应急演练活动，提升辐射安全和辐射事故应急处置能力。

【秸秆禁烧】 2023年，全区未发生大面积农作物秸秆焚烧现象，全年被上级发现和通报火点和痕迹9个，比上年下降50%。

（江宁生态环境局）

【方山火山地貌生态保护修复入选全省最美案例】 10月，省自然资源厅发文通报第二届江苏省“最美生态保护修复案例”评选结果，全省9个项目入选，由江宁高新区实施的“国家级地质公园——南京方山火山地貌生态保护修复”项目位列其中。2017年，江宁高新区实施方山火山地貌生态保护修复，围绕消除地质灾害隐患、地貌重塑、生境重构、植被恢复和生物多样性重组等全方位开展生态重建。江宁高新区立足实际，种植朴树、栾树等本地乔木2700株，以及海桐、火棘、爬行卫矛等灌木面积9500平方米，播撒草籽，让受损山体重披绿装。修复团队以保护生态为第一原则，在省内生态修复项目中首次创新采用全回转全套管施工工艺，确保施工过程不造成二次生态破坏。针对项目地质特点，施工时因地制宜使用专利复合材料，解决成孔过程中的塌孔和护壁难度问题。施工追求人文景观与自然景观和谐统一，对治理区范围内的方山地质公园进行局部改造，打造出独具特色的地质景观。方山火山地貌生态保护修复过程中，还变废为宝，充分利用治理废材和治理痕迹，把具有方山火山地貌特征的棕红色气孔状玄武岩资源化利用，作为休憩地面的拼接材料。在科学环保的前提下，运用现代造园手法与自然环境巧妙结合，利用废弃地质石材，围绕方山特色地质元素，打造出别具一格的地质公园微景观，展现地质公园景观的美感。

（宁 鉴）

环境监管

【生态红线监管】 2023年3月，江苏省自然资源厅批复同意江宁区生态空间管控区调整方案正式启用。10月，区生态环境部门编印《生态空间保护区域政策汇编》，分发至各街道、园区和相关部门，全区生态空间保护区域监管职责明晰、协作有效、机制通畅。加大生态空间保护区域排查整治力度，完成上级交办的4批次疑似问题现场核查，其中市级交办46个、省级交办51个、部级交办1个。全年获市级生态保护补偿资金10656.29万元。

【环境质量监测】 2023年，区生态环境部门按周、按月开展44个考核断面、121条水质提升河道、80个泵站例行监测以及重点断面补偿监测和跟踪保障监测工作；每季度对2个功能区噪声、16个交通噪声及78个区域环境噪声进行监测。开展农村环境空气、饮用水、土壤及144个农村污水处理设施、6个农田灌溉水监测，对国控、省控环境空气质量自动监测站每周进行巡查、每日关注数据变化，及时报送日报、周报、专报。全年获得环境质量监测数据23.99万个，形成空气质量日报365份、环境质量月度分析报告12份。完成重点排污单位监督性监测393家次，涉重企业监督性监测36家次，污水处理厂例行监测167家次，信访监测186家次。开展各类专项监测6项，包括挥发性有机物重点排放企业“回头看”检查监测、碳监测试点评估监测、生物质锅炉改造“回头看”专项监测、环境应急监测等。

【环保宣传教育】 2023年，区生态环境部门加强生态环境保护宣传教育工作，拍摄治污攻坚微电影1部（《上善若水 水润万家》），治污攻坚人物专题片1部（《护岛人 在长江上种出一座绿洲》），环境问题整改正面典型案例视频1部（苏丹矿），制作报送攻坚故事9篇、攻坚短视频21个，《护岛人 在长江上种出一座绿洲》获省一等奖。全年在省市生态环境微信公众号、省市治污攻坚微信公众号、“学习强国”学习平台、《中国环境报》等媒体平台发布新闻稿件106篇，获评2023年度江苏省深入打好污染防治攻坚战宣传工作先进集体。开展“无废城市”创建宣传进社区、进校园、进工厂、进医院、进宾馆等系列活动，向全社会传播绿色低碳发展理念和生活方式，推动形成共建共享优美生态环境的局面。

【“6·5”环境日宣传活动】 6月2日，江宁生态环境局开展“送法进基层”活动，赴东山街道便民服务中心、部分餐饮企业进行普法宣传和调研指导；江宁生态环境监测监控中心在东山街道中前社区开展“绿色守护、放心呼吸”室内空气质量监测服务活动，监测人员现场宣传普及空气污染控制相关知识，并前往居民家中进行PM2.5、甲醛、挥发性有机物监测服务。6月5日，在淳化街道青山社区举办主题为“建设人与自然和谐共生的现代化”的“6·5”环境日宣传活动。活动现场，社区、企业、学校、环保公益组织代表畅谈环保心得，对环保工作提出意见建议，还进行环保签名承诺。同日，联合江宁开发区组织上汽大众汽车有限公司南京分公司等30家重点企业，开展“6·5”环境日宣传暨“送法进企业，服务面对面”培训活动。

（江宁生态环境局）

长江大保护

【概　况】 2023年，江宁区深入学习贯彻习近平总书记关于推动长江保护系列重要讲话和重要指示批示精神，落实《中华人民共和国长江保护法》，坚持生态优先、绿色发展，坚持共抓大保护、不搞大开发，全区生态环境质量持续改善，经济发展质量不断提高。印发《2023年江宁区推动长江经济带发展工作要点》，明确重点任务责任清单和任务分工；组织召开推动长江经济带发展对照排查问题清单工作推进会，传达上级部门指示精神，部署排查任务。深入机关、园街、村（社区）、学校、企业，开展《中华人民共和国长江保护法》宣传，发放《中华人民共和国长江保护法》宣传资料以及“生态优先、绿色发展”等主题宣传品。加强年度考核工作，将长江经济带发展纳入区高质量发展考核评价体系，推动形成齐抓共管的工作合力。

【长江岸线综合治理与生态修复】 2023年，江宁区成立推动长江经济带发展领导小组，形成区委区政府牵头抓总、部门分工协作、属地具体落实的工作格局，推进江宁19.08千米长江生态保护修复。落实“共抓大保护、不搞大开发”要求，围绕新济洲国家示范湿地建设、沿江绿色生态景观廊道建设、江滩洲地湿地生态修复等三大工程攻坚，累计整治长江岸线“散乱污”企业52家，绿化造林、环境提升1226.7公顷。

【新济洲国家湿地公园】 2023年，全区加强南京长江新济洲国家湿地公园示范湿地、新济州“六大功能区”和生物多样性展示馆等维护工作，定期养护岛内植物树木，通过湿地生态修复、功能再造、景观提升，公园湿地面积增加800多公顷，新增高等植物230种、鸟类118种。拥有国家级保护植物有11种、国家保护动物45种。

【生态环境突出问题整改】 2023年，全区加大生态环境突出问题整改力度，2022年国家警示片披露的鞭鞍河、金村沟河问题，分别于2023年9月28日、10月19日、12月28日通过区级、市级、省级验收销号。2023年省警示片披露的云台山硫铁矿问题分别于当年11月10日、11月29日、12月27日通过区级、市级、省级验收销号。（周　航）

【万尾鱼苗放流长江】 1月，区水务局和南京江豚水生生物保护协会在新济洲码头放流平台开展增殖放流活动。经过严格检疫、检测的4000尾胭脂鱼苗、1万尾长吻鮠鱼苗以及5000公斤河蚌、螺蚬等底栖生物，陆续运送至江边，工作人员将鱼苗缓缓放入长江。此次放流的胭脂鱼为国家二级保护动物，长吻鮠是保护区重点保护对象，螺蚬、河蚌为保护区内重要底栖生物，增殖放流活动能一定程度上修复保护区的渔业资源，恢复部分珍稀鱼类和底栖生物种群数量。

【长江新济洲物种监测新增112种】 5月，南京长江新济洲国家湿地公园发布最新生物多样性监测报告，报告显示，从2022年5月至2023年5月，洲上监测到的物种数1303种，较上年新增112种。长江新济洲国家湿地公园于2016年8月获评为全市首个国家级湿地公园，也是全国首个长江洲滩型湿地公园，是重要的“物种基因库”。近年来，新济洲持续加大在湿地修复、生物多样性保护力度，相比2016年，公园内湿地修复面积超过800公顷，公园湿地率由39.98%上升至70%。在2023年调查中，首次在洲上发现6种鸟类，其中苍鹰、大鵟和蓝喉歌鸲等属于国家二级保护

鸟类。此外，调查团队还发现 29 种新增的维管植物，以及 4 种新增鱼类。（宁 鉴）

【长江入河排口整治】 2023 年，江宁区深入推进长江入河排污口整治工作，130个排污口完成整治并通过区级验收。常态化开展长江入河排污口巡查检查，不断巩固整治工作成效。（江宁生态环境局）

资源保护

【水资源保护】 2023 年，江宁区以河湖长制作为水资源保护的重要抓手，各级河湖长全面高效完成巡河、护河任务，全年创建幸福河湖 46 条，其中 14 条被评为市级示范幸福河湖。秦淮河干流、外秦淮河、秦淮新河、牛首山河、九龙湖、百家湖获评省级示范幸福河湖。贯彻“节水优先”方针，深入践行国家节水行动，江宁开发区创成省级节水型工业园区，7 所驻区高校创成节水型高校。开展水资源节约保护宣传活动，以“世界水日”“中国水周”为契机，围绕“强化依法治水、携手共护母亲河”主题，组织开展“节水中国、你我同行”主题宣传联合行动，以多种形式宣传水法律法规和节水知识，《南京日报》《扬子晚报》等媒体进行专题报道。保护河湖生态，推进河湖“四乱”整治工作，完成 329 处河湖图斑核查。深入开展河湖保护专项整治行动，整改侵占河湖问题 6 项。（区水务局）

【江宁河灌区入选国家级节水型灌区】 2月，水利部公布节水型灌区复核结果，江宁区江宁河灌区入选国家级节水型灌区。江宁河灌区位于江宁区西南部，灌区总面积 9620 公顷，涉及江宁街道盛江、司家、陆郎、朱门、河西等 15 个村（社区）及谷里街道柏树、亲见 2 个村（社区）。灌区内农业种植以粮食（主要为水稻、小麦及玉米）和蔬菜为主，还有少量油料（花生、芝麻、油菜）及棉花，主要功能为农业供水以及除涝。灌区结合自身情况，以农业生产和人居环境质量为导向，通过节水配套改造等，加强基础设施建设，灌区水利工程面貌发生根本改变，泵站设施、设备稳定高效运行，灌区渠系输水、供水安全节水，形成引、蓄、灌、排工程完备体系，灌排设施与自然环境相协调。灌区逐步推进管理体制改革，努力实现灌区投入多元化、建设规范化、管理系统化、用水科学化，提高农业综合生产能力。实行“总量控制、定额管理”，水价与水费计收制度合理并公开透明，工程维护与运行管理经费有保障，实现灌区管理规范化、制度化、标准化、科学化。（宁 鉴）

【土地资源保护】 2023 年，全区实施“两库”项目 24 个，建设规模 61.6 公顷，拟新增农用地 2 公顷，拟新增耕地 60.8 公顷。其中占补平衡项目 22 个，项目建设规模 59.5 公顷，拟新增耕地 58.9 公顷；增减挂钩复垦项目 1 个，建设规模 1.1 公顷，拟新增农用地 1.1 公顷，拟新增耕地 1 公顷；工矿废弃地项目 1 个，建设规模 0.9 公顷，拟新增农用地 0.9 公顷，拟新增耕地 0.9131 公顷。经过对各街道申报项目进行现场踏勘及内业审核，全年申报耕地占补平衡项目 16 个，项目建设规模 62.7 公顷，拟新增耕地面积 60.8 公顷，已申报市审查并下达立项批复。（王梦菲）

【湿地保护】 2023 年，全区有省级重要湿地 4800 公顷、市级重要湿地 1400 公顷。在长江江宁段全冠栽植各类绿化苗木 388.3 公顷，构建连续完整、景观优美的长江沿岸生态景观廊道。通过退渔还湿、退耕还湿等方式，累计完成湿地生态修复457.9公顷，取得良好生态效益和社会效益，成为省、市湿地保护修复及生物多样性保护的示范窗口。在新济洲国家湿地公园建设全市唯一长江湿地生态系统定位观测研究站，对完善全国湿地生态系统观测研究网络、保护江苏长江湿地资源具有重要意义。

【森林资源保护】 2023 年，全区完善区委、区政府主要领导共同担任总林长的组织体系，有总林长 2 人、副总林长 1 人、区级林长 15 人，街道（园区）级林长 28 人，村（社区）级林长 182 人，基本实现林长制全覆盖。一山一坡、一园一林均专员专管、责任到人，建章立制、体系建设、末端落实取得成效。围绕义务植树、森林防火、森林督查图斑等专项工作，区总林长开展巡林和工作调度 4 次，各级林长巡林 303 次，召开林长会议 72 次。加强森林病虫害防治，全年完成松材线虫病除治面积 3706.2 公顷、小班除治 828 个，清理病死松树 2.13 万株，松材线虫病发生面积、死亡松树数量及疫情小班数量实现“三下降”。组织美国白蛾等食叶害虫防治行动，采取全面防治、重点防治、生物天敌防治方法，确保防治成效和生态安全。

【森林防火】 2023 年，全区落实森林防火行政首长负责制，完善应急预案，严格执行日报告、零报告的 24 小时值班带班制度。

按林区划分为3个森林火灾联防区，各联防区分别由三级救援梯队组成，成立213人的12支森林防火专业队，形成互联互防、上下同防的多层次联防机制。在全市率先建设视频预警火情监测系统60套，监控范围覆盖90%以上的山林面积，建成防火通道950千米，建设引水上山工程8个、蓄水池185座，全区森林防火保持零火灾。以“森林督查”“清风行动”等专项行动为抓手，严厉打击各类涉林违法行为，查办林业案件21起，罚款30余万元，责令补种树木2250株。

（区农业农村局）

节能减排

【概　况】　2023年，江宁区落实南京市打好污染防治攻坚战目标任务，编制减排计划，分解目标任务，实施减排工程，加强督查落实，着力提高减排能力。全年建成治气项目778个，减排二氧化硫50吨、氮氧化物60吨、颗粒物150吨、挥发性有机物280吨。化学需氧量、氨氮、总氮、总磷削减量满足目标要求，全面完成市政府下达的主要污染物减排任务。

【清洁生产审核】　2023年，全区有23家企业纳入年度清洁生产审核工作，其中16家企业通过清洁生产验收。南京章光水电橡塑有限公司因搬迁，无法开展清洁生产；南京凯燕电子有限公司等3家企业进入验收程序；中国航空工业集团公司金城南京机电液压工程研究中心、苏世博（南京）减振系统有限公司、南京航鹏航空系统装备有限公司3家企业因方案改造周期较长，延期至2024年验收。

【排污许可登记】　2023年，区生态环境部门按照《南京市排污许可提质增效实施方案（2022—2024）》，压实主体责任，加强联合监管，构建“源头把控、过程管理、事后监管”的全闭环管理模式，提高证后监管效率，发挥排污许可“一证式”管理作用。全年核发排污许可证企业343家，其中重点管理103家、简化管理239家，注销23家。全区累计排污登记企业5624家，其中年内新登记企业660家，登记关停注销企业110家。

【园区规划环评编制】　2023年，区生态环境部门推进工业园区（集中区）规划环评工作，完成东山国际企业总部园、禄口片区工业区、铜山片区工业区、湖熟街道工业区、江宁街道工业区、谷里重点产业园6家规划环评编制工作，并出具审查意见，为企业落户提供环境准入保障。

【限值限量管理】　2023年，区生态环境部门编制《园区污染物限值限量实施方案》，在全区工业园区（集中区）推进污染物限值限量管理工作。在2022年江宁开发区、滨江开发区编制《园区污染物限值限量实施方案》基础上，完成江宁高新区、空港开发区（陶吴工业集中区）、东山国际总部园、汤山工业集中区、禄口工业区、铜山工业区、湖熟工业集中区、湖熟片区工业区、秣陵工业集中区、淳化片区工业区、江宁街道工业区等12家园区《污染物限值限量实施方案》编制和专家评审，为园区实施污染物限值限量管理奠定基础。

（江宁生态环境局）

【“双碳”政策体系构建】　2023年，区发展与改革部门紧扣“双碳”目标，推动构建江宁区“3+4+N”低碳发展政策体系。印发江宁区《关于推动高质量发展，做好碳达峰碳中和工作的实施意见》和《江宁区“十四五”低碳发展规划》，编制《江宁区碳达峰实施方案（送审稿）》。组织江宁开发区、滨江开发区、江宁高新区、麒麟科创园等园区开展碳达峰实施方案编制工作。

【碳达峰试点】　11月，国家发展改革委公布首批25个碳达峰试点城市和10个碳达峰试点园区名单，江宁开发区成功入选。作为全市唯一的首批国家碳达峰试点园区，江宁开发区将聚焦破解绿色低碳发展面临的瓶颈制约，围绕能源绿色低碳转型、园区高质量发展、资源循环利用、节能降碳增效以及工业、建筑业、交通等领域清洁低碳转型，进行试点探索，为全国提供可操作、可复制、可推广的经验做法，助力实现碳达峰碳中和。（周　航）

科学技术

科创平台

南京未来科技城

【概　况】　南京未来科技城位于高铁南京南站至禄口机场发展“金轴”与绕越高速交会点，规划面积40平方千米，核心区面积6.22平方千米。作为全市发展的新布点、全区科技创业的新窗口和高新产业集聚的新焦点，未来科技城全力建设全市全区高端人才集聚区、创新创业示范区、体制机制创新引领区。重点打造的未来网络特色产业小镇系江苏省首批特色产业小镇，入选全国特色小镇50强。2023年，园区完成工业总产值10.32亿元，比上年增长16%；社会消费品零售总额12.5亿元，增长18.73%；一般公共预算收入2.52亿元，增长33.6%。

【人才引进与项目建设】　2023年，未来科技城引进9名人才申报国家级人才计划，培育省“双创”人才1人。围绕网络通信和智能制造两大主导产业，加强项目招选、促进产业集聚，全年签约亿元以上项目22个，项目总投资200.4亿元。360集团南京数字城市安全大脑暨网络安全产业合作项目、国华卫星数据科技项目、鸿蒙生态产业园、安全应急产业园项目落户园区。加快重大项目建设，国华卫星基地（超高层）项目、楷德悠云数据产业园等10个市、区重大产业项目稳步推进，完成总投资16.3亿元。

【营商环境优化】　2023年，未来科技城不断完善“小升规”后备企业库以及重点企业跟踪培育制度，建立企业成长发展体系和配套服务机制，申报规模以上工业企业4家、限额以上服务业4家，4家企业入选省、市级专精特新中小企业名录库，其中南京赛宁、江苏易安联为国家级专精特新“小巨人”企业。赛宁信息技术有限公司入选南京市“培育独角兽企业”，5家企业获评“瞪羚企业”。建成园区企业“一站式”服务窗口并投入使用，解决企业商事注册、金融财税等需求。上线企业服务信息化平台，对入驻企业实行全方位、数字化管理，实现企业数据“一表清”。

【问源科技智慧医疗研发中心项目落户】　11月，问源科技智慧医疗研发中心落户未来科技城。该项目依托东南大学生物医学工程学院学术科研优势，集聚医学工程化领域专家及人才，利用大数据、云计算等信息化技术，研发医学健康服务管理平台，为中老年群体提供远程医疗、医疗监测、疾病管理等专业服务。项目已在园区设立南京问源生物科技发展有限责任公司并运营，集聚东南大学专家及教授、企业研发办公人员60人。　（张　青）

【未来科技城入选省级示范区】　1月，江苏省现代服务业集聚示范区名单公示，全市有2家单位入选，未来科技城位列其中。未来科技城抢抓未来产业发展战略机遇，瞄准网络通信、人工智能、信息技术、物联网等未来产业方向，加快集聚人才、技术、资金、数据等创新要素，先后建成亚马逊AWS联合创新中心、法国达索系统工业创新公社、德国SAP人工智能产业赋能中心等一批国内外知名平台，引进国家数字航天产业集聚区、中软国际、华润燃气总部基地、东方雨虹建筑节能研发中心等一批国内知名企业总部，发挥工信部中小微企业创新创业示范基地、国家火炬江宁未来网络特色产业基地等国家级品牌优势，整合东南大学、紫金山实验室等创新资源，推动创新链产业链资金链人才链深度融合。 （宁　鉴）

网络通信与安全紫金山实验室

【未来网络关键技术攻关】 2023 年，网络通信与安全紫金山实验室原创提出服务生成网络（SGN），推进互联网基础架构新变革。突破大规模确定性网络流量在线调度系统和 TSN 跨广域互通与协同试验平台关键技术，研制国内首个分布式解耦机框白盒交换机，在运营商等单位开展试点应用。研发面向云原生的算网操作系统，为“东数西算”等应用场景提供全新技术路径。创新设计智驱安全网络一体化架构，成功验证 5Tb 级 DDoS 攻击的高效智能防御能力。

【6G 前沿技术研究布局】 2023 年，网络通信与安全紫金山实验室完成国家 6G 总体技术研究项目和国家实验室项目预期目标。提出 6G 愿景 3+X、15 个 KPI，大部分被写入 ITU 6G 愿景报告。6G 光子太赫兹通信实时传输速率从 400Gbps 提升到 1 Tbps，再次刷新世界纪录。构建全频谱可拓展的无蜂窝大规模分布式 MIMO 无线传输系统，指标达到业界领先水平。基于国内成熟工艺研制出性能世界领先的 CMOS 与砷化镓混合封装芯片、普适性贝叶斯学习基带芯片等，建构起 6G 关键器件自主可控支撑体系。

【内生安全理论技术体系创新】 2023 年，网络通信与安全紫金山实验室出版专著《内生安全赋能网络弹性工程》，进一步完善内生安全理论体系。研制面向 6G 基于超材料智能表面的无线内生安全原理验证系统和基于 IPv6 的 B5G 高等级安全核心网原型系统。发布拟态调度与无线内生安全两款芯片，自动驾驶内生安全控制原型和场景记录与还原原型两个系统。完成试验场扩容升级等工作，开辟手机、人工智能等新赛道，为第六届强网拟态国际精英挑战赛举办提供支撑。

【综合试验平台建设】 2023 年，网络通信与安全紫金山实验室建成首个端到端 6G 综合试验平台，完成网络 2030 试验网、NEST 试验场的技术迭代和改扩建，新型无损数据中心、无线大数据平台和莲花哪吒等云设施扩容和升级，为创新技术和成果提供测试验证平台和展示窗口。开展新型运营系统开发建设，打造云网融合多业务联合一键开通能力，提升平台资源管理水平和开放运营能力。

【成果示范应用】 2023 年，网络通信与安全紫金山实验室在多领域开展示范应用未来网络创新成果。在工业互联网场景，建设“区域一体化工业互联网公共服务平台”，汇聚 511 个解决方案、326 个工业应用。在算力网络场景，承担“东数西算”工程重大任务，算网操作系统在国家新型互联网交换中心开展应用，联合建设粤港澳大湾区一体化算力服务平台。6G 通信关键技术为重要场景应用提供支撑。研发 5G 室内定位系统先后被阿里集团、新华三等龙头企业采购并通过验收，与移动等运营商联合开展垂直行业应用示范。CMOS 毫米波相控阵芯片和集成相控阵天线相关成果应用于中国卫星网络集团低轨宽带卫通终端。集成化毫米波相控阵、5G 高精度定位 2 项成果通过论证，内生安全系列产品在多行业完成应用部署。拟态防御产品在电信、网信、金融等行业完成多套部署。内生安全 DPU 芯片在新华三、浪潮和曙光等服务器厂商试用。联合中讯设计院开展基于自主知识产权 5G 小基站协议栈的科技成果转化，支撑省级 20 个试点的 5G 小基站部署应用。 （江宁开发区）

企业创新

【平台建设】 2023 年，江宁区加快国家实验室、区级科创主平台建设，提升科创平台科技实力。南京现代交通综合实验室获交通运输部行业重点实验室授牌，获批“江苏省道路交通人才攻关联合体”。紫金山科技城建设稳步推进，召开第七届未来网络发展大会，紫金山实验室发布 6G 全频段全场景等重大成果。麒麟科技城新一代信息技术创新取得突破，应用信息高铁综合试验基础设施推动城市算力网运营平台新版本上线，开源软件供应链重大科技基础设施上线开源软件智能推荐平台“灵犀”2.0。未来网络未来产业科技园发布未来网络未来产业三年行动计划，国家第三代半导体技术创新中心获批江苏省人才攻关联合体；举办第三代半导体产业创新发展大会，发布《南京第三代半导体技术创新中心三年行动计划》，“氮化镓”项目入选工业和信息化部、国务院国资委联合组织工艺“一条龙”应用示范项目。江宁药谷、江苏运动健康研究院等有多个项目入驻；南理工长三角智能制造与装备创新港高端机床装备技术研究中心、智能毁伤与防护研究中心等一批重大创新平台运行。

【合作对接】 2023 年，江宁区承办第八届中国创新挑战赛，由行业技术专家指导，多渠道征集企业需求。通过“一对一”上门走访、专业座谈会、线上沟通等形式，征集 126 家企业提出的 67 项技术需求，均在火炬中心进行需求发布，有 57 个团队开展需求方案对接。年末，促成产学研实际签约项目 15 项。

【创新成果】 2023 年，区科技部门完成 2 批次 8 家国家重点实验室重组申报的服务保障工作，其中 6 家实验室取得实质性进展。印发《江宁区关键核心技术攻关“揭榜挂帅”项目管理暂行办法》，建立财政资金引导、企业投入主导、市场遴选择优的“揭榜挂帅”关键核心技术攻关机制，围绕构建现代化产业体系，组织调动全社会创新资源，加快突破制约产业发展的重大瓶颈技术、短缺技术和企业急需的关键核心技术。开展 4 批次需求征集活动，征集项目需求 60 余项，立项 2 批 14 个项目。 （孙 茜）

【940 家企业入选省级科技型中小企业】 4 月，江苏省 2023 年第一批科技型中小企业入库名单发布，其中江宁入库企业 940 家，入库企业数居全市第一。全区持续完善科技创新型企业成长“众创空间—孵化器—加速器”孵化链条建设，推动中小工业集中区转型发展，盘活社会资源，完善孵化链条。支持以众创社区等为主体，高效组合人才、技术、资金、土地等创新创业要素，打造科技型中小企业孵化孵育区域标杆。全区 60% 的科技型中小企业来源于孵化载体，40% 的高新技术企业来源于载体毕业企业。

【新增 1659 家入库科技型中小企业】 4 月 25 日，省科学技术厅公布 2023 年第二批入库科技型中小企业名单，其中江宁区入库企业 1659 家，2 批累计 2599 家。全区以科技企业培育为抓手，从优化营商环境、强化政策支持、提升服务效能等方面入手，不断完善“初创期科技企业—科技型中小企业—高新技术企业”梯次培育体系，引导市场创新主体积极布局新兴产业，初步形成以具有区域特色现代产业体系为核心的“科创企业森林”。 （宁 鉴）

2023 年江宁区新增江苏省工程技术研究中心一览表

表 12

序号	名 称	依托单位	技术领域	所在街道（园区）
1	江苏省高温高含尘复杂烟气余热利用工程技术研究中心	南京华电节能环保股份有限公司	新能源与高效节能	滨江开发区
2	江苏省智能升降装备工程技术研究中心	南京高立特种装备有限公司	装备制造—工程机械	江宁街道
3	江苏省智能振动控制工程技术研究中心	南京创优科技有限责任公司	装备制造—自动控制	麒麟科创园
4	江苏省轨道交通数智化工程技术研究中心	南京景曜智能科技有限公司	装备制造—机器人	麒麟科创园
5	江苏省智能红外光学镜头及系统开发工程技术研究中心	南京波长光电科技股份有限公司	装备制造—仪器仪表	湖熟街道
6	江苏省空气净化工程技术研究中心	美埃（中国）环境科技股份有限公司	环境保护与资源综合利用—大气污染防治	秣陵街道
7	江苏省生物试剂关键原料工程技术研究中心	江苏凯基生物技术股份有限公司	生物医药—生物技术	江宁高新区
8	江苏省创新生物制品工程技术研究中心	正大天晴药业集团南京顺欣制药有限公司	生物医药—新医药	江宁高新区
9	江苏省连铸坯轧制装备工程技术研究中心	南京净环热冶金工程有限公司	新能源与高效节能—工业节能	汤山街道

续表 12

序号	名 称	依托单位	技术领域	所在街道（园区）
10	江苏省特种用网络信息体系工程技术研究中心	北方信息控制研究院集团有限公司	电子信息—计算机与网络	江宁开发区
11	江苏省高端智能装备工程技术研究中心	江苏优智享智能制造有限公司	智能装备—数控机床	江宁开发区
12	江苏省核能膨胀节工程技术研究中心	南京晨光东螺波纹管有限公司	新能源与高效节能—核电	江宁开发区
13	江苏省智能净化水处理系统工程技术研究中心	南京福碧源环境技术有限公司	装备制造—泵阀技术	江宁开发区
14	江苏省工业级 5G 专网通讯设备工程技术研究中心	南京濠暻通讯科技有限公司	电子信息—通信	江宁开发区
15	江苏省高速包装机工程技术研究中心	南京恒昌包装机械有限公司	装备制造—机械制造	江宁开发区
16	江苏省智能柔性折弯机床工程技术研究中心	南京蓝昊智能科技有限公司	装备制造—数控机床	江宁开发区
17	江苏省酒业智能包装装备工程技术研究中心	南京乐惠芬纳赫包装机械有限公司	装备制造—自动化控制	江宁开发区
18	江苏省中央厨房智能化装备工程技术研究中心	南京乐鹰科技股份有限公司	装备制造—自动控制	江宁开发区
19	江苏省智能汽车电子零部件工程技术研究中心	南京美均电子科技有限公司	装备制造—汽车	江宁开发区
20	江苏省水利水电数智化工程技术研究中心	南京南瑞水利水电科技有限公司	新能源与高效节能—智能电网	江宁开发区
21	江苏省软件定义网络工程技术研究中心	南京优速网络科技有限公司	电子信息—软件	江宁开发区
22	江苏省输变电智能运维成套装备工程技术研究中心	南京悠阔电气科技有限公司	新能源与高效节能—智能电网	江宁开发区

2023 年江宁区新增南京市工程技术研究中心一览表

表 13

序号	名 称	承担单位	技术领域	所属街道（园区）
1	南京市新型电力装备工程技术研究中心	南京南瑞继保工程技术有限公司	新能源与高效节能—智能电网	江宁开发区
2	南京市SPA智能电网工程技术研究中心	西门子电力自动化有限公司	新能源与高效节能—智能电网	江宁开发区

续表 13

序号	名 称	承担单位	技术领域	所属街道（园区）
3	南京市航空机电工程技术研究中心	中国航空工业集团公司金城南京机电液压工程研究中心	其他—航空航天	江宁开发区
4	南京市新能源电气连接装置工程技术研究中心	菲尼克斯亚太电气（南京）有限公司	新能源与高效节能—智能电网	江宁开发区
5	南京市雷达对抗装备工程技术研究中心	南京科瑞达电子装备有限责任公司	电子信息—通信	江宁开发区
6	南京市氨法脱硫脱碳工程技术研究中心	江苏新世纪江南环保股份有限公司	环境保护与资源综合利用—大气污染防治	江宁开发区
7	南京市君立网络安全攻防工程技术研究中心	江苏君立华域信息安全技术股份有限公司	电子信息—软件	江宁开发区
8	南京市车联网大数据工程技术研究中心	鱼快创领智能科技（南京）有限公司	电子信息—软件	江宁开发区
9	南京市智能变压器工程技术研究中心	南京大全变压器有限公司	新能源与高效节能—变压器	江宁开发区
10	南京市人工智能服务器工程技术研究中心	中电超云（南京）科技有限公司	电子信息—计算机与网络	江宁开发区
11	南京市智能汽车驾驶工程技术研究中心	南京市德赛西威汽车电子有限公司	电子信息—软件	江宁开发区
12	南京市视频图像处理与传输工程技术研究中心	南京美乐威电子科技有限公司	电子信息—软件	江宁开发区
13	南京市电液伺服控制工程技术研究中心	中航工业南京伺服控制系统有限公司	其他—航空航天	江宁开发区
14	南京市变电站二次设备管控工程技术研究中心	南京国电南思科技发展股份有限公司	新能源与高效节能—智能电网	江宁开发区
15	南京市高密度射频微系统集成工程技术研究中心	南京国博电子股份有限公司	电子信息—集成电路	江宁开发区
16	南京市元宇宙医疗工程技术研究中心	垒途智能教科技术研究院江苏有限公司	电子信息—软件	江宁开发区
17	南京市环卫与高空装备工程技术研究中心	南京晨光森田环保科技有限公司	装备制造—工程机械	江宁开发区
18	南京市车载智能系统工程技术研究中心	南京博融汽车电子有限公司	装备制造—汽车	江宁开发区
19	南京市PCB电性能测试系统工程技术研究中心	南京泊纳莱电子科技有限公司	装备制造—仪器仪表	江宁开发区
20	南京市确定性网络工程技术研究中心	江苏未来网络集团有限公司	电子信息—计算机与网络	江宁开发区
21	南京市反欺诈大数据工程技术研究中心	南京博晟宇网络科技有限公司	电子信息—软件	江宁开发区
22	南京市气力输送系统工程技术研究中心	南京艾尔康威物料输送系统有限公司	装备制造—机械制造	江宁开发区

续表 13

序号	名 称	承担单位	技术领域	所属街道（园区）
23	南京市智能压缩机工程技术研究中心	南京顺风压缩机有限公司	装备制造—机械制造	江宁开发区
24	南京市微污染水质净化工程技术研究中心	南京华创环境技术研究院有限公司	环境保护与资源综合利用—水污染防治	江宁开发区
25	南京市电力物联网与人工智能工程技术研究中心	江苏深瑞汇阳能源科技有限公司	新能源与高效节能—智能电网—输配电设备	江宁开发区
26	南京市先进封测装备工程技术研究中心	中电鹏程智能装备有限公司	电子信息—集成电路	江宁开发区
27	南京市毫米波雷达工程技术研究中心	南京隼眼电子科技有限公司	电子信息—通信	江宁开发区
28	南京市高精度钻铆机器人工程技术研究中心	江苏航鼎智能装备有限公司	装备制造—机器人	江宁开发区
29	南京市物联网设备校验工程技术研究中心	南京谷贝电气科技有限公司	装备制造—仪器仪表	江宁开发区
30	南京市余热发电废水零排放工程技术研究中心	江苏舜维环境工程有限公司	环境保护与资源综合利用—水污染防治	江宁开发区
31	南京市预制式智慧电站工程技术研究中心	江苏安靠智能电站科技有限公司	新能源与高效节能—智能电网	江宁开发区
32	南京市配电网柔性控制工程技术研究中心	南京赫曦电气有限公司	新能源与高效节能—智能电网	江宁开发区
33	南京市众芯汉创能源数字化工程技术研究中心	众芯汉创（江苏）科技有限公司	电子信息—软件	江宁开发区
34	南京市智慧能源工程技术研究中心	南京瀚元科技有限公司	电子信息—通信	江宁开发区
35	南京市输配电设备工程技术研究中心	江苏宇诚业基电气设备有限公司	智能电网—输配电设备	江宁开发区
36	南京市智能拣选系统工程技术研究中心	江苏华章物流科技股份有限公司	装备制造—机器人	江宁开发区
37	南京市高端智能装备工程技术研究中心	江苏天辰智能装备有限公司	装备制造—机械制造	江宁开发区
38	南京市城市智慧园林工程技术研究中心	江苏久智环境科技服务有限公司	环境保护与资源—综合利用—环境监测及环境生态保护	江宁开发区
39	南京市高分子精密注塑件工程技术研究中心	南京川流精密塑胶科技有限公司	新材料—化工新材料	江宁开发区
40	南京市节能燃烧设备工程技术研究中心	南京锐控机电制造有限公司	新能源与高效节能—工业节能	江宁开发区
41	南京市多模态知识图谱管理工程技术研究中心	海义知信息科技（南京）有限公司	电子信息—软件	江宁开发区
42	南京市智能爬架工程技术研究中心	江苏鑫昇腾科技发展股份有限公司	装备制造—工程机械	江宁开发区

续表 13

序号	名 称	承担单位	技术领域	所属街道（园区）
43	南京市智慧水气物联网工程技术研究中心	南京宁源智能仪表有限公司	装备制造—仪器仪表	江宁开发区
44	南京市预应力与新能源工程技术研究中心	江苏中核华兴建筑科技有限公司	新能源与高效节能—核电	滨江开发区
45	南京市超临界发泡挤出工程技术研究中心	江苏越升科技股份有限公司	装备制造—轻工	土山片管办
46	南京市数控机床数智化工程技术研究中心	南京广权科技有限公司	装备制造—数控机床	汤山街道
47	南京市环境生物工程技术研究中心	江苏聚庚科技股份有限公司	环境保护与资源综合利用（水污染防治）	汤山街道
48	南京市无代码开发平台工程技术研究中心	南京数睿数据科技有限公司	电子信息—软件	秣陵街道
49	南京市中央空调工程技术研究中心	格力电器（南京）有限公司	新能源与高效节能/工业节能/高效制冷技术及空调技术	江宁高新区
50	南京市风电流体液压工程技术研究中心	南京鑫姆迪克液压技术有限公司	装备制造—液压技术	湖熟街道
51	南京市智能轨道运维管理系统工程技术研究中心	江苏安狮智能技术有限公司	电子信息/软件/应用软件	麒麟科创园
52	南京市工业电子雷管工程技术研究中心	南京理工科技化工有限公司	炸药及火工产品制造	横溪街道
53	南京市天线系统与封装工程技术研究中心	南京驰韵科技发展有限公司	电子信息—通信—雷达技术	滨江开发区
54	南京市超级电容工程技术研究中心	南京绿索电子科技有限公司	输配电设备	秣陵街道
55	南京市汽车开闭件系统工程技术研究中心	江苏常宁电子有限公司	装备制造/汽车/汽车零部件	汤山街道
56	南京市智能挤出装备工程技术研究中心	江苏美芝隆机械有限公司	装备制造—机械制造	滨江开发区
57	南京市智慧场馆工程技术研究中心	南京运享通信息科技有限公司	电子信息—软件—应用软件	东山街道
58	南京市应急防护装备工程技术研究中心	南京耀泽电子科技有限公司	社会事业/公共安全	麒麟科创园
59	南京市汽车空调压缩机控制器工程技术研究中心	南京飞洋汽车电子有限责任公司	装备制造—汽车—汽车电子	秣陵街道
60	南京市长效多肽药物工程技术研究中心	前沿生物药业（南京）股份有限公司	新医药	江宁高新区
61	南京市精密直线导轨工程技术研究中心	南京明可达传动科技有限公司	装备制造—动力装备	滨江开发区

续表 13

序号	名 称	承担单位	技术领域	所属街道（园区）
62	南京市高精度数控系统工程技术研究中心	南京开通自动化技术有限公司	装备制造/自动控制	江宁高新区
63	南京市化工塔器设备工程技术研究中心	南京宇创石化设备有限公司	装备制造—机械制造	滨江开发区
64	南京市非标自动化产线工程技术研究中心	南京艾龙自动化装备有限公司	装备制造—自动控制	秣陵街道
65	南京市精密波纹管工程技术研究中心	江苏省埃迪机电设备实业有限公司	一级领域：装备制造 二级领域：机械制造	谷里街道
66	南京市精密蓝宝石光窗工程技术研究中心	南京蓝鼎光电技术有限公司	装备制造—激光加工	江宁高新区
67	南京市全控并联机器人工程技术研究中心	南京全控航空科技有限公司	装备制造—机器人	东山街道
68	南京市神经系统创新药工程技术研究中心	南京宁丹新药技术有限公司	生物医药—新医药—化学新药	江宁高新区
69	南京市被动安全系统工程技术研究中心	南京普罗安全系统有限公司	装备制造—汽车—汽车零部件	滨江开发区
70	南京市缓控释新型制剂工程技术研究中心	南京康川济医药科技有限公司	生物医药—新医药	江宁高新区
71	南京市中药饮片智能化工程技术研究中心	江苏宁禾药业有限公司	生物医药—新医药—现代中药	麒麟科创园
72	南京市冷轧钢带装备及工艺工程技术研究中心	南京锦隆金属制品有限公司	新材料—金属材料	滨江开发区
73	南京市膨胀剂新材料工程技术研究中心	南京晶磊兴建材有限公司	新材料—金属材料	汤山街道

（孙　茜）

科技成果

【企业研发机构】 2023年，江宁区兑现564家规模以上工业企业研发投入奖励资金855万元。全年新认定市级研发中心73家，认定省级工程技术研究中心22家，南瑞科技等6家省级工程技术中心绩效优秀。开展生物医药等6家区级产业技术创新战略联盟绩效评价工作，推进省级创新联合体申报，江宁区南京第三代半导体技术创新中心入选。新增省级、市级科创载体各12家，科创载体建设获省、市督查激励表彰。

【高新技术企业】 2023年，全区科创企业总量持续创新高，科技型中小型企业备案首次突破5000家，稳居全市第一位。拟认定高新技术企业852家，高新技术企业数量突破2400家，居全省前列。规模以上工业企业中高新技术企业656家。

【科技成果管理】 2023年，全区6家企业分别在省科技成果转化专项资金项目和省碳达峰碳中和科技创新专项资金（科技成果转化）项目申报中获立项，累计获省财政资助经费5450万元。提升大学科技园、技术转移机构运营绩效，面向全区7个大学科技园开展大学科技园绩效评价工作，有4个大学科技园获绩效奖励；面向21家技术转移机构开展技术转移机构绩效评价工作，有10家技术转移机构获绩效奖励。

（孙　茜）

【33家企业入选市百强高新技术企业】 2月，市科技局公布2021年度南京市百强高新技术企业名单，江宁区有33家企业（含子公司）入选。全区围绕科技企业培育工作，建立完善高新技术企业服务机制。培育认定高新技术企业861家，累计超过2000家，备案科技型中小企业4500家，备案省级民营科技企业357家。

【一项目获全国颠覆性技术创新大赛优胜奖】 2月24日，2022年全国颠覆性技术创新大赛总决赛落幕。江宁区新型研发机构江苏艾洛特医药研究院申报的“针对肿瘤微环境靶点E全新结构TCR融合CAR细胞治疗技术研发与产业化”项目获优胜奖。全国颠覆性技术创新大赛由科技部主办，科技部火炬中心承办，重点聚焦集成电路、人工智能、未来网络与通信、生物技术、新材料、绿色技术、高端装备制造及交叉学科等可能产生重大颠覆性突破的技术领域，是全国唯一的颠覆性技术相关专业赛事平台。江苏艾洛特医药研究院创立于2018年，业务主要覆盖细胞治疗以及生物新药开发与转化。“针对肿瘤微环境靶点E全新结构TCR融合CAR细胞治疗技术研发与产业化”项目，由全国肿瘤细胞治疗领域权威专家担任项目牵头人，致力于靶点创新、结构创新、模式创新，将颠覆性生物技术应用于临床治疗，为晚期肿瘤患者提供全新的治疗方式。

（宁　鉴）

产学研合作

【概　况】 2023年，江宁区有79个项目获江苏省产学研合作项目立项。推动全区21家企业高端研发机构、12家企业海外研发机构建设，组织7家海外协同创新中心参加2023年全市海外协同创新中心绩效评价。全年申报省“科技副总”项目88人、入选56人，入选率63.6%，累计科技副总225人。

（孙　茜）

【软通动力天枢元宇宙研究院成立】 2月15日，由江宁高新区、软通动力共同发起的软通动力天枢元宇宙研究院在江宁高新区成立。该研究院将重点建设元宇宙体验中心、研发中心、业务赋能中心，以基础设施建设、关键技术突破、交互终端、交互融合、行业标准制定等为重点，打造新型的“元宇宙”创新平台。活动现场，软通动力与中国信息通信研究院云计算、大数据研究所、南京审计大学、中国煤科南京设计研究院签约，深化产学研合作共建，共创元宇宙繁荣生态。

【中青基地国际科技合作孵化基地试点单位揭牌】 3月8日，中青基地“国际科技合作孵化基地试点单位”揭牌并同步发布科创加速服务体系。围绕孵化加速、成果转化、产业对接、资本赋能等创新场景搭建服务体系，中青基地将通过打造青科加速营、青科讲堂、青企讲堂以及青科路演SHOW四大科创资源对接平台，推动更多优秀科技工作者和青年企业家的产研合作，实现创新成果加速转化和新兴产业场景落地。

（王世杰　陈启航）

【环特生物与中国药大共建实验室】 5月11日，江宁高新区企业环特生物与中国药科大学联合成立的“药物与活性原料研究实验室”举行签约揭牌仪式，实验室将围绕肿瘤、心血管病、炎症及代谢疾病等重大疾病的药理学研究和药物评价开展研究合作。建设中国药科大学—环特生物药物与活性原料研究联合实验室，旨在校企携手、优势互补，赋能药物与活性原料研究，围绕药物与活性原料研究、人才培养、实验室共建、科学研究等方面开展合作，推进“斑马鱼＋类器官＋哺乳动物＋人体”四位一体综合性技术服务，促进产业融合创新。

（宁　鉴）

科技管理

【科技项目资金管理】 2023年，江宁区科技部门按照《南京市江宁区科技创新资金管理办法》，加强资源统筹，以收定支、量入为出，财力总额内合理安排各领域限额，确保财政收支平衡。优化支出结构，有保有压，预算安排突出“集中有限财力办急事、办要事”。全年下拨转拨省、市、区各项科技项目资金及时到位，助力企业纾困解难，支持企业创新发展，涵盖重大创新平台、创新型企业培育、科技成果转化、科技服务业高质量发展等重点领域。保障重大政策、重要改革、重点项目落地，加强绩效管理结果应用。常态化落实“过紧日子”要求，厉行节约做好科技创新工作，规范科技项目立项管理，强化项目验收和绩效评价，提高科技资金使用效率。

【国际交流合作】 2023 年，区科技部门组织申报 2023 年度省创新支撑计划国际科技合作 / 港澳台科技合作项目；组织申报 2023 年南京市国际科技合作项目，12 个项目立项，获拨款 360 万元。组织驻区企业参加 2023 南京国际科技合作交流大会、第三届创新跨境交流会、第二届中国—中东欧国家技术合作交流大会、江苏—奥地利循环经济技术合作专场路演活动等。

【双创服务协会】 2023 年，区双创服务协会聚焦科技创新发展，联合开发园区、驻区高校、会员单位及各类专业机构，邀请海外归国人才、科技企业代表、园区载体负责人等近 100 名行业代表实地参观调研江宁区双创孵化基地、产业园区、标杆企业、知名高校，助力人才与企业紧密对接，推动科技创新的高质量发展。全年举办各类双创活动 30 场，包括人才对接、创业辅导、行业座谈等，结合实际需求，全方位、多角度、专业化地构建科技创新互动新模式。开展高新技术企业全流程服务与咨询辅导，咨询辅导企业 11 家，其中 2 家企业成功申报为高新技术企业。

【农技超市】 2023 年，区内省农村科技服务超市坚持以“六有”标准加快规范化建设，突出农村人才培训，组织农业科技管理人员与超市店长等 15 人次参加省内外科技特派员专项培训。加强科技成果引进和基地建设，以运营瓜果、蔬菜、花卉、苗木、水稻等为主导产业的科技服务超市及相关农户实现产值 9360 万元。

（孙　茜）

2023 年江宁区省级以上科技发展计划项目（按项目类别）分布一览表

表 14

序号	文　件	文　号	类　别
1	关于转下省2023年度科技发展计划和科技经费指标的通知（第一批）	宁科〔2023〕114号 宁财教〔2023〕236号	2023年省重点研发计划（第一批）
			2023年省创新能力建设计划（第一批）
			2023年省科技成果转化专项资金（第一批）
			2023年省碳达峰碳中和科技创新专项资金（第一批）
2	关于转下省2023年度科技发展计划和科技经费指标的通知（第二批）	宁科〔2023〕139号 宁财教〔2023〕301号	2023年省科技计划专项资金（创新支撑计划科技型创业企业孵育）项目
			2022年度省科学技术奖励
			2023年省科技计划专项资金(重点研发计划社会发展)—生物医药资助类
			2023年省科技计划专项资金（重点研发计划产业前瞻与关键核心技术）
			2023年度省科技成果转化专项
			2023年中央引导地方科技发展资金
3	关于转下省2023年度科技发展计划和科技经费指标的通知（第三批）	宁科〔2023〕156号 宁财教〔2023〕357号	2023年省碳达峰碳中和科技创新专项资金（第一批）—农业农村领域关键技术攻关
			2023年省科技计划专项资金（重点研发计划现代农业）项目
4	关于转下省2023年度科技发展计划和科技经费指标的通知（第四批）	宁科〔2023〕157号 宁财教〔2023〕358号	2023年省科技计划专项资金（创新支撑计划国际科技合作港澳台科技合作）项目
5	关于转下省2023年度科技发展计划和科技经费指标的通知（第五批）	宁科〔2023〕158号 宁财教〔2023〕359号	2023年省科技计划专项资金(创新能力建设计划第一批)项目—国家项目配套经费
			2023年省科技计划专项资金(创新能力建设计划第一批)项目—省实验室和国家技术创新中心科研补助

续表 14

<table>
<tr><th>序号</th><th>文 件</th><th>文 号</th><th>类 别</th></tr>
<tr><td rowspan="4">5</td><td rowspan="4">关于转下省2023年度科技发展计划和科技经费指标的通知（第五批）</td><td rowspan="4">宁科〔2023〕158号
宁财教〔2023〕359号</td><td>2023年中央引导地方科技发展资金（第二批）项目—重大科技创新平台建设</td></tr>
<tr><td>新型研发机构奖补</td></tr>
<tr><td>技术转移体系建设奖补（输出方、吸纳方、登记机构）</td></tr>
<tr><td>2023年江宁区苏南国家自主创新示范区建设专项奖励补助资金</td></tr>
</table>

2023 年江宁区省级以上科技发展计划项目（按项目类别）分布一览表

表 15

<table>
<tr><th>序号</th><th>文 件</th><th>文 号</th><th>类 别</th></tr>
<tr><td rowspan="8">1</td><td rowspan="8">关于下达南京市2023年度科技发展计划及科技经费指标的通知（第一批）</td><td rowspan="8">宁科〔2023〕35号
宁财教〔2023〕67号</td><td>长三角（南京都市圈）科技合作计划绩效奖励</td></tr>
<tr><td>2022年度人才定制实验室绩效奖励</td></tr>
<tr><td>2022年度市科技公共技术服务平台绩效奖励</td></tr>
<tr><td>2022年度星创天地绩效奖励</td></tr>
<tr><td>2022年度南京高新区企业创新积分奖励</td></tr>
<tr><td>2022年度联合创新体绩效奖励</td></tr>
<tr><td>2022年度技术转移奖补</td></tr>
<tr><td>2022年度海外协同创新中心绩效奖励</td></tr>
<tr><td rowspan="3">2</td><td rowspan="3">关于下达南京市2023年度科技发展计划及科技经费指标的通知（第三批）</td><td rowspan="3">宁科〔2023〕88号
宁财教〔2023〕184号</td><td>2021年度国家级科技企业孵化器绩效评价配套奖励</td></tr>
<tr><td>2022年度省科技创新券南京联动资金</td></tr>
<tr><td>2023年度企业研发机构绩效考评奖励</td></tr>
<tr><td rowspan="3">3</td><td rowspan="3">关于下达南京市2023年度科技发展计划及科技经费指标的通知（第五批）</td><td rowspan="3">宁科〔2023〕115号
宁财教〔2023〕238号</td><td>2022年度认定高新技术企业奖励资金拨款</td></tr>
<tr><td>2022年度国际联合研发计划技术服务类项目绩效奖励资金拨款</td></tr>
<tr><td>2023年度紫金山实验室预算经费拨款</td></tr>
<tr><td rowspan="6">4</td><td rowspan="6">关于下达南京市2023年度科技发展计划及科技经费指标的通知（第六批）</td><td rowspan="6">宁科〔2023〕142号
宁财教〔2023〕302号</td><td>2022 年度碳达峰碳中和科技专项项目</td></tr>
<tr><td>2023年度长三角（南京都市圈）科技合作项目</td></tr>
<tr><td>2023年度新型研发机构联合技术攻关项目</td></tr>
<tr><td>2023年度生命健康科技专项项目</td></tr>
<tr><td>2022年度生命健康科技专项项目</td></tr>
<tr><td>2022年度创新型产业集群项目</td></tr>
<tr><td rowspan="3">5</td><td rowspan="3">关于下达南京市2023年度科技发展计划及科技经费指标的通知（第八批）</td><td rowspan="3">宁科〔2023〕145号
宁财教〔2023〕311号</td><td>2023年度“赢在南京 创业金陵”科技创新创业大赛获奖项目</td></tr>
<tr><td>2023年度碳达峰碳中和科技创新专项项目</td></tr>
<tr><td>2023年度国家第三代半导体技术创新中心（南京）支持资金</td></tr>
</table>

续表 15

序号	文 件	文 号	类 别
6	关于下达南京市2023年度科技发展计划及科技经费指标的通知（第九批）	宁科〔2023〕146号 宁财教〔2023〕312号	2023年度国际、港澳台科技合作计划项目
7	关于下达南京市2023年度科技发展计划及科技经费指标的通知（第十批）	宁科〔2023〕150号 宁财教〔2023〕344号	2022年度市科技企业孵化器和众创空间绩效奖励
8	关于下达南京市2023年度科技发展计划及科技经费指标的通知（第十二批）	宁科〔2023〕155号 宁财教〔2023〕361号	2022年度科技服务骨干机构绩效奖励

（孙　茜）

科创人才

【概　况】 2023年，江宁区组织申报2023年江苏省“双创计划”（科技创新类），推荐21名人才申报“双创”人才（科技创新类）和1个团队申报“双创”团队（科技类）。完成第八批科技创新和创业领军人才申报（WR），推荐24名人才申报，入选创新类1人、创业类2人。开展2023年度“紫金山英才·江宁百家湖计划”人才强企工程相关审核工作，推荐3家企业3人申报“企业引进急需紧缺科技人才”，奖励资金72.93万元；推荐3家企业3人申报企业人力资源相关负责人（申报专员），奖励7000元。

【人才服务】 2023年，区科技部门加强人才安居项目审核服务工作，完成人才安居审核107件，其中通过审核78件。按照“产城融合、职住平衡、全面服务”原则，拓展海外创新合作渠道，推动国际创新合作项目和人才交流与落地转化。全年受理外国人来华工作许可497件，包括A类89件、B类400件、C类8件，其中“工作居留一件事”184件。国家级外国专家项目立项3个，获经费80万元；紫金山英才先锋计划外国人才项目立项6个，获经费202.55万元；“345”海外高层次人才引进计划项目结题5项，获资助资金500万元。组织街道、园区按照外国人来华工作分类标准，对高新技术企业聘用的具有高级管理或技术职务人员持有工作许可证进行由B到A类变更。（孙　茜）

【江宁人才集团】 2023年，南京江宁人才集团有限公司坚持招才引智与招商引资并举，推动创新链、产业链、资金链、人才链深度融合，全力以赴拼经济、促发展，各项工作有序推进、成效显著。至年末，集团资产总额29.28亿元，比上年增长10%；所有者权益总额19.49亿元，增长8%。全年实现营业收入1.14亿元，增长17%；投资收益1.1亿元，利润总额8112万元，增长53%。整合全区60只基金，形成150亿元的政府投资母基金，下设产业、科创、天使三大分支，通过撬动社会资本，目标集聚基金规模不低于610亿元。集团全年股权投资科技人才项目30个，投资金额12亿元；为170余家企业新增债权投放资金16亿元。新设紫金未来、新工医疗、紫金川港基金3支基金。已投项目中，25家投资企业入选2023年国家级专精特新企业，5家投资生物医药企业入选“2023年未来医疗100强”。通过基金运作、投资带动，全年引进项目7个，总投资超70亿元。加强在管各类基金及直投项目退出管理，退出回款金额创历年新高，其中集团及智元公司投资退出收回1.71亿元，区产业基金退出2亿元。着眼人才服务“关键小事”，制定江宁区人才20项服务清单。组建院士服务站，与区内数十家职能部门联动集成服务，全年为人才提供服务2000余人次。统筹全区财政供养人员、国企员工招聘，组织招聘、测评16场次，吸引近2万人报名参加。完成“名校优生”选聘工作，建设“梧桐林招聘”公益性平台，吸引人才到江宁就业。配合区委人才办举办2023紫金山菁英人才节，组织以“汇聚全球引才、赋能产业发展”为主题的“1+6”系列活动，扩大招才引智影响力和知名度。

（江宁人才集团）

教　育

综　述

【概　况】　2023年，江宁区召开全区教育高质量发展大会，贯彻中央和省、市决策部署，落实《江宁区全面深化教育领域综合改革的实施意见》，加强教育系统党建工作，重视校园安全生产，推进教育资源优化布局，巩固拓展教育教学改革成果，强化教师队伍建设，取得新成绩。江宁区获评江苏省义务教育优质均衡发展区、江苏教育现代化先行区实践基地，区教育局获南京市扛起“争当表率、争做示范、走在前列”三大光荣使命先进集体等称号。

【党建引领】　2023年，区教育部门将学习贯彻习近平新时代中国特色社会主义思想作为首要政治任务，深入开展主题教育，教育工委班子完成12个必学专题的集中学习，组织基层党组织书记参加全省教育系统学习贯彻习近平新时代中国特色社会主义思想示范培训班，各基层党组织累计开展专题学习、专题研讨300余场次。建立教育系统基层党组织党建工作片9个，9所学校新成立党支部，58所学校党组织完成换届，2所学校党支部升格为党总支。

【校园安全】　2023年，区教育部门深入开展教育系统“治本攻坚”大会战、教育领域安全生产风险专项整治巩固提升年行动、“生命至上、隐患必除”消防安全专项行动，加快相关学校智能充电装置安装、消控室主机移机等整改工作，组织全区校舍维修项目专项巡查，加强在建项目安全生产日常现场管理。创新安全教育模式，结合“开学第一课”“国家安全日”等，开展常态化安全教育。组织480名教师赴安全教育基地参加医疗急救、消防安全、高层逃生、防暴恐等安全实际操作培训，联合区消防救援大队为全区中小学、幼儿园及教育类培训机构640名安全重点岗位人员进行消防理论及设备操作培训。成立学校大宗食材供应工作专班，与国众公司对接，完善食材配送检查督查机制，严把食材进

2023年江宁区教育经费投入情况表

表16　　单位：万元

年度	国家财政性教育经费			社会捐集资办学	事业费收入	其他收入	总计
	预算内经费	各级政府征收用于教育的税费 教育费附加	合计				
2022	435609	36492	472101	18280	85910	10262	586553
2023	483984	26573	510557	5366	107638	9915	633476

口关，为师生提供营养合理、健康安全、平价优质的膳食。

【优质教育资源配置】　2023年，区教育部门有序推进30所中小学、幼儿园新改扩建工程项目建设，江宁高级中学福宁路校区、礼尚路学校等7所学校于秋季开学。清水亭学校、湖熟小学等5所学校新改扩建项目建成交付，新增优质公办学位近1万个。深化紧密型集团化办学，推进江宁高级中学、江宁开发区学校、齐武路小学“一校多址”一体化办学，百家湖中学与东山外国语学校、礼尚路学校与江宁开发区学校实施集团化办学，区域优质教育资源全覆盖成果进一步拓展。

【现代校园建设】　2023年，区教育部门保障12所新建学校和300个新增班级的教育装备需求，完成全区小学科学实验室实验器材标准化装备配置工作，实施中小学课桌椅标准化改造工程，全区中小学课桌椅标准化达标率100%。实现中小学校省“智慧校园”全覆盖，新创建省“智慧校园”示范校2所、市教育技术装备示范校3所、市“未来教室”“人工智能”试点学校3所。推进“金陵微校”江宁教育在线教学平台建设，建成市级试点校62所，实现全区中小学全学科基本覆盖，区域教育数字化建设水平提升。

【教育内涵发展】　2023年，区教育部门健全“五育并举”落实机制，构建德、智、体、美、劳全面培养的教育体系。坚持德育为先，推动大中小学思政课一体化建设，获评“南京市思政育人特色学校”3所。坚持体育为基，构建“区、校、班”三级阳光体育节校园联赛体系，举办“区长杯”足球联赛等各类竞赛，创成全国校园足球特色学校4所。坚持美育为要，组织开展各类艺术特色活动，创建市级美育浸润课程基地项目10个，推动中小学形成“一校一特色、人人有特长、个个展才艺”格局。坚持劳动为本，加强劳动教育特色化建设，新增市劳动教育实验学校6所、区劳动教育实验学校18所。加强青少年科技教育，获评省“金钥匙”科技竞赛先进学校26所、市中小学科技创新“星光基地”学校18所。重视心理健康教育，完善“全员育心”工作体系，做好心理援助、建档跟踪等工作，实现全区中小学专职心理健康教育教师全覆盖。

2023年建成并投入使用的南京市礼尚路学校　（区教育局　供图）

【基础教学改革】　2023年，区教育部门深入实施义务教育阶段深化教学改革三年行动，总结深化教改三年行动中教改学校取得的经验与成效，编写《“为学而教”的江宁教改新实践》专著。开展深化教学改革先进学校与先进个人评选工作，通过主题研讨、汇报展示、现场会等，展现各校教改特色。

【教师队伍建设】　2023年，区教育部门深化师德师风建设，组织师德先进集体和个人评选等活动，获评市师德先进个人7人、市优秀教师志愿者7人、市优秀教师志愿服务项目2个、市优秀教师志愿服务组织单位3个。推进乡村骨干教师培养工程，深入实施“百校千师携手共进计划”，结对学校开展教师研训活动40次，参与学校近40所。分层组织校（园）长培训，全年组织校（园）长专题学习5批次、240人，组织197人次赴外地学习交流。加强名师工作室管理，全区64个名师工作室举办活动960次。获市、区级各学科教学竞赛一等奖118人次，入选“苏教名家”培养对象1人、市“融合教育”名师培养对象1人，获评省教学名师2人、“江苏教师年度人物”2人，获评市新一届德育带头人28人、市优秀青年教师41人。

【“双减”工作】　2023年，区教育部门加强学校作业监督管理，有效压减作业总量和时长，提高作业布置质量，减轻学生作业负担。秋季学期，全区参加课后服务中小学生15.96万人，占总人数的99.79%。发挥区域科教资源集聚优势，面向南京晓庄学院等驻区高校招募体育、艺术和科技类课后服务志愿者129人。推进体教融合、社会公益资源进校园，开设体教融合、非遗等项目精品社团400余个，丰富课后服务资源，提升课后服务质量，满足学生多样化、个性化需求。开展校外教育培训专项治理，对校外培训机构进行多轮次全覆盖检查，依托全国校外教育培训监管与服务综合平台，实现全区10家学科类校外培训机构资金监管全覆盖。（朱锦涛）

【全区教育高质量发展大会】 3月15日，全区教育高质量发展大会召开，市委常委、区委书记林涛，区领导张思明、曹明、张玉力、周强等参加。会上，与会人员观看教育发展专题片，并发布《江宁区全面深化教育领域综合改革的实施意见》。实施意见提出，按照“相对就近、强弱结合、规模适度”原则，在全区范围内成立16个中小学教育集团、8个学前教育集团，实现区域各学段集团化办学全覆盖。未来3年，全区拟开工建设中小学、幼儿园项目64个。会议要求，强化政治引领，落实立德树人根本任务；突出系统谋划，持续加强教育资源建设；实施人才战略，努力打造优质教师队伍；推进改革创新，持续提升教育现代化水平；坚持底线思维，切实抓好各类安全风险防范，努力以教育领域综合改革的实际成果推动江宁教育高质量发展走在全市最前列，为奋力谱写中国式现代化江宁新篇章作出更大贡献。会议强调，要深刻领会加快建设教育强国的战略部署，切实增强做好教育工作的责任感紧迫感，准确把握建设教育强国的核心要义和实践要求，坚持党之所向、政之所往、时之所需、民之所盼，确保党中央和省委、市委决策部署在江宁落地生根。要坚持深化改革、激发活力，在“育”上下功夫，构建更有特色的立德树人体系；在“办”上下功夫，提供更为优质的教育服务；在“教”上下功夫，打造更高素质的教师队伍；在“管”上下功夫，建立更加高效的体制机制，努力办好人民满意的教育。要加强党对教育工作的全面领导，把党的统一领导贯穿办学治校全过程，把严格考核督促贯穿教书育人全过程，把全面从严治党贯穿教学管理全过程，把弘扬“四敢”精神贯穿干事创业全过程，为教育高质量发展提供坚强保证。

【南师附中麒麟科技城教育集团成立】 3月22日，南京师范大学附属中学麒麟科技城教育集团成立签约活动，在麒麟科创园管委会举行。麒麟科创园、南师附中、国科大南京学院三方现场签订合作共建麒麟科技城配套高中协议。同日，麒麟科创园、南师附中、区教育局、国科大南京学院四方正式签署合作共建麒麟科技城义务教育阶段合作办学协议。经与中科院南京分院（国科大南京学院）、市教育局、区教育局、南师附中协商，多方共同组建南师附中麒麟科技城教育集团，计划在麒麟科技城核心区建设1所高中、1所初中、2所小学。其中，高中为南师附中新建校区，设置28轨84班；小学、初中由区教育局筹办，2所小学分别为4轨24班和5轨30班，初中9轨27班。

【4所学校获评全国国防教育示范学校】 5月，教育部、中央军委政治工作部公布一批中小学为国防教育示范学校，江宁区4所学校入选，分别是月华路小学湖东路校区、东山小学、江宁实验小学和天印高级中学。东山小学坚持将国防教育与学校特色“善”文化相结合，采取“走出去”和“请进来”形式，开展国防教育、教育拥军、军民共建活动，促进学校国防教育工作。江宁实验小学营造国防教育文化氛围，丰富教育载体，并针对不同年级学生特点，因材施教，求实效、重培养，切实提升学生国防知识素养。月华路小学湖东路校区一直把国防教育作为学校进行思想政治教育和品德教育的重要组成部分，不仅设有“国旗中队”，还建构少年军校立体课程体系，全面提升少先队员的责任担当。学校与驻区临汾旅长期共建，通过开展“一日军营”体验活动，厚植孩子们爱党拥军、报效祖国的志向和抱负。天印高级中学以“崇德、励志、和谐、奋进”为校风，传承红色基因，把国防教育与爱国主义教育、学生德育培养、校园文化建设紧密结合，形成“进课程、进课堂、进生活、进心灵”的鲜明特色。学校建有国防主题教育园地“精忠报国”园，每年10月开展“国防教育主题月”活动，包括“爱我国防”书法征文比赛、国防教育专题板报评比等活动，努力培养学生国防意识。（宁　鉴）

学前教育

【概　况】 2023年年末，江宁区有各类幼儿园185所、村办点34个，其中公办园101所、民办园84所。幼儿园班级2068个，在园幼儿61567人，其中非江宁户籍幼儿18450人。教职工9170人，其中专任教师4653人。

【学前教育优质普惠发展】 2023年，全区新创建省、市优质园18所，省、市优质园幼儿就读比例为93.52%。新增普惠性民办幼儿园4所，普惠园幼儿就读比例为93.67%。推进实施百所幼儿园城乡携手发展计划，促进城乡幼儿园资源共享、优势互补。全域推进课程游戏化项目研究，12所幼儿园完成区级项目建设，1所幼儿园获评市级项目。

（朱锦涛）

【“百家湖儿童的一百种语言”艺术展】 6月1日，“倾听·相伴——百家湖儿童的一百种语言”艺术展开幕仪式在百家湖文化中心（江宁美术馆）举行，集中展出百家湖幼儿园、前河路幼儿园1000余名小朋友创作的2000多幅艺术作品。在展厅，童趣书签、书画作品、创意手工等作品丰富多彩，孩子们用树枝、铁丝、毛线、轻质黏土、日常用品等进行创作，尽显创意与童真。此次展览源于幼儿园伙伴课程中的“家门口的博物馆”项目，以百家湖的过往、今朝、未来为主线。

【3所新建幼儿园建成使用】 9月4日，凤溪路幼儿园、天宁路幼儿园、兴业路幼儿园3所幼儿园建成投入使用。凤溪路幼儿园坐落于江宁大学城内，占地面积4051平方米，建筑面积5903平方米，设计规模为3轨9个教学班。天宁路幼儿园位于东山街道天云南街3号，占地面积6973平方米，建筑面积8615平方米，设计规模为5轨15个教学班。兴业路幼儿园位于兴业路118号，占地面积5400平方米，建筑面积4758平方米，设计规模为4轨12个教学班。 （宁 鉴）

义务教育

【概 况】 2023年年末，江宁区有公办小学47所，九年一贯制学校小学部11个。小学班级2508个，在校生112439人，毕业班学生16098人。小学专任教师7034人。有公办初中37所，九年一贯制学校初中部11个。在校生30624人，毕业班学生9301人。初中专任教师2908人。

【义务教育优质均衡发展】 2023年，全区义务教育学校标准化建设监测结果100%达标，6所学校获评南京市“推进素质教育示范初中”“教育现代化初中”内涵项目。中考成绩保持上升势头，650分以上学生68人，比上年增加18人，占全市总数的12.3%。

【艺术教育】 2023年，区教育部门通过开展丰富的艺术特色活动，推动学校艺术教育常规化、常态化，促进中小学校形成“人人有特长、个个展才艺”和“一校一特色”格局。全区中小学校获评市级美育浸润课程基地项目10个，申报市级中小学生艺术团项目19个；举办小学生合唱比赛，并在市级比赛中获一等奖3个、二等奖4个。

【劳动教育】 2023年，区教育部门加强劳动教育课程设置、师资培训、项目建设，推进市、区两级劳动教育示范学校特色化发展。评选第三批区级劳动教育实验学校18所、累计58所，初步形成一批特色鲜明、成效明显的基地学校。6所学校（园）入选市级劳动教育实验学校项目。

【特殊教育】 2023年年末，全区有十五年一贯制特殊学校1所（江宁特殊教育学校），开设教学班级26个，在校学生216人。教职工81人，其中专任教师69人。江宁特殊教育学校先后被授予江苏省中小学百家党建“一校一品牌”项目学校、南京市智慧校园示范校、江苏省教育工作先进单位、江苏省特殊教育现代化示范学校、南京市特殊教育发展有功单位、江宁区先进学校等。

（朱锦涛）

【竹山中学学生绘画作品亮相“天宫”】 2023年春节期间，神舟十五号航天员乘组在中国空间站举行第二届“天宫画展”，竹山中学学生白濮玮的作品《起航·火星》出现在其中，并被中央电视台专题报道。2022年8月，神舟十四号乘组航天员陈冬、刘洋、蔡旭哲面向全社会广泛征集“天宫画展”作品。活动得到全国各地学校、家长和青少年的热烈响应。竹山中学学生白濮玮利用暑期时间，在竹山路校区、湖东路校区美术组老师指导下，创作《起航·火星》，画作包含蔚蓝色的地球、黑色的太空、璀璨的星空、天宫空间站和两名正在遥遥招手的航天员。经过专家评审与网络投票，全国3000多幅作品中，有10幅作品脱颖而出并获国家一等奖，白濮玮的《起航·火星》入选。

【未来科技城小学入选省智慧校园示范校】 2月，省智慧校园及示范校审核认定结果公布，江宁未来科技城小学入选省智慧校园示范校。至此，全区共创建江苏省智慧校园合格学校97所、江苏省智慧校园示范校2所。未来科技城小学秉持“为未来、慧成长”的办学理念，努力拓展教育空间，把学校建设成物理空间和网络空间相融合的新校园。在基础建设方面，融合现代科技，通过数据收集研判改进教育教学活动，塑造未来场景。学校以智慧校园建设为新支点，创新教学模式，开展智慧教学研究，构建“慧生长”课堂教学样态。在智慧管理上，把智慧管理平台与学校“为未来、慧生长”特色文化建设相结合，并与江宁区EMIS系统无缝对接，实现统一电子身份多平台登录。开通微信公众号，通过信息发布、访客管理、校园巡查、德育活动、班级评价等12个功能板块，实现学校教学、德育、科研、后勤等各项工作整合。

【南京赫贤学校中学部启用】 9月，位于空港经开区的南京赫贤学校启用中学部，该校成为一所从幼儿园到高中15年一贯制创新学校。南京赫贤学校位于飞天大道与仁寿路交界处，由空港经开区管委会下属投资公司和义格教育共同投资，学校规划建筑面积约7万平方米，可容纳约2000名学生。2021年9月，该校幼儿园、小学部率先开启，校园设计充分考虑幼儿园、中小学及高中不同年龄段学生发展需求，总体布局形成“教学办公+生活运动”功能模式，动静分区明确。

【铜山小学两少年获聘省少年科学院院士】 8月，第11届江苏省少年科学院院士评聘颁奖大会在连云港市举行。会上，江宁区禄口街道铜山中心小学袁龙轩和周梓涵两名少先队员被聘为“第11届江苏省少年科学院院士”，其中袁龙轩还获“江苏省少年科学院十佳小院士”称号。此次活动由团省委、省科协、省少工委共同举办，旨在培育一大批具备科学家潜质的青少年群体，不断为建设世界科技强国厚植土壤、夯实根基。2月起，全省广大少先队员围绕“小五年规划——我为高质量发展献一计”主题，聚焦环境保护、城市交通、智慧生活、社会科学等方面，开展一系列研究、提出多项富有创新价值的建议。第11届江苏省少年科学院院士评聘活动从中征集优秀项目546项，优选76个优秀科学建议项目参加现场展示活动。经过现场展示问辩、基础科学知识测试，最终93名少先队员被聘为“第11届江苏省少年科学院院士”，10名少先队员被评为“江苏省少年科学院十佳小院士”。袁龙轩和周梓涵的《油菜撒播与打穴播种产量对比研究的小建议》在第一阶段评选中脱颖而出，获小学中年级组一等奖，并参加此次现场展示活动。辅导教师魏保平和陈辰被评为优秀辅导教师。

【4所新建中小学校投入使用】 9月4日，江宁高级中学福宁路校区、江宁开发区学校翠屏山校区、礼尚路学校、齐武路小学文齐路校区4所学校建成投入使用。江宁高级中学福宁路校区位于麒麟街道福宁路111号，占地面积3.67万平方米，建筑总面积7.2万平方米，硬件设施省内一流。2023年秋季学期，共招收6个班、288名学生，实行寄宿制管理。江宁开发区学校翠屏山校区位于静淮街与顺泰街交叉口，西望翠屏山、牛首山，东依百家湖。学校占地面积2.45万平方米，建筑总面积3.34万平方米，设计规模为8轨24个教学班。礼尚路学校临近江宁空港开发区龙川路与礼尚路交叉口，是一所九年一贯制学校，占地面积3.24万平方米，建筑总面积3.6万平方米，设计规模为4轨36个教学班。齐武路小学文齐路校区位于江宁高新区文齐路1号，占地面积2万平方米，建筑总面积2.35万平方米，设计规模为6轨36个教学班。

（宁　鉴）

高中教育

【概　况】 2023年年末，江宁区有高级中学5所，教学班级286个，在校生14157人，毕业班学生4561人。有专任教师1257人。

【普通高中优质特色发展】 2023年，区教育部门深入推进普通高中新课程新教材实施示范区、示范校建设，培育省高品质示范高中建设后备学校，立项市级内涵项目学校4所。高考本科上线率80.2%，“本一”上线率45.5%，26人进入全省物理、历史选科前1000名，8人入围清华、北大强基计划和综合评价招生，2人被北京大学录取，高分段人数取得历史性突破。

（朱锦涛）

【滨江外国语学校高中部启动】 5月，南京江宁滨江外国语学校高中部启动，2024年面向南京全市招生。滨江外国语学校创办于2019年，拥有幼儿园、小学、初中3个学部54个教学班1500余名学生。新建设的高中部按照国家课程方案和国内高考要求，科学设计基础课程、拓展课程、卓越课程三级多维课程体系，任课教师来自全国各地，均是经过严格遴选出的省、市级名师和优秀骨干教师。该校高中部还将与苏州外国语总校实现教研互动、资源共享，建立成长共同体。

（宁　鉴）

江宁大学城

【概　况】 2023年，南京江宁大学城有驻区高等院校24所，在校师生30多万人。全区贯彻落实省、市、区关于创新发展、融合发展、高质量发展决策部署，以江宁大学城校地融合促进中心为依托，发挥国家级重点实验室等重大载体创新引领作用，加快释放科教创新资源，推动资源挖掘、成果转化、平台合作、校地校企联动发展。协助驻区高校做好创业就业、安全稳定等各项服务保障工作，全方位推动大学城高质量发展。

【护航创业就业】 2023年，江宁大学城出台《关于激发高校创新活力，支持校友经济发展的若干政策》，对激发师生首创精神、科技成果转化、重大创新平台建设、校友经济和校友会、人才联合培养等给予奖励扶持，激发大学生、各高校、校友会等创新创业热情。实体化运营“江宁大学城校地融合促进中心”，举办活动16场，服务企业52家，累计登记大学生创业项目123个，促进大学生创业就业。举办江宁大学城创新创业大赛暨“宁创汇”年度大会活动，吸引东南大学、中国药科大学、南京医科大学等高校100余个项目报名参加，10个项目入围总决赛并获奖。

【校地融合发展】 2023年，江宁大学城聚焦平台共建，与南京工程学院、金陵科技学院、江苏经贸职业技术学院、南京传媒学院共建项目累计孵化落地成果22项，金陵科技学院获批省级大学科技园。加强产学研合作，推动高校与企业共同完成校企人才联合培养类项目21项、技术攻关16项。召开江宁区首届校地企融合发展大会，推动高校科教创新资源就地转化为现实生产力，聚力打造具有南京特色的产学研合作创新示范基地。聚焦数字经济产业优势，数动未来空间站完成市级大学生创业园申报。举办“青春迹·助未来”——2023江苏省第二届乡村振兴直播电商技能大赛、大学生全球购直播大赛，加快建设市级数字贸易产业园，促进数字经济与实体经济深度融合。

11月16日，江宁区首届校地企融合发展大会召开

（江宁高新区　供图）

【属地保障服务】 2023年，江宁大学城全力保障驻区高校春秋季开学、安全稳定等服务保障工作，组织高校实验室负责人参加危化品安全培训1次，安全生产排查及专项整治行动60次，排除安全隐患200余处。协调解决驻区高校实际发展需求，如高校土地规划、内部环境治理、基建手续完善、教职工子女入学等。协同驻区高校开展文明城市创建及城乡环境大整治、精细化治理大提升行动，排查12所高校围墙内外乱堆乱放、卫生死角等各类问题155处，并全部完成整改。联合公安部门，举办江宁大学城反诈知识竞赛暨“江宁大学城高校青年志愿者反诈联盟”活动，全面提升驻区高校学生反诈骗意识和能力，维护校园安全。

（王世杰　陈启航）

【东南大学】 2023年，该校有四牌楼、九龙湖、丁家桥、无锡和苏州5个校区。设有34个院系、87个本科专业，39个博士学位一级学科授权点、50个硕士学位一级学科授权点、8个博士专业学位授权点类别、29个硕士专业学位授权点类别。全日制在校生38419人，其中本科生16785人、研究生21634人；在校留学生1994人，其中学历留学生1689人。有专任教师3300人，其中具有博士学位教师3008人，正、副高级职称教师2431人；博士研究生指导教师1525人，硕士研究生指导教师2803人。有“两院”院士16人，欧洲科学院院士3人，国务院学位委员会第八届学科评议组成员13人，具有较大全球学术影响力杰出人才约500人。牵头建设2个全国重点实验室，依托共建1个全国重点实验室、1个国家重点实验室、1个国家技术创新中心、1个国家工程研究中心、3个国家地方联合工程研究中心、1个国家工程技术研究中心、1个教育部国际合作联合实验室、1个国家专业实验室、11个教育部重点实验室、7个教育部工程研究中心。有33个博士后科研流动站、3个国家级文科平台、2个江苏省重点高端智库。12个学科入选国家“双一流”建设学科名单，列全国第八位。

【南京航空航天大学】 2023年，该校有明故宫、将军路、天目湖3个校区，占地面积203.1公顷，建筑总面积189.3万平方米。教职工3708人，其中专任教师2321人。专任教师中，高级职称1603人，博士生导师650人，院士、外籍院士及“钱伟长讲座教授”院士35人，其他国家级高层次人才107人次，国家级青年人才152人次，入选省部级各类人才计划近1000人次。有学生38889人，其中本科生19485人、研究生18586人、学位留学生818人。设有20个学院和220个科研机构，建有航空航天结构力学及控制全国重点实验室、直升机动力学全国重点实验室等国家级科研平台10个，国防科技工业创新中心1个、省部共建协同创新中心1个、国家地方联合工程实验室1个、国家工科基础课程教学基地2个、国家基础学科拔尖学生培养基地1个、国家级实验教学示范中心4个。拥有本科专业66个、硕士一级学科授权点32个、博士一级学科授权点17个、博士专业学位授权类别4个、硕士专业学位授权类别16个、博士后流动站17个。有航空宇航科学与技术、力学一级学科国家重点学科2个，二级学科国家重点学科9个，国家重点（培育）学科2个，国防特色学科10个。

【河海大学】 2023年，该校有西康路、江宁和常州3个校区，占地面积164.3公顷。有各类学历教育学生5万余人，其中研究生18536人、普通本科生21571人、留学生1562人。教职工3636人，具有高级职称的1654人。有院士5人（其中外籍院士3人）、国家级高层次人才103人次、省部级各类人才培养计划600余人次、博士生导师604人。设有水文水资源学院、水利水电学院、港口海岸与近海工程学院、土木与交通学院等31个专业院系，73个本科专业，16个一级学科博士学位授权点，2个博士专业学位授权点，42个一级学科硕士学位授权点，19个硕士专业学位授权点。水利工程、环境科学与工程2个学科入围一流学科建设名单。工程学、环境/生态学、计算机科学、材料科学、地球科学、农业科学、化学、社会科学总论、数学等9个学科进入ESI世界排名前1%，其中工程学进入世界排名前1‰。建有水灾害防御全国重点实验室和水资源高效利用与工程安全国家工程研究中心，12个省部级重点实验室（含国际合作联合实验室），1个省部共建协同创新中心和4个江苏省高校协同创新中心。

【正德职业技术学院】 2023年，该校有在校生近9000人，教职工390人，其中专任教师272人，教授、副教授比例超过33%，“双师型”教师比例为85%。有电子信息类、财经类、艺术传媒类、建筑装饰类、机电工程类、汽车工程类、民航运输服务等7个专业群，共设置33个专业。成功申办直升机驾驶技术、飞机机电设备维修、空中乘务、定翼机驾驶技术、无人机应用技术5个专业，空中乘务专业是省内唯一专科本科直通的航空类专业。建有10个实验实训中心共120个实验实训室。电子信息工程技术和数控技术2个专业被评为省高等学校特色专业，电子信息工程技术专业入选省高等职业教育高水平骨干专业，电工电子实验实训中心被评为省高等学校实验教学示范中心。电子信息技术专业群和机电工程专业群获批省重点建设专业群，电子信息技术实训基地被遴选为省高等职业教育实训基地建设点，省级重点建设立项项目数位于民办高职院校前列。

（江宁开发区）

【中国药科大学】 2023年，该校有玄武门、江宁2个校区，总占地140公顷。有16个院部，31个本科专业（类），3个一级学科博士学位授权点（药学、中药学、生物学），1个博士专业学位授权点（生物与医药），8个一级学科硕士学位授权点，5个硕士专业学位授权点，2个博士后流动站（药学、中药学）。有全日制在校生19730人，其中本专科生11156人、研究生8067人、留学生448人。在职教职工1868人，其中专任教师1115人。有中国工程院院士1人、德国科学院院士1人，国家级高层次人才16人次，国家级高层次青年人才60人。药理学、毒理学、化学、临床医学、生物、生物化学、材料科学、农业科学8个学科领域的ESI排名进入全球前1%，其中药理学与毒理学学科排名全球前1‰，列全球第17位、亚洲高校第1位。建有“天然药物活性组分与药效”国家重点实验室和省部级重点实验室、工程技术中心以及创新平台，实现化学药、中药、生物药三大领域科研平台全覆盖，为各类新药研发提供全方位服务。与海外40多个国家和地区院校及科研机构建立实质性学术合作关系。获国家科技进步奖二等奖4项、国家技术发明二等奖1项，获批国家“重大新药创制”科技重大专项项目数稳居全国高校之首。

【南京医科大学】 2023年，该校有江宁校区、五台校区和常州校区，校本部有教职工1900多人，在校学生近2万人。有中国工程院、科学院院士7人（含双聘院士），美国国家医学院外籍院士1人，国家级高层次人才100人次。有国家级教学团队6个，其中入选“全国高校黄大年式教师团队”3个；国家级课程思政示范团队1个，教育部创新团队1个，国家创新研究群体3个。建有一级学科博士学位授权点7个、二级学科博士学位授权点53个、交叉学科博士学位授权点6个、专业博士学位授权点3个；一级学科硕士学位授权点10个、二级学科硕士学位授权点65个；博士后科研流动站6个，学位授权点覆盖医学、理学、工学、管理学、法学、教育学和文学7个学科门类；有国家重点学科3个、国家重点（培育）学科1个、国家临床重点专科34个、江苏高校优势学科（四期）6个。设有19个学院，拥有附属医院、区域医疗中心、教学医院、附属疾控中心等临床和公共卫生教学资源。设有25个本科专业，23个本硕博一贯制专业方向、3个“5+3”本硕一体化专业方向。学校入选教育部基础学科拔尖学生培养计划2.0基地，国家级一流本科专业建设点占全校专业总数的80%，建有一大批国家级教学平台和课程资源。

【南京工程学院】 2023年，该校有19个教育教学单位，全日制在校生2.6万余人，其中硕士研究生近1200人；教职工2100余人，其中专任教师1600余人。建有国家级大学生校外实践教学基地1个，国家级工程教育实践中心4个，省级实验教学示范中心12个，工程化项目教学基地和项目工作坊80多个，与世界500强企业、国内龙头企业、行业骨干企业等合作共建校外实践教育基地366个，教学科研仪器设备资产总值近5亿元。有73个本科专业，3个硕士学位授权点，国家级一流本科专业建设点11个，国家级特色专业3个，通过工程教育专业认证专业8个，国家级卓越工程师培养计划专业6个，国家级专业综合改革试点专业2个，机械、电气类专业为教育部首批CDIO工程教育模式改革试点专业；获批江苏省高校一流专业建设点14个，是江苏省机械类人才培养模式创新实验基地和江苏高校省级虚拟教研室建设培育点。

【金陵科技学院】 2023年，该校有江宁、幕府、白下3个校区，主校区位于江宁大学城。学校占地面积101.64万平方米，校舍总面积65.72万平方米，固定资产原值28.52亿元，其中教学科研仪器设备值5.09亿元。全日制在校本科生2万余人，2023年首届培养硕士研究生60人。专任教师近1300人，其中正高级职称166人、双聘院士1人，聘请国内外5名院士为学校荣誉（名誉）教授。学校设有20个二级学院（部），3个专业硕士学位授权点，开设涉及经济学、文学、工学、农学、管理学、艺术学、理学七大学科门类66个本科专业，其中省重点学科5个、市重点学科5个；国家级特色专业建设点1个，国家级一流本科专业建设点8个，省级一流本科专业建设点23个，省级品牌一期工程专业4个。有教育部专业综合改革试点项目2个，省级优秀教学团队3个，省级优秀基层教学组织1个，省级优秀科技创新团队1个，省级高校重点建设实验室2个，省级高等教育人才培养模式创新实验基地1个，省级重点产业学院建设点1个，省级实验教学示范中心5个，省级实践教育中心4个（含建设点）。

【南京晓庄学院】 2023年，该校有方山、莫愁和晓庄（行知园）3个校区，校园总面积近100公顷。设有15个专业学院，涉及教育学、文学、历史学、经济学、法学、理学、工学、管理学、艺术学等九大学科门类47个本科招生专业。全日制在籍本科学生1.8万余人，在校博士硕士研究生46人，教职工1500余人，兼职研究生导师120人。有国家级一流本科专业建设点9个、省级一流本科专业建设点10个，16人入选“江苏省科技副总”。建有江苏高校哲学社会科学重点研究基地、江苏省高校重点建设实验室等10个省级科研平台。获国家级教学成果奖2项，省级教学成果（高等教育类）5项，省级教学成果奖（基础教育类）5项，获批2个江苏高校“青蓝工程”优秀教学团队。

【江苏经贸职业技术学院】 2023年，该校有江宁、光华2个校区，全日制在校生近1.4万人，教职工近800人。设有工商管理学院、数字商务学院、会计与审计学院、金融学院、文化旅游学院、健康学院、数字媒体与艺术设计学院、物联网与智能工程技术学院、马克思主义学院、体育学院、博雅全人教育学院、继续教育学院、国际教育学院12个教学机构。对接现代商贸服务、金融科技服务、文化旅游、健康服务和人工智能产业，打造“两标杆两特色一培育”专业集群，覆盖管理学、经济学、工学等学科门类。建有省级大学科技园、产教园，有省级优秀科技创新团队、江苏省社科应用研究协同创新基地、省级工程技术研发中心、省级产教深度融合实训等科研平台。

【江苏海事职业技术学院】 2023年，该校有江宁、秦淮和板桥3个校区，占地总面积108.6公顷。学校开设航海技术、港口与智能工程、船舶与海洋工程、航运经济与管理、信息技术与人工智能、文旅与设计六大专业群41个专业，其中中国特色高水平专业群1个、省高水平专业群4个、省重点专业群4个、国家创新发展行动计划骨干专业7个、央财支持服务产业发展能力专业3个、交通运输部示范专业点3个、省品牌专业1个、省骨干专业5个、省特色专业3个、省高校国际化人才培养品牌专业2个。建有航海技术学院、轮机电气与智能工程学院、船舶与海洋工程学院、经济管理学院、信息工程学院、人文艺术学院、国际教育学院、继续教育学院、马克思主义学院、创新创业学院、士官与军事教育学院以及体育教学部等11院1部，全日制在校生1.35万人。教职员工744人，其中研究生学历（学位）教师561人，高级以上职称教师257人，包括专任教师626人、博士研究生学历教师62人，专任教师中研究生学历（学位）比例为80.83%、“双师型”教师比例为77.16%。建有国家级职业教育教师教学创新团队1个、国家级教学资源库1个、省级优秀教学创新团队8个，国家级技能大师工作室1个，江苏省、南京市以及校级技能大师工作室6个，航海类教师持高级船员适任证书107人，其中远洋船长、轮机长42人，居全国航海类高职院校首位。

【南京交通职业技术学院】 2023年，该校占地面积56.8万平方米，建筑总面积31.4万平方米，资产总值12.5亿元。全日制在校生1.3万余人。拥有国家级职业教育教师教学创新团队1个，省级教师教学创新团队4个，省高校优秀教学团队6个、优秀科技创新团队5个，市厅级以上教学名师19人。入选交通运输青年科技英才2人，江苏省“双创人才”资助对象1人，江苏省“六大人才高峰”、“333人才工程”、省“青蓝工程”、省交通“100人才工程”等人才工程76人，江苏省产业教授27人，江苏省科技副总26人。组建交通土建、汽车服务、物流管理、轨道交通、智能交通、建筑工程等6个高水平专业群，培育发展智能网络汽车、工业机器人技术、无人机应用技术、安全管理等交通及紧缺专业，是全省唯一覆盖江苏综合交通运输体系建设的高职院校。有首批国家职业教育示范性虚拟仿真实训基地2个，全国交通运输职业教育示范性专业2个、国家提升专业服务能力建设专业2个、高等职业教育创新发展行动计划国家级骨干专业5个，职业教育国家在线精品课程4门；江苏省高水平专业群4个、省高校国际化人才培养品牌专业2个、省级品牌（特色）专业5个。建有江苏省工程研究中心1个，江苏省道路交通节能减排工程技术研究开发中心、新能源与无人驾驶汽车工程技术研究开发中心等省级和地方科技研发中心3个，新能源汽车技术研究所、路桥工程新技术研究所等8个研究所。建有创新发展行动计划国家级生产性实训基地3个、中央财政支持实训基地4个、省财政支持实训基地3个，交通运输部重点支持实训基地1个、省交通运输厅实训基地10个。

【南京旅游职业学院】 2023年，该校有江宁和华严岗2个校区，占地面积28.1公顷，设9个教学单位和教学实习酒店御冠酒店、江苏紫金旅游规划设计研究院、江苏中心旅馆管理咨询公司、江苏旅游文化研究院等产学研服务机构。全日制在校生7200余人，教职工348人，其中专任教师中硕、博士占比87.46%，“双师型”教师占比84.15%。有国家级饭店星评员、国家A级旅游景区评审专家等46人，省“有突出贡献中青年专家”1人，省“333工程”培养对象4人，省“青蓝工程”中青年学术带头人和骨干教师30人、省“青蓝工程”优秀教学团队3个，省职业教育教师教学创新团队1个、“双师型”名师工作室培育项目领衔人1人，文化和旅游系统“七五”普法优秀个人1人。开设27个与文化、旅游产业密切相关专业，其中全国职业院校旅游类示范专业1个、教育部和财政部重点支持建设专业2个，省级A类品牌专业1个、省高水平骨干专业4个、省级特色专业2个、省国际化人才培养品牌专业1个、省重点建设专业群2个，联合国世界旅游组织旅游教育质量认证专业5个。

2023 年江宁高等职业技术学校全日制学历教育招生情况表

表 17　　　　单位：人

招生类别	招生数	招生类别	招生数
综合高中	378	职业中专	853
3+4 中职应用本科分段培养	30	五年制高职	648
3+3 中高职分段培养	148	合　计	2057

（彭　涛）

【南京传媒学院】　2023 年，该校有江宁大学城主校区和江宁滨江校区，占地总面积 133.3 公顷。有全日制本科生 2.1 万余人，专任教师 1200 余人、兼职教师 400 余人。围绕“文、艺、工、管、经”相关学科，开设与传媒艺术业态紧密对接的应用型本科专业 50 多个。设有播音主持艺术学院、广播电视学院、新闻传播学院、国际传播学院、摄影学院、戏剧影视学院、美术与设计学院、动画与数字艺术学院、文化管理学院、传媒技术学院、电竞学院、舞蹈学院、音乐学院等 13 个二级学院，以及马克思主义学院、通识教育中心、大学外语部、国际学院、继续教育学院、省级重点产业学院建设点（江苏直播电商与数字经济产业学院）等直属单位。国家级一流本科专业建设点 4 个、省级一流本科专业建设点 16 个、省产教融合型品牌专业 2 个、省国际化人才培养品牌专业 1 个、江苏高校首批一流本科课程 11 门，推荐申报国家级一流本科课程 4 门、省级重点学科建设点 1 个、省级重点教改项目 1 个。

（王世杰　陈启航）

【江宁高等职业技术学校】　2023 年，南京江宁高等职业技术学校坚持“服务师生全面终身发展，服务江宁经济社会高质量发展”的办学理念，落实立德树人根本任务，为江宁乃至南京培养适应区域经济社会发展的高素质技术技能人才。新增 1 个五年制高职大数据与会计专业，继续与南京交通职业技术学院等高职院校合作，实施“3+3”中高职衔接项目，与南京晓庄学院合作开展“3+4”中职本科衔接，机电一体化技术专业获批省优质专业。《南京日报》以《江宁高职

2023 年，江宁高职校“双元制”五年制高职舍弗勒班开班。图为该班学生和部分教师合影

（江宁高职校　供图）

校：高质量党建推动学校高质量发展》为题，报道该校实践“党建+X”模式引领、推动学校高质量发展的经验；办学成果研究专著《赢在共融：南京江宁高等职业技术学校高质量发展研究与实践》由南京出版社出版。职教高考与五年制高职“专转本”办学成效显著，学生通过职教高考、技能大赛和五年制高职“专转本”等渠道升入高一级学校学习。其中，146名五年制高职学生通过“专转本”进入本科院校继续学习；120人通过职教高考进入本科院校学习。学校师生在技能大赛中取得优异成绩，“植物病虫害防治”“园林微景观设计与制作”2个项目的3名学生获全国职业院校技能大赛一等奖，获江苏省职业院校技能大赛一等奖2项、二等奖11项、三等奖16项，学校获南京市职业学校技能大赛“国赛突出贡献奖”。教师队伍建设取得进展，刘江华被评为南京市职业学校德育带头人，赵曰超、尹艳雯、李燕被评为南京市优秀青年教师，白秉旭被评为第八届黄炎培职业教育奖“杰出教师奖”，周会达被评为南京市优秀教育工作者，郑兴武被评为新疆伊宁市优秀教师，戴则萍被评为新时代感动南京职教人物。电子信息技术、园林技术、智能制造3个教师教学创新团队被列入南京市职业学校教师教学创新团队建设项目。全年有100余篇论文在公开刊物发表或在省、市、区级论文评比中获奖；主编、参编教材8本，其中1本被列为国家“十四五”规划教材。校企合作、产教融合加快推进，对接江宁区主导产业、支柱产业、战略性新兴产业，聚焦“5+4+5”创新产业集群推进专业建设，加强人才培养。学校合作企业奥若拉文化发展公司被评为2023年南京市产教融合型企业，“机电一体化技术专业群（高职）”通过江苏联合职业技术学院高水平现代化专业群验收，智能制造产业学院获江苏联合职业技术学院建设立项，智能制造虚拟仿真实训基地和电子信息虚拟实训基地通过联合职业技术学院中期检查。继续与舍弗勒公司开展“双元制”教学实践，与菲尼克斯（南京）有限公司组建“菲尼克斯智能制造”订单班，与京东集团合作组建第一届“京东精英班”。

成人教育

【民办教育】 2023年年末，江宁区有民办中小学9所（东山外国语学校、南京师范大学附属中学江宁分校、南京宇通实验学校、南京新书院悠谷学校、南京外国语学校方山分校、南京江宁滨江外国语学校、南京博颂学校、南京赫贤学校、南京汤山威雅实验学校）。其中，小学1所、九年一贯制小学部2个、十二年一贯制小学部6个，小学班级296个，在校生9146人，小学毕业班学生1529人；有小学专任教师810人。民办中学8所、九年一贯制学校2所、十二年一贯制学校6所，初中班级167个，在校生6629人，初中毕业班学生2123人。高中班级90个，在校生3244人，高中毕业班学生686人。有中学专任教师953人，其中初中专任教师597人，高中专任教师356人。

【社区教育】 2023年，全区社区教育品牌建设成效显著，东山社区教育中心的《禾学田园》、淳化社区教育中心的《地图中国说》、汤山社区教育中心的《传统按摩保健》获评江苏省社区教育特色品牌（项目），东山社区教育中心的《东山文化长廊》和淳化社区教育中心的《乡贤议事会》获评南京市“教育服务乡村振兴战略实施优秀”项目，东山社区教育中心的《禾学田园》获评“南京市全民终身学习”品牌。

【老年教育】 2023年，全区10个街道均创成或复审通过成为省优质老年学校。全年新增社区老年学习点37个，实现街道全覆盖，有59个社区老年学习点获授牌。老年人经常性参与社区教育活动参与率52.47%，省终身教育学分银行注册开户50003人，老年人学习成果存入率35.31%。

【自学考试】 2023年，全区有20411人报名参加高等教育自学考试，比上年增加4407人；共报考45273科次，增加15203科次。设江宁高职校、上元中学、竹山中学竹山路校区、百家湖中学、江宁开发区学校5个考点，组考48303人、101862课次。

【成人高考】 2023年，全区成人高考报考人数9112人，报名27336课次，实考8494人，比上年减少2647人，缺考1010人，缺考率11.9%。在竹山中学、上元中学、江宁高职校、江宁开发区学校4个考点设285个考场。

【教师资格考试】 2023年，全区组织全国教师资格考试（NTCE），上半年笔试9056人，比上年同期减少3915人；总课次17017课次，减少518课次。下半年笔试11338人，比上年同期增加1792人；总课次24500课次，增加3620课次。上半年面试8998人，下半年面试7941人。

（朱锦涛）

文化场馆

【概　况】 2023年，江宁区有区图书馆、区博物馆、江宁美术馆、区文化馆、区群艺馆5家区级文化场馆。其中，百家湖文化中心（江宁美术馆）于2023年3月12日开馆运营。江宁区博物馆、麒麟街道乡愁馆创建为省级“最美公共文化空间”，推进区图书馆少儿图书室、柏树村新谷家园亲子绘本馆等10个少儿图书室（阅读空间）建设。全年组织阅读活动20场次，为全区221个少儿图书室配送数字资源二维码。

【图书馆】 2023年，区图书馆坚持免费和错时延时开放，每周开放69小时，接待读者254万人次，图书外借165.8万册次。新购图书17754册，征订期刊521种、报纸97种，参与省市馆数字资源联采项目，新购期刊、电子书等数字资源库9个。加强总分馆建设，开展基层业务辅导145次，送书下乡12526册，组织流动图书车进校园活动30余次。百家湖阅读分中心3月建成对外开放，馆藏图书3.4万余册。以读者需求为导向，打造“悦读江宁”活动品牌，全年开展线下活动305场，服务103万人次。区图书馆在第七次全国县级以上公共图书馆评估定级中获评一级图书馆，“文化润疆、共沐书香”志愿服务项目被评为2023年“春雨工程”——文化和旅游志愿服务边疆行优秀项目。

【博物馆】 2023年，区博物馆全年免费开放，共开放310天，累计服务13万人次。打造“我们的节日”“文博之夏”等10个文化品牌项目，面向全区开展具有地域特色和博物馆特色的各类社教活动100余场，服务青少年5.7万人次，其中参与社教活动8000人。丰富“双减”政策下学生课后服务内容，每周开展进校园活动2—3场。举办“遇兔呈祥——兔年主题艺术品展”“巧针彩线 绣绘中西——顺德广绣历史文化与传承展”“暗香——南京博物院藏宜兴紫砂展”等专题展览3场。在“学习强国”江苏学习平台发布展览、文物信息16篇，在《新华日报》、央广网等媒体平台发布信息10篇。

【百家湖文化中心（江宁美术馆）】 百家湖文化中心（江宁美术馆）于2023年3月12日正式对外开放，致力于为市民提供优质免费的公共文化服务。至年末，该中心举办各类文化活动570场，接待进馆市民26.6万人次，获评江苏省“文艺两新”首批实践基地。美术馆开展展览活动34场，涵盖美术、书法、摄影、篆刻、工艺美术、儿童画等，其中省级以上展览6场、市级展览8场，不定期举办名家讲坛、跟着画家去看展等特色品牌公教活动。阅读分中心开展阅读活动32场，并举办“书香集市”“开卷有‘艺’”“‘书’式生活”等品牌阅读推广活动。文化分中心举办线上、线下活动263场，以及“相约假日 炫彩艺百”公益小剧场与“欢聚艺堂”公益小课堂活动等品牌活动，吸引近10万人次参加。

【文化馆】 2023年，区文化馆坚持免费开放，每周开放时间不少于56小时，接待参观、交流、培训等1.5万人次；业余团队到馆活动近500批次、1.1万人次。举办演出、讲座、培训、展览等线下活动，服务73万人次。组织文化惠民演出70场，包括第23届“江宁之春”群众文化节开幕式、第九届江宁区运动会开幕式等大型文艺演出。舞蹈《十里灯影》、民族室内乐《江南稽古》、小合唱《稻谷飘香》、小锡剧《桃子熟了》、相声《戏说方言》等节目，参加第二届南京市公共文化“星辰奖”大赛，有31项获“星辰奖”，并获“优秀组织奖”。全年举办书画篆刻作品展、摄影展等展览活动20场，参观者超过10万人次。馆办刊物《江宁文艺》全年发行4期。

【群艺馆】 2023年，区群艺馆坚持“文艺创作为民”思想，创作符合时代特征、老百姓喜爱的文艺节目。全年组织各类惠民演出110余场，惠及1.8万人次。开展平安法治社区行演出活动5场，策划并参与区司法局专场演出。赴陕西洛南参加“宁洛一家亲”演出活动，与当地文化工作者进行交流。区群艺馆原创锡剧《雨花谣》在多个城市进行巡演，复排锡剧《雨花谣》《清风亭》，小锡剧《小过关》等节目。在市民中心剧场演出50多场，包括政府购买惠民演出19场、政府单位主办演出和会议9场、外来主办方租用场地活动19场等。（金 晖）

【农家书屋】 2023年，全区有农家书屋79个，其中五星级示范农家书屋12家、四星级示范农家书屋29家、三星级示范农家书屋26家，总藏书量45万册。全年更新图书2万余册，开展各类活动约1000场次。（杨文俊）

【百家湖文化中心建成开放】 3月12日，百家湖文化中心（江宁美术馆）开馆仪式举行。百家湖文化中心位于双龙大道与西门子路交界处，地处百家湖商圈，对面就是江宁金鹰、景枫中心等商业综合体，主体建筑由国际著名建筑设计师姚仁喜领衔设计，总建筑面积超过3万平方米，地上5层、地下2层，容纳美术鉴赏、图书读阅、展演互动、艺能培训等多元体验场景。百家湖文化中心由美术馆、百家湖阅读分中心、文化馆百家湖分中心3个部分组成，其中美术馆主要功能为展览策划、研究创作和收藏保管。文化馆百家湖分中心则设有舞蹈房、器乐教室、数字网络教室、摄影棚、视听空间、报告厅等各类功能厅室，将经常性举办多种艺术培训活动。

【2个馆上榜省“最美公共文化空间”】 3月，省文化和旅游厅网站公示2023年度“双千计划”实施名单，江宁区博物馆、麒麟街道乡愁馆入选2023年度“最美公共文化空间”。“最美公共文化空间”是以城乡公共空间为载体，围绕公益文化服务供给，融合地域特色、“主客”共享和新型文化业态，实施以空间美化、功能优化、服务优质和运管优异为重点内容的设计与打造，形成更具人文关怀、审美品位、文化内涵和社会影响力的公共文化空间，促进现代公共文化服务水平不断提升。2011年落成的江宁区博物馆由国内首个全面反映东晋历史文化的东晋博物馆和展示江宁历史变迁的原江宁区博物馆共同组成，平均每年接待参观者11万人次。麒麟街道乡愁馆展览馆内利用展柜和半敞开式展台，通过综合图片、实物、模型、场景布置、多媒体影像等展示形式，根据不同内容分为11个板块，从麒麟的历史沿革、名人掌故、诗词歌赋、文物古迹、非遗传承、乡村记忆、民俗风情、多彩生活、幸福家园等方面，充分展示极具麒麟地域特色的传统文化和民俗文化。

【区图书馆获评国家一级馆】 11月，文化和旅游部官网发布《关于第七次全国县级以上公共图书馆评估定级上等级馆名单的公示》，江宁区图书馆入选全国县级一级馆名单。江宁区图书馆为区级公共图书馆，始建于1953年，建筑面积3390平方米，为国家一级图书馆、国家文化信息共享工程支中心、江苏省文明图书馆。图书馆内功能齐全，可为市民提供借阅、查询、参考咨询、数据库检索、文献传递、远程访问、馆际互借、流动服务、讲座、展览、培训等文化服务，是全市首个晚间开放的区级图书馆。区图书馆建设覆盖全区的公共图书馆服务体系，建有阅读分中心4家，街道分馆10家、社区（村）分馆201家，24小时自助分馆11家，城市邻里书房20家。（宁 鉴）

文化活动

【概 况】 2023年，江宁区努力创造更多高质量的文化供给，进一步满足人民群众对美好生活的新期待，通过国家公共文化服务体系示范区创新发展复核。区图书馆、文化馆、博物馆等公共文化设施免费开放，基本服务项目健全，错时开放时间超过总开放时间的1/3。百家湖文化中心（江宁美术馆）开馆运营。区博物馆、麒麟街道乡愁馆成为省级“最美公共文化空间”；南京江宁喜来乐艺术团、金箔艺术团、江苏梵音交响管乐团获评省“优秀群众文化团队”。歌曲《人民至上》获第二届长三角原创流行歌曲大赛银奖；大合唱《我就是你》《中国正青春》获第二届南京市公共文化“星辰奖”。

2023 年汤山街道龙尚村除夕活动现场　　（朱学优　摄）

【公共文化设施建设】　2023 年，全区新建、更新一代健身路径 170 套、1.5 代健身路径 30 套，新农村体育健身工程点 100 个，新建健身步道 10 千米。完成秣陵街道、湖熟街道等 5 片篮球场灯光改造，新建淳化街道科宁社区、湖熟街道新农社区 2 个百姓健身房。根据《南京市江宁区公共文化设施运行管理规范》和《江宁区全民健身工程（点）管理实施办法》，结合“双随机、一公开”以及“城乡环境大整治、精细治理大提升”专项检查，对公共文化场所开展日常巡查，利用省全民健身设施管理维护平台，及时处理群众报修工单，跟踪维修结果，确保各项设施状况良好。

【公共文化服务】　2023 年，区文旅部门推进优质文化活动向基层倾斜、向远郊覆盖，不断提高对农民群众、老年人和未成年人等群体文化惠民服务覆盖面，开展送戏、送演出下乡 160 余场，送书下乡 20 万元。区图书馆全年服务 224.83 万人次、文化馆服务 34.78 万人次、文化站服务 383.01 万人次、各类博物馆服务 508.3 万人次。

【公共文化活动】　2023 年，区文旅部门推动“江宁之春”群众文化活动提档升级、品质提升，组织街道专场演出 10 场，各类基层文化活动 1800 余场，小剧场公益演出 10 余场。深化文体旅融合，开展“一街一品”节庆活动。先后举办湖熟“稻花节”（菊花展）、汤山“温泉节”、禄口“皮草节”等大型节庆活动，结合“村 BA”、“村超”、区九运会开幕式等群众体育赛事，开展开幕式演出、非遗展演、民俗展览等活动。

【文化市场管理】　2023年，区文旅部门制订《江宁区文体旅经营市场专项整治行动方案》，成立江宁区文体旅市场经营项目专项整治行动小组，重点开展全国两会期间文化市场意识形态安全执法保障和“清源”“秋风”“固边”“净网”“护苗”等“扫黄打非”等专项行动。全年出动检查人员6460人次，检查文化经营场所1820家，办理行政处罚案件37起，查办“12345”工单260件、信访件5件、督办件2件，查办文化和旅游部督办件1件，取缔无证经营娱乐场所5家，“某网络服务中心接纳未成年人处罚案”入选2022年度江宁区十大法治典型案例。　（金　晖）

【“公共文化 +”案例入选全国典型】　2 月，由中央宣传部、文化和旅游部、国家发展改革委组织遴选的基层公共文化服务高质量发展典型案例公布，江宁区选送的“公共文化 +”绽放江宁乡村振兴“五个美”典型案例成为全市唯一入围案例。全区在推进公共文化助力高质量发展中，紧扣推动乡村产业振兴、生态振兴、人才振兴、组织振兴、文化振兴，突出“公共文化 + 乡土、乡愁、乡贤、乡风、乡音”，催生一个“聚宝盆”、一座“百花园”、一场“群英会”、一条“善治链”、一台“精品戏”的“五个美”特色成果，彰显公共文化助推乡村高质量发展的蓬勃生机和显著成效。以“公共文化 + 乡土”打造一个“聚宝盆”，彰显江宁乡村产业振兴之美。创成 33 个省高星级乡村旅游示范区、139 个市级美丽乡村，江宁跻身全国乡村旅游热点目的地前三位，乡村文化旅游产业年产值突破 300 亿元。以“公共文化 + 乡愁”打造一座“百花园”，彰显江宁乡村生态振兴之美。形成西部丘陵、中部水乡、南部山地、东部人文“四大生态文化组团”，构成“春采茶、夏乘船、秋骑行、冬康养”的全季节乡村生态文化体验链。以“公共文化 + 乡贤”打造一场“群英会”，彰显江宁乡村人才振兴之美。通过建立完善乡贤人物名录库、开设乡贤人物讲堂、编排文艺作品、编纂乡贤丛书等措施，将乡贤文化元素有机融入全区乡村振兴中。以“公共文化 + 乡风”打造一条“善治链”，彰显江宁乡村组织振兴之美。全区累计发展注册文化志愿者 7000 多人，培育“彩翼天使”等文明实践志愿项目品牌，在区新时代文明实践中心、区新时代文明实践志愿服务总队的统筹下开展公共文化服务，推动形成高质量的文明乡风。以“公共文化+乡音”打造一台“精品戏”，彰显江宁乡村文化振兴之美。“江宁之春”群众文化艺术节作为核心品牌带动“幸福社区行”等20多个小品牌，每年举办各类文化活动1000多场次。

【“江宁之春”群众文化活动入选全国典型案例】 2月，国家乡村振兴局第一批全国“一县一品”特色文化艺术典型案例名单公示，全国有146个案例入选，江宁区“江宁之春”群众文化活动榜上有名。“江宁之春”群众文化活动品牌于2000年创立，已举办22届。全区大力推动“江宁之春”群众文化活动提档升级，通过“政府搭台、群众娱乐、院团辅导、媒体引导”等方式，打造成“特色鲜明、全域共享”的公共文化服务体系，形成城乡同步、上下联动、全民参与的公共文化服务“江宁模式”。每年在美丽乡村开展形式多样的群众文化活动1000余场次，展现公共文化服务助推乡村高质量发展的成效，为乡村振兴注入文化力量。“江宁之春”不仅常态化开展文化团队汇报演出，还承办广场舞大赛、新作品创作大赛、非遗展示展演等活动，通过“声、屏、报、刊、微、端”等传播媒介，扩大江宁文化影响力。搭建文化资源共建共享平台，设立更多市民可以广泛参与的导赏、体验、展示、比赛等活动项目。推动演出演播创新，实实在在地让周末听一场音乐会、看一场话剧、赏一场画展、观一场电影，成为市民的生活选项。依托江宁市民中心剧场，将百姓大舞台逐步推向专业剧场，在环境设置和剧目选择上尽力满足观众实际需求。在全区举办“欢聚艺堂”免费培训惠民活动，聘请专业教师授课，集中学习与个别辅导相结合，培养基层文艺爱好者。

【第23届“江宁之春”群众文化活动开幕】 3月18日，第23届“江宁之春”群众文化活动开幕式在江宁凤凰坛广场举行。开幕式由1个主场活动和3个分会场活动组成。在江宁凤凰坛广场，一场别致的集市吸引群众参与。集市以推介文体旅供给产品为主题，汇集江宁辖区内的非遗、文博、景区文创、美丽乡村的物产，结合特色乡村民宿推介展销、体育彩票赠送销售、图书阅读推广，为市民提供文体旅融合的体验。由区体育总会组织的太极拳、柔力球表演引起大家关注。随后“只此江宁”——第23届“江宁之春”群众文化活动开幕式演出拉开序幕，第一篇章“春·牛首烟岚”以参加“春牛首”马拉松选手形象作为篇章讲述人，依次展示江宁非遗民俗、“春牛首”国际马拉松、江宁春茶、金陵小城等文化品牌。第二篇章“夏·天印樵歌”以参加“方山音乐节”大学城大学生形象作为讲述人，采用横溪西瓜节、江宁音乐节、1912时尚街区、休闲广场纳凉等元素，展示江宁时尚、清凉、休闲的夏日形象。第三篇章“秋·梁台望月”以摄影师、文艺志愿者形象进行讲述，描绘江宁乡村振兴、文旅融合、人与自然和谐共生的美丽画卷。第四篇章“冬·圣泉映雪”以青年游客形象为讲述者，通过推介冰雪运动、温泉旅游等发展为契机，展现一个宜居、宜业、宜游的大美江宁。当天晚上在市民中心剧场，举办“浪漫之诗”——王湘琦钢琴独奏音乐会，吸引众多市民驻足聆听。（宁　鉴）

文化遗产保护

【概　况】 2023年，江宁区文旅部门遵循“保护第一、加强管理、挖掘价值、有效利用、让文物活起来”的新时代文物工作方针，深入推进文化遗产保护利用工作。召开全区文物工作会议，启动江苏地域文明探源工程湖熟文化项目综合研究工作，成立湖熟文化研究会，省、市文物局考古所与区文旅局签订“湖熟文化”专题项目综合研究工作战略合作协议，实施江苏省文物保护单位——梁台湖熟文化遗址本体保护工程项目。全区登记不可移动文物232处，其中全国重点文物保护单位12处，省级文物保护单位9处，市、区级文物保护单位94处，一般不可移动文物117处。馆藏可移动文物8200件。

【考古发掘】 2023年，区文旅部门加强文物考古勘探工作，服务重大产业项目建设。全区有考古勘探地块40余处、面积133.3公顷，及时安排专人进行现场实地勘察，核对文物保护档案，出具文物保护工作意见。协调对接省、市文物主管部门，加快省、市、区重大产业项目考古勘探、发掘工作，保障空港经开区天佑高端环保项目、省脑科医院、营南巷安置房、站前路、东善桥安置房二期、126省道扩建安置房等重点工程如期开工建设。

【文物保护】 2023年，区文旅部门组织实施年度文化遗产修缮保护利用项目，推进洪保墓保护与环境整治二期工程、上坊孙吴墓本体保护工程、宋墅失考墓石刻整体抬升工程和祈泽池环境整治。开展2023年度文化遗产保护与修缮项目方案编制，完成祈泽池环境整治方案、吉山失考墓石刻环境整治方案、星塘桥水闸修缮保护方案编制工作，梁台遗址本体保护及环境整治方案上报省文物局审批。为海龙红木博物馆、金陵竹刻艺术博物馆发放2022年度非国有博物馆发展补助资金，指导玉之道文化博文物馆、西洋湖蜜蜂博物馆、海事学院博物馆开展申报备案工作，促进博物场馆健康有序发展。

【非遗保护与传承】 2023年，区文旅部门按照“抢救第一、保护为主、合理利用、传承发展”的要求，开展第五批省级非遗项目申报、省级以上非遗传承人评估及考评、江宁区首批区级非遗工坊申报工作。加强非遗宣传与推广，春节期间举办“文艺进万家——跟着非遗大师过大年”活动；组织非遗项目参加江宁区新春团拜会、“一村一品欢乐汇”元旦活动；举办体艺（非遗）教师进校园活动。开展“茶和天下 共享非遗”——“国际茶日”主题活动，组织区代表性非遗项目参加新疆伊宁市金秋民俗文化节、第二届南京非遗购物节、旅游学院文化旅游节、合肥旅游推介会等活动。（金 晖）

【禄口水荆墅马灯入选市非遗项目名录】 2月，市文化和旅游局公布第五批南京市非物质文化遗产代表性项目名录，江宁区禄口街道传统舞蹈水荆墅马灯入选。水荆墅马灯是石埝村水荆墅自然村特有的地方传统民俗，诞生于清朝乾隆年间，至今已有200多年历史。每逢春节、元宵等佳节，村民都会以跳马跑阵说唱的舞蹈形式祈求平安幸福，增添吉祥如意气氛。经过数百年发展，水荆墅马灯已形成一套完整的表演体系。表演时，表演者扮成武士，身扎马灯，双脚当马蹄，手中拿着一根竹竿当马鞭，模仿骑马动作，奔跑间，人犹如骑在马上前进，场面非常壮观。

【“湖熟文化”专题项目综合研究启动】 5月17日，江苏地域文明探源工程“湖熟文化”专题项目综合研究启动仪式举行。湖熟文化被称为“南京第一缕文明曙光”，湖熟文化的发现是南京进入文明的重要阶段，也是江苏地域文明探源工程的一个重要组成部分。活动现场，江宁区湖熟文化研究会揭牌成立，为湖熟文化研究会学术顾问颁发聘书，现场还签订“湖熟文化”专题项目综合研究工作战略合作协议。

【周岗红木雕刻入选省级非遗工坊】 12月，省文化和旅游厅（省文物局）公布江苏省首批省级非遗工坊名单，周岗红木雕刻非遗工坊入选。周岗红木雕刻传承于苏州香山派，兼收京、苏、广各派之优点，并蓄古典、现代之精华，刻画入微、光洁精致，生活气息浓郁。其以各种红木为原料，通过平雕、圆雕、透雕、镂空雕等各种传统雕刻工艺为主要手段，经过9—12道工序，制造出包括生活用具、工艺品等数百个品种。（宁 鉴）

江宁区融媒体中心

【概 况】 2023年，江宁区融媒体中心围绕主流舆论阵地、综合服务平台、社区信息枢纽三大功能定位，深化全媒体建设，提升主流媒体传播力、引导力、影响力、公信力，为“强富美高”新江宁现代化建设提供舆论支持。中心拥有的全媒体矩阵，包括江宁广播电台FM88.5，江宁融媒综合频道、生活频道，《江宁新闻》报纸等传统媒体，以及江宁发布微信、微博、抖音、视频号，微江宁微信、抖音、视频号，“我的江宁”App，江宁融媒号，江宁新闻网、“学习强国”学习平台等各类新媒体平台。传媒集团下辖江广文化传媒公司、红萍果文化发展公司、江融智慧信息科技公司、江广影视公司、润江智显科技公司、知已行公司、新媒体公司7个子公司，江宁广电网络有限责任公司1个合资公司和江广创艺文化公司1个参股公司。

【融媒宣传】 2023年，区融媒体中心围绕学习宣传贯彻中共二十大精神，结合学习贯彻习近平新时代中国特色社会主义思想主题教育，紧扣高质量发展等中心工作，深耕主题报道内容，拓宽新闻报道形式。围绕重大项目建设、乡村振兴、城市治理、安全生产、民生经济等主题，全媒体平台策划推出《新时代 新征程 新伟业》《践行“四敢”精神江宁在行动》等主题宣传报道47个，进一步扩大主流舆论阵地影响力。全媒体平台持续向互联网发力，以江宁发布为龙头的新媒体矩阵不断壮大，全年全平台粉丝数409.32万人。牵头运维的“我对书记有话说”网络留言平台工作专班，收到留言5500余条，实地调研督办街道、园区、部门近30家，有效拓宽群众参与基层治理、问政议政渠道。举办“向人民汇报”专场活动23场，发布文明城市创建监督信息10期。

【对外宣传】 2023年，区融媒体中心在省级以上媒体发稿34篇，其中国家级媒体11篇。“学习强国”江宁融媒号71篇稿件被全国平台选用。原创作品“南京禄口机场迷你缉毒犬上岗执勤”火爆全网，被《人民日报》及多家媒体转发，南京同城榜第一。《“江宁人·看江宁”新时代文明实践系列活动宣传——“线上+线下”全方位感受高质量发展脉动》《以民为本、公开透明“向人民汇报”助力服务型政府建设》获2023年度南京市优秀政务新媒体传播案例。短视频《就做“村里人”》入选2023年第二季度江苏省广播电视创新创优节目、2023年第二季度全省重点网络视听项目库入选项目。

【平台建设】 2023年，区融媒体中心推进区内新闻与政务客户端平台资源共享，整合“无线江宁”与“我的江宁”App平台，“我的江宁”全新客户端正式上线，新增应急广播服务平台人车分析应用功能，拓展社区特色应急广播平台，打造禄口街道陶东社区特色应急广播站，赋能社区治理。增强融媒光纤传输专网智能监测能力，建成10条专网链路的状态监测和物联感知应用，提升专网智能化运维水平。

【安全播出管理】 2023年，区融媒体中心严格执行审片责任制，落实安全隐患排查整改责任。加强机房值机管理，重要时段关键岗位实行双人双岗，落实线路巡查制度，确保广播电视播出安全优质无事故。优化安全播出平台管理系统，进一步提高安全播出效率和质量。实施融媒体技术“平台+专网”升级项目，建成安全播出智慧管理平台，实现播出机房和东山发射台远程一体化监测管控。借助江宁应急广播安全服务平台，加强安全播出和安全生产，为重大新闻报道和转播提供技术支持。

【传媒集团】 2023年，区传媒集团坚持多元产业经营模式，发挥文化产业投资发展职能，承办“招大引强拼经济、高质量发展走在前”动员大会等省、市、区各级大型活动87场。参与智慧城市建设和老旧小区改造，推进广电光纤入户工程，光纤覆盖41万户。升级户外大屏联播联控系统3.0版本，实现远程物联网控制功能，大屏公益海报作品上刊263幅，商业海报上刊163幅。运营江宁文创研发和展示中心，创建“最·忆江宁”文创品牌，自主研发设计生产文创产品15件（套）。建立线上营销平台“江宁优品”，联合MCN机构开拓线上“宣推+销售”模式。在直播江宁、江宁发布、微江宁等平台，重点打造“冬日限定、暖心游宁”等100多场系列直播。开展各项“保用户”工作，拓展“固移融合”业务，提升广电网络5G产品竞争力。

（区融媒体中心）

档　案

【概　况】 2023年，江宁区档案馆围绕区委、区政府中心工作，落实省、市档案工作部署要求，完善档案管理体系，实施档案治理工程，不断提升全区档案工作法治化、规范化、信息化水平，加快档案治理体系和治理能力现代化建设。区档案馆获2023年度全省档案宣传工作先进单位一等奖。

【丰富馆藏档案】 2023年，区档案馆接收对口援建特克斯县、长江流域退捕禁捕、疫情防控以及区政府办、教育局等19家机关单位文书档案72卷、171836件，照片档案3421张，光盘55张，工程档案20盒，会计档案144卷，实物档案73件，双套制文件1083件。年末，区档案馆馆藏档案资料225016卷（册、盒）、769610件，声像档案177盘（盒），光盘408张，照片档案15916张，实物档案1324件。区法院、社保中心等单位寄存档案138111盒、190052卷、670086册。

【档案保管与利用】 2023年，区档案馆开展第13次档案划控工作，划控馆藏1991—1997年文书档案1150卷，确定开放档案246卷，完善馆工作纪事、全宗卷、档案利用典型事例汇编等。发挥“非遗合作基地”作用，修复馆藏清初至民国时期契约、报纸、地图等残缺损坏珍贵档案资料500余件。开展文书档案清点，登记馆藏古籍118册、238卷。在区行政服务中心设立便民查档窗口，并将查档服务器延伸至禄口街道便民服务中心，为群众提供“家门口”“一站式”服务。全年接待现场查档、来电咨询8958人次，来函查档16件，处理“12345”工单及各平台查档505件，入库调取实体档案1778卷（件），工程档案现场及电话查档2305人次，调档7797盒，复印档案24.11万张，档案加章14238件，翻拍工程档案6263页。

【档案监督指导】 2023年，区档案馆对全区档案专项检查中档案基础较薄弱单位实行“事前指导+事中事后合规监管”，强化量化评价和过程管控，提升档案业务规范化建设水平。区检察院、禄口街道等6家单位分别获评南京市档案工作规范化建设评价优秀、特色、标准单位，开发区检察院、区检察院获评2023年全市档案工作检查评价优秀等次（江苏省示范档案室）。坚持理论与实际操作相结合，组织档案工作人员开展线上线下培训，提升档案队伍素质。推进档案工作服务乡村振兴，承办南京市乡村振兴档案工作推进会，为江宁谱写中国式农业农村现代化新篇章贡献档案力量。

【档案宣传教育】 2023年，区档案馆开展“6·9”国际档案日系列宣传活动，加强与驻区高校、机关部门和基层单位的合作共建，通过演唱、朗诵、读档、党课等形式，组织社会各界学习传播红色珍贵档案。举办6期“档案里的江宁故事”分享会，拍摄《红色档案中的江宁记忆——横山县抗日民主政权》专题宣传片，组织开展“江宁抗战故事”短视频征集活动，红色档案服务主题教育成效明显。加强爱国主义教育，区档案展览馆爱国主义教育基地全年接待参观团队111批次、4460人次，“江宁区档案馆陈列展”获江苏省“档案文化精品奖”展陈类三等奖。

【档案信息化建设】 2023年，区档案馆推进档案管理软件平台建设及后台管理，强化数据共享，优化档案信息利用服务。加快进馆增量档案数字化，完成新进馆单位档案扫描98万页，新增核查馆藏档案目录数据37万条、数字化全文幅面67.5万页。核查馆藏档案目录数据40万条，上传革命历史档案、民国档案目录及全文1.88万件数字化25.25万页，电子档案数据异地备份数据量13.5TB。开发“我的江宁”民生档案App新功能，新增在线登记与档案查询利用申请功能，提供九大类民生查档线上服务，其中婚姻档案利用数据35万条。

【档案征集编研】 2023年，区档案馆坚持开门征档，征集复员军人证明书、抗美援朝纪念章等革命历史档案资料7件，江宁发展以及秦淮新河相关资料40件，革命人物珍贵资料26件，群众捐赠珍贵资料46件。挖掘馆藏档案资源，与区政协合作编纂《千秋水脉·秦淮新河》一书，举办《秦淮新河》档案专题展；与区委党史办联合编纂《红楼梦与江宁》，举办邓振询、陶家齐两名烈士牺牲80周年生平史料展。举办“非物质文化遗产专题展”“中国共产党人的家风展”巡展。加强馆校科研合作，申报“‘新时代新成就江苏记忆工程’区县档案馆实施路径研究——以江宁区秦淮新河记忆工作实践为例”及“档案文化数字战略背景下，基于语义分析技术搭建中华文化关联数据库实现方法的研究——以南京云锦丝织为例”科研课题，并通过省档案馆研究立项。（陈 引）

【《红色档案中的江宁记忆》宣传片发布】 12月6日，《红色档案中的江宁记忆——横山县抗日民主政权》专题宣传片发布会暨“江宁抗战故事”主题短视频颁奖仪式在横溪街道横山村举办。当天发布的专题宣传片，回顾并感悟中国共产党及其领导的新四军带领江宁人民在横山地区抗日寇、斗敌顽、保家乡的战斗故事和历史贡献。市档案学会相关负责人讲述专题片中的故事，区档案馆向横山村捐赠“横山县抗日民主政府”珍贵历史档案复制件。区档案馆联合团区委、区退役军人事务局，以及南京传媒学院、江宁传媒集团，开展“江宁抗战故事”主题短视频征集评选活动，共收到作品25件，经评审组评审，评选出一等奖1件、二等奖2件、三等奖3件、优秀奖4件。活动中，与会人员还参观了横山县抗日民主政府专题档案、“新四军在江宁专题展”、新四军第一支队指挥部旧址等。

（宁 鉴）

地方志

【概 况】 2023年，江宁区地方志编纂委员会办公室开展中国精品年鉴创建工作，成立创建工作领导小组，制定创建工作方法，加强与中国地方志工作办公室和方志出版社的业务对接，落实主要领导负总责、分管领导负直接责任的工作责任制，有序推进创建工作。12月，《江宁年鉴（2023）》获评“中国年鉴精品工程”。推进部门志和镇村志编修工作，《江宁高新区志》进入三校修改与完善阶段，《石塘村志》出版，《汤山镇志》通过省地方志办终审，《西岗社区志》进行二稿评审与修改，《湖熟镇志》完成初稿编写，《杨柳村志》《阜东社区志》启动编纂工作。地情书编纂工作取得进展，配合湖熟菊花展编辑的《人淡如菊——中国历代菊文精华选撷》出版发行，《江宁乡土志》（精校精注插图版和集王羲之书法版）编辑，《史量才》《张栋梁》连环画创作，《江宁老物件》编纂，《红楼梦与江宁》《江宁自然村图志》资料采集工作有序推进，《牛首山志》《献花岩志》《南汤山志》校注工作启动。

【《江宁镇史话》出版】 3月，由区地方志办、区委党史办、江宁街道办事处编辑的《江宁镇史话》由南京出版社出版。江宁镇历史和文化渊源深厚，该书着重于江宁街道内的历史文化、民俗活动和民间故事的挖掘、整理与汇编，分为古迹遗存、风景名胜、民间传说、民俗风情、诗画江宁镇5个部分，收录文章72篇、图片147张、表格3张，共23万字。

【《人淡如菊——中国历代菊文精华选撷》发行】 10月，由区地方志办、区委党史办、湖熟街道党工委联合编辑的《人淡如菊——中国历代菊文精华选撷》由南京出版社出版。该书收录从战国、汉代、三国、晋代、南北朝、隋代、唐代、五代十国、宋代、辽代、金代、元代、明代至清代菊文。卷首配以彩图，包括古代名家咏菊文献书影8张、名家画菊图16张，历届湖熟菊花展展示的珍稀名贵品种的菊花图16张。全书27.6万字。

【《石塘村志》出版】 11月，由横溪街道石塘村、区地方志办、省地方志办联合编著的江苏名村《石塘村志》由南京出版社出版。石塘“因其环山如塘，名曰石塘”，历史悠久、风景优美、人文深厚，是南京都市生态休闲农业示范村，先后获“全国魅力新农村十佳乡村”“中国最美村镇典范奖”“全国美丽宜居示范村”“江苏最美乡村”“江苏省生态村”等荣誉称号。《石塘村志》上限一般追溯至事物发端，下限至2019年。全书分为村情概览、乡村建设、互联网小镇、乡村旅游、特产美食、精神文明、乡土文化、民风民俗、姓氏宗族、名村名人、艺文11个篇章，共27.8万字。

【《江宁年鉴(2023)》出版发行】 12月，由区地方志办、区委党史办编纂的《江宁年鉴（2023）》由方志出版社出版。该卷年鉴是2001年《江宁年鉴》开始编纂后的第22卷。《江宁年鉴（2023）》系统记述2022年江宁区自然、经济、政治、文化、社会和生态建设等方面情况，反映建设“强富美高”新江宁的最新进展和推进现代化建设及高质量发展走在前列的辉煌成就，旨在为社会各界和海内外人士了解江宁提供基本信息，为宣传江宁提供基本资料，为研究江宁提供基本素材，也为编史修志积累史料线索。《江宁年鉴（2023）》采取类目、分目、条目三级层次结构，按平列式设41个类目，238个分目、19个副分目，收录条目1403条，共95.5万字。全书刊发画页52页，随文插图69幅、表格45张。年末，《江宁年鉴(2023)》入选“中国年鉴精品工程”。

（张新贵）

文化产业

【概　况】 2023年，江宁区抢抓文化产业政策窗口期，推动产业规模、质量、结构、效益加快转型取得进展。全区有文化单位9981家，全年文化产业增加值占地区生产总值比重为6.26%，比上年增加0.13个百分点。落实《南京市关于贯彻落实国家文化数字化战略实施方案》等文件要求，制定《江宁区贯彻落实国家文化数字化战略实施方案》《江宁区数字文化提质发展行动计划》，重点从产业规划、业态培育、项目招引、集群打造、生态优化等方面，明确文化产业发展目标、任务和路径。制定《2023年江宁区文化产业招商工作思路》，组建文化产业招商和服务专班，明确各板块具体职责和目标任务，全年签约亿元以上文化产业项目28个，引进创意设计服务与新闻信息服务等优势产业上下游关联项目60个。做好文化产业园区申报工作，银城INC中心、未来科技城、中软国际等5家单位获评市级文化产业园区(空间、楼宇)，J6软件园、汤山新媒体数字产业园2家园区获评全市A级文化产业园区，金陵金箔入选第五届“江苏省民营文化企业30强”，烽火天地、小视科技、美乐威电子等入选省第五批重点文化科技企业。

【江宁区文化产业高质量发展会议】 11月9日，江宁区文化产业高质量发展会议在汤山旅游度假区举行，现场发布江宁区数字文化提质行动计划。该计划以打造全市数字文化创新高地为目标，聚焦数字领域、加强主体培育、注重品牌塑造，加快文化数字化和数字文化产业升级。江苏有线数据公司等8家数字文化企业发起成立江宁区数字文化产业联盟，现场签约一批合作项目。会议还向文化企业20强授牌，为专家智库颁发聘书。

【江宁区文化消费十大创意场景发布】 11月10日，江宁区文化消费十大创意场景正式发布，百家湖1912奇妙市集、景枫再地广场、佘村咖啡馆、金陵小城夜游等10个项目入选，涵盖文博场馆、文旅景区、数字文化和文创非遗等领域。

【南京乡村民宿高质量发展论坛】 11月16日，“乡”约金陵美宿——2023南京乡村民宿高质量发展论坛在江宁区黄龙岘茶文化旅游村举办。活动现场，长三角地区的民宿行业专家和当地特色民宿主理人就民宿行业的发展现状以及运营经验等，为促进南京乡村民宿产业高质量发展研讨交流、建言献策。论坛上，区内优秀民宿代表进行经验分享。 （杨文俊）

综　述

【概　况】 2023年，江宁区有各级各类卫生健康机构767个，开放床位10611张；卫生技术人员14562人，其中执业（助理）医师5685人、注册护士6396人。全区每千人执业（助理）医师数2.78人，人均期望寿命超过83.76岁。医疗机构全年门急诊1024.47万人次、出院23.23万人次，完成业务收入61.86亿元。区卫健委获全国生育友好工作先进单位、江苏省爱国卫生运动70周年表现突出集体称号以及全市加强基层医疗卫生服务体系建设和基层卫生人才队伍建设等工作真抓实干成效明显地区第一名，全市普惠托育体系建设真抓实干成效明显地区第一名等荣誉。

【医疗卫生体制改革】 2023年，江宁区制定《深入推进医疗卫生事业高质量发展实施意见》，召开全区卫生健康高质量发展大会，试点建设紧密型城市医疗集团，推动建设“四全四优”医疗卫生服务体系。开展“提质增效月月考”活动，每月调度基本医疗、基本公共卫生核心指标，江宁医院、江宁中医院、江宁第二人民医院医疗费用增幅均达总控费目标，医疗服务收入占医疗收入比例上升。基层机构首诊占比70.26%。

【医护人员招聘培训】 2023年，区卫健委系统招录卫生人才332人，其中编内28人、备案制68人、乡村医生192人。新增“江苏省双创博士”2人，引进高层次人才5人，完成303名基层卫生骨干人才遴选、5项绩效补助审核工作。组织14批次、1388人次参加各类医疗专业培训，2批次、1540人次参加乡村医生培训。印发《江宁区基层卫生人员适宜卫生技术培训方案》，开展12期、15项适宜卫生技术线上线下培训考核。

【社区卫生服务】 2023年，全区推进5个农村区域性医疗卫生中心十大功能中心建设，新增达到国家“优质服务基层行”活动推荐标准单位3个。创成2家省社区医院、6个省甲级村卫生室、3个市级特色科室，特色科室建成率86.96%。全年开展“五进”巡诊服务上门活动2628次，317个家庭医生团队上门巡诊49176户，服务居民279549人，签约家庭医生135447人。（王　栩）

【新增2家省级家庭医生工作室】 1月，江宁区2家工作室被评为“江苏省2022年度星级家庭医生工作室”。家庭医生工作室以家庭医生签约服务模式为重要载体，为周边居民提供家庭医生签约、健康管理、转诊预约就诊等服务，是“15分钟健康服务圈”的最小服务单元。至此，全区有5个家庭医生工作室获评省星级家庭医生工作室，3家单位获评省家庭医生服务模式创新单位。自2017年开展家庭医生签约服务以后，全区已组建成立402个家庭医生签约团队，实行“5+1”家庭医生签约模式，完善区级签约服务立体网络，并在基层卫生机构内和机构外设立188个家庭医生工作室，将签约服务延伸至社区、家庭，通过家庭医生签约将临床诊治、健康管理进行有效衔接、高效融合。

【区卫健委获评省爱国卫生运动70周年表现突出集体】 2月，

省爱国卫生运动委员会办公室、省卫生健康委员会联合发布关于省爱国卫生运动70周年表现突出集体和表现突出个人拟通报表扬对象的公示，江宁区卫生健康委员会获评“江苏省爱国卫生运动70周年表现突出集体”。江宁区将爱国卫生与卫生城市建设、文明创建、乡村振兴等相互融合，开展全方位、多层次的爱国卫生运动，重点实施厕所改造、垃圾分类和污水处理三大革命，全面推进新时代卫生健康社会文明实践，从根本上改变群众的卫生条件和生活习惯，让群众共建共享爱国卫生工作成果，提升全区居民的幸福感。

【全区卫生健康高质量发展大会】 3月21日，全区卫生健康高质量发展大会召开。市委常委、区委书记林涛，区领导曹明、林云飞、伏进进等参加。会上，与会人员观看《卫民践初心 健康新征程》卫健发展专题片。会议发布《江宁区深入推进医疗卫生事业高质量发展实施意见》《南京市江宁区紧密型城市医疗集团建设实施方案》，部署下一步工作。实施意见提出到2025年，新建国家重点专科1个、省级重点专科8个、市级重点专科14个。

（宁　鉴）

医疗卫生机构

【概　况】 2023年，江宁区引进优质医疗资源，推进江宁区与鼓楼医院战略合作、江苏省中医院牛首山分院及省脑科医院建设，南京天印山医院建成启用，实施区妇幼保健院、江宁老年医院和5个社区卫生服务中心新改扩建及装修工程，新改扩建优质社区卫生服务站60个，全区基层社区卫生服务站点增加到207个。为15个医疗卫生机构添置医疗设备价值1740.85万元。

【医联体建设】 2023年，区卫健系统试点建设紧密型城市医疗集团，下发《南京市江宁区紧密型城市医疗集团建设实施方案》，江宁医院等3家综合医院牵头与23个基层医疗机构分别建立城市医疗集团。集团采取建立联合病房、帮建特色科室等方式，推进“一对一”融合发展，拓展双向转诊、分级诊疗格局，提升基层“造血”功能和同质化水平。

（王　栩）

2023年，汤山街道社区卫生服务中心新院区投入使用

（区卫健委　供图）

【首个过敏性疾病专科门诊开诊】 7月，全区首个过敏性疾病专科门诊在南京同仁医院开诊。过敏性疾病的患病率在全球人群中急剧增长，是常见的系统性疾病，患者人数数亿人，被世界卫生组织列为21世纪重点研究和防治的三大疾病之一。以往对过敏反应性疾病的诊治大多分散在各科室，给患者就医和疾病控制造成诸多不利。同仁医院过敏性疾病专科门诊由耳鼻咽喉头颈外科牵头，联合呼吸科、儿科、皮肤科等多学科，组成一个比较全面和系统的诊疗团队，针对各类过敏反应症状，通过集中讨论等专家会诊形式，为患者提供更加专业化、精准化、个体化、规范化的“一站式”优质诊疗服务。

【江宁中医院二期工程投用】 8月21日，江宁中医院二期工程正式投入使用。江宁中医院二期工程总建筑面积8.5万平方米，大楼地上13层，1—4层为门诊及辅助医技检查科室及医教研用房，与现有院区用连廊连接，5层为产房区域，6—13层为标准病区，新增床位500张。

【南京天印山医院启用】 12月22日，南京天印山医院暨中国药科大学第一附属医院启用。该院参照国家级区域医疗中心和国际先进的综合肿瘤中心标准进行建筑设计和施工建设，环境优美、设施先进、学科齐全、技术力量雄厚，为集临床诊疗、医学教育与科技创新于一体的现代化高水平医院。南京天印山医院坐落于江宁高新区吉印大道边，总建筑面积36万平方米，编制床位1000张。该院设有胸部肿瘤中心、腹部肿瘤中心、综合肿瘤中心和普通疾病中心等，采用多学科联合诊疗模式，实行首席专家制、主诊医师负责制和首诊医师负责制。医院实现数字医疗和无纸化运行，多种资源共享，专业布局全面，开展规范化、精准化和个性化诊疗，兼具大学附属医院和教学基地、国家抗肿瘤新药和医疗器械临床试验机构。（宁　鉴）

疾病预防与卫生监督

【疾病预防控制】 2023年，江宁区卫健委印发6套新冠疫情防控方案、预案，优化4个诊疗流程，模拟9个场景组织区级新冠疫情应急处置综合演练，制作47期疫情防控周报。推进新冠疫苗接种，全程接种率60—79岁人群97.66%、80岁及以上人群97.18%。组织4期、224人次专项培训，按标准备足基层医疗机构药物。江宁区通过省血吸虫病消除标准评估。成立街道综合管理领导小组、社区关爱帮扶小组，加强三级精神卫生网络联结。推动精神卫生联盟交流合作，派驻4轮、68人次精神科医师开展"点对点"技术指导。全年为3814名严重精神障碍患者提供免费治疗4370.58万元。

【慢病综合防控】 2023年，区卫健系统推动禄口等11个社区卫生服务中心建成慢病综合管理中心，为17593名Ⅰ型和Ⅱ型糖尿病患者、帕金森及综合征患者提供价值1715.31万元的免费药物。启动"省慢性病综合防控示范区"复评审工作，试点建设省级"无结核社区"。全区户籍居民人均期望寿命82.4岁，主要慢性病过早死亡率10.32%。

【卫生应急】 2023年，区卫健系统优化调整11支区级卫生应急队、23支基层队伍，组建6支160人的民兵医疗队，2支330人的人民防空队伍。江宁医院建设市级紧急医学救援基地并通过市级评估。举办江宁区职工职业技能大赛院前急救竞赛，组织重大交通事故紧急医学救援演练。及时报告、规范处置突发公共卫生事件3起，处置聚集性疫情473起、食源性疾病事件3起，处置预警信息954条。江宁中医院麒麟急救点投入运营，全区累计建成急救点14个，配备"120"救护车28辆。全年开展院前急救3.2万人次，完成突发事件伤员紧急救治、重大活动保障203次。

【卫生监督】 2023年，区卫健系统开展医疗机构专项检查12次、监督检查4944家次、水质监测5121家次、巡查17378家次。办理医护注册及变更延续等事项8132件。处罚案件29件，罚款38.85万元。开展国家及省、市、区"双随机"监督抽查538家次、监督抽检91家次。（王　栩）

5月31日，南京市江宁区疾病预防控制局挂牌成立（邓姗姗　摄）

妇幼保健

【概　况】 2023年，江宁区代表南京市接受省消除"艾梅乙"工作现场调研，相关经验做法受到认可和推广。依托江宁医院开展江宁区孕产妇新生儿危急重症救治体系评估，提升区级孕产妇新生儿危急重症救治能力。区妇计中心创成首批国家婚前保健特色专科建设单位。

【妇女保健】 2023年，全区"两癌"筛查中乳腺癌项目检查41574人，宫颈癌项目检查41549人。产前筛查12732人，产前筛查率98.87%，孕产妇健康管理率95.30%，产后访视率97.69%。婚前医学检查16083人，婚检率93.73%。提供免费孕前优生健康检查5677人，补服叶酸3953人。

【婴幼儿保健】 2023年，全区新生儿遗传代谢病筛查率99.44%，新生儿听力筛查率99.21%，新生儿访视率 98.80%。7 岁以下儿童健康管理率 99.62%，3 岁以下儿童系统管理率 98.75%，0—6 岁儿童眼保健和视力检查率 99.28%。5 岁以下儿童贫血发生率 4.1%，5 岁以下儿童生长迟缓发生率 0.69%。6 个月内纯母乳喂养率 69.14%。（王　栩）

【区妇计中心成为全省首家宫颈癌综合防治一体化示范点】 2 月 10 日，江宁区妇幼保健计划生育服务中心被授牌成为江苏省首家宫颈癌综合防治一体化示范点单位。全区稳步推进妇女“两癌”检查工作，建立多元立体的宫颈癌防治体系，打造集科普宣传、健康教育、高质量筛查、按结果分流、智能随访、预防接种、精准治疗、康复管理于一体的全流程闭环管理模式，促进宫颈癌早诊早治，群众健康意识逐步提升。秉承“为百姓做实事，让‘两癌’检查数据多跑路，让群众少跑腿”的便民理念，建立专业的“宫颈疾病数字化技术服务平台”服务矩阵，打造一站式医疗服务，不断优化检查流程，实现智能化管理与防治一体的综合服务。

【妇计中心获评国家特色专科建设单位】 6 月，江宁区妇幼保健计划生育服务中心婚前保健被确定为首批国家特色专科。作为全区妇女儿童保健服务单位，区妇计中心着力发展保健专科特色，开设江苏省首家“宫颈癌综合防治一体化门诊示范点”、少儿妇科门诊，开展免费婚前医学检查、孕前优生健康检查、孕期甲状腺疾病诊治、儿童早期发展教育、产后盆底康复等特色保健服务，年门诊量 15 万余人次。按照规范和指南要求，专科提供针对婚前保健人群的各项专科检查、优生优育咨询指导及免费发放叶酸等服务，服务区域布局合理、配置完善，婚检人员融入婚姻登记工作，设岗落实取号，帮助初审婚姻登记材料，协助新人便捷进入婚检、领证流程，实现一站式服务。（宁　鉴）

健康促进

【概　况】 2023 年，江宁区健康促进工作按照省、市爱卫工作要点，以国家卫生城市复审、爱国卫生运动、各类健康细胞建设为主要抓手，建成省级健康街道 2 个、省级健康村（社区）14 个、市级“健康细胞”26 个；建成省级健康促进医院 2 家、市级健康促进医院 2 家。全区居民健康知识知晓率 81%，健康素养水平 40.92%。江宁通过国家卫生城市复审验收工作。

【卫生城市复审】 2023 年，区卫健委成立国家卫生城市迎复审工作领导小组，设立工作专班，运用“督导 + 销号 + 回头看”工作机制，采取明察暗访方式开展检查，及时下发问题清单，确保整改不过夜。结合全国第 35 个爱国卫生月及全区城乡环境整治“月月赛”活动，围绕“宜居靓家园、健康新生活”主题，在全区范围内开展科普宣传和环境综合整治提升行动，制定并落实卫生城市长效管理措施，巩固和发展迎复审工作成果。

【健康细胞创建】 2023 年，全区继续深化健康细胞创建工作，健全组织领导机构，落实目标责任机制、奖惩激励机制、资金保障机制和监督检查机制。建立“健康细胞”长效管理机制，定期或不定期开展考核评比工作，并将考核评比结果与年终综合考核挂钩，巩固创建成果。开展职业危害专项整治三年行动，治理相关企业 365 家，新创成省级健康企业 1 家、市级健康企业 6 家。全年组织健康证体检 16.8 万人。

【病媒生物防制】 2023 年，全区建立切实有效的病媒生物防制体系，依托专业机构做好病媒生物防制监测，确定病媒生物重点防制地区、场所，明确防制目标和要求。以卫生城市、卫生街村和健康街村建设为抓手，全年组织 2 次辖区范围内除“四害”活动，消除“四害”滋生地，降低病媒生物危害，形成专业防控和群众参与协作配合的群防群控格局。

【烟草危害控制】 2023 年，全区深入开展控烟宣传教育，普及烟草危害知识，营造控烟氛围。通过执法管理与宣传教育相结合方式，促进各类公共场所落实禁烟措施。加大公共场所控烟执法力度，全面推行公共场所禁烟，继续巩固医疗系统、中小学校控烟成果。（王　栩）

【长安马自达汽车公司获省级健康企业称号】 11 月，省卫健委下发通知，公布 2022 年度江苏省健康企业名单，江宁开发区企业长安马自达汽车有限公司榜上有名，成为江宁区唯一获此殊荣的企业。长安马自达汽车公司秉承“健康第一、员工至上”的发展理念，持续抓好健康管理制度、健康环境、健康管理与服务、健康文化“四好建设”，不断提升企业健康管理和服务水平，实现健康与经济社会良性协调发展。充分保障员工的知情权、参与权、表达权、监督权，推动员工成为健康企业建设的主要参与者，形

成企业全员参与、人人建设、人人享有的过程。（宁 鉴）

医政药政管理

【概 况】 2023年，江宁区卫健系统开展公立医院医政管理暨打击定点医疗机构欺诈骗保行为“双随机、一公开”专项检查和医疗机构急诊急救能力提升轮训，处置医患纠纷与投诉215件。执行国家基本药物政策，基本药物配备使用金额及品种占比全部达标并超过省标准。运行医共体药品供应统一管理云平台，落实“五个统一”，做好“双向转诊”药品供应衔接保障，解决基层就近买药难题。成立“江宁医共体药品遴选专家库”，对申请药品进行集中遴选审核。开展“家庭药师进万家”活动。

【中医药管理】 2023年，全区建成1个五级中医馆、7个四级中医馆，4人当选南京市名中医，1个项目入选中医类非物质文化遗产。基层社区卫生服务中医馆全年诊疗14.7万人次，举办2期中医适宜技术培训班。江宁区智慧中医云平台中药代煎配送3083单，辅助诊断服务患者5673人次。

【新添首个省级中医重点专科】 2月，江宁中医院脾胃病科被立项为省级中医特色专科建设项目，成为全区首个省级中医重点专科建设单位。江宁中医院以重点专科创建为抓手，全力助推医院在高质量发展中实现新突破。该医院拥有5个市级中医重点专科、2个市级医学重点专科、1个省级中医重点专科建设单位，2个科室为市级中医重点专科建设单位。江宁中医院脾胃病科技术实力雄厚，人员结构合理，专科特色突出，集消化内镜中心、门诊、病房于一体。该科室重视发展中医特色诊疗技术，擅长使用特色中药内服、四时膏方、三伏贴、特色中药灌肠、特色中药外敷、穴位注射、热敏灸等，脾胃病专科特色疗法效果明显，在消化科常见病及多发病的中西医结合诊疗方面积累丰富经验。其中，胃脘痛（慢性胃炎）、胃疡（消化性溃疡）、大肠息肉（结肠息肉）、久痢（溃疡性结肠炎）为科室中医优势病种。

2023年，南京市江宁中医院新门诊综合大楼投入使用

（区卫健委 供图）

【江宁中医院成为留学生中医药实践基地】 9月，江宁中医院联合中国药科大学国际教育学院举行留学生中医药实践基地签约仪式，并开展课堂教学及现场实践活动。江宁中医院针灸康复科副主任季颖、副主任医师于文静等采用理论与操作演示相结合形式，用英文讲解针灸发展史、人体常用穴位及对应病症等中医药知识，使留学生们掌握一定的中医药基础知识及常见病治疗方法。留学生们还参观中药房、煎药室、云药房、本草厅，了解中医药的生长环境、药用价值和调配煎煮过程，加深对中医药文化的理解。此次签约和实践活动是江宁中医院与中国药科大学双方优势互补、资源共享、互利共赢的新开端，双方将充分发挥各自优势，努力构建合作发展新机制，以创新为引擎，以人才为核心，实现院校高质量发展新跨越。

【省名中医工作室在江宁中医院签约挂牌】 11月14日，江宁中医院与江苏省中西医结合医院举行省名中医工作室签约挂牌仪式。江宁中医院将充分利用省名中医工作室平台，发挥名医团队的示范、引领和辐射作用，结合医院实际需求，梳理薄弱环节，明确发展方向，谋划细化措施，把工作室建设成学术传承平台、人才培养平台、专科培育平台，更好促进中医学科建设，助力江宁中医药事业发展。江苏省中西医结合医院将本着“合作、共赢、创新、发展”原则，从人才培养、学科建设、双向转诊等方面与江宁中医院展开合作，不断提高江宁中医院的服务能力、医疗质量、技术水平，实现医疗优势互补、相互协作、共同发展。

（宁 鉴）

体育设施

【概　况】 2023年，江宁区制定《构建江宁区更高水平全民健身公共服务体系实施方案》《关于加强公共体育设施建设管理实施办法的通知》，明确对全民健身公共服务体系建设和体育设施管理维护要求。开展江宁区全民健身公共服务专项调查，完成《江宁区全民健身实施计划（2021—2025年）》中期评估。新建更新室外健身路径200套、新农村体育健身工程点100个，新建健身步道10千米、百姓健身房2个，改建灯光球场5片，运动场周边安装储物柜5个。全区人均体育场地面积4.87平方米，超过全市、全省平均值。九龙湖南湖公园获评“江苏省示范体育公园”。

【体育场馆】 2023年，全区有江宁体育中心、江宁区全民健身中心两大主要体育场馆。江宁体育中心位于江宁高新区格致路以北、弘景大道以东，大学城正中央，紧邻方山风景区，占地25.8万平方米，是南京市四大体育中心之一，为江宁区最大的体育休闲运动场所，拥有体育场、体育馆及训练馆等场地设施，总建筑面积88933平方米。其中，体育场47287平方米、体育馆14481平方米、训练馆27165平方米；主体育场建筑面积约5万平方米，可同时容纳3万人，体育馆内场面积1800平方米，固定座席4375个、移动座椅408个。江宁区全民健身中心占地3.7公顷，建筑面积36512平方米，室内健身中心建筑面积22385平方米，地上6层、地下1层；室外运动场地总面积12000平方米，包括标准人工草皮足球场1片，智能健身步道、灯光篮球场2片，门球场2片以及全民健身路径、健身舞场、儿童健身设施等。全民健身中心全天候免费向市民开放。

【全民健身器材管理】 2023年，区体育部门根据《南京市江宁区公共文化设施运行管理规范》和《江宁区全民健身工程（点）管理实施办法》，结合“双随机、一公开”以及“城乡环境大整治、精细治理大提升”专项检查，对公共文体场所开展日常巡查，利用省全民健身设施管理维护平台，及时处理群众报修工单，跟踪维修结果，确保各类健身设施和器材安全运行。对室外健身设施进行全面清查，对照全省室外健身设施专项清理规范要求，完善数据库，对存在问题和隐患，开展专项整治行动。（全　晖）

【九龙湖南湖公园获评省示范体育公园】 5月，省体育局、省发展和改革委员会、省住房和城乡建设厅联合发布关于命名“江苏省示范体育公园”的通知，江宁区九龙湖南湖公园榜上有名。九龙湖南湖公园位于诚信大道以南、长亭街以西、兰台街及吉印大道以北、苏源大道以东，总占地面积84.3万平方米，其中湖面面积49.3万平方米、水岸线长5350米。公园设有2块五人制足球场、2块篮球场、2块网球场、1块门球场和1块轮滑场，共47套健身器材，为周边居民运动提供场地。配建游船码头2处、覆土建筑1处、书吧1座、厕所2处。有停车场2处、243个停车位；非机动车停车场4处、400个停车位。公园核心广场主要是景观区，主环线由4.2千米多彩活力环和2.3千米生态漫步环构成，广场、游船码头、环湖步道等空间是周边居民休闲好去处。

（宁 鉴）

全民健身

【概　况】 2023年，江宁区构建更高水平全民健身公共服务体系，优化“运动环境友好”城市布局，制定出台《构建更高水平全民健身公共服务体系实施方案》，为全民健身事业发展提供政策保障。塑造“健身活动友好”城市形象，围绕“周周有活动、月月有赛事”目标，开展群众身边的小型多样健身活动，推动更多体育项目进社区、进基层、进校园。全年举办各类全民健身活动400场，“服务群众、你点我送”全民健身服务活动100余场，以及各类群众性体育活动60多项，总参加人数3万多人次。营造“体育文化友好”城市氛围，建立完善社会体育指导员长效工作机制，发挥全区8000余名社会体育指导员作用，组织科学健身大讲堂、健身指导、国民体质监测等活动，激发群众参与体育活动的热情。构建体卫融合新模式，先后打造江宁中医院运动促进健康中心、土桥卫生院运动促进健康站及龙尚、黄龙岘运动促进健康点，推进“一站式”健康服务。

【全民健身活动】 2023年，全区举办国家体育锻炼标准达标测试和南京市社区运动会12个项目的比赛，先后举办江宁区首届社区暨趣味运动会、“全民健身日”暨“体育宣传周”启动活动、2023江宁首届“村BA”三人制篮球比赛、第二届江宁全民陆地冰壶挑战赛等，活动项目种类多、涵盖人群广、群众参与度高。开展“服务群众、你点我送”体育健身进社区活动100场，完成《国家体育锻炼标准》测试300多人，举办各类全民健身活动超过400场。

【群众性运动会】 2023年，全区各体育社团根据自身特点，因地制宜开展形式多样的群众性体育活动100多项。通过举办系列赛事活动，努力打造有影响力的品牌赛事，推动全民健身与全民健康深度融合，让更多群众感受到“体育无处不在”“体育让生活更美好”。全年新建“微社区运动俱乐部”14个，开展各类活动30多项。

【体育社团管理】 2023年年末，全区有登记注册的区级体育社团34个、体育俱乐部10个，其中AAA级协会10个、AAAA级协会2个，各级体育组织有会员4万余人。各体育社团按照《社会团体登记管理条例》，履行社团登记、年审手续，规范协会组织及制度建设，督促和指导各体育协会按章程及时换届，及时调整领导班子。区老年体协、足球协会、围棋协会、篮球协会、马拉松协会、轮滑协会、太极拳协会、体育舞蹈协会等组织健全、管理规范、活动经常，充满生机和活力。开展公益服务活动，推动广场舞、小篮球、围棋、石锁、轮滑、武术等项目进社区、进学校、进企业，把全民健身公共体育服务送到群众身边。（金 晖）

【2023横山徒步大会】 4月16日，由区文旅局指导，区融媒体中心（传媒集团）、横溪街道办事处主办，南京江广文化传媒发展有限责任公司承办的2023横山徒步大会举行，1000余名徒步爱好者参加活动。此次徒步大会全程以环山路、环湖路和山地为主，包括“悦行山色·追风”“悦游山林·沐光”“悦玩山光·拾趣”三大组别。其中，“悦行山色·追风”组15千米，徒步路线为竹塘坝—四进山顶—苏皖界岭—林道—大山凹—林场管理站—小山顶—竹塘坝；“悦游山林·沐光”组10千米，徒步路线为竹塘坝—四进山顶—折返—美人凹—东陶山—小山顶—竹塘坝；“悦玩山光·拾趣”组5千米，徒步路线为竹塘坝—美人凹—东陶山—小山顶—竹塘坝。

【《国家体育锻炼标准》达标赛】 5月，2023年江宁区《国家体育锻炼标准》达标赛正式开赛，全区10支街道代表队共300多名选手参赛。《国家体育锻炼标准》是经国务院批准推行的一项重要体育制度，以检验公民体育锻炼效果、评价身体素质为目的，以测验达标为手段的评价体系。2023年《国家体育锻炼标准》达标赛分别招募男子和女子青年组（18—24岁）、壮年一组（25—44岁）、壮年二组（45—59岁）参与竞赛，每组分别有5类竞赛项目，各代表队根据团体总分由高到低排列名次。

【江宁开发区首届企业龙舟赛】 6月11日，江宁开发区举办首届企业龙舟赛，园区19家企业事业单位的20支队伍参加比赛。经过前期初赛筛选，最终8支队伍进入复赛和决赛。随着发令枪响，300米直道竞速对决拉开序幕。一番激烈角逐后，来自菲尼克斯电气中国公司的“菲尼克斯凤凰队”摘得桂冠，舍弗勒（南京）有限公司的“舍弗勒龙舟队”和南京机电液压研究中心的“威龙出鞘队”分获亚军和季军。

【江宁区第七届业余足球联赛】 6月，2023“浩瀚青训杯”江宁区第七届业余足球联赛暨江宁区职工足球比赛在江宁高职校落下帷幕。此次联赛由区总工会和区体育总会联合主办，汤山街道办事处、江宁高等职业技术学校和百家湖中学联合承办，有69支球队、近2000名运动员参与，参赛面、参赛规模均创历史新高。联赛于3月23日开赛，分为甲、乙两个级别，其中甲级联赛12支球队，乙级联赛分为6个组共57支球队，进行325场激烈角逐。最终，甲级联赛中，浩瀚青训足球队夺冠，先锋星翼足球队和江峰足球队分列二、三名。乙级联赛中，经过小组赛和淘汰赛，南京天骄HOT足球队、浩瀚江宁足球队和江宁街道铜盟足球队分获冠、亚、季军。在单项奖方面，甲、乙级联赛“最佳射手奖”分别由江峰足球队的邵宇翔和江宁街道铜盟足球队的叶星星获得。

【2023年江宁区“全民健身日”暨“体育宣传周”活动启动】 8月8日，是全国第15个“全民健身日”。当天，江宁区以“全民健身走在前、共建幸福新江宁”为主题，启动2023年江宁区“全民健身日”暨“体育宣传周”活动，活动在武术和太极扇表演中拉开序幕。活动中，与会人员共同观看江宁全民健身风采视频，为全区10名全民健身达人颁发证书，并发布江宁区第九届运动会会标。随后，参加活动的领导共同启动江宁区“体育宣传周”活动。

【江宁区首届“村BA”】 10月11日傍晚，江宁区首届“村BA”比赛决赛在谷里街道箭塘社区灯光篮球场举行。现场，东山街道上坊社区村民篮球队和谷里街道箭塘社区村民篮球队展开激烈角逐。江宁区首届“村BA”比赛全名为2023江宁首届“村BA”三人制篮球比赛，是为深入实施“健康中国”战略和全民健身国家战略，推动全民健身高质量发展，丰富基层社区篮球赛事活动而举办的比赛。比赛自10月8日开始，4天时间里，全区10个街道的29支村（社区）篮球队进行102场比赛，最终决出冠、亚军。 （宁　鉴）

竞技体育

【概　况】 2023年，江宁区组团（队）参加青少年赛事共获得各类奖牌252枚，其中金牌102枚、银牌78枚、铜牌72枚。参加2023南京市青少年阳光体育联赛18项比赛，获田径金牌3枚、银牌3枚、铜牌1枚，击剑金牌6枚、银牌4枚、铜牌10枚，网球金牌1枚、银牌2枚、铜牌6枚，游泳金牌37枚、银牌22枚、铜牌11枚，马术金牌11枚、银牌13枚、铜牌11枚，拳击金牌4枚、银牌3枚、铜牌6枚，羽毛球金牌1枚、银牌2枚，轮滑金牌1枚、银牌1枚、铜牌2枚，帆船金牌1枚、银牌3枚、铜牌1枚，棋类金牌1枚、银牌3枚、铜牌1枚，棒（垒）球金牌3枚、银牌1枚、铜牌1枚。举办（承办）国际、全国、省、市以及区级体育赛事33项。其中，2023—2024亚洲排联沙滩排球“洲际杯”国际级赛事1项；全国青年U系列沙滩排球赛、2023江宁大学城半程马拉松、2023全国健身瑜伽公开赛（汤山站）等国家级赛事15项；2023年江苏省青少年射击（飞碟）冠军赛、2023年江苏省青少年射击（飞碟）冠军赛、2023中国足协U21联赛、第二届江苏—台湾青少年围棋交流赛等省级赛事8项；2023金斯瑞南京·高校百公里接力赛、2022—2023南京市大学生篮球联赛等市级赛事5项；2023年江宁区青少年阳光体育节校园田径联赛、江宁区第九届运动会等区级赛事4项。

（金　晖）

【2023江宁大学城半程马拉松】 4月9日，2023南京江宁大学城半程马拉松在江宁大学城体育中心鸣枪开跑，1万多名跑步爱好者参加。此次比赛有3个组别，包括大众组、半程马拉松和欢乐跑。为纪念在南京举办的新中国第一场马拉松，特别设置1957历史传承组。其中，半程马拉松赛道全长21.0975千米，欢乐跑赛道全长约5千米。半程马拉松赛道起终点均设在江宁体育中心，途经金陵科技学院、方山风景区、1957年新中国第一场马拉松终点、理想之门、南京工程学院、南京旅游职业学院、南京生命科技小镇等江宁大学城标志性地点。

【2023全国健身瑜伽公开赛（汤山站）举行】 5月20日，“汤山温泉杯”2023年全国健身瑜伽公开赛（汤山站）举办，全国35支代表队和个人参赛者200余名健身瑜伽运动员参与角逐。这是汤山第四次举办全国健身瑜伽大赛。此次比赛分为单人项目（男单、女单）、双人项目（女双、混双）、集体项目及社会组、院校组两大组别。比赛采用现场比赛与线上直播相结合模式，利用多媒体平台的传播优势进行宣传，并在各大网络平台同步直播，专业解说对现场进行实况分析。

【全国青年U系列沙滩排球锦标赛在汤山开赛】　8月24日，汤山温泉·2023年全国青年U系列沙滩排球锦标赛在江宁汤山国际沙排体育公园开赛。此次比赛为期4天，全国各地男女球队近300名赛事人员参加。作为全国青年U系列最高水平的沙滩排球赛事，全国青年U系列沙滩排球锦标赛2023年分为5个赛区开打，汤山赛区为全年第四站比赛。赛事分为U–15组和U–19组2个系列，分男子沙排和女子沙排2个小项，比赛采用三局两胜制，男子沙滩排球和女子沙滩排球比赛的规则相同。

【江宁区第九届运动会开幕】　10月22日，江宁区第九届运动会开幕式在南京工程学院体育馆举行。市委常委、区委书记林涛，区领导黄成文、刘玲等，以及省市相关部门、驻区高校负责人和江宁社会各界3000多名群众参加开幕式。全区各街道、部门、高校、企事业单位的30支代表队约500名运动员依次入场。开幕式文体展演以“缤纷悦动、活力江宁”为主题，通过4个篇章，多维度展现江宁的区域活力和市民精神风貌。该届区运会共设18项赛事，既有篮球、足球、乒乓球、羽毛球等群众基础广泛的大众项目，还增设龙舟、瑜伽、气排球、门球、登山、武术等特色项目。参赛人群覆盖全区各行业，包括街道、园区、机关、企业、高校、中小学生等，参赛年龄覆盖8—70岁，涵盖老、中、青、少等不同群体。第九届区运会引入全域布局概念，把赛事举办地延伸至各驻区高校、中小学校、旅游景区、街道社区等。

【区青少年业余体校入选国家高水平体育后备人才基地】　12月，国家体育总局青少司公布新一周期“国家高水平体育后备人才基地（2021—2024）”名单，江宁区青少年业余体校榜上有名。区青少年业余体校开设棒球、女子垒球2个市队区办运动项目，在训80人，其中女子垒球在训43人。学校于2008年、2016年连续2次被国家体育总局认定为“国家高水平体育后备人才基地”，并多次被市委、市政府、市体育局授予先进单位、文明单位、优秀单位等称号。学校先后培养输送李欢、徐佳、徐倩雯等13名优秀运动员，有72名运动员考入高校。　（宁　鉴）

体育产业

【概　况】　2023年，江宁区有国家级体育产业示范基地1家、国家体育旅游示范基地1家，省级体育服务综合体2家。年内，智慧体育大数据中心研发项目、体力波足球公园、宽乐健康体卫融合运动促进健康平台建设项目获省级体育产业发展专项资金。汤山温泉旅游度假区体旅融合场景、野趣国际营地“户外活动＋营地”场景、黄龙岘乡村体育休闲旅游场景入选2023年江苏省体育消费场景典型案例。

【体彩销售】　2023年，全区新增传统体彩销售网点32家，新开通竞彩权限18家，便利连锁渠道36家，商业综合体1家。探索“彩票＋景点”“彩票＋演出”等新的销售模式和销售场景，在江苏园博园新建步行街展示体验中心，利用区内丰富的旅游资源和文化资源，进一步提升体彩的市场运营活力和品牌影响力。全年完成体彩销售额9.02亿元，比上年增长50.17%，筹集公益金7000万元。

【南京金陵马汇文化发展有限公司】　该公司成立于2014年5月，注册资金500万元，由母公司江苏益成投资管理有限公司独资设立，位于国家级汤山温泉旅游度假区核心区域，占地13.3公顷，总投资5400万元，为南京市马术界龙头单位和推广基地、中国法国合办马术学校、江苏省青少年马术培训基地、江苏省（南京市）青少年马术队训练基地，重要马术赛事举办地。公司主营业务包括马术健身服务、专业马术培训、马术专业赛事承办、国内外马背旅游开发实施和文体活动，以及各类庆典、展览、会议相关服务。

【南京汤山温泉房车营地】　该营地以“温泉＋集装箱主题民宿＋房车＋木屋”的休闲养生产业理念，依托汤山千年温泉文化底蕴，融合温泉自然疗法，加入自驾房车生活主题元素，打造休闲养生度假旅游文化为主题的山地森林型人与自然相融合出行休闲方式。营地位于汤山温泉旅游度假区内，距沪宁高速汤山出口1.2千米，地铁S6号线猿人洞站步行8分钟，交通便利，风景秀美。营地规划面积21.9公顷，一期项目占地10公顷，总投资1.5亿元，按照国家体育总局五星级营地标准建设，已建成游客接待中心、户外休闲SPA区、自助烧烤区、户外拓展区、木屋住宿区、房车露营区、房车体验区，有房车营位40个、自驾车停车位150个，食宿、水电、照明、网络等配套设施一应俱全。

（金　晖）

社会生活

人口与家庭

【户籍人口】 2023年年末，江宁区户籍人口总户数50.19万户，比上年末增加0.98万户；户籍总人口128.01万人，增加1.18万人。全年出生人口1.09万人，出生率8.51‰；死亡人口0.76万人，死亡率5.94‰。自然增长人口0.33万人，自然增长率2.56‰。

【常住人口】 2023年年末，全区常住人口198.52万人，比上年末增加1.53万人。其中，城镇常住人口156万人，常住人口城镇化率为78.58%。

【暂住人口】 2023年年末，全区登记实有暂住人口108.3万人，比上年末增加0.04万人，增长0.04%。全年新登记出租房屋4.4万户，暂住人口19.9万人。

【流动人口】 2023年，江宁公安分局累计登记暂住人口75.9万人，其中首次到江宁人员19.9万人；注销暂住人口74.8万人；新登记出租房屋4.4万户，注销3.8万户。清理住人地下室11610间，其中地上储藏室7209间、地下室4401间，通过整治住人地下室消除安全隐患16695处。

【居民出入境及往来港澳台管理】 2023年，江宁公安分局办理出入境及往来港澳台证件94069件，其中护照49814件，港澳通行证及签注41327件，内地居民往来港澳通行证38件，大陆居民往来台湾通行证及签注251件，外国人签证2639件。查处违反出入境管理行政案件152起，妨害国（边）境管理刑事案件立案10起、起诉9人，遣送出境5人。 （朱亚丽）

【婚姻与收养登记】 2023年，区民政部门办理结婚登记12474对，离婚登记4138对，离婚申请6769对，补领婚姻证件2070件。办理收养登记23件，其中收养22件、解除1件。“幸福彩虹”婚姻家庭辅导室成功调解处于婚姻边缘家庭217个。

（区民政局）

【生育服务管理】 2023年，江宁区落实“三孩”生育政策及配套支持措施，完善六大生育支持体系。开展人口生育状况趋势及生育支持政策研究，组织人口工作专题培训，做好人口监测与生育登记等服务工作。落实二孩及以上家庭实施商品房增购政策，申报市级普惠托育服务实事项目，推进农村托育试点，建成公建民营托育机构2个、社区亲子活动室6个、社区托育点3个，创成江苏省普惠托育机构1个。加强科学育儿宣传，举办社区免费亲子活动987场、科学育儿知识讲座150场。参与实施国家级基层儿童早期发展试点项目。

（王　栩）

【殡葬管理服务】 2023年，区民政部门推动殡仪馆选址重建工作，完成项目选址稳评。落实殡葬惠民政策，先比对后发放。推进公益性公墓审计问题整改，开展公益性公墓航拍监测和公益性公墓年审，完成“活人墓”等殡葬领域突出问题整改，全区殡葬工作整体平稳有序，在2023年全市殡葬工作考核中获第一名。

（区民政局）

劳动就业

【概 况】 2023年，江宁区成立高校毕业生就业联盟，开发高质量见习岗位2715个，举办“百所高校江宁行”暨高质量充分就业合作交流会，组织800余名师生分22批次参加“感知江宁”活动，为离校未就业高校毕业生提供“全覆盖”“一对一”跟踪服务。对辖区重点登记失业人员、长江退捕渔民等群体进行专项跟踪调查，开发公益性岗位安置困难人员717人。江苏省零工市场“即时快招”一站式公共服务社会影响力进一步扩大，入选全国稳就业工作现场推进会3个现场观摩点之一。

【促进就业】 2023年，区人社部门开展“就业援助月”“春风行动”“暖心行动”等专项服务活动247场，发放补贴资金2.2亿元，开发公益性岗位安置困难人员就业92人，组织补贴性职业培训2.4万余人次，新增城镇就业4.3万人、大学生就业3.8万人。建成江苏省零工市场和若干零工驿站，构建“1+N”零工服务网络，组织春风行动“促返岗·保用工”专题活动等线上线下招聘活动，零工市场累计服务求职零工人员超3万人次，就业匹配成功1.1万余人，获南京市域社会治理现代化推广类创新项目奖。落实春节招工奖励政策及留工补助政策，兑现奖励资金213.31万元。全年举办各类招聘会472场（线下223场、线上249场），累计参会企业7273家，就业需求11.6万人，达成初步就业意向1.3万人。

【重点群体就业】 2023年，全区新认定就业困难人员5500余人，发放各类惠企惠民社保补贴2.19亿元，其中个人社保补贴1.79亿元，企业社保补贴4000万元，惠及就业困难人员8万人次、企业3000家次。动态跟踪并维护失业1年以上人员信息9200人次。完成企业录用建档立卡贫困人口减免税收工作，累计核验建档立卡贫困人口2604人。为1200家次中小企业发放一次性扩岗补助500余万元，为4000余人提供灵活就业退休登记及档案资料查询核对服务。围绕全区产业特征与企业需求，探索推出“3D打印技术应用”等订单式培训可提供直达送岗服务。全年举办各类招聘活动472场，补贴性职业技能培训2.5万人，成功自主创业8511人。

【职业技能培训】 2023年，区人社部门完成新增职业技能等级认定机构备案15家，新增高技能人才3487人、技师和高级技师565人、数字技能人才3235人，新增职业技能等级取证14481人。开展以需定培、以培供需、定向输出、定岗就业订单式、套餐式培训，在南京正德职业技术学院首次举办“理论+实操”相结合的“3D打印技术应用”职业技能培训班，逐步形成“培训、就业、保障”三位一体培训模式，全年开展就业技能培训581人。鼓励技工院校以“送教下车间”形式，组织开展企业技能岗位新招用和转岗等人员参加企业新型学徒培训，促进企业技能人才培养，壮大产业工人队伍。全年有10家企业、4所院校的418人接受新型学徒制培训。

【劳动监察维权】 2023年，全区提前3个月开展冬季治欠百日攻坚行动，区城建、交通运输、水务、房产、国资等部门排查出欠薪项目27个，各园区街道排查出重点风险隐患27条，均在规定时间内逐一进行化解。夏、秋两季专项行动期间，区人社部门会同城建等行业部门及园区街道检查工地项目66个，对110个存在建设单位未按时拨付工程款项目进行检查，督促从源头上化解矛盾。区治欠办、清欠办在全市率先合署办公，联合公安、司法、园区街道等各方面力量，高效运转“两办一班”集中办公模式。先后召开区领导专题调度会议10余次，编印《治欠简报》22期，通报各类重点案件线索及处置情况76件。区劳动保障监察大队受理各类投诉举报案件9215件（工程建设领域2540件、非工程领域6675件），总量比上年下降1.07%。其中，国务院欠薪线索平台案件6045件，“12333”转办案件1341件，“122”社会求助服务平台欠薪警情工单9件，现场接待1453件。全年立案处理农民工案件485件，按期办结率100%，为5108名农民工追回工资6420万元。实施行政处罚案件11件，罚没款15.6万元。

【和谐劳动关系构建】 2023年，全区创建省级劳动关系和谐企业3家、市级劳动关系和谐企业39家、区级劳动关系和谐企业612家。完成集体合同审查2776家，在444家企业（其中部170家、省178家、市96家）开展薪酬调查、28家企业人工成本监测、12家国有企业工资总额调查、14个村（社区）280户居民直报调查工作。举办新时代和谐劳动关系建设活动普法培训10场，开展市、区两级“援企纾困送法”活动。接处“12345”工单13261件，其中劳动关系工单10352件。分别在谷里街道、江宁高新区、

禄口街道、江苏建筑服务产业园等组织法律法规普法培训10期，参培人员824人次。（区人社局）

收入消费

【农村居民生活】 据农村住户抽样调查，2023年，江宁区农村常住居民人均可支配收入37524.7元，比上年增长6.1%；人均生活消费支出28548元，增长10.5%。其中，工资性收入27142.3元，增长6%；财产性收入1972.6元，增长4.8%。农村居民恩格尔系数为29.2%。年末，平均每百户农村居民耐用消费品拥有量：彩电124台、移动电话224部、家用空调200台、家用电脑34台、家用汽车51辆。全区农民人均住房使用面积63.4平方米。

【城镇居民生活】 据城镇住户抽样调查，2023年，全区城镇常住居民人均可支配收入76693.4元，比上年增长3.9 %；人均生活消费支出44985.6元，增长7.1%。其中，工资性收入53358.1元，增长4%；财产净收入7622.4元，增长2.2%。城镇居民恩格尔系数为25.2%。年末，平均每百户城镇居民耐用消费品拥有量：彩电127台、移动电话231部、家用空调238台、家用电脑88台、家用汽车80辆。全区城镇居民人均住房建筑面积41.6平方米。（杨晓晓　李晨颖）

2023年江宁区城镇居民家庭人均可支配收入统计表

表18

指 标	数值（元）	比上年增长（%）
城镇居民人均可支配收入	76693	3.90
一、工资性收入	53358	4.00
二、经营净收入	6304	3.50
三、财产净收入	7622	2.20
四、转移净收入	9409	5.50

2023年江宁区城镇居民家庭人均消费支出统计表

表19

指 标	数值（元）	比上年增长（%）
城镇居民人均消费支出	44986	7.10
食品烟酒	11336	6.70
衣着	2842	5.90
居住	10927	6.70
生活用品	2988	7.00
交通通信	5737	7.90
教育文化娱乐	7108	7.80

续表 19

指 标	数值（元）	比上年增长（%）
医疗保障	2574	8.80
其他用品和服务	1473	6.40

2023 年江宁区农村居民家庭人均可支配收入统计表

表 20

指 标	数值（元）	比上年增长（%）
农村居民人均可支配收入	37525	6.10
一、工资性收入	27142	6.00
二、经营净收入	5337	6.60
三、财产净收入	1973	4.80
四、转移净收入	3073	7.00

2023 年江宁区农村居民家庭人均消费支出统计表

表 21

指 标	数值（元）	比上年增长（%）
农村居民人均消费支出	28548	10.50
食品烟酒	8336	9.00
衣着	1845	8.00
居住	6735	7.30
生活用品	1636	8.30
交通通信	3317	9.50
教育文化娱乐	3911	24.10
医疗保障	1698	9.70
其他用品和服务	1069	11.00

（区统计局）

社会保险

【社会保险基金征缴】 2023年，江宁区人社部门贯彻《南京市推动经济运行率先整体好转若干政策》《江宁区拼经济促发展若干措施》等助企纾困政策，通过“政策找企”“免申即享”等方式，帮助企业应享尽享，降低用工成本，全力稳岗留工。为全区近5万家单位49.2万名参保职工减免失业保险费7.76亿元，其中减免单位部分5.82亿元。继续推进企业扩面征缴工作，企业职工基本养老保险净增缴费12325人，中断缴费续保7257人，新增参保单位7475家。全年完成参保单位养老、工伤、失业3项社会保险费收入91.78亿元，其中养老保险收入85.63亿元。

【居民养老保障】 2023年，区人社部门采用“信息比对、平台认证、线下认证”模式，完成全区14万名待遇领取人员资格认证。通过明确目标任务、细化工作举措、层层压实责任方式，保质保量做好征地社保费退返、丧葬费发放、征地抵扣居保等工作。作为2023年南京市唯一申报城乡居保集体补助试点地区，在充分调研的基础上，于12月6日发布《江宁区关于开展城乡居民基本养老保险集体补助试点工作的实施意见》。全区城乡居民养老保险参保、续保51413人，其中低保、重残等困难人员参保4796人。城乡居民养老保险新增领取6132人，注销登记5227人，实际领取城乡居民养老保险待遇91189人，全年发放7.33亿元。老农保在领2521人，发放284万元，老农保转接退保1335人，退保金额245万元。

【企业机关事业人员养老保险】 2023年，区人社部门办理养老转入4207人次，养老转出6022人次。全区有企业离退休人员11.26万人，其中新办理退休人员养老待遇核定1.34万人，办理在职人员个人账户一次性支取业务266人，在职死亡427人，退休死亡1086人。发放企业退休人员自主增资1.11万人、2041.41万元；发放企业抗美援朝老战士增发13人、14.7万元；代发手工业社保养人员29人、55.71万元；发放企业离休干部财政津补贴10人、95.84万元；发放75周岁及以上企业退休人员“两节”慰问金3978人、119.45万元；代发企业退休军转干地方增资和生活性补贴269人、756.49万元。全区纳入社区（区）社会化服务管理12.85万人。全年为5491人次已纳入社会化服务管理人员发放各项慰问金111.07万元；“两节”慰问1870人，发放慰问金215.05万元。

【失业保险待遇审核】 2023年，区人社部门累计办理失业保险待遇审核21500人次，其中办理失业保险金申领14790人次、失业补助金申领630人次、技能提升补贴申领7185人次、丧葬补助金和抚恤金申领40人次、审核一次性扩岗补贴2546人次，受理审核其他业务7500人次。全年为失业人员发放失业保险待遇2.65万人、金额3.2亿元。其中，为2.22万人发放失业保险金2.5亿元，为2.1万人发放医保补贴4757万元，为10542人发放物价补贴334.7万元；审核发放一次性扩岗补贴2546人、381.9万元；办理失业保险转移497人、转移金额397万元。落实相关失业保险政策，确保在领失业金期间死亡人员家属基本生活保障，为34名死亡人员家属发放失业人员丧葬补助金和抚恤金215.8万元。元旦、春节期间为750名失业人员和57个因身患重病导致家庭困难人员发放“两节”慰问金60.4万元。

【企业退休人员审批】 2023年，区人社部门按照《江苏省企业职工基本养老保险规定》，依托省一体化平台，优化退休审批流程，采用受理限时办结、内部交接模式，企业网上追踪办结。完成享受特殊工种提前退休人员国家数据库“一人一档”建设，录入并完善终身可查、国企全覆盖、特殊工种详尽化，确保此类群体及时享受提前退休养老待遇。全年审批企业职工退休13410人。其中，提前退休537人（特殊工种301人、因病完全丧失劳动能力236人），289号文超龄延缴退休199人。在职死亡视同缴费年限审核26人。

【工伤认定和劳动能力鉴定】 2023年，区人社部门完成在册优先和单独参加工伤保险单位271家、21371人。其中，多重劳动关系参加工伤保险47家、137人；非全日人员参加工伤保险91家、19103人；超龄人员参加工伤保险63家、314人；实习生参加工伤保险42家、920人；商贸农民工参加工伤保险28家、897人。持续推进“同舟计划”，办理新开工项目工伤保险240个，工程总造价259.53亿元，工伤保险费2335.79万元，参保14074人，实现新开工工程建设项目均纳入工伤保险参保范围，有效保障农民工合法权益。全年受理工伤认定案件4461件，其中个人申报358件、工伤死亡72件；职业伤害确认申请331件。组织劳动能力鉴定18期，鉴定3425人次，其中因病鉴定269人，停工留薪期确认23件。组织64家企业开展工伤预防培训，培训职工7500人。

【社保稽核】 2023年，区人社部门受理社会保险个人缴费基数不足投诉220件，开展工伤稽核20件，追回社保缴费基数2110.82万元。整合职工医保原门诊统筹和门诊慢性病政策，建立新型门诊统筹政策，加强门诊统筹监管，防止在门诊统筹中骗取基金。运用视频监控平台对定点药店进行人工巡查，全年巡查1026家次，在智能挖掘平台上对15家医疗机构25名医保医师记分72分。实地检查定点医药机构86家，约谈整改29家，暂停医保服务4家，追回违规费用357.76万元，处罚违约金343.44万元，扣减医保违规金额701.2万元。 （区人社局）

【基本医疗保险参保缴费】 2023年，全区职工基本医疗保险缴费，用人单位按全部职工工资总额的7%缴纳，比上年降低1%；职工本人按缴费基数的2%缴纳；灵活就业人员参加职工医保，按全市上年在岗职工平均工资缴费基数的8%缴纳，降低1%。大病救助每人每月缴纳10元，均包含在上述缴费中。城乡居民基本医疗保险的年人基金标准，老年居民为1780元，其他居民为1800元，学生儿童为1410元，其中财政分别补助1270元、1190元和1160元，个人实际缴费分别为510元、610元和250元。2023年9月1日起增加大学生医保，年人基金标准为880元，其中财政补助680元，个人实际缴费200元。符合医疗救助对象的居民医保个人缴费由区财政100%补助。

【基本医疗保险待遇】 2023年，全区实行职工基本医疗保险门诊共济保障机制，以更好解决相应参保人员的门诊保障问题，切实减轻其医疗费用负担。职工基本医疗保险门诊待遇，不再设起付标准，而实行分段计算、累加支付政策。在职职工门诊医保范围内费用最高上限调整为1.5万元，取消原有的门诊慢性病待遇，扩大门诊特殊病种为常见13种和儿童4种。相关住院待遇与上年基本保持一致，一级医疗机构住院起付线为300元，二级医疗机构住院起付线为500元，三级医疗机构住院起付线为1000元。城乡居民医保普通门诊统筹待遇及住院待遇与上年保持一致。住院医保基金支付比例，老年居民和其他居民在一级医院为90%、二级医院为85%、三级医院为65%。80岁以上老年居民对应提高5个百分点，学生儿童在一级医院为95%、二级医院为90%、三级医院为80%。全体医保参保人员医保范围内住院与门诊大病费用，每个自然年度内个人支付超过2万元部分实行大病保险，采取“分段计算、累加支付”，不设最高支付限额。其中，困难人员在起付标准降低50%的基础上，各费用段报销比例提高5%。居民生育医保待遇涵盖产前检查和住院分娩的医疗费用，其中产前检查费用基金支付40%，限额提升至800元，生育住院分娩费用参照住院支付政策执行，在三级医疗机构就诊基金支付比例提升为80%。

【职工基本医疗保险】 2023年，全区职工基本医疗保险参保65万人。有定点医疗机构491家，职工医疗保险住院10.2万人次，门诊就诊761.3万人次，医保基金支出23.61亿元，其中统筹支付16.08亿元、大病基金和大病保险支付0.13亿元、个人账户支付7.4亿元。有定点零售药店511家，职工医疗保险药店刷卡415万人次，医保基金支付4.75亿元。医保基金合计支出28.36亿元。职工医疗保险零星报销6200余人次，医保基金支付2687万元。全年办理生育零星报销业务4149人次，发放各项费用5067万元。其中生育类2863人次、4767万元，女方无工作，在男方报销生育费用186人次、44万元。女职工领取生育津贴1135人次、3387万元，一次性营养补助1135人次、335万元，男职工享受护理假期津贴1728人次、571万元。全区职工基本医保政策范围内的住院医疗费，用基金支付比例稳定在80%左右。

【城乡居民基本医疗保险】 2023年，全区城乡居民基本医疗保险参保46.5万人，参保率99%；居民医保筹资5.38亿元，其中个人缴纳1.79亿元、财政补助3.59亿元。门诊与住院医保基金总支出13.25亿元，其中门诊474.2万人次，费用支出5.63亿元；住院7.46万人次，费用支出7.62亿元。基层经办机构办理零星报销6400多人次，医疗费用4634万元。全年居民基本医保政策范围内的住院医疗费，基金支付比例稳定在70%左右。

【医保基金监管】 2023年，区医保部门持续保持医保基金监管高压态势，进一步优化与检察院、公安等司法部门的协作机制，加大对欺诈骗保行为的惩戒力度。利用大数据、医保高铁等信息平台，让数据赋能，加强针对性监管。优化创新生物医药进医院快速机制，新增2个创新药品种进入《医保支持生物医药创新产品清单》。全年现场检查165家，处理违规医药机构30家，暂停医保服务6家，25名医保医师实施扣分惩戒。

【长期护理保险】 7月1日起，原“南京市失能人员照护保险”正式更名为“南京市长期护理保险”，简称长护险。全区符合享受长护险待遇人员4471人，含五类政府养老扶助对象102人和低保或低保边缘家庭163人，其中入住照护机构615人、居家照护3856人。全区有定点照护服务机构64家、定点评估机构9家，在职评估员345人，在职护理员1355人。全年接收市医保局拨付长护险（含失能险）专项基金7038万元。 （姜　峰）

社会救助

【最低生活保障与救助】 2023年7月1日起，江宁区城乡低保标准由月人均1030元调整到月人均1050元，同步调整特困供养、困难残疾人生活补贴标准。截至12月，全区低保4408户6004人，全年发放保障金6467.44万元。特困供养2379人，发放供养经费4066.42万元。残疾人生活补贴8408人，护理补贴10619人，发放补贴9996.12万元。先后2次为城乡低保、特困供养、困境儿童和低保边缘家庭发放价格临时补贴160.57万元，惠及9400余人。开展2023年春节走访慰问活动，按照普惠原则，为8300户家庭或个人和9所敬老院发放慰问资金830万元。建成区社会救助平台并投入使用，为区社会救助联席会议14个主要成员单位、10个街道及207个村（社区）开通账户。系统收集各部门与社会救助关联数据30项、信息10.89条，实现数据共享，被省民政厅列为2023年全省社会救助领域创新实践活动试点单位。

【临时救助】 2023年，区民政部门对遭受突发事件、意外伤害、重大疾病或其他特殊原因导致基本生活陷入困境，其他社会救助暂时无法覆盖或救助之后基本生活暂时仍有严重困难的家庭或个人应急性、过渡性救助。全年临时救助1317人次，发放救助金123.64万元。

【流浪乞讨人员救助】 2023年，区民政部门健全生活无着流浪乞讨人员救助管理服务体系，秣陵街道救助服务点被评为市级救助服务示范点。开展以“科技赋能筑大爱、温情救助守初心”为主题的“开放日”活动，以及“寒冬送温暖”和“夏季送清凉”专项救助行动。成立由公安、民政、城管、卫健、公交集团等部门和各街道组成的流浪乞讨救助管理工作专班，协调处置街面滞留个案8个。全年接待求助人员155人，协调公安、市救助站等部门救助20余人次，重新摸排出全区43名曾经或容易外出的智力障碍及疑似精神障碍流浪乞讨人员。 （区民政局）

【医疗救助】 2023年，全区享受医疗救助待遇人员2.5万余人，年内享受医疗救助2.2万人、45万人次，产生医疗费用34958万元，其中医保报销费用26181万元，实际医疗救助费用8777万元。救助医疗费用中，门诊约1.5万人、25万人次，支付费用2685万元；住院和门诊大病6638人、20万人次，支付费用6092万元，医疗救助比例90%以上。继续实施医疗救助人员大病商业补充保险，对享受医保补助相关人员提供参保资金130万元，并实行医保范围内费用兜底保障，即扣除起付线1000元后不设上限100%报销。 （姜　峰）

【慈善救助】 2023年，区慈善总会弘扬中华民族“扶贫济困、乐善好施”传统美德，筹募慈善资金，开展社会救助，扶助弱势群体，促进慈善事业高质量发展。区慈善总会获江苏省慈善总会“年度进步奖”，南京市慈善总会“突出贡献奖”“最聚人气奖”，“扶弱助困情满江宁”“爱心浇筑上学梦”获南京市慈善总会优秀项目奖。全年募集善款4048.81万元，支出3903.03万元。鼓励区内企业踊跃投身慈善事业，景枫集团、汪海集团、二十一世纪集团、江宇集团、金箔集团、明月集团、宏亚集团、景古公司、上元堂公司、南京甘汁园、江苏登峰、南京九建、中江新材料公司等爱心企业累计捐赠305.46万元。动员干部职工捐赠一天的收入、企事业单位捐出一天的利润，全区机关单位、街道共募得善款515.08万元。联动21个慈善分会、11家副会长单位及区教育局、区民营经济协会等单位参加一年一度的“99公益日”慈善募捐活动，全区参与捐款13万人次，公众筹款318.3万元，获腾讯配捐34.5万元。开展“情暖江宁”慰问活动，向各街道慈善分会拨付1275万元，支持基层开展扶贫济困、大病救助和慈善公益活动。在南京甘汁园公司举行2023年慈善“情暖江宁”活动启动仪式，南京甘汁园公司现场捐赠550万元。向慈善捐赠园区、国资平台及相关企业拨付125.9万元，对患大病、遇急难的困难职工进行救助。中秋节慰问全区2630名“五保”老人，发放慰问品49.97万元；春节慰问444户重特大困难户，发放慰问金133.2万元。“阳光助学”项目救助对象从非义务教育阶段到义务教育阶段，还向幼儿园拓展，救助困难家庭学生517人，发放助学金178.15万元及购书卡11.2万元。“六一”儿童节，慰问困难学生310人，发放慰问金26.08万元及爱心卡3.26万元，资助禄口小学、淳化中学13.3万元，用于开展慈善进校园活动。实施儿童大病救助项目，对18周岁以下孤儿、事实无人抚养儿童、困境儿童、低保、特困人员、低保边缘家庭、支出型困难家庭中患有重大疾病患儿进行二次补充救助。省、市、区报销23.2万元，区慈善总会二次报销16.6万元。向区教育局拨付50万元，设立慈善奖学金，对品学兼优的贫困学生进行奖励。向新疆特克斯县、陕西洛南县慈善协会分别捐赠20万元，帮助两地开展支教助学。安排10万元与区卫健委落实100户计划生育特殊家庭困难救助项目；安排10万元与区妇联落实50名患“两癌”妇女困难救助项目；安排12万元与区红十字会开展“江宁区博爱光明慈善行动”，为100名低收入家庭白内障患者实施复明手术；与区总工会开展慈善文化建设进企业等活动。实施“济民保险”助医工程，安排178.05万元，为全区5935名低保人员以商业保险方式，因疾病或意外发生的医疗费用，对医保目录范围外的自费部分，实施再次理赔救助。安排100万元（含省、市补助），在横溪街道横山社区实施江苏省“慈善光伏照万家”乡村助困项目，将每年收益部分按照不低于1000元标准资助社区100名困难低保户。 （区慈善总会）

社会福利

【儿童福利】 2023年，江宁区坚持未成年人保护工作委员会成员单位联席会议制度，强化部门联动；组织困境儿童及留守儿童精准排查，深入推进以“三步排查、四色管理、N重关爱”为核心的“主动发现”机制。打造1个省级示范性街道未成年人保护工作站，建成4个街道级未成年人保护工作站，将兜底监护、关爱提质、资源链接和社会倡导“四大工程”建设落实到位。提供关爱服务，开展暑期走访、春节慰问等关爱行动，联合团区委举办“点亮微心愿”活动。深化与南京市社会儿童福利院合作，为9名具备康复条件重残儿童开展康复服务，提高儿童保障和服务的广度、深度和温度。妥善处置未成年人保护个案11起，有效阻止冲击社会道德底线事件发生。结合“未成年人保护宣传月”活动，联合区教育局、区检察院等相关成员单位共同举办“暖心伴‘童’行、携手护成长”主题活动。

【老年人福利】 2023年，全区为江宁户籍、年龄80周岁以上老年人发放尊老金，发放标准为80—89周岁每人每月60元，90—99周岁每人每月100元，100周岁及以上每人每月600元。全年为30330名80周岁以上老年人发放尊老金2493万元。

（区民政局）

【残疾人福利】 2023年，全区有8874名残疾人领取生活补贴，10619人领取重度残疾人护理补贴，全年补贴总额9996.51万元。持证残疾人参加城乡居民养老、居民医疗保险费用全额补贴，为2646名残疾人发放参保补贴445.81万元，为3840名轻度残疾人代缴居民医保参保费用。为26222名持证残疾人及在训残疾人购买综合型商业保险，为1039名残疾人报销金额263.19万元。

（芮 东）

【福利彩票销售】 2023年，全区福利彩票销售总额38266万元，比上年增长41.9%。其中，电脑票22397万元、即开票15869万元。

（区民政局）

【江宁跻身全省福利彩票销售十强区】 4月，全省福利彩票工作会议召开，江宁区福彩中心获2022年度全省福利彩票销售十强区奖。区福彩中心在疫情和票种调整等不利情况下，克难奋进，扎实推进彩票销售各项管理和服务工作，为全区社会福利和公益事业作出积极贡献。2022年取得全省（区级）彩票销量第三位、全市第一位的好成绩，全年实现福利彩票销售2.7亿元，筹集社会公益金8200万元，惠及老、幼、孤、残等困难群众1万人。同时，以全区福彩站点为依托，设立扶助残疾人就业的公益性岗位15个，为环卫工、交警等人群提供热水、休息等服务的爱心驿站30家。 （宁 鉴）

住房保障

【保障房住房建设】 2023年，江宁区聚焦新市民、青年人阶段性住房困难问题，坚持以供需平衡、量质并举、增存并重为导向，鼓励国有企业主导、民营企业及多种类型主体共同参与开发建设，加快形成多主体参与、多渠道保障、精准化布局、智慧化管理的保障性租赁住房供应体系。全年筹集保障性租赁住房3218套，完成年度目标任务。6月，江宁区发展保障性租赁住房获省政府“真抓实干督查激励”通报表彰。

【人才安居保障】 2023年，全区发放人才安居租赁补贴8831.74万元、人才安居购房补贴3659.77万元。商品房中竞配建住宅项目21个、1795套，总建筑面积18.8万平方米，均为2017—2020年竞拍人才房土地政策时的开发项目，优先用于保障人才住房需求。至年末，已交付项目20个，1724套、18.15万平方米；未交付项目1个，71套、0.65万平方米。

【公共租赁房保障】 2023年，全区低保家庭在保38户，低收入家庭在保269户，中等偏下收入家庭在保67户，新就业人员、外来务工人员在保60户，新增保障中低收入家庭、新就业、外来务工人员各类群体公租房73户。全年发放租赁补贴86.66万元。

（区住房保障和房产局）

【住房公积金管理】 2023年，南京住房公积金管理中心江宁分中心归集住房公积金57.61亿元，比上年增长9.61%。新增缴存单位3099家，其中5人以上缴存单位825家，新增缴存职工40112人。年末，全区有缴存单位23706家，缴存职工31.58万人。全年发放住房公积金贷款5556笔、32.74亿元；提取住房公积金68.98万笔、38.55亿元。

（江宁公积金分中心）

【珑熹台租赁房项目获国家级奖项】 6月，中国房地产业协会、住房和城乡建设部住宅产业化促进中心联合发布《关于表彰第十届（2021—2022年度）“广厦奖”第二批（补充）获奖项目的通报》，南京安居集团保障房公司与江宁高新区共同投资建设的江宁珑熹台租赁房项目获第十届“广厦奖”。“广厦奖”是国家批准的房地产行业综合性奖项，由中国房协、住房城乡建设部住宅产业化促进中心组织实施。珑熹台租赁房项目位于江宁大学城中国药科大学地铁站附近，福英路以西，博观路以北，周边6千米范围内云集众多高等院校，以及生命科技、医药研发、智能制造等企业。该项目主要包括30平方米、60平方米、95平方米3种灵活可变户型，配备2000平方米的地下共享活动空间，为住户打造一个集休闲娱乐、读书充电、商务办公、健身美体、共享自助于一体的多功能社区中心。区别于现代主流的集中式公寓和分散式公寓，珑熹台租赁房项目不拘泥于一个年龄段，而是覆盖多个年龄层，提供单间、多人间、家庭房等不同类型的产品，以满足单身一族、情侣及有孩子家庭的不同租住需求。

【房票安置选房工作启动】 8月21—26日，江宁区首次房票安置选房工作在区房源超市启动。首批次纳入房票安置房源套数为1096套，均为无分配计划的空置安置房。首批参加房票安置的涉及淳化、横溪、谷里3个街道的1095户居民。房票安置是江宁区现有住宅房屋征收补偿安置方式的补充，是指江宁区范围内住宅房屋征收项目的实施主体在征收过程中，由被征收人在本区范围内购买江宁区房源超市房源或江宁区商品房用于安置的行为。此次房票安置选房工作，区城建集团、江宁开发区、上坊建设等单位提供首批安置房，共涉及16个小区、1096套，总面积10.6万平方米，安置房小区多分布在地铁沿线，交通便利、配套成熟，如小里新寓、胜利家园、骆村新寓、岗山佳苑等。（宁 鉴）

老龄事务

【概　况】 2023年年末，江宁区常住人口198.52万人，其中60岁以上人口29.69万人，占15.19%；65岁及以上人口21.68万人，占11.09%。全区老龄工作坚持以信息技术为支撑，以市场运作为抓手，以优质服务为导向，初步形成以区“互联网+医养院”为平台，“小江家护”服务品牌为特色，居家社区机构相协调、医养康养相结合的医养服务体系。沐春园护理院创成全国医养结合示范机构，瑞芝康健护理院创成省级优质护理院，6家医疗机构获评省老年友善医疗机构优秀单位，4家单位建成南京市安宁疗护试点服务医疗机构，东山街道上坊社区卫生服务中心“牵手‘互联网+家医’，让老年人居家有约”获江苏省老年健康服务优秀案例一等奖，获2023年南京市职工技能大赛（老年能力评估及健康管理技能竞赛）团体三等奖、个人二等奖和优胜奖。

【养老机构建设】 2023年，全区有社区居家养老服务中心211个，其中三级以上127个，实现社区居家养老设施全覆盖，拥有床位3210张。有养老机构32家，床位6108张，其中社会办养老机构22家，区社会福利中心1家、街道敬老院9家，每千名常住老年人床位数24张。有医养结合机构28家，其中养办医23家、医办养3家，提供嵌入式医疗服务2家。全区医疗卫生机构与养老机构合作签约44对，签约率100%，确定服务项目、服务方式以及责任与义务等，开通预约就诊绿色通道，为入住老年人提供医疗巡诊、健康管理、中医养生保健等服务。

【医养结合服务】 2023年，东山社区卫生服务中心医养结合中心收治老年人35人，养老收入78万元，比上年增长5%。全区设置安宁疗护床位21张，收治安宁疗护患者60多人次。给予安宁疗护床位每张2万元补助，安宁疗护病人收治每人次1000元补助，支付补助资金40万元。联合区民政局对全区32个养老机构医疗卫生服务开展专项检查，接受市对区实地检查，促进医养结合机构医疗卫生服务质量制度化、标准化、规范化管理。

【老年人健康服务】 2023年，区卫健委召开全区老年人健康免费体检工作部署会、推进会，定期通报老年人健康体检工作进度，将老年人健康管理工作纳入对街道和社区卫生服务中心绩效考核，完成60岁及以上老年人健康体检16.28万人，其中65岁以上老年人13.96万人。为全区年满80周岁（含）以上30699名江宁区户籍老年人办理人身意外伤害综合保险，投保金额122.8万元。各街道为辖区内70—79周岁老年人办理意外伤害保险80495人，投保金额321.98万元。举办老年人智能手机培训班，培训8355人。推进老年友善医疗机构优秀单位建设，所有被纳入建设范围的综合性医院、康复医院、老年病医院、护理院、专科医院和基层医疗机构均建成老年友善医疗机构，优秀单位建成率25%。全区有36个医疗机构建成江苏省老年友善医疗机构，12个医疗机构建成江苏省老年友善医疗机构优秀单位。（王　栩）

【新增6家老年友善医疗机构优秀单位】 9月，省卫生健康委员会、省中医药管理局联合印发《关于确定2022年江苏省老年友善医疗机构及优秀单位的通知》，江宁区南京医科大学附属逸夫医院、东山街道社区卫生服务中心、东山街道上坊社区卫生服务中心、淳化街道土桥社区卫生服务中心、湖熟街道社区卫生服务中心、南京瑞芝康建护理院6家医疗机构获评江苏省老年友善医疗机构优秀单位，南京市祖堂山精神病院获评2022年江苏省老年友善医疗机构。至此，全区所有被纳入建设范围的综合性医院、康复医院、护理院和基层医疗机构全部建设成为老年友善医疗机构，优秀单位建成率25%。

（宁　鉴）

关心下一代工作

【概　况】 2023年，江宁区关心下一代工作委员会围绕中心、服务大局，发挥“五老”志愿者作用，以关心培育青少年成长成才为目标，配合有关部门开展各项教育活动，引导广大青少年争当德、智、体、美、劳全面发展的时代新人。全区有各级各类关工委组织403个，其中政法系统37个、民营企业138个、街道10个、园区3个、村（社区）207个。活动阵地分为七大类，分别是区青少年社会实践基地、校外教育辅导站、少年法学院、政法系统基层关工站、科技小阵地、家长学校、农村政科校。常态化参加关心下一代工作的“五老”志愿者5200多人。全年在省、市组织的科技“四个一”、电子小报等7项比赛竞赛类活动中，有5项在全市排名第一。

【青少年思想道德教育】 2023年，区关工委紧扣“学思想、强党性、重实践、建新功”要求，聚焦主题主线，明确目标任务，突出以学铸魂、以学增智、以学正风、以学促干，与青少年关爱教育工作紧密结合，进一步坚定“为党育人、为国育才”的初心使命，推动习近平新时代中国特色社会主义思想深入人心、落地生根。牵头举办全区第二场青少年主题教育网络宣讲会，邀请诚明书院院长徐洪磊以《爱党爱国、立志报国》为题授课，为全区107所中小学的1.4万名师生进行视频直播宣讲，推进“大思政”进校园走深走实。组织区级老少同台进行演讲比赛，相关演出视频在《江宁新闻》发布。

【校外教育辅导站建设】 2023年，区关工委坚持整合、调动、盘活资源，不断补短板、强弱项，逐步形成党建带动、部门联动、校站协动的格局。年初，下发《关于进一步深化“校站结合”工作的实施意见》，规范在职教师进站辅导系列工作机制。推进“分段式”辅导模式，提升辅导站活动的教育性、生动性和趣味性。打造“红色校车”教育品牌，将教育场景持续外延，探索“美丽乡村旅游+青少年教育”新模式，深化“游学课堂”建设思路内涵，结合“调查研究月”，在区关工委挂钩结对的基础上，通过实地走访、座谈交流等形式，推动辅导站“一站一特色”“一街道一品牌”建设走向深入。全年开展各类活动3458场，辅导教育青少年10.3万人次。

【青少年法治宣传教育】 2023年，区关工委坚持“德法同行、德法共育”工作思路，组织召开全区第五届“关爱明天、普法先行”青少年法治宣传教育推进会，联合市关工委举办“关工站三年提升年”推进会暨湖熟“关爱联盟”揭牌仪式，进一步凝聚关爱资源，为推进全区青少年法治教育活动提供支撑。组织215名“五老”志愿者与54名社区矫正对象结成帮教对子，开展帮教转化工作，帮教对象转化率71%。全区149个关爱工作团、104个法治教育报告团依托少年法学院、街道（社区）辅导站等，对青少年进行法治宣传和警示教育，148名“五老”志愿者担任法治副校长，181名“五老”人民调解员参与调解案件637件，举办法治报告会280场，听讲座3.54万人次。组织231名网吧义务监督员，对185家经营性网吧开展常态化义务监督，为青少年健康成长营造良好社会文化环境。

（区关工委）

社区建设

【概　况】　2023年，江宁区下辖10个街道，有71个社区村委会、145个社区居委会。全区围绕提升社区服务精细化和社区治理现代化水平，通过组织实施大型社区优化调整、村（居）委会规范化建设、社区工作者队伍建设、社区综合服务设施改造提升等，进一步优化治理机制，提升服务效能。

【社区治理与示范创建】　2023年，全区进一步规范自治组织体系建设，推进村（居）务公开，开展新成立社区居委会选举和届中缺额村（居）委会补选工作。优化社区服务阵地，以“小办公、大服务”理念，完成5个社区党群服务中心提档升级。培育基层治理典型，江宁街道被评为全省

2023年，南京市江宁区退役军人创业载体提档升级，并帮扶3家初创企业注册申报成功。图为区退役军人创业孵化基地

（区退役军人事务局　供图）

“五社联动”试点单位，汤山街道阜东村被评为全省“智慧社区”建设试点单位，东山街道佘村社区、秣陵街道长山社区、横溪街道官长村被评为全市第一批社区治理现代化创新实验试点单位。

【社区优化调整】　2023年，全区持续推进大型社区优化调整工作，新设立社区9个。调整后全区社区总数216个，社区管辖范围、人口规模、资源配置更加合理。

【社工队伍建设】　2023年，区民政部门做好全国社会工作者职业水平考试宣传动员和培训辅导工作，考试通过率、通过人数再创新高，全区每万人拥有持证社工23人。加强社工培养，举办社区工作者培训班，提升社区干部专业化水平。推选先进社工典型，2名社工获南京市“优秀社区工作者”称号。（区民政局）

社会组织管理

【概　况】　2023年，江宁区有社会组织1393家，涉及业务主管单位53家。其中，社会团体155家，涵盖行业类、专业类、联合类和学术类；民办非企业单位1234家，涵盖教育、人社、卫健、文旅等行业；基金会4家。全区基本形成门类齐全、覆盖广泛、结构优化、布局合理的社会组织体系。

【社会组织建设】　2023年，区民政部门抽查区内社会组织60家，抽查内容包括年检年报、财务状况、重大事项报告等。开展社会组织等级评估，参评社会组织214家，获评164家，其中AAA级23家、AA级82家、A级59家。累计有510家社会组织获得评估等级，评估数占应评数的37%。

【公益服务】　2023年，全区加强街道社工站品牌建设，江宁街道社工站和禄口街道社工站被评为“南京市示范社工站”第一等次。开展“爱心济困·善行江苏”专场及“99公益日”活动，筹集善款318.3万元。区慈善总会获江苏省慈善总会“年度进步奖”，南京市慈善总会“突出贡献奖”“最聚人气奖”。“扶弱

助困情满江宁”和“爱心浇筑上学梦”慈善项目获南京市慈善总会优秀项目奖。推进社区慈善基金设立工作，畅通慈善力量参与社会帮扶渠道，以接地气、贴近群众方式，解决群众急难愁盼问题，提高社区慈善基金帮扶的针对性和实效性。立项公益创投项目58个，分专业示范、品牌引领、发展提升、培育发展和培育扶持5个板块和为老、为小、助残、社区治理等7个类型，项目覆盖全区10个街道207个村（社区）。

【社团年检】 2023年，全区有社会团体155家，应参检数137个，实际参检数117个，参检率85.4%。 （区民政局）

民族宗教事务

【概　况】 2023年，江宁区有全国民族团结进步教育示范基地1处，中国少数民族特色村寨1个，省级“红石榴家园”示范基地5个，市级“红石榴家园”示范基地7个。年内创成省“红石榴家园”精品单位1个、全省民族团结进步示范单位1个。释迦牟尼佛顶骨舍利供奉在牛首山佛顶宫，南京市道教协会办公地在方山洞玄观，金陵协和神学院校址在江宁大学城，承接宗教团体、宗教院校、宗教活动场所委托《圣经》、宗教读物印刷的南京爱德印刷有限公司厂址在江宁开发区。

【民族团结进步创建】 2023年，区民宗部门围绕铸牢中华民族共同体意识这一主线，依托“红石榴家园”精品单位建设，建成众彩物流“红石榴家园”，区民族团结进步促进会被命名为第二批全省民族团结进步示范单位，江宁区“红石榴家园”被评为全省“红石榴家园”精品单位。深化打造东山佘村、汤山龙尚、横溪许呈铸牢中华民族共同体意识实践示范宣传基地和全省首条红石榴大道，互嵌式实施“红石榴家园＋乡村建设”“民族元素＋民宿打造”“红石榴大道＋文旅产业”项目，《“三融合”推动民族团结与乡村振兴双融互促》被《中国统一战线》杂志刊发。在铸牢中华民族共同体意识中融入红色文化、中华民族传统文化元素，在全区各“红石榴家园”阵地打造一批形式多样、各族群众喜闻乐见的民族团结主题活动，创建“红石榴”志愿服务队，为群众提供普法、义诊、理发等服务，不断擦亮“红石榴”品牌。由省民宗委指导、市民宗局提出和归口，在借鉴江宁区“红石榴家园”特色做法的基础上，区委统战部（民宗局）牵头起草并发布全国首个“红石榴家园”建管地方标准《“红石榴家园”建设和管理规范》，为全市乃至全省共享可借鉴、可复制、可推广的“江宁经验”，首创的实践创新案例《“凝智聚力创指南行业引领树典范”——江宁区制定“红石榴家园”建设管理指南》获评全省统战工作实践创新成果。

【宗教领域综合治理】 2023年，区民宗部门打造全国宗教中国化示范场所，在示范场所禄口聚会点举办宗教活动场所“五公开”学习交流现场会，通过实地观摩、专家辅导，进一步深化宗教教职人员对宗教活动场所“五公开”的认识。制定并下发《江宁区关于健全民族宗教工作“三级网络和两级责任制”的实施意见》，夯实区、街道、村（社区）三级宗教工作网络和街道、村（社区）两级责任制。面向民宗领域举办中共二十大精神、全国两会精神专题学习会3场，覆盖120余人次；组织开展民族宗教政策法规学习月活动9场，覆盖520人次。以《宗教活动场所管理办法》为抓手，推进场所落实“五公开”“六规范”，健全各项管理制度，提升宗教活动场所规范化管理水平。制定并下发《江宁区宗教教职人员备案管理工作方案（试行）》，把好宗教教职人员入口关和选任关，支持团体自身建设，完成江宁区基督教、区佛教协会换届工作。开展宗教领域安全工作排查整治“治本攻坚”大会战和“生命至上、隐患必除”消防安全专项行动，全区使用燃气的宗教活动场所全部安装燃气安全保护装置“四件套”，宗教活动场所本质安全水平稳步提升。

【区基督教第六次代表会议】 10月31日，江宁区基督教第六次代表会议召开，64名代表参加会议。会议听取并审议通过区基督教五届委员会工作报告、财务工作报告、新修订《江宁区基督教章程》和继续收取会费的决定以及选举办法，选举产生新一届江宁区基督教常委会及领导班子、监事。

【区佛教协会第二次代表会议】 12月19日，江宁区佛教协会第二次代表会议召开，55名代表参与会议。会议审议并通过江宁区佛教协会第一届理事会工作报告和新修订的《南京市江宁区佛教协会章程》，根据选举办法及名誉会长礼请办法，选举产生江宁区佛教协会第二届理事和领导班子，通过监事，并礼请名誉会长，通过《南京市江宁区佛教协会第二次代表会议决议》。

（区民宗局）

应急管理

综 述

【概 况】 2023年，江宁区深入学习贯彻习近平总书记关于安全生产、应急管理工作重要论述和重要指示批示精神，牢牢把握“提升本质安全水平”主线，以重点领域专项治理为统领，一体推进重大事故隐患排查、重点领域专项整治巩固提升、深化“治本攻坚”行动，全面防范化解重大安全风险，加强应急管理体系建设，守住安全生产底线，全区安全生产形势总体平稳可控。全年安全生产事故和死亡人数比上年分别下降14.3%和33.3%。亿元地区生产总值安全生产事故死亡率下降0.07个百分点。江宁区被省安委办评为“省级安全发展城市创建工作先进地区”。

【综合安全防范治理】 2023年，区应急管理部门持续开展安全生产网格化治理工作，使用南京市“181”系统网格化治理平台，对区内所有商超、餐饮、服饰、娱乐、培训、服务机构等小型场所（单位）进行安全生产巡查、走访，发现隐患并督促整改，辨识并标注风险源。全年新增社会面场所5832家，新录入单位风险源5562处；巡查社会面小场所（单位）6.54万家、25.74万次；每日“一戴三关三查”安全打卡135.28万家次、动火作业报备77家次。

【重点行业领域整治】 2023年，区应急管理部门按照全域覆盖、应排尽排原则，开展重大事故隐患专项排查整治行动，发现重大隐患399处，并全部整改到位。实施村（社区）级企业集中整治，累计检查、复查企业4101家，整治安全隐患8786处，停产整顿85家，关停取缔184家。开展小型经营场所（“九小场所”）安全生产综合治理，累计开展经营前安全联审1.77万家，进行安全宣传、提示、告知7.06万家，发放《安全风险防范手册》1万多册，检查小型经营场所6.27万家，整改隐患2.82万处。组织粉尘涉爆、涉氨制冷、金属冶炼（高温熔融）、非煤矿山（尾矿库）等重点行业领域专项执法检查，对全区12家化工（危化品）企业进行双重预防机制数字化建设运行成效验收评估，开展烟花爆竹零售行业整治提升专项行动。

【应急演练及队伍建设】 2023年，区应急管理部门坚持单项演练与综合演练相结合，桌面推演与实战演练相结合，线下观摩与线上观看相结合，开展危险化学品泄漏事故应急演练、防灾减灾应急救援综合演练、防汛疏散演练、森林防火应急演练等应急演练活动。全年组织各类演练4130场，其中区级（部门）26场、街道（园区）113场。进一步壮大应急力量，全区拥有道路交通、森林防火、供水抢修、供气抢修、供电抢修、油气管道抢修、防汛抗旱、医疗救护、建筑施工专业救援队伍9支、队员720余人；有曙光、泓洋、天印等民间救援队伍8支、队员260余人。

【应急管理信息化建设】 2023年，区应急管理部门加强应急管理信息化建设，不断提高应急指挥中心指挥调度及信息化软、硬件建设能力。全年接受应急管理部、省应急管理厅、市应急管理局视频会议系统指挥调度80余次；指挥箱、布控球、无人机、应急宝等通信设备指挥调度50余次。发挥信息化在企业监管中的作用，极端天气、重点时期对各街道（园区）进行视频指挥调度100余次。推进企业视频监控接入江宁区应急管理综合监管平台，接入企业监控36家。接入非煤矿山监控和森林防火监控。

（刘　云　宣　凯）

危险化学品安全监管

【危险化学品行政审批】 2023年，江宁区应急管理部门严格落实危险化学品行政审批工作，不断优化服务、提升质效，始终做到严格把关、公平公正。实施分类整治提升，对原有153家烟花爆竹零售店逐一进行核查认定，形成关闭退出和整治提升“两张清单”，在完成安全、消防问题整改并安装实名制系统后，保留零售店54家。提升审批质效，审查企业危险化学品经营许可证资料53家，区级本级发证准予许可46家；参加市加油站经营现场核查15家，无储存经营企业核查7家。

【危险化学品生产监管】 2023年，区应急管理部门加强危险化学品生产安全监管，危险化学品领域总体安全形势平稳。建立健全危险化学品领域监管责任落实体系，构建上下同心、齐抓共管格局。履行危险化学品安全专业委员会工作职责，先后召开全体会议4次，推动危险化学品生产企业老旧装置改造、双重预防机制数字化应用等重点工作。优化闭环监管，通过夜察暗访、联合检查、远程调度等方式，对“两重点一重大”危险化学品企业提级管理，实现线上线下全覆盖监管。

【危险化学品运输监管】 2023年，全区有道路危险货物运输企业6家，危险运输车辆182辆，从业人员389人，全部营运辆车辆安装GPS，实时动态监管。区应急管理部门按照“全覆盖、零容忍、严执法、重实效”的要求，加大日常检查力度，开展危险货物源头全覆盖检查，严厉打击危险货物违法运输行为。全年出动执法人员2631人次，检查车辆906辆，其中危险化学品运输车辆3辆。在重点时段、重点区域，对“两客一危”道路运输车辆组织联合检查行动，查处各类非法违规运营行为，给予行政处罚10起，罚款11.8万元。

【危险化学品储存监管】 2023年，区应急管理部门以严格执法督促企业主体责任落实，进一步巩固危险化学品领域综合监管高压态势。组织重大事故隐患专项排查，牵头检查重点化工（危险化学品）企业12家，查改安全隐患66处。在全区部署开展涉及危险化学品场所和装置安全专项整治，累计出动监管人员1230人次，检查涉危企事业单位708家次，排查整改安全隐患1305项。参与互联网销售危险化学品、氢气球及其产业链、环保设施、城镇燃气、剧毒化学品等联合检查行动，推动建立健全危险化学品生产、储存、使用、经营、运输、处置等全链条、全流程监管机制。

（刘　云　宣　凯）

防灾减灾

【防灾减灾体系建设】 2023年，江宁区应急管理部门充分发挥减灾委员会办公室综合协调职能，进一步完善自然灾害会商研判、防范应对等工作机制，完成全国自然灾害风险普查工作。加强部门间联动，通过金陵气象靶向预警系统发送工单1.3万余条，工单完成率100%。落实“民生两险”保障工作，为全区125万名户籍人口和近48万户家庭购买自然灾害人身意外伤害、家庭财产综

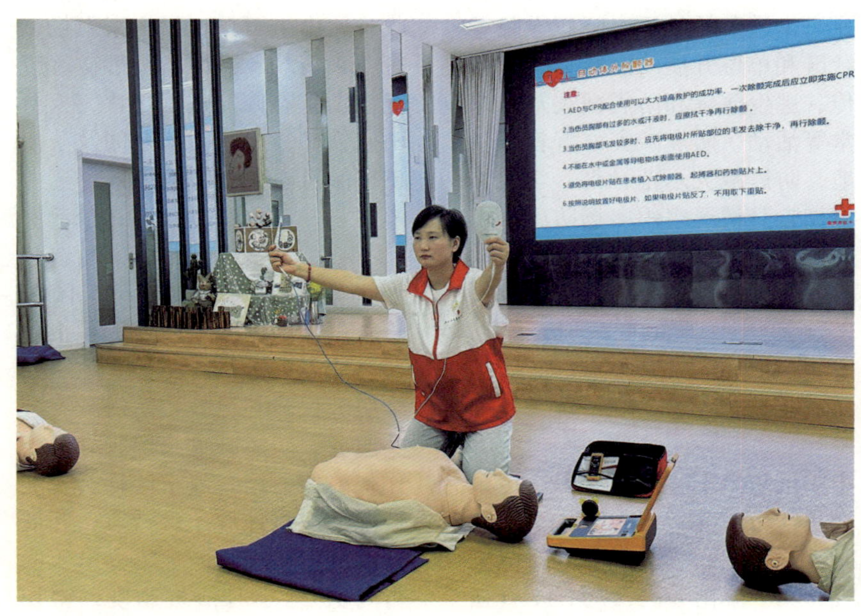

5月6—12日，全国防灾减灾宣传周期间，江宁区组织开展2023年防灾减灾日宣传教育活动，普及防灾减灾知识　　（刘传刚　供图）

合保险。开展综合减灾示范社区创建活动，禄口街道黄桥社区、麒麟街道袁家边社区、横溪街道许高村创建为市级演练社区。

【防灾减灾宣传】 2023年，区应急管理部门开展防灾减灾宣传活动，提升居民防灾减灾意识，普及防灾知识和技能。“5·12”国家防灾减灾日和“国际减灾日”期间，通过播放防灾减灾宣传视频、发放宣传资料、悬挂宣传横幅等多种形式宣传防灾减灾知识，普及各种自然灾害、事故灾难等身边常见灾害避灾自救技能。联合市应急管理局在汤山街道举行灾害处置演练活动。全年组织防灾减灾宣传教育、演练等活动100余场、4000多人参加，发放防灾减灾宣传物品1万余份，制作展板50余块，悬挂横幅、海报等260余幅。

【防灾减灾活动】 2023年，区应急管理部门围绕“防范灾害风险、护航高质量发展”主题，在淳化街道大学城社区、湖熟街道新农社区、麒麟街道袁家边社区、禄口街道黄桥社区、晓庄学院等社区和单位开展防震减灾知识宣传、逃生演练和防震减灾知识课堂等活动，防震减灾科普教育基地，防震减灾示范社区、学校，根据自身情况组织多场防震减灾宣传活动。全年开展各类防灾减灾活动50余场，展出展板180块，发放知识手册3000余册，张贴海报80余张，发放各类宣传品5500余份。（刘云宣凯）

【防汛防旱】 2023年，全区汛期灾害天气频发，遭遇17次短时强降水、雷暴大风等强对流天气，其中暴雨8次，7月17日强降雨影响最大，汤山潭山水库降雨量303毫米，淳化街道264.2毫米，强降雨造成部分区域受淹受灾，给当地生产生活造成一定影响。依托区数字中心搭建防汛四级调度指挥系统，防指各成员单位集中办公，24小时值班值守，及时处置极端天气突发情况。汛期共启动应急响应6次（防汛III级1次、防汛IV级4次、防台风IV级1次），累计出动巡查检查、现场处置人员4.7万人次，巡查车辆、机械设备4200台次，守护人民群众生命财产安全。

（区水务局）

【地质灾害防治】 2023年，区土地资源管理部门提请区政府下发《南京市江宁区2023年度地质灾害防治工作方案》，以及地质灾害防治“两卡一预案”39套，进一步完善区、街道（园区）、村（社区）三级地质灾害群防群策监测体系。全年组织地质灾害防治培训70人次。全区39处地质灾害点，有2处完成治理，7处正在治理施工，2处进行施工招标，6处编制设计方案，地质灾害防治连续20年实现零伤亡。完成凤凰山铁矿生态修复市级验收，元山采石场、靠山采石场、青龙采石场、青山石英砂矿等废弃矿山生态修复进程加快，云台山硫铁矿、园博园紫东阁及茨山矿环保问题整改取得成效。

（王梦菲）

【地震监测】 2023年，区应急管理部门围绕地震监测预报预警、地震灾害风险防治、地震安全服务保障与科技、防震减灾公共服务、防震减灾组织领导及工作保障等，结合江宁区社会发展情况、地震地质条件特点，开展防震减灾工作。区地震办全年实行每天24小时值班制度，密切监测江宁及周边地区震情活动。制定并落实地震办值班室制度、地震前兆观测台值班制度、江宁强震台观测管理制度、江宁强震台工作人员管理制度，完成省预警观测站选点及基础建设工作。全年各观测项连续率99%以上。其中，钻孔分量应变99.99%、钻孔倾斜99.93%、气象三要素99.99%、地电阻率99.95%、地震前兆观测数据平均连续率99.97%。测震数据连续率99.82%。（刘云宣凯）

安全生产

【概况】 2023年，江宁区深入学习贯彻习近平总书记关于安全生产的重要论述，落实党中央、国务院和省、市安全生产决策部署，以重点领域专项治理为统领，一体推进重大事故隐患排查、重点领域专项整治巩固提升、深化“治本攻坚”行动，开展安全生产精准执法、工业企业风险评估报告、安全生产标准化建设、“181”网格化治理、安全生产教育培训、危险化学品安全监管等工作，全面防范化解重大安全风险，以安全生产助力高质量发展。全年发生生产安全事故12起、死亡4人，比上年分别下降14.3%和33.3%。

【安全生产制度建设】 2023年，区应急管理部门坚持人民至上、生命至上，建立健全安全生产责任体系。区委、区政府先后召开26次区委常委会会议、政府常务会议、区安委会全体（扩大）会，32次专题会议及现场检查，研究解决安全生产重点难点问题。区安委办制订区领导安全生产职责清单，出台小型经营场所综合治理、电动车全链条安全监管等制度性文件。压实安全生产责任，发挥综合协调职责，及时调整完善安委会组织架构，形成“1+15+39”体系，配套风险研判、明察暗访、警示督办等工作制度，全年下发提示函26份、警示函3份，约谈12次、督办7件。

【安全生产监管】 2023年，区安委会15个专委会牵头通过定期会议、现场调研、会商研判等形式，强化安全生产工作统筹协调、监督指导。各专委会主任单位对照工作职责，切实履行牵头抓总作用。其中，油气输送、电力、燃气等专委会，进一步细化成员单位工作职责，部署开展油气输送管道、餐饮场所燃气、电力行业安全等专项行动；商贸服务、医疗卫生机构、建设工程、房屋安全等专委会，多次对国务院安委会及省、市督导反馈问题落实整改措施，对假期商贸综合体安全防范等进行调度；危化品、文体旅、道路交通、特种设备等专委会定期开展重点单位联合检查，形成安全生产齐抓共管合力。

【安全生产专项整治】 2023年，全区根据国家和省、市部署要求，按照全域覆盖、应排尽排原则，先后开展重大事故隐患排查、专项整治巩固提升、深化“治本攻坚”、城市安全韧性短板问题等行动，累计整治各类安全隐患3.49万处，整改到位3.01万处，整改率86.25%。其中，发现重大隐患399处，并全部整改到位；事前立案516起、公开曝光44家。加大典型违法行为打击力度，查处无证电焊动火33起、33起占用（堵塞）疏散通道（安全出口）行为33起。区安委办、消委办联合部署冬春火灾风险隐患专项整治行动，紧盯易燃易爆、人员密集场所等重点领域，深入排查整改电气安全、占用“生命通道”等隐患。 （刘　云　宣　凯）

消防救援

【概　况】 2023年，江宁区消防救援大队宣传贯彻新修订的《江苏省消防条例》，落实《关于加强和改进全区消防工作的意见》，印发《2023年各街道、园区和区消防安全委员会成员单位消防工作任务清单》，明确各街道、园区和区消委会成员单位消防工作任务。3—6月，区委专门配备17名巡察干部，对8个部门、3个街道、1个园区开展消防安全责任制落实情况专项巡察。实质化运行区消防安全委员会办公室，各街道、园区实体化运行消防安全委员会办公室，明确消防安全综合监管职能。将消防安全工作单独纳入全区高质量发展考核体系，制定《江宁区消防工作考核办法》《2023年度全区消防工作考核方案》，组织开展全区消防工作考核。贯彻《单位消防安全管理规范》，全区二级、三级消防安全重点单位应用单位消防安全管理系统。推动民政、卫健、教育、商务、文旅等重点行业实行消防安全标准化管理，组织消防安全示范单位创建活动。督促社会单位落实消防安全“自知、自查、自改”和公示承诺制，加强社会单位微型消防站建设，试点运行大里聚福城片区消防工作站，推动百家湖商圈、义乌小商品市场、天景山社区建设片区消防工作站。

【消防基层基础建设】 2023年，区消防救援大队根据《江宁区“十四五”社会消防事业发展规划》《江宁区消防救援能力提升三年行动计划》，制订年度投资计划，区财政下拨消防经费3481万元，各街道、园区投入4430万元用于政府专职消防队运行。新建成70个市政消火栓，推动殷巷消防站、横溪消防站投勤，麒麟消防新站完成立项。加快实施“智慧消防”一期项目，包括高层建筑、“九小场所”、农贸市场、重点单位等应用场景消防感知建设。全区火灾警情被纳入区“一网统管”平台，实现区级统一调度。印发《关于推进落实

江宁区消防救援大队殷巷站 （江宁消防救援大队 摄于2023年）

街道“应急管理—消防一体化工作站”机制的实施方案》，全区10个街道全部成立应急管理—消防一体化工作站，配足消防专职监管人员。督促各街道、园区落实消防安全委员会组织架构、工作职责及辖区单位消防安全监管主体“双备案”制度，明确约2万家单位和场所消防安全监管主体，确保基层消防监管全覆盖。常态化开展消防委托执法，签订委托执法协议，组织消防委托执法培训13场，各街道办理消防委托执法案件1149起。深化公安、消防部门“六联”工作机制，指导公安派出所依法履行消防监督检查、宣传培训职责，定期召开业务研讨会，开展“生命至上、隐患必除”和冬春火灾防控、基层消防安全等专项培训，强化消防安全领域“行刑”衔接。在建立“网格＋消防”工作机制的基础上，将消防安全事项纳入“网格＋公共服务”内容，进一步明确网格员消防工作职责。运用网格化平台消防管理模块常态化开展消防检查巡查，全年记录消防事件27539件，办结率100%。新安装独立式感烟探测报警器600只，推广安装消防简易喷淋100套，有678家单位接入消防设施远程联网监测系统。

【执勤训练】 2023年，区消防救援大队围绕“五个基本”（基本理论、基本体能、基本技能、基本编成、基本战术），采取“三训一结合”（全员善训、分岗集训、以赛促训，训战结合）方式，全面提升国家队、专职队指战员岗位履职能力。按照差异化练兵方案达标提优要求，举办4期消防指战员系统化“强基提优”培训班。针对力量、速度、耐力、柔韧、协调等基本方面，科学制订体能训练计划，合理搭配体能训练内容，按照“训战一致、循序渐进、适宜负荷、全面发展”的要求，运用“持续训练法、重复训练法、间歇训练法、循环训练法”等训练方法，根据训练成绩和队员年龄、身体素质进行科学分组，开展“模块化”分组训练。从固化施训方法入手，采取分解训练的方式，采取对应的科目、力度和强度开展针对性体能训练，培训达标率98%、达优率95%。11月，东山消防站田拨良获第二届全国消防行业职业技能大赛“金头盔”奖。

【消防宣传培训】 2023年，区消防救援大队组织开展“119宣传月”、科普周等活动，在人员密集场所、旅游景区等地放置“蓝朋友的消防讲台”，在百家湖商圈举办“City walk学消防知识”活动。依托区消防科普教育基地和消防主题影厅开展形式多样的消防宣传互动活动，参与市民1000多人。组织中小学、幼儿园师生，走进区消防科普教育基地、各消防队站，体验模拟消防隐患查找小游戏，参观消防救援车辆、器材等。消防队员还经常走进辖区中小学、幼儿园，开展消防安全知识培训和疏散逃生演练。建立中小学、幼儿园消防副校（园）长工作机制，聘任108名消防指战员担任消防副校（园）长，发放《消防安全教育手册》1万余本。开展消防安全宣传教育进军训、开学第一课等活动，强化师生消防安全意识。利用全区二级重点单位、驻区高校、物业管理、街道园区消委办、学生家长等微信群、QQ群，以及“江宁发布”“微江宁”“江宁抖音”等网络平台，传播、转发各类消防宣传视频，线上学习受众人数超过12万人次。结合火灾事故案例，印发不同场景消防海报10万余张；张贴“九小场所”消防安全标识牌2万余个。开展消防安全免费培训，依托科普教育基地，面向全区机关、事业单位、国企集团、区消防安全委员会成员单位分管消防工作负责人，街道、村（社区）分管消防工作负责人及相关工作人员，社区网格员，消防安全重点单位责任人、管理人员以及重点工种、重点岗位人员，物业服务企业负责人和保安人员，消防控制室值班操作人员，企业专职消防队、微型消防站、义务消防队队员，小企业主，中小学、驻区高校学生，社区居民，独居老人监护人，专职消防员等12类人群开展消防安全免费培训，全年培训人员1万多人次。

（区消防救援大队）

街道

东山街道

【概　况】 东山街道是江宁区委、区政府所在地，东邻淳化，南毗秣陵，西交雨花台区、秦淮区，北接麒麟。东山街道区域总面积73平方千米，下辖18个社区（2023年12月5日上元路社区挂牌成立），户籍人口21.6万人。2023年，东山街道完成地区生产总值330.33亿元，比上年增长3.9%；一般公共预算收入18.42亿元，增长23.8%；规模以上工业总产值137.51亿元，下降12.1%；全社会固定资产投资58.48亿元，下降8%；社会消费品零售总额完成341.37亿元，增长6.1%。

【经济建设】 2023年，东山街道紧盯目标、迎难而上，想方设法稳住经济基本盘，地区生产总值、一般公共预算收入、社会消费品零售总额等主要经济指标保持增长，在全区"五拼五比"月月赛中获红旗激励22面。街道主要领导带队前往上海、徐州、深圳等城市开展招商，完成亿元以上签约项目28个，签约项目总投资132.93亿元，实际投资总额27.23亿元。推动产业项目建设，12个重大项目全年列统投资额20.16亿元，在建项目全部完成年度目标任务。持续开展"暖心惠企"走访、到企业座谈等活动，27名党政领导挂钩服务254家重点企业，全面宣传产业政策、了解发展需求。关注企业产能外迁、注册外迁等焦点问题，制定街道加速经济运行整体好转13条政策措施，拿出真金白银助力企业增产扩能。

【政治建设】 2023年，东山街道坚持用习近平新时代中国特色社会主义思想武装头脑，组织党政领导干部集中学习25次、交流研讨7次、专题辅导5次、现场教学2次，举办中共二十大精神"六进"宣讲活动317场。围绕树立和践行正确政绩观、安全生产等13个主题研讨交流5次，举办"学思想·我来讲"活动215场、"先锋建新功"活动82次，累计"上门送学""新媒体助学"54次。加快大型社区优化调整，有序推进晓里社区拆分，12月5日，区委批复同意成立东山街道上元路社区委员会。常态化召开片区大党委党建工作联席会，上报大党委事项58项并全部得到解决，问题化解率100%。成立全区首家街道物业行业功能型党委，研究出台《东山街道践行"浦江经验"党建引领小区治理工作方案（试行）》，全街道"一小区一支部一治委"建设覆盖率100%。街道纪工委全年立案26人，其中党纪立案13人、政务立案13人；运用"第一种形态"处置问题线索86人次；主动约谈44人次。聚焦节日期间易发多发"四风"问题，开展作风建设专项督查20余次。对照整改省巡反馈的18个方面问题，针对区委第三轮巡察反馈的4个方面13个问题，明确整改措施52项，并全部整改到位。

【文化建设】 2023年，东山街道举办第四届原创文艺新作品大赛、"科普大篷车"进校园系列活动和江宁区民政服务进社区暨"社会救助宣传月"活动等，依托新时代文明实践阵地，利用夏季居民晚上休闲纳凉时段，开展"晚间时段"文明实践系列活动，打造"夜服务""夜

6月28日，“扬帆起航新征程 首善东山谱新篇”——第23届“江宁之春”群众文化活动东山街道专场文艺演出暨“艺见江宁 艺起幸福”文艺惠民活动举行 （李伟 供图）

分享”“夜体验”等文明实践新场景。挖掘传统节日的文化内涵，组织“我的中国梦、文化进万家”和“我们的节日”系列主题活动300余场，融入家风家教家训宣讲，将传统文化与移风易俗交融贯通，引领新时代社会文明新风尚。推进社区道德评议会建设，常态化开展好人选树活动，全年入选“中国好人”“江苏好人”“南京好人”各1人，市“文明家庭”1户。

【社会建设】 2023年，东山街道高标准谋划土山机场片区规划设计，14平方千米范围的城市设计初步方案基本形成。组建上坊片区社会治理中心、街道城市运行“一网统管”指挥中心，落实数字化治理措施，让城市运行更加智慧。回应解决民生诉求，努力将矛盾纠纷化解在基层、化解在萌芽状态，提前完成重复访治理目标，办理省巡转交信访件227件，办结率100%。运用“大数据+网格化+铁脚板”治理机制，发现并整改隐患2022处，立案处罚20件，打造大里聚福城片区消防工作站，消防应急处置能力明显提升。推进226个保障房和老旧小区消防安全整治，区级验收通过率100%，82幢高层无水小区均进场整改完毕，全年未发生重大安全生产事故。以“城乡环境大整治、精细治理大提升”月月赛为抓手，紧盯主次干道、背街小巷、农贸市场、居民小区等重点区域，开展高铁高速沿线、秦淮河百里风光带、黄泥塘城中村、润恒物流市场、双麒路沿线等交界区域整治行动，强化动迁拆违、治乱整破，城乡环境品质进一步提升。

【生态文明建设】 2023年，东山街道对已办结的8.5件第二轮中央环保督察交办件逐个“回头看”，进一步巩固整改成果，确保整改的问题不反弹、不回潮，并完成区级销号。推动13个重点行业、重点设施实施深度友好减排，规范餐饮油烟整治100家，加强56家在建工地扬尘管控，污染防治监管平台线索处理593条，完成率100%。推广非道路移动机械使用新能源，推进高排放机动车淘汰，严控新增燃油渣土运输车辆，实行全街道重点时段限制国三及以下排放标准的柴油货车（包括专项作业车）通行。完善污染天气预警应急响应机制和信息传达反馈机制，应急减排措施要求落实到企业各工艺环节，对11家挥发性有机物企业实施“一厂一策”清单化管理。基本完成岔路片区48个小区、34家企事业单位雨污管网整治，实现水质稳定达标，并通过区级、市级验收。与北京邦源环保科技、上海水生环境等6家公司签订管护协议，加强河道日常养护，确保河净岸清。

【社区卫生服务中心获评全国“预防接种示范示教单位”】 11月24日，由中华预防医学会主办的2023年预防接种服务规范化建设创优项目总结交流会在安徽合肥召开，东山街道社区卫生服务中心获全国首批“预防接种示范示教单位”称号。东山街道社区卫生服务中心预防接种门诊是江苏省三级预防接种门诊、江苏省疫苗与健康科技服务站，承担辖区内适龄儿童和成年人疫苗接种服务，作为江宁区唯一的卡介苗补种点，年均接种7.2万针剂。预防接种门诊组建一支专业素质高、业务能力强的带教团队，每年承担全区预防接种教学实践训练带教4次以上，结合预防接种门诊实际在信息化理论、操作技能和急救处理等方面进行培训，陆续培养100名理论知识扎实、实践操作技能过硬的预防接种工作人员。

（陈小文 刘志远）

【材智汇创业园项目开工】 3月23日，东山街道重点科创载体“材智汇创业园”项目开工活动举行。江苏博特新材料有限公司材智汇创业园项目占地1.3公顷，由东南大学建筑学院王建国院士团队进行方案设计，总建筑面积5.6万平方米，总投资3.5亿元，计划于2025年建成并投入使用。“材智汇创业园”依托咨询、智库、媒体信息和创业四大服务，将建设成为集科技孵化、技术开发、服务配套于一体的新材料专业化高科技创新园区，致力于打造新材料专业技术服务平台、专业科技中试服务平台、创业导师顾问平台以及创业投资成长平台，并发展成为新材料项目孵化、技术转移的重要门户。（宁　鉴）

2023年东山街道社区基本情况表

表22

社区	户数（户）	人口与家庭（人）	耕地面积（公顷）	党组织书记	居委会主任
岔路	17211	50205	—	陈忠纯	倪立浩
大里	7756	19775	17	吴星国	吴星国
东山	8371	23805	—	易　伟	易　伟
高桥	1018	3764	83	朱存良	朱存良
骆村	12150	32158	—	刘　宁	刘　宁
龙西	3298	9528	2	周　斌	周　斌
泥塘	11576	30520	8	陈　燕	陈　燕
佘村	996	2248	60	王　敏	王　敏
上坊	1916	6982	44	汤小清	陈明国
邵圣	14205	38447	—	李启东	李启东
天云	2705	9138	—	赵章勇	李　华
外港	4483	12213	1	—	高兢兢
晓里	5264	11328	—	孙建梅	孙建梅
永安	6600	15117	1	朱荣华	朱荣华
章村	12086	32500	3	杨金成	杨金成
中前	8060	33594	13	戴玉梅	戴玉梅
远泰路	5464	12104	—	周　勇	周　勇
上元路	8158	18000	—	王文静	—

（陈小文　刘志远）

秣陵街道

【概　况】　秣陵乃千年古镇，曾为秦始皇始设郡县最早的县邑之一，是秦汉时期江南地区的政治中心。吴大帝孙权改秣陵为建业，县治始由秣陵关迁至今南京主城，故有“先秣陵、后建业”之说。秣陵街道区域总面积181平方千米，下辖4个村、27个社区，户籍人口27.56万人。秣陵地处南京市正南主轴线上，区位优越、交通便捷，南临禄口机场，北接南京南站，多条主干道和高速公路纵横交错，地铁1号线、3号线、S1号线、5号线（在建）穿境而过。2023年，秣陵街道完成地区生产总值187.81亿元，比上年增长7.1%；规模以上工业总产值131.95亿元，增长8.8%；一般公共预算收入9.5亿元，增长11.2%。是年，秣陵街道获评全国森林草原防火工作先进单位，连续12年蝉联南京市先进制造业主导型街道第一名，连续3年蝉联江宁区高质量发展综合考核第一等次（第一名）。

【经济建设】　2023年，秣陵街道完整准确全面贯彻新发展理念，坚定不移推进经济高质量发展。常态化运行经济专班，高效推进联东U谷、爱德印刷、秣陵科技环保产业园等9个项目开工建设，加快实施秣陵工业集中区南区20公顷地块成片开发，推动供地手续、道路建设和项目审批，全年完成低效用地开发16.7公顷，盘活闲置工业厂房1.6万平方米。运用秣陵9车间高质量发展经验，分步启动太平工业园转型升级和秦淮J6产业园二次转型，加快2个工业集中区3个地块成片开发，推动双金等3个社区集体厂房瑞泰金属项目建设和胜家桥、祖堂社区集体厂房（C1、C5地块）与申马电机5.3公顷地块转型发展。保障涉企扶持资金，争取上级补助资金，全年兑现各级企业奖补资金1500万元。新增国家级专精特新“小巨人”企业1家、省级专精特新中小企业8家、规模以上工业企业12家、高新技术企业10家、市级培育独角兽和瞪羚企业6家。签约亿元以上项目16个，总投资38亿元。推荐申报国家重点人才工程、海外博士后人才4人，新增入选省“双创”人才3人、市高层次创业及市中青年拔尖人才2人，市紫金山菁英人才节现场签约领军博士人才团队1个，新增留学回国人员35人。

【政治建设】　2023年，秣陵街道坚持把政治建设摆在突出位置并贯穿始终，组织理论学习中心组集体学习26次，传达学习习近平总书记系列讲话和重要论述90余篇，举办各类学习培训活动40余场、区管领导干部专题党课4场、各类专题研讨9场。按照《干部任用条例》相关规定和流程，全年集中调整干部2批次。聚焦新成立社区班子建设，35人提高职级待遇，其中“90后”近1/3，3名村（社区）书记纳入事业编制。开设“共同学习、相伴成长”能力提升培训班，对92名基层工作者进行系统性教育和全科式拉练。健全党员信心档案，按规范程序发展党员34人，接收党员698人，转出党员133人，收缴党费148.8万元。坚持有案必查，全年立案26件，涉及违法用地、违建管控、财务管理等。开展党纪政务处分决定执行情况自查，对受处分人员回访教育21人次，帮助“有错”党员干部向“有为”转变。针对十四届区委第三轮巡察指出的4个方面、14个问题，坚持即知即改、真改实改，制定70条整改措施并予以推进，共修改完善制度46项。

【文化建设】　2023年，秣陵街道以新时代文明实践所（站）为平台，重点打造“老许工作站”“虹姐调解队”“志愿楼栋长”等一批志愿服务队伍。组织文化惠民演出、送戏下乡等文化活动63场，“我们的节日”主题活动100余场。弘扬尊老助老的社会风尚，举办“九九重阳节，幸福在秣陵”系列敬老活动。挖掘各类道德典型，壮大“秣陵好人”队伍，推选重诺姐姐吴桂香、热心护林员戴明炎、乡村医生刘金富等各类典型29人。围绕秣陵好人好事、文明典范城市创建、工业园区转型、乡村振兴等重点工作，在市级以上媒体发稿108篇。政务微信公众号“秣陵在线”发布原创稿件96期、微信稿件343条。

【社会建设】　2023年，秣陵街道组织“春风行动”“就在江宁”等线上线下招聘会14场，提供就业岗位2000余个。新增城镇就业5685人、城镇失业人员再就业3812人、就业困难人员就业238人、大学生就业4512人，开发公益性岗位65个，安置就业困难人员55人，城镇登记失业率控制在3%以内。聚焦大型社区优化调整，完成翠屏、顺塘街社区党组织、居委会选举，启动太平、高湖、韩府等社区优化调整工作。实施27个村（社区）党群服务中心提升工程，打造二级党群工作站13个、三级党群微家46个，实现商品房小区党建阵地全覆盖。组织党员干部到社区报到185人次，为民办实事165件。常态化做好“小江家护”居家养老服务和困难老人探访关爱工作，建成1家AAA级居家养老服务站点。深入开展危险化学品、高层无水小区、既有建筑等领域大排查大整治行动，累计排查整改企业安全隐患7662处，办理违法案件26起，处罚金13.95万元。妥善处置消防火情案件149起，辖区无重大消防安全事故发生。推进区委消防安全专项巡察反馈问题整改，完成112个保障房及老旧小区和60幢高层无水小区的整改验收。全年建设特色小区34个、示范小区10个，小区自治组织成立率69.64%，入选文明城市“天天创、月月赛”红榜3次，综合成绩位居全区第一。“12345”政务热线受理工单33645件，比上年下降19.79%，结果满意率94.78%，解决率87.86%。办理劳动监察调处案件200余件，追讨拖欠工资210万元。办理劳动仲裁505件，办结485件，涉案金额450余万元，庭前调解率72.78%。

【生态文明建设】 2023年，秣陵街道开展挥发性有机物综合整治，实施挥发性有机物治理项目50个，源头替代8家、产业结构调整1家、能源结构调整1家，规范整治餐饮店100家，新（换）装高效油烟净化器20家，安装在线监控10家。完成2家钢结构企业、6家水泥企业、1家涂装企业、1家制药企业深度治理。省控站点空气优良率81.9%。继续推进水利工程建设补短板、强基础，先后完成南北水系沟通、黄山圩泵站翻建工程，旱河、哪吒河、南旺沟综合整治工程及溧水河消险工程。对照中央环保督察反馈问题清单，加大渣土扬尘和餐饮油烟整治力度，强化水环境综合治理，国考断面水质稳定在Ⅲ类标准。持续推行城乡生活垃圾分类，常态化运行101个农村垃圾收集亭和702个小区垃圾房。深化村庄清洁行动，推进村庄长效管护，申报市级宜居村项目8个、人居整治补“短板”项目8个。严守耕地保护红线，完成耕地图斑整改146.1公顷。

【秣陵获评全国森林草原防火工作先进单位】 2023年，秣陵街道被国家林业和草原局表彰为全国森林草原防火工作先进单位。秣陵街道山林面积1733.3公顷，林区沿线自北向南22千米，地理位置特殊，涉及13个村（社区）以及江宁开发区、牛首山文化旅游区等园区；境内分布有4座公墓及众多散坟，旅游廊道、高校、小区、企业密集，进山游玩人员众多，森林防火任务艰巨。2016年10月，该街道按照“建设一流队伍、配备一流设施、开展一流训练”的标准，组建一支主要由退役军人组成、平均年龄27周岁的森林消防队伍。森林消防队伍执行《中华人民共和国森林防火条例》《中华人民共和国草原防火条例》等各项规定，健全林长制和点位长负责制，科学设置49个护林点，落实领导带班、24小时值班以及火情日报等防范措施；定期开展专业知识培训，不定期组织竞技比赛、专业技能训练和实战演练，逐步补充完善灭火装备；组队参加省、市森林防火技能竞赛，获省一等奖2次、三等奖1次，市一等奖3次、二等奖1次。（许家琪）

【全区首个乡村“民法典”主题公园建成】 1月，秣陵司法所联合周里社区打造的全区首个乡

秣陵街道周里村“民法典”主题公园　　（刘锦雷　摄于2023年）

村“民法典”主题公园建成。公园在周里杨树桥自然村原有设施基础上建造而成，周边覆盖有拆迁安置小区周里新寓、周里村幼儿园等集镇常住居民，流动人口约2万人。公园围绕《中华人民共和国民法典》物权编、人格权编、婚姻家庭编等内容，以“图、文、景、音”相结合形式，形成“一廊一亭一湖多音箱”阵地布局。

【下墟获评市首批儿童友好社区】 1月，秣陵街道下墟社区被命名为南京市首批儿童友好社区。秣陵街道下墟社区下辖11个居民小组、13家商住楼盘，总户数1.5万余户，常住人口5万余人，其中儿童1.2万余人；流动人口近8万人，其中儿童1.4万余人。下墟社区依托区域化党建，协调妇联、民政、卫健、教育、公安等部门和群团组织共同参与，建立多部门支持体系，设立专项工作经费，制定涉及联席会议、志愿者管理、困境儿童保护等6项工作制度，社会政策十分友好。社区建有儿童专属阅览区，每年采购适合儿童阅读的书籍，专项购买妇女儿童及家庭的公益服务项目，每年投入项目资金约45万元，为辖区儿童提供精准、专业的支持性、保护性、补充性等服务。先后引入8家社会工作服务组织，开展家庭全类型指导服务，累计开展各类主题活动300余场次，服务儿童4500余人次。该社区还运用“网格+妇联”工作模式，深入辖区困境儿童及家庭，定期走访，了解需求，建立妇联、民政、残联、文教等多部门的联席会议制度及困境儿童保护制度。在社区内广泛招募儿童友好家园志愿者，建立“家庭—社区—社会”关爱互动体系，营造社区大家庭的温暖氛围。兼顾室内和室外儿童活动空间，打造睦邻书房、妇女儿童之家、共享花园等儿童成长空间。为儿童提供学习、游戏等场所，并定期开展儿童绘本阅读、变废为宝手工制作等活动，为儿童成长保驾护航。注重优秀传统文化传播，创建儿童服务品牌——青禾之家，整合丰富的儿童活动资源，营造良好的儿童发展环境。推进家庭家教家风建设，每年开展文明家庭、最美家庭、美丽庭院评选，全域营造儿童友好氛围。

（宁　鉴）

2023年秣陵街道村（社区）基本情况表

表23

村（社区）	户数（户）	人口（人）	耕地面积（公顷）	党组织书记	村（居）委会主任
凤凰	2580	5842	115	夏兴林	夏兴林
湖滨	8306	14546	—	王祥富	邵家斌
太平	21889	51000	—	史家和	史家和
建东	1356	3507	235	张　燕	张　燕
东旺	2109	6955	153	史　历	—
童前	1150	3009	—	刘　明	胡良俊
周里	1216	4294	132	汪金辉	—
东善桥	1656	6995	73	周志兵	周志兵
下墟	14500	47012	—	张　寅	张　寅
元山	1351	3520	106	孙　静	—
殷巷	19000	50158	501	周书生	—
牛首	4870	12176	—	陈卫莲	陈卫莲

续表 23

村（社区）	户数（户）	人口（人）	耕地面积（公顷）	党组织书记	村（居）委会主任
东南	1656	4865	22	牛周保	牛周保
家园	2977	9132	132	董　皎	董　皎
胜太	20092	61115	—	崔吉安	—
长山	1054	8289	5	罗忠星	孟金强
秦淮	7933	16315	—	张　惠	张　惠
霞辉庙	1514	3736	160	王兴龙	王兴龙
翠屏	9582	20184	—	尚征瑞	尚征瑞
胜家桥	786	1985	117	杨　阳	杨　阳
西旺	3132	7650	104	俞祖建	俞祖建
青源	6143	6793	—	石元荣	石元荣
双金	9654	22420	197	李　鑫	陶　飞
火炬	1265	3215	226	高吉晓	高吉晓
祖堂	1896	5362	83	端木和健	端木和健
吉山	1703	3499	135	胡宗立	胡宗立
顺塘街	4800 户	2600	—	陈海龙	陈海龙

（许家琪）

汤山街道

【概　况】 汤山是江南古镇、中国历史文化名城（镇）、著名的温泉之乡，地处南京东郊，是南京的东大门，位于江宁区东北端，东与镇江句容市交接。汤山街道区域总面积 170 平方千米，辖 8 个社区居委会、8 个村委会，户籍人口 7.1 万人。汤山因“帝王温泉”“史前溶洞”和“绝世碑材”而闻名，辖区内人文禀赋优越，自然资源丰富，拥有安基湖、汤泉湖和 6670 公顷林地等山水资源，森林覆盖率 40%，被誉为南京东郊的避暑胜地。2023 年，汤山街道完成地区生产总值 51.92 亿元，比上年增长 4.3%；一般公共预算收入 3.88 亿元，与上年持平；规模以上工业总产值 48.09 亿元，增长 1.6%；社会消费品零售总额 46.82 亿元，增长 7.8%。

【经济建设】 2023 年，汤山街道坚持以经济发展为中心，明确“农文体旅、康养度假、智能制造”三大产业定位，全力推动招商引资、定期调度经济运行，稳步推动高质量发展。主要经济指标稳中有进，全年签约落地亿元以上项目 23 个。付梦印、芮筱亭等院士 7 个科研平台入驻南理工创新港，落户国家及省部级实验室 4 家，孵化落地港世顺等科技型企业 4 家。全年新增规模以上工业企业 7 家、高新技术企业 7 家、省级以上专精特新企业 5 家，4 人入选国家级重点人才工程。工业转型迈出坚实步伐，汤山工业集中区控规调整启动，北部 30 公顷控规调整方案公示结束，上峰工业集中区梳理存量空间 12.2 公顷，建成森焱鑫科技产业中心，在建聚庚科技、敏赫新能源、晟达德合纳入实施类重大产业项目，总投资 6.8 亿元。推动农文体旅深度融合，打造高庄花博园、阜庄农耕研学基地、宁西非遗工坊、汤北户外运动集聚区，宁西苎麻编制乡村艺术工坊入选江宁首批非遗工坊。承办“绿水青山”中国休闲运动挑战赛、环长三角自行车联赛、市健身瑜伽社区大联赛等赛事活动 30 余场，体旅融合入选江苏省体育场景消费典型案例。全年接待游客 925 万人次，比上年增长 63%。

【政治建设】 2023 年，汤山街道召开园街中心组理论学习会 12 次，下社区、进支部讲党课 50 场，聚焦主题教育举行专题学习会 4 次，深入开展“以学促改抓调研”活动，引导党员干部走好新时代党的群众路线。深入学习中共二十大精神，组织“党的声音进万家”系列主题宣讲活动 150 余场、“强国复兴、童心逐梦”系列教育实践活动 20 余场。街道党工委班子驻点联系指导村（社区），完成 2 家软弱后进基层党组织整顿提升工作，培育全省“百名示范”村（社区）书记 1 人。坚持“事业为上、人岗相适、人事相宜”，不断优化人员配置，推进机关、村（社区）干部交流任职，激发干部队伍活力。研究制定《进一步激励汤山园街党员干部在招商引资中担当作为的九项措施》和《汤山园街招商人员绩效考核办法》，鼓励党员干部参与招商引资、乡村振兴等一线工作，在实践中增强本领。发挥片区大党委引领力，吸纳 24 家驻地单位参与汤山片区党建工作，开展联学共建、医心惠民义诊、消防共建等志愿行动，打造 16 个社区“大党委”和“新农荟”、新城家园、“尚”你“宿”说等 30 个各具特色的网格“大支部”。加强“三新”领域党组织建设，新建物业行业功能型党组织 11 家、非公有制企业党组织 4 家，为新就业群体打造“宁小蜂驿站”17 处。加快特色理论阵地建设，打造汤山矿坑公园“两山”理论实境课堂，策划鹤龄社区等理论“微课堂”，拍摄短视频 3 部。壮大“580”志愿服务队、“汤耆星”老党员志愿服务队、“泉心全义”红色政务志愿服务队等特色队伍。做好“线上 + 线下”新闻宣传，开设“泉馨汤山”微信公众号，守好舆论引导的前沿阵地。

【文化建设】 2023 年，汤山街道聚焦文旅融合发展和社会治理两条主线，在央视《新闻 30 分》《新闻直播间》和《人民日报》《中国青年报》《农民日报》等国家级媒体推出报道 8 篇，省级媒体报道 89 篇，市级媒体报道 93 篇，区级媒体报道 156 篇，参与“中国式现代化江宁实践”专题报道，承办全区“向人民汇报”汤山专场。加强精神文明建设，落实汤山园街文明城市创建三级责任体系，区“月月赛”入选 4 次红榜，获评江苏省最美家庭 1 户、南京好市民 1 人、南京好人 1 人、区道德模范 2 人，阜东村申报全国文明村创建。推动乡风文明提升特色化，选举产生道德评议员 86 人，制定 6 项奖励、4 项惩罚等积分机制，推进家庭诚信积分制管理，入选第四批全国“文明乡风建设”典型案例。人均接受文化场馆服务 2.5 人次，街道文体服务中心全年开展各类群众文化活动 10 场，组织历史文化、摄影等展览 50 场，举办汤山街道“泉”员 E 起动 · 迎春跑、2023 年“浩瀚青训杯”江宁区第七届业余足球联赛暨江宁区职工足球比赛汤山赛区比赛、2023 年汤山首届“汤泉杯”足球联赛等各类群众体育赛事 9 场，组队参加区九运会 10 个项目的比赛，其中龙舟、瑜伽项目获一等奖。弘扬传承传统文化，非遗“汤山温泉传说”获评省级非遗项目，孟墓“藏龙桥传说”“蒸馏酒酿造技艺”入选区级非遗项目，过探先墓、汤岗路民国建筑群、顾家棚村碉堡入选南京市第五批市级文物保护名单。组织编纂的中国名镇志《汤山镇志》通过省级终审。入选江苏省情系列影像志首批制作单位，11 月下旬影像志视频在“方志江苏”“南京发布”等公众号发布，收获上万点击量。

【社会建设】 2023 年，汤山街道坚持把满足人民群众对美好生活的向往作为一切工作的出发点和落脚点，狠抓工作落实，筑牢民生保障根基。推进汤东棚改区改造（安置房）和作厂路以东保障房一期项目建设。开办 0—3 岁专业托育试点，常态化提供养老用房服务。促进就业与再就业工作，全年新增城镇就业 2380 人，城镇失业人员就业 1420 人，困难人员就业 371 人。深化“放管服”改革，落实“好差评”制度，为办事群众提供便捷化、舒心化、高效化的政务服务，全年办理各类公共服务事项 3554 件、审批类事项 311 件，按时办结率 100%，满意率 99.97%。燃气安全、农路管养、河道整治消险等 11 个城建计划项目按期完工，集镇汤龙路改造项目进入扫尾阶段。利用地铁沿线和街面边角地块，打造市民运动休闲空间和江宁首个旅游法治公园。综合利用闲置核酸小屋，改造消防驿站 1 处、森林防火驿站 1 处。加强小区物业服务和规范管理，建成老旧小区、保障房小区业（管）委会 44 个，组建率 100%。推进法律顾问进小区服务。深化垃圾分类，建成街道社区卫生服务中心、汤林村卫生服务站、汤泉馨苑安置房小区。强化“一网统管”建设，完善社会治理采集系统，建立健全防汛抗旱、扫雪防冻、节日及重要活动期间应急指挥体系。加快应急消防一体化建设，分层分类开展安全消防应急演练，组织重大事故隐患排查、村级企业隐患治理、小型经营场所消防隐患排查等整治行动，基层安全基础全面提升。

【生态文明建设】 2023 年，汤山街道从细微处着手，落实落细人居环境综合整治提升的各项措施，全力建设美丽宜居的生态家园。发展绿色低碳农业，推行“林长制”，实施封山育林 66.7 公顷、森林抚育 300 公顷。打好污染防治攻坚战，断面水质、大气质量均值达标，4 个中央环保督察交办件整改销号。完成水环境综合治理三年行动实施方案编制，落实防汛责任制，推进水库消险工程建设，开展生态河道创建工作，全面实行河湖长制。统筹推进城镇环境综合整治提升工作，重点突出高铁高速沿线、村庄入口、交界区域等环境整治，做到全方位、无死角。运用“智慧工地”监管平台，加强在建工地渣土管控源头治理，实现工地数字化、精细化、智慧化生产和管理。创成市级美丽乡村宜居村 11 个、市级特色田园乡村 2 个，完成 11 个农村人居环境整治提升补短板项目。落实乡村建设行动，推进汤山北组团建设，将体育运动融入乡村建设，打造汤北户外运动集聚区，引入国家及省、市级体育赛事，促进农文体旅深度融合发展。支持乡村业态发展，创成全国丙级民宿 1 家、区级精品民宿 5 家。 （韩　洁）

2023 年，汤山街道上峰社区居民家庭庭院获评南京市（江宁区）“四美”示范庭院 （李婉婉　供图）

【阜庄入选省级生态文明建设示范】 3 月，省生态环境厅公布第五批省级生态文明建设示范村名单，江宁区汤山街道阜庄村入选。阜庄村不断完善基础设施，推进特色田园乡村建设，建设六大类 17 个项目，涵盖生态环境提升、产业发展、文化建设、乡村治理等。依托石地村田园乡村建设，完善村庄基础设施建设，推进污水管网、道路改造工程，生活污水处理率 91%。村庄环境还进行美化亮化，全村河塘清淤、沟渠疏通、垃圾托运清理完成率 100%；完成村村亮工程，架设路灯数百盏，方便居民夜间出行。全面开展一般整治村改造工作，先后完成大岗村和新民村整治，实施北庄 3 组绿化新村建设；深入开展垃圾分类工作，充实保洁队伍；建成庄里停车场，新增候车亭 2 座，完成北庄村河塘护坡、农田排水沟渠等水利建设，促进乡村旅游发展。新建竹博园农开项目，建设基地内道路、沟渠和护坡，并通过验收。稳步推进汤山现代农业园核心区建设，全力打造太和水稻专业合作社循环农业示范园特色品牌。

【汤山街道社区卫生服务中心新院区开诊】 8 月 18 日，位于作厂路的汤山街道社区卫生服务中心新院区正式开诊。该项目规划占地 0.8 公顷，整体设计为 9 层建筑，总建筑面积 3.35 万平方米。其中，新院区主楼 1—3 层为门诊、急诊诊疗区域，建筑面积 1.3 万平方米，开设急诊、内科、外科、骨科、妇产科、中医科、五官科、口腔科、检验科、DR、CT、核磁共振、B 超室、内窥镜室、心电图、血透科、药房、体检中心等职能科室；4—9 层主要为手术室、设备层以及住院病房，设置 4 个住院病区，设床位 122 张。该院区还新引进西门子双源 CT、飞利浦 3.0T 核磁、飞利浦 DSA、奥林巴斯胃肠镜、国产迈瑞全自动生化分析仪、全自动凝血分析仪、血液透析仪等国内外先进医疗设备。

【汤山首届足球联赛落幕】 12月17日，为期1个多月的“泉馨杯”2023汤山首届足球联赛落幕。经过30多场角逐，汤北户外孟青联队摘得冠军，作厂社区队位列亚军，汤山社区汤家家队斩获季军。“泉馨杯”2023汤山首届足球联赛开赛后，汤山街道、汤山度假区、社区、企业、学校的12支球队196名运动员参赛。通过小组赛、淘汰赛、决赛等环节，最终决出冠亚季军，并评选出“优秀组织奖”“公平竞赛奖”“体育道德风尚奖”“最佳参赛队伍”“最佳球员”和“最佳射手”等。（宁　鉴）

2023年汤山街道村（社区）基本情况表

表24

村（社区）	户数（户）	人口（人）	耕地面积（公顷）	党组织书记	村（居）委会主任
汤山	3712	14302	61	庄明祥	庄明祥
青林	1183	3413	134	汤方祥	汤方祥
作厂	3460	8563	124	言明成	言明成
古泉	1282	3924	111	孙银祥	孙银祥
孟墓	1635	4001	524	戴光军	陈鑫烽
鹤龄	1487	3615	232	周大海	周大海
高庄	2415	6790	287	庞志平	庞志平
上峰	1896	4724	246	周贤芳	周贤芳
龙尚	1362	2560	154	孔石峰	孔石峰
湖山	620	1628	95	王金广	王金广
孟塘	1115	3000	119	周传庆	周传庆
路西	1178	3300	80	王　斌	王　斌
建设	986	2740	147	梁功伟	梁功伟
宁西	827	1600	186	叶晓霞	叶晓霞
阜东	1185	3210	270	郁建松	郁建松
阜庄	1333	4200	215	侯静波	陈先先

（韩　洁）

淳化街道

【概　况】 淳化街道位于江宁区中东部，东接镇江句容市，南连湖熟，西临东山副城，北与汤山接壤。总面积198平方千米，下辖34个村（社区），户籍人口21.31万人。因地“遮蔽句容，应接京口，形势冲要”，遂于北宋淳化五年（994）建镇，镇以年号“淳化”得名，元代称淳化关，明代为上元县治，清代为上元四大名镇之一，距今已有1000多年历史。淳化地势北高南低，临风向阳，有“头枕青龙山，脚踩秦淮河，中间一片向阳地”之称。江宁高新区、江宁大学城位于辖区内，有中国药科大学、南京医科大学等12所高校。宁杭城际铁路、宁杭高速公路、南京绕城高速公路、104国道过境，设铁路江宁站、江宁客运汽车站，南京地铁1号线、5号线（在建）经过。2023年，淳化街道完成地区生产总值90.83亿元，比上年增长4.4%；一般公共预算收入4.79亿元，增长12%；规模以上工业总产值42.92亿元，增长2.5%；社会消费品零售总额44.69亿元，增长8.1%；全社会固定资产投资9.2亿元，增长8.8%，其中工业投资3.58亿元，增长39.7%。

【经济建设】 2023年，淳化街道按照区委、区政府“十个高质量发展”目标，锐意进取、担当有为、奋勇争先，经济发展稳中向好。全面推进乡村振兴，建设标准化高效生产基地，培育优质秧苗15万盘，订单种植333.3公顷，精米加工8000吨，打造33.3公顷“无人化”农场，新升级智能化灌溉11公顷。完善农田基础设施，建成索墅片高标准农田项目66.7公顷，推进周子、民主173.3公顷高标准农田项目建设，引进推广万建民院士团队培育的水稻新品种、新技术、新设备。推动现代农业项目提质增效，完成2家、申报2家蔬菜园艺项目，建成3个省级农业发展项目、4个中央农业资金项目，新增4家市级、12家区级示范家庭农场；新增区级示范龙头企业2家、市级示范龙头企业2家，完成3家、申报2家市级产业化项目等。全年实施类区重大产业项目3个，完成投资3亿元。加快淳化、土桥、索墅3个工业集中区转型升级，推动集中区内13.3公顷低效用地开发建设，更新城市用地6.7公顷。申报高新技术企业26家、省级专精特新企业9家、省级企业技术中心2家、省级服务型制造示范企业1家，开展24家规模以上企业“智改数转”诊断工作。指导69家科技型中小企业成功入库，完成高新技术产业投资2.02亿元。常态化开展企业“大走访、大调研”活动，解决企业扩建厂房、购买土地等问题20余个，推动企业释放产能。兑付企业产值贡献奖等惠企资金285万元。依托主题活动促进旅游消费，在三国村等景区举办“魔幻光影啤酒艺术节”“创意后备箱市集”“村跑”等主题活动8场。通过南京发布、江宁发布等微信公众平台定期发布旅游资讯，在新华网、中国江苏网等13家主流媒体宣传报道28篇，全年乡村旅游接待游客216万人次，旅游综合收入18.84亿元。

【政治建设】 2023年，淳化街道推动党建工作赋能基层治理，构建街道片区大党委，完善联席会议制度。合理划分天景山片区管理范围，启动大学城、成山、桥头3家大型社区优化调整。指导各基层党组织立足自身实际，申报党建创新项目39个，探索基层党建工作新思路。查实找准突出问题，实施科苑、横岭、杨村3个软弱后进党组织整改。扛牢意识形态工作责任，发挥“新思想加油站”、新时代文明实践所（站）载体作用，开展中共二十大精神系列学习活动。选优配强乡村振兴工作力量，对11个单设村（居）委会主任进行人事调整，村（含涉农社区）书记、主任“一肩挑”比例达100%。通过直接纳入和转聘工作，建立一支622人的社区工作者专业队伍，健全社区工作者专业化体系。开展“95后”年轻干部培训，提升197名年轻干部在乡村振兴工作中的政治能力、战略眼光、专业水平。组织120名入党积极分子参与测试，储备街道发展后备力量。制定并下发《2023年度落实全面从严治党党委主体责任、纪委监督责任清单》，构建分层分级、全面覆盖的全面从严治党主体责任体系。召开2次党风廉政专题会议，组织“百村巡讲”清廉主题教育、廉政集体谈话、警示教育大会6次，警示教育600余人次。坚持以案促改，处置问题线索及信访件58条，立案处理14人。运用第一种形态处理党员干部40人次，其中诫勉2人、提醒谈话9人，下发纪律检查建议书1份。

【文化建设】 2023年，淳化街道加强主流思想宣传引领，推进新时代文明实践所（站）建设，打通服务群众“最后一公里”。开展“贯彻二十大、奋进新征程”“礼赞新时代、追梦复兴路”等“强国复兴有我”群众性主题宣传教育活动，组织各类理论宣讲46场。构建“8080服务站”“诚善学习堂”“宁无忧”工作站等20个特色服务站点，打造科宁“雷锋茂”、陵里“邻里空间站”等品牌，发布宣传稿件700余篇，其中央视媒体报道3次，《光明日报》、《人民日报》、“学习强国”学习平台等央级媒体刊发稿件13篇，《新华日报》等省级媒体249篇，《南京日报》等市级媒体179篇。举办淳“萃”漫游计划系列活动，发布淳化旅游地图、旅游护照、采摘地图等新媒体宣传产品，策划拍摄“淳化好人”“淳化名片”“淳化颜色”系列主题短视频17个。发挥基层文艺人才作用，加强淳之韵艺术团、方山大鼓、戏曲队等基层文化特色队伍建设。举办“江宁之春”群众文化艺术节淳化街道专场文艺演出、淳化农文旅融合发展主题发布会暨2023淳化味稻小镇首届“村跑”、“音为梦响 淳声嘹亮”——淳化好歌手大赛等活动，丰富辖区群众精神文化生活。

【社会建设】 2023年，淳化街道继续推进淳化新市镇建设，建成10万平方米安置房，落实房票、定销等安置政策，全面解决2445套安置房欠账问题。加快基础设施建设，完成7条6.4千米道路大中修、5座危桥改造和江宁监狱雨污水管网，以及润盛花园、老104国道雨污水管道改造工程等，为群众生活出行提供便利。强化安全隐患整改，检查安全生产经营单位3554家，发现并整改隐患2239处，未发生重特大安全生产事故。实现“监管”和“执法”两手抓、两手硬，立案152起，处罚金额18.04万元。开展矛盾纠纷排查化解，全年接待群众来访221批次、651人次，所有诉求均得到妥善处理。实行党政领导包案制度，化解信访积案6件，8件“重复访”专项行动第三批国治件、256件省巡移交信访件全部办结。综合行政执法实体化运行，办结行政执法案件238件，处罚金额25.7万元。成立“12345”政务热线集中回复专班，建立健全首接责任、信息预警、“回头看”等制度，投诉类工单比上年下降59.1%。开展重点困难老人走访慰问活动，全年发放各类补贴近3600万元。打造“淳美一家”主题社工站，开展“淳”系列服务750余场。实施“智慧助老”行动，安排老年人免费体检，受理医保零星报销1020份，为独居老人等群体提供代办服务38件。推动教育提档升级，国家级课题“‘新幼教乡土’的构建与实践研究”取得新进展，淳化街道老年大学创成江苏省老年教育优质学校。

【生态文明建设】 2023年，淳化街道完成53个挥发性有机物治理项目、23台全口径锅炉深度治理，28个重点行业及重点设施排查整治、33个六大行业深度治理。实施碳达峰碳中和科创载体建设，建成一期“FACE实验平台”。推动“光伏”下乡，周子农业园实现屋顶光伏全覆盖，加快构建能源节约型社区。创建省级垃圾分类达标小区10个、垃圾分类除差小区10个，在居民小区配建垃圾分类厢房547个。以“全覆盖、高标准、精细化”为目标，出动人员27109人次、车辆6619辆次，开展环境综合整治，清运建筑、生活垃圾2899吨，在“城乡环境大整治、精细治理大提升”月月赛中摘取红榜4次。推进土桥省级美丽宜居小城镇建设，同心街出新改造工程全部完成。全面提升农村人居环境品质，建成市级美丽宜居村10个，周子、青龙2个省级生态宜居示范村及马场山省级特色田园乡村项目全部完工。

（笪　旋　柯晓虎）

【淳化味稻小镇首届“村跑”举办】 10月15日，江宁区淳化农文旅融合发展主题发布会暨2023淳化味稻小镇首届“村跑”活动在南京舟渔寨旅游度假村举办，市民代表、新型农业经营主体代表、旅游达人、村跑参赛者等500多人参加。家住淳化街道科宁社区的黄正欢获得男子组第一名。当天，淳化街道农文旅融合发展联盟成立。该联盟旨在进一步整合资源，联动各方力量，围绕农村电商、乡村规划、休闲农业等重点内容，促进资源互补与交换，为文旅体融合发展提供强劲支持。（宁　鉴）

2023年淳化街道村（社区）基本情况表

表25

村（社区）	户数（户）	人口（人）	耕地面积（公顷）	党组织书记	村（居）委会主任
淳化	3765	10392	80	李顺平	—
青龙	1372	3784	291	陈小兵	陈小兵
青山	1858	4160	305	刘金萍	刘金萍
索墅	1626	3559	281	李　龙	李　龙
吴墅	1266	3083	295	王儒杰	王儒杰
田园	954	2794	228	严　浩	—
双岗	1072	3639	132	李　杰	李　杰

续表 25

村（社区）	户数（户）	人口（人）	耕地面积（公顷）	党组织书记	村（居）委会主任
土桥	1122	3345	84	王 婷	—
新兴	1773	4783	334	蔡正明	—
周郎	885	2646	225	周建国	—
滨淮	1028	2938	260	王 晨	—
民主	1334	3783	516	任 斌	任 斌
周子	1141	3173	292	陶敬富	—
西埠	952	2502	234	史道俊	史道俊
西城	1506	4129	449	王固成	—
柏墅	1065	2670	190	许信圣	—
茶岗	1103	3045	244	笪 进	笪 进
横岭	2287	5171	—	姚 为	—
杨村	1714	6758	—	许 花	—
方山	1702	5926	—	乐龙权	—
成山	5715	15265	—	易兴华	易兴华
桥头	10877	19626	—	薛 伟	薛 伟
陵里	1642	4314	—	王圣刚	王圣刚
王墅	1316	3952	—	贺 敏	—
永宁	1639	4871	—	周彩培	—
解溪	922	4727	—	蒋永康	—
新华	815	3504	—	孙 卉	—
科苑	6058	10537	—	张 敏	张 敏
科宁	6412	12602	—	胡业斌	宋兴成
新林	1083	3864	209	李顺兵	李顺兵
大学城	11997	47535	—	杨 胜	郭 春

（笪 旋 柯晓虎）

禄口街道

【概　况】 禄口街道地处南京南部、临空经济示范区核心区，是南京市九大新城之一、国际空港所在地，享有“省门第一街”美誉，先后获国家卫生街道、全国安全社区、中国皮草工艺名镇、中国裘匠之都等荣誉。机场高速、溧马高速等7条国省干线，S1、S7、S9 3条轨道交通穿境而过，境内地铁站5座，是连接南京都市圈、辐射长三角、畅达海内外的重要枢纽。禄口街道区域面积164平方千米，下辖30个村（社区），户籍人口10.46万人。2023年，禄口街道完成地区生产总值128.34亿元，比上年增长10.9%；规模以上工业总产值64.1亿元，增长6.5%；社会消费品零售总额37.43亿元，增长8.5%；一般公共预算收入5.15亿元，增长31.5%。

【经济建设】 2023年，禄口街道围绕“强链、补链、延链”聚力发展，推动形成智能装备、临空关联产业、汽车零部件配套三大支柱产业。以“五拼五比赛五榜”为抓手，开展企业走访服务，精准解决企业生产困难，全力以赴提振经济发展，深入推进招商引资、项目建设、科技创新等，全年夺杯扛旗20次。工业生产平稳回升，规模以上工业总产值64.1亿元，比上年增长6.5%。消费市场有序恢复，限额以上单位零售额5.21亿元，增长14.2%；重点服务业企业发展提速，规模以上服务业营业收入121.16亿元，增长106.2%。深化存量用地提质增效行动，探索政府主导下的3种模式（房东招商模式、可监管可持续低效用地盘活模式、利用产业发展基金进行低效用地更新模式），蓝树科技产业园、中电新源厂房引进落户生产企业13家，年新增纳税4000万元，亩均税收70万元以上。与新华报业、广州高盛集团设立产业发展基金，借助多方资金共同推动工业集中区转型升级，新禄汇产业中心项目模式被自然资源部推介。全年签约亿元以上项目17个，签约项目投资总额31.2亿元。梯度培育链主企业、专精特新企业，强链补链成果明显，净增规模以上工业企业9家，麦驰钛业、赛达科技入围国家级专精特新“小巨人”企业，三叶流体、特种气体、航迅机电等6家企业入围省级专精特新“小巨人”企业。全年粮食种植面积3733.3公顷，粮食总产量2.76万吨；蔬菜复种面积2646.7公顷；水产养殖面积733.3公顷、年产量4.64万吨。深入推进耕地保护，完成抛荒地、部下发图斑整改任务，并及时进行复耕复种。成立禄口街道股份经济合作联合社，利用集体资金预购置资产1.33万平方米，形成稳定长期收益。联合中铁二局置业公司等单位，实施皮草城转型升级，招商出租商铺1.27万平方米。统一布局、规范管理，夜经济“鲸鱼集市”成为网红打卡点。

【政治建设】 2023年，禄口街道结合主题教育，深入学习贯彻习近平新时代中国特色社会主义思想及中共二十大精神，及时传达学习习近平总书记重要讲话、重要指示精神以及中央和上级党委重大决策部署，通过集体领学、专题辅导、集体交流研讨等形式，组织召开理论学习中心组学习会17次，开展集中交流研讨10次。夯实意识形态各类阵地，加强舆论引导，妥善处置各类舆情事件72起，召开意识形态分析研判会3次。唱响“主旋律”，围绕街道“三城一样板”发展方向，以“幸福禄口”微信公众号为载体，发布宣传稿件573篇，主流媒体及社会网络媒体发布各类稿件496篇。片区大党委工作有序展开，34家联盟单位上报共建共治共享“五张清单”，形成资源清单51条、需求清单43条、合作项目清单27条、周边风险清单17条。以党建引领物业服务提升行动为突破口，全街道51个居民小区逐步构建党组织领导下的村（居）委会、业（管）委会、物业企业等多方联动的治理体系。强化党组织建设，茅亭社区等4个党总支升级为党委，14个村（社区）党委（总支）、30个二级支部完成委员补选。推进3个软弱后进党组织整改，制定整改措施24条。加强党员队伍教育管理，落实《发展党员工作细则》，梳理入党积极分子后备库161人。全年发展党员33人，其中产业工人3人、高技能人才1人。结合区委巡察要求，对近3年党员发展对象档案进行整理，整理党员档案115份。运用数字化评价机制，推选的15名事业单位工作人员、13名公务员获年度考核优秀。开展“百村巡讲”清廉主题教育活动，通报违反中央八项规定精神问题典型案例，督促党员干部严守廉洁底线。精准运用监督执纪“四种形态”，坚定不移压实全面从严治党主体责任，办结问题线索73条，提醒谈话21人；立案26件，其中自办件23件。区巡察反馈的4个方面14个问题，完成整改9个，完成率64.3%；制定的87条措施整改完成66条，整改率75.9%；建章立制9项。消防安全、意识形态、选人用人专项整改工作按计划有序推进。省巡视交办事项38条，于巡视期间全部回复办结，配合开展区级层面省委巡视江宁整改工作。

【文化建设】 2023年，禄口街道依托铜山片区山水人文资源（4座水库、大小铜山、横山革命烈士纪念馆纪念碑、山阴村王氏后人聚居地等），3个省级特色田园乡村（曹村山阴村、溧塘铜山端、石埝水荆墅），大力发展红色文化旅游产业，全年增加经营性收入700万元。依托民宿协会功能型党支部，引领铜山片区民宿发展壮大，年入住旅客45万人次，创业家庭户均收入35万元，望园民宿获评江宁区精品旅游民宿。放大临空优势，成立禄口临空商旅服务有限公司，致力打造临空“田园客厅”，将机场流量变成乡村消费的“留量”，带动群众增收致富。打造户外运动新场景，白云路社区体育公园建成并投入使用，公园占地面积3万平方米，满足各年龄层次居民多样化文体活动需求。推进新时代文明实践所（站）建设，壮大“公益创投”“微创投”“微公益”三级公益队伍，开展活动390场，服务6000余人次，马铺锣鼓获评省级非遗项目。加强社区综合服务中心运营与各级公益创投管理，举办第六届“幸福禄口·微公益”，形成“禄仁甲”志愿者队伍，发起微公益提案128个，开展活动2700余次，受益人群6.83万人次。

2023年春节前夕，禄口街道举办“喜迎新春 邻里共享”彭福村第三届村晚暨公益达人表彰会。图为大会参演人员合影 （禄口街道 供图）

【社会建设】 2023年，禄口街道扎实推进惠民工程，分配禄口航空产业片区棚户区改造项目安置房3283套，惠及7个村（社区）的883户村民。肖家山及340省道拆迁安置房（经济适用房）项目主体结构封顶、室内装饰基本完工，滨河西路拆迁安置房项目完成临时设施、桩基工程。禄口中心小学原址新建项目主体建筑全部完工。建成8个社区卫生服务站、1个家庭医生签约室，总建筑面积1984平方米。完成铜山口袋公园、铜山商业街提档升级并交付使用。开展政务服务和行政审批工作，加速“一网通办”平台升级融合，统筹安排“中午不打烊”+“早市”延时政务服务，设立24小时自助服务区，受理23251件次，按时办结率100%，综合满意率99.8%。兜牢民生保障底线，开展未成年儿童走访慰问570人次，个案帮扶5例，落实特困救助供养279人，低保263户、372人，帮扶残疾人1920人。组织线下招聘会2场和线上招聘会9场，提供就业岗位1096个，帮助862名求职者实现就业。培育自主创业者1094人，创业带动就业2748人。为外卖送餐员、快递员、保洁员等提供暖心服务，茅亭路工会“爱心驿站”获全国“最美工会户外劳动者服务站点”。

【生态文明建设】 2023年，禄口街道继续推进城市精细化治理，对背街小巷、农村（社区）巡查全覆盖，累计出动1.8万余人次。办结数字平台工单9300余条，办结率100%。出新非机动车位430平方米，规范停车秩序，清理违规机动车320余辆。落实垃圾分类“四整治四提升”专项工作，完成54个小区146个垃圾分类厢房建设，农村垃圾分类覆盖率100%。推动“公厕革命”，加强168个农村公厕运营维护，促进乡村人居环境持续改善。开展文明城市创建工作，每月以自查通报方式，累计整改4类问题320处。严格管控辖区内违法建设用地，拆除违法建设175处、面积1300平方米，拔除抢栽抢种苗木1.2万余株。统筹推进治气、治水、治土工作，对9个在建工地、辖区内多个重要入口实行全覆盖检查，查处各类违规行为57起。强化重点区域管控，严禁秸秆焚烧，开展点位长调度37次。优化污染天气预警应急响应机制，37家企业实施“一厂一策”清单化管理，PM2.5平均浓度19.3微克/立方米，空气优良率90.3%，位列全市前列。强化考核断面巡查管养，1条省考断面和4条区考断面考核均达标。加强危废固废环境监管，处置转移危废300余吨。办结市污染防治综合监管平台线索220条，办结率100%。加快美丽乡村建设，桑园村入选“2022年度江苏省生态宜居美丽示范村”。

（张禄康　周　钰）

【禄口社工站获评省示范】 2月，2022年江苏省党建引领社会工作服务示范点评选结果揭晓，禄口街道社工站榜上有名。作为南京市首批社工站建设试点单位之一，禄口街道社工站设置助人·专业服务空间、助己·社工成长空间、共享·基础服务空间、共融·协商议事空间四大功能分区，打造个案室、小组室、督导室等专业服务室，由多名专职社工驻点提供服务。禄口街道社工站还以街道社区社会组织联合会党支部为统领，将党建工作、文明实践工作融入社会工作服务的全过程，构建起街道社会工作服务总站——片区社会工作专项分站——社区社会工作服务室三级服务体系，同时开展文明实践志愿服务，打造“微心愿”“红色议事会”等红色品牌，形成党员带头、群众参与的良好氛围。该社工站已连续实施6届“幸福禄口·微公益”公益提案支持计划，共投入资金95万元，党员带动本土居民志愿者发起微公益提案103个，开展活动2400余次，受益累计6.5万人次。

【禄口总工会获省模范职工之家称号】 5月，省总工会发布《关于表彰省模范职工之家、模范职工小家、优秀工会工作者的决定》，禄口街道总工会获“江苏省模范职工之家”称号。自2016年成立以后，禄口街道总工会做好新形势下的工会工作，维护职工利益，丰富职工文化生活。一方面，推出“四送品牌”活动，推进工资集体合同签订工作，开展“送法进企业、进社区”活动；另一方面，建设完善职工服务中心、爱心驿站、劳监员片区服务站等一线服务阵地及线上学习交流平台，全方位关心关爱辖区职工。

【第11届南京禄口皮草嘉年华】 9月15日，2023年南京禄口国际皮草博览会暨第11届南京禄口皮草嘉年华开幕式在中国南京禄口皮草城举办。此次博览会的主题是“新禄口·新皮草·新空间”，以“产业”为轴，坚持“专业化、国际化、品牌化、平台化”的发展目标，打造了一场独具特色的皮草时尚盛会。活动旨在有效促进资源整合，加快推进产业集聚、产业创新和产业升级，实现小空间大集聚、小平台大产业以及小载体大创新，形成新的经济增长点，为禄口皮草产业发展创造新契机。此次展览面积4.5万平方米，核心展区2000平方米，由禄口本土皮草品牌，以及来自香港、海宁、桐乡等地的毛皮特色产业基地的知名品牌组成。（宁　鉴）

2023年禄口街道村（社区）基本情况表

表26

村（社区）	户数（户）	人口（人）	耕地面积（公顷）	党组织书记	村（居）委会主任
白云路	868	2293	—	张　健	张　健
曹村	906	2385	201	周向阳	周向阳
陈巷	1197	3026	240	方　雯	方　雯
成功	1222	2966	77	周　峰	周　峰
高伏	1029	2152	91	蔡福宝	蔡福宝
埂方	735	2046	220	陈大伟	陈大伟
黄桥	1472	4273	160	马　俊	马　俊
机场	1026	2694	—	周浩浩	周浩浩
溧塘	857	2263	172	阮灿树	阮灿树
陆纲	2979	8677	13	张　鹏	张　鹏

续表 26

村（社区）	户数（户）	人口（人）	耕地面积（公顷）	党组织书记	村（居）委会主任
马铺	512	2040	145	周明林	周明林
茅亭	3694	8713	8	邵金荣	邵金荣
彭福	496	1450	107	朱浩亮	戈　彬
秦村	1120	3219	23	邓迎宝	邓迎宝
群力	2051	5490	—	王益强	王益强
桑园	1176	2809	90	陈　文	陈　文
山塘	1367	3130	144	蒋双喜	蒋双喜
上穆	1029	2750	86	朱　祥	朱　祥
尚洪	970	3124	780	迟家才	迟家才
石埝	1781	4515	336	张小宝	张小宝
陶东	1290	3745	107	邢时富	邢时富
铜山	702	1470	—	方在林	方在林
徒盖	761	2682	503	甘圣建	甘圣建
小彭	1734	4690	426	陈　成	于文斌
谢村	1298	3795	260	戴旭东	戴旭东
新生	657	2256	66	相恒成	相恒成
杨树湾	678	1486	119	周　杰	周　杰
永兴	987	2498	21	段　明	段　明
张墟	1325	3365	80	程本里	程本里
钟村	876	2665	133	陶文龙	陶文龙

（张禄康　周　钰）

江宁街道

【概　况】　江宁街道位于南京主城西南部，是长江水道流经江苏的第一站，区域总面积 262 平方千米，下辖 23 个村（社区），户籍人口 10.13 万人，是南京市面积最大的镇街，境内有省级滨江开发区和江南环保产业园。2023 年，江宁街道完成地区生产总值 50.08 亿元，比上年增长 4.5%；规模以上工业总产值 42.62 亿元，增长 2.2%；社会消费品零售总额 19.97 亿元，增长 6.1%；一般公共预算收入 3.56 亿元，增长 17.7%。

【经济建设】　2023 年，江宁街道有实施类重大产业项目 3 个，计划投资 7.13 亿元，当年计划投资 2.8 亿元；完成亿元以上签约项目 9 个，项目总投资 30.14 亿元、实际投资 10.06 亿元，其中南京高立特种装备有限公司智能特种车辆生产线建设项目，项目总投资 10.68 亿元。街道离岸科技孵化器入驻科技型企业25家，并入选市级众创空间名录。在全区“五拼五比月月赛、敢为善为当标兵”考核中，累计获拼经济争先标兵1次、拼项目推进标兵7次、拼招商成效标兵6次、拼创新活力标兵1次、拼服务效能标兵4次。大力发展特色农业，茶叶种植规模466.7公顷，黄龙岘茶叶通过“中国气候好产品”验收。拥有家庭农场89家、农业龙头企业12家，133.3公顷高标准农田改造提升项目以及滨江补划66.7公顷高标准农田项目加快建设。做好地铁S2号线、江南生物能源再利用中心、宁马高速拓宽、宁芜铁路电气化改造、应急水源地、牧原养猪场、滨江LNG储配站等市级以上重点项目征迁和服务保障工作，为服务长江经济带、长三角一体化、南京都市圈等重大战略作出贡献。

【政治建设】 2023年，江宁街道坚持把抓好党建作为最大政绩，统筹功能组织、社会共建、志愿服务、群众参与、民主法治五大力量，“务彩政务”“四季安宁”“白首从心”“红社聚力”“红管家”等功能性支部以及各村（社区）党建品牌形成“百家争鸣”的局面，“宁好漾”青年赋能计划、村（社区）纪检组织规范化建设等群团工作各具特色，街道议政代表会、协商议事等机制不断深化。结合“以学促改抓调研”“宁帮手”等行动，深入基层一线走访调研，切实解决群众一系列急难愁盼问题，基层党组织战斗堡垒作用充分彰显，全面从严治党向纵深发展。

【文化建设】 2023年，江宁街道依托丰富文化资源，开展一系列独具特色活动，营造健康向上的文化氛围，丰富社区居民精神文化生活。推进图书一卡通系统安装、维护和使用培训，各村（社区）图书一卡通系统全部安装到位并正常使用。街道文体中心全年新增图书2000册，各村（社区）新增图书200册。联合相关部门为村（社区）组织惠民演出10多场，面向10岁以下儿童开展“向日葵——手工绘本”、亲子阅读活动16场，举办江宁街道2023年首届“黄龙岘杯”村级足球赛，组织各村（社区）200余名健身骨干参加2023年度三级社会体育指导员培训。加强文体广电行业市场监管，摸清辖区内文体广电行业底数，艺术、体育培训机构17家，娱乐场所4处（网吧2家、KTV1家、桌球室1家），游泳馆2家，棋牌室28家，文保点20处，并分别签订安全责任书。

【社会建设】 2023年，江宁街道紧扣民生所需、所急、所盼，推动一批重点民生项目落地。加快推进江宁新市镇PPP项目，1576套安置房完成交房，876套江宁河综合整治安置房全部封顶。新建成的便民服务中心建筑面积近6000平方米，整合政务办事大厅、综合服务场地、城市数字治理中心等功能，为居民、企业提供专业化、便利化服务。农业农村综合服务中心于8月正式启用，面积1500平方米，依托新型农业经营主体服务中心、农村产权流转交易中心、农村宅基地联审联办服务中心等为农服务资源，打造一站式为农服务窗口，其中农村产权流转交易中心成交总额突破1亿元；“12345”、物业“红管家”、随手拍等热线全面开启。江宁街道社区卫生服务中心、综合养老服务中心项目有序推进，9个卫生服务站启动建设，陆郎初级中学原址新建、铜井九年一贯制学校等项目加快建设。深化“大数据＋网格化＋铁脚板”治理模式，街道城市数字治理中心建成并投入使用，实现“一网统管”，智慧消防监管系统全域铺开。整合“三支队伍”形成的综合行政执法队伍实现力量加成，大型社区优化调整基本完成，38个安置房及老旧小区中有37个小区通过区级消防验收，累计整治地下室172间、挂牌“无群租房小区”32个，农村自建房全部按照鉴定等级标准分类整治。开展燃气使用安全排查整治，江宁河综合整治等一批防汛消险工程完成。

【生态文明建设】 2023年，江宁街道依托“长江守望者”联盟并强化园街联动，全方位开展巡江、护江、守江等活动，全面落实长江禁捕要求。系统推进“一江五河”生态修复治理，实施长江及内河湖库排污口整治，2个省考、3个市考断面水质均值全部达标。加强大气污染防治，累计实施各类大气治理类项目199个，推进扬尘管控工作，全年绿化造林33.3公顷、森林抚育200公顷。围绕全国文明城市创建、国家卫生城市迎复审以及村庄环境卫生清理整治等，重点聚焦高速、高铁、铁路沿线以及村庄内部，全力提升城乡环境，在全区“城乡环境大整治、精细治理大提升”行动中累计进入“红榜”3次。

【上湖村创成全国示范性老年友好型社区】 10月19日，国家卫生健康委、全国老龄办拟命名江宁街道上湖村等1000个社区为2023年全国示范性老年友好型社区。上湖村结合辖区地域面积大、村庄内老年人居住分散的特点，不断优化养老服务，将就近参加学习、就近开展服务、就近开展活动、就近关心照顾的“四就近”服务对象扩展到社区全体老年人，不断完善老年健康教育、精神慰藉、老年照护等为老服务，为老年人打造家门口的幸福养老社区。（戴星辰）

【黄龙岘茶文化村入选国家级旅游线路】 5月，文化和旅游部推出10条长江主题国家级旅游线路和长江国际黄金旅游带精品线路，江宁街道黄龙岘茶文化村入选长江乡村振兴之旅国家级旅游线路。黄龙岘以茶文化为特色，在打造过程中，江宁街道牌坊社区把整个乡村作为产业振兴的大平台，着力构建接二连三的“乡村+”现代农业、休闲旅游、商贸文创的产业链条。一方面与南农大茶研所等科研单位合作，建立并推广黄龙岘茶标准化生产体系，打造由国资、街道、村民共享的茶叶统一品牌，2022年茶叶销售总额2200万元。另一方面大力发展“农业+旅游”，引入精品民宿、农家乐、茶社、众创空间等乡村休旅新业态，将生态资源优势转化为旅游资源优势。2022年黄龙岘景区接待游客180万人次，实现旅游收入2800万元。依托优越的自然生态环境，黄龙岘以“体育+茶乡”为主题，以“体育+旅游”产业为支撑，入选2020年度长三角地区精品体育旅游线路。（宁 鉴）

2023年江宁街道村（社区）基本情况表

表27

村（社区）	户数（户）	人口（人）	耕地面积（公顷）	党组织书记	村（居）委会主任
江宁	3365	8093	192	陈 平	陈 平
盛江	4624	11131	218	马 雷	马 雷
清修	1731	4385	308	顾宗火	顾宗火
上湖	1666	4380	315	陶 勇	陶 勇
司家	1984	4825	168	陈彬彬	陈彬彬
新洲	1042	2642	232	高慎富	高慎富
陆郎	2315	5693	178	马明莉	马明莉
河西	1115	2844	151	汪传平	汪传平
西宁	1185	3061	255	吴家平	吴家平
荷花	1850	4694	476	吴书全	吴书全
朱门	1462	3811	155	张 磊	张 磊
大庙	1058	2855	216	王 勇	王 勇
牌坊	951	2248	175	邢有明	邢有明
花塘	1521	3732	380	朱泉贵	朱泉贵
庙庄	1087	2926	195	秦礼军	秦礼军
新铜	3302	7857	607	陈舒娴	陈舒娴
星辉	2848	6975	366	瞿忠元	瞿忠元

续表 27

村（社区）	户数（户）	人口（人）	耕地面积（公顷）	党组织书记	村（居）委会主任
天然	867	2352	118	黄益红	黄益红
洪幕	998	2566	196	王德荣	王德荣
南山湖	2277	5522	301	张　静	张　静
牧龙	2596	6209	308	陶　伟	陶　伟
叶村	1173	2493	34	杨苑秋	杨苑秋

（戴星晨）

谷里街道

【概　况】 谷里街道位于南京30千米半径都市圈核心区西南部，地处国家级江宁开发区和省级滨江开发区腹地，直接受两开发区的辐射带动，是南京南部旅游、休闲产业重点发展组团及牛首—云台绿色廊道建设带。谷里街道区域总面积91平方千米，辖11个村（社区），户籍人口4.3万人。2023年，谷里街道完成地区生产总值42.43亿元，比上年增长3.7%；规模以上工业总产值44.27亿元，下降4.6%；社会消费品零售总额20.17亿元，增长4.9%；一般公共预算收入2.2亿元，增长7.4%。

【经济建设】 2023年，谷里街道把产业发展作为街道振兴的主抓手，全面提升产业经济竞争力。全年新增省级专精特新企业5家、“瞪羚企业”4家，净增规模以上企业8家、累计68家，新增高新技术企业4家、累计38家。天环、全丰、力霸3个重大产业项目完成投资3.32亿元，引进亿元以上项目14个、总投资57.05亿元。低效用地再开发12.2公顷、盘活闲置工业载体8000平方米。增强耕地保护和粮食安全意识，全年粮食总产量3440吨，耕地图斑整改113.5公顷。深入实施乡村振兴战略，公塘头村入选省级特色田园乡村，亲见村入选第三批全国乡村治理示范村。全年接待游客307万人次，实现旅游收入6.15亿元。探索街道闲置资产转交属地社区经营，制定村（社区）土地厂房合同租金递增机制，成功运作闲置资产6处、调整合同租金18宗，村集体增收238.2万元。

【政治建设】 2023年，谷里街道落实理论学习中心组学习制度，组织理论学习中心组学习16次、交流研讨4次、专题讲课12次，举办2023年度中青年干部教育培训班5期，参加学员900余人次。开展学习贯彻习近平新时代中国特色社会主义思想主题教育，组织“学思想·我来讲”活动17场、专题讲授活动37次、特殊党员送学43次，举办“身边榜样·谷里力量”专栏11期。强化问题整改，清单化落实街村两级涉及为民服务的40个突出问题，解决自然村消防力量不足、牛首山西入口管理混乱等问题。继续实施党建品牌创建三年行动计划，突出“龙头带动、矩阵拓展”，“一村一品”党建品牌矩阵基本成型。召开警示教育大会4场，接受警示教育400余人次。完善片区“大党委”机制，吸纳20家单位成立区域党建联盟，通过强组织、聚资源、激活力，破解碧桂园小区服务水平提升等11个问题，围绕老旧小区、商品房小区探索形成“五联工作法”“点位服务站”等经验做法。

【社会建设】 2023年，谷里街道持续推动城乡基础设施体系、公共服务体系提升，省中医院牛首山分院、第四幼儿园、亲见卫生服务站主体完工，开始内部装修，向阳保障房一期进入打桩阶段，牛首大道、银杏湖大道部分路段改扩建完成，向阳社区居家养老服务中心建成使用。举办招聘会9场，提供就业岗位4250个，“幸福保”参保1.68万人。分配区“房源超市”安置房273套，消化欠账571套、4.6万平方米，稳步推进4282套安置房办证工作，庆缘花苑、新谷家园完成首次登记，转移登记435套。强化安全生产，有影响生产安全事故起数、死亡人数保持“双零”。推进社区消网融合站和自然村消防志愿服务站建设，火警起数压降至26起，比上年下降44.7%。

【文化建设】　2023年，谷里街道围绕传统节日，组织开展村（社区）、街道、区级以上各类文体活动50余场，以及展演和赛事10余场次。全年文化场馆总服务20余万人次，人均体育场地面积68.49平方米。

【生态文明建设】　2023年，谷里街道从严落实第二轮中央环保督查交办任务，7件主办件全部整改闭环。严格管控空气污染，PM2.5平均浓度21.3微克/立方米，空气优良率86.4%，环境信访投诉量比上年下降28.6%。编制谷里街道水环境综合治理三年行动方案，建立29个水体档案，完成422处排水口管理溯源、登记建档及45处污水下河排口分类整治工作，开展99千米市政雨污水管网“四位一体”检测，增设6000吨和4000吨污水处理设施，启动3万吨污水处理厂建设，劣Ⅴ类水体全面消除，市考板桥河断面水质达标。生态环境安全生产工作落实到位，未发生等级以上原发性突发环境事件。完成13块森林督查图斑整改工作，林木覆盖率32.91%。

（谷里街道）

【谷里获评中国最美村镇·乡村振兴标杆奖】　1月，“中国最美村镇”评选活动特设的“最美村镇10周年乡村振兴标杆奖”名单揭晓，江宁区谷里街道获评“中国最美村镇·乡村振兴标杆村镇”。谷里街道自然生态禀赋优越，牛首——云台生态廊道纵贯全境，金牛河、石坝河川流而过，森林覆盖率32.91%。谷里坚持走生态优先、绿色发展之路，大力发展都市生态农业，持续释放生态综合效益，先后创成徐家院、大塘金、世凹桃源3个省级特色田园乡村。2018年，谷里街道获“中国最美村镇·乡村振兴榜样奖”。

4月22日，幸福谷里健康乐跑鸣枪开跑　（谷里街道　供图）

【谷里上榜省农业示范基地】　4月，省农业农村厅公布第二批全省农业生产全程机械化智能化示范基地（园区）名单。位于谷里现代农业示范园内的南京靓绿农副产品开发有限公司作为全市唯一一家入选蔬菜生产全程机械化示范园区。谷里现代农业示范园年产各类蔬菜近10万吨，是南京重要的“菜篮子”生产基地。园区平台公司南京靓绿农副产品开发有限公司自2015年开始，便成立全省第一家设施蔬菜机械化生产服务队。该公司开展蔬菜产业“机器换人”工程后，不但解决劳动力短缺问题，也节约成本，提高效益和影响力。经综合测算，在蔬菜生产过程中，由服务队开展的蔬菜农机社会化服务，每亩能节本增效约1500元。

【公塘头村成为江苏省特色田园乡村】　7月，第11批江苏省特色田园乡村名单公布，72个村庄被命名为江苏省特色田园乡村，其中谷里街道公塘社区公塘头村入选。公塘头村位于江宁西部美丽乡村示范区内，南部紧邻银杏湖生态旅游度假区，兼具优越的交通与旅游区位发展双重优势，是南京首个乡村趣味休闲运动体验村，先后获得江苏省四星级乡村旅游区、南京市特色田园乡村、南京市民宿示范村、南京市民宿职工疗休养基地、江苏省乡村旅游重点村等称号。公塘头大力发展彩色水稻、绿色蔬菜等特色种植业，打造景区“农家乐”餐饮绿色果蔬直供基地。村内设有农产品超市，并创建“银杏福”农产品品牌，引入“恬原味”系列土特产，通过展示、推广等活动，不断扩大知名度，网络销售额明显增长。依托周边文旅溢出效应，围绕“吃”“住”“赏”“乐”拓展乡村旅游服务新业态。利用闲置的小学和废旧工厂，引进江宁商务商贸集团，打造公塘头主题民宿，建设游客追寻乡愁记忆、体验诗意生活的高端度假目的地。通过龙头带动，引导村民自建自营，创办“农家乐”餐饮业9家，注册民宿23家，已营业民宿8家。村庄在建设过程中，保留原汁原味的生态元素，打造花开四季、步步见景、清新宜居的村落景观，使田园风光与田、水、林、居融为一体。保护公塘古井等文化遗产，打造特色文化旅游路线；挖掘村庄历史记忆，再现公塘老街特色风貌；精心改造村内废弃小学等，成为怀旧展示场所；依托本土农耕习惯和风俗文化，创新休闲餐饮、民俗体验等旅游项目，实现活态传承，塑造区域内独特的原乡风貌。挖掘乡村能人、树立新乡贤典范，发挥村民议事会、村民自治组织和新乡贤示范引领作用，通过民意访谈，优化创建规划方案，共同为特色田园乡村建设出谋划策。打造“杏福塘”邻里互助服务点，在社区居民、困难群体、互助点工作人员之间形成可循环互助圈。设立村庄规划建设专项资金，有效吸纳社会资本投入，充分调动企业单位和村民共建共享的积极性。

【第七届中国·江苏蔬菜种业博览会】 10月28日，第七届中国·江苏蔬菜种业博览会暨2023年中国农民丰收节系列活动之“苏韵乡情”活动在谷里产业高质量发展示范园开幕。中国工程院院士、湖南大学校长邹学校，中国蔬菜协会会长杨雄年，区领导黄成文、张道平等出席。该届种业博览会以“振兴苏菜种业、赋能强省建设”为主题。开幕式上，对近3年种博会优秀品种及全省蔬菜全产业链“四减四增”提质增效主导技术体系进行重点推荐，发布第九批江苏园艺（蔬菜）标准园创建名单，并为第三批江苏省特色优势种苗中心（蔬菜）代表企业授牌，谷里现代农业产业示范园榜上有名。同时，谷里街道与寿光市蔬菜高科技示范园、中农国联江苏农业发展有限公司等农业科技企业进行项目签约。第七届种博会设置13.3公顷展示面积，分为露地展示区和设施展示区，共征集134家科研单位、高校、种业企业的1604个品种，其中瓜类275个、茄果类586个、叶菜类589个、阳台蔬菜类100个，再创历史新高。启东洋扁豆、如皋黑塌菜、宝应核桃乌等54个江苏地方特色蔬菜品种首次亮相。展会期间，举办蔬菜全程机械化农机新装备展演、南京市首届青菜品鉴大会、中国热带作物学会南方瓜类蔬菜学术交流会等系列活动。（宁　鉴）

2023年谷里街道村（社区）基本情况表

表28

村（社区）	户数（户）	人口（人）	耕地面积（公顷）	党组织书记	村（居）委会主任
谷里	3973	11067	160	周传林	严　浩
张溪	1371	3490	279	陈福俊	陈福俊
公塘	1456	3473	162	宋光勇	宋光勇
双塘	1377	3565	230	翟　昊	翟　昊
向阳	4133	11434	181	张亚峰	张亚峰
箭塘	1532	3864	190	周金娣	周金娣
周村	1164	3231	95	幸义龙	幸义龙
荆刘	650	2096	205	金远明	金远明
石坝	1069	3094	188	王　宁	邹　超
亲见	899	2495	205	李富园	李富园
柏树	1110	3726	224	陈家龙	陈家龙

（谷里街道）

湖熟街道

【概　况】 湖熟街道地处江宁区东南部，位于江宁、句容、溧水三地交界，跨句容河两岸、337省道穿境而过，距南京中华门20千米，是长江中下游“湖熟文化”发源地，也是江苏省百家历史名镇之一。境内有杨柳村古建筑群、回民一条街、台型遗址、青龙山人居森林公园等旅游景区和名胜古迹。湖熟历史文化底蕴深厚，人才辈出，报业巨子史量才、国医泰斗张栋梁等都是湖熟人。湖熟街道区域面积146平方千米，下辖22个村（社区），户籍人口8.84万人。2023年，湖熟街道实现地区生产总值57亿元，比上年增长4.1%；一般公共预算收入5.97亿元，增长155.2%；全社会固定资产投资8.79亿元，下降13.2%，其中工业投资1.88亿元，增长41.8%；规模以上工业总产值45.85亿元，增长5.9%；服务业增加值13.65亿元，增长4.3%。

【经济建设】 2023年，湖熟街道有市级实施类重大产业项目2个，区级实施类重大产业项目1个，项目总投资11.6亿元。全年签约亿元以上项目12个，签约项目投资总额38亿元，实际利用内资18.2亿元，实际利用外资及港澳台资406万美元。丰富文化旅游业态，打造钱家渡水乡米店、大圩书屋、采摘园、渡咖等文旅消费休闲新场景，举办主题研学活动等，推出水上演艺、营地烧烤、草坪音乐会、烟花秀及夜游活动。

【政治建设】 2023年，湖熟街道深化党员干部学习贯彻习近平新时代中国特色社会主义思想主题教育，指导各基层党组织上专题党课、开展“学思想·我来讲”活动和“牢记嘱托、感恩奋进，挑大梁、勇登攀、走在前”讨论，促进“三会一课”常态化、制度化和主题党日活动规范化。打造湖熟红色文化名片，开展立足岗位作贡献、“双服务、双报到”、建言献策、学习身边榜样、下基层信访等活动。壮大基层治理主体，建立党建联盟，构建片区大党委—街道“大工委”—社区“大党委”—网格（小区）“大支部”的四级架构。联合区级单位落实“宁帮手”下沉挂包机制，开展“学仙林、见行动、优治理”工作，推进党建“一村一品”行动计划，打造“河北社区家庭诚信积分”“新农社区‘8+2’党建工作法”等一批党建特色品牌。举办“培根铸魂担使命、踔厉奋发谱新篇”优秀中青年“4020”储备干部培训，提升基层干部履职能力。凝聚党群齐心红色力量，开展“光荣在党50年”纪念章发放工作，推进“党建引领基层治理‘一网统管’，打造共建共享为民解忧‘一站服务’”社会治理创新体系。组织新业态新就业群体暑期爱心托管和免费体检活动，指导22个“宁小蜂驿站”提升服务水平，选派非公企业党建指导员充实“两新”组织党员，夯实基层党建基础。

【文化建设】 2023年，湖熟街道举办“玉兔迎春闹元宵、砥砺奋进启新程”元宵节文艺演出、第23届“江宁之春”群众文化节湖熟街道专场文艺演出、第11届端午诗词诵读分享会、“文化和自然遗产日”、第二届湖熟水乡田园生活节、首届南京“鸭文化”艺术节、第11届菊花展系列活动等文化活动68场，丰富群众文化生活。创作完成以地域历史文化、民风民俗为题材的舞台作品4件，并组队参加省、市、区组织的文艺大赛。举办“全民健身日”体育健身项目展示活动、首届社区趣味运动会、第二届“绍智杯”象棋业余邀请赛、田野健身徒步活动等体育活动8场，南京市“服务群众、你点我送”体育健身进社区活动12场，组队参加江宁区第九届运动会，获优秀组织奖与体育道德风尚奖。成立湖熟文化研究会，申报南京板鸭与盐水鸭制作技艺、周岗红木雕刻等4个项目为江宁区首批非遗工坊。

【社会建设】 2023年，湖熟街道周岗社区控规获市政府批复，21个村（社区）“多规合一”村庄规划启动，其中11个村（社区）“多规合一”村庄规划获区政府批复。全年实施城建计划19个，总投资1.48亿元。发挥102个网格工作站作为基层社会治理一线阵地优势，完善和优化“三精三微”工作模式，实现对全街道146平方千米、22个村（社区）的全面覆盖，全年巡查走访5930次、服务记录10.53万条。建立健全信访风险预警防控机制，接待群众来访410起、600余人次，调解矛盾纠纷2804起，纠纷调处成功率99%以上。

【生态文明建设】 2023年，湖熟街道深入实施大气污染防治，PM2.5浓度均值24.6微克/立方米，优良天数337天，空气优良率92.3%。推进工业企业污染治理，完成1个产业结构调整、1个能源结构调整、18个源头替代、50个挥发性有机物排放治理、2个产业园区排查问题整治、六大行业第一批大气污染深度治理、3家企业4台生物质锅炉分类整治、2家企业强制性清洁生产审核任务。开展餐饮油烟综合整治，完成10家餐饮规范整治、10家高效油烟净化器新（换）装和10家餐饮单位在线监控安装。推广综合利用，把牢秸秆禁烧“巡查关”，实现“零火点”。持续开展危废固废安全专项整治，对辖区内53家重点涉废企业实行常态化监管，对小微产废危废单位建立健全长效管理机制。定期进行主要河流入河泵站和直接入河河道水质检测，组织高阳河、二干河、解溪河3条河道19个排污口排查，制定落实“一口一策”，推动水环境质量持续改善，省考龙都大桥断面水质稳定达标。

10月14日，2023年中国农民丰收节系列活动之“苏韵乡情”第六届湖熟稻花节暨第11届湖熟菊花展在湖熟现代农业产业园区开幕。图为菊花展园区俯瞰图 （湖熟街道农业综合开发公司 供图）

【第二届湖熟水乡田园生活节】 3月26日，第二届湖熟水乡田园生活节在湖熟街道金陵水乡·钱家渡举行。活动以“春起田园、花漾水乡”为主题，围绕湖熟的文化、水乡、田园、自然、研学资源等，以春日玩法为主线，推出“春赏繁花”“春踩水乡”“春趣研学”“春憩美宿”四大主题及乐游湖熟四季文旅攻略。活动当天，还举办非遗舞蹈《荡湖船》等水乡特色文艺演出、草坪音乐会、水乡研学课堂、潮玩水乡互动、沉浸式微宣讲等活动，现场设置花朝摊玩市集和湖熟文化微展览等。该届水乡生活节活动丰富多彩、形式创新、互动感佳，吸引1万人参与。

【湖熟稻花节暨菊花展】 10月14日，2023年中国农民丰收节系列活动之“苏韵乡情”第六届湖熟稻花节暨第11届湖熟菊花展在湖熟现代农业产业园区开幕，持续至11月12日。菊花展以“心动湖熟花趣水乡”为主题，创新推出“菊花+”模式，即围绕“菊花+水乡组团建设”“菊花+特色产业发展”“菊花+文旅消费升级”进行策划布展运营。展期举办菊王争霸赛、花花公益拍卖会、非遗大学堂等9场活动，打造拾光剧场、秋菊小铺、乐农集市、鲜食菊体验区等10个消费场景，还推出菊花口红、菊花抹茶冰激凌、菊花鲜奶茶等系列富有湖熟本土特色的创意产品，激发大众农旅消费活力。该届菊花展30天展期累计接待游客20万人次，单日客流量最高2万人次。

2023年湖熟街道村（社区）基本情况表

表29

村（社区）	户数（户）	人口（人）	耕地面积（公顷）	党组织书记	村（居）委会主任
湖熟	2578	7163	141	徐国才	徐国才
河南	1698	4415	200	李春海	李春海
和进	1707	4733	39	吴昌明	吴昌明
金桥	1010	2560	203	杨大顺	杨大顺
新跃	1098	3246	430	王敦朝	王敦朝
耀华	1096	3108	690	赵友勇	孔令平

续表 29

村（社区）	户数（户）	人口（人）	耕地面积（公顷）	党组织书记	村（居）委会主任
河北	1578	3762	303	赵孔平	赵孔平
三界	835	2350	240	张　勇	董　静
丹桂	1230	3571	393	梁晓明	—
龙都	1892	4098	233	刘　晋	刘　晋
双新	2290	5449	513	潘　旭	潘　旭
新农	1405	3389	264	陶　雪	—
杨柳湖	2267	4780	201	钟　超	—
东阳	1491	3711	330	王　勇	王　勇
晶明	1267	4219	325	蒋崇灯	蒋崇灯
万安	2527	5376	358	张全福	—
周岗	1623	3462	260	陈　武	陈　武
尚桥	1423	3371	719	尤枝花	尤枝花
绿杨	1633	4282	297	张　亮	张　亮
徐慕	1704	4628	508	张庭成	王登宝
钱家	1274	3101	581	尹家志	尹家志
和平	1458	3942	408	樊　竹	—

（李佳安）

横溪街道

【概　况】　横溪街道地处江宁区西南部，距南京市中心30千米，南接安徽马鞍山市区和当涂区，东邻禄口机场，西连滨江开发区，北交江宁开发区。横溪街道区域总面积215平方千米，辖10个社区居委会和11个社区村委会，户籍人口8.12万人。2023年，横溪街道完成地区生产总值53.83亿元，比上年增长4.8%；规模以上工业总产值20.13亿元，增长10.9%；一般公共预算收入2.04亿元，增长25.8%。

【经济建设】　2023年，横溪街道成立招商办公室，启动闲置低效用地提质增效行动，开展全员招商、以商招商，签约亿元以上项目10个，总投资额33亿元，其中5个新签亿元项目完成注册、4个开工建设。强化创新主体培育，新增规模以上工业企业6家、高新技术企业5家、省民营科技型企业2家、科技型中小企业备案50家，实施“智改数转”项目24个。加强知识产权保护与利用，知识产权质押项目7个、融资额6100万元。抓实企业梯次培育，动态更新企业培育库，在库培育规模以上工业企业12家，新增规模以上服务业1家、限额以上批零住餐企业3家、资质以上建筑业企业2家。

【政治建设】　2023年，横溪街道依托理论学习中心组、“三会一课”等载体，深入学习领会习近平总书记重要讲话重要指示精神，开展理论学习中心组学习、专题研讨15次，举办溪旺课堂9次，为特殊党员送学20余次，组织各类理论宣讲70余场，设立党员示范岗、党员责任区51个。围绕“溪旺集结号”党建品牌，依托片区“大党委”机制，深化“1+7”物业党支部党建联建，发挥党员楼栋长、党员中心户桥梁纽带作用，实施基层党建“强基提质”行动。深化党风廉政建设，聚焦违法用地失管、酒后驾驶等领域典型问题，对苗头性、倾向性问题谈话提醒50余人次，立案审查24件，给予党政纪处分24人次。聚焦区委巡察反馈的14个问题，扎实做好巡察整改“后半篇”文章。压紧压实意识形态工作责任制，全年开展意识形态领域情况分析研判4次、专题研究意识形态工作2次。

【文化建设】 2023年，横溪街道坚持文体惠民、文化利民，举办2023横山徒步大会、第22届横溪西瓜节等各类文化活动215场、文化展览103场、文化培训284场。新建室外健身路径3套、更新7套，新建室内乒乓球馆2处、室外乒乓球场1处，新建篮球场1处，改建灯光球场1处，全年开展全民健身活动48场，组织“服务群众，你点我送”体育健身进社区活动7场。举办“党的声音进万家”宁博主题诗歌朗诵会、“我心向党”宁博一体主题诗歌朗诵会、“丹青颂发展”宁博一体网络书画展、诗词征集活动，推出《宁博诗词精选》。

【社会建设】 2023年，横溪街道坚持把安置房建设作为“一号民生工程”加以推进，完成新建安置房主体建设13.66万平方米，第一轮房票安置6万平方米，分配安置房2164套。加快横溪中心幼儿园、桃红中学异地新建工程和丹阳卫生院、陶吴卫生院改扩建工程建设。完成陶吴粮管所住宿楼、陶吴老中学住宿楼6700平方米老旧小区改造。建立“书记接访日”机制，街道主要领导接访37批次、40人次，有效纾解矛盾36起。推动“一网统管”平台系统实景应用和综合执法队伍融合发展，实现街道综合执法局实体化集中办公。开展村（社区）国土空间规划编制工作，西岗、石塘等16个村（社区）“多规合一”规划获批。对接宁镇扬马高速过境前期工作，推进002省道等重大交通工程搬迁扫尾及组卷报批工作。开展农村道路桥梁提升行动，实施8条、6.9千米农路提档升级和6座危桥维修改造。

【生态文明建设】 2023年，横溪街道完成云台山硫铁矿生态环境治理省级环保销号，协助江宁交建集团稳步推进官山坳尾矿库实质性销库。加快横溪、丹阳集镇地区雨污管网修复改造，横溪、丹阳污水进水化学需氧量浓度提升20%以上。深入实施涉挥发性有机物重点行业、关键环节排查整治，强化过程密闭收集，做到应收尽收，提升末端治理水平。管控修复受污染地块，落实建设用地土壤污染状况调查报告评审制度，开展重点行业企业用地调查发现的9个高风险退役场地土壤污染状况详查及风险评估。严格项目审批，生态红线区域横山水源涵养区、赵村水库饮用水水源保护区和东坑生态公益林保护区域违规开发建设“零增长”。开展农村环境卫生专项整治和18个村（社区）人居环境补短建设行动，推动美丽乡村建设，完善农村人居环境长效管护机制。推进垃圾分类工作，发放入户分类垃圾桶6万余个，建成垃圾分类省、市级达标小区26个，城乡生活垃圾无害化处理率保持100%。（戴创新　朱　瑶）

【江宁横溪知识产权工作站挂牌】 5月，江宁横溪知识产权工作站在南京市知识产权宣传周上获授牌。横溪西瓜是全市首个“双认证”地理标志农产品。横溪西瓜产业逐年向规模化、特色化、市场化发展，围绕做好地理标志保护工作，助推本地特色产业发展，区市场监管局（知识产权局）积极探索、实践知识产权服务新路径。江宁横溪知识产权工作站融合地理标志+亚夫科技服务工作站、商标品牌培育站以及电商直播监管示范培训基地“三站一基地”为一体，服务职能贯穿地理标志的创造、运用、保护各环节，

横溪街道石塘竹海俯瞰图　　（横溪街道　摄于2023年）

在业务咨询与指导服务、业务专业培训、侵权纠纷一站式处理、规范直播营销等方面加强知识产权服务和地理标志发展的深度融合，以品牌竞争力助推地方特色产业发展。

【第22届中国·江宁横溪西瓜节开幕】 5月27日，第22届中国·江宁横溪西瓜节暨第23届“江宁之春”横溪专场惠民演出举行，现场发布一批精品旅游线路。该届西瓜节以“西瓜聚溪旺”为主题，从5月1日开始至6月20日结束，历时51天，举办9场有关果品营销、技术研讨和展览展示的西瓜节系列活动，展现横溪现代农业新成效、乡村振兴新突破。开幕式上举行“溪旺”种子交接仪式，将横溪西瓜新品种种子送到陕西洛南代表手中，同时引进北京大兴、江苏东台2个地区优质瓜种瓜苗。横溪西瓜作为南京首个农业农村部、原国家工商总局“双认证”的国家地理标志，已不仅是单纯的农产品，更是江宁乃至南京的一张绿色名片，2023年，横溪街道实验示范种植西甜瓜名特优新品种80余个，其中包含连续4年入选江苏好品种40个，以及主打推广的新品种苏蜜518、苏蜜1667和金瞳。

【横山村入选全国红色美丽村庄建设试点】 8月，中组部、财政部下发《关于进一步开展推动红色村组织振兴建设红色美丽村庄试点工作的通知》，横溪街道横山村入选全国新一轮红色美丽村庄建设试点。横山村位于江宁横山革命老区，新四军曾经在这里浴血奋战，留下不少战斗足迹。1938年6月，新四军第一支队一团由团长傅秋涛、副团长江渭清等率领，奉命从皖南挺进江南敌后，到达横山地区后，指挥部就设在横山村上庄村保长刘继亮家，也就是现在的新四军第一支队指挥部旧址。1982年8月，新四军第一支队指挥部旧址被列为南京市文物保护单位。横山村将牢牢抓住全国红色美丽村庄建设试点机遇，整合现有资源，全力打造红色旅游目的地。（宁　鉴）

2023年横溪街道村（社区）基本情况表

表30

村（社区）	户数（户）	人口（人）	耕地面积（公顷）	党组织书记	村（居）委会主任
横溪	3083	6977	270	刘成军	刘成军
新杨	1579	3542	268	王　恒	王　恒
丹阳	3345	7744	360	刘学林	刘学林
西岗	1866	4994	480	邹纪金	耿其海
陶吴	1616	3122	36	刘春海	刘春海
新杭	1720	3683	83	尚宗刚	尚宗刚
甘西	1338	3114	175	魏世进	魏世进
西泉	1409	3070	158	柏海林	柏海林
西阳	2086	4468	104	陈传奎	陈传奎
甘泉湖	2323	4888	123	鲁长林	鲁长林
官长	1200	2536	167	张　通	张　通
红旗	1570	3312	257	詹强西	詹强西
云台	1666	3604	133	龚　健	龚　健

续表 30

村（社区）	户数（户）	人口（人）	耕地面积（公顷）	党组织书记	村（居）委会主任
安民	1885	4243	364	韩 健	韩 健
许呈	2016	4544	248	张小祥	张小祥
横山	1147	2737	59	徐颂涛	徐颂涛
勇跃	1186	2877	257	李凌霞	李凌霞
宁光	1568	3418	265	龚道喜	龚道喜
山景	1437	3116	288	程 龙	程 龙
许高	1725	3886	271	刘 军	刘 军
石塘	563	1295	14	曹露璐	程 浩

（戴创新　朱　瑶）

麒麟街道

【概　况】 麒麟街道地处南京东郊，距南京中山门仅 9 千米。麒麟街道区域总面积 61 平方千米，沪宁高速以南 44 平方千米纳入南京市麒麟科创园规划范围，沪宁高速以北区域暂由地铁小镇公司代为开发建设。行政区域西至江宁区与秦淮区、玄武区、栖霞区交界处，东至汤山街道，南至青龙山、十里长山山脊线和东山街道，北至江宁区与栖霞区交界处。下辖 10 个社区，户籍人口 8.59 万人，流动人口 10.7 万人。麒麟地区拥有丰富的历史文化资源、地形地貌景观和优越的自然环境，群山环绕，水系丰富。有全国重点文物保护单位——1500 多年前南朝宋武帝刘裕的初宁陵石刻，有市级文物保护单位——窦村古戏台、四方井，明都城外廓遗址——土城头路，有明代古河道——运粮河，有青龙山、十里长山生态主廊道。2023 年，麒麟街道完成地区生产总值 107.7 亿元，比上年增长 5.2%；一般公共预算收入 6.69 亿元，下降 33%；规模以上工业总产值 32.45 亿元，下降 12.6%。

【经济建设】 2023 年，麒麟街道与麒麟科创园深化联动、融合发展，围绕市、区“五拼五比”竞赛活动，全力以赴拼经济、抓项目、促发展，经济发展保持稳中有进态势。全年完成全社会固定资产投资 139 亿元，比上年增长 10.6%；服务业营业收入 90 亿元，增长 6%。新型研发机构及孵化引进企业当年实现营业收入 18.5 亿元，发明专利授权 739 件，累计有科技型中小企业 515 家。

【政治建设】 2023 年，麒麟街道组织党工委理论学习中心组学习 37 次，开展交流研讨 4 次，邀请专家授课 5 次，组织现场学习 2 次，进一步丰富学习内容，拓展学习形式，提升学习质效。用“快板 + 理论”形式，丰富活动载体，开展理论宣讲 20 余场。夯实基层组织建设，新建小区党支部（总支）5 个，成立麒麟街道物业行业党委，组建小区治理功能型党支部 19 个，构建党领导下的小区治理体系，深化“党建 + 网格”运行机制，引导党员、群众参与网格工作，提升居民生活幸福感、安全满意度。加强干部队伍建设，举办基层干部能力提升培训班，提高基层党员干部理论学习、党性修养、专业知识和团队协作能力。完成 2023 年度公务员和事业单位人员招聘工作，招录 4 名公务员（含选调生 1 人）、3 名事业编制人员（含退役士官 1 人）；落实“三岗十八级”制度，242 名社区工作者纳入社区工作者职业化体系，建立社区工作者人员信息库。强化监督执纪问责，常态化开展“两违规”问题专项整治、环境整治和安全生产领域专项监督及工程建设领域公职人员违规“挂证”专项整治，查处国有资产、农村集体“三资”管理和民生领域等问题线索，立案 1 人，第一种形态处置 3 人，下发纪律检查建议书 1 份。

【文化建设】 2023年，麒麟街道围绕“麒乐汇”“石尚麒麟”特色文化品牌，举办“我们的中国梦·文化进万家”群众文艺会演5场，开展2023年城市创新力圆桌会暨“石尚麒麟新志”城市匠心文化沙龙、最美人间四“阅”天——麒麟街道第28个世界读书日系列活动、“共筑八一梦”绘画征集活动、乡愁馆小小讲解员培训等。举办第23届“江宁之春”群众文化活动麒麟专场文艺演出、首届“麒麟杯”足球赛。

【社会建设】 2023年，麒麟街道落实“五个一”工作机制，压紧压实党政领导包案责任，推进重点信访积案化解。作为综合行政执法改革市级试点单位，深入探索“一个平台统调度、一支队伍管执法”模式，构建“执法整合、条块并行、部门联动、智慧赋能”的综合行政执法新体系，建立健全各类规范，设置财政专线促进罚缴分离。全年下发责令改正通知书22份，办理简易程序353件、普通程序141件，罚款72.94万元。推进“一网统管”信息化平台建设，融入综合治理、事件分析、融合通信、全域感知、安全可视化、麒麟总览、值班预警、应急指挥、精靓系统和区联动指挥平台10个模块。根据各业务条口特点和场景需求，实现特殊人员标记、特定词条搜索、人员分类管理、场所分类管理等功能，可利用系统自行维护基础信息、开展服务工作。

【生态文明建设】 2023年，麒麟街道落实各项环保督察问题整改任务，2022年第二轮中央环保督察期间9件交办件全部办结，稳步推进锁石社区新爱华装饰公司占用生态空间问题整改。开展工业废气污染治理、餐饮油烟监管、建筑工地扬尘管控和秸秆禁烧宣传等工作，完成12项涉挥发性有机物整治，区域空气质量排名稳居全市前列。推进水环境整治工程，编制《2023—2025年麒麟街道水环境综合治理实施方案》，其中年内4个总投资5.05亿元治理项目按计划实施。 （孟 越）

【首届“麒麟杯”足球赛开幕】 4月16日，由麒麟科创园管委会、麒麟街道办事处主办的麒麟街道首届“麒麟杯”足球赛在麒麟石刻体育公园开幕。此次足球赛共有麒麟街道辖区内8个社区和麒麟科创园、麒麟街道机关、城管等11支队伍参赛，参赛队员均是各行各业的足球爱好者。赛事历时1个月，进行21场比赛，最终决出冠亚季军和最佳射手奖。开幕式当天，4场揭幕战同时举行。 （宁 鉴）

2023年麒麟街道社区基本情况表

表31

村（社区）	户数（户）	人口（人）	耕地面积（公顷）	党组织书记	居委会主任
麒麟门	7077	18527	—	朱丽梅	—
麒麟铺	3921	11564	35	朱如泉	—
晨光	7548	18242	95	王 敏	王 敏
东流	2160	4328	102	陈安兵	陈安兵
袁家边	2346	5605	12	张双兵	张双兵
锁石	512	1926	18	巴 伟	—
泉水	4521	13955	46	陈金保	陈金保
建南	7283	19879	96	王 健	—
青西	3325	9369	25	潘永祥	潘永祥
悦民	3640	7283	—	叶 丹	叶 丹

（孟 越）

新任区领导

黄成文

2023年5月17日，南京市江宁区第十八届人大常委会第九次会议决定任命为江宁区人民政府副区长、代理区长。男，汉族，1975年1月生，湖北通山人，省委党校研究生学历、学士学位，中共党员。

任　宁

2023年9月，任江宁区委常委。女，汉族，1969年12月生，江苏如皋人，大学学历、学士学位，中共党员。

翟　朋

2023年12月，任江宁区委常委。男，汉族，1975年3月生，河南永城人，研究生学历、硕士学位，中共党员。

姜　平

2023年1月8日，南京市江宁区第十八届人民代表大会第一次会议选举为江宁区人大常委会副主任。男，汉族，1966年3月生，江苏南京人，省委党校大学学历，中共党员。

梅中亚

2023年7月28日，南京市江宁区第十八届人大常委会第十一次会议决定任命为江宁区人民政府副区长。男，汉族，1971年11月生，湖北黄冈人，大学学历，中共党员。

吴凌尧

2023年12月29日，南京市江宁区第十八届人大常委会第十四次会议决定任命为江宁区人民政府副区长。男，汉族，1976年3月生，江苏南京人，研究生学历、博士学位，中共党员。（区委组织部）

先进人物

郭宏新

郭宏新，男，江宁高新区企业中圣科技（江苏）股份有限公司党委书记、董事长。2023年9月，被省委宣传部、省科协、省科技厅、中国科学院南京分院、省国防科工办联合授予2023年江苏省“最美科技工作者”称号。

多年来，郭宏新坚定不移走科技自立自强之路、国产化创新之路，用科技的力量帮助社会解决问题。在他的带领下，中圣科技关键产品自主研发制造，创造50余项中国“首次”，先后承担多项国家重点项目。截至2022年年末，牵头制定7项国家及行业标准，拥有169项专利，其中发明专利59项。创业过程中，郭宏新始终心系国家发展，将企业的发展与国家、社会的需要紧密相连。在他的带领下，中圣科技针对产业痛点，自主研发的多晶硅冷氢化反应器，成功将四氯化硅转化为原材料三氯氢硅，实现废弃物的清洁化、资源化，使太阳能真正成为清洁能源，有效地推动光伏产业高速发展，助力国家碳达峰、碳中和目标的实现；领命承担并研发成功LNG液化天然气国产化核心成套装备，推动LNG产业及关联产业发展，保障国家能源安全；研发的热棒技术解决青藏高原“冻土层冬季冻结夏季融沉”这一困扰中国科学家和青藏铁路建设者的重大技术难题，受国家委托制定的《热棒》标准获“国家标准创新贡献奖”，热棒技术被评为“中国科学院改革开放四十年40项标志性重大科技成果”。中圣科技研发的“石油化工联合装置火炬气回收、排放系统”，不仅解决污染问题，还创造可观的经济效益，被列为“国家重点环境保护实用技术示范工程”。2021年，在中国共产党成立百年之际，郭宏新被评为“全国优秀共产党员”，他所牵头的“青藏高海拔多年冻土高速公路建养关键技术及工程应用”项目获“2020年度国家科技进步奖”。（宁 鉴）

贾红平

贾红平，1971年3月生，大学文化，江宁区市场监督管理局消费者权益保护科科长。2023年，被中国消费者协会评为2022—2023年度消费维权先进个人。

贾红平在工作中，注重消费宣传引导，组织和参与食品安全、安全用药、假冒伪劣识别等广场宣传活动，现场发放相关宣传材料。围绕民生需求、消费热点、疫情防控等，参与督督抖音自编自演，发布如何辨别假冒伪劣产品、“保健食品”的陷阱、如何识别化妆品、电梯脱困小妙招等科普常识短视频。“江宁督督”抖音号发布抖音短视频102条，网友留言总体好评率95%。参加省政风热线直播江宁区市场监督管理局专场，解读政策、回应诉求。凝聚社会资源，畅通消费维权渠道，合力做好消费维权工作。牵头制定相关制度，将投诉值班电话接听、消费投诉受理和处理纳入考核，对消费投诉处理工作人员每年进行2次业务培训。2023年，受理“12315”投诉4.8万余件、投诉举报6万件。

（区市场监管局）

新闻人物

中国好人

李先南

李先南，男，1964年8月生，中共党员，国网江宁区供电公司配电运检三班职工。1983年应征入伍，在部队里，他结识了同样来自江宁的战友易忠怀。每一次冲锋前，他与易忠怀都写好遗书，战友之间互相承诺，哪个不幸牺牲了，父母就由活着的兄弟帮忙照顾。这句话，是他们的“生死之约”。易忠怀承担着极为危险的排雷工作，在一次战斗过后，年仅21岁的他牺牲了。1987年，李先南返回南京，他牢记着和战友的“生死之约”，第一时间找到易忠怀家，望着头发斑白的两位老人，他脱口而出：“你们就把我当儿子吧！”这一当，就是36年。36年间，无论平日工作多忙，李先南都会经常去看望易家二老，陪他们说说话，帮忙添置家当，不是亲人胜似亲人。从青年到暮年，青丝变白发，不变的是诺言。

江永新

江永新，男，1968年12月生，中共党员，江宁区第二人民医院康复科医生。他关注残疾群体，为精障残疾人开展娱疗陪伴活动，帮助他们接触社会；他长期结对帮扶独居残障老人，还多次自掏腰包陪视障残疾人去旅游，成为他们的“眼睛”；他关爱抗战老兵，尤其是残疾老兵，不仅为他们提供义务医疗服务，遇到有困难的老兵，还会主动伸出援手。在他的影响下，越来越多的志同道合者投入助残活动中来。2011年起，他拿出休息时间走进社区、养老院及孤寡老人和困境儿童等群体家中，义务提供各类问诊和健康知识普及活动。12年中，他从没休过一个完整的双休日，为群众举办公益健康讲座426场，参加各类便民活动1060余次。

江苏好人

江永新

（见本栏目“中国好人”）

徐九根

徐九根，男，1950年生，禄口街道黄桥村冯谭庄村民。1943年，年仅39岁的邓仲铭在抗日战争中为人民献出生命。2008年，58岁的徐九根走进这位烈士殉难之地，15年来，老人坚持为烈士守墓。无论刮风下雨还是酷暑严寒，徐九根每天早上都来到邓仲铭殉难处纪念碑前，为其扫去碑身上灰尘、落叶、泥点等，一守就是5000多个日夜……为了方便为烈士守墓，徐九根还说动老伴放弃家中舒适的生活环境，两人一起搬到距“邓仲铭烈士殉难处”纪念碑仅百余米的小六圩泵站。土生土长的徐九根知道，邓仲铭是为了保护这片土地而牺牲，在他心中，也早就种下了为烈士一直守碑的念头。“只要还能动，就会守在这里，说到了咱就做到！”徐九根说到做到，一诺千金。

刘文珍

刘文珍，女，1951年生，东山街道高桥社区前潘村居民。刘文珍刚嫁到前潘村不久，小叔子胡正生脑梗中风，失去工作能力和自理能力，而妯娌陶扣如是位智力四级障碍的残疾人，两人还育有一子，刘文珍主动接过抚养侄子的重任。婚后10年间，公婆相继离世，从那时起，照顾小叔子一家的重担完全落到刘文珍和其家人肩上。她悉心照顾小叔子一家三口的生活起居，丈夫离世后也没有半点懈怠，这一坚持就是40余年。

陈爱玲

陈爱玲，女，1964年生，东山街道高桥社区居民。自从嫁到高桥后，见到的婆婆就疯疯癫癫的。陈爱玲“哄骗”婆婆穿衣，一遍遍地收拾、整理婆婆捡回来的垃圾，为婆婆给邻居们带来的麻烦事、烦心事上门道歉，她用孝心感动邻里，婆婆却“毫不领情”，婆婆把她打成轻微脑震荡，但她却未因此记恨婆婆半分，出院后仍尽心照顾老人。她边打工边顾家，为方便照顾婆婆，就近找了一家超市做保洁工作，每日做好一日三餐，有一次摔成骨裂，她也忍着疼痛给婆婆烧饭。30年多来，陈爱玲不仅不嫌弃自己的“疯婆婆”，反而用一颗孝心善待老人，被邻里传为一段佳话。

南京好人

李先南

（见本栏目“中国好人”）

江永新

（见本栏目“中国好人”）

徐九根

（见本栏目“江苏好人”）

刘文珍

（见本栏目“江苏好人”）

陈爱玲

（见本栏目“江苏好人”）

戴明炎

戴明炎，男，江宁区托乐嘉小区退休老人，平时爱管闲事。2017年初开始同小区的武敏、沈丹、侯梅山3位邻居用“随手拍”记录小区物业服务中的一些比较好的或比较差的人或事，好的就在业主群里分享，进行表扬，差的就同物业公司沟通，建议整改，为小区的和谐稳定架起“连心桥”。当时社区分管书记得知这一情况后给予肯定，把“随手拍”小组，称为“托乐嘉护林员平安志愿服务队”，寓意“小区犹如一片森林，我们志愿者像护林员一样守护她的安宁”。

宗克文

宗克文，男，南京曙光救援队队长，国家中级应急救援员、国家地震紧急救援训练基地优秀学员、红十字会救护师、美国心脏协会导师，曾获南京市2021年度水上搜救工作先进个人，2021年度南京市优秀共青团员。2018年6月，宗克文与几名长期奋战在公益一线的伙伴自筹资金组建南京市曙光救援队，这是一支秉承纯粹公益服务精神的专业应急救援志愿者队伍。在宗克文的带领和多年努力下，南京市曙光救援队已经成长为一支能够执行山岳（高空）、水域、寻人、救灾、心理危机干预、培训和科普宣导等多种应急救援任务和防灾减灾工作，国内一流的社会应急专业救援队，多次承担国内外重大灾害救援任务。

于行阳

于行阳，男，南京绿阳瓜果专业合作社理事长，中共党员。许呈村作为横溪西瓜五大核心生产基地，于2001年引进新品种“金凤”,研发西瓜嫁接新技术，赢得西瓜种植大发展。从此许呈村民步入一条致富之路。吃水不忘挖井人，致富不忘引路人，谁是引路人？他就是远近闻名的“西瓜大王”——党员于行阳。

黄永明

黄永明，男，1977年8月生，中共党员，紫金山实验室普适通信研究中心主任，东南大学信息科学与工程学院副院长、教授、博导。他作为核心人员参与紫金山实验室的筹备和建设运行，组建600余人的科研团队攻克6G核心技术，创造出世界上太赫兹无线通信的最高传输纪录。长期研究无线移动通信和智能信息处理技术，取得系列基础理论和关键技术突破并成功推广应用。他在无线通信领域具有重要国际影响力的IEEE国际核心期刊上发表SCI论文150余篇，获学术引用1万余次，获授权发明专利80余项，成功转化近20项，作为主要完成人起草制定无线局域网家族中首个由中国主导的国际标准IEEE 802.11aj（45GHz），支撑实现在该领域国际标准主导零的突破。

薛 峰

薛峰，男，1971年12月生，中共党员，国家电网公司首席专家、南瑞集团首席专家、国家电网系统保护实验室主任。薛峰作为电网安全护航者和科技领军者，30年如一日始终心怀“国之大者”，深耕电网稳定控制领域，攻克一系列关键技术和“卡脖子”难题。他带领团队构建中国独有、国际领先的电网综合协调防御体系，解决由偶发事件或极端灾害引发大停电事故的世界难题。他创新提出大型风光基地并网安全稳定控制技术，填补国际千万千瓦级风光基地源网协调控制技术的空白。他历经8年努力，发起并促成IEC SC 8C技术委员会落户中国，推动电网安全稳定领域的“中国方案”成为国际共识。开展碳达峰与碳中和路径优化研究，为国家落实“30·60”目标提供坚强技术支撑。

刘金富

刘金富，男，1948年生，秣陵街道周里村退休医生。刘金富自1965年开始学习医术，就一直扎根于乡村。无论是白天黑夜还是严寒酷暑，无论是路途远近还是平坦陡峭，只要村民有需要，刘金富总是随叫随到。60年间，方圆几十里的乡亲们都对他信任有加，时常慕名来找他看病，他的医术和医德，赢得乡亲们的广泛赞誉和尊敬。他退休后还怀有一颗为村民服务的心，始终坚守在乡村医生岗位上，全心全意地守护着村民的健康。

葛道湖

葛道湖，男，1964年7月生，汤山街道阜东村马墟头自然村村民，经营着一家小小的理发店。30年来，他诚信经营，坚持以市场半价的收费标准为乡亲服务。特别是最近10多年坚持10元理发，更是对村里80岁以上老年人，实行半价收费；他坚持每月走村入户，为行动不便村民提供免费上门服务，从未有过怨言与失信。村里建起居家养老服务中心后，他主动加入志愿者队伍，为老年人免费理发；他热心村里的公益事业，积极参加各类文明实践活动，不仅将这个小小的理发店变成宣教的前沿阵地，还义务参演《难忘的时光》《阜东村的那些事儿》等多个小品节目，用文艺方式传递和倡导文明。

（杨文俊）

逝世人物

张道福

张道福（1933—2023），男，汉族，江苏南京人，1949年9月参加革命，1952年10月加入中国共产党。历任江宁县供销社科长，江宁县农机厂厂长，江宁县建筑公司经理，江宁县钢铁厂副厂长、厂长，南京三钢党委书记。1993年12月经中共江宁县委组织部批准离休。2023年1月3日因病逝世。

韩福科

韩福科（1928—2023），男，汉族，山东掖县人，1948年12月参加革命，1949年12月加入中国共产党。历任空军某师副中队长、机务主任，江宁县汽车修理厂副厂长，江宁县缝纫机厂副厂长、副书记、调研员，江宁县电风扇厂调研员。1988年5月经中共江宁县委组织部批准离休，1988年5月批准享受干部8级政治、生活待遇。2023年1月7日因病逝世。

（区委组织部）

2023年度江宁区获市级（部门）以上表彰先进个人一览表

表32

姓　名	工作单位	荣誉称号	命名单位	命名时间
高兢兢	东山街道外港社区	优秀社区工作者	市民政局	12月
袁　欣	东山街道群团科	优秀工会工作者	省总工会	3月
谢书福	东山街道建设管理科	全市自建房安全专项整治先进个人	市住房保障和房产局	4月
吴梦婕	东山街道泥塘社区	最美宁姐——优秀徽家主人	市妇联	11月
李启东	东山街道邵圣社区	“千名领先”社区（村）书记	市委组织部	12月
席梅芳	东山街道天云社区	市危险房屋治理工作先进个人	市危险房屋治理工作领导小组办	4月
刘　清	东山街道综合行政检查执法大队	2023年度市渣土管理工作先进个人	市渣土联合整治管理办	2024年1月
陈韵杰	秣陵街道文体服务中心	2023年度市境外电视管理先进个人	市文旅游局	11月
王　彩	汤山街道团工委	江苏省优秀共青团干部	团省委	4月
韩　洁	汤山街道秘书（文史）科	2023年度《江苏省情影像志》优秀个人	省志办	12月
芮一非	汤山街道安监科	市安全生产优秀个人	市安委会	4月
汤方祥	汤山街道青林社区	2023年南京市五一劳动奖章	市总工会	11月
徐家伟	汤山街道汤山社区	2023年度市公共文化服务先进工作者	市文旅局	12月
戴　婷	汤山街道综合调处科	最优平安志愿服务组织工作者	市委政法委、市平安志愿者联合会	2024年1月
赵京刚	淳化街道人武部	优秀学员	市委组织部、市人社局、南京警备区动员处、南京警备区政治工作处	5月
卢家明	淳化街道城管办	2023年度渣土管理先进个人	市渣土联合整治管理办	2024年1月
邵金荣	禄口街道茅亭社区	2023年度自建房安全专项整治先进个人	市自建房安全专项整治领导小组办	2024年4月
姜大伟	禄口街道群力社区	最美网格员	市委政法委	11月

续表 32

姓 名	工作单位	荣誉称号	命名单位	命名时间
臧红祥	禄口街道退役军人服务站	省退役军人服务中心（站）“百名优秀主任（站长）”优秀主任（站长）	省退役军人事务厅	12月
尚 瑾	禄口街道	记功	市人社局	4月
张 健	禄口街道白云路社区	市“岗位学雷锋标兵”	市委宣传部	2023年
胡 悦	谷里街道	市优秀网络新闻评论员	市委网信办	11月
孙都娟	谷里街道	2023年度市公共文化服务先进工作者	市文旅局	12月
陈 晨	谷里街道	技术推广先进个人	省茶叶学会	12月
虞慧敏	谷里街道	先进个人	市农业农村局	6月
朱 晨	谷里街道	市垃圾分类志愿者“年度之星”	市城管局	2月
王 媛	谷里街道	市生活垃圾分类工作标兵	市城管局	12月
周传林	谷里街道谷里社区	先进个人	市住房保障和房产局	4月
沈雨辰	谷里街道谷里社区	市优秀共青团员	团市委	5月
方 芳	谷里街道荆刘村	市最美网格员	市创新网格化社会治理机制工作领导小组	11月
翟 昊	谷里街道双塘村	第三批“江苏省百名示范村（社区）书记”	省委组织部	11月
翟 昊	谷里街道双塘村	省党支部书记学院“实践辅导员”	省党支部书记学院	11月
周金娣	谷里街道箭塘社区	2023年市公共文化服务先进集体和先进个人	市文旅局	12月
尹 浩	湖熟街道和平村	省优秀共青团员	团省委	4月
张 勇	湖熟街道三界村	市“推动高质量发展，争当示范引领”先进个人	市政府	2023年
张林伟	湖熟街道和进社区	市最美网格员	市创新网格化社会治理机制工作领导小组	10月
陶 雪	湖熟街道新农社区	2023年度市公共文化服务先进工作者	市文旅局	12月
倪桂梅	湖熟街道劳保所	2022年市扛起“争当表率”“争做示范”“走在前列”三大光荣使命先进个人	市委、市政府	3月
高 翔	江宁开发区	2020—2021年度全国无偿献血奉献奖铜奖	国家卫健委、中国红十字会总会	2月
张 路	未来科技城	市优秀共青团员	团市委	5月
王龙	江宁高新区城市治理部	市2022年度渣土管理先进个人	市渣土联合整治管理办	2月

续表 32

姓 名	工作单位	荣誉称号	命名单位	命名时间
王 静	江宁高新区创新发展部	市巾帼岗位明星	市妇联、市城镇妇女“巾帼建功”活动领导小组	6月
万良渼	南京苏曼等离子科技有限公司	省三八红旗手	省妇联	7月
季佳琛	滨江开发区	上半年重大项目招引突出贡献个人	市投促局	8月
周 纯	滨江开发区	最优平安志愿者组织工作者	市委政法委、市平安志愿者联合会	1月
嵇华中	滨江开发区	最美平安志愿者	市委政法委、市平安志愿者联合会	1月
王兆平	横溪街道	2020—2021年度全国无偿献血奉献奖铜奖	国家卫健委、中国红十字会总会、中央军委后勤保障部卫生局	2月
虞长来	横溪街道	2022年度社会慈善募捐活动先进个人	省老促会、省乡村发展基金会、省扶贫开发协会	7月
周晓红	横溪街道文体中心	2023年市公共文化服务先进工作者	市文旅局	12月
朱文娟	横溪街道残联	2022年公益助残工作先进个人	省残疾人福利基金会	3月
杭 伟	横溪街道农服中心	全市基层监管监测工作先进个人	市农业农村局	6月
孙 玮	横溪街道总工会	五一巾帼标兵	市总工会	3月
吴海燕	横溪街道旅游办	2022年全国乡村旅游十佳监测员	全国乡村旅游检测中心	1月
杨大海	横溪街道安监科	市安全生产优秀个人	市安委会	4月
董 昊	横溪幼儿园	市优秀团员	团市委	6月
许小萍家庭	横溪街道陶吴社区	市五星级美丽庭院	市妇联	10月
曹露璐	横溪街道石塘村	“千名领先”社区（村）书记	市委组织部	12月
全 苑	横溪街道官长村	省2021—2022年度优秀农家书屋管理员	省新闻出版局	3月
黄 平	横溪街道西岗社区	2022年度市安全生产优秀个人	市安委会	4月
周 浩	横溪街道西岗社区	省优秀红十字志愿者	省红十字会、省文明办、团省委	12月
邵国金	横溪街道陶吴社区	市最美网格员	市创新网格化社会治理机制工作领导小组	11月
金传春	区委宣传部	市扛起“争当表率、争做示范、走在前列”三大光荣使命先进个人	市委、市政府	2023年
邹云甲	区委宣传部	2022年市互联网舆情工作先进个人	市委网信办	2023年

续表 32

姓　名	工作单位	荣誉称号	命名单位	命名时间
时　平	区委宣传部	2022 年南京“扫黄打非”工作先进个人	市“扫黄打非”工作领导小组	2023 年
阴祉豪	区委宣传部	2022 年全省网络舆情信息工作先进个人	省委网信办	2023 年
李　军	区委政法委	2022 年度市国家安全人民防线建设先进个人，并被授予“重要贡献奖”	市国家安全局	12 月
江　浩	区委政法委	2023 年度全市政法信息工作先进个人	市委政法委	2024 年 2 月
朱笑还	区纪委监委	南京市机关作风先进个人	市委、市政府	3 月
陈　罡	区纪委监委	全国纪检监察系统报网宣传工作优秀通讯员	中央纪委国家监委新闻传播中心	11 月
李　弋	区检察院	十佳公诉人	市检察院	2 月
商浩然	区检察院	十佳公诉人	市检察院	2 月
商浩然	区检察院	全省十佳公诉人	省检察院	3 月
乔莲娣	区检察院	2022 年度南京检察机关“巾帼岗位明星”	市检察院	3 月
戴海琼	区检察院	案例撰写业务标兵	市检察院	4 月
徐光麟	区检察院	案例撰写业务能手	市检察院	4 月
曹　培	区检察院	案例撰写业务能手	市检察院	4 月
商浩然	区检察院	先进个人	市检察院	4 月
曹　培	区检察院	先进个人	市检察院	4 月
严志德	区检察院	先进个人	市检察院	4 月
刘芝强	区检察院	先进个人	市检察院	4 月
苏文娟	区检察院	全市检察宣传工作先进个人	市检察院	4 月
徐光麟	区检察院	全市检察宣传工作先进个人	市检察院	4 月
徐光麟	区检察院	优秀宣讲人	省检察院	4 月
戴海琼	区检察院	打击治理洗钱违法犯罪先进个人	市反洗钱工作联席会议办	4 月
房　琦	区检察院	公文写作标兵	市检察院	5 月
戴海琼	区检察院	2023 年南京检察机关优秀调研人才	市检察院	8 月
商浩然	区检察院	2023 年南京检察机关优秀调研人才	市检察院	8 月

续表 32

姓　名	工作单位	荣誉称号	命名单位	命名时间
李　璜	区检察院	市检察机关聘用制书记员业务技能能手	市检察院	10 月
徐光麟	区检察院	控申检察业务标兵	市检察院	10 月
商浩然	区检察院	全国十佳公诉人提名奖、全国优秀公诉人	最高人民检察院	11 月
李　侠	区法院	全省法院系统先进工作者	省人社厅、省高院	5 月
刘耀东	区法院	全省法院办案标兵	省人社厅、省高院	11 月
杨倩倩	开发区法院	个人三等功	市中级人民法院	2 月
唐　昊	开发区法院	全省法院办公室工作先进个人	省高级人民法院	3 月
潘　俊	开发区法院	全省法院司法警察工作先进个人	省高级人民法院	5 月
逯婷婷	开发区法院	全省法院金融审判工作先进个人	省高级人民法院	12 月
钟诗蔚	开发区法院	全省法院办案标兵	省高级人民法院	11 月
陈　平	开发区法院	基层法院领导嘉奖	市中级人民法院	2 月
朱世珍	开发区法院	优秀法官（优秀工作者）	市中级人民法院	2 月
逯婷婷	开发区法院	优秀法官（优秀工作者）	市中级人民法院	2 月
宁奇雷	开发区法院	优秀法官（优秀工作者）	市中级人民法院	2 月
魏厚发	区交运局规建科	2022 年度市国防交通战备工作先进个人	市国防交通战备办	1 月
刘庆茹	区交运局	2022 年度南京交通“12345”政务热线办理工作先进个人	市交运局	2 月
周伟奇	区交运局	2022 年度南京交通“12345”政务热线办理工作先进个人	市交运局	2 月
吴　艳	区交运局	2022 年度南京交通“12345”政务热线办理工作先进个人	市交运局	2 月
王锦鹏	区交运综合执法大队	2022 年度全市交通运输安全生产先进个人	市交运局	3 月
潘孝文	区交运局	2022 年市“四好农村路”综合工作突出个人	市交运局	3 月
蒋冬荣	区交运局	2022 年市“四好农村路”综合工作突出个人	市交运局	3 月
邰卫华	区港航事业发展中心	船舶碰撞桥梁隐患治理三年行动先进个人	省交运厅	5 月
周　佳	昊天公司	市交通运输系统第十届“十佳优秀青年”	市交运局	5 月

续表 32

姓　名	工作单位	荣誉称号	命名单位	命名时间
樊美强	昊天公司	全市交通运输行业优秀共产党员	市交运局	6月
盛金武	区交运局	全市交通运输行业优秀党务工作者	市交运局	6月
薛万强	区交运局	2022年度江苏交通优秀通讯员	省交运厅	7月
王玉臣	区交运综合执法大队	2022年度全市交通运输综合行政执法领域执法标兵	市交运综合行政执法监督局	2月
童　锋	区交运综合执法大队	2022年度全市交通运输综合行政执法领域安全标兵	市交运综合行政执法监督局	2月
吕界敏	区交运综合执法大队	2022年度全市交通运输综合行政执法领域安全标兵	市交运综合行政执法监督局	2月
邵先良	区交运综合执法大队	2022年度普通公路执法标兵	市交运综合行政执法监督局	3月
王曙光	区交运综合执法大队	2023年全市交通运输综合行政执法领域优秀共产党员	市交运综合行政执法监督局	6月
许　勇	区交运综合执法大队	2023年全市交通运输综合行政执法领域优秀党务工作者	市交运综合行政执法监督局	6月
袁明辉	区级机关工委	2022年度《南京新风》杂志（网站）优秀通讯员	市级机关工委	2月
匡　凯	团区委	2022年度全省共青团工作先进工作者	团省委	3月
张劲松	区税务局	2020—2021年度全国无偿献血奉献奖金奖	国家卫健委、中国红十字会总会、中央军委后勤保障部卫生局	2月
王　勇	区税务局	2020—2021年度全国无偿献血奉献奖铜奖	国家卫健委、中国红十字会总会、中央军委后勤保障部卫生局	2月
胡　娟	区税务局	省税务系统“税务巾帼建功标兵”	省税务局	11月
董梦娇	区税务局	省税务系统“青年才俊”	省税务局	8月
张春雨	区税务局	市优秀共青团员	团市委	5月
钟　慧	区税务局	市税务系统“最美共产党员”	市税务局	7月
缪勤丽	区税务局	市税务系统“宁税青优”	市税务局	7月
董梦娇	区税务局	市税务系统“宁税青优”	市税务局	7月
尹家琦	区税务局	市税务系统“宁税青优”	市税务局	7月
张春雨	区税务局	市税务系统“宁税青优”	市税务局	7月
朱培银	区税务局	市税务系统“最美老干部”	市税务局	10月

续表 32

姓　名	工作单位	荣誉称号	命名单位	命名时间
于　淞	开发区税务局	最美税务人	市委宣传部、市税务局	2月
杨江涛	开发区税务局	退税减税嘉奖	市税务局	5月
陈　腾	开发区税务局	退税减税嘉奖	市税务局	6月
景步军	开发区税务局	退税减税嘉奖	市税务局	6月
张澄澄	开发区税务局	退税减税表扬	市税务局	6月
赵云燕	开发区税务局	退税减税表扬	市税务局	6月
于　淞	开发区税务局	税收服务表扬	市税务局	6月
于　淞	开发区税务局	三八红旗手	市妇联	7月
赵云燕	开发区税务局	按比例安排残疾人就业工作表扬个人	省政府残疾人工委	7月
杨江涛	开发区税务局	最美科所长	市税务局	10月
李正萍	区司法局	“黄丝带帮教”工作先进个人	民盟中央和司法部	12月
王思敏	区司法局	全省“法律明白人”培育工作成绩突出个人	省司法厅	1月
金　亮	区司法局	全省推进行政复议体制改革表现突出个人	省司法厅	2月
田智平	区司法局	全省行政执法监督成绩突出个人	省司法厅	6月
王梦婕	区司法局	优秀公证人员	市公证协会	1月
季　嘉	区司法局	2022年度依法治市工作成绩突出个人	依法治市办	3月
周德宏	区司法局	全市优秀人民调解案例	市司法局	5月
刘　然	区司法局	全市优秀人民调解案例	市司法局	5月
周玉标	区司法局	全市优秀人民调解卷宗	市司法局	5月
周　洁	区司法局	全市优秀人民调解卷宗	市司法局	5月
彭德华	区司法局	全市优秀人民调解卷宗	市司法局	5月
张伟华	区司法局	全市优秀人民调解卷宗	市司法局	5月
鲍声伟	区司法局	2020—2022市先进人民调解员	市司法局	5月
周德宏	区司法局	2020—2022市先进人民调解员	市司法局	5月

续表 32

姓 名	工作单位	荣誉称号	命名单位	命名时间
芮勤珠	区司法局	2019—2022 年度律师行业管理服务工作标兵	市司法局	7 月
陶尚金	区司法局	2020—2022 年度律师行业先进个人	市律协	8 月
周 超	区司法局	全市社区矫正和安置帮教工作成绩突出个人	市司法局	9 月
徐 欣	区司法局	全市社区矫正和安置帮教工作成绩突出个人	市司法局	9 月
邓舒匀	区司法局	全市社区矫正和安置帮教工作成绩突出个人	市司法局	9 月
杜 凯	区司法局	全市社区矫正和安置帮教工作成绩突出个人	市司法局	9 月
甘 娟	区司法局	全市社区矫正和安置帮教工作成绩突出个人	市司法局	9 月
周 暄	区司法局	全市社区矫正和安置帮教工作成绩突出个人	市司法局	9 月
黄祥震	区司法局	2023 年第一季度全市政法网格员工作优秀案例	市委政法委	12 月
陈书琴	开发区检察院	先进个人	市检察院	4 月
花 扬	开发区检察院	先进个人	市检察院	4 月
谢竹筠	开发区检察院	宣传工作先进个人	市检察院	4 月
阙泓顺	区规划资源分局	市政务信息先进个人	市政府办公厅	2023 年
蔡慕雨	区规划资源分局	市规划和自然资源局政务信息先进个人	市规划和自然资源局	2023 年
洪 震	江宁生态环境综合执法局	2020—2023 年全省生态环境信访工作表现突出个人	省生态环境厅	12 月
江开兰	区生态文明促进会	第三届“生态环保标兵”	市委宣传部、市生态环境局、市总工会	2024 年 5 月
王永建	江宁生态环境局	2023 年度宣传工作先进个人	中国环境报社	9 月
刘基兵	区审计局	2020-2021 年度全国无偿献血奉献奖金奖	国家卫健委、中国红十字总会、中央军委后勤保障部	2 月
姚沛永	区审计局	2023 年度全省审计通联宣传工作先进个人	省审计厅	11 月
竺 炫	区审计局	2022 年度全市审计机关信息宣传工作先进个人	市审计局	2 月
徐 悦	区审计局	2023 年度市大数据审计标兵	市审计局	11 月

续表 32

姓　名	工作单位	荣誉称号	命名单位	命名时间
谢利思	区审计局	2023 年度市大数据审计标兵	市审计局	11 月
钱捍民	区民政局	2023 年度省退役军人优秀志愿者	省退役军人事务厅	11 月
朱玉红	区档案馆	先进个人	省档案学会	11 月
贾迪新	区档案馆	全省档案宣传工作先进个人	省档案局、省档案馆	8 月
王　旅	区市场监管局	2022 年度药品医疗器械化妆品监督抽检工作先进个人	市市场监管局	1 月
钱嘉婷	区市场监管局	2022 年度市药品医疗器械化妆品安全风险监测有关工作先进个人	市市场监管局	1 月
侍　明	区市场监管局	2022 年度特种设备安全管理先进个人	市特种设备安全工作领导小组办	4 月
林　鹏	区市场监管局	全市市场监管执法办案电子取证培训暨比武表现突出个人	市市场监管局	9 月
贾红平	区市场监管局	2022—2023 年度消费维权先进个人	中国消费者协会	12 月
宋雪珍	区市场监管局	2023 年度全市政务信息工作先进个人	市政府办公厅	2 月
徐　斌	区文旅局	2023 年度市境外电视管理先进个人	市文旅局	11 月
扈纯婕	牛首山文化旅游区	第五届全国导游大赛铜牌导游员	文旅部、中华总工会、团中央、全国妇联	9 月
吕品昂	区图书馆	2021—2023 年度图书馆学会优秀会员	南京图书馆学会	10 月
邱奥欣	区图书馆	2021—2023 年度图书馆学会优秀会员	南京图书馆学会	10 月
宋丹丹	区图书馆	2023 年少儿图书室（阅读空间）优秀管理员	市文旅局	12 月
戴弘章	区图书馆	2023 年度市公共文化服务先进工作者	市文旅局	12 月
孙　俊	区文化馆	2023 年度市公共文化服务先进个人	市文旅局	12 月
闻　艳	区文旅局	2023 年度市公共文化服务先进个人	市文旅局	12 月
王　琪	区文旅局	2023 年度全市文化和旅游安全生产工作优秀个人	市文旅局安全生产专业委员会	2024 年 1 月
蔡　月	区文旅局	2023 年度市“平安景区”创建先进个人	市文旅局安全生产专业委员会	2024 年 1 月
蔡　保	区文化遗产保护中心	2023 年度内部安全保卫工作先进个人	市公安局	2024 年 1 月
吴欣远	区文旅局	2022 年度文化和旅游信息工作先进个人	市文旅局	2023 年
陈　俊	区太极拳协会	2023 年度省最美社会体育指导员	省体育局	11 月

续表 32

姓　名	工作单位	荣誉称号	命名单位	命名时间
赵维龙	区老年人体育协会	2023 年度省最美社会体育指导员	省体育局	11 月
应先进	汤山旅游度假区	2023 年全市优秀代办服务案例	市政务服务管理办	12 月
魏　新	新环城市服务有限公司	省住房城乡建设系统技能标兵	省住建厅、省总工会	12 月
陈谦韬	江护集团作业考核部	环卫行业机械化技能竞赛优秀组织个人奖	省住建厅、省总工会	10 月
芮　超	东峻城市服务公司	市五一创新能手	市人社局	10 月
芮　超	东峻城市服务公司	“城市美容师”	市人社局	10 月
任　安	区城建局	省住房和城乡建设系统 2023 年“五一巾帼标兵”	省建设工会工委	3 月
李　由	区城建局	2022 年度市城市精细化建设管理先进个人	市城市精细化建设管理推进办	3 月
谈伟民	区城建局	2022 年度市城市精细化建设管理先进个人	市城市精细化建设管理推进办	3 月
王　瑞	区城建局	2022 年度市城市精细化建设管理先进个人	市城市精细化建设管理推进办	3 月
黄伟鹏	区城建局	2022 年度城市道路维护管理先进个人	市交运局	2 月
李鹏飞	区城建局	2022 年度既有建筑安全隐患整治工作先进个人	市住房保障和房产局	4 月
冯　翔	区应急管理局	2023 年度全省应急管理综合行政执法工作先进个人	省应急管理厅	2024 年 1 月
吴　蓉	区军队离退休干部服务管理所	省离退休军人和伤病残士兵集中移交安置工作先进个人	省退役军人事务厅	8 月
戴建兵	退役军人事务局	2023 年度全市退役军人事务系统岗位练兵比武活动先进个人优秀奖	市退役军人事务局	12 月
李　静	区供销合作总社	信息宣传工作先进个人	省供销合作总社	2 月
张长宝	区供销合作总社	2023 长三角供销合作社名优农产品展销会组织工作先进个人	长三角农产品展销会组委会	11 月
宣　雯	区供销合作总社	信息宣传工作先进个人	省供销合作总社	12 月
张格波	江宁高级中学	2023 年“苏教名家”培养工程培养对象	省教育厅	7 月
黄　伟	百家湖中学	2023 年江苏省教学名师	省教育厅	7 月
顾　晔	江宁高级中学	2023 年江苏省教学名师	省教育厅	7 月
戎仁堂	江宁高级中学	2023 江苏教师年度人物	省教育厅、省总工会	8 月
孙振坤	竹山中学	2023 江苏教师年度人物	省教育厅、省总工会	8 月

续表 32

姓　名	工作单位	荣誉称号	命名单位	命名时间
戎仁堂	江宁高级中学	江苏“最美教师”	省委宣传部、省教育厅	9月
吴凤英	江宁中心小学	省优秀工会工作者	省总工会	3月
丁　雯	将军山小学	市优秀教育工作者	市教育局	7月
张良花	竹山小学	市优秀教育工作者	市教育局	7月
刘海燕	天印高级中学	市优秀教育工作者	市教育局	7月
付长玲	陶吴幼儿园	市优秀教育工作者	市教育局	7月
高　琴	学林东路幼儿园	市优秀教育工作者	市教育局	7月
桂婷婷	江宁实验小学	市优秀教育工作者	市教育局	7月
尹昌涛	上元小学	市优秀教育工作者	市教育局	7月
曾　佳	东山小学	市优秀教育工作者	市教育局	7月
古德文	铜井中心小学	市优秀教育工作者	市教育局	7月
何雨林	月华路小学至善路校区	市优秀教育工作者	市教育局	7月
肖雅君	竹山中学	市优秀教育工作者	市教育局	7月
张雅菊	汤山初级中学	市优秀教育工作者	市教育局	7月
王　林	禄口初级中学	市优秀教育工作者	市教育局	7月
陈欢欢	将军山中学	市优秀教育工作者	市教育局	7月
孔素琴	江宁高级中学	市优秀教育工作者	市教育局	7月
戴颖昱	秦淮中学	市优秀教育工作者	市教育局	7月
董飞飞	临江高级中学	市优秀教育工作者	市教育局	7月
束小红	东山高级中学	市优秀教育工作者	市教育局	7月
陆吕翔	江宁开发区学校	市优秀教育工作者	市教育局	7月
陈　卓	南师附中江宁分校	市优秀教育工作者	市教育局	7月
李　伟	东山外国语学校	市优秀教育工作者	市教育局	7月
张玲玲	淳化印湖路幼儿园	市优秀教育工作者	市教育局	7月
周会达	江宁高等职业技术学校	市优秀教育工作者	市教育局	7月

续表 32

姓　名	工作单位	荣誉称号	命名单位	命名时间
张　华	江宁特殊教育学校	市优秀教育工作者	市教育局	7月
衡其林	区教育科学研究室	市优秀教育工作者	市教育局	7月
黄宣忠	江宁高级中学	市教育系统第十六届师德先进个人	市委教育工委	8月
崔　寅	岔路学校	市教育系统第十六届师德先进个人	市委教育工委	8月
王　丽	谷里初级中学	市教育系统第十六届师德先进个人	市委教育工委	8月
吴俊杰	竹山中学	市教育系统第十六届师德先进个人	市委教育工委	8月
陈汝山	谷里庆兴路小学	市教育系统第十六届师德先进个人	市委教育工委	8月
陈　睿	晓庄学院弘景实验小学	市教育系统第十六届师德先进个人	市委教育工委	8月
胥　洋	示范幼儿园	市教育系统第十六届师德先进个人	市委教育工委	8月
晋　玲	横岭幼儿园	2022—2023 学年南京教师志愿者联盟优秀教师志愿者	市教育局	10月
陶　雪	利源中路幼儿园	2022—2023 学年南京教师志愿者联盟优秀教师志愿者	市教育局	10月
邵惠敏	麒麟科创园学校	2022—2023 学年南京教师志愿者联盟优秀教师志愿者	市教育局	10月
程志关	上峰初级中学	2022—2023 学年南京教师志愿者联盟优秀教师志愿者	市教育局	10月
韩　霞	胜太东路幼儿园	2022—2023 学年南京教师志愿者联盟优秀教师志愿者	市教育局	10月
金　茜	江宁特殊教育学校	2022—2023 学年南京教师志愿者联盟优秀教师志愿者	市教育局	10月
丁亚红	月华路小学(湖东路校区)	2022—2023 学年南京教师志愿者联盟优秀教师志愿者	市教育局	10月
刘江华	江宁高职校	第四届市德育工作带头人	市教育局	7月
孙　锁	东山高级中学	第四届市德育工作带头人	市教育局	7月
王　燕	东山高级中学	第四届市德育工作带头人	市教育局	7月
徐　辉	竹山中学	第四届市德育工作带头人	市教育局	7月
黄　春	禄口初级中学	第四届市德育工作带头人	市教育局	7月
朱美华	禄口初级中学	第四届市德育工作带头人	市教育局	7月
李　娟	汤山初级中学	第四届市德育工作带头人	市教育局	7月

续表 32

姓　名	工作单位	荣誉称号	命名单位	命名时间
孔令根	秣陵初级中学	第四届市德育工作带头人	市教育局	7月
姜雯艳	百家湖小学	第四届市德育工作带头人	市教育局	7月
卞良燕	翠屏山小学	第四届市德育工作带头人	市教育局	7月
袁　雯	科学园小学	第四届市德育工作带头人	市教育局	7月
郭伟杰	科学园小学	第四届市德育工作带头人	市教育局	7月
程晋燕	秣陵中心小学	第四届市德育工作带头人	市教育局	7月
茅　成	湖熟中心小学	第四届市德育工作带头人	市教育局	7月
王　蕾	谭桥小学	第四届市德育工作带头人	市教育局	7月
曹丽萍	东山外国语学校	第四届市德育工作带头人	市教育局	7月
王培培	南师附中江宁分校	第四届市德育工作带头人	市教育局	7月
邵惠敏	麒麟科创园学校	第四届市德育工作带头人	市教育局	7月
汪　瑞	百家湖幼儿园	第四届市德育工作带头人	市教育局	7月
夏琳萱	将军山幼儿园	第四届市德育工作带头人	市教育局	7月
葛丽娟	东山丰泽路幼儿园	第四届市德育工作带头人	市教育局	7月
幸天晓	东山文靖东路幼儿园	第四届市德育工作带头人	市教育局	7月
吴方羽	天景山第三幼儿园	第四届市德育工作带头人	市教育局	7月
张文娟	翠屏山幼儿园	第四届市德育工作带头人	市教育局	7月
耿　敏	清水亭幼儿园	第四届市德育工作带头人	市教育局	7月
张小玲	上坊幼儿园	第四届市德育工作带头人	市教育局	7月
陈婷婷	正方中路幼儿园	第四届市德育工作带头人	市教育局	7月
蒋凯琳	竹山幼儿园	第四届市德育工作带头人	市教育局	7月
宋慧敏	秦淮中学	第十一届市优秀青年教师	市教育局	6月
吴　许	秦淮中学	第十一届市优秀青年教师	市教育局	6月
潘同同	秦淮中学	第十一届市优秀青年教师	市教育局	6月
韦法余	天印高级中学	第十一届市优秀青年教师	市教育局	6月

续表 32

姓　名	工作单位	荣誉称号	命名单位	命名时间
柯　瑶	江宁高级中学	第十一届市优秀青年教师	市教育局	6月
傅兰珍	江宁高新区中学	第十一届市优秀青年教师	市教育局	6月
邓媛媛	将军山中学	第十一届市优秀青年教师	市教育局	6月
顾惠琴	竹山中学	第十一届市优秀青年教师	市教育局	6月
王　琪	觅秀街中学	第十一届市优秀青年教师	市教育局	6月
曾　晨	汤山初级中学	第十一届市优秀青年教师	市教育局	6月
郑婉君	桃红初级中学	第十一届市优秀青年教师	市教育局	6月
蔡文璨	实验小学	第十一届市优秀青年教师	市教育局	6月
徐心怡	实验小学	第十一届市优秀青年教师	市教育局	6月
何　潇	实验小学	第十一届市优秀青年教师	市教育局	6月
徐佩佩	潭桥小学	第十一届市优秀青年教师	市教育局	6月
周　畅	百家湖小学	第十一届市优秀青年教师	市教育局	6月
王　军	百家湖小学	第十一届市优秀青年教师	市教育局	6月
焦欢欢	百家湖小学	第十一届市优秀青年教师	市教育局	6月
陈　城	百家湖小学	第十一届市优秀青年教师	市教育局	6月
彭　蕾	百家湖小学	第十一届市优秀青年教师	市教育局	6月
姜雯艳	百家湖小学	第十一届市优秀青年教师	市教育局	6月
李　聪	百家湖小学	第十一届市优秀青年教师	市教育局	6月
谷民发	将军山小学	第十一届市优秀青年教师	市教育局	6月
徐　苗	竹山小学	第十一届市优秀青年教师	市教育局	6月
郝瑞亚	永泰路小学	第十一届市优秀青年教师	市教育局	6月
陈　洁	科学园小学	第十一届市优秀青年教师	市教育局	6月
曹江峰	上坊新城小学	第十一届市优秀青年教师	市教育局	6月
丁　倩	江宁开发区学校	第十一届市优秀青年教师	市教育局	6月
罗瑞敏	江宁开发区学校	第十一届市优秀青年教师	市教育局	6月

续表 32

姓　名	工作单位	荣誉称号	命名单位	命名时间
高　佳	江宁开发区学校	第十一届市优秀青年教师	市教育局	6月
汪　远	东山小学	第十一届市优秀青年教师	市教育局	6月
徐广凯	东山小学	第十一届市优秀青年教师	市教育局	6月
邵丹丹	齐武路小学	第十一届市优秀青年教师	市教育局	6月
周健川	齐武路小学	第十一届市优秀青年教师	市教育局	6月
王贤平	上元小学	第十一届市优秀青年教师	市教育局	6月
徐建干	上元小学	第十一届市优秀青年教师	市教育局	6月
付媛媛	竹山幼儿园	第十一届市优秀青年教师	市教育局	6月
宋　歌	百家湖幼儿园	第十一届市优秀青年教师	市教育局	6月
孙艳红	周岗幼儿园	第十一届市优秀青年教师	市教育局	6月
王雅君	天惠路幼儿园	第十一届市优秀青年教师	市教育局	6月
李　娜	殷华街幼儿园	第十一届市优秀青年教师	市教育局	6月
李　燕	江宁高职校	第十一届市优秀青年教师	市教育局	6月
赵曰超	江宁高职校	第十一届市优秀青年教师	市教育局	6月
尹艳雯	江宁高职校	第十一届市优秀青年教师	市教育局	6月
王光勇	江宁高职校	南京名教师	市教育局	12月
李　婷	区教育局	市三八红旗手	市妇联	7月
朱华凤	石羊路幼儿园	市五一巾帼标兵	市总工会	3月
韩九洲	实验小学	市优秀共青团员	团市委	5月
顾珍珍	示范幼儿园	市优秀共青团干部	团市委	5月
吴颖越	上元幼儿园	市优秀共青团干部	团市委	5月
张　轩	区中医院	先进个人	市卫生系统后勤管理协会	12月
夏　民	区中医院	先进个人	市卫生系统后勤管理协会	12月
王　鹏	区中医院	第十批省市优秀援疆干部人才	新疆维吾尔自治区政府	4月
王　鹏	区中医院	记功	新疆维吾尔自治区政府	4月

续表 32

姓　名	工作单位	荣誉称号	命名单位	命名时间
王　鹏	区中医院	伊犁州卫生优秀援疆专家	新疆维吾尔自治区政府	4月
戴家虎	区中医院	第十批省市优秀援疆干部人才	新疆维吾尔自治区政府	4月
戴家虎	区中医院	援疆工作优秀个人	新疆维吾尔自治区政府	4月
戴家虎	区中医院	伊犁州卫生优秀援疆专家	新疆维吾尔自治区政府	4月
牟俊华	区中医院	第十批对口援疆工作优秀援疆干部人才	新疆维吾尔自治区政府	4月
牟俊华	区中医院	第十批援疆工作优秀个人	新疆维吾尔自治区政府	4月
胡　靖	区中医院	第二届中国神经介入医师手术大赛“十佳医师”	国家卫健委能力建设和继续教育中心	1月
胡　靖	区中医院	第二届中国神经介入医师手术大赛“十佳医师”	国家卫健委能力建设和继续教育中心	1月
王　静	区第二人民医院	2022年度单位内部安全保卫工作先进个人	市公安局	1月
何艳香	区第二人民医院	伊犁州卫生优秀援疆专家	省对口支援伊犁州前方指挥部、伊犁哈萨克自治州卫健委	4月
何艳香	区第二人民医院	第十批援疆工作优秀个人	中共伊犁哈萨克自治州委员会、伊犁哈萨克自治州人民政府	4月
贾秋萍	区疾控中心	2022年度省健康科普先进工作者	省健康教育协会	3月
张曼雪	区疾控中心	农工党市委会2022年宣传工作先进个人	农工党市委员会	3月
张曼雪	区疾控中心	农工党市委会2022年度先进个人	农工党市委员会	3月
陶世龙	区疾控中心	2022年市扛起“争当表率、争做示范、走在前列”三大光荣使命先进个人	市委、市政府	4月
潘莹宇	区疾控中心	省尘肺病项目先进个人	省疾控中心	5
冯靖宇	区疾控中心	百名卫生防疫之星	省疾控中心	12月
朱　莉	区疾控中心	2013—2023年市学校卫生工作近视防控突出贡献个人	市疾控中心	12月
杨叶新	区卫监所	市卫生健康监督执法岗位能手	市卫健委	3月
魏代平	百家湖社区卫生服务中心	市基层最美健康守门人提名奖	市基层卫生协会	8月
华　辉	东善桥社区卫生服务中心	优秀家庭医生团队长	市卫健委	7月
李　茜	土桥社区卫生服务中心	市优秀家医医生团队长	市卫健委办公室	7月
马　丽	土桥社区卫生服务中心	市基层“最美健康守门人”	市卫健委办公室	12月

续表 32

姓　名	工作单位	荣誉称号	命名单位	命名时间
李　浩	乐融开发建设有限公司	2022 年市优秀职工志愿者	市总工会	6 月
相　瑞	江宁水务集团	2022 年度市科普工作先进个人	市科协	2 月
相　瑞	江宁水务集团	2022 年度市优秀团干部	团市委	5 月
相　瑞	江宁水务集团	2022 年度全省“优秀环境守护者”	省生态环境保护宣传教育中心	6 月
易浩然	江宁水务集团	2022 年市优秀职工志愿者	市总工会	6 月
张　锐	江宁水务集团	省住房城乡建设系统技能标兵称号	省住建厅、省总工会	12 月
廖　卿	南京华润燃气公司	市公安局个人三等功	市公安局	11 月
葛阳宁	交建集团	2022 年度全市内保先进个人	市公安局	1 月
林喜妮	江宁交建集团	2022 年度全市国资系统信息工作先进个人	市国资委	5 月
李庆丰	西部路桥集团	2022 年度全市内保先进个人	市公安局	1 月
洪　婷	西部路桥集团	2022 年度全市内保系统保卫组织先进个人	市公安局	1 月
李春林	惠宁市政建设服务集团	2022 年度全市内保先进个人	市公安局	1 月
赵　俊	南京睿艺环境工程有限公司	2022 年度全市内保先进个人	市公安局	1 月
崔吉泉	农副物流	2022 年度全省政务信息工作先进个人	省政府办公厅	2 月
陈双明	农副物流	2023 年度全市内保系统保卫组织先进个人	市公安局	2024 年 1 月
张　勇	农副物流	2022 年度南京市国资系统信息工作先进个人	市国资委	3 月
关承啟	农副物流	2023 年度全市内保系统保卫组织先进个人	市公安局	2024 年 1 月
李　明	农副物流	2023 年中国农产品批发市场行业工作优秀管理者奖	全国城市农贸中心联合会	2023 年
李　俊	农副物流	全省优秀民情观察员	国家统计局江苏调查总队	9 月
李　俊	农副物流	优秀信息员	农业农村部信息中心	10 月
纪　然	农副物流	市优秀共青团干部	团市委	5 月

（综　合）

2023年度江宁区（部门）获市级以上表彰先进集体一览表

表33

单位名称	荣誉称号	命名单位	命名时间
江宁区	2022年度全省基层党员冬训工作示范县（市、区）	省委宣传部、省委组织部	8月
江宁区	江苏省科普示范区	省科协	5月
江宁区	2022年度举办普惠托育机构成效明显、婴幼儿照护服务水平较高、婴幼儿家长获得感强的区（第一名）	市政府办公厅	6月
江宁区	2022年度质量强市工作优秀区	市质量发展委员会	2月
东山街道	2023年度市城市治理标准化工作优秀集体	市城市治理委员会办公室	2024年2月
东山街道	2023年市生活垃圾分类优质单位	市垃圾分类工作领导小组办	12月
东山街道	2022年市扛起“争当表率、争做示范、走在前列”三大光荣使命先进集体	市委、市政府	2023年
东山街道	2023年“15分钟医保服务圈”市级示范点	市医保局	9月
东山街道佘村社区	2023年度市农村公共服务运行维护工作先进村	市城管局、市财政局	12月
东山街道佘村社区	市第二批儿童友好社区	市妇儿工委、市发改委	10月
东山街道佘村社区	2022年度省生态宜居美丽乡村示范社区	省委农村工作领导小组	4月
东山街道佘村社区	放心消费示范区域	市放心消费工作领导小组	2月
东山街道佘村社区	市五四红旗团总支	团市委	5月
东山街道东山社区	2023年省优质老年学校	省老年大学协会	12月
东山街道泥塘社区	市2022年度最暖党群服务中心	市委组织部	3月
东山街道邵圣社区	市村（社区）人民调解委员会规范化建设先进单位	市司法局	3月
东山街道邵圣社区	2023年江苏省健康社区	省爱卫办、健康江苏建设领导小组办	12月
东山街道晓里社区	四星爱心母婴室	市总工会	2024年1月
东山街道章村社区	先进单位	市住宅小区综合治理联席会议办	3月
东山街道上坊社区	2023年度市农村公共服务运行维护工作先进村	市城管局办公室	12月
秣陵街道森林消防中队	2019—2021年度全国森林草原防火工作先进单位	国家林草局	1月
秣陵街道便民服务中心	2022年度市最优便民服务中心	市政务服务管理办	6月

续表 33

单位名称	荣誉称号	命名单位	命名时间
秣陵街道卫健办	省级家庭健康服务中心	省计生协会	6 月
秣陵街道农村产权交易流转中心	2022 年度省农村产权交易市场监测评价先进单位	省农业农村厅	12 月
秣陵街道胜太社区	省优质老年学校	省老年大学协会	12 月
秣陵街道湖滨社区团总支	省五四红旗团支部（团总支）	团省委	4 月
秣陵街道牛首社区股份经济合作社	2022 年度江苏百强社	市农业农村局	8 月
秣陵街道牛首社区	2023 年全国示范性老年友好型社区	国家卫健委老龄司	10 月
秣陵街道长山社区	2023 年省“扫黄打非”先进基层示范点	省“扫黄打非”工作领导小组办	12 月
秣陵街道长山社区救助服务点	市救助服务市级示范点	市民政局	6 月
秣陵街道西旺社区	市农村公共服务运行维护先进村	市城管局、市财政局	12 月
秣陵街道东旺社区	省健康社区	省爱卫委办、健康江苏建设领导小组办	12 月
秣陵街道双金社区老干部党支部	市“最美老干部团队”	市委组织部	6 月
秣陵街道双金社区老干部党支部	市区离退休干部党支部“共学共进共为”先进单位	市委老干部局	9 月
秣陵街道建东社区	市农村公共服务运行维护先进村	市城管局、市财政局	12 月
秣陵街道胜家桥社区	省生态宜居美丽乡村	省委农村工作领导小组	4 月
秣陵街道胜家桥社区	市农村公共服务运行维护先进村	市城管局、市财政局	12 月
秣陵街道霞辉庙社区	省健康社区	省爱卫委办、健康江苏建设领导小组办	12 月
秣陵街道元山社区	省生态宜居美丽示范村	省委农村工作领导小组	4 月
秣陵街道元山社区观音殿村	2023 年度省乡村旅游重点村培育单位	省文旅厅、省发改委	8 月
秣陵街道元山社区	市儿童友好社区	市政府妇儿工委办公室、市发改委	10 月
秣陵街道元山社区	市农村公共服务运行维护先进村	市城管局、市财政局	12 月
秣陵街道元山社区	2023 年省乡村振兴示范村	省农业农村厅、省乡村振兴局	12 月
秣陵街道吉山社区农家书屋	2021—2022 年度五星级示范农家书屋	省新闻出版局	4 月

续表 33

单位名称	荣誉称号	命名单位	命名时间
秣陵街道祖堂社区股份经济合作社	2022 年度江苏百强社	市农业农村局	8 月
汤山街道	2022 年度高质量发展先进街镇	市委、市政府	3 月
汤山街道	2023 年度机关作风建设标兵街道	市委、市政府	3 月
汤山街道	安全生产网格化工作先进单位	市应急管理局	3 月
汤山街道	市危险房屋治理工作先进集体	市危险房屋治理工作领导小组办	4 月
汤山街道阜庄村	省生态文明建设示范村（社区）	省生态环境厅	1 月
汤山街道阜庄村	美丽家园省级示范点	省妇联“双学双比”竞赛活动小组	10 月
汤山街道古泉社区	2023 年“爱心暑托班”省域突出单位	省希望工程办、省青少年发展基金会	10 月
汤山街道龙尚村	2023 年省乡村振兴示范村	省农业农村厅、省乡村振兴局	12 月
汤山街道鹤龄社区	2023 年省健康社区	省爱卫委办、健康江苏建设领导小组办	12 月
汤山街道高庄社区	和谐示范单位	省广电总台	2024 年 1 月
汤山街道人事争议调解中心	金牌劳动人事争议调解组织	市人社局、市总工会、市企业联合会、企业家协会、市工商联	1 月
汤山街道鹤龄社区	2022 年度“最佳平安志愿服务组织”	市委政法委、市平安志愿者联合会	1 月
汤山街道龙尚村	2022 年度市放心消费示范区域	市放心消费工作领导小组办	2 月
汤山街道孟墓社区	2022 年度市放心消费示范区域	市放心消费工作领导小组办	2 月
汤山街道龙尚村	2022 年度最暖党群服务中心	市委组织部	3 月
汤山街道古泉社区	2022 年度市五四红旗团（总）支部	团市委	5 月
汤山街道鹤龄社区	2023 年度市水美乡村	市水务局	11 月
汤山街道建设村	市档案工作规范化建设标准单位	市档案局、市档案馆	12 月
汤山街道阜东村	市档案工作规范化建设标准单位	市档案局、市档案馆	12 月
汤山街道古泉社区	市档案工作规范化建设标准单位	市档案局、市档案馆	12 月
汤山街道阜东村	市 2023 年地方志优秀成果（方志馆、地情馆类）	市志办	12 月

续表 33

单位名称	荣誉称号	命名单位	命名时间
汤山街道阜庄村	市 2023 年地方志优秀成果（方志馆、地情馆类）	市志办	12 月
汤山街道鹤龄社区	市 2023 年地方志优秀成果（方志馆、地情馆类）	市志办	12 月
汤山街道青林社区	2023 年度市农村公共服务运行维护工作先进村	市城管局、市财政局	12 月
汤山街道孟塘社区	2023 年度市农村公共服务运行维护工作先进村	市城管局、市财政局	12 月
汤山街道古泉社区	2023 年度市农村公共服务运行维护工作先进村	市城管局、市财政局	12 月
汤山街道阜东村	2023 年度市农村公共服务运行维护工作先进村	市城管局、市财政局	12 月
汤山街道上峰社区	2023 年度市农村公共服务运行维护工作先进村	市城管局、市财政局	12 月
汤山街道汤山社区	市级特色田园乡村	市特色田园乡村建设工作联席会议办	2024 年 1 月
淳化街道	2023 年度人民网网上群众工作实干担当单位	人民网	11 月
淳化街道	全市实施乡村振兴战略涉农区街镇高质量发展奖	市委、市政府	2 月
淳化街道团工委	省五四红旗团委（团工委）	团省委	4 月
子枫家庭农场	2023 年江苏“百佳家庭农场”	省农业农村厅、团省委、省妇联	9 月
淳化街道老年大学	省优质老年学校	省老年大学协会	12 月
智田机械有限公司	和谐劳动关系示范企业	市协调劳动关系三方委员会	2023 年
绿野建筑机械制造有限公司	和谐劳动关系示范企业	市协调劳动关系三方委员会	2023 年
哈斯工贸实业有限公司	和谐劳动关系示范企业	市协调劳动关系三方委员会	2023 年
江宁街道水务站(江宁河灌区）	国家级节水型灌区	水利部办公厅	2 月
江宁街道上湖村	全国示范性老年友好型社区	国家卫健委老龄司	1 月
江宁街道牌坊村茶乡书房	优秀公共文化空间案例（基层文化空间）	文旅部公共服务司、市文旅局	1 月
江宁街道牌坊村	中国气候好产品	中国气象服务协会	10 月
江宁街道牌坊村	2022 年度省生态宜居美丽乡村示范村	省委农村工作领导小组	4 月
江宁街道朱门社区	江苏省特色田园乡村	省农村住房条件改善和特色田园乡村建设工作联席会议	12 月
江宁街道新洲村	2023 年“爱心暑托班”省域突出单位优秀示范点	省希望工程办公室、省青少年发展基金会	10 月

续表 33

单位名称	荣誉称号	命名单位	命名时间
江宁街道	省健康街道	省爱卫委办、健康江苏建设领导小组办	12 月
江宁街道牌坊村	江苏省传统村落	省住建厅	4 月
江宁街道牌坊村	2023 年度省放心消费创建示范区域	省放心消费创建活动办、省市场监管局、省文旅厅	12 月
江宁街道江宁社区哑叭山	2022 年度市级美丽乡村宜居村	市美丽乡村建设工作领导小组办	4 月
江宁街道上湖村	2022 年度市级美丽乡村宜居村	市美丽乡村建设工作领导小组办	4 月
江宁街道庙庄村高桥	2022 年度市级美丽乡村宜居村	市美丽乡村建设工作领导小组办	4 月
江宁街道道清修村西水桥	2022 年度市级美丽乡村宜居村	市美丽乡村建设工作领导小组办	4 月
江宁街道牌坊村陶家	2022 年度市级美丽乡村宜居村	市美丽乡村建设工作领导小组办	4 月
江宁街道朱门社区后阳	2022 年度市级美丽乡村宜居村	市美丽乡村建设工作领导小组办	4 月
江宁街道大庙村和尚岘	2022 年度市级美丽乡村宜居村	市美丽乡村建设工作领导小组办	4 月
江宁街道荷花社区青年	2022 年度市级美丽乡村宜居村	市美丽乡村建设工作领导小组办	4 月
江宁街道陆郎社区石门李	2022 年度市级美丽乡村宜居村	市美丽乡村建设工作领导小组办	4 月
江宁街道河西社区下溪庙	2022 年度市级美丽乡村宜居村	市美丽乡村建设工作领导小组办	4 月
江宁街道西宁村张家庄	2022 年度市级美丽乡村宜居村	市美丽乡村建设工作领导小组办	4 月
江宁街道天然村柏水塘	2022 年度市级美丽乡村宜居村	市美丽乡村建设工作领导小组办	4 月
江宁街道南山湖社区查家	2022 年度市级美丽乡村宜居村	市美丽乡村建设工作领导小组办	4 月
江宁街道牧龙社区	2023 年度市水美乡村	市水务局	11 月
江宁街道牧龙社区	2023 年市社区托育点	市卫健委	11 月
江宁街道牧龙社区塔下村	2023 年度市水美乡村	市水务局	11 月
江宁街道新铜社区	市村（社区）人民调解委员会规范化建设先进单位	市司法局	3 月
江宁街道新铜社区	2022 年度全市农村产权交易监测评价成效显著单位	市农业农村局	12 月
江宁街道	2023 年度全市街道（镇）社会工作服务站示范点创建评估为第一等次	市民政局	12 月

续表 33

单位名称	荣誉称号	命名单位	命名时间
江宁街道	2022 年市扛起“争当表率、争做示范、走在前列”三大光荣使命先进集体	市委、市政府	2023 年
江宁街道	关 2023 年度市公共文化服务先进集体	市文旅局	12 月
江宁街道盛江社区	2022 年度市健康社区	市健康南京建设领导小组办	3 月
江宁街道盛江社区	2022 年度市健康步道	市健康南京建设领导小组办	3 月
江宁街道牌坊村	2022 年度市放心消费示范区域	市放心消费工作领导小组办	2 月
江宁街道牌坊村	市儿童友好社区	市妇儿工委办、市发改委	10 月
茅亭路户外劳动者服务站点	最美工会户外劳动者服务站点	中华全国总工会	2022 年 11 月
禄口街道社工站	2022 年全省党建引领社会工作服务示范点	省民政厅	1 月
禄口街道总工会	省模范职工之家	省总工会	3 月
禄口街道桑园村	省生态宜居美丽示范村	省委农村工作领导小组	4 月
禄口街道劳动人事争议调解中心	省 2023 年“金牌劳动人事争议调解组织”	省人社厅	9 月
禄口街道石埝村水荆墅	江苏省特色田园乡村	省农村住房条件改善和特色田园乡村建设工作联席会议	12 月
禄口街道老年大学	省优质老年学校	省老年大学协会	12 月
禄口街道上穆社区老年学校	省优质老年学校	省老年大学协会	12 月
禄口街道办事处	2022 年市公共机构节能先进单位	市公共机构节能领导小组	2 月
禄口街道秦村村 5 号网格	2023 年度市示范网格	市委政法委	12 月
禄口街道山塘社区	2022 年度市健康社区	市健康南京建设领导小组办	3 月
江宁开发区	全国首批碳达峰试点园区	国家发展改革委	12 月
未来科技城	省级现代服务业高质量发展集聚示范区	省发展改革委	1 月
未来科技城（南京未来网络小镇）	省级特色小镇	省发展改革委	1 月
江宁开发区现代置业服务有限公司	省总工会“职工书屋示范点”	省总工会	12 月
江宁开发区	基层侨联组织建设示范单位	市侨联	1 月
江宁开发区城管局	2022 年度优秀单位	市城管局	2 月

续表 33

单位名称	荣誉称号	命名单位	命名时间
江宁开发区行政审批局	2022 年度市巾帼文明岗	市妇联	2 月
江宁开发区经发局	2022 年市扛起“争当表率、争做示范、走在前列”三大光荣使命先进集体	市委、市政府	3 月
百家湖商圈党群服务中心	市 2022 年度“最暖党群服务中心”	市委组织部	3 月
江宁开发区城管局	2022 年度标准化工作优秀集体	市城治委	3 月
区纪委监委	全国纪检监察系统报网宣传工作先进工作单位	中央纪委国家监委新闻传播中心	11 月
区纪委监委	市生活垃圾分类优质单位	市垃圾分类工作领导小组办公室	12 月
谷里街道	2023 年度南京市公共文化服务先进集体	市文旅局	12 月
谷里街道柏树村	省优质老年学校	省老年大学协会	12 月
谷里街道柏树村	市“五好”关工委	市关工委	10 月
谷里街道柏树村	市级生态宜居美丽乡村	市农村人居环境整治提升推进工作领导小组办	4 月
谷里街道公塘社区	江苏省特色田园乡村	省农村住房条件改善和特色田园乡村建设工作联席会议	7 月
谷里街道双塘村	市“最暖党群服务中心”	市委组织部	3 月
谷里街道双塘村	“五好”社区关工委	市关工委	1 月
谷里街道亲见村	全国乡村治理示范村	农村合作经济指导司	11 月
谷里街道箭塘社区	先进农村政治科技学校	市关工委、市农业农村系统关心工委	12 月
生命科技小镇	江苏省级特色小镇	省发改委	1 月
江宁高新区管委会	2022 年度市公共机构节能低碳示范单位	市公共机构节能领导小组	2 月
江宁高新区科协	2022 年度企事业（园区）科协工作先进集体	市科协	2 月
科学园公司重大产业项目推进办公室	2022 年市扛起“争当表率、争做示范、走在前列”三大光荣使命先进集体（经济发展类）	市委	3 月
生命科技小镇服务业集聚区	2022 年现代服务业集聚区年度评估十佳先进单位	市发改委	5 月
高新区劳动人事争议调解中心	2023 年度市金牌劳动人事争议调解组织	市人社局、市总工会、市企业联合会 / 企业家协会、市工商联	10 月
滨江开发区	省绿色工业园区	省工信厅	12 月

续表 33

单位名称	荣誉称号	命名单位	命名时间
新济洲管理中心	2023 年省“全国科普日”优秀活动单位	省科协	2024 年 1 月
滨江科技创业园	2022 年度江苏省科技企业孵化器绩效评价 A 类	省科技厅	10 月
滨江开发区	2022 年度无偿献血先进单位	省献血办	1 月
爱尔集新能源电池（南京）有限公司	省模范职工之家	省总工会	3 月
区城市管理综合行政执法大队 26 号岗	2022 年度城市管理行政执法信息化指挥调度管控优秀市管岗	市城市管理综合行政执法总队	2 月
滨江开发区科技人才组	市三八红旗集体	市妇联	7 月
红森林食品公司	市先进女职工集体	市总工会	3 月
湖熟街道和平村	省健康村	省爱委办、健康江苏建设领导小组办公室	12 月
湖熟街道和平村钱家渡	省放心消费创建示范区域	省放心消费创建活动办、省市场监管局	1 月
湖熟街道和平村	市 2022 年度乡村“复兴少年宫”建设典型案例	市文明委办	2 月
湖熟街道东阳社区	市健康社区	市健康南京建设领导小组办	3 月
湖熟街道湖熟社区	市健康社区	市健康南京建设领导小组办	3 月
湖熟街道河北社区	省优质老年大学	省老年大学协会	12 月
湖熟街道河北社区	优秀科技志愿服务点	市科协	9 月
湖熟街道河南社区平安志愿者工作站	最佳平安志愿服务组织	市委政法委、市平安志愿者联合会	1 月
湖熟街道尚桥社区	市村（社区）人民调解委员会规范化建设先进单位	市司法局	3 月
湖熟街道耀华社区	省健康社区	省爱卫委、健康江苏建设领导小组办	12 月
湖熟街道耀华社区	市级公共服务运行维护先进村	市城管局、市财政局	12 月
湖熟街道耀华社区	市级宜居村	市农业农村局	2024 年 1 月
湖熟街道新农社区	省老年友好社区	省老龄委办公室	12 月
湖熟街道新农社区知味书斋	五星级示范农家书屋	省新闻出版局	3 月
湖熟街道杨柳湖社区平安志愿者工作站	最佳平安志愿服务组织	市委政法委、市平安志愿者联合会	2023 年
横溪街道办事处	2022 年无偿献血先进集体	市无偿献血办	6 月

续表 33

单位名称	荣誉称号	命名单位	命名时间
横溪街道官长村	2021—2022 年度五星级示范农家书屋	省新闻出版局	3 月
横溪街道官长村	市第一批社区治理现代化创新实验点	市民政局	10 月
横溪街道官长村	2023 年度市农村公共服务运行维护先进村	市城管局、市财政局	12 月
横溪街道甘西社区	2022 年度市健康社区	市健康南京建设领导小组办	3 月
横溪街道甘西社区	2022 年度市既有建筑安全隐患排查整治工作先进集体	市既有建筑安全隐患排查整治工作领导小组办	4 月
横溪街道安民村	2023 年省健康村	省爱国卫生运动委员会办	12 月
横溪街道西岗社区	省美丽家园省级示范点	省妇联、省妇女“双学双比”竞赛活动领导小组	10 月
横溪街道山景村	2023 年度市“示范网格”	市创新网格化社会治理机制工作领导小组	11 月
横溪街道勇跃村	2023 年度市农村公共服务运行维护工作先进村	市城管局、市财政局	12 月
横溪街道官长村	2023 年度市农村公共服务运行维护工作先进村	市城管局、市财政局	12 月
横溪街道勇跃村	2023 年度市农村公共服务运行维护工作先进村	市城管局、市财政局	12 月
横溪街道甘泉湖社区	2023 年度市农村公共服务运行维护工作先进村	市城管局、市财政局	12 月
横溪街道云台村	2023 年度市农村公共服务运行维护工作先进村	市城管局、市财政局	12 月
横溪街道新杭社区	2023 年度市农村公共服务运行维护工作先进村	市城管局、市财政局	12 月
横溪街道西泉社区	2023 年度市农村公共服务运行维护工作先进村	市城管局、市财政局	12 月
区委宣传部	2022 年度全省网络舆情信息工作先进集体	省委网信办	1 月
区委宣传部	2022 年度省文化科技卫生“三下乡”先进集体	省委宣传部、省文明办、省教育厅等 18 家单位	5 月
区委宣传部	2022—2023 年度“学习强国”南京学习平台优秀通讯站	“学习强国”南京学习平台	11 月
区委宣传部	省宣传思想工作先进集体	省委宣传部、省人社厅	11 月
区委宣传部	2023 年省文艺志愿服务工作先进单位和先进个人	省文联	11 月
区委宣传部	2023 年度《南京日报》发行工作特别贡献奖	南京报业传媒集团	11 月
区委政法委	2022 年市扛起“争当表率、争做示范、走在前列”三大光荣使命先进集体	市委、市政府	2023 年
区检察院	先进检察院	市检察院	2 月

续表 33

单位名称	荣誉称号	命名单位	命名时间
区检察院	全市检察宣传工作先进集体	市检察院	4月
区检察院第二检察部	市三八红旗集体	市妇联	7月
开发区法院	先进集体	省人社厅、省高级人民法院	5月
开发区法院	立案信访工作先进集体	省高级人民法院	1月
开发区法院	优秀法院	市中级人民法院	2月
区交运局	2022年无偿献血先进单位	省献血办	1月
区交运局	2022年度市国防交通战备工作先进单位	市国防交通战备办	1月
区交运综合行政执法大队	全省深化货车司机群体党建试点工作先进集体	省交通运输行业委员会	1月
区交运局	2022年度南京交通“12345”政务热线办理工作贡献奖	市交运局	2月
区交运局	2022年度全市交通运输安全生产优秀单位	市交运局	3月
区交运局	2022年市扛起“争当表率、真做示范、走在前列”三大光荣使命先进集体	市委、市政府	3月
区交运局	2022年市“四好农村路”综合工作突出集体	市交运局	3月
区交运局	全省交通运输行业先进基层党组织	中共省交通运输行业委员会	8月
江宁区	2022年度全省城乡交通运输一体化发展水平评估结果AAAAA	省交通运输厅	9月
区交运综合行政执法大队	2022年度全省标准化交通综合执法站点	省交运综合行政执法监督局	1月
区交运综合行政执法大队	2022年度市水上搜救先进单位	市水上搜救中心	1月
区交运综合行政执法大队	2022年度全市交通运输综合行政执法领域优胜单位	市交运综合行政执法监督局	2月
区交运综合行政执法大队	2023年度全市春运工作先进集体	市春节运输暨节假日运输工作领导小组办	3月
区交运综合行政执法大队	2022年度普通公路执法优胜单位	市交通运输综合行政执法监督局	3月
区交运综合行政执法大队党总支	2023年全市交通运输综合行政执法领域先进基层党总支	市交通运输综合行政执法监督局	6月
区档案馆	全省档案宣传工作先进单位	省档案局、省档案馆	8月
区级机关工委	2022年度无偿献血先进单位	省献血办	1月
区级机关工委	2022年度机关党建信息工作优秀组织单位	省级机关工作委员会（办公室）	1月

续表 33

单位名称	荣誉称号	命名单位	命名时间
区级机关工委	2022 年度《南京新风》杂志（网站）宣传报道工作先进单位	市级机关工委	2 月
区级机关工委	2022 年度市优秀青年志愿服务集体	市志愿者协会	3 月
区级机关工委	2022 年度市健康机关	市健康南京建设领导小组办	4 月
农副物流中心	2023 年新建全国工会职工书屋示范点	中华全国总工会宣教部	12 月
江宁交建集团	省厂务公开民主管理示范单位	省厂务公开协调小组	2 月
江宁科学园小学	省厂务公开民主管理先进单位	省厂务公开协调小组	2 月
白象食品有限公司	省厂务公开民主管理先进单位	省厂务公开协调小组	2 月
法雷奥汽车自动传动系统（南京）公司	省厂务公开民主管理先进单位	省厂务公开协调小组	2 月
爱尔集新能源科技（南京）公司工会	省模范职工之家	省总工会	3 月
江宁科学园小学工会	省模范职工之家	省总工会	3 月
牛首山文化旅游区工会联合会	省模范职工之家	省总工会	3 月
舍弗勒（南京）公司工会	省模范职工之家	省总工会	3 月
禄口街道总工会	省模范职工之家	省总工会	3 月
长安马自达汽车公司制造部冲压车间工会	省模范职工小家	省总工会	3 月
众彩批发市场公司果品市场登录检测部	省工人先锋号	省总工会	4 月
小厨娘餐饮管理公司创始店	省工人先锋号	省总工会	4 月
凯通基础工程公司工程管理中心	省工人先锋号	省总工会	4 月
领行科技股份公司工会	2023 年度工作成效明显的新就业形态劳动者工会	省总工会	11 月
开发区现代置业服务有限公司	2023 年省总工会职工书屋示范点	省总工会、全民阅读办	12 月
江宁供电分公司工会委员会	2023 年省总工会职工书屋示范点	省总工会、全民阅读办	12 月
农副物流中心	2023 年省总工会书香企业	省总工会、全民阅读办	12 月
淳化街道土桥社区卫生服务中心护理组	市五一巾帼标兵岗	市总工会	3 月

续表 33

单位名称	荣誉称号	命名单位	命名时间
江宁公安分局特巡警大队女子巡防中队	市五一巾帼标兵岗	市总工会	3月
红森林食品公司应急响应中心	市五一巾帼标兵岗	市总工会	3月
格力电器（南京）公司控制器品管科显遥组	市五一巾帼标兵岗	市总工会	3月
江宁公交集团	市五一劳动奖状	市总工会	11月
泉峰科技公司	市五一劳动奖状	市总工会	11月
横溪文化旅游发展公司项目市场部	市工人先锋号	市总工会	11月
南港动力设备安装公司工程部	市工人先锋号	市总工会	11月
中圣科技（江苏）股份有限公司卓越匠心团	市工人先锋号	市总工会	11月
区民政局养老服务科	市工人先锋号	市总工会	11月
江宁医院医学影像科CT室	市工人先锋号	市总工会	11月
紫金山实验室智能网联汽车广义鲁棒控制团队	市工人先锋号	市总工会	11月
区应急管理局	2023年度全省防灾减灾工作先进单位	省地震局	12月
区应急管理综合行政执法大队	2023年度全省应急管理综合行政执法工作先进集体	省应急管理厅	2024年1月
开发区税务局	市优秀职工阅读组织	省总工会、省全民阅读办	6月
开发区税务局纳税服务科	争做“税务巾帼文明岗”和争当“税务巾帼建功标兵”活动突出集体	省税务局	11月
开发区税务局	省优秀职工读书组织	国家机关事务管理局、中共中央直属机关事务管理局、国家发展改革委、财政部	12月
开发区税务局	全省税务系统县级税务局政治机关建设示范单位	中共省税务局委员会	12月
区城建局	2022年度市城市精细化建设管理先进集体	市城市精细化建设管理推进办	3月
区城建局	2022年度既有建筑安全隐患整治工作先进集体	市住房保障和房产局	4月
区城建局	2022年度自建房安全专项整治先进集体	市住房保障和房产局	4月

续表 33

单位名称	荣誉称号	命名单位	命名时间
区城建局	2022 年度城市道路精细化专项维护管理二等奖	市交运局	3 月
区财政局	2022 年政府采购重点帮促地区农副产品表扬单位	市财政局	1 月
区财政局	2022 年度预算绩效管理工作先进单位	市财政局	1 月
区财政局	2021—2022 年度政府采购百强区（市、县）突出贡献单位	政府采购信息报 政府采购信息网	2022 年 12 月
区财政局	2022 年度财政总决算优秀单位	市财政局	12 月
区财政局	2022 年度预算执行报表优秀单位	市财政局	12 月
区司法局	全国组织宣传人民调解工作先进集体	中华全国人民调解员协会	1 月
区司法局	全省“法律明白人”培育工作成绩突出集体	省司法厅	1 月
东山司法所	全省司法所分类建设表现突出单位	省司法厅	1 月
江宁工作站	2022 年省级贯标示范点优秀等次	省戒毒管理局	1 月
区司法局	2022 年度全省高质量发展先进局	省司法厅	2 月
东山街道人民调解委员会驻东山派出所人民调解室	全省公调对接工作成绩突出单位	省司法厅、省公安厅	2 月
区法律援助中心	全省“法援惠民生”成绩突出单位	省司法厅	4 月
区司法局社区矫正管理局	全省社区矫正和安置帮教工作成绩突出单位	省司法厅	11 月
区司法局零工市场法律援助工作站	首批“法援惠民生”服务品牌	省司法厅	12 月
区司法局	2022 年度全市行政执法案卷评查先进单位	市全面推进依法行政工作领导小组办	1 月
江宁区	2022 年后续照管考评优秀	市司法局	1 月
区司法局	2022 年度司法行政工作绩效评价综合排名第一	市司法局	2 月
区法律援助中心	全市知识产权考核第一	市司法局、市知识产权局	4 月
区司法局社区矫正局	2022 年度市巾帼文明岗	市妇联、市城镇妇女巾帼建功活动领导小组	6 月
区司法局	市公调对接工作先进单位	市司法局、市公安局	7 月
上峰司法所	全市社区矫正和安置帮教工作成绩突出单位	市司法局	9 月

续表 33

单位名称	荣誉称号	命名单位	命名时间
土桥司法所	全市社区矫正和安置帮教工作成绩突出单位	市司法局	9月
湖熟司法所	全市社区矫正和安置帮教工作成绩突出单位	市司法局	9月
丹阳司法所	全市社区矫正和安置帮教工作成绩突出单位	市司法局	9月
汤山司法所	2023年度南京市五星级司法所	市司法局	12月
江宁司法所	2023年度南京市五星级司法所	市司法局	12月
谷里司法所	2023年度南京市五星级司法所	市司法局	12月
百家湖司法所	2023年度南京市四星级司法所	市司法局	12月
周岗司法所	2023年度南京市四星级司法所	市司法局	12月
开发区检察院	智慧检察工作先进单位	市检察院	2月
区退役军人事务局	全省退役军人就业创业工作先进单位	省退役军人事务厅	9月
区审计局	2022年度全省审计通联工作先进单位	省审计厅	3月
区审计局	2023年度全省审计通联宣传工作先进单位	省审计厅	11月
区审计局	2022年度全市审计机关信息宣传工作先进单位	市审计局	2月
区审计局团支部	2022年度市五四红旗团（总）支部	团市委	5月
区人社局	全国法治人社建设优秀单位	人社部	3月
区人社局	全省人力资源和社会保障系统2023年重点工作成效明显集体	省人社厅	2024年1月
江宁规划资源局行政审批科	二星级全国青年文明号	团中央	2023年
区税务局	2023年度省公共机构节能低碳示范单位	省机关事务管理局	12月
区税务局第一税务所（办税服务厅）	省税务系统示范党支部	省税务局党的建设工作领导小组	2月
区税务局党委纪检组	市巾帼文明岗	市妇联、市城镇妇女“巾帼建功”活动领导小组	2月
区统计局	县级统计基层基础规范化建设成绩显著单位	省统计局	1月
区统计局	2022年度改革创新工作先进单位	市统计局	2月
区统计局	统计分析工作先进集体	市统计局	2月

续表 33

单位名称	荣誉称号	命名单位	命名时间
区市场监管局	2022 年度市市场监管系统新闻宣传先进集体	市市场监管局	3 月
区市场监管局	2022 年度药品医疗器械化妆品监督抽检工作先进单位	市市场监管局	1 月
区市场监管局	2022 年全市市场监管系统工作优秀单位	市市场监管局	2 月
区市场监管局	2022 年市扛起“争当表率、争做示范、走在前列”三大光荣使命先进集体	市委、市政府	3 月
区市场监管局	2022 年市市场监管系统新闻宣传先进集体	市市场监管局	3 月
区市场监管局	2022 年度特种设备安全管理先进单位	市特种设备安全工作领导小组办	4 月
区城管局	2023 年度城市道路维护管理工作综合评比获奖单位	市交运局	2024 年 2 月
区城市综合养护发展中心	2023 年城市道路优质示范路创建一等奖	市交运局	2024 年 2 月
区城市综合养护发展中心	2023 年城市道路平整度整治专项三等奖	市交运局	2024 年 2 月
区城市综合养护发展中心	市第四届城市道路管养十佳示范路（文靖路）	市交运局	2024 年 2 月
区渣土联合整治管理办	南京市 2023 年度渣土管理“先进单位”	市渣土联合整治管理办	2024 年 1 月
区文旅局	2022 年度全省境外卫星电视传播秩序专项整治工作成绩突出单位	省广播电视局	2 月
区文旅局	2023 年度全省体育彩票工作先进单位	省体育局	2024 年 1 月
区图书馆	2021—2023 年度南京图书馆学会先进会员单位	南京图书馆学会	10 月
区图书馆	国家一级图书馆	文化和旅游部	11 月
区图书馆	“致敬经典，滋养童年”少儿诵读大赛优秀组织奖	市文旅局	12 月
区文化馆	市三八红旗集体	市妇联	7 月
区文化馆	第二届市公共文化“星辰奖”优秀组织奖	市文旅局	12 月
区文旅局	2023 年度内部安全保卫工作先进集体	市公安局	2024 年 1 月
青少年业余体校	第二十届省运会南京市体育代表团 15 个项目组事业单位集体记功奖励	市人社局	1 月
区文旅局	2022 年市扛起“争当表率、争做示范、走在前列”三大光荣使命先进集体	市委、市政府	3 月
喜来乐艺术团	2022—2023 年度市五星级群众文艺团队	市文旅局	11 月
市爱乐者民族乐团	2022—2023 年度市五星级群众文艺团队	市文旅局	11 月

续表 33

单位名称	荣誉称号	命名单位	命名时间
区京剧票友会	2022—2023 年度市五星级群众文艺团队	市文旅局	11 月
区喜凤艺术团	2022—2023 年度市五星级群众文艺团队	市文旅局	11 月
区文旅局	省文化和旅游产业融合发展示范区建设单位	省文旅厅、省自然资源厅、省住建厅	12 月
区深入打好污染防治攻坚战指挥部办公室	2023 年度省深入打好治污攻坚战宣传工作先进集体	省深入打好污染防治攻坚战指挥部办公室	12 月
区民政局	2023 年全省社会救助领域创新实践试点单位	省民政厅	5 月
区社会组织创新发展中心	2023 年度全省社会组织党建工作示范点	省民政厅	10 月
区福利彩票发行中心	2022 年度全省福利彩票销售十强区	省福利彩票发行中心	4 月
区民政局养老服务科	2023 年市工人先锋号	市总工会	11 月
区婚姻登记服务中心	市三八红旗集体	市妇联	7 月
团区委	全国五四红旗团委	团中央	4 月
团区委	全国大学生“返家乡”社会实践活动表扬单位	团中央	5 月
团区委	2022 年西部计划绩效考核优秀等次服务县项目办	全国大学生志愿服务西部计划项目管理办	9 月
团区委	第十四届中国青年志愿者优秀组织奖	团中央	12 月
团区委	2022 年度全省共青团工作先进单位	团省委	3 月
团区委	2022 年度全省青年之家项目展评活动优秀项目	团省委	6 月
团区委	2022 年度江苏大学生志愿服务乡村振兴计划优秀项目办	江苏大学生志愿服务乡村振兴计划省项目管理办	7 月
团区委	2023 年度全省团属报刊宣传工作先进单位	团省委	9 月
团区委	2023 年“我为高质量发展献一计”科学建议征集评选活动优秀组织单位	团市委、市少工委	6 月
江宁区	省义务教育优质均衡发展区（县）	省教育厅	7 月
区教育局	共建教育现代化先行区实践基地	省教科院	12 月
区教育局	2022 年三大光荣使命先进集体	市委、市政府	3 月
区教育局	2022 年市学校国防教育系列优秀组织奖	市教育局	2 月

续表 33

单位名称	荣誉称号	命名单位	命名时间
区教育局	市 2022 年度学校安全工作优秀单位	市教育局	2 月
区教育局	市中小学生劳动技能竞赛优秀组织奖	市教育局	12 月
区教育局	2022 年度全市内保系统集体三等功	市公安局	1 月
区教育局	南京市教育督导工作先进集体	市政府教育督导室	2 月
区卫健委	2022 年度江宁区无偿献血先进单位	省献血办	1 月
区卫健委	省爱国卫生运动 70 周年表现突出集体	省爱卫委	3 月
区卫健委	2022 年市扛起“争当表率、争做示范、走在前列”三大光荣使命先进集体	市委、市政府	3 月
区卫健委	2022 年度加强基层医疗卫生服务体系建设和基层卫生人才队伍建设等工作（江宁区第一名）	市政府办公厅	6 月
区卫健委	“南京宁惠保”三期宣传推广工作先进集体	市医疗保障局	3 月
区卫健委	2021—2023 年全国生育友好工作先进单位	国家卫健委	2024 年 2 月
区中医院	2022 年度 DRG 支付方式改革先进单位	市医疗保障局	3 月
区中医院	2022 年度 DRG 支付方式改革费用控制优秀单位	市医疗保障局	3 月
区中医院	2022 年度医保考核先进单位	市医疗保障局	3 月
区中医院	2022 年度定点医药机构考核工作先进单位	市医疗保障局	3 月
区中医院	2022 年度市巾帼文明岗	市妇联	2 月
区中医院	2023 年市院前医疗急救先进分站	市急救中心	2024 年 1 月
区中医院	2022 年度 DRG 支付方式改革先进单位	市医疗保障局	3 月
区中医院	2022 年度 DRG 支付方式改革费用控制优秀单位	市医疗保障局	3 月
区中医院	2022 年度医保考核先进单位	市医疗保障局	3 月
区中医院	2022 年度定点医药机构考核工作先进单位	市医疗保障局	3 月
区中医院	2022 年度市巾帼文明岗	市妇联	2 月
区中医院	2023 年市院前医疗急救先进分站	市急救中心	2024 年 1 月
区第二人民医院	2022 年度全市卫生健康系统患者满意度先进单位	市卫健委	7 月

续表 33

单位名称	荣誉称号	命名单位	命名时间
区第二人民医院	2022 年度定点医疗机构医保考核先进单位	市医疗保障局	3 月
区第二人民医院	2022 年度单位内部安全保卫工作先进集体	市公安局	1 月
区疾控中心	2023 年市现场流行病学调查职业技能竞赛现场流行病学调查先进单位	市卫健委、市级机关工委、市总工会	12 月
区疾控中心	血吸虫病监测工作先进集体	省血吸虫病防治研究所	12 月
区疾控中心	2013—2023 年市学校卫生工作突出贡献先进集体	市疾控中心	12 月
区妇幼保健计划生育服务中心	落实女职工生殖健康和“两癌”筛查“三年行动”优秀组织单位	省总工会女职工委员会办公室	6 月
区妇幼保健计划生育服务中心	江苏省文明示范单位	省广电总台	6 月
东山街道上坊社区卫生服务中心	南京市安宁疗护服务良好单位	市卫健委	3 月
东山街道上坊社区卫生服务中心	老年友善医疗机构优秀单位	省卫健委	3 月
汤山街道社区卫生服务中心汤山社区家庭医生工作室	2022 年度星级家庭医生工作室	省卫健委办公室	1 月
淳化街道土桥社区卫生服务中心	市五一巾帼标兵岗	市总工会办公室	2024 年 2 月
淳化街道土桥社区卫生服务中心	市优秀家庭医生团队	市卫健委办公室	3 月
江宁街道社区卫生服务中心	市优秀家庭医生团队	市卫健委办公室	3 月
江宁国资集团爱心驿站	2023 年全省“最美工会户外劳动者服务站点”	省总工会	3 月
江宁城建集团“城心城益”志愿服务队	2022 年南京市优秀职工志愿服务组织	市总工会	9 月
水务集团安全生产监督管理部	内部安全保卫工作先进集体	市公安局	1 月
水务集团湖山路工会户外劳动者服务站点	2022 年省“最美工会户外劳动者服务”站点	省总工会	3 月
水务集团梅龙湖路工会户外劳动者服务站点	2022 年省“最美工会户外劳动者服务”站点	省总工会	3 月
水务集团水—PARK 科技馆	2023 年“全国科普日——江苏省环保科研院和环保设施联合开放活动”优秀组织单位	省环境科学学会	9 月
水务集团湖山路工会户外劳动者服务站点	2023 年国家级“最美工会户外劳动者服务”站点	中华全国总工会办公厅	12 月

续表33

单位名称	荣誉称号	命名单位	命名时间
水务集团水—PARK科技馆	2022年度少先队校外实践教育基地	少先队市工作委员会	12月
华润燃气公司	市特种设备安全管理先进单位	市特种设备安全工作领导小组	4月
华润燃气公司	2022年省“最美工会户外劳动者服务”站点	省总工会	11月
华润燃气公司	市和谐企业	市人社局	11月
华润燃气公司	2023年度省住房和城乡建设系统“安康杯”竞赛先进集体	省住建系统	12月
交建集团	2022年度无偿献血先进单位	省献血办	1月
交建集团	省厂务公开民主管理示范单位	省厂务公开协调小组	2月
交建集团	2022年市扛起“争当表率、争做示范、走在前列”三大光荣使命先进集体	市委、市政府	3月
交建集团	2022年度市优秀青年志愿服务集体	市青年志愿者协会	1月
西部路桥集团	2022年度全市内保系统保卫组织先进集体	市公安局	1月
睿艺环境工程公司	2022年度全市内保系统保卫组织先进集体	市公安局	1月
区科协	2023年全国科技活动周暨江苏省第35届科普宣传周优秀单位	省科协	9月
区供销合作总社	2022年度全市供销合作社系统综合业绩评价优秀等次	市供销合作总社	1月
区供销合作总社	全省“二十强”县级供销合作社	省供销合作总社	3月
区红十字会	2020—2021年度无偿献血促进奖特别奖	国家卫健委、中国红十字总会、中央军委后勤保障部卫生局	2月
区红十字会	市红十字会工作优秀单位	市红十字会	4月
区红十字会	2023年度报刊宣传先进集体二等奖	中国红十字会总会	9月
矿坑公园—张唐景观	第12届罗莎·芭芭拉国际景观奖最高奖	十二届巴塞罗那国际景观双年展组委会	11月
汤山元博纪美学探索温泉酒店	第六届博鳌国际金汤奖“十佳小型奢华温泉”	博鳌国际金汤奖组委会	10月
汤山旅游度假区	避暑旅游目的地	中国气象局	3月
汤山旅游度假区	2023年江苏省体育消费场景典型案例	省体育局	10月
矿坑公园	省生态文明示范教育基地	省生态文明与促进会	8月

续表 33

单位名称	荣誉称号	命名单位	命名时间
汤山水世界	内部安全保卫工作先进集体	市公安局	1月
江沪集团新环机扫组	2023 年度省住房城乡建设系统城乡运行保障劳动竞赛先进班组	省住建厅、省总工会	12 月
公交集团	第二届全国城市公交行业职业技能竞赛大客车驾驶员决赛优秀组织单位	中国道路运输协会、中国海员建设工会全国委员会	3月
农副物流	省物流行业先进集体	省发展改革委	2月
农副物流	2022 年度省级示范物流园区 10 强	省发展改革委	2月
农副物流	省级生产性服务业集聚区	省发展改革委	2月
农副物流	省工人先锋号	省总工会	4月
农副物流	省五四红旗团委	团省委	5月
农副物流	2022 年度市菜篮子工程服务民生有功单位	市菜篮子工程促进会、市商业联合会	5月
农副物流	国家骨干冷链物流基地	国家发展改革委	6月
农副物流	2022 年度中国农产品供应链创效提质之星	全国城市农贸中心联合会	7月
农副物流	2021 年度全国农产品批发市场行业十强市场	全国城市农贸中心联合会	7月
农副物流	2021 年度农产品批发市场数字化应用先锋管理单位	全国城市农贸中心联合会	7月
农副物流	2021 年度农产品批发市场标准化应用优秀单位	全国城市农贸中心联合会	7月
农副物流	农业产业化国家重点龙头企业	农业农村部、国家发改委、商务部、中国人民银行、中国证券监督管理委员会、中华全国供销合作总社	9月
农副物流	2023 年度江苏省省级示范物流园区 10 强	省物流与供应链研究院、江苏省物流产业促进会	11 月
农副物流	2023 中国农产品批发市场行业食品安全保驾护航单位	全国城市农贸中心联合会	11 月
农副物流	2020—2023 年恪尽职守、勇于担当奖	全国城市农贸中心联合会	11 月
农副物流	2022 年度全国农产品批发市场行业十强市场	全国城市农贸中心联合会	11 月
农副物流	2022 年市扛起“争当表率、争做示范、走在前列”三大光荣使命先进集体	市委、市政府	2023 年
农副物流	2023 年度全市内保系统表彰名单先进集体	市公安局	2024 年 1 月

（综 合）

2023年江宁区地区生产总值统计表

表34

指　标	数值（亿元）	比上年增长（%）
地区生产总值	3056.19	4.50
一、按产业分	—	—
第一产业	74.90	1.20
第二产业	1657.93	4.30
第三产业	1323.36	4.80
二、按行业分	—	—
农业	82.13	1.80
工业	1413.45	4.60
建筑业	244.97	2.50
批发和零售业	216.75	7.90
交通运输、仓储和邮政业	83.37	11.60
住宿和餐饮业	43.46	8.80
金融业	108.02	12.60
房地产业	260.24	1.90
营利性服务业	311.42	4.50
非营利性服务业	292.38	0.70

说明：绝对值按现行价格计算，增长速度按可比价格计算

2023年江宁区固定资产投资统计表

表 35

指　标	计量单位	数值（亿元）	比上年增长（%）
全社会固定资产投资	亿元	847.91	−5.90
基础设施投资	亿元	75.79	−19.40
工业投资	亿元	276.66	23.70
其中：高新技术产业投资	亿元	197.82	22.50
其中：工业技术改造投资比重	%	32.55	−9.30
房地产开发投资	亿元	275.03	−17.50
按产业分：	—	—	—
第一产业	亿元	0.42	6.60
第二产业	亿元	277.94	24.30
第三产业	亿元	569.55	−15.90
商品房销售面积	万平方米	168.98	0.30
商品房销售额	亿元	337.35	−6.10

2023年江宁区社会消费品零售总额统计表

表 36

指　标	数值（亿元）	比上年增长（%）
社会消费品零售总额	1103.49	6.80
限额以上社会消费品零售总额	657.74	3.90

2023年江宁区限额以上批发零售单位按商品分类社会消费品零售额（前10类）统计表

表 37

商品类别	数值（亿元）	比上年增长（%）
汽车类	395.65	5.00
粮油、食品类	96.69	−0.50
日用品类	34.55	−0.60
服装、鞋帽、针纺织品类	28.72	13.80

续表 37

商品类别	数值（亿元）	比上年增长（%）
家用电器和音像器材类	20.60	−8.20
饮料类	14.23	35.90
中西药品类	8.95	−9.40
石油及制品类	6.37	2.10
化妆品类	5.45	−13.10
烟酒类	5.02	−36.40

2023年江宁区全体居民家庭人均可支配收入统计表

表 38

指 标	数值（元）	比上年增长（%）
全体居民人均可支配收入	65715	4.30
一、工资性收入	46010	4.30
二、经营净收入	6033	4.30
三、财产净收入	6039	2.50
四、转移净收入	7633	5.70

2023年江宁区全体居民家庭人均消费支出统计表

表 39

指 标	数值（元）	比上年增长（%）
全体居民人均消费支出	40378	7.80
食品烟酒	10495	7.20
衣着	2563	6.30
居住	9752	6.80
生活用品	2609	7.20
交通通信	5059	8.20
教育文化娱乐	6212	10.40
医疗保障	2329	9.00
其他用品和服务	1360	7.40

2023年江宁区农林牧渔业总产值统计表

表 40

指 标	数值（亿元）	比上年增长（%）
农林牧渔业总产值	127.79	0.60
农业产值	79.80	−0.50
林业产值	3.88	4.10
牧业产值	5.80	13.50
渔业产值	25.97	−1.60
农林牧渔服务专业及辅助性活动产值	12.35	7.00

2023年江宁区主要农产品产量统计表

表 41

产品名称	产量（吨）	比上年增长（%）
粮食	214046	−2.70
棉花	35	−31.90
油料	11729	2.30
油菜籽	8072	−22.50
花生	459	−26.30
蔬菜（含菜用瓜）	990069	−0.10
瓜果类	85626	−38.10
茶叶	370	−18.90
猪牛羊禽肉	8060	19.30
禽蛋	10782	19.70
水产品	28530	0.10

2023年江宁区对外经济主要指标统计表

表 42

指 标	计量单位	数值	比上年增长（%）
进出口总额	亿元	1335.60	-16.50
出口总额	亿元	860.90	-26.40
进口总额	亿元	474.70	10.50
实际使用外资及港澳台资	万美元	93417.00	-0.20
第二产业	万美元	28473.00	-11.40
第三产业	万美元	64944.00	5.60
合同利用外资及港澳台资	万美元	292175.00	138.90
亿元以上签约项目	个	522.00	17.30
新设立企业数	家	103.00	13.20

2023年江宁区分区域地区生产总值统计表

表 43

区 域	数值（亿元）	比上年增长（%）
全 区	3056.19	4.50
江宁开发区（含未来科技城）	1399.82	5.00
麒麟科创园（含麒麟街道）	107.70	5.20
江宁高新区	343.40	4.30
滨江开发区	161.67	4.60
东山街道	330.33	3.90
秣陵街道	187.81	7.10
汤山街道	51.92	4.30
淳化街道	90.83	4.40
禄口街道	128.34	10.90

续表 43

区　域	数值（亿元）	比上年增长（%）
江宁街道	50.08	4.50
谷里街道	42.43	3.70
湖熟街道	57.00	4.10
横溪街道	53.83	4.80

说明：绝对值按现行价格计算，增长速度按可比价格计算

2023年江宁区分区域规模以上工业企业总产值统计表

表 44

区　域	数值（亿元）	比上年增长（%）
全　区	4126.83	2.20
江宁开发区（含未来科技城）	2029.24	1.00
麒麟科创园（含麒麟街道）	32.45	−12.60
江宁高新区	583.60	3.20
滨江开发区	904.09	6.50
东山街道	137.51	−12.10
秣陵街道	131.95	8.80
汤山街道	48.09	1.60
淳化街道	42.92	2.50
禄口街道	64.10	6.50
江宁街道	42.62	2.20
谷里街道	44.27	−4.60
湖熟街道	45.85	5.90
横溪街道	20.13	10.90

2023年江宁区分区域固定资产投资统计表

表 45

指 标	全社会固定资产投资增幅（%）	工业投资增幅（%）
全 区	−5.90	23.70
江宁开发区（含未来科技城）	4.60	24.80
麒麟科创园（含麒麟街道）	10.60	68.10
江宁高新区	8.60	17.70
滨江开发区	0.60	47.30
东山街道	−8.00	21.90
秣陵街道	8.70	15.70
汤山街道	−29.80	13.70
淳化街道	8.80	39.70
禄口街道	−17.40	13.10
江宁街道	−23.50	12.80
谷里街道	−8.90	20.40
湖熟街道	−13.20	41.80
横溪街道	11.10	12.50

2023年江宁区分区域社会消费品零售总额统计表

表 46

区 域	数值（亿元）	比上年增长（%）
全 区	1103.49	6.80
江宁开发区（含未来科技城）	306.28	7.50
麒麟科创园（含麒麟街道）	87.92	4.90
江宁高新区	57.90	7.50
滨江开发区	9.00	8.60
东山街道	341.37	6.10
秣陵街道	87.57	7.60
汤山街道	46.82	7.80

续表 46

区 域	数值（亿元）	比上年增长（%）
淳化街道	44.69	8.10
禄口街道	37.43	8.50
江宁街道	19.97	6.10
谷里街道	20.17	4.90
湖熟街道	19.16	6.80
横溪街道	24.52	6.90
区本级	0.70	−5.60

2023年江宁区分区域一般公共预算收入统计表

表 47

区 域	数值（亿元）	比上年增长（%）
全 区	238.28	17.40
江宁开发区	102.10	21.30
江宁高新区	33.60	3.10
滨江开发区	17.71	9.30
麒麟科创园	6.69	−33.00
未来科技城	2.52	33.60
东山街道	18.42	23.80
秣陵街道	9.50	11.20
禄口街道	5.15	31.50
江宁街道	3.56	17.70
谷里街道	2.20	7.40
横溪街道	2.04	25.80
湖熟街道	5.97	155.20
淳化街道	4.79	12.00
汤山街道	3.88	—

2023年江宁区分区域实际使用外资及港澳台资统计表

表 48

区 域	数值（万美元）	比上年增长（%）
全 区	93417	−0.20
江宁开发区（含未来科技城）	57094	3.50
江宁高新区	17830	−28.80
滨江开发区	13229	127.20
麒麟科创园（含麒麟街道）	1454	−70.90
东山街道（含东山总部园）	450	−50.90
秣陵街道	672	12.00
汤山街道（含汤山旅游度假区）	300	−70.00
淳化街道	400	−19.70
禄口街道	601	0.20
江宁街道	400	—
谷里街道	401	0.20
湖熟街道	406	1.50
横溪街道（含台创园）	400	—

（区统计局）

组织机构及负责人名录

领导机关

中共南京市江宁区委员会

书　记　林　涛
副书记　黄成文（5月任）
　　　　洪礼来（5月免）
　　　　张思明
常　委　任　宁（女，9月任）
　　　　张　安
　　　　张玉力
　　　　林云飞
　　　　庞志贵
　　　　孙兆金
　　　　翟　朋（12月任）
　　　　曹　明（女，9月免）
　　　　张金星（12月免）
　　　　王爱军（6月免）

南京市江宁区人大常委会

主　任　赵洪斌
副主任　汪　洁（女）
　　　　姜　平（1月任）
　　　　李国忠
　　　　蒋时汉
党组书记
　　　　赵洪斌
党组副书记
　　　　焦　龙

南京市江宁区人民政府

区　长　黄成文（5月任）
　　　　洪礼来（5月免）
常务副区长
　　　　林云飞
副区长　王才权
　　　　邱益萍
　　　　梅中亚（6月任）
　　　　周　强
　　　　张道平
　　　　万振华
　　　　吴凌尧（挂职，12月任）
　　　　吉　添（女，12月任）
　　　　伏进进（女，12月免）
　　　　李　鹏（6月免）
党组书记
　　　　黄成文
党组副书记
　　　　林云飞
副区级干部
　　　　谢从军

政协南京市江宁区委员会

主　席　刘　玲（女）
副主席　吴德厚
　　　　姚燕玲（女）
　　　　白元龙（不驻会）
　　　　陈　兵（不驻会）
　　　　许　芸（女，不驻会）
党组书记
　　　　刘　玲（女）
党组副书记
　　　　吴德厚

中共南京市江宁区纪律检查委员会

书　记　张　安
副书记　聂秀美（女）
　　　　秦　挺
常　委　陈　宾
　　　　苏增贤
　　　　迟玉先
　　　　朱笑还（女）

南京市江宁区监察委员会

主　任　张　安
副主任　聂秀美（女）
　　　　秦　挺
委　员　迟玉先
　　　　朱笑还（女）
　　　　杨　春
　　　　姚叙峰

南京市江宁区人民法院

院　长　李传松

副院长　史朝霞
霍　翔
唐　琳（女，12月任）
马　虹（女，6月免）
政治部主任
梅海洋
审委会专职委员
吕润进
张启荣
执行局局长
汤战鹏
党组书记
李传松
党组副书记
史朝霞（12月任）
马　虹（女，6月免）

南京市江宁区人民检察院

检察长　胡彬华
副检察长
张咏梅（女）
朱从军
钱启玉（1月免）
政治部主任
乔　华（12月任）
金　霞（女，12月免）
检委会专职委员
金　霞（女，12月任）
陈　静（女）
党组书记
胡彬华

区属部门

区纪律检查委员会机关

办公室
主　任　何　凯
纪检监察干部管理监督室
主　任　王　娴（女）
宣传教育室
主　任　朱　喜
党风政风监督室
主　任　易　骏
信访室
主　任　徒银春
案件监督管理室
主　任　柏寿宝
案件审理室
主　任　翟元梅（女，12月任）
第一纪检监察室
主　任　吴　鹏
第四纪检监察室
主　任　叶元智
第六纪检监察室
主　任　夏　辉
第七纪检监察室
主　任　董长涛
派驻第一纪检监察组
组　长　金新峰
派驻第二纪检监察组
组　长　张德莹（女）
派驻第三纪检监察组
组　长　张雅丽（女）
派驻第四纪检监察组
组　长　顾爱妍（女）
派驻第五纪检监察组
组　长　徐建丽（女）
派驻第六纪检监察组
组　长　刘晓骥
派驻第七纪检监察组
组　长　张明洪
派驻第八纪检监察组
组　长　王　燕（女）
派驻第九纪检监察组
组　长　马　健
派驻第十纪检监察组
组　长　王　澄
派驻第十一纪检监察组

区委办（挂区委机要局、区国家保密局、区国家密码管理局、区档案局牌子）

主　任　刘　伟
副主任　虞新龙
俞立凯
朱玉红（女，兼）
区委国安办
副主任　姜金明
区委机要局（区国家保密局、区国家密码管理局）
副局长　吴文虎

区委组织部（挂区委“两新”工委、区委老干部局、区公务员局牌子）

部　长　任　宁（女，9月任）
曹　明（女，9月免）
常务副部长
古德武
副部长　李　俊
茆维荣
韩　荔（女）
区委“两新”工委
书　记　韩　荔（女）
区委老干部局
局　长　茆维荣
副局长　刘美莉（女）
区公务员局
局　长　李　俊
区委党建办
主任　韩　荔（女）
副主任　王　刚
区委考核办
副主任　洪　俊

区委宣传部【挂区文明办、区新闻出版局（区版权局）、区互联网信息办牌子】

部　长　张玉力
常务副部长
丁梦然（女）
副部长　李大宏
王　静（女）
袁才方
杜春泉（兼）
区文联
主　席　张玉力
副主席　赵　冬
张　军
熊伟佳
党组书记
赵　冬
区文明办
主　任　袁才方
区委网信办（区互联网信息办）
主　任　王　静（女）

区委统战部【挂区委台办（区政府台办）、区民宗局、区政府侨办牌子】

部　长　孙兆金
常务副部长
张　斌
副部长　张　钧

江良圣
邹　芒
谈　琳（女）

区工商联
主　席　白元龙（兼）
党组书记
张　钧
副主席　张　钧
房文钦（女）
汤其友

区委台办（区政府台办）
主　任　邹　芒
专职副主任
宋德华

区民宗局
局　长　江良圣
副局长　翁宏波

区政府侨办
主　任　谈　琳（女）

区委政法委员会
书　记　庞志贵
常务副书记
施德健
副书记　王　军
张宝卿
卞骁峰
孙　武

区防线办
主　任　王　军

区法学会
会　长　庞志贵
副会长　张宗学

区委研究室
主　任　龚　轲
副主任　王登俊
许　磊
唐　吉

区委编办（挂区事业单位登记管理局牌子）
主　任　杨　蓉（女）
副主任　顾　伟
李善勇
韩志超（女）

区委区级机关工委
书　记　夏巍巍
副书记　方广和
李志晖
杨若栋

区委巡察办
主　任　陈　宾
专职副主任
董立国（1月免）
副主任　周　玲（5月任）

区委巡察组
专职组长
朱振权
王　珏
鲁礼军
苏增贤
专职副组长
程志军
庞　明
程　琳（女）
陈金龙（9月任）
徐　明（9月免）

区人大常委会机关

办公室
主　任　袁　媛（女）
副主任　翟东林
林　琳（女）

研究室
主　任　王锴程

监察和司法委员会
主任委员
张旭忠
副主任委员
柳增林

社会建设委员会
主任委员
郑胜华（女）
副主任委员
徐明芬（女）

法制委员会
主任委员　经　伟
副主任委员
刘玉财

财政经济委员会
主任委员
刘晓斌
副主任委员
谢桂明
李晓琴（女）

预算工作委员会
主任委员
刘晓斌
副主任委员
胡恒兵

教育科学文化卫生委员会
主　任　张和平
副主任　陈建平
寿伟林

环境资源城乡建设委员会
主　任　孙　哲
副主任　马兆永
陈　华

民族宗教侨务台湾事务委员会
主　任　姚小荣（女）
副主任　陈　波

人事代表联络委员会
主　任　吴　坤
副主任　奚静静（女）
左　璐（女）

农业和农村工作委员会
主　任　尚征明
副主任　黄朝霞（女，12月任）
杨　斌
陶征斌（1月免）

区政协机关
秘书长　刘忠青
副秘书长
窦淑华（女，5月任）
曲　军

办公室
主　任　刘忠青

研究室
主　任　窦淑华（女，5月免）

提案委员会
主　任　朱建忠
副主任　戴文璟（女）

经济科技委员会
主　任　芮雪平
副主任　王振超

教卫文体（文史）委员会
主　任　刘铁梅（女）
副主任　王　敏

人口资源环境（城市建设）委员会
主　任　奚玉国

副主任　童身新
社会法制（民族宗教）委员会
主　任　王　钢（女）
副主任　周宗贵
委员工作委员会
主　任　朱安平
副主任　周家虎

区委党校（区行政学校）

校　长　张思明
常务副校长
　　杜春泉
副校长　徐先友
　　张永军
党总支书记
　　杜春泉
党总支副书记
　　邓路君（女）
区行政学校
校　长　林云飞
常务副校长
　　杜春泉（兼）
副校长　徐先友（兼）
　　张永军（兼）

区委党史办（区志办）

主　任　施爱兵
副主任　鲁　华（女）
　　叶乃俊

区档案馆

馆　长　朱玉红（女）
副馆长　谢伟春
　　陶　金
　　贺金鹏

区总工会

主　席　李国忠
常务副主席
　　张　蕾（女）
副主席　徐　静
　　业国强
　　陈　凤（女，12月任）
　　孙继红（女，12月免）
党组书记
　　李国忠
党组副书记
　　张　蕾（女）

团区委

书　记　匡　凯
副书记　陆　瑶（女）
　　卢　青（女）

区妇女联合会

主　席　夏　旸（女）
副主席　张　琦（女）
　　言　磊（女）
　　胡佳佳（女）
党组书记
　　夏　旸（女）

区科学技术协会

主　席　黄正勇
副主席　茅　昊（女）
　　徐　明（9月任）
　　章　明（9月任）
党组书记
　　黄正勇

区残疾人联合会

理事长　张　敏
副理事长
　　程永武
　　王宁宁（女）
党组书记
　　张　敏

区红十字会

常务副会长
　　吕　华（女）
副会长　蒋　华
　　经　祥
党组书记
　　吕　华（女）

区政府办（挂区政府研究室、区政府外事办、区机关事务管理局牌子）

主　任　吴孝江
副主任　盛文巍（兼）
　　任启龙
　　陈　鹏
　　易蓉蓉（女）
　　郑　光
　　张　剑
　　刘国美（5月免）
党组书记
　　吴孝江
区政府研究室
主　任　吴孝江
专职副主任
　　陈小洲

区发展和改革委员会（挂区粮食和物资储备局、区大数据管理局牌子）

主　任　王　诚
副主任　言明海
　　韩利红
　　谭开明
　　余花荣
党组书记
　　王　诚

区教育局

局　长　宋　翔（12月任）
　　周　强（12月免）
副局长　蒋开华
　　杨　圆
　　赵月蓉（女）
　　刘尹武（1月免）
区委教育工委
书　记　宋　翔（12月任）
　　周　强（12月免）
副书记　刘尹武（1月免）

区科学技术局

局　长　朱春明
副局长　董相超
　　王文娟（女）
党组副书记
　　董相超
区委创新办
专职副主任
　　陈　涛（5月免）
区生产力促进中心
主　任　潘慧莉（女）

区工业和信息化局

局　长　陈炳晖
副局长　蒋继平
　　季　芳（女）
　　丁　勇
党委书记
　　陈炳晖

区民政局

局　长　吴仁成
副局长　蒋存涛
　　佘小锐（1月任）
　　王津东（5月留置）

党委书记
吴仁成

区司法局

局　长　朱同福
副局长　苏克刚
郁　鹏
柳　莉（女）
党组书记
朱同福
区委法治办
专职副主任
赵　伟（女）

区财政局

局　长　李　宇（1月任）
祁　林（1月免）
副局长　郭孝谦
许龙春
杨发忠
周　勇
党组书记
李　宇（1月任）
祁　林（1月免）

区人力资源和社会保障局

局　长　董红霞（女）
副局长　张晓龙
谷　昊
周　静（女，5月免）
王先玲（1月免）
党组书记
董红霞（女）

区城乡建设局（挂区建筑工程局、区人防办牌子）

局　长　易　强
副局长　陆　伟
沈建贵
曹　扬
潘小平
严　斌（2月免）
党委书记
易　强

区住房保障和房产局

局　长　徐　静
副局长　汤福勇
赵　斌
项宗羽（1月免）
党组书记
徐　静

区交通运输局

局　长　张朋芳（女）
副局长　夏金华（女）
刘　群（12月任）
赵志凌
严　锦（女）
曹志勇（12月免）
党委书记
张朋芳（女）
党委副书记
夏金华（女）
区港航事业发展中心
主　任　高　辉
区公路事业发展中心
主　任　蒋　华
区交通运输综合执法大队
大队长　王锦鹏

区水务局

局　长　戴　忠
副局长　杨　华
孙继红（女，12月任）
梁　勇（12月免）
何　华（5月免）
陈　凤（女，12月免）
党组书记
戴　忠
党组副书记
何　华（5月免）

区城市管理局（挂区综合行政执法局牌子）

局　长　许　刚（1月任）
王　鸽（1月免）
副局长　张祥华
汤纯盛
赵伟勇
党委书记
许　刚（1月任）
王　鸽（1月免）
城市管理综合行政执法大队
大队长　丁　勇
政　委　韩志祥

区农业农村局（挂区乡村振兴局、区林业局牌子）

局　长　吕金明（12月任）
焦珍山（12月免）
副局长　纪小飞
李　海
周德龙
薛　琼（女）
党委书记
吕金明（12月任）
党委副书记
焦珍山（12月免）
区乡村振兴局
局　　长　吕金明（12月任）
区委农工办
主　　任　吕金明（12月任）
区林业局
局　　长　吕金明（12月任）
专职副局长
张生飞

区商务局（挂区投资促进局牌子）

局　长　张　洋（女）
副局长　许宏亮
谢　俊
史卫江
党委书记
张　洋（女）
区投资促进局
局　长　张　洋（女）
专职副局长
郭智峰

区文化和旅游局（挂区体育局、区广电局、区文物局牌子）

局　长　陈　敏（女）
副局长　赵　忠
张丽丽（女）
费　超
高　阳
许长生
晁如足
杜　军
党委书记
陈　敏（女）
区体育局
局　长　陈　敏（女）
区广电局
局　长　陈　敏（女）

区卫生健康委员会

主　任　伏进进（女）

副主任 孙 海
李民进
王德彪
蒋龙友
党委副书记
孙 海（5月任）

区退役军人事务局

局 长 朱长云（女）
副局长 何春生
张 勇
傅 强（1月任）
党组书记
朱长云（女）

区应急管理局

局 长 吴 腾（12月任）
钱晓斌（12月免）
副局长 戴 炜（女）
周心林
王耀邦
郑 涛（5月免）
党组书记
吴 腾（12月任）
钱晓斌（12月免）
区安委办
专职副主任
汪乃兵
区安全生产监察大队
大队长 汪海兵

区审计局

局 长 关 飞（7月任）
副局长 徐 志
王 斌
黄 涛
党组书记
关 飞（7月任）
陶 敏（6月免）
区委审委办
专职副主任
李圣尧

区国资办

主 任 杨大鸿
副主任 陈福明
马林瑞
吴骏昌
潘家强
党委书记
杨大鸿

区行政审批局（挂区政务办牌子）

局 长 张 燕（女）
副局长 邹伍锁
陈跃林
张文健
党组书记
张 燕（女）

区市场监督管理局（挂区知识产权局牌子）

局 长 汤卫宁
副局长 魏宏伟（女）
万善春
朱永林
张声国
党组书记
汤卫宁
区知识产权局
专职副局长
姜雪梅（女）

区统计局

局 长 许 芸（女）
副局长 王 垚
许 峰
许成明
王菊英（女）
党组书记
王 垚

区信访局

局 长 盛文巍
副局长 周 滢（女）
张星仲
信访督查专员
蒋 照（女）
党组书记
盛文巍

区地方金融监管局（挂区政府金融工作办公室牌子）

局 长 蔡雨清
副局长 余小海
戴国胜
张昭志
党组书记
蔡雨清

南京市公安局江宁分局

局 长 梅中亚（6月任）
李 鹏（6月免）
副局长 丁小强
樊广伟
徐道保
季 海
党委书记
梅中亚（6月任）
党委副书记
夏家荣
陈永安
政 委 夏家荣
副政委 陈永安
督察长 梅中亚（6月任）
政治处
主 任 朱 悦

区供销合作总社

理事会
主 任 孙 军
副主任 管荣贵
刘 青（女）
监事会
主 任 经 鸣（女）
党委书记
孙 军

开发园区

江宁经济技术开发区

党工委
书 记 林 涛
副书记 王爱军（6月任）
张会祺（6月免）
管委会
主 任 王爱军（6月任）
张会祺（6月免）
副主任 金业友
崔吉胜
刘 群
陈志海
丁长俊
易骏飞
汤小南
俞旭东（8月留置）

人大工委
主　任　王培元
政协工委
主　任　李小靖（1月免）
纪工委
书　记　陈薇薇（女）
副书记　徐晓明
办公室
主　任　戴迎春（女，2月任）
　　　　倪冰峰（12月免）
经济发展局
局　长　邵松林（1月免）
投资促进局
局　长　张　振
财政局
局　长　马良军（12月任）
　　　　戴迎春（女，12月免）
科技人才局
局　长　王圣俊
国土规划建设局
局　长　朱　勇
城市管理局
局　长　范双学
环境保护局
局　长　赵祥素
安全生产监督管理局
局　长　刘　斌
社会事业局
局　长　倪冰峰（12月任）
　　　　马良军（12月免）
党群工作部
部　长　叶小祥
行政审批局
局　长　顾小松
总工会
主　席　赵　燕（女）
江苏软件园管理处
副主任　张抗震（1月任）
　　　　陈开庆（9月免）
南京综合保税区（江宁）管理局
副局长　张　立
经贸发展处
处　长　魏　明
综合服务处
处　长　孙　磊（5月任）
江苏软件园科技发展公司
董事长　雍本春（12月留置）
南京东善桥林场实业公司
董事长　言　宣

江宁高新区

党工委
书　记　王才权（6月任）
　　　　王爱军（6月免）
管委会
主　任　刘广富
人大工委
主　任　吴传春
政协工委
主　任　沈　哲（女，12月免）
江宁科学园发展有限公司
总经理　方后青（女）

滨江经济开发区

党工委
书　记　赵　冉（女）
副书记　周书全
　　　　吴　伟
管委会
主　任　周书全
副主任　于小强
　　　　张彩千
　　　　蒋立佳
人大工委
主　任　张建平
政协工委
主　任　吴　伟（12月免）
综合办公室
主　任　陈凌锋
科技创新和企业服务部
部　长　陶　亮
综合治理部（安全生产监督管理部）
部　长　张远洋
江南环保产业园
主　任　丁　础
滨江开发投资公司
总经理　吉万军

汤山温泉旅游度假区

管理办公室
主　任　祁　林
副主任　戎云宝
　　　　陈善超
　　　　刘德明
党　组
书　记　祁　林（1月任）
　　　　姜　平（1月免）
副书记　戎云宝
纪检组组长
　　　　刘德明
经济发展部
部　长　潘　静
招商人才部
部　长　何　韬
国土规划环保部（温泉资源保护部）
部　长　张　圣
建设管理部（安全生产监督管理部）
部　长　李　伟
旅游发展部
部　长　刘　权
汤山建设投资发展有限公司
总经理　马龙祥

未来科技城

党工委
书　记　陈开庆（9月任）
　　　　俞　平（9月免）
管委会
主　任　李　霞（女）

台湾农民创业园

党　组
书　记　詹　军（1月任）
副书记　俞　平（9月任）
管委会
主　任　俞　平（9月任）
　　　　李小静（1月免）

牛首山文化旅游区

党工委
书　记　贝淑芳（女）
管委会
主　任　薛　松
牛首山文化旅游集团公司
总经理　项宗羽（1月任）

土山片区管办

党工委
书　记　俞有兵（5月任）
副书记　刘国美（5月任）
管委会

主　任　刘国美（12月任）

上坊建设开发公司

总经理　郑　涛（5月任）

副总经理

王　强

孙　军

直属事业、企业单位

江宁高等职业技术学校

校　长　宋　翔（9月免）

副校长　孙旺利

刘江华（女）

徐晓明

马富平

党委书记

张春雨

党委副书记

宋　翔（9月免）

纪委书记

陈为高

应天职业技术学院

党委书记

宋　翔

周　强（12月免）

院　长　宋　翔（9月免）

副院长　孙　军

王家文

王长胜

沈志敏

江宁高级中学

校　长　戎仁堂

副校长　张格波

陈立军

黄宣忠（12月任）

易笃宁（1月免）

党委书记

戎仁堂

党委副书记

陈在平（女，11月免）

纪委书记

陈在平（女，11月免）

秦淮中学

校　长　曾春霞（女，1月任）

刘光彬（1月免）

副校长　许　明

周　磊

邵思青（12月任）

江宁医院

党委书记

丁　政

党委副书记

朱　锋

赵　严

院　长　朱　锋

副院长　居　蓉（女）

曾　燕（女）

纪委书记

赵　严

融媒体中心（广播电视台）

主　任　李大宏

副主任　卢　军

施金龙

刘　盈（女）

党委书记

李大宏

党委副书记

张　斌

纪委书记

张　斌

总编辑　卢　军

广播电视台

台　长　李大宏

土地收储中心

主　任　梅笑冬（女）

社保中心

主　任　张远庆

副主任　马　凌

王心亮

裴　东（1月任）

王世新（1月免）

区城市数字治理中心

副主任　汤　磊（兼）

戈　彬

江宁中医院

党委书记

朱义平

党委副书记

王　东

院　长　王　东

国有资产经营集团

董事长　李　蓉（女）

总经理　汪　晶

王　宁（5月任）

孔　波（5月任）

副总经理

蒋声樵

杨　鸣

罗　刚

祁　杰

城市建设集团

党委书记

王国庆

党委副书记

郭霖华

董事长　王国庆

总经理　郭霖华

副总经理

李中科

李高峰

葛胜利

葛群慧

庄　伟

刘祥贵

交通建设集团

党委书记

王峻峰

党委副书记

赵嗣宝

董事长　王峻峰

总经理　赵嗣宝

副总经理

吴永慧

张　航

金永兵

李　萌（女）

人才集团

董事长　王露露（女）

总经理　叶　桂

副总经理

姜永罡

何　敏

严　婷（女）

王　宁

商务商贸集团

党委书记

汪　骅（9月免）

党委副书记

笪永松
董事长　汪　骅（9月免）
总经理　笪永松
副总经理
杨瑞坤
许　淞
庞　强
郗沪军

农副产品物流配送中心

党委书记
苏　华
党委副书记
王　敏
董事长　苏　华
总经理　王　敏
副总经理
薛德余
赵章武
崔吉泉
纪委书记
卞　茜（5月任）
袁金城（1月免）

公交集团

董事长　何　伟（5月任）
徐　平（5月免）
党委书记
何　伟（5月任）
徐　平（5月免）
党委副书记
戴　炜
纪委书记
芮陆俊
总经理　戴　炜
副总经理
易剑秋
张海洲
韩余军（1月任）

旅游康养集团

董事长　汪铁山（1月任）
王峻峰（1月免）
总经理　汪铁山（1月免）
副总经理
焦　鹏
马兆琴（女）
李　军

园博园公司

董事长　何　勇（11月留置）
总经理　乔红杰（女）
副总经理
艾钱云
吴　权（3月免）

环卫集团

董事长　付为民
总经理　戴兴猛（5月任）
谢　杰（5月免）

传媒集团

董事长　倪琦杰
总经理　余文娟（女）

街　道

东山街道

党工委
书　记　俞有兵
办事处
主　任　王　鸽（1月任）
李　宇（12月免）
人大工委
主　任　郭开明

秣陵街道

党工委
书　记　程杰恒
办事处
主　任　谌翠红（女）
人大工委
主　任　陶杰东
政协工委
主　任　王胜华（12月免）

汤山街道

党工委
书　记　祁　林（1月任）
办事处
主　任　庞　旸
人大工委
主　任　汪　强
政协工委
主　任　王振友（12月免）

淳化街道

党工委
书　记　宋　洋（女）
办事处
主　任　何　华（5月任）
熊康生（5月免）
人大工委
主　任　王学军
政协工委
主　任　李善岭（12月免）

禄口街道

党工委
书　记　刘春明
办事处
主　任　李俊杰
人大工委
主　任　梁越民（5月任）
政协工委
主　任　戴孝林（12月免）

江宁街道

党工委
书　记　史道琪
办事处
主　任　江　峰
人大工委
主　任　王　静
政协工委
主　任　祁明春（12月免）

谷里街道

党工委
书　记　周贵平
办事处
主　任　朱宁凡（女）
人大工委
主　任　高　勇
政协工委
主　任　陈正平（12月免）

湖熟街道

党工委
书　记　易忠国
办事处
主　任　钱云锋
人大工委
主　任　任忆洁（女）
政协工委
主　任　易昌明（12月免）

横溪街道

党工委
书　记　詹　军（1月任）
办事处

主　任　李小静
人大工委
主　任　赵　虎
政协工委
主　任　马兴余（12月免）

麒麟街道

党工委
书　记　张　宾
办事处
主　任　钱鹏辉
人大工委
主　任　颜贵青
政协工委
主　任　谢　明（12月免）

（区委组织部）

垂直管理部门

开发区法院

分党组书记、院　长
陈　晨
副书记、副院长
冯晓华
副院长　何　庆
张　群
羊忠良（政治部主任）

开发区检察院

检察长　何志文
副检察长
胡　俊
成　华
政治部主任
赵　迅

区税务局

党委书记、局长
王拥军
纪检组组长
于　婧
副局长　喻　祥
尤胜宇
王学根
李　昆

开发区税务局

党委书记、局长
谢寒生
纪检组组长
徐振栩
副局长　田志兵
贾　婷
陆　山
许　斌

江宁生态环境局

局　长　周　兵
副局长　管永麟
范红军
汪　炘
卢耀升

市规划和自然资源局江宁分局

党组副书记、局长
胡传宏
党组书记、副局长
张　皞
副局长　王　晋
梅笑冬
李高峰
张德勇
张欢庆

市医疗保障局江宁分局

局　长　陈　宁
副局长　季海荣

江宁邮政管理局

局　长　杨亚哲
副局长　曹志勇

电信江宁分公司

总经理　王小彬
副总经理
聂敦刚
鲁　浩
夏　飞
董慧娟

区烟草专卖局

局　长　董　玲
副调研员周建华
副局长　卢晓军
副经理　周　歆
沈冬瑞

区气象局

局　长　华荣强
副局长　王方海
朱明刚

（宁　鉴）

2023年度中央级媒体报道江宁区重要新闻一览表

表49

日期	媒 体	标 题	版面
1月3日	新华社	南京江宁全力拼经济 新年首个工作日41个项目开工	—
1月3日	《光明日报》	元旦假期国内游出游超5000万人次（牛首山）	10
1月4日	央视13套《新闻直播间》	江苏多地推动重大项目落地（江宁）	—
1月5日	《中国青年报》	干部向基层下沉 资源向基层汇聚 南京：青春关爱直达基层（汤山龙尚村）	1
1月11日	《光明日报》	江苏："勇挑大梁"开创高质量发展新局面（紫金山实验室）	5

续表 49

日期	媒 体	标 题	版面
1 月 14 日	央视 13 套《焦点访谈》	强信心 谋发展 实现高水平科技自立自强（紫金山实验室）	—
1 月 16 日	央视 13 套《朝闻天下》	春天 我想对你说丨奔着新的目标往前走（江宁）	—
1 月 18 日	新华每日电讯	提早发现 下沉资源 快速转诊 江苏全力保障基层群众就医一线见闻（麒麟街道）	5
1 月 20 日	央视 13 套《新闻直播间》	解决群众用水难题 安徽江苏实现跨省供水（江宁水务集团）	—
1 月 21 日	央视 13 套《新闻直播间》	辞旧岁迎新春 江南山村年味足（汤山龙尚村）	—
1 月 24 日	央视《新闻联播》	坚守一线 落实防疫 健康快乐过大年（东山街道）	—
1 月 25 日	《经济日报》	年货供销加速消费回暖（农副物流中心）	3
1 月 25 日	央视 13 套《朝闻天下》	璀璨焰火点亮夜空 无人机造型创意十足（园博园）	—
1 月 29 日	新华社	新春开工赶订单（麒麟科创园）	—
1 月 29 日	央视《新闻联播》	高质量发展加速度 鼓足干劲开新局（中科南京创新研究）	—
1 月 31 日	《人民日报》	高质量发展步履坚实（滨江开发区）	1
1 月 31 日	《中国青年报》	心愿浴室助老人完成心愿（东山街道）	7
2 月 6 日	新华每日电讯	南京：61 个重大项目集中签约 总投资超 800 亿元（江宁）	1
2 月 9 日	《经济日报》	方寸之间创出超洁净（美埃科技）	11
2 月 10 日	《光明日报》	社会工作者：搭起“连心桥”，让爱与帮助近在咫尺（江宁街道黄龙岘）	7
2 月 10 日	《经济日报》	机器人产业迎来新一轮增长（埃斯顿）	6
2 月 27 日	央视《新闻联播》	【开好局 起好步】各地加快产业提质增效 推动高质量发展（菲尼克斯）	—
2 月 28 日	新华每日电讯	云程发轫　精业笃行 “苏大强”开局“挑大梁”（紫金山实验室）	1
3 月 1 日	《光明日报》	从十个维度看中国式现代化的壮阔前景（紫金山实验室）	2
3 月 3 日	新华每日电讯	江河焕绮万物生 江苏探寻人与自然和谐共生之道（新济洲、园博园）	4
3 月 4 日	《人民日报》	中兴通讯 以科技创新服务“东数西算”工程（滨江开发区）	16
3 月 5 日	新华每日电讯	进一扇门，办两省事 苏皖“两省一街”丹阳警务室见闻（江宁公安分局）	11
3 月 7 日	《人民日报》	恒丰银行 强化金融供给支持实体经济发展（埃斯顿）	20
3 月 8 日	《人民日报》	为科技创新注入澎湃动能（紫金山实验室）	14

续表 49

日期	媒 体	标 题	版面
3 月 14 日	央视 13 套《焦点访谈》	强信心 谋发展 实现高水平科技自立自强（南高齿、格力、紫金山实验室）	—
3 月 16 日	《经济日报》	谱写“强富美高”新篇章（紫金山实验室）	3
3 月 17 日	《人民日报》	江苏在高质量发展上继续走在前列（紫金山实验室）	1
3 月 18 日	央视 13 套《东方时空》	科技如何助力农业生产高质量发展·春耕一线调研 “气象站”立田头 农业气象观测网越织越密（区农作物病虫监测平台）	—
3 月 21 日	《人民日报》	产业链上下游找准关键环节、集中优质资源——强链补短板 创新克难关（南高齿）	3
3 月 24 日	央视 13 套《新闻直播间》	2023 全球 6G 技术大会开幕（紫金山实验室）	—
3 月 24 日	央视 4 套《中国新闻》	新闻观察：“超级基础设施”赋能数字化转型提速（紫金山实验室）	—
3 月 24 日	《科技日报》	全球 6G 技术大会呼吁搭建协同创新桥梁（紫金山实验室）	3
3 月 27 日	央视 4 套《中国新闻》	新闻观察：中国启动紧密型城市医疗集团建设试点（湖熟社区卫生服务中心）	—
3 月 29 日	《人民日报》	布局高端，迈上产业新台阶（埃斯顿）	15
3 月 29 日	央视《新闻联播》	【新时代新征程新伟业——真抓实干推动高质量发展】江苏：奋力谱写现代化建设新篇章（紫金山实验室）	—
3 月 30 日	央视 13 套《新闻直播间》	首届中国标准化大会 提升自主制定标准比重 推进国际标准兼容（麒麟科创园）	—
4 月 6 日	央视 13 套《午夜新闻》	数字春耕“别样新” 麦田里的“红绿蓝”（区农作物病虫监测平台）	—
4 月 7 日	《科技日报》	2023 南京江宁大学城半程马拉松鸣枪开跑	—
4 月 14 日	《人民日报》	在南京，远程会诊、预约转诊、互联网复诊……就医方式悄悄改变——互联网，把大医院专家“请进”社区（淳化街道方山社区卫生服务中心、区卫健委）	12
4 月 14 日	《科技日报》	校企“拧绳聚力”南京：成果转化赋能高质量发展	7
4 月 22 日	《工人日报》	依托区位优势 发展物流产业（空港）	1
4 月 24 日	《光明日报》	激浊扬清，让网络空间更加清朗（江宁公安分局）	4
4 月 25 日	《人民日报》	南京江宁开发区 实现招商引资“开门红” 奏响高质量发展强音	8
4 月 28 日	《人民日报》	落实落细 畅通就业之路（奥赛康）	19
5 月 2 日	《经济日报》	江苏加快能源进口和项目建设（嘉隆电气科技股份有限公司、区供电公司）	2
5 月 12 日	《人民日报》	创造更加美好的乡村生活（汤山龙尚）	5

续表 49

日期	媒 体	标 题	版面
5月17日	《人民日报》	江苏践行长江大保护——江南岸 绿意平添新动力（新济洲）	3
5月17日	央视13套《新闻30分》	高质量发展调研行 南京：从基础研究到应用 科创引擎强劲（紫金山实验室、中兴通信）	—
5月17日	新华社	打卡工业遗存丨江苏园博园：从废弃矿坑到山地花园	—
5月18日	新华每日电讯	科创引擎强劲，南京发展“成色更足”（紫金山实验室、泉峰）	8
5月18日	《经济日报》	工业产业微观主体活力强（中兴通信）	3
5月20日	《人民日报》	江苏全方位鼓励扶持主体创新——为高质量发展插上科技翅膀（紫金山实验室）	6
5月21日	新华每日电讯	打开“盲盒”：用5G制造5G的智能工厂究竟什么样（中兴通信）	3
5月23日	《人民日报》	江苏在高质量发展轨道上科学作为（紫金山实验室、中兴通信、高新区）	1
5月31日	央视4套《中国新闻》	去年全国破获电诈案件超46万起 反诈劝阻要“听劝”（江宁公安分局）	—
5月31日	央视《新闻联播》	【在希望的田野上】全国麦收进度过一成（湖熟街道）	—
6月1日	《法治日报》	南京东山司法所“光影工程”助推法治小区建设	4
6月4日	新华每日电讯	“进一扇门，办两省事”（横溪丹阳）	4
6月13日	新华社客户端直播	“三夏”时节农事忙（淳化街道）	—
6月20日	《人民日报》	江苏省南京市江宁区加强基层理论宣讲让党的好声音传到千家万户	13
6月23日	央视2套《经济半小时》	秸秆回收让“包袱”变“财富”（中圣集团）	—
6月28日	央视13套《朝闻天下》	“投资中国年”招商引资活动 一场外资企业和经开区的双向奔赴（江宁开发区）	—
6月30日	《经济日报》	“投资中国年”国家级经开区专场推介举行（江宁开发区）	3
7月4日	《法治日报》	南京江宁多方携手构建法律服务网助企行稳致远	—
7月5日	《人民日报》	农业农村现代化稳步前行（谷里街道）	2
7月6日	新华每日电讯	江苏攀“高”（紫金山实验室）	2
7月7日	央视13套《央视时政》	习近平在江苏南京市考察调研（紫金山实验室、南瑞集团）	—
7月7日	新华社客户端	瞰南京丨汲古润今 大城励新	—
7月7日	央视《新闻联播》	央视快评：谱写“强富美高”新江苏现代化建设新篇章	—

续表 49

日期	媒 体	标 题	版面
7 月 8 日	新华社	大蓝鲸，真莱斯！（牛首山）	—
7 月 10 日	《科技日报》	打造创新高地 推进科技现代化——从习近平总书记考察江苏感悟中国式现代化的关键（紫金山实验室）	1
7 月 10 日	新华每日电讯	图片新闻－探访紫金山实验室	2
7 月 15 日	央视 13 套《朝闻天下》	古都焕新之南京（金陵小城）	—
7 月 20 日	央视 2 套	大型工业纪录片 栋梁之材 第四集 天工开物（中圣科技）	—
7 月 22 日	《科技日报》	南京："睦邻"书房打开乡村耕读新画卷（吉山社区农家书屋）	—
7 月 25 日	《人民日报》	江苏南京打造智能电网产业集群，产业规模占全国市场八成 千企齐聚力 攻关高精尖（南瑞集团）	2
7 月 25 日	《中国青年报》	构建"五堂四讲三保障"工作格局 南京团组织以"青言青语"阐释党的创新理论（江宁城建集团）	1
7 月 26 日	央视 13 套《新闻直播间》	大美中国·览夏 江苏南京 满眼青绿 新济洲湿地盛夏展新颜（新济洲）	—
8 月 3 日	《人民日报》	紫金山实验室科研团队——争分夺秒创新攻坚（紫金山实验室）	1
8 月 4 日	央视 4 套《早安中国》	看中国大地日日新（银杏湖）	—
8 月 16 日	央视 1 套《晚间新闻》	激发文化活力 城市打好"特色牌"（江宁上元夏之夜）	—
8 月 17 日	《人民日报》	推行绿色生产生活方式，统筹减污降碳协同增效 厚植高质量发展的绿色底色（紫金山实验室）	1
8 月 21 日	《人民网》	跟着总书记看中国 | 智能电网南京强链，迈向世界级产业集群	—
8 月 21 日	《光明日报》	万里长江，一派崭新气象——长江经济带绿色发展示范效应不断增强（新济洲）	2
8 月 25 日	《中国青年报》	建好"青年驿站" 激发团组织新动能（宁青驿站）	2
8 月 25 日	央视 13 套《朝闻天下》	第七届未来网络发展大会开幕	—
8 月 28 日	《中国青年报》	江苏"苏青驿站"：打造大学生求职就业"温暖第一站"（江宁人才驿站）	1
8 月 30 日	央视 4 套《走遍中国》	《走遍中国》走进南京——醉金陵（园博园、金陵小城）	—
9 月 2 日	新华社客户端	遇见南京 | 追"光" 看南京江宁社会治理"三原色"	—
9 月 6 日	《人民日报》	习近平的长江情怀（紫金山实验室）	1
9 月 12 日	《法治日报》	三十年如一日守护山村蝶变 记南京市江宁区"金牌调解员"胡从富	1

续表 49

日期	媒 体	标 题	版面
9月13日	《人民日报》	打造智慧场景 丰富营销模式 挖掘特色资源 文旅消费活力十足（牛首山）	11
9月24日	央视1套《直播》	央视连播14天！这些画面“最南京”	—
9月25日	《农民日报》	江苏南京江宁区：在都市现代农业中奋楫争先	4
9月30日	央视13套《朝闻天下》	数智赋能—拓展现代社区治理新路径（汤山阜东村）	—
10月3日	CGTN《打卡中国》	打卡南京城，一座见证了中国悠久历史和丰富文化的“六朝古都”（牛首山）	—
10月5日	央视13套《特别节目》	【奋进新征程 共筑中国梦】江苏南京 逛园博园 赏古韵美景（园博园）	—
10月6日	央视4套《中国新闻》	南京银杏湖：金秋音乐节打造生态美景视听盛会	—
10月8日	央视4套《早安中国》	银杏湖畔尽诗意 一花一木皆风情	—
11月7日	《农民日报》	第七届中国·江苏蔬菜种业博览会在南京举办	2
12月1日	《人民日报》	取得新的重大突破 谱写新的发展篇章——习近平总书记在深入推进长三角一体化发展座谈会上的重要讲话振奋人心、指引方向（紫金山实验室）	1
12月2日	《人民日报》	更好发挥先行探路、引领示范、辐射带动作用（紫金山实验室）	2
12月4日	《科技日报》	从“孵小苗”到“育大树”南京“量质并举”打造科技企业孵化器（中国药科大学、江宁开发区）	7
12月5日	新华每日电讯	江苏：多维赋能，开创工业新前景（紫金山实验室、未来网络小镇）	5
12月6日	《央视新闻联播》	【视频】我国将超前培育6G应用生态（紫金山实验室）	—
12月7日	《央视新闻联播》	国内联播快讯－我国确定首批碳达峰试点城市和园区（江宁开发区）	—
12月8日	《光明日报》	坚持问题导向 解决急难愁盼——江苏省南京市扎实开展第二批主题教育	3

2023年江宁区新增地名一览表

表 50

序号	申报单位	标准地名	位置	类别	备注
1	淳化街道办事处	众城路	位于淳化街道，南起淳关路，北至中联水泥厂，长 3910 米、宽 8 米，支路	街路巷	命名
2	淳化街道办事处	茶田路	位于淳化街道，北起湖土路，南至旱河路，长 1400 米、宽 6 米，支路	街路巷	命名
3	淳化街道办事处	龙举路	位于淳化街道、湖熟街道，西起胜利河路，东至土远路，长 14440 米、宽 6 米，主干路	街路巷	命名
4	淳化街道办事处	漆阁寺路	位于淳化街道，北起梅龙路，南至端拱路，长 2100 米、宽 24 米，支路	街路巷	调整
5	秣陵街道办事处	徐家村路	位于秣陵街道，南起秣龙路，北至徐家村北，长 530 米、宽 3.5 米，支路	街路巷	命名
6	秣陵街道办事处	黄土岗路	位于秣陵街道，北起秣龙路，南至黄土岗村南，长 620 米、宽 3 米，支路	街路巷	命名
7	秣陵街道办事处	韩堤路	位于秣陵街道，东起将军大道，西至京沪高铁，长 419 米、宽 6 米，支路	街路巷	命名
8	淳化街道办事处	洪田路	位于淳化街道，南起杨恩发家庭农场，北至洪墅水库，长约 2500 米，宽 6 米，支路	街路巷	命名
9	淳化街道办事处	光欣路	位于淳化街道，北起湖土路，南至龙举路，长约 900 米，宽 3 米，支路	街路巷	命名
10	淳化街道办事处	里墅路	位于淳化街道，调整后，东起洪园路，西至苏园路，长 2300 米、宽 6 米，支路	街路巷	调整
11	湖熟街道办事处	渔笛路	位于湖熟街道，西起宝塔南路，东至青赤路，长 6900 米、宽 4 米，支路	街路巷	命名
12	湖熟街道办事处	陶田圩路	位于湖熟街道，北起湖龙路，南至金桥人家，长 840 米、宽 3—6 米，支路	街路巷	命名
13	湖熟街道办事处	湖颜路	位于湖熟街道，北起湖龙路，南至王渡窑村，长 2237 米、宽 6 米，支路	街路巷	命名
14	湖熟街道办事处	焦东村路	位于湖熟街道，南起尚义路，北至焦东村，长 240 米、宽 6 米，支路	街路巷	命名
15	湖熟街道办事处	焦西村路	位于湖熟街道，南起尚义路，北至焦西村，长 210 米、宽 5 米，支路	街路巷	命名
16	湖熟街道办事处	潭花路	位于湖熟街道，西起新潭路，东至花园村，长 1500 米、宽 6 米，支路	街路巷	命名
17	湖熟街道办事处	东岗头路	位于湖熟街道，西起龙眠大道，东至东岗头村，长 900 米、宽 8 米，支路	街路巷	命名

续表 50

序号	申报单位	标准地名	位置	类别	备注
18	湖熟街道办事处	佘家渡路	位于湖熟街道，北起润湖大道，南至句容河，长1200米、宽4米，支路	街路巷	命名
19	湖熟街道办事处	西栾路	位于湖熟街道，西起西新建村，东至栾墅港村，长2600米、宽6米，支路	街路巷	命名
20	湖熟街道办事处	湖栾路	位于湖熟街道，西起湖土路，东至前栾墅村，长1900米、宽4米，支路	街路巷	命名
21	湖熟街道办事处	青栾路	位于湖熟街道，北起青赤路，南至栾墅港村，长785米、宽6米，支路	街路巷	命名
22	湖熟街道办事处	古相路	位于湖熟街道，北起杜桂村，南至潘相村，长1300米、宽4米，支路	街路巷	命名
23	湖熟街道办事处	长岭路	位于湖熟街道，北起赤山路，南至朱家村，长1300米、宽6米，支路	街路巷	命名
24	湖熟街道办事处	临湖路	位于湖熟街道，南起润湖大道，北至里墅路，长2500米、宽6米，支路	街路巷	命名
25	湖熟街道办事处	东阳圩路	位于湖熟街道，南起湖龙路，北至东阳圩村，长708米、宽3米，支路	街路巷	命名
26	湖熟街道办事处	港南路	位于湖熟街道，南起徐东路，北至港南村，长1300米、宽2—4米，支路	街路巷	命名
27	湖熟街道办事处	杨家村路	位于湖熟街道，西起周慕路，东至徐东路，长3400米、宽6米，支路	街路巷	命名
28	湖熟街道办事处	咸龙路	位于湖熟街道，调整后，北起淳湖路，南至润湖大道，长5900米、宽12米，次干路	街路巷	调整
29	湖熟街道办事处	虹南路	位于湖熟街道，调整后，北起润湖大道，南至双市渡桥，长3700米、宽12米，次干路	街路巷	调整
30	湖熟街道办事处	青赤路	位于湖熟街道，调整后，西北起临湖路，东南至赤山路，长8800米、宽16米，次干路	街路巷	调整
31	湖熟街道办事处	洪林路	位于湖熟街道，调整后，北起龙举路，南至青赤路，长3700米、宽3—6米，支路	街路巷	调整
32	湖熟街道办事处	龙蔼路	位于湖熟街道，调整后，东南起润湖大道，西北至映红路，长5600米、宽5米，支路	街路巷	调整
33	湖熟街道办事处	润新路	位于湖熟街道，调整后，东起润湖大道，西至郭家边，长870米、宽6米，支路	街路巷	调整
34	湖熟街道办事处	盛园路	位于湖熟街道，调整后，南起金阳东路，北至临湖路，长692米、宽2—6米，支路	街路巷	调整

续表 50

序号	申报单位	标准地名	位置	类别	备注
35	南京长江新济洲国家湿地公园管理中心	环洲路	位于江宁街道，南起新济洲码头，环新济洲一圈，全长 11400 米、宽 12 米，支路	街路巷	命名
36	东山街道办事处	梅家山路	位于东山街道，东起新润路，西至众彩物流，长 1000 米、宽 6 米，支路	街路巷	命名
37	东山街道办事处	赵家山路	位于东山街道，南起梅家山居民点，北至众彩物流，全长 750 米、宽 6 米，支路	街路巷	命名
38	江宁街道办事处	王府庄路	位于江宁街道，东起滨溪大道，西至苏皖省界连接马鞍山市竹庄路，长 2600 米、宽 6 米，支路	街路巷	命名
39	禄口街道办事处	福湾路	位于禄口街道，东起新杨南路，西至建设路，长 678 米、宽 7 米，支路	街路巷	命名
40	禄口街道办事处	安澜大道	位于禄口街道，调整后，西起云龙路，东至禄口大街，长 4980 米、宽 60 米，主干路	街路巷	调整
41	横溪街道办事处	石坝北路	位于横溪街道，南起桃盛路，北至规划道路，长 815 米、宽 30 米，支路	街路巷	命名
42	横溪街道办事处	东塘路	位于横溪街道，西起宁丹大道，东至石坝北路，长 542 米、宽 16 米，支路	街路巷	命名
43	横溪街道办事处	花柏西路	位于横溪街道，南起东塘路，北至规划道路，长 299 米、宽 16 米，支路	街路巷	命名
44	横溪街道办事处	花柏东路	位于横溪街道，南起东塘路，北至规划道路，长 299 米、宽 16 米，支路	街路巷	命名
45	谷里街道办事处	后墩村路	位于谷里街道，北起正方西路，南至银杏湖大道，长 2160 米、宽 10 米，支路	街路巷	命名
46	谷里街道办事处	徐家院路	位于谷里街道，东起银杏湖大道，西至西湖自然村，长 2005 米、宽 10 米，支路	街路巷	命名
47	谷里街道办事处	庄湾路	位于谷里街道，西起红庙水库路，东至正方西路，长 1460 米、宽 10 米，支路	街路巷	命名
48	谷里街道办事处	双院路	位于谷里街道，北起正方西路，南至马府院路，长 500 米、宽 10 米，支路	街路巷	命名
49	谷里街道办事处	马府院路	位于谷里街道，南起徐家院路，环绕马府院自然村，至于徐家院路，长 790 米、宽 10 米，支路	街路巷	命名
50	谷里街道办事处	溪谷路	位于谷里街道，北起徐家院路，南至陆谷路，长 1561 米、宽 10 米，支路	街路巷	更名，原文革路销名。
51	谷里街道办事处	二采路	位于谷里街道，北起孝义路，南至向阳路，长 1520 米、宽 10 米，支路	街路巷	调整

续表 50

序号	申报单位	标准地名	位置	类别	备注
68	江宁高新区管委会	观林路	位于淳化街道，东起丽泽路，西至玉印路，长 329 米、宽 18 米，支路	街路巷	命名
69	江宁高新区管委会	玉印路	位于淳化街道，南起吉印大道，北至观林路，长 320 米、宽 18 米，支路	街路巷	命名
70	江宁高新区管委会	开源路	位于淳化街道，调整后，北起天元东路，南至南京绕越高速公路隔离带，长 2480 米、宽 24 米，支路	街路巷	调整
71	东山街道办事处	巧工巷	位于东山街道，北起潭园西路，南至南京顺博矿产有限公司，长 100 米、宽 6 米，支路	街路巷	命名
72	江宁高新区管委会	百川路	位于淳化街道，北起吉印大道，南至古翠路，长 340 米、宽 24 米，支路	街路巷	命名
73	江宁高新区管委会	古翠路	位于淳化街道，东起丽泽路，西至百川路，长 415 米、宽 24 米，支路	街路巷	命名
74	江宁高新区管委会	隐秀路	位于淳化街道，西起百川路，东至开市客，长 106 米、宽 12 米，支路	街路巷	命名
75	淳化街道办事处	知行路社区	位于淳化街道，四至范围：东至亮青路、樵歌路，南至格致路，西至丽泽路、天印大道，北至天元东路、善鉴路；办公地址：知行路 55 号党群服务中心	居民委员会所在地	命名
76	淳化街道办事处	玉树路社区	位于淳化街道，四至范围：东至格致路、前进河，南至芝兰路，西至弘景大道，北至格致路；办公地址：文博路 2 号宜家国际公寓社区配套用房	居民委员会所在地	命名
77	淳化街道办事处	修文路社区	位于淳化街道，四至范围：东至福英路、格致路，南至知行路，西至前进河、知行路，北至玉树路；办公地址：修文路 3 号津桥华府物业用房 4 楼	居民委员会所在地	命名
78	淳化街道办事处	齐武路社区	位于淳化街道，四至范围：东至解溪河，南至吉印大道，西至丽泽路，北至芝兰路、格致路；办公地址：文鸿路 9 号华菁水苑门面房	居民委员会所在地	命名
79	秣陵街道办事处	高湖社区	位于秣陵街道，四至范围：东至利源南路，南至牛首山河，西至机场高速，北至天元西路—通淮街—百家湖大街；办公地址：利源中路 166 号门面房（过渡）	居民委员会所在地	命名
80	秣陵街道办事处	韩府社区	位于秣陵街道，四至范围：东至将军大道—南佑路—机场高速，南至牛首山河，西至将军大道—翠屏山路—将军山—韩府山，北至翠屏山路—韩府路—井头街；办公地址：将军大道 20 号翠屏国际广场 21 栋 52 室翠屏国际城党群服务站旁门面房（过渡）	居民委员会所在地	命名
81	秣陵街道办事处	滨河社区	位于秣陵街道，四至范围：东至秦淮河，南至吉印大道，西至前庄路（含路）—诚信大道（不含路）—般华街（含路）—清水亭东路（不含路）—淮浦路（含路），北至牛首山河。办公地址：诚信大道 899 号新合家花园小区 25 栋广场殷富街党群服务站（过渡）	居民委员会所在地	命名
82	秣陵街道办事处	金云社区	位于秣陵街道，四至范围：东至云台山河，南至云台山河，西至苏源大道（含路），北至阳山河；办公地址：诚园南门党群服务中心	居民委员会所在地	命名

续表 50

序号	申报单位	标准地名	位置	类别	备注
83	南京铭筑房地产开发有限公司	云来府	位于东山街道，东至现状道路，南至现状道路，西至金东街，北至金陵天城广场	住宅区	命名
84	南京秣陵新市镇建设发展有限公司	天禧苑	位于秣陵街道，东至天禧路，西至秣欣路，南至正方东路，北至现状用地	住宅区	命名
85	南京美都置业有限公司	熹屿花园	位于麒麟街道，东至意通路，西至凌通路，南至高麟路，北至泰麟路	住宅区	命名
86	南京万尚筑房地产开发有限公司	新亭府	位于东山街道，东至修竹路，西至规划道路，南至新亭西路，北至竹新路	住宅区	命名
87	南京紫东投资发展集团有限责任公司	东流紫园	位于麒麟街道，东至润苏路，南至七宝路，西至河清路，北至五常路	住宅区	命名
88	江宁（大学）科教创新园有限公司	未来科技大厦	位于淳化街道，东至龙眠大道，南至现状河道，西至现状，北至芝兰路	楼宇	命名
89	南京锦城置业有限公司	锦尚紫兰园	位于秣陵街道，东至现状河道，南至云飞街，西至华创路，北至园胜路	住宅区	命名
90	南京招瑞房地产开发有限公司	璀璨璟园	位于淳化街道，东至现状道路，南至科宁路，西至现状，北至现状	住宅区	命名
91	南京铁投龙西项目管理有限公司	高铁智汇园	位于东山街道，东至农花路，南至龙西新寓，西至梅香路，北至金阳西街	楼宇	命名
92	南京荷塘明悦房地产开发有限公司	悦著玖章府	位于东山街道，东至中驰路，南至荷塘街，西至明城大道，北至宏运大道	住宅区	命名
93	南京悦天平信息科技有限公司	建东大厦	位于东山街道，东至宸泰科技大厦，南至现状，西至现状，北至天临路	楼宇	命名
94	未来科技城经济发展有限公司	未来网络科技中心	位于秣陵街道，南至现状，西至上秦淮大街，北至秣周东路	楼宇	命名
95	江苏富鑫达企业发展有限公司	滨江青年街区	位于江宁街道，东至中元路，南至规划道路，西至弘利路，北至飞鹰路	住宅区	命名
96	江宁高新区天印健康开发有限公司	致康创新中心	位于淳化街道，东至格致路，南至前溪路，西至维康路，北至现状	楼宇	命名
97	南京通玺房地产开发有限公司	禧樾府	位于东山街道，东至绿都大道，南至创新街，西至农花路，北至博爱街	住宅区	命名
98	南京能谷能源产业发展有限公司	云谷世纪名苑	位于麒麟街道，东至上坝河街，南至智汇路，西至宾园街，北至现状绿化	住宅区	命名
99	南京屿发房地产开发有限公司	铂萃云湾府	位于秣陵街道，东至利源路，南至规划道路，西至规划道路，北至秦淮路	住宅区	命名

续表 50

序号	申报单位	标准地名	位置	类别	备注
100	南京宁拓置业有限公司	滨澄荟商业园	位于江宁街道，东至瑜桥街，南至华西路，西至现状用地，北至现状	楼宇	命名
101	南京中宝电子有限公司	领新科创园	位于东山街道，东至现状，南至科苑路，西至湖山路，北至现状	楼宇	命名
102	南京海蓝自动化有限公司	江云大厦	位于秣陵街道，东至上秦淮大街，南至江云路，西至现状，北至现状	楼宇	命名
103	南京宁星置业有限责任公司	龙湾雅园	位于东山街道，东至兴宁路，南至骆家渡街，西至泊淮路，北至现状	住宅区	命名
104	江苏广通中源新能源科技有限公司	云栖谷科技中心	位于秣陵街道，东至苏源大道，南至正方中路，西至现状河道，北至现状	楼宇	命名
105	南京市金麟置地有限公司	如园	位于麒麟街道，东至东麒路，南至慧丽路，西至智明路，北至慧盛路	住宅区	命名
106	江苏麒达睿科技发展有限公司	校友经济科创园	位于麒麟街道，东至麒麟科创园，南至创研路，西至现状，北至麒麟科创园	楼宇	命名
107	南京家苑置业有限公司	云湖十里院	位于禄口街道，东至羲和路，南至义庆路，西至星汉路，北至崇正路	住宅区	命名
108	南京苏豪金茂小镇建设有限公司	棋乐颐养园	位于汤山街道，东至现状，南至汤山大道，西至美泉花园颐乐苑，北至棋乐路	楼宇	命名
109	南京联华房地产开发有限公司	嘉和华府	位于淳化街道，东至规划道路，南至现状，西至竹山路，北至新亭路	住宅区	命名
110	南京新湾置业有限责任公司 南京宁星置业有限责任公司	龙湾金融中心	位于东山街道，东至兴宁路，南至泊淮路，西至小龙湾路，北至潭园西路	楼宇	命名
111	南京浩宁达电能仪表制造有限公司	德融科创中心	位于淳化街道，东至现状，南至科建路，西至兴民南路，北至现状	楼宇	命名
112	江宁街道办事处	盛江花苑梧桐园	位于江宁街道，盛江花苑内组团，东至安居街，南至兴城路，西至润寿北路，北至太白路	住宅区	命名
113	南京中建信和麓铭府置业有限公司	源上九里府	位于秣陵街道，东至利源北路，南至董村西路，西至现状，北至规划道路	住宅区	命名
114	江宁经济技术开发集团有限公司	东虹花苑秣周苑	位于秣陵街道，东虹花苑内组团，东至现状，南至秣周西路，西至规划用地，北至现状	住宅区	命名
115	南京泰瑞智能科技有限公司	天瑞大厦	位于东山街道，东至远泰路，南至天临路，西至现状，北至现状	楼宇	命名

（区地名办）

说 明

一、本索引依照国家标准《索引编制规则（总则）》（GB/T 22466—2008）的相关规则进行编制。

二、本索引分为主题索引、文中图片索引、专题图片索引和表格索引。索引（除表格索引外）按标目词第一个字的汉语拼音音序排列。索引标目后的数字表示内容所在的页码。

三、主题索引，以类目、分目、副分目和条目为主要来源进行标引。索引以标目字的汉语拼音音序排列，并添加标目首字的大写字母为助检符号，便于查找索引。类目用方正小标宋简体字标明，分目、副分目用黑体字标明，条目用宋体字标明。

四、文中图片索引，以图照题名或部分题名为标目。索引以标目字的汉语拼音音序排列，并添加标目首字的大写字母为助检符号，便于查找索引。

五、专题图片索引，以图照题名或部分题名为标目。索引以标目字的汉语拼音音序排列，并添加标目首字的大写字母为助检符号，便于查找索引。

六、表格索引，以表格题名为标目，出处以表格所在的页码标示。索引按照表格在全书中的先后顺序排列。

主题索引

A

安全播出管理　232a
安全管理　187a
安全生产　258c
安全生产概况　258c
安全生产监管　259a
安全生产制度建设　258c
安全生产专项整治　259a
安全稳定维护　85b
安全隐患排查整治　199c

B

八一军地共建活动　100b
8月　15b
白蚁防治　176b
“百家湖儿童的一百种语言”艺术展　219a
百家湖文化中心（江宁美术馆）　227c
百家湖文化中心建成开放　228a
保险业　160c
保障房住房建设　251c
标准化工作　116b
滨江外国语学校高中部启动　220c

滨江物流基地 154c
滨江新材料产业百亿级集聚区跃升行动计划发布 143c
滨江新城城市设计通过评审 183b
殡葬管理服务 244c
兵员征集 99a
病媒生物防制 238c
波长光电登陆深圳证券交易所创业板 162c
博宁毗邻1路公交线试运行 195a
博物馆 227b
不动产登记 104c
部分市级先进典型集中发布 34c

C

材智汇创业园项目开工 262c
财政 107c
财政概况 107c
财政管理 108c
财政审计 114b
菜鸟中国智能骨干网 155b
参与社会治理 91c
参与中心工作 44b
残疾人服务体系建设 83a
残疾人福利 251b
残疾人就业与培训 82b
残疾预防与康复服务 82c
CENI大厦建成投用 121c
测绘管理 104c
产城融合 124a
产学研合作 212b
产学研合作概况 212b
产业发展 126c
产业科技创新 141a
产业链拓展 141b
产业链条延伸 135c
产业数字化 129c
产业项目建设 144a
产业转型升级 138c
长安马自达汽车公司获省级健康企业称号 238c
长江岸线综合治理与生态修复 201b
长江大保护 201a
长江大保护概况 201a
长江入河排口整治 202a
长江新济洲物种监测新增112种 201c
长期护理保险 250a
长三角（南京）科创金融中心揭牌 193b
长三角数字经济人才创新发展大会在江宁召开 194b
长三角重点项目库江宁项目建设 193a
常态执行第一议题制度 44b
常住人口 244a
陈爱玲（江苏好人） 292a
陈爱玲（南京好人） 292b
成果示范应用 205b
成人高考 226c
成人教育 226b
城市更新 183c
城市更新概况 183c
城市管理 189a
城市规划 182a
城市规划概况 182a
城市建设 127a
城市建设 182
城乡居民基本医疗保险 249c
城乡融合 125c
城乡统筹 24c
城镇居民生活 246b
储能应用示范园区启动建设 143c
畜牧业 133c
传媒集团 232b
创新成果 206a
春节假期接待游客增长 172b
淳化街道 270a
淳化街道概况 270a
淳化街道经济建设 271a
淳化街道社会建设 272a
淳化街道生态文明建设 272b
淳化街道文化建设 271c
淳化街道政治建设 271b
淳化味稻小镇首届“村跑”举办 272c
慈善救助 250c
促进关系和谐 36a
促进就业 245a
促进农民增收 192a
村级党组织建设 190a
村社区书记“头雁讲堂”开讲 31c
大地产险江宁支公司 161b
大峘集团获“中国专利年度奖” 128b
大气环境质量 198b
大气污染防治 199a

D

大事记 13
代表工作 47b
代表建议督办 47c
代表履职 47b
戴明炎 292b
党风廉政建设 64c
党风廉政建设概况 64c
党风政风监督 65a
党纪国法教育 65a
党建赋能产业发展 31a
党建引领 216b
党建引领基层治理 30b
党史编研 42c
党史编研概况 42c
党校工作 41c
党校工作概况 41c
档案 232b
档案保管与利用 232c
档案概况 232b
档案监督指导 232c
档案信息化建设 233a
档案宣传教育 233a
档案征集编研 233a
道路 桥梁 185a
道路 桥梁概况 185a
道路交通管理 88a
德国创新经济（江宁）产业基地揭牌 53a
地方金融组织 166a
地方金融组织概况 166a
地方志 233c
地方志概况 233c

地铁　186b
地铁 5 号线南段不载客试运行　179c
地震监测　258b
地质灾害防治　258b
《邓振询画传》发行　43a
第 11 届南京禄口皮草嘉年华　276c
第二届湖熟水乡田园生活节　284a
第二届长三角数字经济发展大会在江宁举行　130a
第 20 届中国物流学术年会在江宁召开　153a
第 22 届中国·江宁横溪西瓜节开幕　287a
第 23 届“江宁之春”群众文化活动开幕　230b
第七届中国·江苏蔬菜种业博览会　282b
第七届未来网络发展大会　34b
第 14 届“江宁十佳青年”名单揭晓　79a
电商发展　150b
电网建设　187c
电信　181a
电子核心产业　142c
电子商务　148b
调查研究　52b
调处平台建设　97a
调研考察　60a
东部机场集团有限公司　180c
东南大学　221c
东山街道　261a
东山街道概况　261a
东山街道经济建设　261a
东山街道社会建设　262a
东山街道生态文明建设　262b
东山街道文化建设　261c
东山街道政治建设　261b
东山汽车 4S 园新能源汽车销售升温　128c
端午假期接待游客 84.51 万人次　172c
对口帮扶陕西省洛南县　195c
对口支援协作　195b
对口支援协作概况　195b
对口支援新疆特克斯县　195c
对台工作　56b
对台工作概况　56b
对外及对港澳台贸易　151a
对外及对港澳台贸易概况　151a
对外宣传　231c
多元解纷和诉讼服务　94b

E

儿童福利　251b
220 千伏公塘输变电工程投用　188a
2023 年经济社会发展　22a
2023 年民生实事项目确定　103a
21 个重点产业项目集中签约　124c
2 月　13b

F

法律法规实施监督　47a
法律服务　95c
法律援助　96c
法院　92a
法治　85
法治国企建设　105c
法治宣传教育　95b
法治营商环境　85a
法治政府建设　86c
法治政府建设概况　86c
反映社情民意信息　60c
方山火山地貌生态保护修复入选全省最美案例　200a
方言　21c
防汛防旱　258a
防灾减灾　257c
防灾减灾活动　258a
防灾减灾体系建设　257c
防灾减灾宣传　258a
房地产开发经营　175a
房地产开发经营概况　175a
房地产市场监管　175c
房地产业 175
房地产租赁与中介　175c
房票安置选房工作启动　252b
房屋安全管理　176a
房屋管理　176a
房屋征收　184a
非公有制经济人士参政议政　73a
非公有制经济人士教育引导　72b
非公有制经济人士社会责任履行　73b
非物质文化遗产　20c
非遗保护与传承　231a
丰富馆藏档案　232b
风险防控　106a
服务非公有制经济发展　72c
服务青年发展　78b
服务设施建设　171a
服务实体经济　157c
服务职工群众　75a
服务中心工作　35c
辐射环境管理　200a
辐射环境质量　198c
福利彩票销售　251c
妇计中心获评国家特色专科建设单位　238a
妇女保健　237c
妇女儿童权益维护　79c
妇女组织建设　79b
妇幼保健　237c
妇幼保健概况　237c
附录　340
阜庄入选省级生态文明建设示范　269b
改善生态环境　49b

G

干部教育培训　31b
港澳台统战　36b
高标准农田建设　135a
高等教育　221a
高端智能装备产业　140a
高端智能装备产业概况　140a
高铁枢纽经济区高质量发展招商推介会　53c

高新技术企业　211b
高新区入选首批国家级专利导航服务基地　119b
高新区首个海外创新基地挂牌　125a
高新区天印融创中心揭牌　124c
高新区药企产品获批上市　144b
“高质量发展·南京行”系列活动江宁专场　34a
高中教育　220c
高中教育概况　220c
葛道湖　293b
工程施工安全监管　146a
工程质量监管和建筑监测　145c
工会组织建设　75b
工伤认定和劳动能力鉴定　248c
工商银行江宁支行　158b
工业　138
工业概况　138a
工业经济运行监测与服务　138a
工业综述　138a
公安　88a
公安概况　88a
公共交通　185c
公共文化+案例入选全国典型　229c
公共文化服务　229a
公共文化活动　229b
公共文化设施建设　229a
公共租赁房保障　252a
公交　185c
公交集团“宁易行”App2.0版本上线　131b
公路　177a
公路概况　177a
公路养护　178a
公司上市　162b
公塘头村成为江苏省特色田园乡村　281b
公益服务　254c
公益诉讼检察　90a
公证服务　152b
供电　187c
供电服务　188a
供电概况　187c
供气　187a
供气概况　187a
供水　186c
供水概况　186c
供水工程建设　186c
供销合作商业　150a
供销合作商业概况　150a
共青团江宁区委员会　76b
共青团江宁区委员会概况　76b
谷里获评中国最美村镇·乡村振兴标杆奖　281a
谷里街道　280a
谷里街道概况　280a
谷里街道经济建设　280a
谷里街道社会建设　280c
谷里街道生态文明建设　281a
谷里街道文化建设　281a
谷里街道政治建设　280b
谷里上榜省农业示范基地　281b
鼓山路口袋公园　188c
固定资产投资审计　114b
关心下一代工作　253b
关心下一代工作概况　253b
广告合同监管　116b
规范性文件合法性审查　87a
规划编制　182a
规划行政审批　182b
郭宏新　290b
国博电子射频集成产业化(二期)项目开工　121b
国电南瑞获评国家级绿色工厂　141c
国防动员(人民防空)　99b
国防动员(人民防空)概况　99b
国防动员宣传教育　100a
国际交流合作　213a
《国家体育锻炼标准》达标赛　241c
国盛公司首枚硅基氮化镓外延片下线　121c
国有资产监督管理　105b
国有资产监督管理概况　105b
国资监管　105b

H

韩福科　294a
韩国经济代表团考察江宁　151c
杭州百世网络技术有限公司江苏分公司　155c
航道管理　180b
航空　180c
合作对接　206a
合作交流　37c
和谐劳动关系构建　245c
河海大学　222b
河流湖泊　17c
横山村入选全国红色美丽村庄建设试点　287b
横山徒步大会　241b
横溪街道　285a
横溪街道概况　285a
横溪街道经济建设　285b
横溪街道社会建设　286b
横溪街道生态文明建设　286c
横溪街道文化建设　286a
横溪街道政治建设　285c
红色村庄建设　190b
《红色档案中的江宁记忆》宣传片发布　233b
红十字会组织建设　83b
红十字救护　83c
红十字人道救助　83c
红十字无偿捐献　84b
宏观经济管理　102a
宏观经济管理概况　102a
湖山路户外劳动者服务站获评最美站点　76a
湖熟稻花节暨菊花展　284b
湖熟街道　283a
湖熟街道概况　283a
湖熟街道社会建设　283c
湖熟街道生态文明建设　283c
湖熟街道文化建设　283b
湖熟街道政治建设　283a
“湖熟文化”专题项目综合研究启动　231b
“互联网+”农业　132b

"互联网+"政务服务 131a
互联网与云计算、大数据服务 143b
户籍人口 244a
护航创业就业 221a
护航经济发展 90a
护航企业发展 91b
"护苗·绿书签"行动 34b
沪宁沿江高铁开通运营 179c
花卉产业 191a
华安证券胜太西路营业部 162a
华坤高端装备研发生产基地项目开工 121a
环保宣传教育 200c
环境监管 200b
环境卫生 189c
环境质量 198b
环境质量 25a
环境质量监测 200c
环境治理 199a
环境治理概况 199a
环特生物与中国药大共建实验室 212c
黄成文 290a
黄龙岘茶文化村入选国家级旅游线路 279a
黄龙岘绿茶获评"中国气候好产品" 134a
黄永明 293a
惠民工程建设 183c
婚姻与收养登记 244b
《火红的圣地——江宁红色遗址遗迹图志出版》 43a

J

机构编制 40a
机构编制法治化建设 40b
机构编制资源配置 40a
机关廉政建设 39a
机关思想建设 38b
机关文化建设 39c
机关政治建设 38b
机关组织建设 38c
机关作风建设 39a
基本医疗保险参保缴费 249a
基本医疗保险待遇 249b
基层干部队伍建设 31a
基层团组织建设 76c
基层武装建设 99a
基层治理协商 60c
基础教学改革 217c
基础设施建设 120c、137c
疾病预防控制 2
37a
疾病预防与卫生监督 237a
集群企业提质升级 143b
寄递渠道安全保障 152a
贾红平 291a
价格调控 118b
价格法律法规宣传 118b
价格管理 118a
价格管理概况 118a
驾校培训管理 177c
监督执纪 66a
监督制约机制建设 95a
检察 89b
检务公开 92a
减税降费 112c
见义勇为 89a
建设工程安全生产应急救援演练 146a
建设银行江宁支行 159a
建设用地管理 104a
建置区划 18b
建置沿革 18c
建筑施工 145c
建筑业 145
建筑业概况 145a
建筑业综述 145a
健康促进 238b
健康促进概况 238b
健康细胞创建 238b
江宁滨江经济开发区 125a
江宁滨江经济开发区科技创新 125c
江宁滨江经济开发区概况 125a
江宁滨江经济开发区项目建设 125b
江宁—博望跨界一体化示范区建设 194c
江宁—博望跨界一体化示范区建设概况 194c
江宁博望签订供水一体化合作协议 195a
江宁城市建设集团 184c
江宁大学城 221a
江宁大学城半程马拉松 242c
江宁大学城概况 221a
江宁代表团赴秦淮区考察交流 28c
江宁高等职业技术学校 225c
江宁高新技术产业开发区 122c
江宁高新技术产业开发区产业转型升级 123a
江宁高新技术产业开发区科技创新 123c
江宁高新技术产业开发区概况 122c
《江宁古代乡贤出版》 43a
江宁国有资产经营集团 106c
江宁海安两地战略合作协议签订 194a
江宁河灌区入选国家级节水型灌区 202a
江宁横溪知识产权工作站挂牌 286c
《江宁红色经典连环画(第五辑)》出版发行 43c
江宁跻身全省福利彩票销售十强区 251c
江宁加快形成新质生产力观察 9
江宁交通建设集团 178c
江宁街道 277a
江宁街道概况 277a
江宁街道经济建设 277c
江宁街道社会建设 278b
江宁街道生态文明建设 278c
江宁街道文化建设 278a
江宁街道政治建设 278a
江宁金融党建联盟成立 158a
江宁经济技术开发区 120a
江宁经济技术开发区科技创新 120b
江宁经济技术开发区概况 120a

江宁开发区法院　93b
江宁开发区法院案件执行　94c
江宁开发区法院概况　93b
江宁开发区法院诉讼制度改革　94c
江宁开发区法院刑事案件审判　93b
江宁开发区高新园　122b
江宁开发区检察院　91a
江宁开发区检察院法律监督　91a
江宁开发区检察院刑事案件检察　91a
江宁开发区首届企业龙舟赛　241c
江宁开发区税务局　113a
江宁开发区税务局概况　113a
江宁开发区税务局纳税服务　113c
江宁开发区税务局税收征管　113a
江宁零工市场法律援助工作站投用　96b
江宁洛南书画摄影展开展　196a
江宁旅游康养产业集团　169a
《江宁年鉴（2023）》出版发行　234a
江宁企业获“中国标准创新贡献奖”　117c
江宁区残疾人联合会　82b
江宁区残疾人联合会概况　82b
《江宁区城市风貌控制导则》初步成果研讨会　183a
江宁区城市交通拥堵治理三年规划通过评审　182c
江宁区第九届运动会开幕　243a
江宁区第七届业余足球联赛　242a
江宁区第十八届人民代表大会第二次会议　45a
江宁区法学会　86b
江宁区法院　92a
江宁区法院案件执行　92c
江宁区法院概况　92a
江宁区法院诉讼制度改革　93a
江宁区法院刑事案件审判　92b
江宁区妇女联合会　79b
江宁区妇女联合会概况　79b
江宁区工商业联合会　72a
江宁区工商业联合会概况　72a
江宁区红十字会　83a
江宁区红十字会概况　83a
江宁区基因与细胞技术产业园揭牌　125a
江宁区集体经济发展有限公司成立　192c
江宁区检察院　89b
江宁区检察院概况　89b
江宁区检察院民事案件检察　89c
江宁区检察院刑事案件检察　89b
江宁区科学技术协会　80a
江宁区科学技术协会概况　80a
江宁区女科技工作者联盟成立　79c
《江宁区拼经济促发展若干措施》发布　102c
江宁区人民武装部　98a
江宁区人民武装部概况　98a
江宁区融媒体中心　231b
江宁区融媒体中心概况　231b
区融媒体中心平台建设　232a
江宁区首届“村 BA”　242a
江宁区税务局　111a
江宁区税务局概况　111a
江宁区税务局纳税服务　112a
江宁区税务局税收征管　111b
江宁区文化产业高质量发展会议　234c
江宁区文化消费十大创意场景发布　234c
江宁区文学艺术界联合会　81b
江宁区文学艺术界联合会概况　81b
江宁区招商引资大会　52a
江宁区总工会　74a
江宁区总工会概况　74a
江宁人才集团　215b
江宁入选省科普示范区　81a
江宁入选长三角最值得投资旅游目的地前十榜单　168c
江宁商务商贸集团　148c
江宁台湾农民创业园　137b
江宁台湾农民创业园科技创新　137b
江宁台湾农民创业园概况　137b
江宁文旅产品推介发布会　173a
江宁现代产业高质量发展项目对接会在香港举行　151b
江宁与匈牙利韦伦采市缔结友好城市　56b
《江宁镇史话出版》　233c
“江宁之春”群众文化活动入选全国典型案例　230a
江宁中医院成为留学生中医药实践基地　239c
江宁中医院二期工程投用　236c
江苏海事职业技术学院　224a
江苏好人　291b
江苏经贸职业技术学院　223c
江苏九州通医药有限公司　156a
江苏软件园　122b
江苏顺丰速运有限公司　155b
江苏益丰医药产品分拣加工项目　155c
江苏银行江宁支行　159b
江苏御港物流有限公司　156c
江苏园博园　171b
江苏园博园概况　171b
江苏园博园旅游资源开发　171a
江永新　291b、291b、292b
姜平　290a
交通电信　177
交通基础设施建设　177a
交通银行江宁支行　159a
交通运输行业管理　177b
教师队伍建设　217c
教师资格考试　226c
教育　216
教育概况　216a
教育内涵发展　217c
教育培训　42b
教育综述　216a
秸秆禁烧　200a
街道　261
节能减排　203a
节能减排概况　203a

节庆活动　170a
界别委员工作室　61b
巾帼建功行动　79b
金陵科技学院　223b
金融服务　166b
金融业　157
金融业概况　157a
金融业综述　157a
金融支农服务　192b
经济管理　102
经济建设　283a
经济运行监测　102a
经济责任审计　114c
经营管理　151a
经营主体发展　116a
景区景点建设　169c
竞技体育　242b
竞技体育概况　242b
940 家企业入选省级科技型中小企业　206b
九龙湖国际企业总部园　122c
九龙湖南湖公园获评省示范体育公园　240c
九三学社江宁区支社　71b
九三学社江宁区支社参政议政　71c
九三学社江宁区支社概况　71b
九三学社江宁区支社社会服务　71c
九三学社江宁区支社组织建设　71b
95 个项目被列入市重大项目　103c
9 月　15c
居民出入境及往来港澳台管理　244b
居民养老保障　248a
决策决议　44c
军事　98

K

开发区入选全国首批碳达峰试点园区　103c
开发区与特克斯县进行产业项目对接　196c
开发园区　120
考古发掘　230c
科创平台　204a
科创人才　215a
科创人才概况　215a
科技成果　211a
科技成果管理　211c
科技创新　24b
科技管理　212c
科技体制改革　29b
科技项目申报立项　80c
科技项目资金管理　212c
科普活动　80b
科普宣传　80c
科学技术　204
科研咨政　42b
客户服务　187b
空港枢纽经济区（江宁）　122a
空港物流园　154b
快递服务业　152a
快递服务业概况　152a
困境青少年帮扶　78b
扩充上市板块　157c

L

劳动监察维权　245b
劳动教育　219b
劳动就业　245a
劳动就业概况　245a
老干部服务管理　41b
老干部工作　40c
老干部工作概况　40c
老干部作用发挥　41a
老旧小区改造　184b
老龄事务　252c
老龄事务概况　252c
老年教育　226c
老年人福利　251b
老年人健康服务　253a
离退休干部党建　40c
李先南　291b、292b
理论武装　32b
历史名人、轶事与江宁　20c
历史人文　20a
利安人寿江宁支公司　160c
廉洁江宁纪法护航工程　63c
廉洁文化建设　65c
廉政制度建设　65c
粮油产业　133b
2 案例成全省交通综合执法新模式典型示范　178c
2 个馆上榜省“最美公共文化空间”　228b
2 个小镇入选省首批特色小镇　103a
2 家企业入围“中国制造业民营企业 500 强”　107b
2 家企业入选南京市百强高企　128c
2 家企业上榜 2023 年 5G 工厂名录　139c
林业　133c
临时救助　250b
002 省道秦淮河大桥双向通车　178a
刘金富　293b
刘文珍（南京好人）　292b
刘文珍（江苏好人）　292a
流动人口　244a
流浪乞讨人员救助　250b
6G 前沿技术研究布局　205a
6 家单位获评省级放心消费创建示范　117b
6 家单位入选省研究生工作站　127b
“6・5”环境日宣传活动　201a
6 月　14c
龙眠大道口袋公园　188c
珑熹台租赁房项目获国家级奖项　252a
楼盘供给　175a
禄口国际机场苏州货站揭牌　181a
禄口街道　274a
禄口街道概况　274a
禄口街道经济建设　274a
禄口街道社会建设　275a
禄口街道生态文明建设　275b
禄口街道文化建设　275a

禄口街道政治建设　274b
禄口社工站获评省示范　276a
禄口水荆墅马灯入选市非遗项目名录　231a
禄口总工会获省模范职工之家称号　276b
路灯建设与管理　184a
路政管理　177a
洛南县绿色生态循环奶牛示范园三产融合项目启建　196a
落实民生保障　107c
旅游安全监管　174b
旅游管理　174a
旅游管理概况　174a
旅游规划　168a
旅游接待　172a
旅游接待概况　172a
旅游市场监管　174b
旅游线路开发　168b
旅游项目建设　168b
旅游业　168
旅游业态　173b
旅游资源　168a
旅游资源概况　168a
律师服务　152c
绿都大道（宏运大道—董村路）建成　185c
绿色低碳发展　125c

M

马鞍山市政代表团到江宁考察交流　194a
慢病综合防控　237b
茂莱光学在科创板上市　162b
梅龙湖绿道　189a
梅中亚　290b
米兰江宁招商联络处揭牌　151c
民办教育　226b
民兵整组　98c
民革江宁区总支部　68a
民革江宁区总支部参政议政　68b
民革江宁区总支部概况　68a
民革江宁区总支部社会服务　68b
民革江宁区总支部组织建设　68a
民间对外交流　56a
民建江宁区基层委员会　69
民建江宁区基层委员会参政议政　69c
民建江宁区基层委员会概况　69b
民建江宁区基层委员会社会服务　69c
民建江宁区基层委员会组织建设　69b
民进江宁区基层委员会　69c
民进江宁区基层委员会参政议政　70a
民进江宁区基层委员会概况　69c
民进江宁区基层委员会社会服务　70b
民进江宁区基层委员会组织建设　70a
民盟江宁区基层委员会　68c
民盟江宁区基层委员会参政议政　69a
民盟江宁区基层委员会概况　68c
民盟江宁区基层委员会社会服务　69a
民盟江宁区基层委员会组织建设　69a
民商事案件审判　93c
民商事审判案件　92b
民生保供　150c
民生权益保护　92c
民生实事项目监督　47a
民俗　21b
民营经济管理　107a
民营经济管理概况　107a
民主党派　工商联　68
民主法治建设　25b
民主监督　60b
民族　20a
民族团结进步创建　255a
民族宗教工作　36c
民族宗教事务　255a
民族宗教事务概况　255a
秣陵获评全国森林草原防火工作先进单位　265b
秣陵街道　264a
秣陵街道概况　264a
秣陵街道经济建设　264a
秣陵街道社会建设　264c
秣陵街道生态文明建设　265a
秣陵街道文化建设　264c
秣陵街道政治建设　264b
“墨韵华章”当代中国画名家作品邀请展　82b

N

南航艾维国际飞行学院（南京）有限公司　180c
南京传媒学院　225a
南京工程学院　223b
南京国际文学艺术节在牛首山开幕　171b
南京国际消费节江宁专场活动　149c
南京航空航天大学　222a
南京好人　292b
南京赫贤学校中学部启用　220a
南京宏亚建设集团有限公司　146b
南京华致建设集团有限公司　146c
南京交通职业技术学院　224b
南京金陵马汇文化发展有限公司　243c
南京金中建幕墙装饰有限公司　147c
南京久大建设集团有限公司　147b
南京空港油料有限公司　180c
南京临空经济示范区建设启动　52c
南京旅游职业学院　224c
南京南站绿荟公园　188c
南京农副产品物流配送中心　153c
南京品牌出海高峰论坛在江宁举行　151b
南京麒麟科技创新园　126a
南京麒麟科技创新园科技创新　126b
南京麒麟科技创新园概况　126a

南京润盛建设集团有限公司 147a
南京深普物流有限公司 156b
南京市江宁区人民代表大会 44
南京市江宁区人民政府 49
南京数字化赋能中小企业发展大会在江宁举办 130b
南京汤山温泉房车营地 243c
南京天印山医院启用 236c
南京未来科技城 204a
南京未来科技城概况 204a
南京乡村民宿高质量发展论坛 234c
南京晓庄学院 223c
南京医科大学 223a
南京银行江宁中心支行 159c
南京证券挹淮街营业部 161c
南京智能计算中心成为国家级平台 127a
南京综合保税区（江宁） 122c
南山飞卓宇航航空精密制造基地项目投产 121a
南师附中麒麟科技城教育集团成立 218b
内部审计 114c
内生安全理论技术体系创新 205b
宁波银行江宁支行 160b
宁博新农人就业创业技能培训 195b
“宁径织美”入选江苏十大优秀农村公路品牌 178b
牛首山文化旅游区 170b
牛首山文化旅游区概况 170b
牛首山文化旅游区旅游资源开发 169c
农产品质量安全 136a
农村产业 190c
农村公路养护修补工作启动 178c
农村居民生活 246a
农村综合改革 29c
农发行江宁区支行 158b
农工党江宁区基层委员会 70b
农工党江宁区基层委员会参政议政 70c
农工党江宁区基层委员会概况 70b
农工党江宁区基层委员会社会服务 70c
农工党江宁区基层委员会组织建设 70b
农技超市 213c
农家书屋 228a
农路 SG5 标竣工通车 179a
农田水利工程建设 133b
农业 132
农业产业 133b
农业概况 132a
农业机械化 135b
农业科技创新与智慧农业 132a
农业面源污染防治 199c
农业农村重大项目建设 135c
农业生产经营 135a
农业银行江宁支行 158c
农业综述 132a

P

排污许可登记 203b
配合保障省委巡视江宁 67b
棚户区改造 184a
平安产险江宁支公司 161a
平安建设 85c
平台建设 232a
普惠金融 158a
普通高中优质特色发展 220c

Q

7 家民宿入选市等级乡村民宿 173b
7 月 15a
麒麟街道 288a
麒麟街道概况 288a
麒麟街道经济建设 288b
麒麟街道社会建设 289a
麒麟街道生态文明建设 289b
麒麟街道文化建设 289a
麒麟街道政治建设 288b
企业创新 205c
企业机关事业人员养老保险 248b
企业科技创新 138b
企业退休人员审批 248c
企业信用监管 116c
企业研发机构 211a
气候水文 18a
汽车维修管理 177c
牵手对接助台企活动 56c
前沿生物获中国专利奖金奖 119c
潜力核查 99c
强化检察监督 90c
侨务工作 37b
侨务工作概况 37b
侨务经济 37b
青蓝杉谷·杉居酒店开业 173b
青年志愿服务 77a
青少年法治宣传教育 253c
青少年权益维护 78a
青少年思想道德教育 253c
青少年政治思想引领 76b
清洁生产审核 203a
区佛教协会第二次代表会议 255c
区妇计中心成为全省首家宫颈癌综合防治一体化示范点 238a
区工会第十五次代表大会 75b
区供销合作社第八次代表大会 150c
区红十字会第七次会员代表大会 84c
区红十字会获“全国无偿献血促进奖特别奖” 84c
区基督教第六次代表会议 255c
区级机关党建 38a
区级机关党建概况 38a
区纪委常委会区监委会议 64a
区纪委监委概况 63a
区纪委监委重要会议 63c
区纪委监委综述 63a
区家庭农场联合会成立 137a
区老区建设与乡村发展“三会” 190b
区领导赴洛南实地考察对口协作工作 196b
区领导领办督办重点提案 53a

区名由来　20a
区青少年业余体校入选国家高水平体育后备人才基地　243a
区情概览　17
区人大财政经济委员会　48a
区人大常委会会议　45b
区人大法制委员会　47c
区人大监察和司法委员会　48b
区人大社会建设委员会　48c
区人大重要会议　45a
区人大综述　44a
区生态文明促进会第二次会员代表大会　198a
区台办与南大、东大合作签约　56c
区图书馆获评国家一级馆　228c
区委常委会集体调研东山街道　27b
区委常委会集体调研江宁街道　28c
区委常委会集体调研秣陵街道　28a
区委常委会集体调研麒麟街道　27c
区委常委会集体调研生态环境保护工作　27a
区委常委会集体调研汤山板块工作　28b
区委常委会专题调研开发园区高质量发展　27a
区委概况　24a
区委农村工作会议　26a
区委十四届八次全会　25c
区委十四届九次全会　26a
区委重要会议　25c
区委重要活动　27a
区委综述　24a
区卫建委获评省爱国卫生运动 70 周年表现突出集体　235c
区文联第六次代表大会　81c
区域发展　193
区政府常务会议　50a
区政府概况　49a
区政府工作报告 1
区政府重要会议　50a
区政府重要活动　52b
区政府综述　49a
区政协常务委员会会议　58a
区政协第十三届委员会第二次会议　57c
区政协概况　57a
区政协教卫文体（文史）委员会　62b
区政协经济科技（农业农村）委员会　62a
区政协人口资源环境(城乡建设）委员会　62a
区政协社会法制（民族宗教）委员会　62b
区政协提案委员会　61c
区政协委员工作　61a
区政协委员工作委员会　62c
区政协协商议政　59c
区政协重要会议　57c
区政协主席会议　58c
区政协综述　57a
区职工服务中心启用　75c
全国健身瑜伽公开赛（汤山站）举行　242c
全国青年 U 系列沙滩排球锦标赛在汤山开赛　243a
“全链审批服务”模式推出　54a
全民健身　241a
全民健身概况　241a
全民健身活动　241a
全民健身器材管理　240b
“全民健身日”暨“体育宣传周”活动启动　242a
全球首个人体器官芯片医药大模型问世　144c
全区妇女儿童工作会议　79c
全区纪检监察干部队伍教育整顿动员部署会议　64c
全区教育高质量发展大会　218a
全区经济建设　22a
全区跨境电商高质量发展大会　149b
全区领导干部会议　26c
全区领导干部警示教育大会　66a
全区年轻干部政治素养和履职能力提升专题培训　32a
全区社会建设　23a
全区生态环境保护大会　52b
全区生态文明建设　23b
全区首个乡村“民法典”主题公园建成　265c
全区卫生健康高质量发展大会　236a
全区文化建设　22c
全区宣传思想文化工作会议　35a
全区巡察工作会议　67c
全区“一把手”政治能力建设专题培训 32a
全区政治建设　22b
全省首家调解学院揭牌运行　96c
全市诗教工作现场交流推进会　81c
全市首个汽车销售行业团工委成立　79a
全市首个退役军人关爱基金成立　101c
全市首个新农人学历提升班开班　132c
全域旅游　173b
确权登记　105a
群艺馆　228a
群众诉求集中快处中心建立　54a
群众团体　74
群众性运动会　241b

R

人才安居保障　252a
人才服务　215a
人才工作　31b
人才培育与引进　55a
人才引进与项目建设　204a
人大代表构成　44a
人大及其常委会机构设置　44a
人大监督　46c
人大监督概况　46c
人大专门委员会工作　47c
《人淡如菊——中国历代菊文精华选撷》发行　234a
人防工程建设与管理　99c

人口 19c
人口民族宗教 19c
人口与家庭 244a
人力资源服务 152c
人民调解 95b
人事工作 54c
人事工作概况 54c
人事任免 45a
人物荣誉 290
任宁 290a
融媒宣传 231c
融入长三角一体化发展 193a
融入长三角一体化发展概况 193a
软通动力天枢元宇宙研究院成立 212b

S

3 家企业 11 款药品被纳入新版国家医保目录 124b
“三联系”工作机制 61a
33 家企业入选市百强高新技术企业 212a
3 所新建幼儿园建成使用 219a
3 条公交线路跨省延伸 193c
3 项专利获首届江苏专利金奖 119b
3 月 14a
森林防火 202c
森林资源保护 202c
山脉山峰 17b
商贸服务业 148
商贸服务业概况 148a
商贸服务业综述 148a
商品房供应 175b
商品房销售 175b
商圈和商业综合体 148a
商事制度改革 54b
上坊旧城改造 184b
上海证券胜太路营业部 162a
上湖村创成全国示范性老年友好型社区 278c
上汽大通下穿 104 国道地下通道工程竣工 179a
上汽大通新车型项目签约 142a
上汽大通新能源轻型车品牌发布 142b
“上元夏之夜”文明实践活动 34b
少先队工作 77c
社保稽核 249a
社工队伍建设 254b
社会保险 248a
社会保险基金征缴 248a
社会福利 251b
社会救助 250a
社会民生事业改革 29c
社会生活 244
社会稳定维护 88a
社会宣传 32c
社会治理 86b
社会治理创新 30a
社会综合治理 88b
社会组织管理 254b
社会组织管理概况 254b
社会组织建设 254c
社区建设 254a
社区建设概况 254a
社区矫正和安置帮教 96a
社区教育 226b
社区卫生服务 235b
社区卫生服务中心获评全国“预防接种示范示教单位” 262c
社区优化调整 254b
社区治理与示范创建 254a
社团年检 255a
申万宏源证券胜利路营业部 161c
深化改革 29b
深化改革概况 29b
深化国企改革 105c
深化农村改革 192b
深化司法为民 90b
审查调查 67a
审计 114a
审计概况 114a
审计信息化及大数据审计 115a
审计整改 115a
审判监督 93a
生活品质 25a
生态红线监管 200b
生态环境 197
生态环境概况 197a
生态环境突出问题整改 201c
生态环境项目评价 197b
生态环境执法 197c
生态环境综述 197a
生态文明创建 197a
生物医药和医疗器械产业 144a
生物医药和医疗器械产业概况 144a
生育服务管理 244b
声环境质量 198c
省名中医工作室在江宁中医院签约挂牌 239c
省首届新文艺群体书法篆刻作品展 82a
省文联“文艺两新”专场惠民演出 81c
省药监局审评核查南京分中心入驻 124c
省药监局审评核查南京分中心在江宁启用 118a
失业保险待遇审核 248b
湿地保护 202c
12 座桥梁防撞设施投入使用 180b
12 月 16c
10 个重大外资项目签约落户 121c
17 家行政执法监督企业联系点挂牌 87c
13 个项目被列入 2023 年省重大项目 103b
十四届区纪委三次全会 63c
11 月 16a
10 月 15c
《石塘村志》出版 234a
食品安全监管 116c
市场监督管理 116a
市场监督管理概况 116a
市场监管 151a
市容市貌 189a
市政公用事业 185a
市政维护和管理 189c
事业单位登记管理 40c

事业单位招聘管理　55b
逝世人物　293b
收入消费　246a
首个过敏性疾病专科门诊开诊　236c
首家气象科普劳动教育基地签约揭牌　81a
首届“麒麟杯”足球赛开幕　289c
首期装配式建筑构件生产培训　146b
蔬菜园艺产业　133c
属地保障服务　221c
数字产业化　129b
数字化基础建设　129a
数字惠民服务　131a
数字江宁建设　129
数字经济　129a
数字经济概况　129a
数字社会　131a
数字政府　130c
数字政府概况　130c
双创服务协会　213a
“双减”工作　217c
“双碳”政策体系构建　203c
双拥共建　100a
双拥共建概况　100a
双拥模范城创建　100a
水产业　133c
水环境质量　198c
水路　180a
水路概况　180a
水路设施　180a
水污染防治　199b
水资源保护　202a
税收政策落实　113b
税务　111a
司法行政　95a
司法行政概况　95a
思想政治引领　35b
“四风”纠治　66c
48 个“一件事一次办”　实施　54a
4 所新建中小学校投入使用　220b
4 所学校获评全国国防教育示范学校　218b
4 项工作获省政府督查激励　50a
4 月　14b
苏宁华东物流中心项目　155c

T

T3 出行入选中国互联网企业百强榜单　130c
台盟江宁区支部　71c
台盟江宁区支部参政议政　72a
台盟江宁区支部概况　71c
台盟江宁区支部社会服务　72a
台盟江宁区支部组织建设　72a
太平洋产险江宁支公司　160c
碳达峰试点　203c
汤山街道　267a
汤山街道概况　267a
汤山街道经济建设　267b
汤山街道社会建设　268c
汤山街道社区卫生服务中心新院区开诊　269c
汤山街道生态文明建设　269a
汤山街道文化建设　268b
汤山街道政治建设　268a
汤山首届足球联赛落幕　270a
汤山温泉旅游度假区　169b
汤山温泉旅游度假区概况　169b
汤山温泉文化旅游节　170a
《陶家齐日记》问世　43b
特克斯牛羊节在南京举行　196c
特色田园乡村建设　191c
特殊教育　219c
特载　1
特种设备安全监管　117a
提案工作　60b
提升城市治理　49c
体彩销售　243b
体育　240
体育产业　243b
体育产业概况　243b
体育场馆　240a
体育设施　240a
体育设施概况　240a
体育社团管理　241b
天环仓储物流园二期项目投运　153c
天茂建设集团有限公司　147b
铁路　179b
铁路安全管理　179b
铁路概况　179b
停车管理　189a
通淮街（董村路—胜太路）竣工　185b
铜山小学两少年获聘省少年科学院院士　220a
统计　115b
统计调查　115b
统计队伍建设　115c
统计法治建设　115c
统计概况　115b
统计监测服务　115b
统计资料　331
统战工作　35b
统战工作概况　35b
图书馆　227a
土地市场交易　105a
土地资源保护　202b
土地资源管理　104a
土地资源管理概况　104a
土壤污染防治　199b
土山机场片区　127c
土山机场片区概况　127c
土山机场片区产业转型升级　128b
土山机场片区科技创新　128b
土山机场片区项目建设　128a
团区委获“全国五四红旗团委”称号　78c
推进数字检察　90c
退役军人接收安置　101b
退役军人就业创业　101c
退役军人事务　100c
退役军人事务概况　100c
退役军人优抚褒扬　100c
脱贫攻坚成果巩固　192a

W

外事服务管理　56a
外事工作　55c
外事工作概况　55c

外事活动与接待 56a
完善功能配套 49b
万尾鱼苗放流长江 201c
网点建设 150a
网络通信与安全紫金山实验室 205a
危险化学品安全监管 257a
危险化学品储存监管 257b
危险化学品生产监管 257a
危险化学品行政审批 257a
危险化学品运输监管 257b
违法建设查处 104b
违建管控 189b
维护社会稳定 90a
委员调整 61a
委员履职能力提升 61b
卫岗乳业数智化工厂投产 121b
卫生城市复审 238b
卫生监督 237c
卫生健康 235
卫生健康概况 235a
卫生健康综述 235a
卫生应急 237b
为农服务 150a
为侨服务 37c
未成年人检察 91b
未来科技城入选省级示范区 204c
未来科技城小学入选省智慧校园示范校 219c
未来网络关键技术攻关 205a
未来网络未来产业科技园揭牌 52c
位置面积 18b
文化 227
文化产业 234b
文化产业概况 234b
文化场馆 227a
文化场馆概况 227a
文化馆 227c
文化活动 228c
文化活动概况 228c
文化旅游 173c
文化市场管理 229b
文化遗产保护 230c
文化遗产保护概况 230c
文化遗存 20b
文靖路高架桥通车 185b
文靖西路跨秦淮河桥投用 185b
文旅配套设施建设 170c
文旅融合 171c
文旅融合发展 170b
“文脉心迹·活力江宁”中国画学会作品展 82a
文明创建 33a
文物保护 230c
“稳经济 促发展”新闻发布会 34c
问源科技智慧医疗研发中心项目落户 204c
污泥处置 188b
污水处理 188b
污水处理概况 188b
吴凌尧 290b
五方挂钩帮促淮阴区 196a
五一假期旅游收入增长 34.2% 172b
5 月 14b
物流基地 153c
物流业 153
物流业概况 153a
物流业综述 153a
物业管理 176b
物业管理概况 176b
物业维修资金监管 176c
物业信用监管 176b

X

下墟获评市首批儿童友好社区 266a
下一代信息网络产业 143b
先进人物 290b
现代农业经营体系建设 132b
现代农业园区建设 135b
现代校园建设 217a
限值限量管理 203b
乡村规划 191b
乡村基础设施建设 191b
乡村建设 191b
乡村旅游 173c
乡村民主法治建设 191c
乡村人居环境整治 191b
乡村振兴 190
乡村治理 190a
“向人民汇报”首场活动 34a
项目引进与建设 120a
消防基层基础建设 259c
消防救援 259b
消防救援概况 259b
消防宣传培训 260b
消费者合法权益维护 116b
校地企合作 123c
校地融合发展 221b
校外教育辅导站建设 253c
校园安全 216b
协商议政概况 59c
新材料产业百亿级聚集区启动 126a
新的社会阶层人士统战 36c
新济洲国家湿地公园 201b
新能源(智能网联)汽车产业 141c
新能源(智能网联)汽车产业概况 141c
新任区领导 290a
新添首个省级中医重点专科 239b
新闻人物 291b
新型节能环保产业 143b
新型节能环保产业概况 143b
新型经营主体培育 135c
新兴软件和新型信息技术服务 143a
新业态新就业群体党建 30c
新一代信息技术产业 142b
新一代信息技术产业概况 142b
新增 2 家省级家庭医生工作室 235c
新增 6 家老年友善医疗机构优秀单位 253b
新增 2 家国家级绿色制造企业 139c
新增 2 家“江苏精品”认证企业 117c
新增 10 家省级绿色工厂 139a
新增 4 个省级民主法治示范村

（社区） 86c
新增47家国家级专精特新“小巨人”企业 139b
新增1659家入库科技型中小企业 206c
信访调解 55c
信访工作 55b
信访工作概况 55b
信访受理 55c
星昊医药高端药物制剂研发及生产基地项目开工 144b
刑事犯罪案件侦查 88a
行业发展保障 152b
行业管理 145b
行政复议 87b
行政检察 89c
行政区划 19b
行政执法 151a
行政执法监管 87b
兴业银行江宁支行 160b
徐九根（江苏好人） 292a
徐九根（南京好人） 292b
宣传工作 32b
宣传工作概况 32b
薛峰 293a
学前教育 218c
学前教育概况 218c
学前教育优质普惠发展 219a
学术交流与评比表彰 80b
学习贯彻习近平新时代中国特色社会主义思想主题教育概况 12
巡察队伍建设 67c
巡察工作 67b
巡察工作概况 67b
巡察监督 67b
巡游出租车 186b
训练演练 99b

Y

烟草危害控制 238c
烟草专卖 151a
养老机构建设 252c
药品化妆品医疗器械监管 117a
业务发展 187b
一康乃馨服务站获评省级示范点 76a
一批重大项目集中签约或竣工投产 121b
一企业获评综合实力型智慧赋能名牌企业 130b
一企业项目入选国家试点 140b
一项目获全国颠覆性技术创新大赛优胜奖 212a
110接处警 89a
1月 13a
医保基金监管 249c
医护人员招聘培训 235b
医联体建设 236b
医疗救助 250b
医疗卫生机构 236b
医疗卫生机构概况 236b
医疗卫生体制改革 235a
医养结合服务 253a
医政药政管理 239a
医政药政管理概况 239a
依法决策 87c
依法行政 87a
以案促治 67a
以税资政 113c
义务教育 219b
义务教育概况 219b
义务教育优质均衡发展 219b
艺术教育 219b
意识形态工作 33c
银行业 158b
应急管理 256
应急管理概况 256a
应急管理信息化建设 256c
应急管理综述 256a
应急演练及队伍建设 256c
婴幼儿保健 237c
营商环境 124a
营商环境优化 29b、94a、204b
拥军优属 100b
拥政爱民 100b
优化公共服务 49c
优化营商环境 73a
优质稻米产业 190c
优质教育资源配置 217a
邮储银行江宁支行 159b
邮政普遍服务保障 152a
于行阳 293a
渔业产业 191a
元旦假期接待游客57.6万人次 172a
元宇宙产业研究与孵化服务平台落户 124c
园博园成为生态文明教育实践基地 198b
园博园大型无动力儿童亲子乐园开放 171c
园林绿化 188c
园林绿化概况 188c
园区管理体制优化 40b
园区规划环评编制 203b
圆通速递总部基地 155a

Z

再生水利用 188b
暂住人口 244a
翟朋 290a
增进民生福祉 49a
渣土管控 189b
债务管控 108b
战备训练 98a
张道福 293b
招大引强拼经济、高质量发展走在前动员大会 51c
招商银行江宁支行 160a
招商引资 123b、125b、126c、128a
招商引智 137c
招投标管理 145b
侦查监督与协作配合机制建设 90c
正德职业技术学院 222b
证券业 161b
政法委与综治 85a
政法委与综治概况 85a
政府采购管理 108b
政务服务 53c
政务服务概况 53c
政务服务体系建设 54b
政协常委会自身建设 57c

政协委员构成　57b
政协专门委员会工作　61c
政治监督　66a
支持创新创业　54c
支持科技创新　157a
知识产权　118b
知识产权保护　118c
知识产权创造　118c
知识产权服务　119a
知识产权概况　118b
知识产权宣传培训　119a
知识产权运用　118c
执法监督　86a
执勤训练　260a
直管公房管理　176a
职工基本医疗保险　249b
职工权益维护　74c
职工思想引领　74a
职工素质提升　74b
职业技能培训　245b
质量强区战略实施　116b
治安管理及安保　88c
致公党江宁区基层委员会　71a
致公党江宁区基层委员会参政议政　71a
致公党江宁区基层委员会概况　71a
致公党江宁区基层委员会社会服务　71b
致公党江宁区基层委员会组织建设　71a
智慧城管　131a
智慧人社　131b
智能电网产业　140c
智能电网产业概况　140c
智能配电设备产业集群入选国家级榜单　140c
智能配电设备产业集团入选省特色产业集群　140b
智享公交"小宁萌"投运　131c
中储物流基地　155a
中国电信江宁区分公司　181a
中国个协调研江宁民营经济发展　107b
中国共产党南京市江宁区纪律检查委员会　南京市江宁区监察委员会　63
中国共产党南京市江宁区委员会　24
中国好人　291b
中国联通江宁分公司　181b
中国人保财险江宁支公司　160c
中国人民政治协商会议南京市江宁区委员会　57
中国人寿财险江宁支公司　161a
"中国式现代化江宁新实践"主题研讨会　34c
中国—西班牙智能制造产业对接会　121b
中国药科大学　222c
中国移动江宁分公司　181b
中国银河证券双龙大道营业部　162a
中国银行江宁支行　158c
中国邮政速递物流股份有限公司南京分公司　156a
中介服务业　152b
中科（南京）智汇工场启动　127b
中青基地国际科技合作孵化基地试点单位揭牌　212b
中秋国庆假期旅游人次和收入创新高　172c
中苏科技获评全国农牧渔业丰收奖　133a
中信建投证券金箔路营业部　161b
中医药管理　239a
仲裁　97a
仲裁概况　97a
仲裁管理　97b
仲裁宣传　97c
众彩物流获评食品安全"双C认证"单位　153b
重大产业项目建设　102b
重大项目保障　104b
重点旅游景区　169b
重点企业简介　146b
重点群体就业　245a
重点物流企业　155b
重点项目建设　140b、141a、142a
重点行业领域整治　256b
重点议题协商建言　60a
周岗红木雕刻入选省级非遗工坊　231b
竹山中学学生绘画作品亮相"天宫"　219c
主题教育　25b、42a
主题教育和教育整顿　63a
助力经济发展　108a
助力社会治理　90b
住房保障　251c
住房公积金管理　252a
专题视察　59c
专项工作监督　47a
专项监督　66c
专项资金审计　114c
专业技术人员职称评审　55a
壮大新型集体经济　192b
资产开发　150b
资源保护　202a
紫金产险江宁支公司　161b
紫金农商银行江宁支行　160a
自然环境　17a
自然资源　18b
自学考试　226c
宗教　20a
宗教领域综合治理　255b
宗克文　292b
综合安全防范治理　256a
综合试验平台建设　205b
综合行政执法改革　40b
组织工作　30a
组织工作概况　30a
组织机构及负责人名录　340
最低生活保障与救助　250a

文中图片索引

F

防灾减灾日宣传教育活动　257
菲尼克斯电气创新与行业发展论坛暨菲尼克斯电气集团100周年庆典活动　10

D

第 23 届“江宁之春”群众文化活动举行　262
第 15 届汤山温泉文化旅游节开幕　16

G

甘汁园股份有限公司向区慈善总会捐赠 550 万元　73
格力电器（南京）有限公司内景　139
“光储直柔”微电网项目入选国家级农村能源高质量发展成果目录　187

H

横溪街道石塘竹海俯瞰　286
湖熟街道耀华社区居民表演湖熟荡湖船　21
湖熟菊花菊花展园区俯瞰图　284

J

江宁高职校“双元制”五年制高职舍弗勒班学生和部分教师合影　225
江宁公安在秣陵街道上秦淮烟花集中燃放点开展保障工作　89
江宁开发区宜商司法驿站启用仪式举行　94
江宁汤山水稻田俯瞰　135
江宁台创园兰花种植繁育基地玻璃温室　137
江宁中医院新门诊综合大楼投入使用　239
金融城二期东区 C3 公寓内景　176

M

茂莱光学科技股份有限公司上市　162
秣陵街道宪法广场　96
秣陵街道周里村法治公园　265

N

南京国际消费节江宁专场活动举行　149
南京农副物流中心　154
南京市礼尚路学校　217
南京中材锂离子电池隔膜　103

P

彭福村第三届村晚暨公益达人表彰会参演人员合影 275

Q

齐武路小学文齐路校区　23
区第十八届人民代表大会第二次会议召开　45
区级机关企事业单位骑行健身活动　39
区疾病预防控制局挂牌成立　237
区红会为辖区企事业单位提供 742 场上门培训服务 84
区退役军人关爱基金成立　101
区人大常委会调研“八五”普法规划实施情况　46
区人民调解学院揭牌暨首期培训班开班仪式举行　42
区十三届政协第三期委员履职能力培训班举办　61
区市场监管局强化夏夜市场食品安全监管 117
区首届校地企融合发展大会召开　221
区税务局业务骨干走进演播室宣传税收政策　112
区退役军人创业孵化基地　254
区消防救援大队殷巷站　259

R

软通动力天枢元宇宙研究院揭牌活动举行　123

S

上汽大通 MAXUS 新能源轻型车品牌发布会举行　142
10 名残疾人自强模范合影　83

T

汤山街道龙尚村除夕活动现场　229
汤山街道上峰社区居民家庭庭院获评南京市（江宁区）“四美”示范庭院　269
汤山街道社区卫生服务中心新院区投入使用　236
《陶家齐日记》封面和内页　43

U

UTO 助力首百国际越野挑战赛举行　3

X

乡村振兴志愿者新老交流座谈会召开　77
“向人民汇报”活动举行　33
幸福谷里健康乐跑鸣枪开跑　281

专题图片索引

A

埃斯顿自动化工厂　3

爱尔集工厂　18–19

B

百家湖商圈　22
百家湖文化中心（江宁美术馆）　30–31
宝色股份企业　18–19
滨江开发区俯瞰　16–17

C

参加“宁就聚力·益游江宁”江宁区新兴领域青年子女暑期公益夏令营儿童合影　24
参加第 64 期青英·吾思荟学习的精英青年合影　16

D

第 15 届汤山温泉节体育嘉年华现场　30–31
东山街道鸟瞰图　23
东山敬老院　24–25

E

儿童在湖熟菊花园嬉戏　6

F

菲尼克斯亚太电气（南京）有限公司内部车间　18–19

G

格力电器（南京）有限公司　10–11

H

横溪街道实验示范种植西甜瓜新优名特品种促进农民增收　8–9
“护航民营企业高质量发展”的十项举措举行签约仪式现场　4

J

江宁—博望跨省电力一体化协同发展协议签约仪式现场　21
江宁大数据公司一网统管综合管理平台　5
江宁大学城半程马拉松比赛现场　24–25
江宁街道重点塘坝山北当家塘综合治理通过完工验收　26–27
江宁开发区百家湖　4–5
江宁区救助站　25
江宁区世界水日、中国水周主题活动　26–27
江宁区长江流域水生生物资源增殖放流活动举行　27
江宁文创中心　31
江宁周末露营计划活动现场　22
江苏宏源电器有限责任公司新型储能项目投运　20–21
江苏省药监局审评核查南京分中心　21
经过整治后的东山香樟园　7
竣工交付的上坊安置房 C 区　9

K

开发区法院公开开庭审理“2·11”特大跨境电信网络诈骗案　12
开发区检察院在国电南自开展党建联建共建活动　34
开发区税务局设立重大项目税费服务驿站　4–5

L

“牢记嘱托、感恩奋进，挑大梁、勇登攀、走在前”专题讨论会暨党组理论学习中心组（扩大）学习会　14

M

秣陵街道周里村　6–7
秣陵街道周里村新时代文明实践站　33

N

南京青年电商助农实训营助力农产品销售　22–23
牛首山河　10–11

Q

麒麟街道新时代文明实践所在泉水启迪广场开展学雷锋活动　32
麒麟科创园一隅　17
区管主要领导干部学习贯彻习近平新时代中国特色社会主义思想和党的二十大精神研讨班开班动员　34
区纪委监委组织党员干部通过“零距离”旁听职务犯罪庭审　14
区检察院开展护航“企业敢干”检察法治服务进企业活动　28
区人大常委会调研《中华人民共和国退役军人保障法》贯彻实施情况　12–13
区人大常委会调研全区社区矫正规范化建设工作情况 28–29
区融媒体中心开展媒体平台新媒体直播带岗　30
区市场监管局在线上和线下同步开展监管宣贯专项行动　28–29
区宪法广场　13
区政务服务中心“一件事”服务窗口　20–21
全区首张标注“一照多址”字样的营业执照发放　20
全市首个“护航企业网上法治基地”启动仪式现场 13
泉峰新能源产业园俯瞰　18

S

上元路社区在上元网格片区工作站为“两新”工作人员送温暖　32–33
佘村生态法治广场　29
“守护长江·探秘湿地”系列自然教育研学活动之寻找湿地之春　10

T

汤山街道古泉社区　22–23
汤山街道湖山村梧桐大道　11
汤山街道开展学新时代好少年 农耕劳动寓实践活动 32–33
汤山街道为百岁老人过重阳　8
汤山生活垃圾综合处置中心　27
天印山医院　8–9
投资建设项目审批服务大厅　5

W

文靖西路跨秦淮河桥　7

X

携手江来 宁聚优才 2023 年江宁区秋季校园系列活动启动仪式举行　25
新济洲湿地公园　26
新建成投用的江宁高级中学福宁路校区　9
新媒体冬季消费节现场　31

Y

杨家圩公园　6–7
“与共读书会 邻里齐悦读”项目获评禄口街道 2023 年度群众最喜爱的文明实践项目　33

Z

中国航空工业集团公司金城南京机电液压工程研究中心　18
中国药科大学研究团队获“全国创新争先奖”　2
中汽创智新能源智能网联汽车产业化项目　2–3
中兴通讯滨江工厂　16–17
紫金山实验室外景　2–3

表格索引

B

部分地方金融组织一览表　166

C

财政收入统计表　109
财政支出统计表　110
城镇居民家庭人均可支配收入统计表　246
城镇居民家庭人均消费支出统计表　246
淳化街道村（社区）基本情况表 272
村、社区一览表　19

D

东山街道社区基本情况表　263
地区生产总值统计表　331
对外经济主要指标统计表　335

F

分区域地区生产总值统计表　335
分区域固定资产投资统计表　337
分区域规模以上工业企业总产值统计表　336
分区域社会消费品零售总额统计表　337
分区域实际使用外资及港澳台资统计表　339
分区域一般公共预算收入统计表 338

G

高等职业技术学校全日制学历教育招生情况表　225
谷里街道村（社区）基本情况表 282
固定资产投资统计表　332

H

横溪街道村（社区）基本情况表 287
湖熟街道村（社区）基本情况表 284
获市级（部门）以上表彰先进个人一览表　349
获市级以上表彰先进个人一览表 294
获市级以上表彰先进集体一览表 311

J

教育经费投入情况表　216
江宁街道村（社区）基本情况表 279

M

秣陵街道村（社区）基本情况表 266

N

农村居民家庭人均可支配收入统计表　247
农村居民家庭人均消费支出统